鼎城年鉴

DING CHENG NIAN JIAN

2010

常 德 市 鼎 城 区 人 民 政 府 主 办
常德市鼎城区人民政府地方志办公室主编

图书在版编目（CIP）数据

鼎城年鉴. 2010 / 鼎城区人民政府方志办主编. --
海口 : 海南出版社, 2012.3
ISBN 978-7-5443-4262-9

Ⅰ. ①鼎… Ⅱ. ①鼎… Ⅲ. ①区（城市）—常德市—
2010—年鉴 Ⅳ. ①Z526.43

中国版本图书馆 CIP 数据核字(2012)第 037215 号

鼎城年鉴. 2010
鼎城区人民政府方志办　主编

责任编辑：康云生
策　　划：古　华　马小琛
出版发行：海南出版社
地　　址：海口市金盘开发区建设三横路 2 号
邮　　编：570216
电　　话：0898—66830929(海口)
0731—84863905(长沙)
网　　址：http://www.hncbs.cn
印刷装订：长沙市雅捷印务有限公司
开　　本：889×1194（毫米）　1/16
印　　张：30.25 印张
字　　数：909 千字
版　　次：2012 年 3 月第 1 版　2012 年 3 月第 1 次印刷
书　　号：ISBN 978-7-5443-4262-9

定　　价：230.00 元

编 辑 说 明

一、《鼎城年鉴(2010)》是常德市鼎城区人民政府主办、区人民政府地方志办公室主编的地方综合年鉴。

二、本年鉴全面、系统、真实地记载鼎城区2010年政治、经济、军事、教育、科技、文化、社会发展等方面的详细情况和各行各业的生存状态,充分彰显《鼎城年鉴》存史、资政的作用。

三、《鼎城年鉴(2010)》注重时代性、适用性和适应性。着重介绍区内主要工业企业及产品特色、主要农业基地及农副产品优势,主要市场需求及招商引资项目、主要市场及其商品特点,使《鼎城年鉴(2010)》既有"史书"、"官书"的身份,又有"民用"、"商用"的价值。

四、《鼎城年鉴(2010)》人物栏目中,收录的人物有2010年期间"全国'五一劳动奖章'获得者"、"省、市劳动模范"、受国家部委和省市人民政府表彰的"先进个人"、高级(正高)专业技术人才等。

五、本年鉴收录范围为2010年区属所有乡镇场和区直副科以上行政事业单位、规模以上国营民营工业企业及中央、省、市驻区单位。年鉴初稿由各单位安排专人撰写,经单位领导签字盖章后,由《鼎城年鉴(2010)》编辑部编辑。年鉴中各类数据均以区统计局提供的为依据。乡镇场、科局单位及区级领导班子名录由区委组织部提供,中央省属及直管单位的领导班子名录由各相关单位提供,规模以上企业简介由区工业局提供。年鉴稿件的最后由区委、区政府领导及年鉴正副主编审定。

六、本年鉴的编辑出版,得到全区各级部门和驻区单位的大力支持,在此,谨表感谢。并希望继续得到各方面的关心和支持。

编 者

2011年10月

《鼎城年鉴(2010)》编纂委员会

名誉主任委员：刘定清

主 任 委 员：董 岚

顾　　　 问：向 阳　许中诚

副主任委员：陈 德

委　　　 员：陈顺来　李三保　陈 红　李湘建　杨 斌

郑立军　熊 辉　高建良　李南孝　曾强国

罗旺甫　涂国祥　沈国华　卢年初　李占坤

《鼎城年鉴(2010)》编辑人员

主　　 编：陈 德

执行主编：高建良

执行副主编：彭 慧

总　　 纂：高建良

总　　 校：彭 慧

编　　 辑：梁惠成　李 俊　陈 欣　金柯羽　刘本猛

郑运帘　周俊慧

封面设计：张国雄

目 录

专 文

大 事 记

概 况

中国共产党鼎城区委员会

鼎城区人民代表大会常务委员会

鼎城区人民政府

中国人民政治协商会议鼎城区委员会

纪检·监察

军　事

民主党派·工商联·群众团体

检察·审判

公安·司法

金融·保险

农　业

工　业

商务·贸易·旅游

城市建设与管理

交通·通信

科技·防震减灾

教　育

文化·卫生·体育

社会·生活

乡·镇·场

人物·人才

地方文献

资政论坛

彩版目录

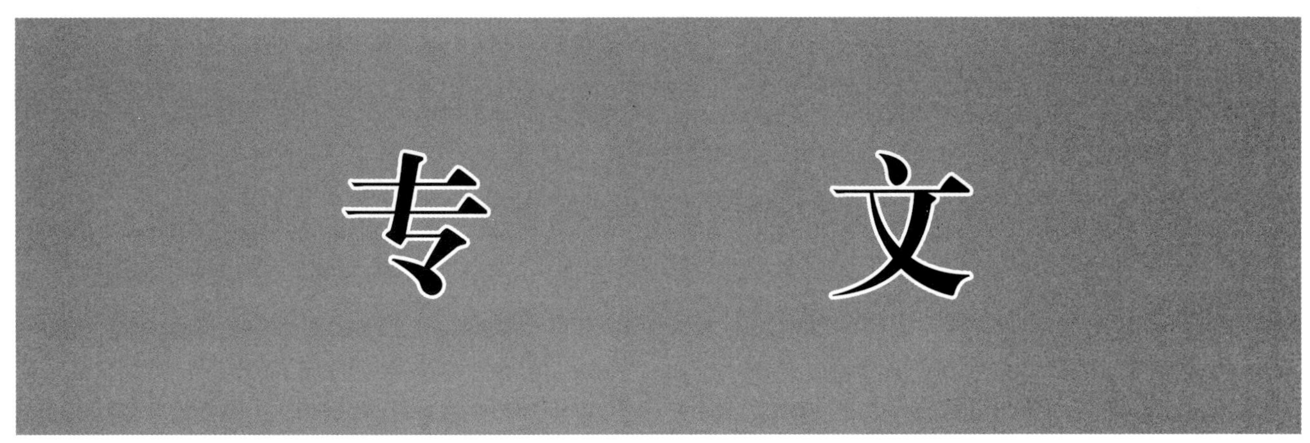

新起点 新目标 新征程 新跨越

——2011年1月6日在区委经济工作会议上

李秋葆

同志们：

这次区委经济工作会议的主要任务是：传达贯彻中央、省委、市委经济工作会议精神，全面总结“十一五”期间和2010年的工作成绩，安排部署“十二五”和2011年的经济工作，动员全区上下进一步解放思想、凝心聚力，立足新起点，明确新目标，开启新征程，实现新跨越！

一、客观总结成绩，立足发展新起点

2006年到2010年，是鼎城上下团结拼搏的五年，是鼎城发展脱胎换骨的五年，是鼎城人民扬眉吐气的五年，鼎城经济社会发展取得了骄人的成绩：

——地区生产总值由65.4亿元增长到149.1亿元，是2005年的2.3倍。

——三次产业比由40.1:25.4:34.5调整到29.8:33.7:36.5。

——固定资产投资由9.8亿元增长到62.4亿元，是2005年的6.6倍。

——社会消费品零售总额由33.5亿元增长到82亿元，是2005年的2.4倍。

——财政一般预算收入由1.35亿元增长到4.07亿元，是2005年的3倍。

——工业总产值由41亿元增长到150亿元，工业税收由7000万元增长到4亿元，分别是2005年的3.7倍和5.7倍。

——城市经营收益从无到有，增长到3亿元。

——农民人均纯收入由3276元增长到5698元；城镇居民可支配收入由8381元增长到16018元，分别是2005年的1.7倍和1.9倍。

——累计完成水利基础设施投入5.1亿元，是上个五年的3.4倍；解决安全饮水人数22万人，是上个五年的13.8倍；农村道路硬化从118公里增长到1409公里，是上个五年的11.9倍。

——计划生育工作跻身全国优质服务先进区（县）行列；低保扩面全省第一，低保救助进入全省先进行列；合格学校建设连续三年领跑全市；卫生工作连续三年夺得全市红旗；耕地保护和用地保障实现双赢，合法用地率全市第一。

2010年是“十一五”的最后一年，也是全区经济社会发展最辉煌的一年，经过一年的努力，鼎城已经稳居全市发展第一方阵，为今后的发展奠定了坚实的基础，具体表现在七个方面：

1、党建工作测评全市第一。以党的建设总揽发展全局的理念深入人心，党建已经成为推进全区各项工作的重要法宝，创先争优活动中领导点评的做法得到中央组织部部长李源潮的专题批示，并在全省创先争优工作会上介绍经验；在坚持以人为本抓党建、用组织温暖凝聚党员队伍，解决基层党建“最后一公里”落实难等问题上所作的探索，得到省委、市委充分肯定，全市基层党建暨创先争优述职测评中，我区得分全市第一。

2、财政收入增长全市第一。狠抓收入征管，大力压缩非生产性开支，实现财政一般预算收入4.07亿元，增长62.6%；财政总收入6.9亿元，增长55.7%，增速名列全市第一。

3、规模工业增速全市第一。落实2000万元以上的工业项目29个，总投资46.5亿元；完成工业总产值150亿元，入库税金4亿元，分别增长15.4%和33%；规模工业企业完成产值100亿元，入库税金3亿元，实现增加值27.5亿元，分别增长41.4%、45.6%、38.2%，规模工业增加值增速全市第一。

4、城市经营收益全市第一。携手清华大学完成了全市最高规格的城市规划设计，启动了全市规模最大的新区建设，落实重点城建项目78个，投资总额49.5亿元，实现城市经营收益3亿元，增长50%，收益规模和增长速度全市第一。

5、农村基础投入全市第一。硬化乡村道路230公里，疏通渠道近1000公里，新建、整修山塘2500口，改造一线防洪大堤4.7公里，解决了6.9万人的安全饮水问题，新建沼气池3037口，投入规模达4.6亿元，增长84%，居全市首位。

6、改善民生投入全市第一。财政安排资金2500万元以上，用于帮扶弱势群体。在全市率先启动农村养老保险试点工作；城镇职工基本医疗保险、企业养老保险、城乡低保、农村五保和退伍军人优抚等保障项目实现了江南江北一体化；改善民生的投入力度和成效位居全市首位。

7、安全稳定成效全市第一。安全事故同比下降18.5%，实现了食品、环保安全事故零发生，我区成为全市唯一的全省安全生产先进单位。矛盾化解工作进入省、市先进行列，四万名共产党员成为化解社会矛盾的主要力量，基层支部成为化解社会矛盾的坚强堡垒。因为基层政权的进一步巩固，全区90%以上的村实现了“矛盾不出村”。我区代表全省迎接中央政治局常委、中央政法委书记周永康视察，得到高度肯定。

回顾过去五年，我们在国际金融危机、国内政策调整和区内多年积累的矛盾等影响下艰难前行，各项工作都开创了一个好局面，成绩令人骄傲，经验值得总结。我们深深地感受到：人，是发展中起决定性作用的因素，鼎城是块理性的土地，鼎城人有的是智慧和胆识，只要我们团结起来，就能创造奇迹！回顾过去五年，我们觉得有三条比较成功的经验：

第一、抓党建就是抓发展。2008年以来，我们响亮地提出以党的建设总揽发展全局，把加强基层党建作为推进各项工作的根本方法。三年来的实践证明，科学发展关键在党，关键在党的组织和党员干部。通过狠抓党的建设，全区涌现了一大批善于抓党建，顾大局、敢担当、有作为的优秀党委书记，如：谢家铺镇林新忠、武陵镇肖仁华、逆江坪乡陈宏、灌溪镇杨学平、蒿子港镇李三堡、唐家铺乡李圣祝、石板滩镇钟科程等同志，他们有丰富的基层工作经验，有扎实的党建功底，有良好的个人魅力，在抓党建促发展上，走在了全区的前面，甚至在全市、全省都是佼佼者；还有一批善于学习、敢于担当、奋勇争先的年轻党委书记，如钱家坪乡余梅、丁家港乡孙华伟、草坪镇丁克刚、许家桥乡吉定辉、镇德桥镇舒伟、长岭岗乡张静慧、十美堂镇欧阳雁等同志，他们把乡镇当成自己的家，把党员当成自己的亲人，把工作做得有声有色。在维护大局方面，涌现了一大批时刻保持清醒头脑，坚决执行区委决策、维护区委权威的先进党组织，如：政府办党组、检察院党组、双桥坪镇党委、石门桥镇党委、石板滩居委会党支部、长岭烟机公司党支部等，这些班子，把大局看得高于一切，把群众利益看得高于一切，他们是鼎城发展前沿阵地真正的战斗堡垒。在履行义务方面，涌现了一大批忠于党的事业，在各项工作中敢于担当、勇于负责的优秀共产党员，如：区委办副主任陈友志同志，以高度的责任感和敢于担当的精神，挑起了全区控违拆违的重担，面对一些不法者的辱骂、人身攻击，受尽委屈，但他在执法过程中，从来没有气馁，从来没有叫苦，从来没有退缩，全区控违拆违工作在他的带领下出现了一个良好的局面，这样的同志非常难得；城管局副局长、环卫处主任周和生同志，在环卫处主任的岗位上一干就是4年，兢兢业业工作，从来没有怨言，在妻子身患癌症的情况下，也没有向组织叫苦，城市创建工作中，他流汗最多、挨骂最多、起早摸黑最多，从来不向组织提任何要求，我们现在的街道非常干净，这就是周和生同志带领一班人干出来的；住建局公用事业管理站站长张明仲同志，常年带病坚持工作，管好城市的每一盏路灯，每一条下水道，每一处小街小巷，每一处居民急需解决问题的地方，都有他的身影，这位同志要干劲有干劲，要能力有能力，要忠诚有忠诚，在公用事业管理站一干就是近十年，从来不说事业太苦、从来不说级别太低，默默无闻地奉献，像一颗永不生锈的螺丝钉。像这样的例子还很多，如：石板滩镇党委委员、武装部长孙林，逆江坪乡黄殿溪村党支部书记杨鸿鹏，唐家铺乡东湖山村党支部书记刘桂君，谢家铺镇楠竹山村党支部书记杨爱国，草坪镇陡惠渠居委会党支部书记张昌华，钱家坪乡枞山咀村党支部书记熊红岩，蒿子港镇锦阳街居委会党支部书记龚银珍，石公桥镇泥港口村党支部书记罗传勇，牛鼻滩镇上林村党支部书记陈才贵，花岩溪栖凤山村党支部书记陈慧泉，特养场五甲村党支部书记贺用国，丁家港乡西陂堰村卸职支部书记唐友如，灌溪镇五里村五组组长、党员罗为义，蒿子港镇光复村无职党员易国华等等，在他们的身上，我们随时都能看到对党的忠诚。还有很多先进基层组织、优秀共产党员，这里不一一例举，这些优秀分子成为了鼎城的脊梁，使我们在发展的征程中，每一步都走得更加坚实、更加有力。

第二、解放思想才有出路。回顾五年历程，鼎城最大的变化，还不是经济形势的变化，而是鼎城人思想的变化。“思路一变天地宽”，正是因为区委集中全区人民的集体智慧，作出了建设“三个鼎城”、推进“二次创业”的科学决策，才有了今天发展的好局面。如果没有打造工业鼎城的新思路，就没有中联重科，就没有现在的灌溪工业园，就不可能有4个亿的工业税收；没有开发城市新区的超前构想，就没有善卷文化墙、善卷医院、善卷中学等项目全面开工建设的繁荣场景，就不可能有3个亿的城市经营收益。更难得的是，解放思想、更新观念已经成为鼎城干部的重要标识，走到哪里，鼎城干部都信心十足，都能创造性地开展工作。有了这样一种良好的精神面貌，我们就有勇气面对任何困难和挑战。如：计生局一班人，开拓创新、迎难而上，在各项条件都比较差的情况下，顺利完成了创“国优”任务；林业局一班人，创新管理机制，使林业工作登上了新台阶；安监局一班人，敢于吃苦、敢于担当，时时刻刻把群众的生命财产安全挂在心头，安全生产工作进入了全省先进行列；水利局长王成猛同志，日夜坚守在防洪大堤施工现场，敢于吃苦、敢于担当、扎实干事，显示了超常的攻坚克难的胆识，今年水利建设无论是投入，还是效果，都是近年来最好的一年；还有农村工作部、开发区、发改局、财政局、国税局、地税局、国土局、工信局、招商局、电力局、住建局、人社局、民政局、公安局、广播电视台等单位在推进发展、改善民生、维护稳定等工作中，坚决落实区委决策，展现了敢于负责、敢为人先的精神风貌。

第三、团结出战斗力。五年来，我们把团结看得高于一切，靠团结凝聚干部队伍，靠团结树立新的形象，靠团结创造好的发展环境。我们五大家班子团结得像一个人，全区上下树立了真诚合作、精诚团结的良好风气。因为团结，我们得到了市委的支持和充分肯定；因为团结，我们得到了广大群众的理解和拥护；因为团结，我们想一件事就能办一件，办一件事就能成一件事。所以，那些善于团结的单位负责人，是有作为的负责人；那些团结的班子，是负责任的班子，是我们学习的榜样。如：交通局一班人精诚团结、分工合作，打开了交通工作的新局面，公路建设成效显著，机构改革平稳推进，是让区委放心的好班子；审计局一班人讲团结、讲大局，认真落实区委工作部署，充分发挥审计工作职能，班子被评为全省审计工作先进集体；信访局长何奕波，带领信访局一班人，起早贪黑，认真做好接访处访工作，不叫苦、不叫累，矛盾化解工作得到了中央、省、市各级领导的充分肯定；灌溪镇镇长涂华军、唐家铺乡乡长葛辉琳等同志，全力配合书记，维护班子团结，在推进工作中一马当先，敢于担当，是各级班子中副职们学习的楷模。

同志们，这些经验是过去五年我们最深刻的记忆。纵观鼎城发展历程，我们唯有弘扬这些经验，才能不断增强发展保障。

当然，我们还面临着一些困难和挑战，主要是：群众收入增长难。我们的群众收入水平虽然有了一定的提高，但是增收途径不多、幅度不大，群众增收滞后于经济发展的速度，这是我们必须正视的问题。弱势群体保障难。近年来，尽管我们不断加大了对弱势群体的帮扶力度，但是受财力制约，还有一部分困难群众的问题，难以得到彻底解决，这是我们不能回避的现实。安全稳定维护难。尽管我们在安全稳定工作上取得了一些成绩，但是安全隐患多、涉稳群体大，社会矛盾难以根本化解，各级干部长期承受着安全维稳的压力，寝食难安，这是我们急需解决的难题。

解决这些问题的根本途径，在于加快发展、增强实力，这需要我们全区广大干部群众的共同努力。

二、抢抓发展机遇，明确前进新目标

立足发展的新起点，能否正确把握区内外形势，抢抓发展先机，对我们来说至关重要。

1、抓大投入的政策机遇稍纵即逝。从国际来看，全球金融危机的影响已逐步减弱，2011年世界经济将进一步温和复苏。从国内来看，宏观环境和经济发展继续向好，中央经济工作会提出，实施积极的财政政策和稳健的货币政策，加大投入、扩大内需、调整结构、改善民生，仍然是今年的发展主题；注重农村发展、注重中小城市发展、注重普惠人民群众，仍然是今年的发展重点，这是我们发展县域经济的有利时机。同时，通胀压力增大，宏观经济政策调整变数增多，谁能抓住机遇争取国家财政投入，谁就能在未来的发展中抢占制高点。从省市形势来看，经过五年的发展，全省经济实现持续快速增长，主要经济指标实现翻番，即将全面推进的“四化两型”建设，将使我们在全省发展浪潮中获得强劲的动力；前几天的市委经济工作会议，进一步明确了常德经济“发展质量优于全省、发展效益高于全省、发展速度快于全省”的奋斗目标，各区县市都在你追我赶、竞相发展。在这种逼人的形势下，我们犹如逆水行舟，不进则退，慢进也是退，只有抢抓机遇，乘势而上，才能在加快发展中把握主动权。

2、跨越前行的发展基础前所未有。综合分析2010年主要经济指标完成情况，和“十二五”确定的增长速度，我们已经具备了综合实力挺进全省十强的基础。到2015年，全省综合实力十强区县市的8项考核指标中：城镇以上固定资产投资，我们可以达到160亿元，可以排到全省第9位；规模工业总产值，我们可以达到400亿元，也可以排到全省第9位；财政一般预算收入，我们可以达到10亿元，可以排到全省第7位。这三项指标是进入十强的关键所在，其他五项指标，我们有充分的把握进入全省前十强。经过反复调研、认真测算，只要我们抢抓机遇，保持目前的良好势头，就完全有信心、有能力成为常德第一个跨入全省十强的区县！

3、心齐气顺的创业氛围催人奋进。目前，我们各项工作进入全市前列，各项指标位居全市首位，正是鼎城人信心最足的时候；我们的工业、城市发展齐头并进，中联工业新城、善卷文化墙等一批重大项目开工建设，正是鼎城人干劲最足的时候；我们的“二次创业”发展战略得到实践检验，转变发展方式正在有力推进，正是鼎城人思想最解放的时候；我们的班子团结有力，干部争创事业，党员争做表率，社会安定和谐，正是发展环境最好的时候！

面对这样的机遇、这样的挑战、这样的局面、这样的环境，我们没有理由不奋发拼搏、有所作为！

在认真分析形势的基础上，区委经过认真研究，提出了今后五年经济社会发展的指导思想和奋斗目标。

指导思想是：以党的十七届五中全会精神为指针，以党的建设总揽发展全局，深入贯彻落实科学发展观，把加快转变经济发展方式贯穿于经济社会发展全过程和各领域，提高发展的全面性、协调性和可持续性，全力推进新型城市化、新型工业化和农业现代化，把“二次创业”推向新阶段，实现经济社会发展新跨越。

奋斗目标是：力争到“十二五”末，全区经济总量翻一番，综合实力进入全省十强。

2011年，我们的目标是：地区生产总值增长15%以上，固定资产投资增长30%以上，社会消费品零售总额增长20%以上，财政总收入增长15%以上，城镇居民人均可支配收入增长12%以上，农民人均纯收入增长13%以上，人口自然增长率控制在5.5‰以内，单位生产总值能耗下降4%以上，主要污染物排放减少2%以上。

落实指导思想、奋斗目标，我们的根本目的是实现“发展快、财政强、保障优、稳定好”。

——发展快。进一步解放思想，迎难而上，力争实现发展速度全市第一、全省一流。

——财政强。千方百计培植财源，扩大区级财政收入，严格控制非生产性开支。通过财政持续、高质量增长，增强财政保障能力。

——保障优。坚持每年拿出3000万元以上专项资金，用于改善民生；保障各级干部最优的待遇；努力实现江南江北保障一体化，让广大干部群众共享改革发展成果。

——稳定好。针对各类不稳定群体，狠抓矛盾化解；发展各项社会事业，充分调动全社会的积极性；全面加强党的建设，发挥党员作用，改善党群干群关系；打造“善卷故里”，弘扬善卷道德文化，营造团结和谐的发展环境。

三、转变发展方式，开启创业新征程

围绕确定的指导思想和任务目标，我们必须进一步解放思想，全面贯彻落实科学发展观，加快经济发展方式转变：

——要站在文化的高度经营城市,由片面追求开发收益向打造以文化为灵魂的城市经济转变。充分挖掘文化资源、全力打造文化品牌、全面发展城市产业,以文化为支撑来推动城市发展。力争五年内城市建设投入350亿元以上,江南城区建成区面积达到20平方公里,常住人口达到19万人,城镇化率达到45%,使江南新城真正成为一座文化名城。

——要用大项目带动工业升级改造,由低水平发展向产业集约型、资源节约型和环境友好型转变。全心全意服务战略企业、重大项目,注重发展新兴产业,全面优化发展环境。力争五年内工业发展投入350亿元以上,工业总产值达到500亿元,规模工业总产值达到400亿元,使鼎城真正成为由一批战略企业支撑的湘西北工业重镇。

——要以上市公司支撑农业产业发展,由粗放经营向高效现代农业转变。大力培育农业产业的上市企业,多渠道引进上市公司,努力增加农民收入。力争五年内农村基础设施投入100亿元以上,农业总产值达到99.5亿元,使鼎城农村真正成为生活富裕、环境优美的幸福乡村。

——要突出改善民生,由片面追求财力增长向地方财力与群众收入同步增长转变。促进群众增收,推进全民创业,强化社会保障,关注弱势群体,提升群众幸福指数,让全区人民共享改革发展成果。

具体来说,2011年,我们要重点抓好七个方面的工作:

1、突出争资争项。要用好用足政策,积极争资争项,力争全年完成投入总规模120亿元以上。要专人专责抓投资。对规划中的重大项目,每个项目要有一名区级领导,一个责任单位,一套工作班子,拿出落实方案,排出工作日程,实行一月一调度,一季一结账。要突出重点抓投资。及时掌握政策导向,重点围绕工业发展、城市建设、农村产业、改善民生等方面的重大项目,争取国家、省、市的支持。要兑现奖惩抓投资。财政拿出500万元专项资金,对争资争项的有功之臣进行重奖。同时,对工作不到位、影响项目落实的单位和相关责任人严肃追责。

2、打造灌溪工业新城。推进工业园区城市化,优化工业发展环境,提升产业竞争力。力争实现工业总产值200亿元,规模工业总产值150亿元,工业税收5亿元。统筹园区管理。把灌溪、石板滩产业新城作为城市的重要板块来打造,在基础设施投入、城市管理等方面,与江南主城区一并安排、同步推进。完善园区功能。把引进三产项目摆在与引进工业项目同等重要的位置,大力发展园区商居、餐饮、教育、卫生等公共服务,实现二、三产业协调发展,为企业提供功能完善的发展环境。做强工业航母。配套服务向战略项目倾斜,重点抓好投入16亿元、占地1700亩的中联重科中小吨位汽车起重机技扩改项目,克服一切困难,落实先期投入和项目前期准备工作。在石板滩建设中小企业创业园,设立300万元中小企业扶持基金,完善产业链条,加快产业聚集,扩大产业规模。发展新兴产业。巩固机械、建材、食品加工和纺织服装四大支柱产业,大力发展生物医药、电子信息、新能源开发利用等技术含量高、附加值高的新兴产业。重点围绕辰州矿业抓项目引进,努力培育有色金属深加工这一新的支柱产业。优化政务服务。继续坚持领导联重点项目、重点企业制度。推行"一站式"服务,成立园区政务中心,所有与工业发展有关的区直单位,都要派驻专人到开发区设立服务窗口,提高服务效率。

3、打造江南文化新城。坚持以善卷道德文化为灵魂,加速推进新型城市化,力争实现城市经营收益5亿元,全力打造"中华道德文化第一城"。城市经营要有新理念。站在文化的高度经营城市,让无限的文化影响取代有限的土地开发,提升城市发展的质量与效益。要以文化为支撑,大力发展第三产业,重点抓好交通物流、娱乐休闲、房产开发等产业,发展信息、中介、金融等现代服务业。城市建设要有新思路。打造"百亿城市建设工程",全力建设善卷文化墙、善卷文化公园、善卷文化外滩、善卷中学、善卷医院、善卷大酒店、善卷大道、善卷社区、善卷广场、善卷商业城等十大标志性工程,确保善卷文化墙、善卷中学、善卷医院等项目建成投入使用,善卷文化外滩、善卷文化公园、善卷大酒店、善卷大道等项目要及时启动建设。城市管理要有新举措。狠抓文明城市创建,投入5000万元以上,重点解决路不通、灯不亮、水不畅等市民关注的"三不"问题,打造城市宜居环境。城市土地控制要有新秩序。专人专责控违拆违,坚决从重从快打击非法占有土地的人和事,确保土地资源不被侵占;人性化抓好拆迁安置和失地农民生活保障,坚决维护好失地农民的利益,为城市开发营造和谐环境。市民教育要有新主题。弘扬善卷道德文化,以"从善从德"为主题,开展善德公民评选、善德故事征集宣传、"印象善卷"文艺演出等活动,教育引导市民,提升文明创建水平。

4、引进上市公司，发展现代农业。突出农业龙头企业的带动作用，扩大产业规模，提升产业效益，巩固农业基础地位，发挥农业传统优势。力争实现农业总产值75亿元以上。实施上市公司带动战略。落实隆平米业、盈成油脂、润农油茶等重点项目，支持兴达纺织、东风纺织、精为天米业、格莱水产、金标粮油、云港生物等企业实施扩改升级，积极引进、培育农业产业上市公司。大力发展农民专业合作组织，提高产业化水平，形成一批产业基地和农业品牌。重点抓好牛鼻滩万亩蔬菜生产基地建设，搭建蔬菜出口平台。完善农村基础设施。全面排查、重点调研、分步实施、公平对待，着力解决农村"行路难、饮水难、排灌难"的问题，消除规划无序和投入不公等现象，增强发展后劲。年内新建通村公路150公里，改造通乡公路30公里；解决3万人以上的安全饮水问题；投入2亿元以上加强农村水利、能源基础设施建设;关注发展死角，在顺利实施乌黄垸综合治理工程的基础上，启动冲天湖综合治理工程。推进城乡统筹。以工业园区、城市郊区为重点，着力打造城乡统筹先导区。实施以奖代投，加强规划指导，支持小城镇发展，努力把一批卫星镇、中心镇、重点镇建设成为经济增长的辐射点、农村产业的承载点、城乡统筹的联结点。加强农村水源保护和污染源控制，综合实施乡村清洁工程，进一步改善农村环境。

5、全力促进群众增收。把促进群众增收作为最重要的民生工程来抓，让发展成果惠及百姓，实现地方财力与群众收入同步增长。突出产业增收。大力发展第三产业，拓宽城镇居民增收渠道。稳定农村粮、棉、油传统产业，壮大油茶、楠竹、蔬菜、花木、柑橘等特色产业，促进农民增收。抓好创业增收。迅速拉开网络、强化措施、培植典型，在区、乡、村三级成立专门组织，采取有力措施，为创业者提供信用担保、小额贷款、技术、信息等方面的扶持，优化创业环境。加强就业增收。落实就业再就业优惠政策，统筹做好城镇困难家庭、农村低保家庭的就业帮扶工作。实施解困增收。建立帮扶长效机制，及时解决群众的特殊困难。财政安排3000万元以上专项资金，用于扶贫解困。推进保障增收。全面推进新型农村养老保险试点工作，完善城镇居民医疗保险和新型农村合作医疗保险体系。抓好廉租房建设、城市棚户区改造和农村安居工程。加强城乡居民最低生活保障，提高标准，扩大受益面。落实政策增收。认真落实各项惠农政策，强化农民负担监管；进一步扩大农业政策性保险覆盖面，强化农民增收保障。

6、统筹发展社会事业。提高人口素质。加强计划生育优质服务，控制人口自然增长率，优化人口结构，巩固"国家优质服务先进区"创建成果；实施人才引进工程，努力打造名优教师队伍和医疗专家队伍，创建鼎城自己的名学校、名医院；推进合格化学校建设和医药卫生体制改革，提高教育教学质量和医疗服务水平；激发社会活力。抓好鼎城文化中心建设，发展影视、演艺文化产业；大力发展体育事业，广泛开展群众健身活动；统筹抓好工会、青年、妇女等工作，调动广大群众干事创业的积极性。增强发展潜力。加强耕地保护，强化土地整理和储备，保障经济发展用地需求；坚持经济发展与环境保护的协调统一，推进可持续发展；深化各项改革，统筹推进其他各项社会事业。

7、确保安全稳定。坚持抓好"五大安全"。狠抓工作调度，深入开展安全隐患排查整治，杜绝重特大事故的发生。提高群众安全感。构建打、防、管、控一体化的长效机制，严厉打击各类违法犯罪活动，保障公共安全。确保社会稳定。坚持从源头化解矛盾，把各类矛盾化解在萌芽状态；坚持完善维稳网络，强化工作责任，妥善处理人民来信来访；坚持从基层党建入手，夯实社会稳定基础，努力实现"矛盾不出村"。

四、加强党的领导，实现鼎城新跨越

1、以党的建设总揽发展全局。坚持以党的建设总揽发展全局，提升党组织对经济工作的领导能力，增强各级组织的工作执行力。要从书记队伍着手抓党建，各级党组织书记要不断强化管党意识，提升管党水平，努力成为党建专家。要切实加强基层组织建设，完善制度，健全网络，强化保障支持，帮助提升工作水平。要以换届为契机，选准配强各级领导班子，努力使基层党组织成为工作前沿的战斗堡垒。要坚持以人为本抓党员队伍建设，关心温暖党员，帮助党员实现个人价值，促进个人发展，真正使四万名共产党员成为推进鼎城各项事业的核心力量。要进一步增强党组织总揽全局的能力，加强党委领导，支持人大依法监督，政府依法行政和政协履行政治协商职能，引导各民主党派、工商联和无党派人士积极参政议政，充分调动各方面的积极性。要通过抓党建，用好党员队伍这个最重要的政治资源，让我们的各级组织有人维护、各项工作有人推进。

2、以解放思想更新发展理念。坚持以科学发展观指导实践,不断探索适合鼎城的发展之路。要有开拓创新的精神。广大干部要做解放思想的先行者,要围绕区委确定的工作目标,结合本职工作,不断树立新理念、探索新方法,努力把工作做到最好。要有跨越发展的勇气。当前,我们面临着前所未有的发展机遇,我们要铆足干劲,朝着综合实力进入全省十强的目标奋进。各单位的工作,也要有勇争一流、敢为人先的精神,不仅要在市里拿先进,还要到省里、部里拿先进。要有正确取舍的眼界。把目标定高一点,眼前的日子过紧一点,短期内的投入加大一点,这是舍眼前,取长远。区委全力投入工业新城和城市新区建设,广大干部要正确认识、正确宣传、全力支持,有的单位可能还要牺牲局部利益,要正确对待。特别是我们的领导干部,要带头解放思想,在决策时要力求站得高一些、看得远一些,敢于打破常规、突破定势,用发展着的思路解决发展中的问题。

3、以改善民生凝聚发展力量。实施收入倍增计划,力争到2015年,城镇居民人均可支配收入突破3万元,农民人均纯收入达到1.1万元,基本实现翻一番,让老百姓过上更加殷实的生活。不断完善社会保障体系,坚持解困资金与财政收入同步增长,维护社会公平正义,让老百姓过上更有保障的生活。全面加强公共保障体系建设,努力增加公共事业投入,优化公共服务,改善城乡居民生活环境,让老百姓过上更有品质的生活。坚持依法行政,保障群众合法权益,让老百姓过上更有尊严的生活。要通过大力改善民生,让发展没有死角,群众没有怨言,公平正义不成为一句空话,为我们凝聚起推进发展的强大合力。

4、以作风建设增强发展保障。继续在全区倡导大胆创新、敢于担当、扎实干事、亲民爱民、清正廉洁的五种作风,重奖作风建设中的先进典型。继续严明五条禁令,狠抓作风监督。让真抓实干,对事业忠诚、对岗位忠诚成为鼎城干部队伍的主流,使广大干部真正成为干事创业的中流砥柱。

5、以善卷道德文化教育群众。文化是一个地方的精神旗帜,文化就是形象,文化就是投资环境,文化就是发展的内在动力。要以善卷道德文化为核心内容,加强思想文化建设,让"从善从德"成为全社会的自觉行动。要赋予"善德"新的时代内涵。最重要的"善",就是改善民生,让每一个困难群众都能感受到党和政府的关心温暖;最重要的"德",就是讲诚信,真心实意地对待前来鼎城开发的每一个客商。要通过弘扬善卷道德文化,使我们鼎城成为一个有人情温暖的地方,一个有诚信保障的地方,一个能舒心生活、安心做事的地方,让善卷道德文化成为鼎城的精神之魂、响亮名片。

同志们,你们马上要回到第一线,春节将至,有几句话要交待给大家。

各位区级领导:你们是鼎城各项事业的领导核心,你们的分管工作没有假期,不能因为过年而搁置。大家是人民的公仆,要把假期"放"给老百姓,自己应该积极站出来,努力抓好分管工作。每个区级领导都要有春节期间的工作方案,让涉及安全、稳定的各项工作井然有序,让老百姓过上一个安全、祥和的春节。

科局"一把手":你们要认真以党建总揽全局,做好年前年后的工作。一要把握好春节这个抓党员教育的关键时期,认真组织好党员送温暖工作,让科局党员也充分感受到组织的温暖。二要抓好班子的走访谈心工作,一年下来,许多矛盾积累在那里,作为"一把手",要学会用感情化解矛盾,用节日礼仪增进理解。三要维护好大局,春节期间不要搞小团体、小圈子活动,真正把维护核心、维护大局做到家里去。四要充分履行单位职责,按照分管区级领导的要求,安排好值班,落实好年前年后的相关工作,做到安全、稳定在你这个单位无休日。五要对口接待好上级主管部门回区、回乡的领导,为来年争资争项打好感情基础。

乡镇党委书记:你们是一个地方的主心骨,春节快到了,你们要切实做好以下五项工作:一要扎实开展好党员送温暖活动,尤其是困难党员,你是他们的靠山,要把他们的冷暖放在心头,真正把他们当亲人来对待。二要关心好支部书记、站所长,他们在"干部"这个领域属于弱势群体,工资待遇相对较低,工作难度又相对较大,乡镇的财政支出要重点解决他们的待遇问题。三要关心退职村干部,尤其是退职老支部书记,他们把青春、汗水献给了这块土地,现在他们的养老没有保障,作为党委书记,要把他们的困难当成自己的困难来解决。四要做好返乡领导干部的接待工作,让他们有回家的感觉,这是你们的本份。五要抓好春节期间的安全稳定,春节期间,安全稳定工作天天要有人管、事事要有人抓,尤其是遇到冰雪天气,党委书记要亲自抓,保证本乡镇老百姓过一个安定祥和的春节。

农村支部书记:你们是中国最基层的干部,是我们执政的基础,是最辛苦的干部,也是最重要的干部。你们年前年后还有很多重要工作:一要把党员送温暖的“最后一公里”进行到底;二要通过解困和送温暖,把退职村干部的心牢牢地抓在自己的手中;三要把五保户、特困户的困难解决好;四要做好本村的安全稳定工作,确保本村过年有个好秩序,老百姓的生命财产安全有保障;五要抓好计划生育工作,在外地打工的育龄妇女都回来了,你们要抓住这个有利时机,上门做好计划生育服务工作。

同志们,新的一年已经到来,新的五年已经启动征程,让我们在市委的坚强领导下,始终坚持以党的建设总揽发展全局,解放思想、真抓实干、奋勇拼搏,全面加快经济发展方式转变,不断实现鼎城经济社会发展新的跨越!

鼎城区人民代表大会常务委员会工作报告

——2011年1月10日在鼎城区十五届人民代表大会第五次会议上

向 阳

各位代表：

我受区十五届人民代表大会常务委员会的委托，向大会报告工作，请予审议。

2010年工作的简要回顾

2010年，常委会在区委的坚强领导下，坚持以邓小平理论和“三个代表”重要思想为指导，认真贯彻落实科学发展观，紧紧围绕“三个坚持、三个突出、三个加强、三个抓好”的工作思路，切实履行宪法和法律赋予的职责，为推进民主法治建设、促进我区经济社会又好又快发展发挥了积极作用。在去年9月召开的市委人大工作会议上，鼎城区人大常委会被市委评为全市人大工作红旗单位。全年共召开常委会会议9次，主任会议17次，听取和审议专项工作报告19个，作出决议决定16个，形成审议意见10份。回顾去年的工作，主要表现在以下四个方面：

一、着眼服务大局，依法行使职权

一年来，我们始终着眼于服务全区经济社会发展这个大局，依法行使宪法和法律赋予的神圣职权。

依法履行监督职能。一是认真听取和审议专项工作报告。突出了财政监督这个重点，去年1月份听取了2010年财政预算方案（草案）的情况汇报，8月份听取了2009年财政预算执行情况和审议决算的报告，11月份听取了2010年财政预算执行和预算调整的情况汇报，在各个关键环节都依法进行了监督，促进了公共财政在阳光下运行；听取了全区贯彻《气象法》的情况汇报，提出了提高气象事业经费投入、理顺基层管理体制等建议，使这项日常关注度不高的工作得到区政府及相关部门的高度重视；听取和审议了全区贯彻《科技进步法》的情况汇报，提出了加大宣传力度、健全工作机制、增加科技投入等审议意见，区政府据此意见，及时成立了由一名副区长任组长的科技工作领导小组，明确表示科技工作经费以2010年为标准，以后保持一定比例逐年增长，今年还将组织科技、人事部门对全区现有的科技人才每季度进行一次集中培训；听取和审议了全区社会救助工作的情况汇报，提出了加大救助力度、健全工作机制、加强基础建设等审议意见，区政府认真对待，先后修订完善了六个规范性文件，通过加大救助力度，使城市低保、农村低保、农村五保三项保障标准都超过或达到省政府的考核标准。为加强基础建设，区政府投入100万元建成了社会救助局办公楼，安排了工作经费30万元，还在13个乡镇设立了社会救助工作管理站，并为每个管理站保障了60至80㎡的工作用房，配备了专职或兼职工作人员1至2名；听取和审议了全区贯彻实施《农产品质量安全法》的情况汇报，提出了加大宣传力度、加强监管、完善体系等审议意见，区政府表示，将在宣传、监管、投入等方面狠下功夫，采取得力措施抓好问题整改，并在规定时间内将整改情况向常委会汇报。狠抓了对“一府两院”贯彻落实人大及其常委会决议决定、办理常委会审议意见和主任会议交办书情况的跟踪监督，去年12月听取该项工作情况的专题汇报，对交办的工作集中“盘点”，逐项“年检”，常委会不满意不能“过关”，确保了决议决定能认真贯彻执行，审议意见能及时有效落实，人大的监督有始有终。二是继续开展工作评议。根据《鼎城区人大常委会关于届内组织代表开展工作评议的意见》，为确保工作评议的严肃性和实效性，我们一方面狠抓了对2009年评议的六个单位整改情况的督办，在常委会第十七次会议上专门听取了六个单位整改情况的汇报，常委会组成人员对整改情况表示满意。另一方面，又通过票决程序，确定对区检察院、区教育局、区卫生局、区交通局、区发改局、市规划局鼎城分局六个单位开展工作评议。在评议之前，我们召开了评议动员会，成立了六个调查组，分别由常委会副主任带队，深入到各评议单位、乡镇、企业、社区进行了为期二个月的集中调查，常委会主任会议还对调查报告进行了审查把关，确保了调查报告的客观性、公正性。在评议专题常委会会议上，我们邀请了区纪委、区委组织部、区审计局等单位负责人参加会议，要求"一府两院"主要负责人及政府工作部门主要负责人列席会议，被评议单位班子成员轮流旁听会议。评议时，我们重点评这几个单位贯彻宪法、法律、法规，落实人大常委会决议、决定、审议意见，对人大代表议案、建议、批评和意见的办理，单位负责人在随届任命时的任职承诺，上届人大常委会监督的重点等情况，常委会组成人员人人发言，既实事求是地肯定了成绩，又一针见血地指出了问题，还提出了很多建设性的意见和建议，客观中肯，让人心悦诚服，收到了加强监督、促进工作的评议效果。会后，我们还综合评议发言，制定了整改意见，以常委会文件的形式进行交办，要求各单位三个月内汇报整改情况，从目前掌握的情况看，各单位都非常重视，为有针对性整改，一些单位还十分诚恳虚心地专程找评议发言的委员进一步了解情况，求计问策。三是积极开展执法检查。开展了对《环境保护法》的专项执法检查，配合上级人大常委会开展了《妇女权益保障法》、《民事诉讼法》、《城乡规划法》、《动物防疫法》和《重大动物疫情应急条例》等法律法规的执法检查，开展了《职业教育法》的执法调研，深入了解了全区贯彻上述法律法规的现状、存在的问题，并向上级人大报告了调研情况，向"一府两院"有关单位提出了相关建议，明确了工作要求，加强了相关法律的宣传贯彻，促进了相关工作的依法有序开展，营造了依法治区的良好氛围。四是着力推进司法监督。接受司法机关报备重大案件204件，受理申控案件34件，督办市人大常委会转办的申控案件2件，支持区检察院出台了《关于主动邀请人大代表、政协委员监督办案的意见（试行）》，配合市人大常委会开展了对贯彻《市人大常委会关于加强和改进人民法院执行工作的决议》的情况督导，要求区政府安排了一定数额的司法救助资金。五是抓好规范性文件备案审查。全年向市人大常委会报备规范性文件1件，接受报备规范性文件25件。对已备案的规范性文件实行动态审查，及时收集上位法律、法规及规范性文件的最新动态，发现已备案的规范性文件与之相冲突不宜再继续实施的，及时督促相关单位予以修改或废止。去年督促区法院废止了2009年备案的规范性文件一件。

依法决定重大事项。着力规范常委会会议会前、会中、会后的运行程序，不断完善会议议决机制，认真开好每一次常委会会议，并依法对全区重大事项做出决定。去年8月，常委会第十九次会议听取和审议了区人民政府提出的《关于善卷垸防洪大堤水利综合治理工程项目建设资金安排情况的议案》。常委会通过认真审议，认为该项目是事关全局的大事，是群众期盼已久的好事。会议以无记名票决的形式，做出了同意区政府资金安排的决定，并提出了相关审议意见，要求区政府在项目资金上贷得来、用得好、还得出，项目设计要高起点、管理要高水平、建设要高质量，要出台相应的管理办法，最大限度的发挥资金效益，要争取上级支持，谋划好还款计划，得到了区政府的高度重视。

依法进行人事任免。正确把握党管干部和人大依法任免干部相结合的原则，注重任前了解、法律考试、任职汇报、会议审议、无记名票决、颁发任命书、任职宣誓等环节，坚持依法按程序任免，既充分发扬民主，又确保了党委人事意图的圆满实现。全年共任免国家机关工作人员15人，接受辞呈15人（其中副区长4人、区人民法院院长一人），为国家机关正常运转提供有力的组织保证。

二、心系人民群众，关注民本民生

立足于常委会的职责职能，突出维护群众利益这个重点，始终关注民本民生。

切实关注发展死角。支持和参与韩公渡乌黄垸综合治理，使垸内1.6万人"行路难、饮水难、排灌难"等问题得到有效解决。继续关注发展死角，去年组织了一次省、市、区三级人大代表视察冲天湖大垸的活动，提出了综合治理要坚持政府主导、政策倾斜、群众参与等视察意见，要求区政府尽早规划，尽快启动，区政府迅速作出回应。

稳步推进"四行"活动。根据省、市人大常委会的统一部署，稳步推进人大"四行"活动。环保世纪行组委会深入到相关乡镇调查了解环境与资源保护情况，成功举办了“倡导低碳经济”专题讲座，取得了良好的社会效果。农产品质量安全行坚持以推进农业标准化建设为重点，进一步督促和支持区政府推进“三品认证”，有效改善了农产品质量安全状况。农民健康行以开展健康教育活动和助推药品制度改革为抓手，推动了农村医疗卫生工作的发展。民族团结进步行动组委会积极争取项目资金40万元，帮助许家桥少数民族乡解决饮水、行路等方面的实际困难，得到了少数民族群众的好评。

认真做好信访工作。对于人民群众的来信来访，始终坚持热情接待、依法办理。坚持定期分析信访态势，重要问题专门研究，着力加强工作督办等方式，全年共受理群众来信83件，接待来访群众109批466人(次)，均依法进行了办理或交办，切实维护了当事人的合法权益，推进解决了一些实际问题，促进了鼎城的和谐稳定。

三、竭力服务代表，增强履职活力

人大代表是人民代表大会的主体，常委会积极创新工作举措，竭力服务人大代表，不断加强和改进了代表工作。

努力激发代表履职热情。评选了全区十佳区人大代表、十个先进区代表小组和39个代表活动积极分子，营造了争先进、赶先进的浓厚氛围。继续开展了“人大代表旁听庭审”活动。坚持邀请省、市、区人大代表列席常委会会议和参与视察、调查、执法检查等制度，继续按时为市、区代表小组长寄送《人民之友》、《鼎城人大》等学习资料，使人大代表能够及时了解常委会和“一府两院”工作情况，拓宽了代表知情知政渠道，为其依法履职夯实了基础。

强化代表建议办理质量。对代表建议的办理情况，不单纯看满意率，更注重看实际解决率。去年共收到代表建议118件，已督促解决38件，正在解决或列入规划逐步解决的60件，解决率达83%，代表满意和基本满意率达99%。对于区十五届人大四次会议的“一号议案”——《关于推进油茶产业化进程、着力增加农民收入的议案》，区政府高度重视，专门组织了赴浏阳等地的学习考察，采取了项目驱动、典型带动、机制拉动等方式，有力地推动了全区油茶产业发展，代表们比较满意。

认真组织代表小组活动。关注乡镇代表小组活动的开展，去年10月份组织全区所有乡镇人大主席外出学习考察一次，开拓了视野，增进了交流。4月份召开了市、区代表小组长会议，针对会上提出的20多个活动议题，加大了组织、支持和服务力度。从6月份开始，组织6个市代表小组带着相关课题开展了调研活动，向市人大上报了高质量调研报告5篇。继续加强了代表小组阵地建设，为每个乡镇人大主席团配备了电脑，要求各代表小组进一步完善工作制度、考勤登记、表册资料入档等基础性工作，切实加强代表小组阵地建设。

四、注重夯实基础，加强自身建设

以党建工作作为推进人大各项工作全面发展的“牛鼻子”，以创先争优为动力，以开展各种活动为载体，抓好自身建设，提升机关效能。

扎实开展“创先争优”活动。根据区委的统一部署，常委会机关坚持一个程序不少、一个环节不减，扎实开展了“创先争优”活动，始终做到了高起点动员、高标准要求、高质量完成任务。通过认真开展公开承诺、领导点评、群众评议、评选表彰等步骤，着实强化了机关的政治建设、制度建设、作风建设和能力建设，提升了服务、服从党委中心工作的能力和水平，营造了创建先进基层党组织、争当优秀共产党员的浓厚氛围。

切实加大人大制度宣传力度。按照宣传出力作，调研出精品的工作思路，宣传机制进一步健全，宣传力度进一步加大，宣传氛围进一步浓厚，全年在《中国人大》、《人民之友》、《常德人大》等国、省、市媒体上稿量较去年稳中有升，巩固了上大报大刊连续三年居全市之首的成果，既增强了全社会的宪法意识、法律意识、人大制度意识，又提升了鼎城的知名度和美誉度。其中，《以党建新思路推动人大工作新发展》一文在全国唯一公开发行的人大报《人民代表报》理论版头条刊发，为新形势下人大工作如何发展探索了新的思路，得到了专家学者的一致肯定；总结推介区委重视支持人大工作的文章《依法执政兴鼎城》在湖南《人民之友》第8期以重点文章发表，在省内外产生很好反响，被收录于2010年《中国人大年鉴》；我们在《常德人大》第4期开辟了“鼎城专版”，图文并茂地宣传了鼎城用党建工作推动科学发展的成果。另外，《鼎城人大》的办刊质量进一步提高，影响进一步扩大，已经成为我区宣传人大制度的主阵地。

不断完善工作运行机制。始终按照“内外和谐”的工作思路，主动加强与“一府两院”的联系沟通，积极配合国、省、市人大整体联动的各种活动，服务、服从于区委中心工作，尽职尽责地完成了文明城市创建、维护稳定、防汛救灾等工作任务。认真抓好工作交流，先后承办了全市人大工作交流会、全市人大宣传调研工作座谈会、全市人大教科文卫工作联席会，接待了省、市人大及浙江省江山市、安徽省芜湖市三山区、山东省威海市环翠区等地人大领导来我区视察、调研、考察20多批次。去年4月16日，受全国人大常委会领导安排，全国人大机关一行共18人来我区调研考察，对我区的人大工作和新农村建设给予了很高评价。加强对乡镇人大的指导，坚持每个季度召开一次片会，便于相互之间取长补短，共同提高。按照区委要求，认真开展了党员春训、“五型”机关创建及学习贯彻落实区委十届八次全会精神、视察沅水防洪大堤等活动。抓好制度建设，进一步修订完善了《鼎城区人大制度汇编》，使人大工作有章可循、有制可依，促进了我区民主政治的规范化、制度化、程序化建设。经常性组织干部职工开展各种活动，加强了内外联系，融洽了干职感情，促进了机关和谐。

回顾去年的工作，我们深刻体会到，常委会工作取得的每一点成绩，都离不开区委的高度重视和正确领导，离不开上级人大及其常委会的热情指导，离不开“一府两院”自觉主动地接受监督，离不开各乡镇人大和社会各界的大力支持，更离不开各级人大代表和人民群众的积极参与。在此，我谨代表区人大常委会，向各位人大代表和区、乡（镇）人大工作者，表示诚挚的问候！向所有关心和支持人大工作的各级领导和各界朋友，表示衷心的感谢，并致以崇高的敬意！

在总结成绩的同时，我们也必须清醒看到，常委会的工作虽然取得了一定的成绩，但是，与上级党委的要求比，与宪法和法律赋予的职权比，与广大人民群众的期望值比，还有很大差距。如监督的实效还需要进一步突出、审议的质量还需要进一步提高、代表活力还需要进一步增强等等。这些问题，有待我们在今后的工作中认真研究，并着力加以解决。

2011年工作的基本思路

今年常委会工作的指导思想是：以市委人大工作会议、区委十届八次全会和区委经济工作会议精神为指导，全面贯彻落实科学发展观，围绕“以党建新思路推动人大工作新发展”的工作要求，依法行使宪法和法律赋予的神圣职权，努力把人大各项工作提高到一个新水平，深入推进以“打造工业新城、开发城市新区、建设生态新村”为主要内容的“二次创业”，努力实现“发展快、财政强、保障优、稳定好”的工作目标，为全面开创我区科学发展的新局面作出新的更大的贡献。

今年的工作思路是：“围绕一根主线、突出五个重点”。

围绕一根主线。就是要围绕“以党建新思路推动人大工作新发展”这一主线开展工作，坚持紧跟核心、紧扣中心、紧贴民心，进一步强化全体人大工作者的政治意识、大局意识、民本意识和创新意识，坚持把思想政治建设放在首位，自觉把党的领导贯穿于人大依法履职的全过程，落实到人大工作的各个方面，把党的领导、人民当家作主、依法治国有机统一起来。今年要向区委汇报后，请求召开区委人大工作会议，传达2010年市委人大工作会议精神，出台《加强和改进人大工作的意见》。

突出五个重点。就是要突出“维护大局、依法监督、关注民生、服务代表、提升形象”这五个重点。具体来说：

一是突出维护大局这个重点，凝心聚力促进发展

要紧跟当前经济社会发展的形势，自觉加强人大工作在全局工作中的责任和作用，认真贯彻落实中央、省委、市委和区委经济工作会议精神，紧紧围绕工业新城、城市新区、生态新村建设，切实发挥强有力的支持、保障和促进作用；要认真落实区委关于加快经济发展方式转变的决定，切实加强法律监督和工作监督；要高度关注“十二五”规划的实施，定期听取和审议计划、财政报告，推进“十二五”规划顺利起步。

二是突出依法监督这个重点，着力增强工作实效

要认真履行好重大事项决定权、监督权和人事任免权，特别是要依法履行好监督权，监督“一府两院”依法行政、公正司法。要紧紧围绕监督法的贯彻实施，进一步探索创新监督工作的方式方法；要着力提高人大常委会会议质量，增强会议监督的实效；要坚持和完善工作评议制度，今年继续选评六个单位，促进“一府两院”不断改进工作；要突出财政监督和司法监督二个重点，抓好类案监督、任免监督、司法机关内部监督，坚持节约财政、公共财政、阳光财政；要开展《劳动合同法》、《水土保持法》等法律法规的执法检查，着力解决一些执法过程中的突出问题；要继续开展“代表旁听庭审”活动；要切实做好规范性文件备案审查工作。在听取和审议专项工作报告上，继续按照选题“少

而精”的思路，适时安排听取全区学前教育情况、人民陪审员工作情况的汇报，听取和审议全区贯彻实施《土地承包法》、《农业机械法促进法》、《湖南省散居少数民族工作条例》等法律法规以及贯彻区人大常委会决议、决定的情况汇报。同时，要严格按《监督法》的相关规定，狠抓常委会决议决定和审议意见的督促办理，定期听取办理情况汇报，不断增强审议实效。

三是突出关注民生这个重点，切实维护群众利益

要坚持“一切为了人民，为了人民一切”的工作理念，继续配合市人大常委会“学有所教、劳有所得、病有所医、老有所养、住有所居”的主题，着力促进民生问题的解决；要继续关注发展死角，努力为人民群众排忧解难；要更加关心弱势群体，年内将听取和审议全区贯彻实施《残疾人保障法》的情况汇报；要继续深入开展人大“四行”活动，进一步促进人民群众生产生活质量的提高；要继续加大来信来访特别是涉法涉诉案件的督办处理力度，保障人民群众的合法权益，共同维护好鼎城和谐稳定的政治局面。

四是突出服务代表这个重点，不断激发工作活力

要在本次代表大会上隆重表彰“十佳区人大代表”和其他先进典型，号召全体代表学习先进典型，争当优秀人大代表；要加大对代表议案、建议、批评和意见的督办力度，既要看代表的满意率，更要看实际解决率。对办理代表建议、意见不力的，要狠抓督促，严肃纪律；要积极为代表搭建履职平台，强化履职保障，不断加强和改进代表工作。

五是突出提升形象这个重点，继续加强自身建设

要深入持久地抓好机关政治建设、作风建设、纪律建设、能力建设，打造“创先争优”活动的长效机制；要高度重视人大宣传调研工作，注重总结工作经验、推介代表典型，加强深度宣传报道，营造依法治区的良好环境；要以更加开放的眼光和姿态抓工作，加强方方面面的联系，抓好对乡镇人大工作和村委会换届的指导，不断提升人大工作的影响力。

各位代表，当前全区经济社会发展的基础前所未有，心和气顺的创业氛围催人奋进！人大代表既是一种政治荣誉，更是一种国家职务，既是一种政治权利，更是一种历史责任，既是一种政治信任，更是一种社会担当。作为人大代表，我们应该争当人大制度的宣传者、捍卫者、践行者，应该争当社会进步的参与者、建设者、助推者，应该争当代表形象的塑造者、维护者、提升者！让我们在中共鼎城区委的坚强领导下，振奋精神，扎实工作，不断加快转变经济发展方式的步伐，深入推进“二次创业”发展战略，为早日实现“综合实力跻身全省十强”的目标而努力奋斗。

鼎城区人民政府工作报告

——2011年1月9日在鼎城区第十五届人民代表大会第五次会议上

董　岚

各位代表：

现在，我代表区人民政府向大会报告工作，请予审议，并请各位政协委员和列席人员提出宝贵意见。

一、"十一五"及2010年工作回顾

过去五年，全区上下在区委的正确领导下，在区人大政协的大力支持下，深入贯彻落实科学发展观，全力推进"三个鼎城"建设和"二次创业"发展战略，圆满完成了"十一五"预期目标，经济社会发展迈上了新台阶。

——经济实力大幅跃升。2010年，全区实现地区生产总值149.1亿元，是2005年的2.3倍；财政一般预算收入4.07亿元，是2005年的3倍；全社会固定资产投资62.4亿元，是2005年的6.6倍；社会消费品零售总额82亿元，是2005年的2.4倍。

——产业结构趋向协调。三次产业比从2005年40.1∶25.4∶34.5调整为29.8∶33.7∶36.5，二、三产业比重持续上升。工业结构发生较大变化，初步形成了机械、建材、纺织、食品等主导产业；农业结构发生较大变化，粮、棉、油、猪等传统产业稳步发展，花木、油茶、水产等特色种养规模扩大；服务业结构发生较大变化，桥南市场交易额达到历史最好水平，大型超市、连锁经营、仓储物流等新型服务业态逐步形成。

——统筹城乡取得进展。大力推进新型城市化，建成区面积扩张到12.7平方公里，人口增加到13.2万人，路网骨架基本形成，城市化率达32%。大力推进新农村建设，所有乡镇和90%的行政村拉通了水泥路，解决了22万农村人口的安全饮水问题，灌溪、石板滩、石门桥等新农村建设示范片成为全市统筹城乡的亮点。

——社会事业全面进步。教育强区稳步推进，人口和计生工作连续五年保持全省先进，医疗卫生条件明显改善，社会保障体系不断健全，社会大局和谐稳定，各项事业全面发展。

刚刚过去的2010年，是我区快速发展、成绩显著的一年。一年来，我们按照年初区委经济工作会议和区人大十五届四次会议确定的目标任务，务实进取，锐意创新，经济社会呈现出良好的发展势头。

1.发展活力进一步激发工业经济充满活力。产销形势好。全年完成工业总产值150亿元，入库税金4亿元，分别增长15.4%和33%；规模工业企业净增14家，达到117家，完成产值100亿元，入库税金3亿元，实现增加值27.5亿元，分别增长41.4%、45.6%、38.2%。入园项目多。全年落实2000万元以上的工业项目29个，总投资46.5亿元。其中，落户园区的项目16个。建设速度快。南方水泥、天和管桩等项目已建成投产；海众混凝土、机械产业二期配套园10家企业等一批成长性好、带动力强的项目顺利推进。

城市经济充满活力。规划起点高。聘请清华大学对江南城区进行了高标准规划设计，并顺利通过了专家评审。项目开工多。全年落实重点城建项目78个，投资总额49.5亿元。永安路、金霞东路、江南污水处理厂等一批基础设施建成投入使用；善卷垸水利综合治理工程、善卷中学、善卷医院、花溪西路、双潭路等重点项目开工建设；全年新开工房产项目9个，建筑面积120万平方米，总投资19亿元。经营效果好。全年实现城市经营收益3亿元，增长50%；落实项目融资5.25亿元，已到位1.2亿元；狠抓土地储备和控制，深入推进控违拆违，全年新拆除违法建筑近3万平方米；投入1000万元，深入开展文明城市创建，较好地解决了城市社区"路不通、灯不亮、水不畅"的问题。此外，区财政投入 200 万元，拉动小城镇建设投入 1800 万元，重点支持了 3 个乡镇的街道综合整治。

农村经济充满活力。农业生产平稳发展。全面加强引导扶持，积极防灾抗灾，全年粮食播种面积达 190 万亩，比上年增加 5 万亩；棉花种植面积 15 万亩，比上年增加 2.4 万亩；油菜种植面积 60 万亩，总产 6.24 万吨；牲猪出栏 88 万头、存栏 45 万头，与上年基本持平。农民收入持续增加。农产品流通市场繁荣，各项惠农政策全面落实，农民人均纯收入达到 5698 元，增长 15.3%。产业特色逐步显现。初步形成了油茶、花木、蔬菜等特色种植业和牲猪、黑山羊、鳝鱼、甲鱼、翘鱼、桂鱼等特色养殖业。

商贸经济充满活力。桥南市场群全年交易额突破 100 亿元，服装、水产、副食、家电、建材、茶叶、轻纺等专业市场销售额创历史新高。桥南商业城正式投入运营，引进了久光国际、步步高和华星电器等商务业态。朝阳路、佳泰、维畅三大农贸市场升级改造全面完成，水产品市场建设进展顺利。“家电下乡”活动深入开展；花岩溪、石板滩毛粟岗等景区共接待游客 28.5 万人(次)，实现旅游综合收入 8500 万元。

2.发展潜力进一步积蓄。工业夯实了培植“航母”的基础。围绕中联灌溪工业园产值“十二五”过 300 亿、2011 年过百亿的目标，扎实推进了一系列“利长远”的基础工作。做大规划。按照“两型园区”的要求，聘请上海同济大学对经济开发区进行了高起点规划，面积达到 45 平方公里，园区吸纳与承载能力进一步增强。建大园区。累计投入 1.5 亿元，完成了机械产业二期配套园电力、电信转杆和南方水泥供水管网建设，启动了灌溪工业园永福路新建，推进了浦沅变电站 11 万伏增容改造工程，园区功能更加完善。引大项目。组织策划鼎城(广东客商)招商推介会，组团参加第四届湘商大会，成功引进了占地 1700 亩、投资 23 亿元的特力液压和中小吨位汽车起重机技扩改等一批战略项目。

农业巩固了农民增收的基础。紧紧围绕农民增收，加速推进农业产业化，增强了农业“自我造血”功能。加快了基础设施建设。累计投入 2.2 亿元，硬化乡村道路 230 公里，改造维修危桥 6 座，新建农村客运站 3 个，疏通渠道近 1000 公里，整修山塘 2500 口，新建沼气池 3037 口，解决了 6.9 万人的安全饮水问题。提升了农业产业化水平。规划建设了 13 个高效农业示范片、14 个生态养殖示范区、8 个生态林业示范片、12 个农产品加工示范企业、9 个星级休闲示范农庄，新增市级以上农业龙头企业 4 家。发展了农民合作组织。农民专业合作组织新增 45 家，达到 89 家。在石门桥镇乌塘岗村率先成立了全市第一家农村土地流转合作社。

城市打牢了文化引领的基础。按照“中华道德文化第一城”的发展定位，深入挖掘善卷道德文化内涵，把文化融入城市规划与建设；申报非物质文化遗产获得省市认可；成功举办了“善卷文化高峰论坛”，进一步打响了善卷道德文化品牌，提升了城市的知名度和美誉度。

“十二五”规划奠定了跨越发展的基础。精心编制“十二五”总体规划纲要和项目库，开发储备重大项目 288 个，投资总额近千亿元，其中 10 亿元以上的项目 24 个，进入省级规划的 154 个、市级规划的 265 个，为“十二五”末综合实力跻身全省十强提供了强大的项目支撑。

3.发展合力进一步凝聚。保障体系不断完善。新型农村养老保险试点正式启动，全区 11.9 万 60 岁以上的农民享受了养老保险待遇；城镇新型农村养老保险试点正式启动，全区 11.9 万 60 岁以上的农民享受了养老保险待遇；城镇居民医疗保险参保人数达 8 万人，新型农村合作医疗保险实现全覆盖，职工医疗保险逐步实现市级统筹；城乡低保对象扩面提标，农村五保对象做到了应保尽保；全年新增城镇就业 5103 人，城镇零就业家庭实现动态就业援助达 100%；城镇居民人均可支配收入达到 16018 元，增长 12%；投入 346 万元，对所有城乡低保、农村五保和优抚对象发放了临时价格补贴。

社会大局和谐稳定。直面群众信访，及时调处化解矛盾纠纷，妥善处理了一批群众反映强烈的遗留问题，矛盾调处及信访稳定工作经验得到了中央政治局常委、中央政法委书记周永康同志的充分肯定；高度重视生产、消防、交通、食品、环保安全监管，安全事故起数下降 18.5%，我区成为全市唯一的“全省安全生产先进单位”；不断完善公共事件应急管理体系，政府应急能力明显增强；狠抓社会治安综合治理，公众满意度测评排名全省第 41 位，继续保持在第一方阵。

民生改善成效明显。区财政配套资金 3700 万元，全面完成了省、市为民办实事工作任务，其中 19 项指标超额完成；按照年初承诺兑现了公务员津补贴和教师绩效工资，乡镇站所人员工资提高到 900 元 / 月，按要求落实了村级低限运转保障经费，对农村党小组长和村民小组长实行了误工补助；安排2500万元，解决了各类弱势群体的突出困难；配套400万元，完成了112套廉租房建设；筹措资金50多万元，用于残疾人救助；投入100万元，启动了601社区和通用机械厂的解困工作。

社会事业全面发展。人口与计生工作跻身全国优质服务先进区行列；节能减排成效明显；建设用地保障与国土资源保护实现双赢；高中教育布局有效调整，校舍安全工程、合格学校建设工程稳步推进；卫生服务不断优化，手足口病、甲型H1N1流感得到有效防控；丝弦节目首次登上国际舞台，尧天坪民间龙狮队进京参演并获奖，以草坪歌舞为代表的民间演艺文化享誉省内外；第六次全国人口普查工作顺利推进；人民防空、国防教育、民兵预备役工作深入开展；审计、统计、科技、物价、农机、气象、广电、民族宗教、信息化、档案、妇女儿童、青年、工会、工商联、老龄等工作都取得了新的进步。

4.发展动力进一步增强。坚持以党的建设总揽发展全局。紧跟区委部署，充分发挥党建的统领作用，扎实推进创先争优活动，坚持用党建调动一切积极因素，为加快发展提供了强大的精神动力与组织保证。

坚持以改革创新理顺发展机制。先后推行了以转变政府职能为重点的政府机构改革，以第三轮竞聘上岗为重点的乡镇事业站所改革，以实施“五大举措”为重点的教育改革，以清盘扫尾为重点的区属企业改制。通过改革，进一步理顺了体制机制，解放与发展了生产力。

坚持以自身建设强化发展保障。深入推进以“七项行动”为主要内容的满意政府建设，突出开展了工业发展环境整治、江南城区建设环境整治、江南城建大家谈、“城乡统筹先导区”建设、专家咨询库建设、重大政府投资项目监管、阳光执法、网上诉求快速处置等八大主题活动，进一步改进了干部作风，优化了发展环境，提升了行政效能。认真执行区人大及其常委会的决议决定，自觉接受区人大的法律监督、工作监督和区政协的民主监督，主动听取民主党派、工商联和社会各界的意见建议，办理人大代表议案1件，批评、建议118件，政协委员提案114件，满意率达99.2%，解决率达84.4%。

各位代表，这些成绩的取得，得益于区委的坚强领导、正确决策；得益于区人大、区政协的大力支持、有效监督；得益于全区人民的团结奋斗、务实拼搏。在此，我代表区人民政府，向各位代表、各位委员，并通过你们向全区干部群众，向所有关心、支持鼎城发展的各界人士致以崇高的敬意和衷心的感谢！成绩来之不易，经验弥足珍贵。我们深刻体会到：只有用党建总揽发展全局，才能形成强大的工作推动力；只有坚持科学发展，立足实际，才能克服发展中的各种困难；只有坚持团结奋进，包容共济，才能确保政令畅通；只有坚持民生为本，全面兑现承诺，才能凝心聚力，得到人民群众的理解和拥护。在肯定成绩的同时，我们也清醒地看到，全区经济社会发展还存在许多不容忽视的矛盾和问题，主要是：城市基本功能还不完善，承载能力不能适应城市扩容的需要；第三产业发展相对滞后，区位优势未能充分显现；农业产业特色仍不突出，传统农业大区的优势发挥不够；影响社会和谐稳定的因素仍然较多，维稳保安长效机制有待健全。对此，我们一定高度重视，采取有力措施，认真加以解决。

二、“十二五”总体部署

“十二五”时期，是我区经济结构的调整期，是发展新优势的培育期，也是冲刺全省十强的攻坚期。未来五年，我们的工作思路是：以科学发展、富民强区为主题，以转方式、调结构为主线，深入推进“二次创业”发展战略，站在文化的高度经营城市，由单纯追求开发利益向打造以文化为灵魂的城市经济转变；用大项目带动工业升级改造，由低水平发展向产业集约型、资源节约型和环境友好型转变；以上市公司带动农业产业发展，由粗放经营向高效现代农业转变；突出改善民生，由片面追求财力增长向地方财力与群众收入同步增长转变。

未来五年，我们的奋斗目标是：综合实力跻身全省十强。

——经济总量再翻一番。到2015年，地区生产总值达到300亿元，财政一般预算收入达到10亿元，社会消费品零售总额达到200亿元，规模工业总产值达到400亿元，城镇以上固定资产投资达到160亿元，城镇居民人均可支配收入突破3万元，农民人均纯收入达到1.1万元。

——城市规模再扩一倍。江南城区建成区面积达到20平方公里，常住人口达到19万人；灌溪工业新城基本建成；城镇化率达到45%。

——社会事业全面进步。城乡保障体系实现全覆盖，保障水平实现江南江北一体化；人均受教育年限达到11年；所有行政村通水泥路或柏油路；解决所有农村人口安全饮水问题；民主法制进一步健全，社会大局和谐稳定。

——约束性指标全面完成。人口自然增长率控制在5.5‰以内，单位GDP能耗下降9%，单位GDP二氧化碳排放量减少20%，城镇污水处理率达到90%，生活垃圾无害化处理率达到90%，化学需氧量、二氧化硫等主要污染物排放得到合理控制，耕地保有量控制在120万亩以上。我们坚信，只要我们始终坚持用党的建设总揽发展全局，始终坚持用解放思想拓展发展思路，始终坚持用改善民生凝聚发展力量，始终坚持用团结务实营造发展氛围，始终坚持用作风建设增强发展保障，就一定能成为全市第一个跨入全省十强的区县。

三、2011年工作安排

今年是实施"十二五"规划的开局之年，是转变经济发展方式的加快之年，也是建设人民满意政府的深化之年。新的一年，国家推行积极的财政政策，更加注重对农业、基础设施、节能减排、改善民生等领域的支持，意味着我们争资争项仍将大有可为；国家实施稳健的货币政策，信贷资金更加注重投向实体经济，特别是"三农"和中小企业，意味着区内企业发展壮大仍将有稳定的信贷支持；国家高度重视农产品的有效供给，提出要大兴水利夯实农业基础，意味着我们农业大区、水利大区的优势将充分显现，等等。这些都是我们加快发展的重大利好。此外，经过多年的投入和建设，我区基础设施明显改善，产业实力明显提升，对外影响力和吸引力明显增强，积蓄的发展能量正在持续稳定释放。这些都是我们加快发展的强大支撑。只要我们振奋精神，乘势而上，把握发展大势，抢占发展先机，就一定能够实现"十二五"的良好开局。

根据新的形势，今年政府工作的总体要求是：坚持以科学发展观为统领，全面落实区委经济工作会议精神，坚持以科学发展观为统领，全面落实区委经济工作会议精神，深入推进"二次创业"发展战略，加速新型工业化、新型城市化、农业现代化进程，致力结构调整，加快发展转型，努力实现"发展快、财政强、保障优、稳定好"的目标。

工作目标是：地区生产总值增长15%以上，全社会固定资产投资增长30%以上，社会消费品零售总额增长20%以上，财政总收入增长15%以上，城镇居民人均可支配收入增长12%以上，农民人均纯收入增长13%以上，单位生产总值能耗下降4%以上，主要污染物排放减少2%以上。

实现上述目标，我们将把握两条主线，推进六项工作，建设十大工程。

把握两条主线

——转变经济发展方式。全面落实省委"四化两型"和区委"四个转变"发展战略，坚持把经济结构调整、三次产业优化作为转型发展的主攻方向，把巩固工业经济、扩张城市经济作为转型发展的战略重点，把统筹城乡作为转型发展的重要任务，把文化驱动作为转型发展的重要力量，把保障和改善民生作为转型发展的出发点和落脚点，提高发展的全面性、协调性、可持续性，切实做到在发展中促转变，在转变中谋发展。

——建设人民满意政府。以人民满意为目标，不断强化政府自身建设。坚持依法行政。推行行政执法依据公开，让权力在阳光下透明运行；自觉接受人大法律监督、工作监督和政协民主监督、社会舆论监督，让权力在监督下公正运行；完善行政程序，让权力在制度下规范运行。坚持廉洁行政。强化政府重大投融资项目监管，防止"工程建起来，干部倒下去"；落实党风廉政建设责任制，严格行政问责，塑造政府良好形象。坚持高效行政。强化执行，做到政令畅通，令行禁止；主动作为，做到既不越位，也不缺位；紧盯目标，做到一以贯之、一抓到底。坚持公平正义。统筹城乡发展，关注弱势群体，支持贫困、偏远、少数民族地区经济社会发展，尽量缩小城乡差距和贫富差距。

推进六项工作

1、突出园区升级，巩固工业经济主导地位

经过几年的努力，全区工业经济由弱变强，总产值由2005年的41亿元增加到2010年的150亿元；对财政的贡献由小变大，入库税金由7000万元增加到4亿元，无疑已经成为鼎城经济的支柱。今年，我们将坚定不移地推进新型工业化，进一步巩固工业经济的主导地位，力争全年实现工业总产值200亿元，入库税金5亿元，其中规模工业产值150亿元。

拓展园区平台。坚持规划先行，强化产业配套，完善园区水、电、路、桥等基础建设。灌溪园区按照"工业新城、城市新区"的定位，实行"项目向西、生活向东、依托临岗、两园合一"，在石板滩启动建设占地1000亩的"中小企业创业园"，打造灌溪工业新城；桥南园区采取"整合提质、规范发展"的方式，引导产业升级；

石门桥园区主要围绕纺织和粮油加工业发展，引导企业入园；斗姆湖园区重点对接空港新城，发展临空服务业。

壮大骨干企业。全力支持骨干企业做大做强，力争全年产值过亿元的企业突破20家。重点抓好“中联灌溪工业园”建设，推进中小吨位汽车起重机技扩改，抓好中联塔机研发中心建设，大力支持特力液压、南方水泥、辰州锑品、天和管桩等骨干企业扩大产能。

升级产业结构。大力推进“产业多元化”战略，努力寻求新能源、新技术、新信息等新型产业的突破；设立300万元中小企业扶持基金，鼓励全民创业；支持骨干企业延伸产业链条，发展配套企业，推进产业集聚，实现集群发展。

优化发展环境。强化园区功能配套，大力发展商居、餐饮、娱乐、教育、卫生等公共服务，提升园区的承载能力；依法推进拆迁，为中联塔机等骨干企业做大做强拓展空间；启动拆迁户集中安置小区建设，提升园区形象；理顺管理体制，相关职能部门在经济开发区设立办事机构，落实“一站式”服务，提高园区政务服务效率；继续实行招商引资的优惠政策，力争全年新引进过2000万元的工业项目20个以上。

2、突出文化驱动，培育城市经济新优势

准确把握经济结构调整的特点，按照“中华道德文化第一城”的定位，加快新型城市化进程，稳步推进城市扩容提质，打造江南文化新城，将城市经济培育成鼎城经济的新优势，力争全年实现城市经营收益5亿元以上。

开展善卷道德文化系列活动。大力倡导“从善从德”的善卷道德文化。牵手省社科院，建好“善卷道德文化研究基地”，进一步丰富善卷道德文化的内涵；抓好善卷文化墙内容征集活动，打造城市文化精品；继续开展“十佳善德公民”评选活动，弘扬善卷美德，倡导和谐新风；继续抓好善卷道德文化“申遗”，提升城市知名度。

建设城市标志性工程。高标准建设善卷垸水利综合治理工程；启动建设善卷五星级大酒店和善卷文化公园；加快善卷中学、善卷医院建设进度，确保按时投入使用；有序推进骨干路网新建和改造，配套完善城市绿化、亮化、美化工程，提升城市品位。

发展城市主导产业。深入分析城市住房需求，推进高品质房产开发，力争全年开工房产面积100万平方米；启动策划“印象善卷”大型歌舞晚会，进一步扩大善卷文化品牌的影响力；抓好鼎城文化中心建设，发展影视文化、演艺文化等产业，满足江南市民娱乐休闲的新需求。

提升城市管理水平。进一步建立健全长效机制，切实加强城市管理，规范城市秩序。按照全市统一部署，深入实施市民素质提升工程、市容环境整治工程、窗口行业文明优质服务工程和城市品牌达标工程，巩固文明创建成果，为全国文明城市创建夺牌做出积极贡献。继续推进控违拆违，坚决杜绝违法建设，营造良好的城市发展环境。

3、突出农业转型，提升农业大区传统优势

鼎城是一个有着70万农业人口的农业大区，农业一直是我区的传统优势。今年，我们将突出农业转型，继续稳定农业生产，推进农业产业开发，促进农业提质增效，进一步提升农业大区的优势，力争全年实现农业总产值75亿元以上。

稳定农业生产。把稳定发展粮食生产作为“三农”工作的首要任务，大力推进“振兴湘米工程”，进一步压单扩双，确保全年粮食播种面积180万亩以上，其中优质稻120万亩以上；大力发展油菜、棉花等传统作物生产，确保种植面积，努力提高单产。

?夯实农业基础。围绕“行路难、饮水难、排灌难”问题的解决，切实抓好农村断头路建设，全年新硬化通村公路150公里，改造唐家铺至黄土店、镇德桥至石公桥、双桥坪墟场至津市、双桥坪五同庵至临澧等4条30公里通乡公路，力争用两年时间硬化所有的县道围绕“行路难、饮水难、排灌难”问题的解决，切实抓好农村断头路建设，全年新硬化通村公路150公里，改造唐家铺至黄土店、镇德桥至石公桥、双桥坪墟场至津市、双桥坪五同庵至临澧等4条30公里通乡公路，力争用两年时间硬化所有的县道断头路；维修改造危桥5座，渡改桥2座，新建农村客运站5座；年内解决3万人以上的安全饮水问题；实施水库除险、山塘整修、流域治理、水利血防、枉水灌区续建配套等工程，推进五里溪、庙潭河坝等中型灌区节水改造工程；启动苏家吉水闸除险加固和冲天湖综合治理工程；落实粮食产能工程；对74个村实施农村二期电网改造；新建农村沼气池2000口以上；继续实行“一事一议”筹资奖补，支持村级公益事业建设；建立完善后续管理机制，鼓励乡镇、村加强农村基础设施管护。

发展现代农业。千方百计引进农业龙头企业，支持隆平米业、盈成油脂、润农油茶等龙头企业建立产业基地,扶持农业企业上市;发展壮大农民合作组织,提高农民组织化程度,增强农民抵御市场风险的能力;大力培育农业品牌,在牛鼻滩、中河口等乡镇新扩万亩蔬菜基地,培育壮大石板滩花木、灌溪葡萄和大龙站、长岭岗水果等特色农业,引导发展中河口榨菜、黄土店擂茶、花岩溪榨笋、十美堂食用菌等名优特产,做大做强油茶、柑橘、楠竹等优势产业,形成一批特色品牌。

统筹城乡发展。大力推进新农村建设,继续对小城镇建设实行以奖代投;综合实施乡村清洁工程,进一步改善农村环境;切实加强农村水源保护和污染源控制,大力治理畜禽和水产养殖污染,争取建成一批省级"生态乡镇"和"生态村"。

促进农民增收。切实加强农民技能培训,增强农民增收能力;严格兑现惠农政策,强化农民负担监管,实现农民政策性增收;扩大农业政策性保险覆盖面,增强农民增收保障。

4、突出消费拉动,发挥鼎城独特区位优势

今年,国家把消费摆在了拉动经济增长"三驾马车"(消费、投资、出口)的首位。为此,我们一方面要通过发展,增强群众的消费能力;另一方面,要通过改善消费条件,培育新的消费热点,增强消费对经济的拉动力,发挥出鼎城特有的区位优势。

升级改造传统消费平台。全面完成水产品市场改造工程,启动建设冷链市场,升级改造蔬菜批发市场,支持有条件的专业市场做大做强,完善桥南市场配套设施,进一步巩固湘西北小商品集散中心的历史地位。

引导培育新的消费热点。发展休闲旅游业,切实抓好花岩溪、石板滩毛栗岗深度开发,推进"吉祥寺"项目建设,策划引导大龙站、长岭岗等环太阳山旅游发展。发展现代服务业,启动桥南物流产业园、天和码头建设,整合江南物流配送业务,完善物流服务体系,解决大桥南商圈物流仓储问题;积极引进商业银行,做强政府融资平台,推动金融业发展;积极发展电子商务、连锁超市、体育健身、影视休闲等新兴服务业态。

拓展规范农村消费市场。继续实施"家电下乡"、"汽车摩托车下乡"和家电以旧换新,大力推进"万村千乡市场工程"和"双百市场工程",促进城乡市场共同繁荣;加强农村市场监管,深入开展打假治劣活动,营造便利、安全、放心的消费环境。

5、突出投资拉动,用项目大建设推动经济大发展

继续开展项目建设年活动,力争全年落实投入总规模120亿元以上,充分发挥项目建设扩大投资、优化结构、增强后劲、带动就业、推动发展的强大引擎作用。

建设一批重点工程。加快在建、续建项目建设,不断完善基础设施。配合抓好沅水三桥、桃花源路、常安、常岳、澧常高速公路以及石长铁路增建二线、黔张常铁路、长益常城际铁路等工程建设,全力支持桃花源机场扩建和常德烟厂异地扩建等工程建设,完成国道207、省道205工程建设,启动国道207、319城区改线及周(家店)西(湖)干线公路改造,积极推进城区电力增容和农村电网改造,确保各项重点工程按质按量投入使用。

落实一批项目资金。抓好区域规划与国家、省、市三级规划的对接,围绕农业、基础设施、节能减排、改善民生等方面的重大项目,加大向上争取项目资金力度;设立500万元专项基金,作为争资争项的工作经费和奖励经费,力争全年争取上级投资突破3亿元。

推进一批项目前期。准确把握国家投资政策,抓好一批工业、水利、交通、城建、环保、科技、民生等领域的重大项目开发和前期工作,力争全年开展前期工作的重大项目达到20个以上,其中10个项目达到开工条件。

6、突出民生改善,实现经济实力与人民福祉共同增长

坚持富民优先,重视民本民生,实现发展成果全民共享。

发展社会事业。推进教育强区。大力实施教育改革"五大举措",继续重奖教育功臣,切实提高教育质量;实施学前教育三年行动计划,促进义务教育均衡发展,支持区一中争创教育品牌,注重职业教育发展。发展卫生事业。稳妥推进医药卫生体制改革;整合卫生资源,建强第四人民医院和善卷医院;提高重大疾病防控和突发公共卫生事件应急处置能力。发展文化体育事业。大力推介丝弦等品牌演艺文化,举办乡村运动会,不断丰富群众精神文化生活。实施人才强区,出台优惠政策,大力引进教育、卫生等专业人才。落实"三大国策",抓好人口与计生工作,巩固"国家优质服务先进区"创建成果;加强耕地保护,强化土地整理和储备,保障经济发展用地需求;认真落实《鼎城生态区建设规划》,突出节能减排,努力完成污染减排约束性指标。发展无线数字电视。推进国防后备力量建设。统筹抓好科技、工商联、工会、老龄、残疾人、青年、妇女儿童、统计、审计、农机、信息化、档案、人防、邮政、通信、气象等工作。

强化社会保障。落实企业退休人员基本养老金提标政策，提高新农合和居民医保补偿标准，全面实施城镇职工医疗保险市级统筹，全面落实重点工程农民工工伤保险，全面推行新型农村养老保险；千方百计增加就业岗位，年内帮助7000名失业待业人员再就业；城乡低保月人均补助标准分别提高到178元、78元，农村五保户分散供养、集中供养标准分别提高到每年1500元、2600元；加强被征地农民社会保障；按照市政府下达的任务完成保障性住房建设；抓好200套农村安居房、3所乡镇敬老院的建设和改造，完成区福利中心建设和殡仪馆搬迁；安排3000万元以上专项资金用于扶贫帮困。

保障基层运转。适当提高乡镇公用经费和老居委会运转经费标准；村级低限运转保障经费提高到村平5万元，不足4万元补齐4万元；乡镇（场）站所人员按档案工资打卡发放；按政策视财力落实好公务员津补贴和事业人员绩效工资。

促进社会和谐。坚持依法治区，加强法制宣传，增强全民遵纪守法意识；进一步健全"五大安全"责任体系，突出安保设施建设与管护，强化安全监管，确保全年不发生较大以上安全事故，预防和减少一般性事故；坚持用群众工作统揽信访工作，深入开展"大接访、大排查、大走访、大化解"活动，加强矛盾纠纷调处，层层落实维稳责任，从源头上预防和减少社会矛盾；加强社会治安综合治理，严厉打击各种违法犯罪；完善公共事件应急管理体系，提高应对和处置突发事件的能力。

建设十大工程：

——善卷垸水利综合治理工程。按50年一遇的防洪标准，逐步建成集防洪墙、善卷大道、善卷文化墙、外滩公园"四位一体"的水利综合治理工程。

——中联重科灌溪工业园建设工程。按照"两型园区"要求，投入4.5亿元，配套"一桥五路"等基础设施，启动建设占地1700亩的现代工业新城。

——桥南物流产业园建设工程。投资约2.3亿元，按800万吨的年货物吞吐量，高标准建设占地640亩的桥南物流产业园。

——城区路网建设工程。加快城区基础设施建设步伐，有序推进桃花源路、金霞路、鼎城西路、红云路、建新路等主次干道新建和改造。

——学校、医院建设工程。加快建设投资8000万元的善卷中学，确保今年秋季开始招生；加快建设投资1.3亿元的善卷医院，争取年内完成主体工程。

——城区电力增容工程。投资8000万元，在花溪路以北、红云路以西规划建设110千伏变电站，增强江南城区供电能力。

——环洞庭湖综合治理工程。启动环洞庭湖综合治理，年内完成十美堂、黄珠洲2万亩土地的综合整治。

——市场升级改造工程。完成江南水产品市场一期工程、启动冷链市场建设和蔬菜批发市场升级改造，完成4个农贸市场升级改造。

——善卷大酒店建设工程。采取市场运作方式，新建一座集高档餐饮、住宿、会展、健身娱乐于一体，配套室内游泳池、网球场的五星级大酒店。

——善卷公园建设工程。在阳明路以西、德安路以东、建新路以南、永富路以北，启动建设集娱乐、休闲、文化传承于一体的主题公园。各位代表，宏伟目标催人奋进，创业征程任重道远，让我们在区委的坚强领导下，团结和依靠全区人民，把握新机遇，迎接新挑战，创造新业绩，为实现鼎城经济社会发展的新跨越而努力奋斗！

名词解释：

"三个鼎城"：工业鼎城、商贸鼎城、城市鼎城。

"二次创业"：打造工业新城，开发城市新区，建设生态新村。

"两型园区"：资源节约型、环境友好型园区。

"五大举措"：实行校长聘任制、二层骨干公开竞聘、教师末位淘汰、绩效工资向一线教师倾斜、与省内外名校联合办学等五项教育改革。

"七项行动"：政府重大决策阳光行动、行政审批提速行动、行政裁量权规范行动、发展环境大整治行动、建设秩序治理行动、生态环境保护行动、困难群众帮扶行动。

"四化两型"：四化是指新型工业化、农业现代化、新型城镇化、信息化；两型是指资源节约型、环境友好型。

"四个转变"：站在文化的高度经营城市，由单纯追求开发利益向打造以文化为灵魂的城市经济转变；用大项目带动工业升级改造，由低水平发展向产业集约型、资源节约型和环境友好型转变；以上市公司带动农业产业发展，由粗放经营向高效现代农业转变；突出改善民生，由片面追求财力增长向地方财力与群众收入同步增长转变。

"老居委会"：共58个农村居委会，包括村改居16个、老建制镇居委会41个及石板滩镇常水居委会。

中国人民政治协商会议常德市鼎城区委员会常务委员会工作报告

——2011年1月7日在政协常德市鼎城区第七届委员会第五次会议上

许中诚

各位委员：

我代表政协鼎城区第七届委员会常务委员会，向大会作工作报告，请予审议，并请列席会议的同志提出意见。

2010年工作回顾

过去的一年，在中共鼎城区委的正确领导下，我们高举中国特色社会主义伟大旗帜，以科学发展观统领政协工作，认真贯彻落实省委、市委政协工作会议和区委经济工作会议精神，牢牢把握团结和民主两大主题，认真履行政治协商、民主监督、参政议政职能，为深入推进"二次创业"发展战略，促进全区经济社会又好又快发展作出了新的贡献。

一、在服务大局上有新的作为

围绕中心、服务大局是人民政协工作的重要原则。一年来，我们紧跟区委、区政府的工作部署，围绕促进发展、改善民生、维护稳定等重大问题积极建言献策。

1、为促进发展建言。一年来，我们紧紧围绕区委经济工作会议提出的"发展快、财政强、保障优、稳定好"的战略目标，主动作为。积极关注工业发展。围绕园区建设、项目建设等重大问题开展调研视察，提出工作建议。在七届四次全会上，我们就工业园区建设作了大会发言，针对工业发展中存在的"项目用地比较紧张、基础建设资金缺口较大、产业发展不平衡、园区配套不够完善"等问题，提出了"推进'1+5'发展模式，完善园区规划；优化产业结构，培育产业集群；实行抓大扶小，加大招商力度；实现多元投入，加强基础建设；优化发展环境，提升服务水平"等建议，得到了区委、区政府的充分肯定。鼎力支持城市经营。一年来，我们围绕西区规划、城市项目建设、城市经营管理、文明城市创建等重要问题建言献策。区政协七届二十九次主席会议专题协商了城建工作，提出了"规划要超前、管理要规范、配合要有力、建设要量力、程序要合法、领导要加强"等建议。区政协先后召开七届三十二次主席会议、七届十三次常委会议，就善卷垸防洪大堤水利综合治理工程进行了专题视察协商。会议认为，区委、区政府在善卷垸防洪大堤水利综合治理工程上，思路清晰，决策科学。这一工程是功在当代、利在千秋的民心工程，对江南防洪保安、提升城区形象、促进鼎城经济发展有着重要的意义。会议提出"要超前进行规划、加快施工进度、确保工程质量、加强资金监管、发挥最大效益"等建议，得到了区委、区政府领导的认同。全力参与新农村建设。区政协召开七届二十七次主席会议，专题视察了全区新农村建设工作。会议对近年来全区新农村建设，特别是关注发展死角的做法给予了充分肯定。针对新农村建设中存在的问题，会议形成了《关于推进我区社会主义新农村建设的建议案》，提出了"要加强党对农村工作的领导、完善新农村建设的总体规划、进一步改善农村条件、大力推进农业产业化经营、加强基层党的建设、建立健全长效管理机制"等六条建议，得到区委、区政府的采纳。

2、为改善民生建言。民生连着民心，民心凝聚民力。一年来，我们始终把关注民生作为政协履职的出发点和落脚点，充分运用调研、视察、提案、社情民意等形式，为解决民生问题听实情、出实招。以提案工作为抓手，助解民忧民困。我们充分发挥提案作用，广泛征集提案线索，创新提案办理措施，增强提案办理成效，一些群众关注的民生问题得到了有效解决。如“进一步规范客运中巴车票价”、“提高社会救助水平”等一批群众反响强烈的提案，有关部门认真吸纳提案建议，积极主动搞好组织协调工作，使问题得到了基本解决。“整合全区教育资源”、“进一步完善新农合制度”等一些事关全局的提案，引起区委、区政府的高度重视，有些建议得到采纳并已进入决策层面。“尽快畅通断头路”、“加强乡村公路管理和养护” 等一批反映了多年、问题解决难度大的提案，相关单位积极汇报衔接，克服各种困难，工作成效明显。以视察调研为载体，关注民计民生。我们把视察调研作为有效履行职能的基础，对那些关系全局的苗头性、倾向性问题，及时进行调研，提出真知灼见。如怎样有效预防和处理群体性事件，促进社会和谐稳定，区政协组成专门调研组，深入部分乡镇、村组进行了调研，并对全区发生的群体性事件进行了认真分析，形成了预防处理群体性事件的调研报告，得到市、区领导的肯定。如关注发展死角问题，我们先后组织政协委员到乌黄垸、冲天湖进行了视察调研。大家一致认为，乌黄垸综合治理成效显著，是区委、区政府发展观念的重大转变，是关注发展死角的重大举措，是关系百姓民生的重大工程。乌黄垸的综合治理经验值得认真总结，值得大力推广。以《社情民意》为渠道，畅达民意民情。一年来，我们始终把群众反映强烈的民生问题作为政协工作的重点，先后编辑《社情民意》、《内参件》25 期，反映社情民意 50 多条，其中《关于减少缠访闹访事件的建议》等 4 条社情民意被省政协采用。针对部分中小学校商店食品卫生状况不佳的问题，我们撰写了《中小学商店的食品卫生状况亟待重视》的社情民意，得到市委、市政府领导的高度重视，市委副书记、市长陈文浩进行了批示。6 月份，市、区两级工商、卫生等部门进行了专项整治。针对武陵镇部分居民对城区经常停电反映强烈的问题，我们经过调查后，形成了题为《武陵镇居民对电力容量不足反映强烈》 的社情民意，区委、区政府领导高度重视，区委书记李秋葆，区委副书记、区长董岚，副区长刘运华相继作出批示。区电力局迅速进行了整改，群众反响很好。针对干部群众反映强烈的住院起付线问题，我们通过调查走访，形成了《广大干部职工强烈要求取消医保住院报销起付线》的社情民意，引起了区委、区政府领导的高度重视，区政府多次开会研究，取消了住院报销起付线。另外，区政协反映的《建议善卷文化公园规划区内千亩土地采取租赁方式》、《新建电子显示屏亟待检修开播》 等一批社情民意也引起了相关部门的重视。

3、为维护稳定建言。社会稳定是人民群众的共同利益所在，也是经济社会健康发展的前提。一年来，广大委员与民交友、体察民情、通达民意、促进民富，积极协调关系、化解矛盾、理顺情绪、维护稳定。为综治工作建言。一年来，全区政协委员不仅带头遵守法律法规，还积极为综合治理工作建言献策。在七届四次全会上，我们就“加强基础建设，筑牢综治防线”作了大会发言，提出了“夯实基层组织建设、健全基层工作机制、提高政法队伍素质、加强综治工作保障”等建议，得到了有关部门的采纳。为弱势群体建言。弱势群体往往生活在社会最底层，更需要关心，更需要关注。一年来，我们积极为弱势群体鼓与呼，为关注弱势群体献计献策。针对失地农民问题，我们提出了“加大失地农民保障力度，出台失地农民保障办法，建立失地农民培训网络，拓宽失地农民就业渠道”等建议；针对农村五保户问题，我们提出了“要进一步加大上级补助额度，实行集中供养；要适当提高住院报销比例”等建议；针对弱势群体打官司难的问题，我们提出了“设立法律援助窗口、开办巡回法庭、减免诉讼费用”等建议，引起了相关部门的重视。为矿区稳定建言。由于南方水泥征地拆迁和吉强建材厂的关闭，雷公庙镇南方水泥矿区的个别村组引发了不稳定问题， 有一段时间，阻工、上访事件不断。根据区委安排，区政协进行了认真调研，提出了“全力做好稳定工作、协调解决保障和就业问题、支持开展新农村建设”等建议，得到区委、区政府采纳。为散居少数民族村的稳定发展建言。针对我区散居回维少数民族村经济发展比较滞后、基础条件比较差、群众生产生活比较困难等情况，我们组织专门调研组，深入 8 个散居少数民族村进行认真调研，形成了《散居回维少数民族村经济社会发展不容忽视》的调研报告，以《内参件》的形式送达区委、区政府领导，引起了区委、区政府领导的高度重视，区长董岚进行了专题批示，区政府常务会议进行了认真研究。目前，散居少数民族村的村部建设、水利设施建设、电力整改、卫生室建设等已经纳入了议事日程。

二、在履行职能上有新的成绩

政治协商、民主监督、参政议政是人民政协的主要职能。一年来,我们认真贯彻落实省委、市委政协工作会议精神,扎实履行政协职能,全区政协工作开创了新的局面。

1、把握重点,政治协商有新作为。政治协商是政协的首要职能。我们把全体会议、常委会议、主席会议作为协商的主要形式,选准角度,抓住重点,广泛开展协商讨论。为了提高全会的整体协商成效,我们提前半年开始拟定协商发言课题,就全区的重点、热点、难点问题深入进行调研,撰写发言材料。七届四次会议,我们安排半天时间与区委、区政府领导面对面协商,建有据之言,献务实之策,区委主要领导对委员们的真知灼见给予了高度肯定。政协常委会议、主席会议主要侧重于某一方面的工作进行协商,提出工作建议。如区政协七届二十五次主席会议,对财政预算安排情况进行了协商,提出了“要争取上级支持、严格控制支出、切实加强监管、加强重点保障、实行切块包干”等建议。区政协七届三十一次主席会议,专题协商了区政务中心工作,提出了“要提高思想认识、确保入驻单位、启动绿色通道、建立信息平台、激发队伍活力、化解债务包袱、理顺管理体制、严格岗责考核”等建议,区委副书记詹一兵同志对协商意见进行了批示。

2、找准定位,民主监督有新进展。政协的民主监督是一种政治监督。一年来,我们始终本着“帮忙式监督”的工作理念,卓有成效地开展工作。6月8日,区政协召开七届十一次常委会议,民主评议了区城管执法局工作。为了把这次评议工作搞好,我们分成5个调研组,深入到科局、社区进行了为期一个月的调研。在这次常委会上,部分政协常委从班子建设、管理执法、优化环境等方面对区城管执法局工作进行了评议发言,会议形成了评议意见,提出了“加强班子建设、提高队伍素质、抓住工作重点、加强运转保障、坚持依法行政、强化部门配合”等建议,区城管执法局积极整改,在创建全国文明城市中发挥了重要作用。8月31日,区政协召开七届十二次常委(扩大)会议,对区交通局、区水利局、区教育局、区财政局、区卫生局等五个单位的提案办理工作进行了民主协商监督,有效促进了提案办理工作的落实。

3、围绕中心,参政议政有新成效。参政议政是政协履行职能的重要形式。一年来,我们紧紧围绕区委、区政府工作中心和人民群众普遍关心的问题,开展调查研究,反映社情民意,进行参政议政,并通过大会发言、调研报告、提案、建议案等形式,为党委政府提出意见和建议。一年来,我们共征集提案138件,经审查立案的133件,形成建议案2份,协商意见8份,调研报告10篇,为区委、区政府科学决策提供了有益参考。在七届四次全会上,7名政协委员分别就园区建设、西区开发、融资问题、农业产业化、旅游、综合治理、弱势群体保障等专题进行了大会发言,得到区委、区政府的充分肯定,有些建议已经纳入区委、区政府的决策当中。5月18日,区政协召开七届三十次主席会议,专题视察和协商了全区计划生育创“国优”工作。会议围绕流动人口管理、社会抚养费征收等重点难点问题进行了认真协商,提出了“深化思想认识、强化领导责任、加大宣传力度、夯实工作基础、提高服务水平、强化征收力度、搞好部门配合、激发队伍活力”等八条建议,得到区委、区政府的充分肯定。

三、在凝聚力量上有新的贡献

团结凝聚力量,民主集中智慧。一年来,我们充分发挥政协的政治优势,切实搞好各民主党派、工商联、无党派和各人民团体的大团结,调动一切积极因素,汇聚政通人和、共谋发展的强大力量。

1、充分发挥党派团体作用。各民主党派、工商联、无党派和各人民团体是政协的重要组成部分,是政协工作的重要力量。为发挥他们的作用,我们做到:一是积极搭建舞台。政协的最大权利就是行使话语权。我们积极为党派团体的委员创造条件、提供机会、搭建平台,让他们在政协这个舞台上行使好话语权,展示自己的风采。每年的政协全会,我们尽量安排党派的同志发言,每次开展调研视察,我们尽量邀请党派的同志参加。二是加大培养力度。近年来,区委、区政府高度重视党外干部的培养选拔,作为政协,我们一方面积极推荐优秀的党外干部担任领导职务,一方面积极吸纳优秀的党外干部成为政协委员,提升政协党外委员的整体水平。三是畅通参政渠道。一年来,我们主动加强沟通,畅通知情参政渠道,先后听取了全区经济社会发展情况通报、工业经济发展情况汇报、西区规划情况汇报,为党派团体了解区情、知情参政奠定了基础。

2、切实加强联络处的建设。政协联络处是人民政协的最基层组织,是联系委员和群众的重要纽带。一年来,我们把政协联络处建设作为工作重点,充分发挥联络处在促进政协工作、团结联系群众、反映社情民意等方面的作用。一是加强阵地建设。各乡镇利用院落改造的契机，积极支持政协联络处加强阵地建设。大部分乡镇有了政协联络处的专门办公室、政协委员活动室，政协的章程、制度上了墙。二是加强考核调度。按照区政协工作目标管理考核办法，我们加强了年初工作的安排，年底工作的考核，以及日常工作的调度。各政协联络处按照年初工作思路，积极主动开展工作，赢得了党委、政府和广大群众的高度评价。三是开展分片活动。为充分调动基层委员的积极性，我们把44个联络处分成6个片，由6个主席、6个委室分别牵头联系，先后组织开展调研、视察、学习交流等活动20余次，很好地解决了乡镇联络处委员少、活动开展难的问题。

3、广泛开展联络联谊活动。加强与政协委员及各族各界人士的联系、开展对外友好联络工作，是人民政协的重要职责和使命。区政协高度重视这项工作，积极帮助委员知情参政，开展多形式的联络联谊和服务活动，在政治、工作和生活上关心委员，为其排忧解难，既扩大了共识，又促进了交流。一年来，区政协采取走出去、请进来和信息交流等方式，加强与外地政协的横向联系，先后接待了安徽临泉县、邵阳市、桃源县、慈利县、靖州苗族侗族自治县等10多个县(市、区)参观学习访问团。通过相互学习交流，为宣传鼎城、促进合作起到了推动作用。在做好对外联络交流的同时，我们积极做好对内的联络交流，勉励广大政协委员为鼎城的发展献计献策、建功立业。

四、在自身建设上有新的进步

加强自身建设是人民政协履行职能的前提和基础。一年来，我们按照区委以党的建设总揽全局、用创先争优活动推动各项工作的思路，不断加强政协自身建设，提升政协工作水平，《中国政协》、《湘声报》头版头条报道了我区政协工作。

1、政治建设有新成效。人民政协是具有高度政治性质和鲜明政治特色的组织。只有坚持不懈地加强思想政治工作，才能保持正确的政治方向，担负起它的历史使命。一年来，我们切实加强学习型机关建设，建立了鼎城区政协网站，为宣传政协工作、委员学习交流提供了一个好的平台；切实加强机关干部和广大委员的政治理论学习，形成了比较完善的学习制度；深入开展创先争优活动，用创先争优活动推进政协工作；深入开展“政协委员讲政治”活动，广大政协委员的政治意识、责任意识、大局意识明显增强；召开了领导班子、领导干部和党员民主生活会，党员干部通过交流工作、交流思想，增强了党性、提升了修养、推进了工作；召开了庆祝中国共产党成立89周年座谈会，党员干部的理想信念更加坚定，做好政协工作、服务鼎城发展大局的使命感和责任感进一步增强。

2、履职能力有新提升。加强能力建设是全面提高履职水平的关键。一年来，我们以专门委员会、政协委员、机关干部三个方面为突破口，提升政协整体履职能力。一是提升政协专委会的履职能力。进一步明确专委会的工作职责，加强专委会的工作责任。每次政协开展调研考察，明确一个委室牵头负责；准备全会发言材料，明确一个委室负责1-2个课题；明确一个委室联系一个片，指导联络处开展活动。二是提升政协委员的履职能力。委员是政协工作的主体。在推荐、协商产生政协委员时，我们既注重人选的政治素质，也注重人选的参政议政能力和参政议政热情。在工作中，我们积极发挥联络处的作用，坚持定期组织委员开展学习，经常组织委员开展调研视察，在学习中提升理论水平，在工作中提升履职能力。三是提升机关干部的履职能力。在区委的重视下，我们加强了政协机关干部的交流力度，把一批政治素质过硬、工作能力突出、有发展潜力的年轻干部调入了政协机关。在工作中，政协机关的老同志兢兢业业、身先士卒，年轻的同志勤奋学习、进步很快。

3、委员队伍有新形象。一年来，广大政协委员围绕区委、区政府工作大局，在各自的岗位上展才智、竞风流，为促进全区经济社会又好又快发展作出了积极贡献。如经济届的王梅松委员，作为南方水泥项目的副指挥长，在这一年多时间里，长期坚守在工程建设一线，抓调度，抓协调，根本没有节假日，为项目的建设作出了巨大牺牲。目前，南方水泥项目已经完成投资7.8亿元，投产后每年可实现产值6个亿，税收8000万元。辰州锑品的管挥委员，领导公司坚持科学管理，加强技术创新，目前公司已发展成为国内第二大氧化锑生产企业，“辰州牌”氧化锑获得中国驰名商标，纳米氧化锑是国家级火炬计划项目，填补了我区高新技术产业领域的空白。该公司2010年实现产值5.5亿元，税收1000万元，他本人也被市委、市政府评为“09年度全市十佳优秀企业家”。桥南的朱清期委员，到鼎城经商20余年，早就把鼎城当成了他的第二故乡。这些年来，他带头维护区委、区政府的决策，为桥南的稳定、市场的繁荣作出了很大的贡献。去年，他又积极牵线搭桥，促成投资1.5亿元的久光国际商厦落户鼎城。如今，他又和浙商投资2亿元在常德市中心新建了浙商广场。他热心公益事业，这几年，他先后向社会捐款近100万元。文艺届的黄士元委员，今年已经68岁，还在埋头搞创作，为鼎城的文化事业发展默默奉献，并且每年都有新的作品获得国家级大奖。40多年来，他笔耕不辍，先后出版黄士元剧作选、小戏选、曲艺选等7部专著，先后荣获国家大奖30多次，获省、市各类奖项50多次，靠自己的勤奋成长为国家一级编剧、享受国务院特殊津贴的专家。双桥坪镇的胡春喜委员，始终把自己的事业和群众的利益联系在一起，解决了500多名农民工、下岗失业人员的就业问题。他热心慈善事业，资助贫困学子，关注家乡的新农村建设，每年捐款10万元以上，被评为“湖南省社会主义新农村建设领军人物”、第三届“常德市优秀中国特色社会主义事业建设者”。区建设局的张明仲委员，被干部群众称为“拼命三郎”，1999年从部队转业到建设局工作，12年来，他始终保持着特别能吃苦、特别能战斗的军人作风，赢得了广大群众的称赞和爱戴。西区开发办的刘旭东委员，积极服务区委、区政府西区建设大局，务实工作，敬业奉献，为西区开发立下了汗马功劳，前不久，累倒在了自己的工作岗位上……像这样一心一意谋发展、富了不忘回报社会、热心公益事业、爱岗敬业的委员还有很多，在这里不再一一列举。他们是全区政协委员的优秀代表，是鼎城政协事业的宝贵财富！

各位委员，过去的一年，全区政协工作之所以能够取得较好的成绩，是中共鼎城区委正确领导的结果，是区人大、区政府及社会各界大力支持的结果，也是全体政协委员共同努力的结果。在此，我代表政协鼎城区第七届委员会常务委员会，向所有关心支持政协工作的各位领导、各界人士表示衷心的感谢！

在肯定成绩的同时，我们也要看到工作中还有许多需要深入探讨和不断改进的问题，主要是：委员履职的形式还需不断创新；调研成果的转化还需进一步加强；民主监督的力度还需进一步加大。在新的一年，我们要采取积极有效的措施加以改进，努力把政协工作做得更好。

2011年工作任务

2011年区政协常务委员会工作的指导思想是：坚持以邓小平理论、“三个代表”重要思想为指导，认真贯彻落实区委十届八次全会和区委经济工作会议精神，深入贯彻落实科学发展观，牢牢把握团结和民主两大主题，认真履行政治协商、民主监督、参政议政职能，为全区经济社会发展作出新的贡献。

一、围绕转变经济发展方式献计献策

2011年，是“十二五”规划实施的第一年，也是鼎城转方式调结构的关键一年。全区各级政协组织和广大政协委员要认真贯彻落实区委《关于转变经济发展方式的决定》，积极为鼎城的发展建言献策。

1、为新型工业化建言。要积极围绕如何转变工业发展方式、调整产业结构、开展科技创新进行建言；要积极围绕中联重科、南方水泥、辰州锑品等一批重点项目开展视察，确保重大项目的顺利开工、投产；要积极围绕优化工业发展环境、加强基础设施建设、提升园区服务水平开展调研，提出工作建议。

2、为新型城市化献策。经过这两年的努力，我区的城市建设已经迈出了实质性的步伐，城市建设进一步升温，特别是善卷垸防洪大堤综合治理工程、善卷中学、善卷医院等一批重大工程相继开工，江南城区的投资吸引力将进一步增强。新的一年，我们要紧紧围绕区委、区政府的工作部署，对城市发展中的重大问题开展协商，提出意见建议，为区委当好参谋；对一些重大的在建项目组织开展视察评议，进行民主监督，确保工程顺利完成；选择一些有关城市发展的前瞻性课题开展调研，供区委、政府决策参考。

3、为农业现代化出力。新的一年，我们要进一步加强对“三农”问题的关注，继续把关注民生问题作为政协履职的出发点和落脚点。要围绕发展现代农业、调整产业结构、促进农业可持续发展、农民持续增收积极建言献策；要围绕新农村建设、统筹城乡发展、关注发展死角开展调研视察；要围绕促进社会公平正义、发展农村社会事业、开展扶贫帮困积极出力。

二、围绕促进社会和谐稳定凝心聚力

1、在舆论导向上带好头。要带头宣传区委、区政府的各项战略决策、工作部署，确保与区委在政治上同向、在思想上同心、在工作上同步。要多说维护的话、多做维护的事，确保区委的各项决策能够顺利推进、得到落实。要时时处处维护区委，支持政府，展示政协委员的形象。通过全区政协组织和广大政协委员的努力，在全区营造一种风清气正、共谋发展的良好氛围。

2、在团结民主上带好头。要高举团结民主两面旗帜，发挥政协组织在促进团结民主方面的独特优势。

要调动一切积极因素，团结一切可以团结的力量，同心同德，群策群力。要积极反映群众呼声，架起党委政府同人民群众联系的桥梁和纽带。要始终把团结和民主贯穿于工作的各个环节和全部过程，为形成我区生动活泼的政治局面而努力。

3、在维护稳定上带好头。要心系百姓、关注民生，积极协助党和政府做好保障和改善民生的工作。要着力协调关系、化解矛盾，认真研讨新形势下的稳定问题，妥善处理政协委员、统一战线成员和各界群众来信来访。要认真贯彻党的民族、宗教政策，大力促进民族团结、宗教和睦。

三、围绕履行政协三项职能尽职尽责

1、政治协商要更有作为。要紧紧围绕区委、政府中心工作和各界群众普遍关注的重大问题，在加快经济发展方式转变、促进城乡协调发展、保障和改善民生等方面选好协商议题，力求为党政决策提供有价值、高水平的意见和建议。要结合鼎城的实际，深入调查研究，注重从科学发展的高度建言献策。要积极加强协调，建立健全制度，搞好成果转化。

2、民主监督要更有力度。要加强与政府部门的联系与沟通，使政协的民主监督与人大的法律监督、纪委的纪律监督以及社会舆论监督相互配合，相得益彰。要完善民主监督机制，在知情环节、沟通环节、反馈环节建立健全制度，畅通民主监督的渠道。

3、参政议政要更有效果。要选择全区经济社会发展中具有综合性、前瞻性、全局性的课题，深入调查研究，开展咨询论证，提出建设性的意见和建议。要通过多种方式，广开言路，充分发挥委员专长和作用，为全区经济社会发展献计献策。要充分运用调查报告、社情民意、提案、建议案等多种形式，为区委、政府当好参谋。

四、围绕加强政协自身建设开拓创新

1、继续加强理论学习。重视学习是人民政协的优良传统。当前，鼎城的发展正处在关键时期，既面临非常难得的历史机遇，也面临着严峻的挑战。人民政协要在全区大局中更好地发挥作用，为促进经济社会又好又快发展作出新贡献。政协必须把加强学习摆在重要位置，让学习成为一种常态，不断增强服务大局的本领。要从政治的高度来认识政协委员的学习培训工作，不断建立健全委员学习培训机制，切实加强经费保障。

2、继续加强队伍管理。要探索建立一套有效的考核激励机制，更好地动员、引导和组织委员积极参政议政、建言献策，进一步调动委员积极性。要树立榜样，对热爱政协工作、认真履行职能的委员要进行大张旗鼓的表彰。要严把委员“入口关”，不断完善委员提名程序，探索建立委员入选公示制度，主动接受社会的监督。

3、继续加强机关建设。继续开展创建学习型、规范型、服务型、创新型、和谐型机关活动。切实加强机关党组织建设，发挥好政协党组的作用。切实加强机关干部队伍建设，努力造就一支政治素质好、工作能力强、作风过得硬的干部队伍。努力提高服务水平，服务好大局，服务好基层，服务好委员，真正把政协机关建成“委员之家”、“各界人士之家”。

各位委员，同志们！鼎城发展的美好蓝图已经绘就，政协履职的舞台将更加广阔，责任将更加重大，使命将更加神圣。让我们在中共鼎城区委的坚强领导下，同心同德，团结奋进，进一步开创政协工作新局面，为促进鼎城经济社会又好又快发展作出新的更大的贡献！

大事记

（2010年1～12月）

1月

3日　财政部检查组来区检查中央扩内需资金使用情况。

4日　区人大常委会召开区十五届人大常委会第16次会议，会议听取了2011年区财政预算方案的情况汇报，讨论通过了《鼎城区人大常委会2010年工作要点》、《区人大常委会工作报告》及区十五届人大四次会议召开的有关事宜，进行了人事任免。

5日　2010年中共鼎城区委经济工作会议在区一中大会堂隆重召开。

6日　区财政局党组在区委经济工作会上被评为“十佳领导班子”。

同日　区公安局被省公安厅授予“2009年度全省县级公安机关综合考评优秀单位”。

7日～10日　区十五届人大四次会议在武陵镇隆重举行，全区各300多名区人大代表，听取和审议了区人民政府、计划、财政、区人大常委会及“两院”工作报告，董岚当选区人民政府区长。

10日起　鼎城区开展2010年春节走访慰问活动。区五大家领导下乡慰问了各乡镇特困户、五保户、残疾人、优抚对象、城市低保户各一户，每户发放慰问金300元，棉被一床。同时对驻区部队、伤残军人和重点优抚对象进行慰问。区民政局安排慰问资金7.6万元，棉被170床。各乡镇、村相应进行慰问。乡、村两级慰问资金在200万元以上。区直单位以“爱心超市”的形式为广大城市困难群体发放生活物资。

12日　市人大常委会副主任张元英一行来区检查指导工作，区人大常委会主任向阳、副主任马本慧等领导及联工委负责同志参与接待汇报。

14日～15日　区国税局长贺姝红在全省国税工作会议上做题为《强化税收征管、严守征收纪律，努力促进税收收入良性增长》的典型发言。

15日　区委、区政府举行招待晚宴，感谢中联重科为鼎城区经济社会发展作出的巨大贡献。中联重科董事长詹纯新及中联重科其他高级主管出席宴会，区委、区政府主要领导陪同。

同日　鼎城电力局为打造执行力尖兵，进行了准军事化培训。

同日　区公安局按照“每当场抓获一名‘两抢一盗’人员奖励5000元”的标准，首次为见义勇为群众刘军等6人颁发25000元的奖金。

同日　常德市委政法委决定鼎城区人民检察院为全市的“示范检察院”。

同日　区文联与区书协组织了全区10位书法家在武陵镇桥南市场开展了“义务送春联”活动，共为农民兄弟现场书写春联500余幅。

16日　鼎城区委、区政府向驻京老乡代表汇报会在北京西苑饭店隆重举行。近百位鼎城籍在北京工作和创业的部分领导、专家、企业家济济一堂，喜迎新春,共话发展。区“五大家”主要领导参加汇报会。

18日　由鼎城区选举产生的市五届人大代表,组成鼎城代表团,代表鼎城85万人民参加为期5天的市五届人大三次会议。

同日　清华大学与鼎城区人民政府江南新城规划研讨会在共和大酒店国际会议中心举行。

20日　鼎城区启动2010年“十场招聘会”活动。全年围绕“就业援助周”“春风行动”“民营企业招聘周”“高校毕业生就业服务月”四大主题切实帮助各类群体实现就业。

同日　参加常德市五届人大三次会议的人大代表视察了中联重科建筑起重机分公司。

同日　常德市委常委、秘书长刘明来鼎城召开关于落实党风廉政建设执行情况汇报会。

22日　区委举行“党的温暖到基层”活动启动仪式。在为期一个月的走访慰问活动中,全区各级组织共向2.9万名农民党员,270名生活困难的离退休党员,送去春联、贺卡、年肉(鱼)6万多斤,仅组织部就下拨了生活困难党员扶助金近10万元。

24日　鼎城区委、区政府广州老乡联谊会在广州东山宾馆隆重举行。广东省军区政委蔡多文、广州军区原装备部副部长杨星球等在广州鼎城籍领导、各界人士出席联谊会,区委、政府主要领导参加了联谊会。

28日　区委、区政府在长沙举行驻长老乡代表汇报会。省长助理、省财政厅厅长李友志,原省水利厅厅长、省委督办专员王孝忠等在长老乡到会,区“四大家”主要领导出席汇报会。

29日　鼎城区委在天利人民会堂召开鼎城区关心下一代工作表彰大会,常德市关工委常务副主任李少甫、常德市老干局副局长苏国才出席会议。

31日　鼎城区委书记李秋葆、区长董岚在牛鼻滩、韩公渡、黄珠洲、十美堂、蒿子港、中河口等乡镇调研农村工作。

同日　区委书记李秋葆,区长董岚,区领导杨君、韩才渊、胡文、庞波、刘昌松各自到乡镇,调度农业农村工作。

元旦、春节期间,鼎城区总工会开展“爱心超市”“送温暖”活动,通过各种渠道筹集慰问资金47万元。总工会领导将慰问金和爱心物资发到困难职工手中。区统战部对全区涉台对象进行春节“大走访、大慰问”。

1月　城镇职工基本医疗保险市级统筹正式启动,分步实施,计划两年到位。调整了基本医疗保险待遇,即:取消住院起付线、特殊病种待遇按市本级标准执行。

1月　贺家山法庭庭长鲁爱龙被评为“全市人民满意法官”。同年6月,被评为“全省优秀法官”。

1～6月　区供销社组建完成了王家桥柑桔产销、信阳湖甲鱼养殖、石板滩花卉种植、周家店食用菌种植等四家农民专业合作社。

2月

1日　剧团新创排演的常德丝弦《花枝俏》晋中央电视台曲苑杂坛栏目,进行录制,3月已和全国电视观众见面。

同日　鼎城区委、区政府主要领导慰问区武装部、消防大队、武警中队和预备役全体官兵。

3日　湖南省统战工作会议在长沙召开,会上中共鼎城区委统战部再次蝉联“湖南省统战工作先进单位”。区委统战部主任科员蒋玲玲被评为“湖南省统战工作先进个人”,记二等功一次。

4日　常德市委书记卿渐伟、市委常委、市委秘书长刘明来鼎城走访慰问了劳动模范和特困群众。

5日　湖南省委常委、省纪委书记许云昭到鼎城走访慰问困难群众。

7日　区政府与湖南新通轨道有限公司善卷文化公园建设合作签约仪式在共和大酒店国际会议中心举行。

12日　常德市委书记卿渐伟,市委常委、市委秘书长刘明来到常南汽车总站检查指导春运工作。

同日　常德市委书记卿渐伟、市长陈文浩、市委常委欧运崇,市委常委、副市长宋冬春一行到鼎城检查指导江南城区亮化工作。

24日　鼎城区检察院被最高人民检察院荣记全国集体一等功。

25日　区委在鼎城人民会堂召开全区党员春训动员大会。会议强调,要认真抓好党员春训活动,让四万名共产党员真正成为推进鼎城各项事业的核心力量。

3月

1日　区政协组织开展“政协委员讲政治”主题活动。市政协副主席张新民出席并指导学习活动。

6 日上午，全区反腐败工作会在鼎城人民会堂召开，全体区级领导、区纪委委员，乡镇（场）党委书记，乡镇（场）长、纪委书记、监察员，区直单位“一把手”、纪委书记（纪检组长）、监察员，区纪委监察机关全体干部共约 400 人出席。区委书记李秋葆主持召开全区反腐败工作会议。

同日　区委召开全区农村工作会议，会上总结了过去一年的农村工作，安排部署了全年农村工作。

同日　鼎城区争创全国计划生育优质服务区动员大会在天利人民会堂举行。

9 日　省水利厅领导刘伏英、杨诗君等一行来鼎城检查防汛工作，重点检查了牛鼻滩电排更新改造、苏家吉水闸、枉水金陵东、西干渠和逆江坪乡水田冲水库除险加固工程。市防办主任李传军、区委常委、副区长杨君及区水利局局长王成猛等陪同。

10 日　区政府杨君、蔡仁国、唐少华、刘运华四位副区长和区工商局、区农业局、区畜牧局、区卫生局、区药监局、区酒管办和区食安办等七个职能部门的主要负责人，在鼎城质监局召开了工作联席会，会上建立了部门联合工作机制，签订了合作备忘录。

11 日　湖南省总工会副主席周乐红，市领导曹儒国、李平、石成林、敖建斌带领参加全市“双联”和困难职工帮扶工作现场会的与会人员来鼎城区总工会参观考察困难职工维权帮扶中心阵地建设，区长董岚陪同考察。

11 日　区五大家领导及区五大家机关、区财政局、区教育局、区林业局、区卫监所全体干职共 350 余人到江南防洪大堤西堤段参加义务植树活动。

11 日　根据区控违拆违领导小组的统一安排和部署，区城市管理行政执法局抽调 80 多人会同灌溪镇政府、区公安局、区规划局、区国土局、区建设局等单位组成近 300 人的联合执法队伍，对灌溪镇兴发垸村 3 处共 1000 多平方米的违法建筑依法进行了强制拆除。

同日　区商务局酒管办集中销毁假冒伪劣酒类产品，共销毁假冒五粮液、茅台等知名品牌的酒类 17196 瓶，估值近 80 万元。

15 日　常德市委常委、市委秘书长刘明，市委副巡视员吴生元带领市财政、商务、经委等部门负责人来鼎城经济开发区灌溪工业园调研，区委副书记、区长董岚陪同调研。

同日　在市委全市统战工作会议上，区委统战部获“全市统战工作红旗单位”、“全市党外干部工作先进单位”、“全市统战理论调研工作先进位”、“全市统战信息工作先进单位”、“全市统战宣传工作先进单位”等荣誉。

同日　省林业厅专家廖正乾教授来鼎城区指导杉木病虫害防治工作。

18 日　德国 GTZ 公司辛德勒·曼等专家来到花岩溪国家森林公园管理处，就花岩溪国家森林公园林业可持续经营问题进行现场调研。

20 日　区委召开全区项目建设年工作会议，全面部署项目建设工作。

同日　区委召开全区城市工作会议，安排部署全年城市工作。

同日　鼎城区 2010 年政法、综治、信访、维稳工作会在天利人民会堂召开。

同日　在常德市市公安交通管理工作会议上，区公安局交警大队被授予 2009 年全市交警系统综合考评“红旗单位”。

21 日 14 时左右，太阳山森林公园突发火灾。区武装部、区林业防火办迅速启动应急机制，当即指示大龙站、长岭岗、石板滩、雷公庙、蔡家岗五个乡镇武装部组织防火分队和民兵应急队伍 1000 余人赶赴现场，并指示附近其它乡镇做好救援准备。16 时左右，区委领导和人武部相继到达火灾现场，针对现场火情，决定在石板滩等 5 个乡镇实行救火全民动员。约 17 时左右，接各单位报告，所有救火人员均已到达指定位置，人数达到了 2600 人。经连续奋战 14 个多小时，石板滩镇石材坡村的火情于凌晨 3 时 30 分左右得到了控制，并砍出了约 3 公里左右的隔离带。经短暂休整，经请示区委领导同意，人武部全体救火人员带部分民兵对市林场另一处较为严重的着火点实施支援，经过近 20 个小时的奋战，大火在 22 日 10:00 左右扑灭。

22 日　湖南常德南方水泥项目矿区建设顺利开工。该工程占地 450 亩，开采量约 6600 万吨，开采年限 50 年。

24 日　“大组工网”建设启动，建设“大组工网”是中组部的重要部署，即以国家电子政务网络为依托，以中央组织部为中心节点，贯通省、市、县党委组织部，连接中央和国家机关部委、部分国有重要骨干企业和高等院校组织人事部门的组织工作网。

25 日　为确保雨季公路的良好和畅通以及交通

安全,按照上级指示,区公路管理局开展了2010年度公路雨季养护竞赛,时间为3月 25日~6月30日。

26日　常德市鼎城区江南新城建设投资开发有限公司在江南城区西区开发指挥部挂牌成立。随后江南新城建设投资开发有限公司大楼暨城市规划馆在武陵镇福广村举行奠基典礼。

28日　鼎城区深入学习实践科学发展观活动总结暨2010年组织、人事、老干、妇联工作会议在鼎城人民会堂举行,会议由区委副书记、区长董岚主持,区委书记李秋葆作重要讲话。

同日　区委书记李秋葆主持召开江南城区砼防洪墙设计座谈会,就江南城区砼防洪墙设计工作进行了深入研讨。

同日,桥南市场管委评选出25名优秀共产党员、12名经营户党员、96名文明经营户，名单张榜公布，并举行了授牌仪式。促进了市场团结、和谐、积极向上新氛围。

29日　湖南省质量技术监督局甘跃华副局长、办公室副主任欧政平到区质量技术监督局调研指导工作。甘副局长指出,质量技术监督部门大力搞好技术监督机制建设,为地方经济建设当好忠诚卫士。

29日　10位中国科学院院士为鼎城企业“把脉会诊”,推进企业科技创新。

30日　鼎城区人民政府与湖南海众混凝土有限公司在天利宾馆举行年产100万立方米水泥混凝土项目和日产1500立方米沥青搅拌站项目签约仪式。

31日　区长董岚,副区长蔡仁国、刘运华在区旅游部门负责人的陪同下来到长岭岗乡调研环太阳山旅游开发工作，提出环太阳山旅游开发要下力包装、合理定位、重视宣传、政府引导、逐步开发的指导思想。

3月　区疾控中心罗献忠获“世界银行贷款/英国政府赠款湖南省结核病控制项目工作先进个人”荣誉称号。

3月　常德丝弦《说唱丝弦》参加“欢乐中国行”栏目演出,4月在中央电视台第3套栏目播出。

3月　区信访局被常德市政府授予信访工作红旗单位等荣誉。

3月　全面启动全省2010年为民办实事项目之一(对23名0—6岁贫困儿童进行抢救性康复)。

3月　全区8个乡镇各安装了一台“气象预警发布机”,确保气象信息资源共享,以便地方早知道,早安排。

3月　区国土资源信息化建设电子政务平台建成,实现了网上办文、网上会审、网上考勤等无纸化办公。

3月　区人民政府委托清华大学科研院对江南新城进行城市策划和城市设计研究，主要内容包括:控制性详细规划优化、街景景观规划;善卷文化公园和桃花源路、金霞路城市街景景观规划等。

3月　区公安局部署开展为期一个月的基础信息采集录入大会战,共采集录入人、事、地、物、案等源头信息8272条，为有效服务公安实战提供信息支撑和数据保障。

3月　区民政局被评为2009年度全市民政工作红旗单位。福利彩票发行、和谐社区建设两个单项工作被评为全省先进。财务管理等19个单项工作被评为全市先进。区民政局班子被区委、区政府评为“十佳”领导班子。

4月

1日　全区正式启动乡镇定点屠宰“两章两证”工作。即乡镇生猪定点屠宰肉品必须出示肉品检疫合格验讫章、肉品品质检验合格验讫章、动物产品检疫合格证明、肉品品质检验合格证明。1日~6月30日,组织实施春季禁渔。

2日　常德市委书记卿渐伟，副市长徐万发、市委副秘书长肖朝进到灌溪镇黄土山村调研新农村建设,区长董岚陪同调研。

同日上午,中国著名空间技术专家、“神舟”飞船总设计师、中国工程院院士、国际宇航科学院院士戚发轫报告会在鼎城一中大礼堂隆重举行。北京航空航天大学宇航学院博士生导师蔡国飚,常德职业技术学院党委书记李大平,区长董岚出席会议。全体区级领导,区直各单位负责人,鼎城一中全体师生参加报告会。

3日　区公路管理局新成立了石板滩、斗姆湖、黄土店、牛鼻滩4个路政中队,新增路政人员22名,扩大了执法队伍。

8日　安乡县五大家领导、乡镇负责人、部分县直单位负责人来灌溪工业园参观考察鼎城工业经济。

11日　常德市委书记卿渐伟，市政协主席刘春林,市委常委、市委秘书长刘明,市委常委、副市长宋冬春,市人大常委会副主任张启祥,市委副巡视员魏立刚到鼎城视察东常高速公路和常岳高速公路建设，区领导李秋葆、董岚、杨君、谭延胜陪同视察。

13日　区长董岚带队到灌溪、蔡家岗、长岭岗、双桥坪、大龙站、镇德桥、石公桥、周家店等乡镇，现场调度早稻生产及防汛工作。

14日　湖南省移民局局长颜向阳在常德市移民局局长吴金槐，及鼎城区委副书记、区长董岚、副区长蔡仁国的陪同下，到鼎城区石板滩镇、蔡家岗镇调研移民安置。

15日　湖南省水利厅厅长、党组书记戴军勇，省检察院党组成员、反贪污贿赂局局长朱国祥一行在常德市水利局局长陈安生，区领导李秋葆、董岚、向阳、许中诚的陪同下，到谢家铺镇调研指导全区水资源现状及重点水利工程建设。

同日　省军区李昌进部长在常德军分区政治部主任张恒洲的陪同下，视察了鼎城区人武部，对鼎城区人武部的年度工作给予了充分的肯定，并提出了相关要求。

同日　区公安局部署开展"平安世博"会战行动和"平安世博"侦查破案百日攻坚行动，严厉打击各类刑事犯罪，策应世博会、亚运会的安全保卫工作。

16日上午，全国人大常委会办公厅一行18人在省、市人大常委会领导罗述勇、王孝山、彭启云等陪同下来鼎城区石板滩镇毛栗岗村调研新农村建设，区人大常委会副主任刘友善、副区长蔡仁国及区委办、区人大办、区人大农工委、区农办、石板滩镇等单位负责人参与接待汇报。

同日　灌溪镇建立全市第一个高标准"科普惠农"服务站。

17日至19日　针对连续低温连阴雨天气对早稻直播秧苗生长造成不利影响，区农业局组织各业务站在石门桥、谢家铺、许家桥、黄土店、韩公渡等8个乡镇开展调查，印发《当前早稻秧苗生长情况及培管意见》等技术资料2000份。

18日　常德市副市长徐万发在区委书记李秋葆的陪同下，调研周家店镇竹山嘴村新农村建设。

19日　区长董岚，区委副书记詹一兵、区政府副区长蔡仁国到长沙市望城县白箬铺镇光明村考察新农村建设。

20日　区长董岚召开全区涉水重点工程防汛调度会。

同日　区财政局将2010年财政志更名为鼎城财政20年，并正式出版，下发各财政工作者。

21日　省委常委、政法委书记李江，副省长刘立伟等省、市领导来鼎城区指导社会矛盾纠纷调处工作。

25日　中央政法委督查组来鼎城区督查"中央两个文件"落实情况。

26日　区五大家领导董岚、詹一兵、向阳、许中诚、杨君、刘昌松、蔡仁国、柴丛林分前河、后河两个组开展汛前大检查，重点检查了黄石岗闸、沅水特大桥涉水工程、金陵干渠、关门洲水库除险加固工程、沧山水库、五溪水库、善卷垸堤防和河道采砂情况、恒华国际基础防洪处理、澧水堤防、沙河口、谈家河、小河口电排、沅水肖家湾、苏家吉水闸、牛屎湖险段。下午举行2010年第一次防汛会商，各分指指挥长、政委参会并汇报。

同日　鼎城区中福在线正式开通营业。开业当天，销售大厅锣鼓喧天，彩旗飘扬，前来观看开业仪式的市民挤满大厅周围，营业额达4万多元。

同日　省民政厅厅长余长明在市民政局局长熊国建的陪同下，视察鼎城区中福在线销售。对鼎城区民政局迅速开通中福在线销售给予肯定，希望区民政局做强做活中福在线销售，为福利事业筹措更多资金。

同日　中央督查组来鼎城检察院参观检查文化建设，并就贯彻落实《中共中央关于加强和改进党对政法工作领导的意见》和《中共中央关于进一步加强人民法院、人民检察院工作的决定》进行深入调研。

27日　市长陈文浩，市委常委、市委秘书长刘明，副市长朱晓平率领市直相关单位负责人，视察灌溪工业园，检查指导鼎城工业。

同日　由区人大常委会办公室主任龚天宝撰写的人大制度理论研讨文章《强化法律监督，促进依法行政》在《人民代表报》之"理论专版发表"。

28日　电力系统职工周海斌荣获全国劳模称号，提前于26日进京接受表彰。当日，区总工会召开全国、省、市、区四级劳模座谈会，区长董岚，区委副书记詹一兵，区人大常会副主任、总工会主席皇甫泽华等区级领导亲临会场，认真倾听劳模们的心声和要求。

29日　鼎城区老年诗词书画协会2010年理事会议在区老干部活动中心召开。会上，协会理事汪成明新书《品石》首发。

30日　区人武部政委赵伍芳带领人武部全体干部前往大龙站进行“送温暖下乡，促农民增收”，送去一车化肥、农药等农业物资。

同日　区夕阳红艺术团“迎世博，庆五一”文艺汇演在天利人民大会堂隆重举行。老同志以饱满的热情表演了《我爱我的祖国》、《中华大舞台》、《好日子》等22个精彩节目。

同日　2009年度农业综合开发土地治理项目竣工，共完成投资1716万元，改造中低产田1.8万亩，周家店镇和丁家港乡的11个行政村的3618户11218个农业人口受益。

同日　区电力局组织电力系统工作人员，进行准军事化模拟竞赛，特邀市电力局工会主席张俊、人资部及安监部相关人员、武警中队教官到现场进行评分。竞赛结果是综合办、营销部、德能公司分获前三名。

4月　区畜牧水产局向沅江投放草鱼、鳙鱼、鲢鱼、鲤鱼、鲫鱼等大规格鱼苗计225万尾。

4月　区司法局完成向市司法局推荐“十佳律师”、“优秀公证员”评选推荐工作。

5月

1日　区电力局被中华全国总工会授予“模范职工之家”荣誉称号。

6日　区粮油站、区植保站等在韩公渡万亩水稻示范片核心区对早稻生产情况开展调查，印发《早稻中后期培管意见》等技术资料2200份。

9日　鼎城区348名基层劳动保障工作人员在常德技工学校参加了为期三天的业务知识培训。

10日　区城管执法局按照创文明城市的要求对城区经营门店的门头招牌进行了一次集中整治。发放《关于规范门头招牌设置的通告》3500余份，统一门头招牌的设置规范。

11日　区司法局在雷灌走廊组织开展“加强农村法制宣传，促进社会矛盾化解”的法律服务一条街活动。

13日　为增强预备役人员应对突发性公共事件的处置能力，鼎城区人武部组织区直单位的基干民兵进行为期15天的强化集中训练。

13～28日　由邵阳市林调队代表国家对鼎城区2002年度退耕地还生态林面积进行验收，取得了5个100%的优异成绩。

15日　区电力局开展“5.15”安全生产警示教育活动，全局员工参加。市局纪委书记胡毕正及安监部相关人员督导活动，所有员工谈心得体会。

同日　区委常委会对全区校园及周边安全工作进行专题研究，成立了领导小组，区政法委书记胡文任组长，区委常委、副区长傅勇任副组长，区政法委、区公安局、区教育局等单位主要负责人为成员，实行周调度。另外，每年解决学校128名保安工资192万元；投入16.5万元为城区中小学校安装了11个电子监控报警设备，校园周边安全得到保障。

同日　在2010年湖南省中小学机器人竞赛中，斗姆湖中学“创意机器人——会走的豆豆”捧回了“机器人创意”比赛金奖第一名，并代表湖南省参加第十届“中国青少年机器人竞赛”和第十一届“全国中小学电脑制作活动”，获全国三等奖。斗姆湖中学被确定为“湖南省青少年科技活动教育基地”。

同日　区检察院研究出台了《关于邀请人大代表、政协委员监督办案的意见》。

16日　区卫生局召开全区计划生育创“国优”业务工作培训暨表彰大会，会上对2009年度人口和计划生育业务工作先进单位、“五好计生办”、“十佳计生工作者”和“优秀调查员”进行了表彰。

18日～6月5日　区委举行2010年度入党积极分子培训班。在为期半个月的培训中，全区共有1075名来自农村、企业、机关一线的优秀青年到区委党校接受党的基本知识培训。

18日～11月9日　举办了鼎城区第一届区直机关运动会，开设了8个大项、34个小项，参赛人数近1000人。

20日　市五大家领导陈文浩、曹儒国、刘本之等一行来鼎城检查防汛工作，区长董岚，区委副书记詹一兵，区水利局局长王成猛等陪同。

21日　市人大常委会副主任张启祥一行来鼎城区调研交通工作，区人大常委会副主任潘端明、副区长刘运华等领导陪同参与。

22日　江南新城建设规划评审会在华天大酒店隆重召开，为鼎城的城市发展确立了放眼全国的高度。

25日　驻省、市、区人大代表在向阳、杨君、马本慧、潘端明、皇甫泽华、丁福华、蔡仁国等区领导的陪同下，到石公桥镇视察新农村建设。

同日　区公路管理局行政、工会心系道班，筹资

30多万元，为渗漏特别严重的斗姆湖、丁家港、飞机场等道班更换了房瓦、房檩、粉饰了墙面、更换了电线、外墙贴上瓷砖，使道班焕然一新。

26日　市人大常委会主任刘本之率秘书长、办公室主任彭启云等来鼎城区调研交通工作，区长董岚作专题汇报，向阳、傅勇、潘端明等区领导陪同参与。

同日　副省长徐明华来三合垸视察东常高速邱家岗涉河工程险情。

28日　市人大常委会副主任张元英，市中级人民法院院长邬文生一行来鼎城区人民法院开展《民事诉讼法》执法检查，区领导向阳、胡文、潘端明陪同参与。

29日　鼎城区创先争优专题网站上线，网站的开通为鼎城区创先争优提供宣传平台，将发挥舆论宣传引导作用，主要宣传各先进基层党组织和优秀党员的经验作法和典型事迹。

31日开始　鼎城区城市管理行政执法局开展以“大整治”、“大拆除”为主题的城管执法百日大行动。历经100天艰苦奋战共整改出店经营、占道经营1500余起，取缔马路市场6处、流动摊点120余处，暂扣非法营运两摩近200台。组织了15次集中强拆行动，立案查处违法建筑近80起，累计拆除违法建设面积近10000平方米。

同日　区档案局荣获湖南省档案局颁发的“湖南省档案工作规范化管理省一级”光荣称号。

同日　区政府、区人大、区防汛指挥部和区政务中心分别安装一台“CED”大型电子显示屏，以便政府领导和有关部门及时了解到当地、当时及全省气象信息，特别是主汛期为政府决策当好气象参谋，提供可靠的气象信息。

6月

3日　区环保世纪行组委会邀请了湖南省社科院教授史永铭来鼎城区进行“推进节能减排，倡导低碳经济”专题讲座，区领导詹一兵、王建华、潘端明参加了本次活动。

9日　韩国光阳湾圈经济自由区域厅厅长崔钟晚，韩国全罗南道议员朴兴洙，韩国光阳湾圈经济自由区域厅产业招商部部长丁钟元一行在市政府副市长沈习森的陪同下，考察鼎城经济开发区灌溪工业园。

11日　区电力局在参加市局举办的各项现场培训竞赛中获总分第一名。至此，该局获调度专业第一名、农电第一名、线路检修第二名、变电检修第二名、准军事化第二名、变电运行第三名、配电检修第五名、电能计量第八名的好成绩。

同日　在2010年全省公安国保工作会议上，鼎城区公安局国保大队被评为全省公安国保战略支撑点工作先进单位，大队长刘吉军作典型发言。

12日　区政府在党校大礼堂召开了全区35个乡镇(场)、13个涉农监管部门、23个涉农收费部门一把手参加的农民负担监督管理工作动员大会。会上，区政府与各单位签订了《农民负担监督管理工作目标管理责任状》。并下发了《2010年鼎城区农民负担监督管理工作意见》等系列文件。

13日　省水利厅厅长戴军勇来鼎城区苏家吉、三合垸东常高速险点视察。省洞工局局长文柏海，市区有关领导陪同。

14日　中德合作常德花岩溪国家森林公园林业可持续经营协调会，在花岩溪国家森林公园管理处召开，会议由省林业厅外资办主任戴成栋主持，省、市林业部门负责人与会。

15日　区委书记李秋葆主持召开经济开发区项目建设调度会，安排部署下半年经济开发区工作，推动项目建设进程。

同日　区人武部组织民兵舟桥分队进行了为期10天的水上操作训练，以提高民兵预备役人员的抗洪抢险能力。

同日　经武陵镇派出所和刑侦大队专案民警连续20天不懈努力，成功破获武陵镇“5.26”特大持刀抢劫案，抓获犯罪嫌疑人朱立园、王斌、王正海、张胜雄、康展谋、田旭。

24日　区长董岚到蒿子港镇检查指导人口和计划生育工作。

25日　常德市委书记卿渐伟到鼎城区灌溪镇黄土山村视察，区长董岚陪同。

27日　中共鼎城区委召开“七·一”座谈会，隆重纪念中国共产党成立89周年。区委领导李秋葆、詹一兵、李世霞、庞波、王建华等出席。会上，区委隆重表彰了8个“五个好”乡镇党委、10个区直一线先进党支部、32个农村先进党支部、100名优秀无职党员，并给150名优秀共产党员每人发放了1000元奖金。

28日　区关工委老领导熊国清等和区教育局关工委同志来到武陵镇花船庙小学开展“大手牵小手”

思想道德教育和革命传统教育进校园活动。他们一行参加了学校举行的升国旗仪式,老同志勉励孩子们要珍惜现在的幸福生活,培养好自己良好的道德情操,学好建设祖国的本领;孩子们向老爷爷们表决心:一定不辜负希望,长大后做一个对社会和国家有用的人才。领导们还为孩子们赠送了书籍。

29日　鼎城区委常委学习中心组二季度集中学习在区委常委会议室举行,省计生委法规处副处长李志芳、市电子政务办公室主任舒兆兰授课,全体区级领导参加学习。

6月30日　国际森林和碳汇专家考察花岩溪。

6月　尧天坪镇的龙狮队晋京参加了第六届全国农民运动会开幕式演出,荣获"金穗奖"。

6月　黄士元晋京参加中国曲艺家协会成立60周年暨全国中青年曲艺家创作大会,荣获"全国有突出贡献的曲艺家"殊荣。

6月份　区科技局在灌溪镇组织召开全区农村远教"12396"科技工作会议。会后,全区32个乡镇都组建了农村远教"12396"科技服务站。

6月　常德市鼎城区林权管理中心成立。其主要职责是林权登记造册、核发证书、流转管理、林地承包、林权争议仲裁、林权纠纷调解、森林资源资产抵押业务等。

6月　集体林权制度改革全面完成。鼎城区纳入林改集体林地面积95.83万亩,已完成外业勘界面积95.83万亩,占应勘界林地总面积的100%;完成发证宗地数25.3万宗,已发证户数95390户,发证本数9.6万本,签订林地承包合同书9.5万份,已发证面积95.83万亩,占林地总面积的100%,全面完成了林改任务。

6月　区公安局争取上级支持,合理利用中央财政转移支付资金,一次性采购了32台警用车辆,并全部发放到基层一线执法办案单位。

7月

1日　全区启动实施新农合补偿支付方式改革,实行新农合补偿金的"总额预付"制,即按病种、人头计费,有效地维护了新农合基金的安全和发挥了基金的使用效率。

2日　市人大常委会副主任文承保率市民族团结进步行动成员单位负责人到许家桥回维乡开展以民族团结进步行动为主题的视察活动。

同日　由广东省军区蔡多文将军牵线搭桥并由广东省金秋慈善基金会协办的"常德市鼎城区政府广东省金秋慈善基金会招商投资洽谈会"在广州市潮皇国际大酒店隆重举行,达成投资意向并成功签约7个项目,协议引资额14亿元。区长董岚等区领导及广东省军区相关领导出席本次活动。

4日　区迎接全国城市公共文明指数测评动员大会在天利人民会堂举行。

10日　区委召开"创先争优"工作汇报会,安排部署全年"创先争优"工作。

11日　鼎城区委书记李秋葆主持召开鼎城经济开发区中联重科灌溪工业园升级改造现场办公会。

12日　区防汛抗旱指挥部召开全区防汛会商会,通报最新水情雨情,紧急部署防汛抗灾工作。

同日　区人武部为落实分区和区委、区政府关于做好防汛抢险工作的指示精神,确保沅江大堤的安全,组织抗洪抢险大队进行堤坝隐患排查。

同日　受5月12日以来八轮强降雨袭击,沅水、冲柳高水、渐水、三合垸小河等流域超警戒水位,28座水库溢洪。全区受灾人口31.5万人,农作物受灾36.5万亩,损毁各类水利工程847处,受灾养殖水面1.5万亩,倒塌房屋473间,损毁道路265处8.2万米,多处道路中断,初步估算,直接经济损失2.86亿元。

13日　常德市委书记卿渐伟到三合垸防汛大堤视察鼎城区防汛工作,市委常委、市委秘书长刘明,市政协副主席彭明建,区委书记李秋葆、区长董岚陪同视察。

17日　常德市委书记卿渐伟带领市委、市政府和市计生委有关同志,到鼎城区石门桥镇视察人口和计划生育工作,区委书记李秋葆、区长董岚陪同视察。

18日　经区委常委扩大会议讨论通过,正式出台了常鼎发[2010]8号文件《关于鼓励工业企业发展的优惠政策和奖励办法》,为鼎城区吸引投资建立了长效政策机制。

19日　鼎城区作为全省四个"全国水稻育插秧机械化技术示范推广项目县(区)"之一,顺利通过农业部项目专家组综合验收。

20日　市委书记卿渐伟,市长陈文浩带领参加全市项目建设工业园建设流动现场会暨"双过半"结账会的与会代表到鼎城参观项目建设和工业园区建设。

同日　区公安局成功破获发生在许家桥乡涉案金额近500万元的“广西北海科超微波环保冶炼设备有限公司”特大合同诈骗案。主要犯罪嫌疑人彭梅生、陈学勤、周建国、冯火金等被全部抓获归案。

22日　鼎城区委、区政府在天利人民会堂召开创建全国文明城市工作调度会，创建工作全面铺开，区级主要领导均到会。

24日　由区人大常委会办公室副主任李成强撰写的《常德鼎城公交下乡》一文，在全国唯一公开发行的人大报《人民代表报》上公开发表。

同日　中联重科集团董事长詹纯新率公司高管来到灌溪工业园，与鼎城区委、区政府共谋中联发展大计。

同日　美国欣欣教育基金会及清华学子在鼎城开展支教活动。

27日　鼎城区委书记李秋葆、区长董岚出席2010年上海世博会常德日宣传活动。

同日　市委组织部对鼎城区镇德桥、石公桥、黑山咀、牛鼻滩、斗姆湖远教站点进行督查，市委组织部充分肯定了鼎城区远教工作所取得的成绩。

28日　省林业厅森防总站对鼎城区杨树有害生物无公害防控示范工程进行预验收。9月17日，该项目工程正式验收合格。

29日　全省公安交管工作调度会暨“三项重点工作推进会”在常德召开，会上，鼎城区公安局交警大队作题为《创新四三工作模式做好防处两篇文章》的典型经验发言。省公安厅副厅长袁友方、省交警总队总队长杨琪君等领导率全体参会人员来到区公安局交通警察大队现场参观考察。

30日　歌唱家易妙音到花岩溪拍摄善德文化宣传主题曲外景。

31日　区电力局投入资金200余万元，分别在桥南停车场、桥头社区、严家岗居民小区等十多处增加配变6台，增容改造4台。

7月　省审计厅厅长唐会忠到区审计局进行调研。

8月

1日　晚7时，桥南市场和鼎城区公安消防大队联合举办了“军民共建，和谐桥南”爱国歌曲大家唱文艺晚会。

2日　区委书记李秋葆在灌溪工业园主持召开中联灌溪工业园西区规划方案讨论会，区长董岚出席会议。

同日　市卫生局印发《关于为常德市首批“十大名老中医”、“十大名中医”授予“常德市中医药师承导师”称号并给予奖励的决定》，授予常德市第二中医院吴忠文、鼎城区唐家铺乡卫生院何雨初为“常德市中医药师承导师”。

3日晚10:40分　花岩溪林场西冲分场发生火灾，花岩溪管理处全体干部职工火速赶往火灾地点牛耳坟山。经3个多小时的扑救，扑灭了火灾。村民清理出的防火隔断和管理处花木工毛惠文操作的风力灭火机对扑灭山火发挥了重要作用。

5日　鼎城区委书记李秋葆主持召开区委议军工作会议，研究部署国防后备力量建设和党管武装工作，常德市军分区政委李春艳出席会议并讲话。

9日　鼎城区人口和计划生育创“国优”工作迎检动员大会在区委党校举行，全面动员部署人口和计划生育创“国优”迎检工作。

同日　区委书记李秋葆主持召开区委常委扩大会议，专题研究部署全区人口计生创“国优”工作。

10日　区十五届人大常委会召开第十九次会议，会议听取和审议了区长董岚代表区人民政府提出的《关于善卷垸防洪大堤水利综合治理一期工程项目建设资金安排有关情况的议案》。区财政局负责人就《关于善卷垸防洪大堤水利综合治理项目融资情况》进行了汇报。区人大常委会组成人员进行了认真审议。会议决定：同意区人民政府善卷垸防洪大堤水利综合治理工程项目贷款1.98亿元，并列入2010年～2018年财政预算安排的还贷计划。要求区人民政府及其职能部门采取有效措施，确保项目贷款贷得来、用得好、还得起。

同日　农业部农业抗灾救灾和秋粮生产服务团一行7人来鼎城开展为期2天科技服务指导。

11日　常德市创建文明城市现场会在鼎城召开，市委副书记曹儒国、市委常委欧运崇、市委常委、宣传部长覃清香、市政协副主席张新民出席会议，区委书记李秋葆、区长董岚参加会议。

12日　湖南省委副书记、代省长徐守盛，省长助理、省财政厅厅长李友志，省政府秘书长盛茂林，省直相关单位负责人一行，在常德市委书记卿渐伟，市长陈文浩，鼎城区委书记李秋葆、区长董岚的陪同下，到灌溪工业园、石板滩毛栗岗村考察。

17 日　为期 6 天的中国首届道教闭关夏令营暨内丹养生讲座在常德花岩溪国家森林公园落下帷幕。来自全国各地和俄罗斯、加拿大、印尼等 10 多个国家和地区的道教爱好者近 300 人参加此次夏令营和培训活动。此次活动由常德市宗教局主办，由中国知名道教专家王力平、沈志刚、李德永等主讲。

18 日　湖南省委常委、常务副省长于来山，省政府党组成员、省发改委主任蒋作斌一行来到鼎城经济开发区灌溪工业园，考察中联重科建筑起重机分公司。

19 日　创建国家计划生育优质服务先进区现场考核评估组在湖南省计划生育委员会副主任易露茜的带领下，对鼎城区创国优工作进行现场考核评估，区委书记李秋葆、区长董岚陪同。

同日　财政部预算司到区财政局调研重大民生支出公开工作。

同日　全省首个药品不良反应监测哨点在鼎城区唐家铺乡卫生院正式挂牌。

同日　市人民政府召开区县市药品食品监督管理局整体移交区县市管理交接工作会议。鼎城区药品食品监督管理局由省垂直管理变更为鼎城管理。

23 日　中央政治局常委、中央政法委书记周永康在最高人民检察院常务副检察长胡泽君，省委书记周强、省委副书记、代省长徐守盛，省领导胡彪、黄建国、许云昭、李江、于来山、杨泰波、陈润儿、李微微、路建平、陈叔红、陈肇雄、刘力伟、韩永文、省检察院检察长龚佳禾、常德市委书记卿建伟、市长陈文浩，常德市委常委、政法委书记胡宗清，市委常委、秘书长刘明，鼎城区委书记李秋葆、区长董岚，鼎城区委常委、政法委书记胡文、鼎城区委常委、区委办主任韩才渊等领导的陪同下莅临鼎城区检察院检察指导工作，并对检察院的工作给予了高度评价。

同日　周永康一行到区信访局视察工作。

23～25 日　广东省金秋慈善基金会企业家一行 28 人来到鼎城，考察鼎城推介的工业及商业投资项目。8 月 25 日，基金会旗下企业与鼎城区政府在共和酒店举行合作项目签约仪式，共签定了总额为 9 亿元的投资协议，鼎城区委书记李秋葆，区长董岚出席签约仪式。

24 日　省农业厅副厅长李志纯来鼎城指导晚稻施肥补贴工作。

27 日　农业部落实国家扶持晚稻生产政策督查组组长、农业部优农中心副主任王春波、李建兵处长、省农业厅湘米办副主任吴玉林一行来鼎城检查指导晚稻施肥补贴落实情况。

29 日　中联灌溪工业园规划汇报会在共和大酒店举行，中联重科董事长詹纯新，鼎城区委书记李秋葆、区长董岚参加会议。

31 日　区十五届人大常委会举行第二十次会议，会议听取和审议了区科技局局长金刚受人民政府委托所作的《关于全区贯彻执行〈中华人民共和国科学技术进步法〉的情况汇报》。听取了区财政局局长熊辉受区人民政府委托所作的《关于区本级 2009 年财政决算（草案）的报告》，听取了区审计局局长宋仁福受区人民政府委托所作的《关于 2009 年度区本级财政预算执行和其他财政收支情况的审计工作报告》，常委会组成人员通过认真审议通过了《关于批准〈区本级 2009 年度财政决算〉的决定》。

8 月　区政府投入 160 万元为义务教育阶段 11460 名学生配备了符合国家标准的课桌椅。

8 月　区文联为提高《朗州》的办刊水平，召集了区作协 10 余位重点作者，同时邀请市作协卢年初、帅泽鹏、区湖湘文化交流协会会长徐政国、知名作家刘友善等召开恳谈会。通过广开言路，集思广益，明确了刊物定位和办刊思路。

8 月　对敞开式小区实施物业管理。投入 350 万元，完成了德安社区实施物业管理的试点任务，改善了该社区居民的居住环境和条件。

8～9 月　由区供销社组织协调，完成了 841974 包磷酸二氢钾和 2525.92 吨氯化钾的晚稻增施肥补助供应工作，得到了政府领导和广大农户的肯定和好评。

9 月

1 日　由区政府牵头，区信息化办负责组织实施的鼎城区房地产一交通运输税费一体化税收征收系统，正式建设完成并投入使用。

6 日　鼎城区人民政府机构改革动员大会在天利人民会堂召开，区委书记李秋葆，区长董岚出席会议并讲话，鼎城区机构改革工作正式启动。

同日　市审计组来到鼎地区对区委主要领导经济责任进行审计。

7 日　区委书记李秋葆、区长董岚、区委常委、副区长傅勇在区教育局局长卢年初等陪同下，来到区一中，与学校校长、教师亲切座谈，并慰问了黄宗宝、卢炳贵、龚佑严三位一线教师，每人送上了一万元慰问金。

12日 在湖南省第十一届运动会上，鼎城区体育代表等获得金牌10.87枚、银牌6枚、铜牌3枚。

13日 省供销社主任陈德礼在市供销社主任汪淑凡、副区长唐少华的陪同下，视察了区港口轧花厂、金大地农资公司、桥南蔬菜批发市场等企业的供销社标识牌的使用情况。

15日 区长董岚在区政府办会议室主持召开全区重点工程征地拆迁工作会议。

同日 区公路管理局联合谢家铺镇政府、区城管、工商、公安、交警等相关职能部门，对谢家铺木材市场进行了整治。整顿后占道经营基本杜绝。

16日 中联重科高级总裁殷正富率中联重科相关部门负责人来到鼎城，就中联中小吨位汽车起重机技扩改项目规划与鼎城区进行沟通交流，鼎城区委副书记、区长董岚出席会议。

18日 广东省新会市人力资源和社会保障局局长张俊杰率相关人员到武陵镇桥头、常沅等社区考察基层劳动保障服务中心建设。

20日 鼎城区综治维稳安全工作调度会议在区委党校举行。区委书记李秋葆、区长董岚出席会议并讲话。

24日 市四医院斥资1200万元购置的上海伽玛星陀螺旋转式钴60放射外科治疗系统开机治疗首例病人，标志着该院肿瘤放疗水平走在了湘西北地区的前列。

25日 鼎城区委书记李秋葆来到灌溪镇兴发村小学走访慰问该村10名家庭困难学生。

同日 区长董岚在区政府办会议室主持召开2010湖南经济合作洽谈会暨第四届湘商大会筹备会。

26日 鼎城区委书记李秋葆、区长董岚，深入乡镇调研农村“行路难、饮水难、排灌难”问题。

同日 区委、区政府召开纪念中共中央《关于控制我国人口增长问题致全体共产党员、共青团员的公开信》发表30周年大会，会议全面回顾总结了30年来展示区人口和计划生育工作所取得的巨大成就和经验，表彰了38名对人口和计划生育工作有突出贡献先进个人。

27日 区长董岚深入灌溪、石板滩等乡镇检查指导安全生产工作，并主持召开全区安全生产工作调度会。

28日 鼎城区善卷中学奠基开工典礼举行，区教育局全体干部、区直有关部门负责人、武陵镇政府负责人、景新中学八年级师生代表、施工方代表等近1000人参加典礼。典礼由区委副书记詹一兵主持，区长董岚致辞，区委常委、副区长傅勇介绍工程建设进展情况，市政府副秘书长陈智慧发表了讲话。

同日 董岚来到鼎城区武陵镇中心小学，走访慰问家庭贫困学生。

同日 鼎城区委举行武警工作会议，区委书记李秋葆，常德市武警支队政委龙祐宏、区长董岚出席会议。

同日 区公安局按照市公安局的统一安排部署，抽调80名警力在市城区人民路开展街面巡逻防控行动，确保湘商大会顺利进行。

29日 鼎城2011年度水利建设动员大会在区委党校会议室举行，区委书记李秋葆、区长董岚出席会议并讲话。

同日 鼎城区建设人民满意政府暨政务公开工作会议在区委党校会议室召开，区长董岚出席会议并讲话。

同日 第四届湘商大会在常德市隆重举行。区委、区政府主要领导挂帅亲赴北京、广州、上海等地走访企业，推介项目，联络客商，高标准完成了湘商大会的筹备工作。本次湘商会共签约重点项目3个，达成投资协议29亿元。

30日 省人民政府副省长陈肇雄率参加2010湖南经济合作洽谈会暨第四届湘商大会的部分代表来到鼎城，考察灌溪工业园。

同日 区委书记李秋葆主持召开区控违拆违现场办公会，研究、调度控违拆违工作。区领导董岚、詹一兵、向阳、杨君、李世霞、韩才渊、胡文、陈兆前、王建华等参加会议。

同日 常德丝弦《花枝俏》、《山村喜宴》参加2009湖南省艺术节，获得一金一银。

同日 石板滩镇毛栗岗村、灌溪镇汤家坪村被授予首批全国妇联“基层组织示范村（社区）”。区妇联党组书记、主席李双明被评为全国巾帼建功标兵。

同日 区粮食局对区级储备粮进行全面轮换，共完成3000吨储备粮轮换。

10月

10月初　区文联主席王政、青年书法家李辉书写的善卷诗词参加省文化厅和省文联举办的“盛世丹青—湖湘风采”2010湖南艺术年展,王政的作品获得银奖是常德市在此次年展中得到的唯一最高奖。

8日　区委书记李秋葆主持召开财税工作调度会,区领导董岚、向阳、许中诚、杨君参加会议。会后,区委主要领导到财政局调研财政工作。

9日　常德市人大常委会主任刘本之携检查组一行来到鼎城,检查鼎城区贯彻实施《城乡规划法》工作情况,参观了鼎城区西区办公大楼建设现场、江南善卷医院、善卷中学建设现场和善卷公园规划选址地。

10日　鼎城一中与长郡中学合作办学签约挂牌仪式在鼎城一中举行,区委书记李秋葆、区长董岚、长郡中学校长卢鸿鸣等出席签约挂牌仪式。

12日　中央《深入开展创先争优活动简报》第397期推介了鼎城区《坚持四个注重,点出一片精彩,湖南省常德市鼎城区扎实开展领导点评》的经验作法。

13日　市委书记卿渐伟来到点村灌溪镇黄土山村,对村党支部班子、党员践诺情况进行现场点评,市委常委、市委秘书长刘明,区委书记李秋葆、区长董岚等领导陪同。

15日　区推进教育“五项改革”动员大会在区一中举行,400多人参加会议。从此,全区教育系统全面推行校长聘任制、二层骨干公开竞聘制、教师末位淘汰制、绩效工资向一线教师倾斜、与省内外名校联合办学等五项改革举措。开始实施还出台了《鼎城区中小学干部教师管理暂行办法》、《鼎城区教育系统师德师风建设活动实施方案》、《鼎城教师二十不准》。

10月中旬　区供销社组织全区柑桔产销大户协助市供销社成功举办了中国常德柑桔年会及鼎城活动日活动,并与全国柑桔客商签订柑桔销售订单13.8万吨,推动全区柑桔产业的发展。

19日　常德市鼎城区善卷垸防洪大堤水利综合治理工程开工典礼举行,常德市委副书记曹儒国、市委常委、市委秘书长刘明,区委书记李秋葆等领导出席开工典礼,此项工程计划投资2.96亿元、分三年完成。

20日　中共中央政治局委员、中央书记处书记、中组部部长李源潮同志在中央创先争优活动办简报397期上作出重要批示:“湖南常德开展创先争优领导点评的经验很好”,并指示推广鼎城经验,年底前全国各地普遍开展一次领导下基层对创先争优点评活动。

同日　鼎城区2010年度农业综合开发项目开工,项目投资1631万元,改造中低产田1.45万亩,草坪和灌溪项目区8个行政村的10474个农业人口受益。

21日　区十五届人大常委会召开第二十一次会议,对区人民检察院、区教育局、区规划局、区交通局、区发改局、区卫生局六家单位开展工作评议。被评议单位汇报本单位换届以来的工作情况,参与评议调查的各位常委会组成人员,对六家单位的工作分别进行了评议发言,最后按“满意、基本满意、不满意”三个等次进行了无记名投票表决。六个单位“满意”票、“基本满意”票都超过了半数。

22日　《湖南日报》头版转二版整版推出通讯报道《四万名共产党员铸大“鼎”》。

23日　湖南省质量技术监督局计量认证评审专家组,依据相关法律规定对鼎城区质量监督检验及计量所申报食品安全六大参数(三聚氰胺、苏丹红、苯芮芘、溶剂残留量、脂肪酸组成、脱氢已酸)进行了食品理化检测扩项评审验收工作。

25日　常德市委副书记、市长陈文浩,市委常委、常务副市长刘小明来到鼎城六0一矿社区,检查指导建设人民满意政府工作。

26日　鼎城区社区矫正工作正式启动,公安、司法行政在武陵镇政府举行了社区矫正对象移交仪式。

28~29日　区森林防火指挥部组织森林防火民兵应急大队培训演练活动,参加这次培训演练的有石公桥、大龙站、沧山、港二口4个乡镇民兵应急中队和区林业局直属中队,共100人。

10月　举办“善卷故里·善德鼎城”2010全区民间职业剧团艺术大赛。

10月　完成全区文化体制改革试点,成立了区文化广播新闻出版局、区广播电视台、区行政执法综合大队。

10月,区文联争取到30万财政拨款,与国家级大型名刊《人民文学》联合举办首届“善卷故里,善德鼎城”全国有奖征文活动,在《人民文学》、《散文》、《诗刊》等国家级刊物、《湖南日报》、《常德日报》等省市党报及各大网站发布征文启事，还开设巨奖，一等奖奖金高达一万元，奖金总额近十万元。

10月 原区人事局、区劳动和社会保障局合并组建了鼎城区人力资源和社会保障局，2010年12月30日正式挂牌。

10月 移动综合大楼立项获批，大楼修建工作全面启动。

10月 区档案局开展环洞庭湖渔民建档工作。下到渔民居住点实地考察，收集相关原始资料，清查整理渔民原始档案，并将整理好的档案及数据库移交市档案局。

10月 区残疾人运动员参加“省运会”获得了“一金六银三铜”的好成绩。

10月 由省广电移动数字电视有限公司全额投资与区广电局合作组建鼎城广电移动电视公司，通过太阳山发射基站信号传输45套电视节目，另有两套地方特色的自办电视节目，丰富了群众文化生活。

10月 湖南省人民政府正式批准鼎城区武陵镇（城关镇）土地利用总体规划（2006-2020），其中新增建设用地规模884.50公顷，为城市建设、西区开发留足了空间。

10月 迎宾小区排水改造工程开工建设。

10月 区工信局引进中国建材湖南常德南方水泥项目点火试生产年。该项目总投资8.5亿元，投资1.2亿元的海众混凝土项目已于2010年7月竣工试生产。

12月 按照年初区委经济工作会议要求，区委组织部牵头完成了“十佳党委（党组）”的评选组织工作。通过采取组织考察、民主推荐、征求相关职能部门意见、评选领导小组研究、区委常委会表决等程序评选出了区交通局、区政府办、区人口和计划生育局、区检察院、区审计局、区林业局、石门桥镇、逆江坪乡、谢家铺镇、双桥坪镇等10个“十佳党委（党组）”，区委分别给予5万元的奖励。

11月

1日 区第六次全国人口普查入户登记正式启动。

同日 市委书记卿渐伟、市长陈文浩带领参加全市新农村建设流动现场会的与会人员参观鼎城区西洋陂水厂。

4日 常德市委书记卿渐伟，市委常委、市委秘书长刘明来到鼎城考察工业、城市、农业等工作，区委书记李秋葆、区长董岚陪同考察并汇报。

同日 鼎城区委组织部在区建设局会议室举行“树五种形象、作五个表率”演讲比赛。经过对全区100多名选手的层层筛选，确定15名选手参加决赛。区商务局的丁莉获得冠军，并代表鼎城参加市委组织部12月26日举行的全市“不负党、不愧民”专题演讲比赛。

5日 鼎城区在港二口、蔡家岗等乡镇率先启动基层劳动保障平台规范化建设达标活动，按照平台建设整体化、设施配备标准化、形象标识统一化、台帐资料规范化、管理服务制度化、人员队伍专业化的标准开展全区基层平台建设达标升级。

10日 由区人大常委会主任向阳撰写的《抓住重点，突出特色，努力做好地方人大工作》及办公室负责人撰写的《依法执政兴鼎城》、《用心干事，争创三优》被收录于2010年《中国人大年鉴》。

同日 按市人大常委会主要领导的要求，《常德人大》第4期开辟《鼎城专篇》，共发文章8篇，图片27幅，集中推介鼎城工作经验。

11日 市委、市政府授予鼎城区卫生局“2010年度全国城市公共文明指数测评迎检工作先进单位”，授予鼎城区卫生监督所肖双华同志“2010年度全国城市公共文明指数测评迎检工作先进个人”并记三等功一次。

12日 在常德市2010年度迎接全国城市公共文明指数测评总结表彰大会上，鼎城区公安局交警大队被授予“2010年度全国城市公共文明指数测评迎检工作红旗单位”。

15日 省审计厅来鼎城区审计节能减排资金使用情况。

17日 常德市老科协工作经验交流会议在鼎城召开。常德市委副书记曹儒国，市委常委、秘书长刘明，副市长徐超文，省老科协副会长潘奇才、省老科协副秘书长李晓黎等省、市领导参加了会议，区长董岚出席交流会并致辞。

18日 桥南市场停电休市半天，对消防安全、生意、人气都造成巨大冲击。

20日 省水利厅厅长戴军勇在市水利局负责人的陪同下，检查鼎城区善卷垸防洪大堤水利综合治理工程及西阳陂农村饮水安全集中供水工程。

22日 鼎城区被评为全国计划生育优质服务

区。

同日　全省创先争优活动推进会在衡阳召开,各市州委副书记、组织部长、分管基层党建的副部长参加会议,区委书记李秋葆在会上作了《点出精彩,评出实效,以领导点评扎实推进创先争优活动》的经验发言。

23日　常德市委常委、组织部长石谋军来鼎城调研鼎城经济社会发展和组织工作情况,区委书记李秋葆、区长董岚参加会议并汇报。

24日　常德市人大常委会主任刘本之带领市人大相关领导和各区县(市)人大常委会主任来鼎城视察工作。

26日　江南城区防洪大堤交通闸口规划设计方案审查会在鼎城区委常委会议室举行。

同日　常德市鼎城区人民医院(善卷医院)奠基开工典礼举行。医院选址在武陵镇城区金霞路与德安路交汇处西南面,按"二级甲等"医院标准规划设计,征地133亩,规划建筑面积4.2万平方米,计划总投资2.4亿元。

同日　区人大常委会任命鲁补祖方为鼎城区法院副院长、代院长。

27日　由中共鼎城区委、区人民政府举办的中国·常德鼎城善卷文化高峰论坛学术研讨会在共和大酒店国际会议中心隆重举行。常德市委常委、秘书长刘明,市政协副主席张新民、原市人大常委会主任莫道宏,鼎城区委书记李秋葆、区长董岚等市区领导出席。台湾文化艺术界联合会理事主席、海峡两岸和谐文化协进会会长陆炳文等海内外专家学者、国家、省、市、区媒体参加了论坛。中国国民党荣誉主席吴伯雄先生专为论坛题词:"百德善为先，一心卷之首"、"善卷故里"。

同日　区处级领导干部共55人参加了市依法治市办在市三中举行的全市2010年度干部普法考试。全区科级领导干部共899人参加了区依法治区办在市财校组织的全区2010年度干部普法考试。

28日　区粮食局通过积极争取，国家农户科学储粮专项落户鼎城。2010年获得省局计划推广9000户，该项目从11月20日启动2010年12月30日结束,共覆盖草坪、长茅岭、斗姆湖、许家桥、丁家港、石门桥、谢家铺、灌溪、双桥坪等乡镇。

29日　湖南省委常委、宣传部长路建平到鼎城区调研指导基层宣传文化工作，湖南省纪委常委、监察厅副厅长周农、常德市委常委、宣传部长覃清香、区长董岚陪同调研。

同日　全省人保财险系统农业保险内控合规现场交流会在鼎城区谢家铺镇举行,人保财险湖南省分公司总经理徐如财携公司部分高管出席会议,区长董岚出席会议并致辞。

11月　区纪委组织64名干部到武陵监狱进行现场警示教育活动。

12月

4日　常德市委副书记、市长陈文浩来鼎城征求市《政府工作报告》和《十二五规划》意见,区委书记李秋葆、区长董岚参加座谈会。

6日　鼎城区贺姝红、朱晓初、周新明、蒋彬彬、毛新云五人被评选为省级劳模。

8日　鼎城区委书记李秋葆、区长董岚率全区乡镇场党委书记参观正在建设中的善卷垸江南防洪大堤水利综合治理工程。

同日　公安部《国内安全保卫工作简报》第209期以《鼎城区公安分局以宗教保卫为核心突出主业多措并举积极推进战略支撑点建设》为题,刊发区公安局开展宗教保卫战略支撑点建设的经验做法。

9日　隆平高科副董事长袁定江、隆平米业总经理杜志艳一行到鼎城洽谈隆平米业落户鼎城相关事宜,区委书记李秋葆、区长董岚出席洽谈会。

同日　"丁玲文学奖"颁奖典礼在市芷园宾馆举行,鼎城区黄士元,帅泽鹏等9名作家分获一、二、三等奖,获奖人数为全市第一。

10日　鼎城区2010年度第一批小一型病险水库利用地方资金除险加固工程开工，工程总投资为682.59万元,该项目有4座小一型水库,分别是大溪、梁家冲、易家冲、四陂堰。

同日　常德鼎城经济开发区灌溪、石板滩产业新城发展战略规划评审会在共和大酒店举行。常德市委常委、副市长宋冬春,鼎城区委书记李秋葆、区长董岚等市区领导参加会议。

13日　鼎城区委书记李秋葆、区人民政府区长董岚在区政协召开座谈会,就鼎城区"十二五"规划(草案)征求政协委员意见。鼎城区政协各位副主席结合各自工作,围绕如何进一步充实、完善规划(草案),更好地推动鼎城区经济社会又好又快发展踊跃建言。

14日　鼎城区2010年度第一批新编规划小一型病险水库除险加固工程开工，工程中央投资为

2557.51万元，有8座小一型水库，分别是西洋陂、卫星、关门洲、杉木、丰盈、茶叶、南北堰、金星。

17日　中共鼎城区委十届八次全体会议在天利人民会堂举行。区委书记李秋葆代表区委常委会向全会作报告，会议通过《关于加快经济发展方式转变的决定》。

20日　常德市委常委、秘书长刘明到鼎城考察鼎城区落实党风廉政建设责任制情况，鼎城区委书记李秋葆、区长董岚出席汇报会。

21日　湖南省政协副秘书长向邦柱带领省绩效评估及为民办实事年终评估验收组到鼎城，评估验收2010年鼎城区省绩效评估及为民办实事工作。沈习淼、刘进能、张新民、董岚、杨君、周国栋等市区领导陪同检查验收。

同日　鼎城区委书记李秋葆主持召开鼎城区委工作务虚会议，认真总结“十一五”，全面分析当前形势，精心谋划2011年以及“十二五”工作。

23日　鼎城区在灌溪镇兴发垸村举行全区新农村社会养老保险养老金首发仪式，全区首批发放117494人1938万元新农保基础养老金。截止12月31日，全区参办理参保人数13万人，共征缴基金1500万元。

27日　国家人口计生委正式授予鼎城“全国计划生育优质服务先进单位”；同日，鼎城区被评为“全省计划生育优质服务先进单位”。

28日　区十五届人大常委会举行第二十三次会议。会议听取和审议了区农业局局长熊春来受区人民政府委托所作的关于贯彻实施《农产品质量安全法》的情况汇报。听取了区政府办主任雷建国受区人民政府委托所作的《关于贯彻执行区人大常委会决议、决定和办理区人大常委会审议意见、主任会议交办书的情况汇报》，听取了区财政局局长熊辉受区人民政府委托所作的《2011年财政预算安排的情况汇报》。会议通过了区十五届人大常委会代表资格审查委员会关于区十五届人民代表大会代表资格的审查报告（确认区十五届人民代表大会代表为315名）。

30日　常德市委书记卿渐伟，市委常委、市委秘书长刘明来到鼎城，察看江南城区道路交通情况，并对桥南汽车总站春运安全准备工作进行检查。看望慰问部分特困劳模、优抚对象和困难户，区委书记李秋葆、区长董岚陪同视察。

截止31日　区商务局超额完成市里下达的2010年招商引资任务，全年引进国内资金27亿元，引进外资2383万美元，排名全市第一，并首次被评为湖南省招商引资先进单位。

截止31日　全区蔬菜播种面积达24.6万亩，其中无公害蔬菜面积13.6万亩，区蔬菜办全年开展蔬菜检测10847次，合格率达99.98%，有效保证了全区人民“菜篮子”安全。

截止31日　区酒管办共开展酒类联合执法5次，查获各类假冒伪劣酒10多个品牌计2.2万瓶，检验不合格品牌计1.65万瓶。查处无证违规经营业主30多个，严厉打击了非法经营以及制售假冒伪劣酒类商品的行为。2010年，区酒管办被评为全市酒类管理先进单位。

截止31日　区屠管办开展屠管执法2次，捣毁私宰窝点3个，查处私宰肉品600多公斤、病死仔猪肉90公斤、无害化处理不达标猪肉3000多公斤，切实保障了全区人民的食品安全。

截止31日　区商务局开展成品油市场安全执法检查30多次，取缔黑加油站10家，进一步整顿、规范全区成品油市场经营秩序。

截止31日　全区家电下乡备案网点已增至391家，共销售家电汽摩下乡产品140916台，销售金额5亿元。家电以旧换新备案销售网点35家，回收网点31家，销售家电2908台，回收旧家电532台。

12月

12月　区审计局被评为“全省审计系统先进单位”、“全市审计系统目标管理红旗单位”、“全区目标管理红旗单位”、“全区十佳党组”、“全区百强支部”。

12月　开展“十佳领导干部”评选活动，评选出周和生、葛辉琳、陈友志、涂华军、何奕波、陈宏、肖仁华、王成猛、陈小林、孙林等10名同志为优秀领导干部。在2011年初的区委经济工作会议上给予了表彰，每人得奖金1万元。

12月　朱晓初同志荣获湖南省人民政府颁发的“湖南省劳动模范”光荣称号。

12月　全省移动县（市、区）分公司业务发展综合能力评估鼎城区进入20强，排全省第13位。客户规模进入十强。

12月　鼎城区被评为湖南省政务公开工作先进单位；区政务服务中心主任贺盛福同志被评为湖南省政务公开工作先进个人。

12月　20户无房残疾人户喜搬新居。

12月　鼎城区出台残疾人新型农作合作医疗和新型农村养农保险补助政策。

12月　区台办对全区涉台婚姻、去台旅游、探亲人员情况进行调查摸底；调查核实全区涉台特殊群体人员家庭、经济状况，建立涉台特殊群体救助机制。

12月　全区所有乡镇（场），都建成了具有独立域名的乡镇政府网站，标志着鼎城区的电子政务迈入了新阶段。

12月　鼎城区完成中央农机购置补贴资金1600万元，推广先进适用的补贴农机具23092台，拉动农机消费4318.5万元，有2.2万户农民受益。

12月　鼎城区被农业部确定为“全国农机专业合作社示范点”。

12月　区农机局局长沈建祥被农业部评为“全国粮食生产先进工作者”。

12月　鼎城经济开发区获得了全省2010年度开发区集约利用评价考核土地利用计划20公顷用地指标奖励。

2010年　鼎城区被评为全省安全生产工作先进区县，全市安全生产工作红旗单位。区安监局被评为全省安全生产工作先进区县安监局。

这一年投入1000多万元彻底关闭了形成“天坑”的雷公庙镇建材厂。有效打击和控制了烟花爆竹地下小作坊及黑加油站点，共取缔烟花爆竹地下小作坊37家，收缴成品、半成品、原材料近10吨，销毁发射药2200多公斤，依法拘留5人，取缔非法加油站点13处，查处非法流动加油车6台。关停全区唯一的洞采矿——沧山祥荣金矿。

12月　大型专题片“枉水秋色”完成制作，并一举夺得全市第六届党员干部现代远程教育教学资源评比综合奖二等奖和单项奖最佳策划奖的好成绩。

中国共产党鼎城区委员会

▲ 经济工作会议现场

▲ 区委、区政府主要领导陪同中联重科总裁詹纯新视察灌溪工业园

区委召开防洪墙设计座谈会议 ▲

▶ 乡镇党委书记例会

鼎城区人民代表大会常务委员会

▲ 主任 向阳

▲ 区十五届人大常委会第20次会议听取全区2009年财政预算执行审计情况和审议决算的报告

▲ 全市人大宣传调研工作会议在鼎城区召开

▲ 视察冲天湖大垸

▲ 全市人大工作交流会与会人员视察区善卷垸防洪大堤建设现场

鼎城区第十五届人民代表大会第四次会议

鼎城区人民政府

▲ 区长 董岚

▲ 区长董岚与湖南海众混凝土有限公司签约

▲ 区长董岚陪同中纪委、中组部第六地方巡视组原组长、原海南省委副书记、常德市人民政府原市长蔡长松视察

▲ 新农村建设示范片座谈会

教育强区座谈会

中国人民政治协商会议鼎城区委员会

▲ 主席 许中诚

▲ 第七届委员会会议现场

▲ 副主席 周国栋

▲ 座谈会现场

▲ 副主席 彭久媛

▼ 视察善卷防洪墙水利综合治理工程

鼎城区人民武装部

▲ 广州军区政治部韩副主任视察鼎城区人武部工作

▲ 湖南省军区张中湘副司令员视察鼎城区征兵体检工作

▲ 常德军分区董正武司令员检查我区开展国防教育工作情况

▲ 常德军分区李春艳政委慰问鼎城区优秀创业退役军人

▲ 鼎城区人武部机关党支部召开党委民主生活会

区 委 党 史 办

▲ 主任 高建良

▲《鼎城年鉴》编纂人员

▲ 党史陈列馆

▲ 消防官兵参观党史陈列馆

办公楼

区委党校

▲ 中会议室

▲ 校园

▲ 会议楼

▲ 春风阁

▲ 食堂

▲ 大会议室

▲ 办公大楼

▲ 机关大门

区人民法院

▲ 资助贫困学子，鲁祖方院长亲自将生活费送到贫困大学生亲属手中

▲ 湖南省高级法院立案信访局副局长罗筱玲调研鼎城立案信访工作

▲ 党员春训动员大会

▲ 法官为企业服务，“送法上门”

▲ 当事人送锦旗感谢法官

▲ 反规避执行集中宣传，解答群众咨询

▲ 半年总结大会上，表彰优秀共产党员

区民政局

▲ 区民政局大门

▲ 省民政厅副厅长唐白玉视察鼎城区民政工作

▲ 蒿子港镇敬老院

▲ 班子成员慰问点村困难儿童

▲ 全区民政工作会

区体育局

▲ 区委副书记詹一兵宣布区直机关运动会开幕

▲ 区委常委、宣传部长王建华主持区财经运动会开幕式

▲ 拔河比赛

▲ 篮球赛

▲ 乒乓球赛

▲ 登山比赛

区国土资源局

▲ 局长 李润初

▲ 土地整理工程质量检查

▲ 土地整理工程施工现场

▲ 土地整理效果图

区林业局

▲ 党委书记、局长 森林公安局政委 刘志平

▲ 国家林业局计划财务司副司长郝燕湘（右2）视察鼎城林业工作

▲ 国家林业局油茶办副主任尹刚强视察鼎城油茶生产基地，区长董岚陪同

▲ 副市长徐万发视察鼎城林业工作

▲ 区政协主席许中诚检查林业工作

▲ 区森林防火演练

湖南省电力公司常德鼎城电力局

▲ 市局纪委书记胡毕正调研

▲ 书记慰问

▲ 班子成员

▲ 最后一接头

▲ 送锦旗

▼ 晚会表演

▲ 更换线夹

◀ 现场宣誓

▲ 夜间巡查

区水利局

▲ 局长　王成猛

▲ 班子成员、二层骨干及区直工程单位一把手到汉寿岩汪湖泵站参观学习

▲ 石门县寺垭水库同仁来区参观水利工程建设现场

▲ 工作调度会现场

区畜牧兽医水产局

▲ 局长、党组副书记　熊俊

▲ 党组书记　刘传国

▲ 局长熊俊慰问特困户

▲ 局长熊俊在市场检查生猪质量安全

▲ 领导班子

区城市管理行政执法局

▲ 局长　张圣华

▲ 治理车辆乱停乱靠

▲ 治理学校周边环境

◀ 维护停车围栏

区信访局

▲ 局长 何奕波

▲ 长沙市领导来局参观考察

▲ 区长董岚检查指导网上办信工作

▲ 区长董岚视察信访工作

▲ 省市领导检察指导信访工作

▲ 集中学习

▲ 局长到市局接访

▲ 长沙市领导来局参观考察

▲ 局长接访

概　　况

人　口

【概况】2010 年 12 月 30 日，全区共有人口 829270 人、263550 户。其中农业人口 720068 人，非农业人口 109202 人；男性 419621 人，女性 409649 人，男女比例分别为 50.6%、49.4%：18 岁以下为 113139 人，占总人口 13.6%，18 至 35 周岁 194685 人，占总人口 23.5%，36 至 60 周岁 369841 人，占总人口 44.6%，60 周岁以上 151605 人，占总人口 18.3%；一年内出生 7642 人，死亡 4144 人。2010 年全区人口自然增长率为 4‰。　（周捷）

气候特征

【概况】全年气温异常偏高，但冷暖起伏明显，严寒期无，暑热期长，高温热害程度重，多地极端最高温创新高，低温冷害突出，低温连阴雨、倒春寒、五月低温和寒露风天气影响较大；降雨正常但时空分布不均。日照总量正常。入冬入夏入秋推迟，冬短夏平，春秋均偏长。雷暴日偏多，影响大，大风危害大，影响严重。　(李明辉）

【气温】2010 年全区年平均气温 17.5C°，较常年偏高 0.9C°，属异常偏高年份。

从时间分布看：各月平均气温与常年同期比，4、10 月偏低，5 月持平，其他各月均偏高，其中 8、9、11 月和 12 月平均气温偏高显著。4 月中旬出现倒春寒，气温创 1960 年以来历史同期第 3 低值，由于强冷空气频繁入侵，10 月气温创本世纪以来最低。

冬季：09/10 年冬季平均气温 6.7C°，较常年同期偏高 0.9C°，属正常范畴。

春季：平均气温 16.3C°，较常年同期偏高 0.1C°，属正常范畴。

夏季：平均气温 27.9C°，较常年同期偏高 0.9C°，属偏高范畴。

秋季：平均气温 18.6C°，较常年同期偏高 1.0C°，属显著偏高范畴。　（李明辉）

【降水】2010 年全区平均总降水量 1541.3㎜，较常年偏多 210.8 ㎜，属正常年份，与上年比偏多 362.8㎜。

冬季：09/10 年冬季全区平均总降水量 102.3㎜，较常年同期偏少 50.0㎜，属偏少范畴，与上年同期比，偏少 25.5㎜。

春季：全区春季平均总降水量 586.4㎜，较常年同期偏多 151.5㎜，属偏多范畴，为本世纪以来第 2 多，仅少于 2002 年，与上年同期比，偏多 143.3㎜。(李明辉）

夏季：全区夏季平均总降水量 549.3㎜，较常年同期偏多 41.0㎜，属正常范畴，与上年同期比，偏多 172.9㎜.

秋季：全区秋季平均总降水量 303.2㎜，较常年同期偏多 68.1㎜，属偏多范畴，与上年同期比，偏多 98.6㎜。　（李明辉）

【日照】2010 年全区年平均总日照时数 1631.4h，较常年偏多 23.7h，属正常范畴，与上年比偏多 14.8h。

从时间分布看：全年日照时数呈现两头多中间少的分布态势，5～10 月日照时数与常年同期比仅 8 月偏多，其他各月均偏少，受五月低温及 9 月下旬寒露风的影响，5、9 月日照时数较常年同期偏少 2 成有余。年中 3、11 月日照

时数偏多明显，其中3月全区日照时数较常年同期偏多5成多。（李明辉）

主要气候事件

【1月强寒潮冰冻】1月3～6日，全区出现了一次强寒潮天气过程，3日14时5～14时48小时降温幅度均≥18C°，达强寒潮标准。受强寒潮影响，4日晚到5日全区普降中雪，局部大雪，各地均现积雪，同时5～6日沅水流域连续2d出现冰冻。

强降温、雨雪冰冻天气，对全区的交通运输、能源供应、农作物生长及人体健康等造成了一定的不利影响。（李明辉）

【冬末早春气温高】2月17日开始，全区气温一路飙升，至24日最高气温已升至27.8C°，2月下旬日极端最高气温均创建站以来历史同期新高，2月下旬各地平均气温13.6～14.9C°，较常年同期偏高6.9～8.2C°。冬末时节连日晴好天气，利于越冬农作物的生长。（李明辉）

【春季低温阴雨】3月1～8日全区连续8d维持低温阴雨（雪）天气，期间全区无日照，达轻度连阴雨标准；4月中旬气温13.0左右，较常年同期偏低3.5左右，并低于上旬平均气温，中旬平均气温纷纷是创建站以来历史同期第3低值，仅高于1960、1967年，全区达中等倒春寒标准；5月12日开始受连续强降水影响，气温持续偏低，5月13～22日连续10d平均气温≤20C°，均达重度五月低温标准。

持续的低温阴雨天气给人们的生活起居及全区油菜、双季早稻、春茶等农作物的生长发育造成了一定的不利影响。（李明辉）

【夏季5年来最炎热】高温天气来的迟。6月30日～7月4日才迎来了2010年的第一段连续5d最高气温≥35C°的高温期，较上半年推迟了近半个月。但高温热浪时间长。最高气温≥35C°的高温日达35天，≥37C°达9天。（李明辉）

【汛期9轮强降水】2010年汛期4～9月全区强降水过程频繁雨量大、影响范围广、致灾严重。期间全区遭受了9轮强降水轮番袭击。全区大部分于5月12日～21日、7月5日～14日出现了两段雨水相对集中期，7月中旬出现轻度洪涝。（李明辉）

【寒露风】9月22日～30日，全区遭遇低温阴雨寡照天气，达重度寒露风标准，仅次于1997年。

【雷暴大风】2月25日，全区出现大范围雷阵雨天气。

气候与农业生产

【气候与双季早稻】4月中旬倒春寒天气，下旬强降水，导致早稻秧苗生长缓慢、出苗整齐度偏差，其中清明前后撒播的早稻平均烂种、烂秧率达到6%，部分早稻遭受绵腐病、立枯病危害。

由于前期生长缓慢，早稻分蘖高峰期在5月中旬后期，较历年推迟5～7d，5月中旬至下旬初全区遭遇强降水和重度五月低温袭击，导致早稻分蘖缓慢、总叶片数少，不利于丰产群体结构形成。6月上半月早稻处幼穗分化到孕穗期，期间温低光少，低温时段持续长，对穗粒发育造成了轻度危害，导致部分早稻空壳率增加。6月下半月除19日遭遇强降雨外，其他时间气温适宜降水少，有利于正常开花授粉。6月末至7月上旬初全市迎来今年第一段高温热浪，导致部分早稻遭受“高温逼熟”，中旬初遭遇汛期最强降水，低洼地区遭受渍害，部分早稻出现倒伏现象。7月中旬中期到下旬，全区以晴雨天气为主，早稻收割期稍有延长。总体而言，双季早稻生长期间气候条件偏差。（李明辉）

【气候与双季晚稻】晚稻于6月中下旬播种，前期气温较低温积偏少，播种较往年推迟3～5d，7月处秧苗期至移栽返青期，受强降水特别是中旬初持续暴雨影响，部分秧苗遭受渍害，7月下旬开始移栽，由于早稻收割期不集中导致部分晚稻秧龄期较长，不利于其低位分蘖早发。8月处分蘖至拔节期，温高光足的天气有利于分蘖发生与落干控蘖，拔节前后长时间的日照有利于晚稻大穗形成。9月下旬全区遭遇重度寒露风天气，对晚稻抽穗扬花造成不利影响。10月上旬温高光足有利于籽粒增重。10月中下旬晚稻进入成熟收割期，中旬中前期多阴雨天气，不利于晚稻收割，中旬至下旬前期，晴好天气渐增，利于晚稻收割晾晒。总体而言，双季晚稻生长期间气候条件正常偏差。（李明辉）

【气候与中稻】6月初开始分蘖，期间气温偏低，分蘖群体偏小，6月中下旬气温逐步回升，随之进入分蘖盛期。7月至8月中旬处拔节至孕穗期，除中旬初部分中稻遭受渍害外。其他大部分时间长势良好。8月下旬至9月中旬中稻处抽穗－籽粒灌浆期，温高光足的天气利于其生长，虽然9月中旬后期出现了一段晴热高温天气，但此时大部分中稻已灌浆完毕。9月22日的大风天气使得部分中稻倒伏，9月下旬连阴雨天气使得中稻收割期略推迟，倒伏地段极少数田块出现发芽或霉变。10月上旬中稻处成熟收割期，旬内全区持续了一周左右的连晴天气，有利于其收割晾晒。总体而言，中稻生长期间气候条件正常略好。（李明辉）

【气候与油菜】受上年秋旱影响，油菜播种延迟，12月温低光少，现蕾明显推迟。1月日照偏少，现蕾至抽苔历期明显延长。2月中旬后期开始天气转晴，气温回升，油菜生长明显加快。3月上旬低温连阴雨（雪）天气，期间出现4次冰雹，造成部分油菜阴荚增多，局地冰雹给油菜造成了一定的机械损伤。3月中旬气温回升，油菜正常结荚。4月阴雨寡照时段多，千粒重有所降低，5月遭遇连续强降水及五月低温，部分油菜在田间发芽霉变。总体而言，油菜生长期间整体气候条件正常偏差，其产量与上年基本持平。（李明辉）

【气候与棉花】棉花于4月中旬前后播种，4月下旬末至5月初的晴好天气利于幼苗的生长发育。受5月末强降水及五月低温影响，生长发育一度减缓。棉花苗大部分于5月下旬移栽，5月末达五真叶期，与历年基本持平，但发育期有所拉长。6月24日前后现蕾普期，比历年推迟5d，植株弱小，果枝节位较高。7月进入花铃期，雨多光少造成部分弱苗及茎叶疯长，不利于营养向花铃转移。8月进入裂铃吐絮期，温高光足，且有效降水适宜，有利于棉花迅速裂铃吐絮，但下旬多阴雨天气，对其吐絮造成了一定的不利影响。9月棉花处吐絮盛期，上旬及下旬长时间的低温阴雨天气不利于棉花的裂铃吐絮。10月棉花处吐絮—采摘期，中下旬多阴雨寡照天气，不利于棉花品质形成及采摘工作开展。10月下旬后期至11月上旬晴好天气居多，有利于棉花采摘扫尾工作。总体而言，2010年棉花生长期间气候条件正常略差。（李明辉）

【气候与柑橘】2009/2010年冬季气温较常年同期偏高，有利于橘树的安全越冬。4月中旬柑橘处始花期，期间现倒春寒，造成部分花蕾脱落；5月中旬进入谢花期～座果期，期间受强降水和低温影响，柑橘座果率偏低；6月至9月中旬温高光足，期间全区大部出现了5段高温热浪，柑橘太阳果比例有所增加，但柑橘含糖量好于上年，品质较好。总体而言，柑橘生长期间气候条件属于正常年景。（李明辉）

鼎城区2010年国民经济和社会发展的统计公报

2010年，伴随全球经济的温和复苏，国内宏观经济的回升向好，区委、区政府审时度势，科学决策，把“保增长、调结构、增后劲、惠民生”有机结合起来，使全区经济在调整中进一步优化，经济发展活力进一步增强，巩固了经济社会发展的良好势头。

一、综合

初步核算，全年实现地区生产总值149.58亿元，同比增长14.6%，其中第一产业实现增加值42.79亿元，增长4.3%；第二产业实现增加值51.37亿元，增长23.4%；第三产业实现增加值55.42亿元，增长15.7%。三次产业结构比由2009年的31.7:31.4:36.9调整为28.6:34.3:37.1。

二、农业

全年实现农林牧渔业总产值69.51亿元，比上年增长4.7%。

全区粮食种植面积188.4万亩，比上年增加3.4万亩；棉花种植面积16.1万亩，增加3.5万亩；油料种植面积63.5万亩，调减5.0万亩。全年粮食总产量68.81万吨，比上年增产1.42万吨，增长2.1%；棉花总产量1.69万吨，比上年增产0.39万吨，增30.0%；油料产量6.73万吨，增产268吨，增长0.4%；蔬菜34.5万吨，增产1.1万吨，增长4.4%；柑桔3.5万吨，增产0.03万吨，增长3.8%。肉类总产量8.05万吨，比上年增加0.15万吨，增长1.9%。年末牲猪存栏42.14万头，减少1.94万头，减4.4%；牲猪出栏86.31万头，增加1.23万头，增长1.4%；水产品产量达到5.95万吨，增长4.7%；蛋品产量6.05万吨，增长2.2%。规划建设了13个高效农业示范片、14个生态养殖示范区、8个生态林业示范片、12个农产品加工示范企业、9个星级休闲示范农庄，新增市级以上农业龙头企业4家。农民专业合作组织新增45家,达到89家。在石门桥镇乌塘岗村率先成立了全市第一家农村土地流转合作社。累计投入2.2亿元,硬化乡村道路230公里,改造维修危桥6座,新建农村客运站3个,疏通渠道近1000公里,整修山塘2500口,新建沼气池3037口,解决了6.9万人的安全饮水问题。

全年农村用电量1.18亿千瓦时,比上年增长2.6%;化肥施用量(折纯)5.41万吨,增长2.4%。全年完成造林面积22260亩,增长85.5%。森林覆盖率为29.4%。

三、工业和建筑业

全区工业实现增加值43.97亿元,增长26.7%。规模以上工业实现总产值103.88亿元,增长43.4%;实现增加值28.52亿元,增长32.9%;主营业务收入达90.96亿元,比上年增长38.1%;工业产品产销率为97.26%;实现利润、利税分别为10.50亿元、13.44亿元,分别增长37.6%和36.4%。中联重科所属5家企业全年实现主营业务收入达55.12亿元,增长53.1%,入库税金2.04亿元,增长45.7%。

全区工业经济发展后劲稳步增强。全年落实2000万元以上的工业项目29个,总投资46.5亿元。其中,落户园区的项目16个。累计投入1.5亿元,完成了机械产业二期配套建设。全区产值过10亿元的企业3家,同比增加1家;产值过亿元的企业14家,增加7家。税收过5000万的企业达到2家。

节能减排效果显著,全年单位规模工业增加值能耗为0.79吨标准煤/万元,同比下降9.2%。2010年,全区具有资质等级的总承包和专业承包建筑业企业9家,比去年减少1家。完成建筑业总产值91511万元,下降18.8%;竣工产值95857万元,增长8.5%。实现利润1159万元,下降50.9%。房屋施工面积139.07万平方米,减少12.6%;房屋竣工面积78.36万平方米,减少2.7%。

四、固定资产投资

全年完成全社会固定资产投资58.8亿元,增长55.6%。其中:城镇以上固定资产投资46.04亿元,增长57.2%;农村农户投资5.1亿元,增长33.6%;农村非农户投资7.66亿元,增长63.3%。全年完成房地产开发投资8.28亿元,增长71.5%;商品房竣工面积12.95万平方米,下降52.1%;完成商品房销售面积27.15万平方米,增长40.1%。商品房空置面积4.8万平方米,下降39.9%。

五、交通运输邮电业

全年交通运输邮电业完成增加值8.37亿元,比上年增长11.2%。年末全区社会车辆拥有量为98977台,新增机动车辆21447台。全年移动业务收入18000万元,增长25.9%;邮政业务收入2303万元,增长4.2%;电信业务收入4837万元,下降7.2%。年末宽带上网用户达26008户,新增宽带上网用户36835户;年末移动用户达330000户,新增移动用户50000户。年末拥有固定电话用户54007户,固定电话用户减少8136户;年末拥有小灵通用户7207户,小灵通用户减少2466户;年末固定及移动电话用户总数达到384007户,比上年末增加16039户。电话拥有量达到46.3部/百人。

六、贸易和旅游

全年实现社会消费品零售总额77.12亿元,比上年增长18.3%。其中:县以上67.23亿元,增长18.1%;县以下9.89亿元,增长19.8%。分行业看,在消费品零售总额中批发零售贸易业72.64亿元,增长18.4%;住宿和餐饮业4.48亿元,增长17.1%。桥南市场全年实现交易额28.0亿元,同比略有增长。旅游业强势推进,全年花岩溪、石板滩毛粟岗等景区共接待游客14.03万人(次),实现旅游综合收入5500万元。

七、财政、金融和保险

全年地方财政一般预算收入为40708万元,比上年增加14002万元,增长52.4%;一般预算支出165500万元,比上年增加33809万元,增长25.7%。金融机构存款快速增长,全区年末金融机构各项存款余额首次突破百万,达到101.2亿元,比上年末净增18.0亿元,其中城乡居民储蓄存款余额75.2亿元,比上年末净增11.1亿元;各项贷款余额54.3亿元,比上年净增11.7亿元。全年各项保费收入20300万元,比上年增长5.7%,保险赔付额9300万元,同比下降1.6%?。

八、教育和科学技术

全区现有小学88所,全年招生5581人,增长13.1%,在校学生30795人,下降6.4%;中学45所,全年招生12155人,下降8.6%,在校学生36938人,下降11.0%;职业技术学校8所,全年招生1432人,下降28.8%,在校学生5383人,同比下降6.8%;幼儿园73所,在园幼儿13051人,同比增长21.4%。全区各类学校共有教职工

6673人，其中专任教师5991人。义务教育水平稳步提高，小学、初中适龄人口入学率分别达到100%和99.97%。完成了36所合格学校建设，共建成校舍5.5万平方米，维修和改建校舍2.8万平方米。

科技事业不断进步，全年通过省级成果鉴定项目5项，获市科技进步奖5项。申请专利175项，实施科技项目221项。

九、文化、卫生和体育事业

文化工作欣欣向荣。广电设施不断完善，群众文艺活动日益丰富。善卷道德文化研究进一步深入，丝弦艺术、民间文艺影响不断提升。有线、无线实现了无逢覆盖，广播电视宣传引导能力不断增加。

卫生医疗保健事业不断发展。全区有区直医疗机构48家，执业医师和执业助理医师844人，注册护士620人。医院、卫生院床位数1814张。农村医疗服务功能逐步增强，医疗卫生条件明显改善。全区农村共有679554人参加新型合作医疗，新增27355人，乡镇卫生院床位数1003张，增长11.8%；乡镇卫生院卫生技术人员905人，增长10.4%。

体育事业蓬勃发展。2010年被评为全国体育先进县。全区拥有全民健身活动中心1个，全民健身基地17个，新增标准篮球场1个。全年举办现代体育活动和民间传统体育活动12次，参加人数4300人。我区运动员在省全运会上获金牌13枚，银牌6枚，铜牌3枚。年内向省体校输送新生6人，向市体校输送新生20人。全年电脑体育彩票实现销售额760万元。

十、人口与人民生活

据公安部门资料：年末全区总人口829270人，比上年末增加4225人。年内出生人口7642人，出生率为9.2‰，提高1.5个千分点；死亡率为5.0‰，下降1.7个千分点；自然增长率为4.2‰，提高3.2个千分点。人口和计划生育工作继续保持全省先进水平。

全区城市居民人均可支配收入16112元，增长12.7%，城市居民人均消费支出12178元，增长6.2%；农民人均纯收入5698元，比上年增长15.3%，农村居民人均生活消费支出4369元，增长5.9%。年末全区从业人员41388人，其中在岗职工40912人；劳动报酬总额97607万元，其中在岗职工工资96881万元；从业人员年平均工资24054元，比上年增长7.0 %，其中在岗职工年平均工资24159元，增长8.0 %。全年全社会用电量58915.3万千瓦时，下降1.7%。第一产业用电15274.8万千瓦时，增长38.2%；第二产业22950.8万千瓦时，增长1.6%，其中工业用电22304.1万千瓦时，下降0.9%；第三产业用电3714.9万千瓦时，增长11.3%；城乡居民生活用电16536.1万千瓦时，下降2.3%。

社会保障体系不断完善。年末全区城镇职工养老、城镇医疗、生育、工伤、失业五大社会保险参保人数分别为62724人、52011人、29888人、26862人和26003人，比2009年分别新增8340人、1592人、1449人、2862人和2010人。全年新增城镇就业5103人，城镇零就业家庭实现动态就业援助达100%?。新型农村养老保险试点正式启动，全区11.9万60岁以上的农民享受了养老保险待遇。新型农村合作医疗保险实现全覆盖，职工医疗保险逐步实现市级统筹。社会救助事业稳步发展。全区拥有各类收养性社会福利单位45个，增加5个；床位2580张，增长18.3%，收养人员1249人，增长19.1%。得到政府最低生活保障的城镇居民11022人，发放额2183.9万元；农村居民28586人，发放额1740.6万元。发放救灾救济款474万元。?全年安排城乡医疗救助资金873万元，救助和资助居民12817人。

环境保护明显改善。工业废水排放达标率为99.1%，工业固体废物综合利用率98.1%，“三废”综合利用产品价值1777.8万元，同比增长60.3%。城市污水集中处理率为60%。

安全生产形势稳定。亿元GDP安全事故死亡人数0.27人，同比下降21.9%。全年共发生各类安全事故56起，造成40人死亡，52人受伤，同比分别下降31%、1%和49%，直接财产损失67.05万元，下降3%。

注：1、本公报数据为初步统计数。

2、GDP、各产业增加值绝对数按现价计算，增长速度按可比价计算。（马励）

鼎城区领导干部名录

区　委

姓　名　现任职务

李秋葆　书记

董　岚　副书记、区长

李育智　副书记1～3月

詹一兵　常委、区委宣传部

部长 1～3 月
副书记 3～12 月
向美华　常委、区政府常务副区长 1～3 月
杨　君　常委、区政府副区长 1～3 月
常委、区政府常务副区长　3～12 月
李世霞　常委、区纪委书记
韩才渊　常委、区委办主任
田大春　常委、区委统战部部长
胡　文　常委、区委政法委书记 1～3 月
邵明富　常委、鼎城经济开发区工委书记
庞　波　常委、区委组织部部长
吴耀光　常委、副区长 1 月
陈兆前　常委　1～3 月
常委、区委政法委书记 3～12 月
陈　德　常委、副区长(挂职)
刘昌松　常委、区人武部 2～12 月
傅　勇　常委、副区长 3～12 月
王建华　常委、区委宣传部部长门 3～12 月
廖忠东　区委副调研员
葛桃林　区委副调研员
宋道利　区委副调研员
郭述政　区委副调研员
刘正华　区委副调研员
杨代珍　区委副处级干部(比照区委副调研员)

区人大常委会

姓名　现任职务
向　阳　主任
马本慧　副主任
潘端明　副主任
皇甫泽华　副主任、区总工会主席
刘友善　副主任
丁福华　副主任

区政府

姓　名　现任职务
董　岚　区长、区委副书记
向美华　常务副区长、区委常委 1～3 月
杨　君　副区长、区委常委 1～3 月
常务副区长、区委常委 3～12 月
吴耀光　常委、副区长　1 月
陈　德　常委、副区长(挂职)
傅　勇　常委、副区长 3～12 月
王建华　副区长　1～3 月
蔡仁国　副区长
唐少华　副区长
刘运华　副区长
詹学明　副区长(挂职)、沧山乡党委书记 1～11 月
彭　勇　副区长
王直华　副区长　12 月
朱金球　区政府副调研员
彭金球　区政府副调研 1～2 月
孙启林　区政府副调研 1～5 月
龚严程　区政府副处级干部(比照副调研员)

区政协

姓　名　现任职务
许中诚　主席
周国栋　副主席
彭久媛　副主席
钟泽英　副主席(兼)、区工

商联主席

杨　元　副主席(兼)、区人事局副局长
过　乔　副主席(兼)、区文化局副局长

区武装部

姓　名　现任职务
刘昌松　部长
赵伍芳　政委
曾广文　副部长

处级领导

姓　名　现任职务
李思洁　区法院院长 1～11 月
鲁祖方　区法院院长 11～12 月
汪泽云　区检察院检察长
柴丛林　区公安局局长
刘凡支　区公安局政委
孙启玉　鼎城一中校长、党委书记　1～10 月
梁正凡　鼎城一中校长、党委书记　10～12 月
朱金桥　区委党校校长
潘文斌　花岩溪国家森林公园管理处主任
熊以富　花岩溪国家森林公园管理处工委书记
鲁爱政　鼎城区经济开发区管委会主任
徐诗标　枉水灌区管理局局长
廖再文　桥南市场管理委员会主任(高配副处)

中国共产党鼎城区委员会

【概况】2010年，全区辖32个乡镇和4个农林场，土地总面积2354平方公里。耕地116.9万亩，山林107.9万亩，水域面积70万亩。年末总人口82.93万人，其中农业人口72.01万人，人口出生率9.2‰，自然增长率4.2‰。全年完成地区生产总值149.1亿元，同比增长14%；全社会固定资产投资62.4亿元，同比增长50.7%；实现社会消费品零售总额82亿元，同比增长23.7%；财政一般预算收入完成4.07亿元，同比增长62.6%；城镇居民可支配收入16018元，同比增长9.7%；农民人均纯收入达到5498元，同比增长15.4%。（王启冬 张欢欢）

【工业经济】全年完成工业总产值150亿元，同比增长15.4%，入库税收4亿元，同比增长33%；落实2000万元以上的工业项目29个，总投资46.5亿元；规模工业企业完成产值100亿元，同比增长41.1%，入库税金3亿元，同比增长45.6%，实现增加值27.5亿元，同比增长38.2%，增速全市第一。南方水泥、天和管桩等项目已建成投产；海众混凝土、机械产业二期配套园10家企业等项目顺利推进。（王启冬、张欢欢）

【城市经营】全年共落实重点城建项目78个，投资总额49.5亿元，实现城市经营收益3亿元，同比增长50%，收益规模和增长速度全市第一；完成投资8亿元的善卷垸水利综合治理主体工程，启动投资6亿元的善卷文化公园建设；全年新开工房产项目9个，建筑面积120万平方米，总投资19亿元；永安路、金霞东路、江南污水处理厂等一批基础设施建成投入使用；花溪西路、双潭路等重点项目开工建设；集中拆除违法建筑行动有力推进，共拆除违法建筑3万平方米；投入1000万元，深入开展文明城市创建，较好地解决了城市社区"路不通、灯不亮、水不畅"的问题，江南城区城市品位明显提升。

（王启冬 张欢欢）

【新农村建设】全年累计投入2.2亿元用于新农村建设，硬化乡村道路230公里，改造维修危桥6座，新建农村客运站3个，疏通渠道近1000公里，新建、整修山塘2500口，新建沼气池3037口，解决6.9万人的安全饮水问题，农村基础投入全市第一；规划建设13个高效农业示范片、14个生态养殖示范区、8个生态林业示范片、12个农产品加工示范企业、9个星级休闲示范农庄，新增市级以上农业龙头企业4家；突出"关注发展死角"，投入1000万元，实施韩公渡乌黄垸综合治理工程，解决垸内1.6万人"行路难、饮水难、排灌难"问题；全面加强引导扶持，积极防灾抗灾，全年粮食播种面积达190万亩，同比增加5万亩。（王启冬 张欢欢）

【社会事业】财政安排资金2500万元以上，用于帮扶弱势群体。在全市率先启动农村养老保险试点工作；城镇职工基本医疗保险、企业养老保险、城乡低保、农村五保和退伍军人优抚等保障项目实现了江南江北一体化；改善民生的投入力度和成效位居全市首位。人口与计生工作跻身全国优质服务先进区行列；节能减排成效明显；建设用地保障与国土资源保护实现双赢；高中教育布局有效调整，校舍安全工程、合格学校建设工程稳步推进；卫生服务不断优化，手足口病、甲型H1N1流感得到有效防控；丝弦节目首次登上国际舞台，尧天坪民间龙狮队进京参演并获奖，以草坪歌舞为代表的民间演艺文化享誉省内外；第六次全国人口普查工作顺利推进；人民防空、国防教育、民兵预备役工作深入开展；审计、统计、科技、物价、农机、气象、广电、民族宗教、信息化、档案、妇女儿童、青年、工会、工商联、老龄等工作都取得了新的进步。

（王启冬、张欢欢）

【社会大局】直面群众信访，及时调处化解矛盾纠纷，妥善处理了一批群众反映强烈的遗留问题，矛盾调处及信访稳定工作经验得到了中央政治局常委、中央政法委书记周永康同志的充分肯定；高度重视生产、消防、交通、食品、环保安全监管，安全事故起数下降18.5%，鼎城区成为全市唯一的“全省安全生产先进单位”；不断完善公共事件应急管理体系，政府应急能力明显增强；狠抓社会治安综合治理，公众满意度测评排名全省第41位，保持在全省的第一方阵。（王启冬 张欢欢）

【党建工作】以党的建设总揽发展全局的理念深入人心，党建已经成为推进全区各项工作的重要法宝，创先争优活动中领导点评的做法得到中央组织部部长李源潮的专题批示，并在全省创先争优工作会上介绍经验；在坚持以人为本抓党建、用组织温暖凝聚党员队伍，解决基层党建“最后一公里”落实难等问题上所作的探索，得到省委、市委充分肯定，全市基层党建暨创先争优述职测评中，鼎城区得分全市第一。

（王启冬）

办公室工作

【概况】2010年，区委办公室在区委的正确领导下，高举“争先创优”旗帜，围绕改革发展稳定大局，坚持“市内争先进，区内创品牌”的工作目标，开拓创新，扎实苦干，各项工作均取得了新的成绩。在全市党委办公室系统年度工作评比中，有3项工作被评为“满意单位”，2名同志被评为“业务尖子”，6名同志被评为“业务能手”。（陈林）

【调查研究】紧贴区委的决策部署和工作重点，围绕大力推进项目建设、积极改善民生、加强基层党建等重大课题，深入开展调查研究。全年共开展调研活动60多次，撰写调研文稿80多篇20多万字。其中《推进马克思主义大众化关键在加强基层党建》等文稿在《湖南日报》等各级重要刊物上发表，《积极转方式，精心调结构，力促鼎城工业经济高速前行》等文稿被《市委工作情况交流》等内刊单篇采用。（陈林）

【信息报送】按照及时、准确、全面的要求，突出信息内刊的编报、紧急信息的报送和信息网络的建设三个重点，不断完善信息工作制度、改进工作方式、拓展信息渠道、提高编写质量。全年共上报各类信息2200多条(篇)，编发《要情汇报》41期，《每周涉稳情况汇报》45期，进一步强化了信息主渠道作用，为领导决策提供了有价值的参考。（陈林）

【督促检查】受区委和区委主要领导委派，围绕落实区委经济工作会议精神、优化经济发展环境、解决突出信访问题等重点、难点工作，开展决策督查和专项督查25次。办结市、区两级领导批示件145个、人大议案和政协提案23件、人大决议决定6份，按时办结率达100%。编发《鼎城督查》等相关简报21期，较好推动了全区重要工作的落实，确保了政令畅通。（陈林）

【办文办会】严把文件出台的“程序、政策、行文、格式”关，进一步精简公文数量，提高公文质量。全年共审核下发文件78个，编发会议纪要52期，确保了严谨细致。按照“总揽全局、协调各方”的原则，全年牵头承办大型会议50多个，常委会议18个，常委办公会议34个，圆满完成了中央政治局常委、中央政法委书记周永康来常视察等贵宾接待活动，做到了规范有序，获得了高度评价。

（陈林）

【机要保密】进一步加大新《保密法》的宣传力度，提高了保密知识在全区的普及程度；进一步加强经常性保密检查，对发现的问题进行及时整改，有效防止了泄密事件的发生；进一步强化工作措施，切实加强了涉密信息系统的分级保护、管理和审批工作。（陈林）

【后勤保障】继续推进机关后勤服务社会化改革，进一步盘活了后勤资源,提高了管理水平。将机关创建活动与文明城市创建活动相结合，着力完善了办公、文体、生活设施,提升了“绿化、美化、亮化”水平。严格遵守各项财经纪律和后勤管理制度，着力压缩公务支出，进一步降低了行政成本。狠抓综合治理,规范群众来访秩序，成功接待来访群众1100多人次,确保了机关安全、有序运转。（陈林）

组织工作

【概况】2010年,区委组织工作呈现出勃勃生机,为全区政治、经济、社会的全面发展提供了有力保障。尤其是创先争优的领导点评工作,在全省作了典型发言，被中央活动办简报刊发，中组部李源潮部长作了重要批示。

(李国顺 廖明杰 李强)

【基层党建】区委把党建工作、创先争优活动与各项工作紧密结合起来,树立了“用党的建设总揽发展全局、用创先争优活动推动党建工作”的理念。区委常委会每季度专题研究一次基层党建工作和创先争优活动，做到及时发现和解决问题。各级党组织领导班子成员都把履行抓基层党建工作责任制的情况作为述职述廉的重要内容。主要从真情温暖、党章规范、标杆激励、案例警示、组织凝聚等五个方面着手。

用真情温暖党员。2010年,全区拿出830万元，以基层党委(组)为单位,扎实开展了三项党建活动:①春节送温暖。给2.9万名农村党员每人寄了一封信、发了一张贺卡、贴了一幅春联、送了两斤年肉;②春耕抓解困。各基层党组织主要负责人走访了1.4万名老党员、老干部、老模范、生活困难党员、退职村干部党员,认真倾听他们的意见，帮助他们备种备肥,解决春耕中的困难;③七一搞扶助。建立了党内帮扶机制和“党员扶助基金”,七一前夕,走访慰问困难党员2000多人。

(李国顺 廖明杰 李强)

用党章规范党员。2010年3月，集中举办各类培训班150多场次，组织近4万名党员重温入党誓词,学习《党章》和《反对自由主义》,看一场革命电影,以村为单位组织一次党员义务劳动,集体听一次党课，党员参训率达97%。

用标杆激励党员。七一和年底,层层开展评先评优活动。七一前夕区委评选出了100名优秀无职党员、35名优秀支部书记、8名优秀党委书记。年底，评选出了“十佳党委”、“百强支部”、“千优党员”。在年初区委经济工作会议上,区委对评选出的“十佳领导班子”和“十佳党员领导干部”分别给予了5万元和1万元的重奖。对七一区委评选出来的优秀党委书记、优秀支部书记、优秀无职党员各给予1000元的奖励。年末，区财政还拿出200万元，举办专场春节文艺晚会,对“十佳党委”、“百强支部”、“千优党员” 进行重奖和表彰。各基层党组织对评选出来的先进典型披红戴花，拍摄成大红照片广为宣传。区委还将典型的先进事迹逐个拍摄成专题片，在区电视台每天365天不间断地播放。区政府网、区党建网也开辟专栏，宣传推介这些先进典型。同时,还积极向《湖南日报》等主流媒体宣传推介。

用案例警示党员。在表彰先进的同时，深入开展民主评议党员活动，一个季度一次。春训期间，各基层党组织开展了一次民主评议活动，评选出了不合格党员73名，其中8名有违纪行为，均作出相应处置。

用组织凝聚党员。2010年不断加大工作力度，增强党支部堡垒作用。夯实基层组织的物质基础。区委出台了《关于进一步加强农村基层基础建设的意见》,按村平4万元的标准落实了运转保障经费；按村主职每人每年7000元、其他村干部每人每年5500元的标准，落实了村干部的基本待遇;区财政每年拨款220多万元，严格按照政策标准落实了5700多名卸职村干部的生活补助。完善组织设置。区委对区直395个机关党支部进行了换届;新建“两新组织”党支部5个、离退休党支部116个，新建党内信息库109个,指导32个乡镇建立农村党小组5032个,在乡村两级建立“党员之家”、“退伍军人之家”647个，为党员理事议事、交心谈心、解决困难提供了专门场所。建强支部班子。2010年,对7个软弱涣散党支部进行了整顿，对3个后进单位进行了重点解剖。按每村1-2名配备了村级后备干部，健立了人才库。加强了49名大学生村官的考察考核和多岗位锻炼。选派25名科学发展指导员下乡开展工作。实施了“一村一名大学生”教育计划。强化制度建设。区委出台了《关于切实加强和改进新形势下党的建设的意见》等基层党建系列文件。全面推行“4+2”(支部提议、两委班子商议、党员大会审议、村民代表大会决议、对工作程序和决策结果进行公开) 工作法。建立和完善了“一定三有”(定职责目标、收入有保障、干好有希望、退后有所养)保障机制。推进远教工作。按照省、市远教办的要求,继续承办“红星视频”的建设与管理。抓鼎城党建专网建设。以“党建”为灵魂进行了两次改版,增加了《组工干部调研园地》、《大学生村官园地》两个子栏目。加强了基层站点标准化管理。颁布了《鼎城区标准化站点建设和管理办法》,对基层站点进行标准化管理,成立了9个督查组,对所有站点进行了普查。拍摄制作了一部135分钟的纪录片《枉水秋色》。

由于基层党建工作有声有色,广大群众看到了光明和希望。2010年申请入党的青年激增,区委党校培训农村入党积极分子1075人,新发展党员570多人。10月22日,《湖南日报》头版头条以《四万名共产党员铸大鼎》为题,对鼎城区抓基层党建的经验做法进行了专题报道。

(李国顺 廖明杰 李强)

【扎实开展创先争优活动】按照市委要求,高标准地完成了规定动作,并重点突出了五个自选动作:公开承诺。6月至7月,全区开展了“公开承诺集中推进月”活动。突出个性承诺。基层党组织和党员结合工作目标和本职岗位,经反复思考和群众评议,使承诺具体详细和可操作。实行全面覆盖。全区共有1389个基层党组织向群众做出承诺;3.2万多名党员落实了书面承诺,4700多名70岁以上的年老体弱党员作出口头承诺,1000多流动党员与党组织取得联系后,作出了电话承诺。严格审查把关。区委统一制作了承诺书式样,承诺内容由党员本人签名和支部审定。7月10日,区活动办在全区抽查了300多名党员干部的承诺书,对53份不合要求的进行整改。公示接受监督。各单位在宣传栏内对党组织和党员的承诺进行了公示,主动接受社会各界的监督。

“一把手”带头。创先争优活动中,各级党的书记积极努力,在工作中做到“六个带头”,即:带头维护组织权威、带头学习提高、带头联系群众、带头解决问题、带头弘扬正气、带头兑现承诺。镇德桥、石门桥、谢家铺在乡镇党委书记例会上分别介绍了以基层党建和创先争优为抓手推动各项工作的好经验好做法,起到了抛砖引玉的作用。

紧扣中心工作。在防汛期间,开展了“防汛抢险当先锋、创先争优见行动”活动,广大党员在危难时刻展示了先进性。在创文工作中,开展了“文明创建我带头”活动,全体机关党员冒酷暑,战高温,争创“文明创建示范岗”、“志愿者服务示范岗”,成为城市创建的先锋队、排头兵、主力军。

办点示范。按照市委卿书记“把灌溪镇和黄土山村办成全市的样板镇、样板村”的目标要求,区委选派得力干部,到该镇加强领导。全镇1091名党员,787人作出书面承诺,273名年老体弱党员作出口头承诺,31名流动党员作出电话承诺,并向社会公示,接受群众监督。

区级领导带头。所有党员区级领导率先示范,在9月1日到5日期间,下到各自联系单位和分管单位开展点评活动,采取汇报一个、点评一个的方式,逐一点评到人。 (李国顺、廖明杰、李强)

【干部队伍建设】认真贯彻《条例》和“四项监督制度”,积极稳妥地推进干部人事制度改革,干部队伍风清气正,得到市委巡视组和市委组织部专题检查的充分肯定。

1、树立正确用人导向。区委坚持“三个不吃亏”的用人导向,还旗帜鲜明地提出“让懂党建的干部有机会,让会抓党建的干部有舞台,让抓好了党建的干部有地位,让不懂党建的干部让位子”,并始终贯穿到班子调整、干部提拔重用的全过程。

2、完善科学用人机制。一是建立考察责任追究制度。坚持谁考察谁负责,建立考察文书档案,落实考察组工作职责。二是用好用活民主推荐。对所有提拔重用的干部,都要经过民主推荐,民主推荐得票率达不到要求的,不列为考察对象。三是提高考察工作精确度。考察中,尽可能地扩大测评面,尽量接触更多的座谈对象,每个单位一般座谈30至40人,情况复杂的还要扩大座谈面。四是坚持干部工作的程序化和规范化。每次研究干部,都先开部务会和书记会,再开常委会。召开常委会时,坚持四步走,即①学习有关规定和干部调整原则。②介绍本次干部调整的范围、考察情况及建议。③逐一研究干部,特别是实行了书记末位表态。④书记总结讲话提要求。所有干部的任免都由区委书记、组织部长和部务会成员谈话,一律不复议,不服从的就地免职。

3、完善监督机制。一是加强学习,强化自我监督。区委集中学习《条例》和"四项监督制度",召集了科乡级干部集中宣讲。全区组工干部全部参加了《条例》和"四项监督制度"的培训,并进行了闭卷考试。二是完善制度,强化日常监督。完善干部监督联系会议制度,加强了对党员干部因公(私)出国境的监管;坚持领导干部经济责任审计制度,发挥了经济责任审计在干部选拔任用中的重要作用;建立和落实了"一报告两评议"制度,克服了选人用人不正之风。三是阳光操作,强化选任监督。①做好干部调整原则公开化。②干部调整程序透明化。③干部调整办法制度化。

(李国顺 尹国平)

4、强化干部和人才的教育培养。一是强化作风建设。围绕落实"五条禁令"、倡导"五种作风",开展经常性地督查活动。坚持惩戒降免,先后对41个表现较差、工作懒散、积极性不高的干部进行了诫免谈话,对3个三类班子的党政主职进行了提醒谈话,对2个严重不团结的党政主职调往偏远小乡镇任职,对9个测评成绩差、群众意见大、没有上进心的乡镇干部进行了就地免职。坚持表彰激励。在去年底评选表彰"十佳领导班子"和"十佳领导干部"的基础上,进一步修订完善了"双十佳"评选办法,结合年度班子考察,大张旗鼓地进行评选表彰,进一步鼓励先进,鞭策后进。二是强化干部教育。以理论教育、区情教育、能力教育为主要内容,大规模推进干部教育培训工作。根据上级要求,全年送训处级干部7人,科级干部49人,一般干部7人。在此基础上,以区委党校为主体,以灌溪镇学习实践科学发展观教育基地为载体,全年举办科级干部培训班2期,培训科级干部286人,举办其它类型的培训班16期,培训各类干部、党员2700多人。三是强化人才培养。调整了人才工作领导小组,建立了区级领导联系人才制度,制定了"十二五"人才工作规划;采取公开考录等方式,全年引进各类人才280多名;适时召开了人才工作联系会议。分类建立人才库。分层次建立了年轻后备干部人才库、专业技术人才库、农村乡土人才库,对各类人才实行动态管理、跟踪记实,使培训、提拔、奖惩等情况一目了然。目前,全区33岁以下年轻后备人才达236人。积极为人才服务。新增人事代理业务580多件;举办农业知识讲座18期,培训实用人才1800多人;每半年召开一次年轻干部座谈会,进行一次人才培养情况的督导检查;开展了"十百千人才工程"评选推荐活动,向市里推荐一、二、三层次人才共39人。加强实践锻炼。选派科技特派员5名,为乡镇卫生院培训150人次,帮助乡镇卫生院创收达56万多元;选派28名年轻干部参与鼎城经济开发区园区建设,协调解决重点项目、重点工程中的各种矛盾和问题;选派29名年轻干部从事新农村建设,推进镇村同治;选派15名年轻干部到信访局、稳定办等单位挂职锻炼,参与信访、维稳等工作;抽调各单位年轻干部300多名,组成防汛抢险突击队,参与各类重点工作和中心工作,培养了一批优秀的、具有双重或者三重身份的结构型干部和人才。

(李国顺 尹国平)

【"双十佳"评选】为进一步抓好领导班子思想政治建设,大力倡导大胆创新、敢于担当、扎实干事、亲民爱民、清正廉洁的工作作风,营造全区干事创业的良好气围,区委决定从2009年起,在全区科乡级领导班子和领导干部队伍中开展"双十佳"评选活动。2010年改为评选"十佳党委(党组)"。根据班子年度考察情况,经民主推荐、区委常委会研究,区委决定授予区痛快交通局党委等10个单位为全区2010年度"十佳党委"、王成猛等10名同志为全区2010年"十佳领导干部"荣誉称号。

十佳党委(党组)名单

区交通局党委

区人民政府办公室党组

区人口和计划生育局党组

区人民检察院党组

区审计局党组

区林业局党委

石门桥镇党委

谢家铺镇党委

双桥坪镇党委

十佳领导干部名单

经区委常委会研究,决定授予王成猛、孙林、何奕波、陈宏、陈小林、陈友志、肖仁华、周和生、涂华军、葛辉琳、10名同志全区2010年度"十佳领导干部"荣誉称号。

(办公室)

宣传工作

【概况】2010年,全区的宣传

思想工作以“二次创业”发展战略宣传为主线，紧紧围绕“以党建统揽发展全局”的工作思路，解放思想，改革创新，呈现出主题鲜明、导向正确、效果显著的局面。省委常委、宣传部长路建平视察宣传文化工作时给予了高度评价和充分肯定。区委宣传部被评为全市目标管理先进单位。

（杨斌 沈勇）

【理教创学】区委常委学习中心组紧密结合鼎城实际，开展了城市建设、善卷文化、城镇化和新农村建设等专题学习，邀请“神舟飞船”总设计师戚发轫院士等十多位专家教授讲课，为全区的理论学习带了好头，起到了示范作用。灌溪、石门桥、国税局、人大办等单位党委（党组）学习中心组，活化学习形式，深化学习内容，加快了学习成果的转化。在全民学习周活动中，四医院、工商局、区委办等单位，认真组织干部职工深入开展文件法规和相关业务知识学习，学习活动有特色。四医院院长葛良清被评为全市学习之星。在创建全国文明城市工作中，组织开展的《和谐鼎城·文明礼仪我知行》和《和谐鼎城·文明创建我先行》学习活动，使机关、企业、社区形成了学礼仪、懂礼仪、讲礼仪的良好风尚，提高了市民文明素质，提升了城市文明程度。

（杨斌 沈勇）

【舆论引导】党建宣传推介了鼎城经验。《湖南日报》头版转二版整版推出的长篇通讯报道《四万名共产党员铸大“鼎”》，专题解读和推介了区以党建总揽发展全局，四万共产党员真正成为了推进各项事业的核心力量，强力推动经济社会又好又快发展的先进经验，全面反映了干部群众良好的精神面貌。文章发表后，新华网、人民网、凤凰网、新浪网等国内知名网站纷纷转载，引起省、市委领导的高度关注。战役宣传鼓舞了士气。重点组织了区委经济工作会议精神宣传、“春天的号角”项目巡礼、回眸十一五展望十二五、善德文化等大型新闻报道活动，为区委重大活动开展，重点工作的推进发挥了重要作用。与常德电视台联办的“鼎城跨越”，与常德晚报联办的“创业鼎城”树立了鼎城对外良好形象。“善卷垸防洪大堤水利综合治理工程”被评为“常德市十大新闻事件”，区剧团团长朱晓玲被评为“常德市十大新闻人物”。典型宣传树立了学习标杆。去年我们推出的“十佳善德公民”、“十佳领导干部”、“百强支部”、“千优党员”等专题典型宣传，共推出先进典型近2000个，在教育引导全区广大干部群众方面发挥了积极作用。

（杨斌 沈勇）

【善卷道德文化】《善卷传说》已经申报为市级非物质文化遗产，有关专家给予了高度评价，并初步通过省级评审，认为完全可以成功申报为国家级非物质文化遗产。善卷文化高峰论坛影响两岸三地。中国国民党荣誉主席吴伯雄专为论坛题词：“百德善为先，一心卷之首”、“善卷故里”。台湾文化艺术界联合会理事主席、海峡两岸和谐文化协进会会长陆炳文等一批研究善卷文化的海内外著名专家学者参加研讨。论坛共收到论文22篇，专家学者普遍认为，善卷文化是中华道德文化的重要源头，弘扬善卷文化具有十分重要的现实价值。“十佳善德公民”评选受到全区上下广泛好评，评选产生的“十佳善德公民”个个都是群众认可、教育作用大的好典型，市委书记卿渐伟同志在刊登有《仁德村医曹宁静》的常德日报上亲笔批示，大力肯定。还与《人民文学》联合主办了全国性善卷文化征文和书法征集等系列主题活动。

【文明城市创建】狠抓宣传发动，彩绘1000余米创建文化墙，开展领导“进社区、听意见、解难题”、模拟入户调查、爱国歌曲大家唱等活动，营造了浓厚的宣传氛围，提高了“三率”。建立长效的管理机制，签定门前“三包”责任书近3万份，张贴“三包”责任牌12000多块，投入1000多万元解决社区“三不”问题130多个。在创建活动中，涌现出了环卫处、住建局、交警大队、武陵镇、临江社区等一批红旗单位，张明仲、周和生等一大批先进典型。尧天坪镇马头山村妇女主任龙金香被授予市“助人为乐好人”荣誉称号，代表全区参加了“道德的传承——全国道德模范与身边好人现场交流活动”。地税局被评为省级文明标兵单位，移动公司被评为省级文明单位，检察院、工商局被评为市级文明单位，镇德桥镇乔家岗村、港二口镇黄鹤桥村被评为市级文明村镇。斗姆湖、许家桥率先建起乡村少年宫，全市未成年人思想道德建设现场会在斗姆湖召开。

（杨斌 沈勇）

【文化事业】专业文化硕果累

累。常德丝弦《花枝俏》参加中国第九届艺术节第十五届群星奖比赛获入围奖、参加第六届中国曲艺牡丹奖比赛获牡丹奖提名奖。丝弦《诗墙赞》参加中央文明委组织的“四进社区”展演荣获金奖。常德丝弦《乡嫂骂夫》获第三届中部六省曲艺大赛特等奖。丝弦艺术团团长朱晓玲赴法国巴黎参加首届中国巴黎曲艺节获“罗浮”节目奖。卢年初出版思考者三部曲，受到广泛好评，黄士元、吕志坚等9人获第八届中国丁玲文学奖，周剑平作品参加全国第23届摄影艺术展，王政作品获“盛世丹青--湖湘风采”书法年展银奖。群众文化含芳吐艳。演艺文化蓬勃发展，尧天坪镇龙狮队晋京参加了由文化部、农业部、中国文联联合举办的首届中国农民艺术节荣获“精粹奖”。全区共发展各种文艺团体200多个，从事文化产业的农民超过万人，每年开展各种活动10多万次，表演收入达1亿元。省长徐守盛在文化强省推进会上大力推介，省委常委、宣传部长路建平来鼎城专题考察时给予了高度评价，中央党校中直分校2010年干修班学员也曾专程来鼎城调研基层群众文化活动。文体活动魅力四射。成功举办了第一届区直机关运动会和“善卷故里，善德鼎城”民间艺术大赛。公共文化服务体系建设力度空前。投入400多万元的区文化中心建设进展顺利，300平方米鼎城广播电视台演播厅已建成投入使用，建设乡镇综合文化站18个，建成藏书5000册以上村级图书室12个、农家书屋225家，19个村添置体育器材200多套(件)，128个村开通有线电视网络。积极稳妥推进文化管理体制改革，初步完成试点改革工作任务。（杨斌 沈勇）

【十佳善德公民评选】2010年开展全区“十佳善德公民”评选活动，评选产生的都是普通群众，是从善从德的典范。名单如下：

曹宁静(仁德乡医) 周惠亮(家乡赤子)

王弟琳（孝顺媳妇） 李晖(三农贴心人)

鲍菊秀(最美嫂子) 李英翠(至孝儿媳)

杨春秀(守护天使) 蒋小华(幸福院长)

史茂林(敬业园丁) 刘寿炳(孤岛坚守者)

获市级以上荣誉摘要

1、区图书馆获2010年度全市共享工程少儿网页组织奖；

2、区文化馆获2010年度全市非物质文化遗产保护先进单位；

全市文化广场先进单位；

3、朱晓玲被市委、市政府评为“2010年度全市十大新闻人物”；

4、区体育局获2010年度全市全民健身工作先进单位；

5、区委宣传部获2010年度全市目标管理先进单位；全市舆情信息工作先进单位；常德新闻奖组织奖。（办公室）

统战工作

【概况】2010年，区委统战部认真贯彻落实上级统战工作会议精神，紧紧围绕区委、区政府中心工作任务，以抓好“五个统战”为主线，积极构建“大统战”工作格局，着力服务鼎城“二次创业”发展战略，为促进鼎城经济社会又好又快发展发挥了独特的作用。鼎城统战工作被评为2010年度全市红旗单位，党外干部工作、宣传工作、理论调研工作获单项先进。区委统战部被区委、区政府评为维护稳定工作先进单位。（朱纯进）

【党外干部工作】区委高度重视党外干部队伍建设，把党外干部培养选拔纳入了全区领导班子队伍建设范畴。至年底，全区共配备党外实职领导干部58人，其中区级领导干部5人，科局干部32人，乡镇干部21人。有6名党外人士担任了党政正职(区工商联、区民族宗教局、区能源办、许家桥回维乡、双桥坪镇、尧天坪镇)。进一步健全完善了区委区政府主要领导与党外人士交友制度，15名区委常委与28名党外干部结对交友，了解他们的工作、生活情况，征求他们的意见，切实为他们解决实际困难，全区的民主政治气氛越来越浓。（朱纯进）

【经济领域统战工作】按照区委“用党建总揽发展全局”的工作思路，开展了非公有制企业党建情况调查，不断扩大党的组织和党的工作“两个覆盖”。全区共组建非公党组织55个，成立了工商联直属会员单位党委。开展了“万企联村、共同发展”活动，引导20家非公企业与20个示范村结成共建对子，树立了常德裕佳食品公司与常德荷花园林绿化公司两个典型，实施项目帮扶，合作共赢。对全区非公经济人士投身光彩事业及新农村建设进行了大力引导，非公经济人士中涌现出了胡春喜、毛新云、胡仕刚、袁富华、黄政国等一大批先进典型，他们为当地修路、修敬老院、助学等，累计捐赠折款达300余万元。积极组织区各民主党派成员、无党派人士、台胞台属、侨胞等参加各项公益活动和新农村建设，开展爱心助残、助学、大型义诊、科技下乡等活动，累计捐款捐物折合150余万元。（朱纯进）

【统战信息宣传调研工作】扎实开展了社会主义核心价值体系学习教育，于4月中旬举办了有乡镇统战委员、工商联常执委，各民主党派负责人等150人参加的学习和践行社会主义核心价值体系培训班。区委统战部还将天泽建材有限公司作为树立和践行社会主义核心价值体系的示范基地，组织统战干部和统一战线成员进行参观学习。为了增强全区各级党政领导的统战观念，在全区各级党组织书记中开展“书记论统战”征文竞赛活动。区委统战部着眼建立一支高素质的统战信息员队伍，全年对信息员进行了多次培训。2010年上报信息被市统一战线网站采用320多篇，被省统一战线网站采用100多篇，被中央采用2篇。（朱纯进）

【民族宗教工作】对全区散居回维少数民族村的经济社会发展状况进了调研，形成了《鼎城区回维少数民族村经济社会发展状况的调研报告》。许家桥回维乡中堰村被评为“全省民族团结进步先进”集体，逆江坪乡副乡长李云华、伊协副会长被评为“全省民族团结进步先进”个人。区委统战部、区民宗局引资40万元解决了许家桥回维乡的饮水安全，并促成了拟投资450万元的南北堰水库除险加固工程立项。积极妥善处置了涉及民族宗教领域维稳的情况和事件，全年共协同公安部门处理涉及民族宗教方面的纠纷4起，打击抵制了“达瓦宣讲团”和2名印尼传教人员及长沙“福宁安息日”在区境进行非法传教和渗教活动。协同区公安局国保大队一道对斗姆湖镇、长岭岗乡及镇德桥镇的温州地下教会进行了查处，维护了社会大局的稳定。继续开展了创建“和谐寺观教堂”活动，蔡家岗儒静庵和钱家坪天主教堂通过验收被评选为省级“和谐寺观教堂”。8月，区佛教协会第三次代表会议在华京宾馆召开，会议选举产生了区佛教协会第三届理事会，释灵悟当选为区佛教协会会长。（朱纯进）

【海外联谊工作】加强涉台、涉侨宣传，加大台资、侨资的引进力度。全年接待来访台胞14人次，台属27人次，走访慰问台属32户，解决台商纠纷4起。组织台胞台属为家乡献爱心，参与贫困助学等活动，捐款物价值达3万多元。花岩溪吉祥寺佛教文化城新增投资2500万元，并加快了建设进度。区海联会引进海外资金80万元扶持中河口镇中学改造，区侨联引进美国欣欣教育基金会在逆江坪欣欣小学捐建电脑室，并配合基金会和清华大学在该校举办了为期一个月的支教活动。区侨联还先后引进香港轩辕教育基金会捐资建院项目2个，资金42万元。（朱纯进）

对台工作

【概况】2010年，鼎城区台办在区委、区政府和市台办的正确领导下，坚持以科学发展观为统领，创新服务方式，加大服务力度，提高服务质量，在贯彻执行党的对台方针政策，组织、指导、协调、管理涉台事务方面取得新成效，实现上级主管部门、同级党委、台胞台属“三满意”的目标。（魏祖梅）

【制度建设】2010年，区台办从夯实对台工作基础入手，加强领导，精心组织，促进对台工作规范有序开展。加强领导：调整充实对台工作领导小组成员。区委书记李秋葆、区长董岚定期听取台办工作汇报，并多次深入基层调研对台工作；区委常委、统战部长田大春带领台办工作人员定期走访慰问台胞台属，了解他们的生产生活情况，帮助解决实际困难，还多次为台办解决经费等问题，关心台办干部成长。健全制度：2010年，区台办先后制定出台了《全区台胞台属联系制度》、《鼎城区预防处置涉台突发事件工作方案》、《涉台特殊困难群体救助机制》等系列规章制度，促进对台工作规范化、制度化开展。加强学习：根据中共常德市委台湾工作办公室要求，于1月20日组织领导小组成员深入学习贯彻胡锦涛总书记在纪念《告台湾同胞书》发表30周年座谈会上的重要讲话，推动鼎城区对台工作迈上一个新的台阶。（鲁镖）

【对台宣传】一是在电视台、政府网等开设对台工作宣传专栏，宣传党的对台方针政策和鼎城区对台工作动态。二是为四大班子领导及对台工作领导小组主要成员征订《两岸关系》和《台湾工作通讯》杂志，对台文件、通知等重要信息和情报及时呈送领导阅批，促进全区对台工作深入开展。三是联合教育部门，通过开辟教育专栏、举办讲座等形式，在全区中小学生中开展广泛的涉台教育，组织200余名师生参与纪念《告台湾同胞书》发表31周年征文活动。应区民革总支的邀请，区台办领导为民革党员讲了对台形势报告。（魏祖梅）

【对台服务】坚持以服务促发展，以服务促工作，全心全意为台胞台属服务。一是认真倾听台胞台属呼声。通过走访、座谈等形式，答疑释惑、化解矛盾，加强与台胞台属的联系和沟通。全年累计接待来访台胞14人次，台属27人次，下乡19次，走访台属32户，帮助解决了一宗涉台遗产继承问题。二是认真做好困难台属的走访慰问。春节期间，区财政拨专款2万元，由统战部长带队，对困难台胞台属进行了慰问。举办了“迎中秋、庆国庆”台商台胞台属联谊会，让他们感受到区委、政府的尊重、爱护和关心。三是尽职尽责、尽心尽力为台胞台属解决困难。如草坪镇丁家坪村的定居台胞尹钧，这几年生活困难，台办找到相关部门让他纳入低保，并住进了镇敬老院，帮助他走出了生活困境。四是发挥优势，组织台胞台属为家乡献爱心，今年共捐款3万多元，参与贫困助学活动。（魏祖梅）

【涉台事务】1、在传统佳节到来之即，开展“三个一”活动。即一声问候，一次走访，表达一点心意。2、中秋、国庆双节前召开台胞台属代表“迎国庆、话统一”座谈会。了解台胞台属思想动态，宣传祖国对台政策，联络感情，增进友谊。3、台情普查。对全区的台胞台属台商、去台人员二、三代、涉台婚姻、台资台属企业进行走访调查，摸清底子，排除安全隐患，把矛盾消灭在萌芽状态。（魏祖梅）

【对台经贸】一是对台招商引资。上半年邀请台湾西亚斯国际资产管理集团到鼎城桥南工业园考察洽谈。10月底，又与台湾宝元鞋业深圳公司接洽。该公司准备在桥南投资上亿元办鞋厂。督促花岩溪吉祥寺佛教文化城建设，新增投资2500万元。二是优化台商投资环境。对于台商投诉，本着为台商争取最大利益的原则，想台商之所想，急台商之所急。合资企业湖南华联轻纺有限公司的台资方恩雷公司与正坤置业公司因房产侵权引起纠纷协商未果，一直悬而未决，区委、政府多次召集房产局、国土局、供销社、法制办、台办等单位协调，多次协商，台方非常满意。为台商投资的花岩溪吉祥寺佛教文化城解决林地占用、居民搬迁、水资源保护纠纷4起。为台胞刘先生投资在大龙站的林果园解决了水电供应问题。（鲁镖 魏祖梅）

【对台交流】2010年，鼎城相关人员随上级单位赴台考察交流显著增多。赴台探亲、涉台婚姻明显增多。据统计，全区赴台考察交流人员达128人，新增涉台婚姻50对。10月底，区台办负责人与全市台办系统工作人员赴对台工作前沿阵地厦门、闽台缘等地学习考察、参观，增进了友谊和交流，开阔了视野。配合省、市于12月1日——8日认真开展了首届在台湘籍人士返乡行活动，热情接待了返乡的鼎城籍台胞，加深了台胞对家乡的了解，加强了鼎台之间的交流。（鲁镖）

政法工作

【概况】2010年，全区政法系统坚持以党建总揽工作全局，进一步完善机制，整合资源，夯实基础，扎实推进社会矛盾化解、社会管理创新和公正廉洁执法，社会治安综合治理工作被授予全市先进，为全区经济社会发展提供有力的法治保障。（王志超）

【维护稳定】社会大局持续稳定。健全重大决策维稳风险评估机制，建立风险评估专家库，成立风险评估专家小组，对新引进的开发项目实行风险评估；坚持区级领导开门接访，乡镇（场）、科局领导轮流坐班接访、带案下访；完善维稳工作四级联动机制；建立矛盾化解问责考核机制。全年制止、化解到市、赴省进京集访65起，成功处置突发性事件75起，“法轮功”等邪教问题实现了零指标管理。确保了重大活动、重要节日、重点时段的平安稳定，实现了上级提出的“十个不发生”目标。（王志超）

【综合治理】综治专业化水平大幅提升。加强乡镇（农林场）人口管理、安全防控、“三调联动”、帮教矫正和接访处访“五站”，村（居）、社区和单位、企业、学校对接设立“五员”,形成专业高效的综治维稳网络体系。开办乡镇、科局综治维稳骨干培训班，组织公安、司法等相关科股队室业务骨干到乡镇举办村(居)社区综治维稳人员培训班。开展综治工作红旗单位(先进单位)示范活动,以点带面提升整体工作水平。全年,先后有省委常委、政法委书记李江,副省长刘力伟,中央政治局常委、中央政法委书记周永康来鼎城区考察政法综治工作。

(王志超)

【严打整治】严打整治卓有成效。严厉打击各类严重刑事犯罪,共破获刑案818起,刑拘548人,逮捕403人,直诉651人,治安拘留987人,劳教37人;铲除黑恶团伙3个，抓捕团伙成员62人;破获“两抢一盗”案件230起,捣毁盗窃团伙25个;破获经济犯罪案件25起,挽回经济损失900余万元。开展“黄、赌、毒”等突出治安问题专项整治,查处涉黄案件8起，行政拘留卖淫嫖娼人员13人;查处赌博案件268起,捣毁赌博窝点98个,收缴赌博机98台、赌博机电路板175快。强制隔离戒毒240人，缴获海洛因毒品450.57克，麻古1428粒，冰毒965.2克。

(王志超)

【队伍建设】政法队伍风清气正。认真组织开展深入学习实践科学发展观、创先争优和“我当公信政法干警”主题教育活动,树立干警自重、自省、自警、自励的价值观念，开展“执法技能专训活动”,提高干警执法能力。2010年8月，区委政法委被中央政法委、最高人民法院评为全国集中清理执行积案活动先进单位。全年实现了政法干警行政记大过、党内严重警告等次以上处分零指标，先后有4名干警受到中央政法委、最高人民检察院、公安部、人事部表彰,157人受到省市表彰,5个先进党支部和20名优秀党员受到区委表彰,王红军、鲁爱龙、汪汝英等先进人物的典型事迹被中央、省、市媒体推介。推进从优待警,5名政法干警被提拔到政法机关领导岗位,11人解决正、副科级待遇。

(王志超)

维护稳定工作

【概况】2010年,全区维护社会稳定工作，以科学发展观为指导,以强化基层党建为抓手,以建设和谐鼎城为核心，全面落实各项维稳工作措施,实现“十个不发生”工作目标，社会大局平安稳定。

(黄波)

【组织网络】实行区委书记、区长维稳工作第一责任和常委联片、政府副区长管线负责的制度,区级领导和单位党政一把手的工作从不稳定的地方和不稳定的人与事抓起。针对17类不稳定问题，明确了以区级领导牵头的专项工作组;各地党政主职、区直部门一把手为维稳工作第一责任人；明确村级信访维稳工作负责人537名，组级信访维稳信息员6000余人，将维稳网络体系伸到村(居)、组(楼栋),实现维稳工作“关口前移,重心下移”。

(黄波)

【抓党建促稳定】通过精心组织教育培训、树立正反两方面典型、积极开展党员联户帮带等措施，各级党组织和基层党员提高了认识,维稳责任意识大幅增强,驾驭复杂局面的能力大幅提升,形成以村级党组织为主体，广大党员为主力,及时预警、主动化解的新格局。牢牢掌握了维稳工作主动权。

(黄波)

【矛盾纠纷排查化解】共排查各类涉稳矛盾纠纷517件，成功调解507件,调解成功率98%,其中防止民间纠纷引起自杀19件,防止民转刑案件20件,防止械斗19起。妥善化解越级集访隐患58起、涉稳突发事件76起。包案化解重点工作对象109人，化解率88.7%。

(黄波)

610工作

【概况】2010年度,鼎城区委610办积极开展创先争优活动,强化干部队伍整体素质和执法能力,突出防范控制,教育转化和打击整治,精心谋划,全面部署,“法轮功”邪教案件发案率较往年有明显减少,“门徒会”专项整治成效显著。

(杨娟)

【教育转化】按照中央提出的“有1%的希望,就要做100%的努力”的要求,努力工作,共转化“法轮功”顽固迷人员(人,完成全年转化指标。一是对服刑人员配合监所开展教育。多次组织乡镇、科局、社区包保干部到省女子监狱,通过宣读讲解法律政策，利用亲情感化,有(人被顺利转化,其中1人因转化效果明显提前释放。二是送市办班进行封闭式教育。6月

10日，区610办破除阻力将顽固对象(((送到市教育基地学习。一个多月内，并耐心细致地做其子女的思想工作，使(((彻底转化。三是开展社会帮教。为转化一名人户分离“法轮功”痴迷人员，多次组织石门桥镇、玉霞社区、商贸城等单位对其进行帮助教育，通过家庭和社会反复帮教，使其思想净化，彻底脱离邪教组织。（杨娟）

【打击处理】全年立破“法轮功”案件(起，治安拘留(人，收缴反动宣传资料(((份，狠抓打击“法轮功”邪教组织的嚣张气焰。一是积极协调处理“法轮功”专案。武陵区4名“法轮功”顽固分子在鼎城区进行反动宣传活动被现场抓获，因病取保候审。为确保案件顺利审理，公安、检察院、法院及武陵区610办多次组织协调，实行快审快结，维护了法律尊严。二是保持高压态势，打击现行。在桥南市场被现场抓获从事反动宣传活动的武陵区“法轮功”顽固人员((，曾多次受过打击处理，系“法轮功”案件部督对象之一。三是开展“门徒会”专项整治行动。以“无邪创建”活动为平台，广泛宣传发动，打击一批，教育一批，彻底铲除邪教滋生土壤。（杨娟）

【警示宣传】一是继续推进“四个纳入”活动。以全区“无邪创建活动”三年规划目标第二年为重点，抓落实，出成效。递交责任状，并加大宣传教育力度，将区委中心组党内反邪教形势教育通报编入《2010年党委中心组学习专辑》。二是纳入中小学德育教育内容。深入开展“四个一”教育活动和无邪校园创建活动，全年中小学校召开反邪教主题班会827次，组织征文3012篇，其中218篇作文获奖。三是纳入党校干部培训计划。6-9月对全区科干班学员进行反邪教形势教育，10月对村级无职优秀党员培训，绝大部分参训党员自觉成为反邪教信息员，巩固并扩大了反邪防邪工作阵地。四是纳入新农村建设工作。将反邪教内容纳入了加强村庄整治工作的意见，推进镇、村同治，促进村风民风好转。在全镇20个村居播放“门徒会”专题教育片，并发送宣传资料7000余份，全区组织观看光碟800余场，观看人数达50多万人，其中基层党员、干部4万多人次，建立警示教育教育宣传专栏或墙报39个，翻印下发宣传资料进村入户10万余份，在乡镇（场）、材（居）举办法制学习班108期，有力打造了“平安鼎城”，“和谐鼎城”。（杨娟）

机构编制工作

【概况】2010年，区机构编制工作以服务全区经济社会发展大局为目标，积极推进各类体制机制改革，加强和完善机构编制管理，加强机构编制部门自身建设，充分发挥机构编制部门控制、把关、协调与监督职能，为全区经济和社会有效、健康发展提供了体制机制保障。（胡晓波 娄欢欢）

【各类体制机制改革】扎实推进区政府机构改革。按照中央、省、市的部署和要求，鼎城区于9月6日召开了区政府机构改革动员大会，区五大家主要领导、各乡镇党委书记、区直副科级以上行政事业单位主要负责人以及涉改单位政工人事分管领导和政工人事股长等约250人参加了会议。会议全面部署了改革工作，下发了相关文件。会议后，区编办派出三个改革指导组对35个涉改单位“三定”工作进行了专业指导和培训，进一步宣传了中央关于“大部门制”改革的精神以及规范设置内设机构、严控人员编制的相关要求，并对个别部门反映的职能重叠、交叉耻皮事项进行了协调解决。10月底前，各涉改单位均按要求及时上报了“三定”规定草案。

深化完善乡镇事业站所改革。根据中央提出的“2012年基本完成乡镇机构改革任务”和市里规定“每个乡（镇）事业站所设置限额不突破6个”的原则，结合鼎城实际，重新设置了乡镇事业站所，并下发了“三定”方案，明晰职责任务，核定人员编制和岗位结构。改革后，全区32个乡镇共设置事业站所192个，核定事业编制总额861名。

积极参与实施行业体制改革。区编办积极参与了交通、药监、卫生、纪检等行业体制改革工作。按照上级有关交通征稽体制精神，撤销了乡镇交管站，配合上级做好交通规划征稽人员划转移交工作，并重新核定了交通事业单位人员编制；配合上级做好食品药品监督局涉及的机构编制和人员移交工作；积极开展医疗卫生事业单位重新定编前期调研，并完成了编制分配工作。配合纪检部门开展纪检监察体制改革前期调研工作，对涉及的机构编制工作提出了可操作性建议。

盘活编制存量，服务社会事

业发展。在编制管理上,区编办坚持严控编制总量,注重盘活编制存量。2010年为区城投办、区属学校及区国土资源局、计生局、经济开发区等下属事业单位共下达了空编补员计划39名,并一律面向社会公开招聘,补充了用人单位急需的高素质专业技术人才,促进了全区社会事业的发展。

(胡晓波 娄欢欢)

【机构编制管理】建立机构编制动态管理机制。认真贯彻中央关于机构编制的“三个一”和“五个不准”规定,建立和完善管政策、管职能、管总量、管结构的管理机制,根据区经济社会发展需要和区委、政府的工作部署,按照有增有减的原则,对于职能弱化的或职能消失的机构,相应减少编制或撤销机构,对职能加强或新增的机构,积极挖掘潜力,整合资源。

强化机构编制日常管理,严控人员编制增长。在机构编制日常管理上,严格贯彻落实上级有关精神和区委、区政府出台的机构编制管理规定,强化机构编制工作纪律,规范办事程序,不断强化机构编制部门统一管理机构编制的职能,建立机构编制管理协调机制,实现机构编制部门与组织、财政、人事等有关职能部门的相互配合、协调运转,形成上下联动、步调一致、规范有序的工作格局,有效遏制机关和事业单位人员的无序增长。如在人员调配上,严禁超编进人、逆向调动,凡空编补员一律实行"凡进必考"、择优录用,严把人员进口关;在消化党政机关超编人员工作中,采取鼓励到龄即退、编制余缺调剂使用、严格职数管理、防止混编混岗、妥善清退临时抽借调人员等措施,畅通人员出口。

切实加强机构编制监督检查。采取日常监督与专项督查相结合的方式,进一步加强了机构编制工作的监督检查。3月份,区编办对区直机关"三定"方案执行情况进行了一次监督检查,对擅自增设内设机构、在内设机构加挂牌子等违规情况进行了纠正。上半年,区编办还结合事业单位年检下乡,到部分乡镇对事业站所上岗人员进行了临时督查,重点督查有无超编上岗、擅自增加上岗人员以及在编人员是否在岗等情况,发现一起,教育一起,纠正一起。通过督查,增强了乡镇主要领导的编制管理意识,规范了事业站所的人员编制管理。

(胡晓波 娄欢欢)

【事业单位登记管理】通过认真组织,合理安排,采取召开部门联席会议、未登记年检停办机构编制事项等方式,加大登记年检工作力度,较好地完成了登记年检任务。全区符合法人登记条件的事业单位共517个,已核准登记为法人的事业单位517个。应年检的事业单位510个,已全部通过年检。全年新设立登记事业单位31个,注销登记的事业单位11个,办理变更登记的事业单位35个,登记管理信息在网上都予以公布。 (胡晓波 娄欢欢)

【自身建设】区编办积极响应区委区政府的号召,开展了党员春训、创先争优等一系列活动,并定期组织全办人员开展理论及业务学习、专题辅导、解放思想大讨论、深入基层调研、领导班子民主生活会及支部专题组织生活会。通过各种学习培训,再与工作实际相结合,全办人员的业务能力和工作水平得到了全面提高。

(胡晓波 娄欢欢)

党史工作

【概况】2010年是常德市2006—2010年落实《党史方志工作五年规划》的最后一年,区委党史办深入学习贯彻十七大会议精神,以科学发展观和创先争优统领党史工作,与时俱进,开拓创新,各项工作取得了好的成绩,在年底目标管理考核中荣获“鼎城区2010年度目标管理先进单位”的荣誉称号。 (陈欣)

【创先争优活动】党史办党支部严格按照区委创先争优活动方案和要求,结合党史工作实际,认真学习和实践,不走过场,主抓了两个方面。抓创学习型机关。坚持集体学习和自学相结合的学习制度,做到有笔记,有体会,并定期进行检查;拓宽学习内容,根据学习优、作风优、素质优的要求,以思想政治和业务知识的学习为重点,着眼于提高干部职工政治素质和业务水平;改进学习方式,采取和工作实际相结合、和个人思想实际相结合的方式,变“要我学”为“我要学”。抓制度建设,强化机关内部管理。修订完善了各项管理制度,包括考勤制度、工作制度、学习制度、财务制度、安全卫生制度、廉政制度等一系列制度;实行党员承诺制、首问责任制、限时办结制等,大力开展机关

效能建设。（陈欣）

【党史资料征集反党史宣传联络工作】征集整理了2009年全区党史大事记；党史宣传教育工作，开展了党史宣讲进课堂活动，拟定党史宣传教育进课堂活动方案，成立党史宣讲小组，组织宣讲组深入学校、机关宣讲党史；开展了以刊物、网络为载体，扩大党史宣传影响活动。订阅了《湘潮》，在“常德史志网”中积极投稿。党史联络组工作，围绕党史专题资料征集工作，组织发动老同志撰写回忆文章；围绕新农村建设，组织党史联络组成员深入农村，开展专题摄影活动。（陈欣）

【革命遗址普查】从3月份开始，组织专门力量对区境红色革命遗址进行了全面普查，根据全国革命遗址普查要求，通过逐一鉴别筛选，确定把鼎城区党史陈列馆和潘振武将军故居陈列室作为鼎城较高级别的革命遗址上报。经过多次的现场测量、拍照、走访调查、资料收集整理，对两处遗址形成了详细的文字说明材料和照片映证资料，并逐级上报到了国家有关部门。至年底，上报资料逐层通过了验收认可，这一工作全面完成。（陈欣）

老干部工作

【概况】2010年，鼎城区委老干部工作在区委区政府的高度重视与大力支持下，秉承以人为本、服务为先的工作理念，进一步落实好老干部政治、生活待遇，组织老干部开展丰富多彩的活动。工作成效显著，受到老干部好评。年底被评为全区目标管理先进单位、全省老干部工作先进单位，宣传工作被评为全省红旗单位。

（曾志英）

【领导重视】区委、区政府定期召开有关老干部工作的会议，研究解决老干部工作中的实际问题。2010年1月29日和2010年3月28日，区委召开组织人事老干妇联工作会议，表彰了一大批老干部工作先进集体、优秀离退休干部党支部、老干部工作先进个人、“五好”离退休干部和十佳“老有所为之星”，区委书记李秋葆、区长董岚等区级领导出席会议并作重要讲话。元旦、春节期间，区委政府主要领导分别上门走访慰问了离退休老干部。并与老干部吃年饭共迎新春。

（曾志英）

【老干部待遇】落实好老干部政治待遇。区委、区政府坚持每年向老干部通报情况四次，组织外去参观考察一次。2010年1月4日，区委向老干部通报了区委经济工作会议和区人大、政协“两会”的情况。2010年9月3日和2010年10月15日，区委分别召开四大家任过实职的处级离退休干部通报会和全区老干部形势报告会，向老干部通报全区经济社会发展情况，并广泛征求他们的意见与建议。2010年11月1日召开老干部代表座谈会，就防洪大堤修建、“灌石”产业规划以及人事任免等事宜向老干部进行通报并广泛征求他们意见与建议。2010年11月上旬，组织区四大家处级离退休干部和全区离休干部代表参观考察。区委组织部和区委老干部局全年集中组织老干部学习9次，上《怎样做一名合格的共产党员》专题讲座一次。落实老干部的生活待遇，2010年为全体财政供养的离退休干部补发一个月工资作为生活补贴，取消了住院门槛费。年末对全区离休干部和处级以上退休干部进行上门走访慰问。全年共走访慰问老干部500多人次，为老干部生日祝福50多人次，探望生病住院老干部250人次，协调处理老干部后事和吊唁20多人次。2010年5月，组织了离休干部体检，为他们建立了健康档案。此外针对离休干部普遍进入“双高期”的实际，注重离休干部的“个性化、亲情化、多样化”服务。继续实行结对帮扶制度。由干部职工与离休干部结对，帮助老干部解决实际困难。坚持开展为异地安置老干部和身体不便外出的老干部送待遇上门。全年来共送待遇上门180多人次。

（曾志英）

【发挥余热】积极开展“五好支部”创建活动和评选“三好”老干部活动。通过活动，党支部的战斗堡垒作用得到了增强，党员思想觉悟得到提升。在全区老干部中培植涌现张凤池、莫纯清等一大批三好老干部典型。区公安局离退休干部党支部先进事迹在《鼎城组工》进行刊登。长茅岭乡离退休干部党支部被评为全区“百优先进党支部”。积极开展涉老协会活动。2010年，区老年大学和区夕阳红艺术团先后举办了“迎世博、庆五一”文艺汇演、“常德市2010年全国城市节约用水宣传周活动”、“庆祝中国计生协会成立30周年暨争创全省人口计生模范市宣传活动”、区“五好家庭”、全区区直单位运动会宣传及全区老干部形势报告会文艺汇演等活动。区老摄影家协会配合区农村办宣传新农村建设。区老年体育协会和老年门球协会为开展群众性的体育活动积极作为。区关工委先后召开2次关心下一代工作会议,10多次深入基层,总结经验、表彰先进,调研、探索新时期基层关心下一代工作新方式,有力地推进了全区特别是农村关心下一代工作。现全区各乡镇关心下一代工作网络基本上已深入到了村组,参与关心下一代工作的“五老”人员已达5000多人。“五老”人员对留守儿童通过“一对一”形式进行关爱。全区各级乡镇党委、学校和社会各界知名人士踊跃捐款资助贫困儿童。区老科协继续为“三农”服务,取得了良好的社会效应。全市老科协现场经验交流会在鼎城区召开。全年举办自我保健培训班4期,培训人数达300多人。创办了蔡家岗富硒示范点,栽种水稻30亩、柑桔100亩,红薯10亩。出版了一本总结全区老科协工作和反映老科技工作者风采的书刊《夕阳金辉》。(曾志英)

党校工作

【概况】2010年度,中共鼎城区委党校以党的十七大精神为指导,深入贯彻落实科学发展观,在办学指导思想、教学水平、科研工作、队伍建设、办学条件、系统意识等方面均有了长足的进步。(匡雅婷)

【干部培训】全年共举办了22期培训班。其中科干班2期、入党积极分子培训班5期、农村优秀无职党员培训班5期、纪检监察干部业务培训班1期、办公室新进人员业务培训班1期、政法综治业务培训班1期、村会计业务培训班2期、规范行政裁量权办法培训班1期、村级残疾人协会会长培训班2期、农民专业合作社法人代表培训班1期、鼎城区组工干部“树五种形象、做五个表率”专题培训班1期。各部门班共11期。此外,区委党校组织骨干教师深入各乡镇(场)、区直有关单位宣讲中央1号文件、上党课共40场,充分发挥党校党员教育主阵地、主渠道作用。(匡雅婷)

【科研工作】区委党校教师共公开发表论文10篇,其中国家级1篇,省级9篇;各级理论研讨会获奖论文9篇,其中省级7篇,市级2篇;共完成省级课题《构建农村基层党建工作考核评价体系的研究》、《善德文化与鼎城西区建设》2项,市级课题《农民信仰问题实况研究》、《常德市贫困人口现状调查与反贫困问题思考》、《农村公共管理问题研究》3项。全年共投入科研经费5万余元。除此之外,该校还注重及时将科研成果转化为教学内容,较好地服务了地方经济社会建设,受到区委主要领导的一致好评。(匡雅婷)

【队伍建设】采取多种渠道培训教师,提高教师的理论水平和业务能力。全年共派出2名骨干参加省委党校组织的师资培训,并组织教员参加区内外的各类培训、听课等活动;加强了客座教师的建设力度,常年固定聘请多名理论水平高,实践经验丰富的专家授课,教学效果显著;通过教学工作会议,理论沙龙、集体备课、教学比赛等手段进行教学改革,努力提高培训质量。(匡雅婷)

【基本投入】全年共投入20万元用于宿舍改造。为了迎接全省县(区)级党校办学水平评估,11月10日,区委副书记詹一兵在区委党校主持召开区委党校建设与发展专题办公会议,会议决定党校基础设施建设在现有的基础上,着眼长远,整体规划,分步建设,升级改造所需资金总额不突破200万元,由区委党校制定方案,财政评审后由区财政负责解决,建设在两年内完成,资金由区政府负责三年内分步安排到位。改造项目重点满足评估达标要求的教学设施、学员宿舍、综合办公楼等方面的建设。(匡雅婷)

接待工作

【概况】2010年,共接待来宾300多批次,4000余人次。牵头举办了北京、长沙、广州三地老乡联谊会、区委、区政府与中联重科、辰州矿业、南方水泥等企业的政企联谊会。完成了“常德市江南新城策划和城市设计研究专家评审会”、“鼎城区创建国家计划生育优质服务先进区现场考核评估”、“广东企业家来鼎城考察”、“中国·常德市鼎城区善卷文化高峰论坛”学术研讨会等大型会议的接待任务。承接了原第二、五届全国政协副主席班禅额尔德尼·确吉坚赞夫人李洁一行来花岩溪参观考察(二级警卫接待)及省、市领导、党政代表团来鼎城检查、考察等一系列接待活动。区接待处被评为“2010年度全市接待工作满意单位”。(刘小韩)

鼎城区人民代表大会常务委员会

【概况】2010年,鼎城区人大常委会在区委的坚强领导下,认真贯彻落实科学发展观,紧紧围绕“以党建新思路推动人大工作新发展”的工作思路,切实履行宪法和法律赋予的职责,为推进民主法治建设、促进鼎城区经济社会又好又快发展发挥了积极作用。全年共召开常委会会议9次,主任会议17次,听取和审议专项工作报告19个,作出决议决定16个,形成审议意见10份,对六个单位进行了工作评议。在9月召开的市委人大工作会议上,鼎城区人大常委会被市委评为全市人大工作先进单位。（李成强）

【十五届人民代表大会第四次会议】1月7日至10日,鼎城区十五届人民代表大会第四次会议在武陵镇召开。本次会议共八项议程:1、听取和审议区人民政府工作报告;2、审查和批准鼎城区2009年国民经济和社会发展计划执行情况与2010年国民经济和社会发展计划(草案)的报告;3、审查和批准鼎城区2009年财政预算执行情况与2010年财政预算(草案)的报告;4、听取和审议区人大常委会工作报告;5、听取和审议区人民法院工作报告;6、听取和审议区人民检察院工作报告;7、补选;8、其他事项(含对乡镇人大工作先进单位和先进个人进行表彰)。

会议批准了董岚同志代表区人民政府所作的《政府工作报告》、罗旺甫同志受区人民政府委托书面提交的《关于鼎城区2009年国民经济和社会发展计划执行情况及2010年国民经济和社会发展计划(草案)的报告》、熊辉同志受区人民政府委托书面提交的《关于鼎城区2009年财政预算执行情况和2010年财政预算(草案)的报告》、向阳同志受区人大常委会委托所作的《鼎城区人民代表大会常务委员会工作报告》、李思洁同志代表区人民法院所作的《常德市鼎城区人民法院工作报告》和汪泽云同志代表区人民检察院所作的《常德市鼎城区人民检察院工作报告》。

在本次大会上,董岚同志当选为区人民政府区长,陈顺清同志当选为区人大常委会委员。会议期间收到10名以上代表联名提出的议案23件。其中,孔凡伟等12名代表联名提出的关于《关于推进油茶产业化进程,着力增加农民收入的议案》予以立案,其他22件议案全部转作建议、批评和意见。大会还收到其他建议、批评、意见共82件。（李成强）

【重要决议】2010年8月10日,区人大常委会举行第十九次会议,会议听取和审议了区人民政府提出的《关于善卷垸防洪大堤水利综合治理工程项目建设资金安排情况的议案》。会议以无记名票决的形式,作出了同意区政府资金安排的决定。会议提出了相关审议意见,要求区政府在项目资金上贷得来、用得好、还得出,项目设计要高起点、管理要高水平、建设要高质量,要出台相应的管理办法,最大限度的发挥资金效益,要争取上级支持,谋划好还款计划。（李成强）

【工作评议】根据《鼎城区人大常委会关于届内组织代表开展工作评议的意见》,6月30日,区十五届人大常委会第十八次会议票决出了区检察院、区教育局、区卫生局、区交通局、区发改局、市规划局鼎城分局六个被评议单位。从7月开始,成立了6个调查组,分别由常委会副主任带队,深入到各评议单位、相关乡镇、企业、社区,进行了为期二个月的集中调查。常委会主任会议还对调查报告进行了审查把关,确保了调查报告的客观性、公正性。10月21日,区人大常委会召开第二十一次会议,对相关单位开展工作评议,会议邀请了区纪委、区委组织部、区审计局等单位负责人参加,要求"一府两院"主要负责人及政府工作部门主要负责人列席会议,被评议单位班子成员轮流旁听会议。评议时,区人大常委会重点评这几个单位贯彻宪法、法律、法规,落实人大常委会决议、决定、审议意见,对人大代表议案、建议、批评和意见的办理,单位负责人在随届任命时的任职承诺,上届人大常委会监督的重点等情况,常委会组成人员人人发言,既实事求是地肯定了成绩,又一针见血地指出了问题,还提出了很多建设性的意见和建议,客观中肯,收到了加强监督、促进工作的评议效果。会后,区人大常委会综合评议发言,制定了整改意见,以常委会文件的形式进行交办,要求各单位三个月内汇报整改情况。（李成强）

【司法监督】2010年,区人大常委会共接受司法机关报备重大案件204件,受理申控案件34件,督办市人大常委会转办的申控案件2件,支持区检察院出台了《关于主动邀请人大代表、政协委员监督办案的意见(试行)》,配合市人大常委会开展了对贯彻《市人大常委会关于加强和改进人民法院执行工作的决议》的情况督导,要求区政府安排了一定数额的司法救助资金。（李成强）

【重要议案】鼎城区十五届人民代表大会第四次会议将《关于推进油茶产业化进程、着力增加农民收入的议案》立案。该《议案》要求区政府加大对油茶产业的扶持力度,培植油茶产业基地,采取示范带动等方式,加大对油茶产业科技引导,做大做强全区油茶产业。鼎城区人民政府对该《议案》高度重视,与区人大常委会共同组织相关单位负责人赴浏阳等地的学习考察,采取了项目驱动、典型带动、机制拉动等方式,有力地推动了全区油茶产业发展。11月26日,区十五届人大常委会第二十二次会议听取了区人民政府办理该《议案》情况的汇报,并提出了三点审议意见:1、坚持一项机制。区政府要长期坚持政府扶持机制,每年根据财政状况安排专项资金。2、创新两大载体。建议政府一是要成立油茶产业协会,二是发展油茶专业合作社。3、建立三大基地。一是新造基地。二是低改基地。三是育苗基地。（李成强）

【人事任免】全年,区人大常委会共任免国家机关工作人员15人。其中,4月29日,区十五届人大常委会第十七次会议决定接受向美华、王建华、吴耀光三位同志辞去鼎城区人民政府副区长职务,决定任命傅勇同志为区人民政府副区长。11月26日,区十五届人大常委会第二十二次会议决定接受詹学明同志辞去区人民政府副区长职务,接受李思洁同志辞去区人民法院院长职务,决定任命鲁祖方同志为区人民法院副院长、并决定其代理院长职务。12月28日,区十五届人大常委会第二十三次会议决定任命王直华同志为区人民政府副区长。（李成强）

【视察】5月25日,区人大常委会组织驻区部分省、市、区人大代表对石公桥镇冲天湖大垸公共基础设施情况进行了视察。区人大常委会主任向阳,副主任马本慧、潘端明、皇甫泽华、丁福华,区人大常委会党组成员、办公室主任龚天宝,联工委主任赵建华、农工委主任顾成国等参与视察,区政府常务副区长杨君、副区长蔡仁国等陪同视察。参加视察的代表们认为,综合治理冲天湖大垸势在必行。代表们建议,治理冲天湖大垸方案,要把握好四个方面的原则:一是政府主导。二是政策倾斜。三是群众参与。四是社会各界支持。代表们要求,综合治理冲天湖大垸要分轻重缓急,统筹安排,抓紧解决当前最急需要解决的问题。近期要重点完成三方面工作。一是要做好规划。石公桥镇党委、政府要在充分调研、切实尊重群众意愿的基础上,拿出三年综合治理方案,并及时报区人民政府。二是要突出重点。要把当前最急需解决的问题,如西灌区和中排渠出淤、马鞍山大桥重建等作为当务之急,及时启动治理工作。三是要明确责任。石公桥镇党委政府是冲天湖大垸综合治理的主体,区直各相关单位要密切配

合，各尽其职，切实把好事办好，让群众满意。（李成强）

【执法检查】2010年，区人大常委会开展了对《环境保护法》的专项执法检查，配合上级人大常委会开展了《妇女权益保障法》、《民事诉讼法》、《城乡规划法》、《动物防疫法》和《重大动物疫情应急条例》等法律法规的执法检查，开展了《职业教育法》的执法调研，深入了解了全区贯彻上述法律法规的现状、存在的问题，并向上级人大常委会报告了调研情况，向“一府两院”有关单位提出了相关建议，明确了工作要求，加强了相关法律的宣传贯彻，促进了相关工作的依法有序开展。（李成强）

【重要活动】4月16日，全国人大常委会办公厅一行18人在省、市人大常委会领导罗述勇、王孝山、彭启云等陪同下来鼎城区石板滩镇毛栗岗村调研新农村建设情况，区人大常委会副主任刘友善、副区长蔡仁国、区人大常委会党组成员、办公室主任龚天宝及相关单位主要负责人参与接待汇报。5月6日，全市人大教科文卫工作会议在鼎城区召开。5月26日，市人大常委会主任刘本之一行来鼎城区调研交通工作，区长董岚、区人大常委会主任向阳、区委常委、副区长傅勇、区人大常委会副主任潘端明等领导陪同参与调研活动。9月7日和9月25日，浙江省江山市和安徽省芜湖市三山区人大常委会领导分别来鼎城区人大常委会考察工作，区领导董岚、詹一兵、向阳、杨君等参与接待。9月21日，区委书记李秋葆，区委副书记、区长董岚，区委副书记詹一兵，区人大常委会主任向阳，率区人大其他班子成员，“两院”负责人及区人大办公室，联工委负责人参加市委人大工作会议。会上，鼎城区人大常委会被市委评为人大工作先进单位，龚天宝、赵建华、熊元香被市委评为人大工作先进个人。鼎城区人大常委会作为先进典型，在会上介绍了工作经验。11月1日，接待山东省威海市环翠区人大常委会一行五人来鼎城区人大参观考察。（李成强）

【“四行”活动】继续稳步推进“环保世纪行、农产品质量安全行、农民健康行、民族团结进步行动”等“四行”活动。环保世纪行组委会深入到相关乡镇调查了解环境与资源保护情况，成功举办了“倡导低碳经济”专题讲座，取得了良好的社会效果。农产品质量安全行坚持以推进农业标准化建设为重点，进一步督促和支持区政府推进“三品认证”，有效改善了农产品质量安全状况。农民健康行以开展健康教育活动和助推药品制度改革为抓手，推动了农村医疗卫生工作的发展。民族团结进步行动组委会积极争取项目资金40万元，帮助许家桥少数民族乡解决饮水、行路等方面的实际困难，得到了少数民族群众的好评。（李成强）

【规范性文件备案审查】全年向市人大常委会报备规范性文件1件，接受相关单位报备规范性文件25件。督促区法院废止了2009年备案的规范性文件一件。（李成强）

【人大宣传】按照“宣传出力作，调研出精品”的工作思路，宣传机制进一步健全，宣传力度进一步加大，宣传氛围进一步浓厚，在《中国人大》、《人民之友》、《常德人大》等国、省、市媒体上稿量较去年稳中有升，巩固了上大报大刊连续八年居全市之首的成果。其中，区人大常委会主任向阳撰写的《以党建新思路推动人大工作新发展》一文在全国唯一公开发行的人大报《人民代表报》理论版头条刊发；区人大常委会党组成员、办公室主任龚天宝撰写的《强化法律监督，推进依法行政》一文在《人民代表报》上发表，并荣获湖南省人大制度理论研讨论文二等奖；龚天宝撰写的总结推介区委重视支持人大工作的文章《依法执政兴鼎城》在湖南《人民之友》第8期以重点文章发表，被收录于2010年《中国人大年鉴》；《常德人大》第4期开辟了“鼎城专版”，图文并茂地宣传了鼎城用党建工作推动科学发展的成果。（李成强）

【人大信访】全年共受理群众来信83件，接待来访群众109批466人(次)，均依法进行了办理或交办，切实维护了当事人的合法权益，推进解决了一些实际问题。（李成强）

鼎城区人民政府

【概况】2010年，全区辖32个乡镇、4个农林场；有国土2344.5平方公里，其中耕地100万亩，山林107万亩，水面70万亩。常住人口85万人，其中农业人口72.5万人。全年实现地区生产总值149.1亿元，增长26.9%；财政一般预算收入4.07亿元，增长52.4%；全社会固定资产投资62.4亿元，增长50.7%；社会消费品零售总额82亿元，增长23.9%。 (代君)

【工业产销形势好】全年完成工业总产值150亿元，入库税金4亿元，分别增长15.4%和33%；规模工业企业净增14家，达到117家，完成产值100亿元，入库税金3亿元，实现增加值27.5亿元，分别增长41.4%、45.6%、38.2%。工业发展呈现三大特点：一是入园项目多。全年落实2000万元以上的工业项目29个，总投资46.5亿元。其中，落户园区的项目16个。二是建设速度快，南方水泥、天和管桩等项目已建成投产；海众混凝土、机械产业二期配套园10家企业等一批成长性好、带动力强的项目顺利推进。三是发展后劲足。围绕灌溪工业园产值“十二五”过300亿、2011年过百亿的目标，首先是高起点规划。按照“两型园区”的要求，聘请上海同济大学对经济开发区进行规划，面积达到45平方公里，园区吸纳与承载能力进一步增强。区委、区政府还精心编制“十二五”总体规划纲要和项目库，开发储备重大项目288个，投资总额近千亿元，其中10亿元以上的项目24个，进入省级规划的154个、市级规划的265个，为“十二五”末综合实力跻身全省十强提供强大的项目支撑。其次是大投入筑巢。累计投入1.5亿元，完成了机械产业二期配套园电力、电信转杆和南方水泥供水管网建设，启动了灌溪工业园永福路新建，推进了浦沅变电站11万伏增容改造工程，园区功能更加完善。第三广辟门路“引凤”。组织策划鼎城(广东客商)招商推介会，组团参加第四届湘商大会，成功引进了占地1700亩、投资23亿元的特力液压和中小吨位汽车起重机技扩改等一批战略项目。 (代君)

【城市经济充满活力】规划起点高：聘请清华大学对江南城区进行了高标准规划设计，并顺利通过了专家评审。项目开工多：全年落实重点城建项目78个，投资总额49.5亿元。永安路、金霞东路、江南污水处理厂等一批基础设施建成投入使用；善卷垸水利综合治理工程、善卷中学、善卷医院、花溪西路、双潭路等重点项目开工建设；全年新开工房产项目9个，建筑面积120万平方米，总投资19亿元。经营效果好：全年实现城市经营收益3亿元，增长50%；落实项目融资5.25亿元，已到位1.2亿元；狠抓土地储备和控制，深入推进控违拆违，全年新拆除违法建筑近3万平方米；投入1000万元，深入开展文明城市创建，较好地解决了城市社区“路不通、灯不亮、水不畅”的问题。此外，区财政投入200万元，拉动小城镇建设投入1800万元，重点支持了3个乡镇的街道综合整治。按照“中华道德文化第一城”的发展定位，深入挖掘善卷道德文化内涵，把文化融入城市规划与建设；申报非物质文化遗产获得省

市认可；成功举办了“善卷文化高峰论坛”，进一步打响了善卷道德文化品牌，提升了城市的知名度和美誉度。 (代君)

【农村平稳发展】全面加强引导扶持，积极防灾抗灾，全年粮食播种面积达190万亩，比上年增加5万亩；棉花种植面积15万亩，比上年增加2.4万亩；油菜种植面积60万亩，总产6.24万吨；牲猪出栏88万头、存栏45万头，与上年基本持平。农民收入持续增加，人均纯收入达到5698元，增长15.3%。农产品流通市场繁荣，各项惠农政策全面落实。产业特色逐步显现，初步形成了油茶、花木、蔬菜等特色种植业和牲猪、黑山羊、鳝鱼、甲鱼、鮰鱼、桂鱼等特色养殖业。基础设施建设累计投入2.2亿元，硬化乡村道路230公里，改造维修危桥6座，新建农村客运站3个，疏通渠道近1000公里，整修山塘2500口，新建沼气池3037口，解决6.9万人的安全饮水问题。规划建设了13个高效农业示范片、14个生态养殖示范区、8个生态林业示范片、12个农产品加工示范企业、9个星级休闲示范农庄，新增市级以上农业龙头企业4家。农民专业合作组织新增45家，达到89家。在石门桥镇乌塘岗村率先成立了全市第一家农村土地流转合作社。

(代君)

【商贸经济购销两旺】桥南市场群全年交易额突破100亿元，服装、水产、副食、家电、建材、茶叶、轻纺等专业市场销售额创历史新高。桥南商业城正式投入运营，引进了久光国际、步步高和华星电器等商务业态。朝阳路、佳泰、维畅三大农贸市场升级改造全面完成，水产品市场建设进展顺利。“家电下乡”活动深入开展；花岩溪、石板滩毛粟岗等景区共接待游客28.5万人(次)，实现旅游综合收入8500万元。 (代君)

【社会保障体系不断完善】新型农村养老保险试点正式启动，全区11.9万60岁以上的农民享受了养老保险待遇；城镇居民医疗保险参保人数达8万人，新型农村合作医疗保险实现全覆盖，职工医疗保险逐步实现市级统筹；城乡低保对象扩面提标，农村五保对象做到了应保尽保；全年新增城镇就业5103人，城镇零就业家庭实现动态就业援助达100%；城镇居民人均可支配收入达到16018元，增长12%；投入346万元，对所有城乡低保、农村五保和优抚对象发放了临时价格补贴。区财政配套资金3700万元，全面完成了省、市为民办实事工作任务，其中19项指标超额完成；按照年初承诺兑现了公务员津补贴和教师绩效工资，乡镇站所人员工资提高到900元/月，按要求落实了村级低限运转保障经费，对农村党小组长和村民小组长实行了误工补助；安排2500万元，解决了各类弱势群体的突出困难；配套400万元，完成了112套廉租房建设；筹措资金50多万元，用于残疾人救助；投入100万元，启动了601社区和通用机械厂的解困工作。 (代君)

【社会大局和谐稳定】直面群众信访，及时调处化解矛盾纠纷，妥善处理了一批群众反映强烈的遗留问题，矛盾调处及信访稳定工作经验得到了中央政治局常委、中央政法委书记周永康同志的充分肯定；高度重视生产、消防、交通、食品、环保安全监管，安全事故起数下降18.5%，全区成为全市唯一的“全省安全生产先进单位”；不断完善公共事件应急管理体系，政府应急能力明显增强；狠抓社会治安综合治理，公众满意度测评排名全省第41位，继续保持在第一方阵。 (代君)

【社会事业全面发展】人口与计生工作跻身全国优质服务先进区行列；节能减排成效明显；建设用地保障与国土资源保护实现双赢；高中教育布局有效调整，校舍安全工程、合格学校建设工程稳步推进；卫生服务不断优化，手足口病、甲型H1N1流感得到有效防控；丝弦节目首次登上国际舞台，尧天坪民间龙狮队进京参演并获奖，以草坪歌舞为代表的民间演艺文化享誉省内外；第六次全国人口普查工作顺利推进；人民防空、国防教育、民兵预备役工作深入开展；审计、统计、科技、物价、农机、气象、广电、民族宗教、信息化、档案、妇女儿童、青年、工会、工商联、老龄等工作都取得了新的进步。 (代君)

【善卷中学主体工程开工建设】9月28日，善卷中学主体工程建设正式启动。学校坐落在武陵镇福广村，地处红云路以西、机场路以东，永丰路以南，占据西区开发的前沿阵地，交通便利。学校占地面积100亩，控制面积50亩，规模60个教学班、3000名学生，拟投入7980万元。整个工程包括办公楼一栋、教学楼三栋、科技楼一栋、学生宿舍楼两栋、综合楼一栋、食堂一栋、校门一栋等主体建筑及塑胶跑道、围墙、道路、绿化、给排水、供配电等附属设施，总建筑面积3万多平米。善卷中学预计2011年秋季开始招生，将有效缓解城区初中学位不足，提升城区教育综合竞争力，并彻底结束武陵镇城区没有独立初中学校的历史。(代君)

【善卷医院开工建设】11月26日，善卷医院(鼎城人民医院)举行了开工奠基庆典。善卷医院(鼎城区人民医院)选址在武陵镇城区金霞路与德安路交汇处西南面，按“二级甲等”医院标准规划设计，征地133亩，规划建筑面积4.2万平方米，计划总投资2.4亿元，预计2012年底可竣工投入使用。医院建成后，开设病床499张，将成为全市县(区)级规模最大、环境最美、设施最齐、人才最优的现代二级综合医院，全面为广大群众提供优质价廉、高效安全的医院保健服务。(代君)

【善卷文化高峰论坛成功举办】11月26～28日，鼎城区在常德市共和大酒店举办了“中国·常德鼎城善卷文化高峰论坛”学术研讨会。中国国民党荣誉主席吴伯雄先生为论坛题词:“百德善为先,一心卷之首”、“善卷故里”。台湾两岸和谐文化协进会会长、台湾艺术界联合会理事主席陆炳文先生，台湾著名画家、常德诗墙“善卷让王”作者冉茂芹先生，香港大学中文学院院长詹杭伦先生，中国社会科学院历史研究所副所长、博士生导师、中华炎黄文化研究会副会长王震中先生，中国先秦史学会副会长兼秘书长、中国社科院历史所研究员宫长为先生，美国WHM哲学与宗教研究院教授、日本京都大学博士后研究员、华东师范大学教授刘正先生等40余名研究善卷文化的海内外著名专家学者参加研讨。论坛共收到论文22篇，专家学者普遍认为，善卷文化是中华道德文化的重要源头，弘扬善卷文化具有十分重要的现实价值。(代君)

【参加湖南经济合作洽谈会暨第四届湘商大会】9月29日，湖南经济合作洽谈会暨第四届湘商大会在常德市隆重举行，鼎城区积极邀请了中联重科董事长詹纯新等十多个重要客商出席，并成功签约投资16亿元的中联汽车起重机技扩改、投资7亿元的特力液压技扩改、投资3亿元的深圳润农茶油基地及加工、投资3亿元的江南五星级宾馆4个项目，合同引资达29亿元，实现了招商引资新的突破，有力增强了鼎城发展后劲。特别是签约引进的中联汽车起重机技扩改项目，将在灌溪镇渐河以西征地1700亩，再造一个灌溪工业园。

(代君)

【善卷垸防洪墙水利综合治理工程破土动工】10月27日，善卷垸防洪墙水利综合治理工程正式破土动工。该项目西起鼎城西路，东至花溪东路，全长4576米，防洪设计标准为50年一遇，工程总投资预算1.58亿元。该项目由防洪墙工程、防洪交通闸工程、防汛道路工程、边坡护砌与绿化工程、原堤身开挖土方工程等五部分组成，预计墙身混凝土工程计划2011年前3月31日前完工。项目完成后对江南防洪保安、提升城区形象、改善人居环境、带动西区开发都具有十分重要的意义。(代君)

【计划生育成功争创国优】8月19日，湖南省人口计生委受国家人口计生委的委托对鼎城区创国优进行了现场评估验收，8月23日，鼎城区到省人口计生委进行申述、答辩，经综合考核，鼎城区在全省3个申报单位中排位第一，被省人口计生委推荐为全国计划生育优质服务先进单位，成功向国家人口计生委申报。

(代君)

重要会议

【区政府常务会议】元月18日，区政府召开15届12次常务会议。会议听取区发展改革物价局关于编制“十二五”规划工作的情况汇报、区经管局关于村级公益事业建设“一事一议”财政奖补试点工作的情况汇报、区移民局关于落实牛鼻滩退田还湖移民生产资料的情况汇报、区建设局关于江南城区污水排放现状和管网规划建设的情况汇报和关于“三个品牌城市”创建工作的情况汇报。向美华、杨君、陈德、王建华、蔡仁国、唐绍华、刘运华、詹学明、彭勇、谭延胜、熊以富、柴从林、李湘建等区级领导出席会议。

3月4日，区政府召开15届13次常务会议。会议听取区农办关于市委农村工作会议精神及2010年全区农村工作重点的汇报、区发展改革物价局关于项目建设年实施方案的汇报、区建设局关于江南城区2010年城建方案的汇报、区房管局关于2010年廉租房建设有关情况的汇报、区交通局关于交通工作有关情况的汇报、区卫生局关于鼎城人民医院建设有关情况的汇报、区教育局关于善卷中学建设有关情况的汇报。向美华、杨君、陈德、王建华、蔡仁国、唐绍华、詹学明、谭延胜、熊以富、柴从林、李湘建等区级领导出席会议。

8月13日,区政府召开15届14次常务会议,专题审议区主体功能区的功能定位。陈德、傅勇、王建华、蔡仁国、唐绍华、刘运华、詹学明、彭勇、熊以富、李湘建等区级领导出席会议。

9月7日,区政府召开15届15次常务会议。会议听取区财政局关于实施财政资金往来清理工作的情况汇报、区农业局关于2010年秋冬农业生产工作的情况汇报、区民宗局关于散居回维少数民族村经济社会发展的情况汇报,审议城市污水处理费征收管理暂行办法、政府重大投资项目监管实施方案(试行)、中小学校长任期目标管理考评办法、学校实施绩效工资指导意见。杨君、傅勇、王建华、蔡仁国、唐绍华、刘运华、彭勇、谭延胜、熊以富、李湘建等区级领导出席会议。

10月10日,区政府召开15届16次常务会议。集中学习胡锦涛总书记在中共中央政治局第二十三次集体学习时关于扎实做好正确处理人民内部矛盾工作的讲话,审议《国土财务收支管理暂行办法》和《政府性开发建设资金管理暂行规定》,听取区劳动和社会保障局关于新农保试点工作的情况汇报、区公路局关于南方水泥矿区干线公路改造的情况汇报、区国土资源局关于环洞庭湖治理土地平整项目的情况汇报、区自来水公司关于自来水公司债务纠纷的情况汇报、区环卫处关于城乡生活垃圾无害化处理一体化建设的情况汇报。杨君、陈德、傅勇、王建华、蔡仁国、唐绍华、刘运华、詹学明、彭勇、熊以富、李湘建等区级领导出席会议。

11月11日,区政府召开15届17次常务会议。集中学习徐守盛省长在省政府第65次常务会议上所作的《认真贯彻党的十七届五中全会精神,确保全面完成"十一五"目标任务》讲话,听取区财政局关于调整2010年度财政预算的情况汇报、区林业局关于冬季森林防火工作的情况汇报、区农业局关于农产品质量安全综合监管试点项目实施的情况汇报、区水利局关于善卷垸防洪大堤水利综合治理工程指挥部工作的情况汇报、区广电台关于乡镇发展无线数字电视网络的情况汇报、区食安办关于开展春节前后食品药品"十项放心"活动的情况汇报、区安监局关于安全生产打非治违工作的情况汇报、区旅游局关于旅游工作的情况汇报、区民政局关于城区标准地名标志设置工作的情况汇报、区房产局关于住房保障建设的情况汇报、区国土资源局关于城区房地产项目超容积率和改变用途补缴土地出让金的情况汇报。杨君、傅勇、蔡仁国、唐绍华、刘运华、彭勇、柴从林、李湘建等区级领导出席会议。

12月10日,区政府召开15届18次常务会议。集中学习《国务院关于稳定消费价格总水平保障群众基本生活的通知》和省委书记周强的署名文章《建设"两型社会"转变发展方式积极探索科学发展新路》,审议《2011年政府工作报告提纲》,安排部署近段工作。杨君、陈德、傅勇、刘运华、彭勇、谭延胜、熊以富、李湘建等区级领导出席了会议。

12月15日,区政府召开15届19次常务会议。听取区发展改革物价局关于"十二五"规划纲要(草案)编制的情况汇报、区财政局关于2011年部门预算编制和其他有关财政工作的情况汇报,审议《进一步深化政务公开的实施意见》和《政府重大投融资工程建设项目监管暂行办法》。杨君、陈德、傅勇、蔡仁国、唐绍华、刘运华、彭勇、谭延胜、熊以富、柴从林、李湘建等区级领导出席会议。

(代君)

办公室工作

【概况】2010年,区政府办公室充分发挥办公室的枢纽作用,办文、办会、办事水平得到新的提高。在办文方面,全年起草各类文稿100余篇30万字,有力促进了工作,特别是《政府工作报告》等一批重要文稿,受到各界一致好评;围绕专家咨询库建设、江南城建大家谈、无纸化办公、行政裁量权规范、经济开发区工业发展环境整治、江南建设环境整治、中型水库和小一型水库水质整治、石门桥城乡一体化建设等活动,开展了深入调研,并形成一批有较高价值的调研成果;在市级以上刊物发表署名文章2篇;报送信息600余条,超额完成了市里的信息报送任务;编发《鼎城政报》6

期。在办会方面,全年承办区政府常务会议 8 次,区长办公会 12 次,服务大小会议 1000 多场,整理常务会议纪要 8 期,区长办公会议纪要 11 期,专题会议纪要 39 期,审核文件 550 份,处理明传电报 208 份。在办事方面,全年接打接转会议通知 2600 多个,传递领导批示件、机要件 1200 多份,均做到了零差错。（代君）

【综合协调】区政府办班子成员严格按照分工职责,跟班服务好各位正副区长,积极协助处理所联系部门的矛盾,解决了一批群众反映强烈的问题。区政府法制办认真当好政府的法律顾问,搞好法律把关,全年共受理行政复议案件 10 起,代理区政府出庭参加行政案件诉讼 10 件,极好维护了政府决策权威;值班室(热线办、应急办)实行 24 小时专人值班制度,办公室党组成员实行每日轮流值班、挂牌上岗,共接待来访群众 1900 余批 6800 余人次,处理应急事件 39 余起,办理群众电话反映问题 1920 余件,落实市长热线交办件 720 余件,办理市政府网站“市民留言”496 条。（代君）

【议案、提案办理】始终把人大代表建议和政协委员提案的办理工作作为政府发扬民主、体察民情、联系群众、服务百姓的大事、实事、要事来抓。在具体办结过程中,严格推行“三种模式”,即面商办理、公开办理、网上办理;严格把握“五道关口”,即收发登记关、法定时限关、文字格式关、审核签发关、征求意见关,尽量做到不但解决问题,而且争取满意。全年,区政府办共受理区级交办的 218 件建议提案,其中建议 98 件,提案 97 件,圆满解决或正在列入规划解决的有 196 件,办结率、见面率均为 100%,满意率达 99.3%;市级交办的 7 件建议提案,全部高质量办理完成。（代君）

【督办落实】全年围绕“五大安全”、满意政府建设、项目建设、政务公开及维护稳定等涉及民生改善和经济社会发展全局地重点工作进行专项督导,促进了政府工作全面有效的落实。全年共办结各级领导批示件 310 多件,组织工作督查 80 余次,发放督查通报 60 期,有效确保所有常务会议和区长办公会议议定的事项得到较好落实。全区投入资金 4.64 亿元全部用于为民办实事,其中区本级投入 1.48 亿元(含群众自筹 7315 万元)。在省为民办实事下达 22 项指标任务中,有 11 项超额完成;市“十件实事”下达的 21 项指标任务中,有 8 项超额完成。（代君）

【后勤保障】结合全国文明城市创建,区政府办开源节流、筹措资金 18 万元,全部用于政府机关院落的改造维修。严格遵守财经纪律,推行财务开支会审制度,严把财务支出关,坚持厉行节约,勤俭持“家”,对大宗物质购置一律实行政府采购,有效保证机关正常开支运转。层层建立卫生责任制,严格分工,随机检查,奖优罚劣,各办公区内做到窗明几净、物品摆放整齐。健全机关安全值班制度,加大巡查制度,确保机关内部安全。加强对车辆驾驶员的教育和管理,合理安排调度,严格车辆检修保养,确保领导用车安全。（代君）

重点工程建设

【概况】2010 年,区重点工程领导小组确定重点工程建设项目 23 个,总投资 193 亿元,年度投资计划 31 亿元,年底实际完成投资 41 亿元,占年度投资计划的 132.26%。其中纳入市级考核的 12 个重点工程项目年度投资计划 15.45 亿元,实际完成投资 21.19 亿元,占年度计划的 137.13%。如南方水泥年度计划投资 6.5 亿元,实际完成 8.18 亿元,占计划的 125.8%,中联重科汽车起重机分公司技改工程年度计划 1.5 亿元,实际完成 1.9 亿元,占计划的 126.67%,污水处理厂建设年度投资计划 2800 万元,实际完成投资 5292 万元,占计划的 189%,其他项目大部分提前超计划完成年度投资任务。全区的重点工程建设管理规范、协调有力,重点工程建设在全市每年都名列前茅,被市政府评为“重点工程建设目标管理先进单位”。（袁国庆）

【管理与协调】从六个方面加强管理与协调:1、重点工程的管理与督导。区政府成立“项目建设年”重点工程建设责任领导小组,加强对重点工程的调度力度,“一月一报表,一月一督导,一月一通报”,实施一个项目一个区级领导,一个部门负责,一个工作班子抓责任制的落实。各责任单位把每次任务、每项工作细化分解到人,每个环节有人抓,有人管,有人负责,做到项目管理主体明确。

2、重点工程建设环境的整治。区成立了重点工程建设“110”,快速处理重点工程的阻工事件，并成立重点工程法制宣传领导小组，及时、准确地向群众宣传重点工程的有关政策、征拆补偿政策及法律法规,通过“打教结合、标本兼治”的办法来解决重点工程的环境问题。3、重点工程的稽察和安全生产。区重点办组织稽察特派员对全区的重点工程进行了工程质量和安全生产大检查活动，按照上级部门的安排，对照相关法律、法规，对重点工程进行稽察，对个别存在工程质量和安全生产隐患的重点工程，作出了限期整改和停顿整改的处理，并进行通报。4、重点工程的资金统一管理。重点工程的资金统一进入区财政局的会计核算中心重点办的专户,实施统一管理,定期对财会人员进行业务培训和定期对重点工程的财务进行检查,做到“专账专款专用,专人专档专管”的六专要求。5、重点工程的协调。要求各级政府切实加强对重点工程的协调。重点工程出现阻工时,要求村干部10分钟内到场,镇干部30分钟内到位，区协调人员在1小时内到场协助解决矛盾，教育广大群众支持重点工程，切不能阻工闹事或强行参工参运等，同时要求各有关职能部门实施“一站式”服务,坚决杜绝索、拿、卡、要的现象，为重点工程建设扫平一切障碍。6、征地拆迁补偿。认真贯彻市委、市政府的有关精神,认真执行征地拆迁补偿政策，并且在征拆方式，采取一些有效的方式方法解决征拆中的难点。

2010年重点工程建设中也存在一些问题:一是征拆工作难,实施强拆难度大,时间长,程序多；二是重点工程建设环境优化难度大,群众动不动就阻工,就上访；三是个别项目的资金缺口大,进度慢等。

民政工作

【概况】2010年,鼎城民政工作实现了新的突破，取得了新成就:婚姻登记处被民政部评为“十一五突出贡献奖”,社会救助工作被省民政厅评为县级社会救助工作“规范化建设优胜单位”,福利彩票发行被省民政厅评为“先进(区)县”,农村危房改造被市政府评为“先进单位”,社区建设和村民自治工作获全市“先进单位”,乡镇民政所规范化建设在全市民政系统推广，民政工作全面建设被评为全市民政工作红旗单位，其中18项单项民政工作获得全市先进。（黄胜波）

【社会救助】全年累计保障城镇低保人口135123人次，异动2317人次,月人均补差163元,共争取城市低保救助资金2234万元，其中争取上级转移支付1972万元,区本级财政配套262万元。全年累计发放城市低保资金2204万元。对全区农村低收入家庭10734户、128815人次实施农村最低生活保障，共争取农村低保资金1678万元,其中争取上级转移支付1397万元,区本级财政配套281万元。全年累计发放农村低保资金1530万元,月人均补差66元，分别超过省市为民办实事考核标准21元、14元，比上年提高11元。全年共救助因患重特大疾病等城乡特困对象2426人次，共发放医疗救助资金495万元，其中：农村1914人次344万元，城市512人次151万元。资助7343名农村五保对象参加农村合作医疗，资助资金22万元。（王光银）

【五保供养】年末,全区共有农村五保供养对象7279人,其中老人4586人、孤儿437人、残疾人2256人。集中供养五保对象供养标准为2400元/年，分散供养对象供养标准为1500元/年。全区投资260万元对草坪、逆江坪、尧天坪、长茅岭、双桥坪、灌溪6所乡镇敬老院实施改扩建，设置床位300张，新增集中供养对象450人。区财政为每所乡镇敬老院解决工作经费3万元。截止到年底，全区共有乡镇敬老院29所，集中供养五保对象1178人。（王光银）

【自然灾害救济】5—8月,全区先后发生8次自然灾害，共造成全区农作物受灾45570公顷，成灾25683公顷、绝收4700公顷,倒塌居民住房373户、569间,损坏房屋3145间,冲毁农田水利设施1174处，直接经济损失4.9亿元。全年共下拨救灾款468万元,下拨救济棉被958床,紧急转移安置人口2万人，保障了灾民基本生活。继续做好农村安居工程,全年建设农村安居房150套,各级财政解决补助资金150万元。积极开展春节走访慰问活动。两节期间走访慰问农村五保户、低保户、残疾人等特困对象190户,发放慰问金6万元,发放救济棉被869床。（黄柏平）

【优抚安置】“八一”、春节期

间,组织大规模走访慰问活动,各级各部门对1576名重点优抚对象进行走访慰问,发放慰问金、物资共计折款83万元。加大优抚政策落实力度,解决优抚对象生活困难。根据文件精神调整了重点优抚对象抚恤补助标准,全区共有7493名优抚对象从10月1日起分别按比例提高优待抚恤标准。全年共发放优抚资金1998万元,其中救助优抚对象872名,发放优抚救助金243万元。为重点优抚对象解决生活、医疗困难补助资金132万元。全区共接收农村义务兵358人,城镇义务兵107人(含残疾军人8人,二等功1人),转业士官30人。城乡义务兵家属优待金按照城镇1600元/年、农村1500元/年的标准全部落实到位。按政策就业安置的共36人。（刘坪）

【基层政权建设】深入开展了城乡和谐示范社区创建活动。武陵镇王家铺、善卷、玉霞三个社区被评为全市和谐示范社区。培育了以石门桥观音庵村、石板滩毛里岗村等一批全市农村社区建设的示范村,开辟了高标准的社区村务公开栏,农村社区服务网络已初步形成。（徐朝霞）

【地名设标】根据常德市民政局统一工作安排,完成了鼎城—汉寿的界线及界桩的年度勘查任务,维护了边界稳定。对城区16条主、次干道、146条小街小巷进行了摸底调查,为下步武陵镇城区门牌号码的设置打下了基础。（徐朝霞）

【婚姻登记】投资20多万元建设了高标准的婚姻登记服务大厅。全年共办理婚姻登记8978对,其中婚姻登记6813对,离婚登记1781对,补办结婚登记384对,登记合法率达到100%。（徐朝霞）

【慈善工作】全年共募集慈善资金108.77万元,对218户贫困家庭进行救助,发放了30.2万元救助金,年末还组织了26万元的慰问金,对全区的五保户、特困户进行走访慰问;发放了100张金叶医疗卡,折算人民币5万元;积极开展"点燃希望、爱心改变命运"的助学活动,支助寒门学子45名,共发放助学金11.5万元。在新浪网上开通了鼎城区专属慈善网站,将全年募集与发放的资金都在区慈善网站上进行公布,还开通了网上捐赠快车,以便于公众对鼎城慈善工作的监督与支持。（高正平）

【福利彩票】全区全年发行福利彩票2786万元,其中电脑型票2000万元,即开型"刮刮乐"票186万元,即开型"中福在线"700万元,总销售量位列全市第一,全省第八。全年共募集福彩公益金206.42万元,销售量与公益金均较上年同比增长59%。大力开展"福彩助残、助学"活动。4月份免费为10名特困残疾人在长沙安装假肢;8月份资助应届特困高中毕业生8名,资助金额4万元。4月26日,鼎城区中福在线销售厅正式恢复营业,至年底共中出一等奖5个,单次奖金25万元。全年共中出双色球二等奖2个和刮刮乐一等奖1个,极大提高彩民购彩热情。8月份率先在全市设立福彩销售管理站,并面向全市推广。（粟显才）

【民间组织】全区登记在册的社会组织103个,协会会员逾万人。其中农村专业经济协会31个,为种植、养殖、加工、销售、运输、储藏等农业生产经营提供服务;从事教育、医疗、民政等社会服务性活动的民办非企业单位21家;其他行业性、学术性、联合性社会组织61家。民间组织管理工作已步入规范化、制度化、法制化轨道。（吴建江）

【老龄工作】加大了《湖南省老年人优待证》的办理力度,将办证地点设置在区政务中心窗口,全年共办理老年优待证3000多本,充分保障了老年人的各项合法权益。组织开展了"夕阳红"免费摄影活动。为全区五万名60岁以上老人免费拍摄肖像照。开展了"敬老爱老活动月"活动。投入资金4万元,对全区的15所敬老院和70名贫困孤寡老人、60名空巢老人和15名百岁老人进行了走访慰问,每所敬老院慰问2千元,为百岁老人和孤寡老人每人送去了200元的慰问金。（潘珂柏）

【殡葬管理】规范殡葬救助管理体制。全年共火化遗体130具,处理违规土葬1起,为弱势群体解决火化费用近3000元,协助区政府处理非正常死亡事件3起4人。城区居民殡改意识和文明办丧认识进一步提高,火化率进一步上升。（舒建华）

【流浪救助】按照"自愿救助、无偿救助"的救助原则,区救助站热情主动为城市生活无着的流浪乞讨人员实施救助。全年共出动救助车辆450车次,救助680人次，发放救助金7万余元。

（曹淑军）

人力资源和社会保障工作

【概况】2010年，原区人事局和原区劳动局合并，组建区人力资源社会保障局。在区委、区政府的坚强领导和鼎力支持下，区人力资源和社会保障局各项工作开展顺利。新农保试点落户鼎城，七大保险征缴3.02亿元，发放2.79亿元，覆盖人群39万余人，争取上级转移支付资金7919万元，全区人事人才、就业、维权、绩效评估等各项工作都取得了新的突破。（欧阳章俊）

【公务员队伍建设】公招公选公务员。全区面向社会公开招录11名公务员，公开选拔10名高校毕业生到基层工作。在公招公选面试环节，积极推行面试评委异地派遣制和当场唱分制，有效提升了考录公信程度，积极参与领导干部公选工作。参与完成了选拔优秀社区党组织负责人任乡镇党委委员、优秀乡镇事业站所长任区直事业单位副科级干部、公开选拔10名28岁以下机关事业企业工作人员任副乡镇长相关工作，认真抓好行政事业单位工作人员年度考核。实际参加考核14518人，考核优秀2003人，不称职6人。调整了机关事业单位年度考核一次性奖励标准，认真兑现不称职人员处理措施，扎实推进绩效评估工作。制定了《2010年度绩效评估办法》，突出重点工作季度评估，引入民主测评机制，按单位职能分块分类进行，将省市绩效评估指标分解到了责任单位。认真组织参与了一、二季度重点工作季度评估，及时将结果通报全区。区绩效评估工作获全市第一名。（欧阳章俊）

【人才资源开发】科学编制全区“十二五”人才发展规划。明确了十二五期间全区人才发展的战略目标、战略重点和促进各类人才发展的具体措施。人才交流工作大胆突破。主动与高校、企业以及周边人才市场加强联系，通过局网站发布各类招考招聘信息21条，为人事代理人员办理人才调动手续40人次，组织3家大型企业参加了市人才开发交流服务中心举办的第六届民营企业交流会，积极协助市人才开发交流服务中心搞好每周一次的人才招聘会，人才交流业务成功拓展到北京、上海、广州等一线城市。积极创优人事代理服务。相继开展了“民办学校上门服务周”、“7月校园行”等活动，积极为民办学校教师、应届毕业生提供人事代理咨询服务。全年新增代理人员120人，新增人才档案入库250册，办理大中专毕业生代理人员转正定级、工资调整手续55人次，代办职称评定申报2人次。人才培训工作成效显著。相继开展专业技术人员电脑培训12期380人次，继续教育培训2期110人次，新进人员培训1期50人次，农村实用人才培训2期300多人，选派了6名专家参加省里组织的蔬菜栽培技术培训。认真开展了常德市“十百千”人才工程人选申报工作。李向阳、葛良清、郭芝生等3名同志确定为二层次人才，聂伟等27人确定为三层次人才。认真开展了专业技术人员职称申报工作。评定通过高级职称76人、中级职称243人，初级职称206人。将申报职称和评定职称工作向农村实用人才、民营企业人才倾斜，积极为企业和新农村建设提供人才服务。（欧阳章俊）

【人事制度改革】全区第三轮乡镇事业站所机构改革工作顺利完成，除财政所外，其他站所人员进行了新一轮的竞争上岗，对1000余名站所工作人员实行档案工资制度，打卡发放到人。与有关部门一道认真开展了警察加班补贴、信访、基层司法助理岗位津贴兑现前期摸底调研工作；会同区财政局、教育局深入中小学校开展了义务教育教师绩效工资落实情况调研，为区委区政府决策提供了重要依据。（欧阳章俊）

【日常人事业务】严格按政策落实各项工资福利待遇。提高工作人员死亡后其遗属生活困难补助费标准300人次，提高离休干部的遗孀、配偶生活补助费标准10人次，退休审批手续420人次，机关事业单位独生子女父母奖励核准50人次，审批完成死亡人员一次性抚恤费、丧葬费120人次，其遗属享受困难补助费98人，为符合条件的5名因瘫痪等原因生活长期完全不能自理的离休干部办理了调标手续。切实关注高校毕业生就业。重点面向高校毕业生提供公务员职位11个，公开招聘教师20名、站所工作人员1名、鼎城经济开发区咨询服务中心工作人员5名、财政系统工作人员4名、区社会养老保险处新农保中心工作人员6名，招募了4

名应届毕业生到基层从事“三支一扶”工作。（欧阳章俊）

【就业工作】全年新增城镇就业5103人，完成失业人员再就业3189人，援助城乡困难对象就业260人，新增农村劳动力转移就业12015人，均完成年计划。省市为民办实事各项指标圆满完成，就业服务有实效：举办了10场招聘会，帮助5073名求职人员实现就业；开展“送岗位、送政策、送服务”活动，帮助再就业1017人；开发保洁、保绿、协管、公共设施维护等公益性岗位，安置就业836名；举办免费培训班29期，培训农民工3480人。并重点打造了“电焊工”培训品牌，全年品牌培训人数达380人；落实优惠创业扶持政策，为自主创业人员减免税费近30万元，为下岗失业人员发放了1203万元的小额贷款。（欧阳章俊）

【社会保障工作】全年七项社会保险基金征缴总额达到3.02亿元，支付各类社会保险金2.79亿元。新农保试点扎实推进：累计为全区近12万60周岁以上农村居民发放养老金3272万元，办理参保缴费18万人，征缴基金2167万元，农保待遇标准稳步提高；城镇职工医疗保险市级统筹顺利启动：将因工染血吸虫病纳入了工伤保险管理范围，认真开展了重点工程农民工工伤补贴工作，全面落实了企业职工养老保险待遇提标政策，人均提高标准110元；基金监管力度进一步加大：集中力量组织开展了离退休人员养老金领取资格年检、离退休人员生存认证、医疗保险夜间稽查工作，对违规操作的市六医院等8家医院的处罚金额近10万元。（欧阳章俊）

【劳动关系】先后开展职业中介、工资支付、劳动合同签订、社保参保扩面、保费征缴、持证上岗等一系列的专项执法检查。责令整改签订劳动合同200多份，追讨工资60人次10余万元，为60人次清退押金2万余元。全年快立、快审、快结职工、农民工、伤残病人等弱势群体劳动争议案件84起，调解率达到了52%。其中涉及经济补偿、违约金、赔偿金占受理案件49%。积极做好企业军转干部解困和维稳等工作。对28名家庭有特殊困难的企业军转干部进行了个案解困，对8名自主择业军转干部和397名企业军转干部进行了“八一”走访慰问，做了大量接访劝访工作，较好地维护了社会大局的稳定。（欧阳章俊）

就业服务与再就业工程

【概况】2010年鼎城区就业服务工作紧紧围绕“开发就业、平等就业、素质就业、稳定就业”的目标，以扶持创业带动就业为重点，统筹安排、加强服务、开拓创新，全面完成上级下达的各项目标任务。城镇新增就业人员5103人，下岗失业人员实现再就业3189人，其中就业困难对象再就业1017人；兴办各类社区就业实体10个，新开发就业岗位1307个，城镇零就业家庭实现动态就业援助达100%，援助城乡困难对象就业260人，新安置下岗失业人员923人；失业保险新增参加人数5377人，失业保险费征缴290万元；全年培训9830人，其中：失业人员培训1900人，农民工培训4350人，城镇劳动预备制培训300人，企业职工培训2650人，创业培训630人。严格审核程序，共为204名对象发放小额担保贷款1203万元，带动就业岗位数2020人；发布招聘用工信息的单位285家，提供就业岗位9400个，办理求职登记14980人，接受政策咨询14560人次，对失业人员职业指导5460人，介绍就业成功3156人，其中“4050”人员492人；举办大型专场招聘会10场；新增农村劳动力转移就业12015人。（李友成）

外事侨务工作

【概况】鼎城区是全省首批六个“外事侨务港澳工作服务县域经济社会发展试点单位”之一。全年通过侨务工作渠道引进资金1.133亿元，引进大型工业企业1家，捐建项目2个；挂牌服务工业园区1个，侨资企业3家；通过海外慈善团体与清华大学建立长期支教基地一个；全年开展归侨侨眷走访慰问活动35次，累计发放慰问金及物品7000多元，继续保持了全市外事侨务工作先进单位的荣誉。（曾令）

【服务网络和阵地建设】一是在全市率先组建了由侨办主任任组长，各战线、乡镇政联主任为侨务工作联络员的工作网络，落实了办公经费，建立健全专人专责专费制度，夯实服务基础。二是加强阵地建设。先后成立了鼎城区侨企联谊会、鼎城区侨法宣传角、鼎城区为侨服务法律咨询中心，以“一会一角一中心”为阵地，对内搞好服务，对外加强联络，推动外事工作开展。三是加强制度建设。围绕外侨事业发展新要求，进一步完善学习制度，研究外侨工作科学创新的机制和方式方法，提升服务水平。（曾令）

【服务区域经济】积极发挥外事侨务工作优势，利用“全省外事侨务港澳工作服务县域经济社会发展试点单位”的平台先后引进湖南天河建材有限公司、常德市联嘉机械有限公司、常德陶然旅游有限公司等侨资企业落户鼎城，涉及到建筑、旅游、茶叶加工、烟机配件等六个行业，有力的促进全区产业升级。侨、港澳资企业在鼎城的投资总额达到了10个亿，产生税收近千万，其中大型重点在建项目2个，即分台商黄明泰投资5.6个亿修建的吉祥寺佛教文化城建设项目和天和建材二期工程项目。（曾令）

【服务农村教育卫生事业】通过穿针引线，促成美国欣欣教育基金会联姻清华大学在逆江坪欣欣小学组织支教活动，为欣欣小学捐建22万元的电脑室。开创鼎城区学校与国内高校联合办班的先河，受到社会舆论的广泛好评。促成香港轩辕教育基金会考察石门桥卫生院，并为医院公卫楼建设捐建协议，项目资金23万元。（曾令）

【侨联工作】区侨联利用职能优势积极拓展海外关系，继续保持了和香港轩辕教育基金会、美国欣欣教育基金会、香港慭教社教育基金会的良好关系。全年接待海外慈善团体来访11次，新结交海外朋友15人。依法维护侨益，协调排解涉侨纠纷12起，开展侨联系统“一对一”帮扶工作，帮助困难归侨侨眷解决生活、子女就业、依法维权、困难低保等问题，得到广大侨胞的认可。（曾令）

人口和计划生育工作

【概况】2010年，鼎城区人口计生工作围绕创“国优”目标，以党的“创先争优”活动为契机，不断巩固基层基础，丰富服务内涵，提高服务水平，促进人口计生工作再上新台阶，一举获得“全国计划生育优质服务先进区”称号，并继续保持全省计划生育优质服务先进区的荣誉。全区共出生人口6806人，出生率为8.23‰，符合政策生育率为89.17%，其它各项指标完成较好。（胡波）

【宣传工作】把婚育新风进万家与宣传避孕节育知识有机结合，在全区范围内开展经常性、多样化、全方位的宣传教育活动。全区统一配置国策宣传袋15万个，印制宣传品20万份。32个乡镇都制作了不小于30平方米的宣传盾牌，598个村(居)单位设立了户外宣传橱窗。群众应享有的基本权力知晓率达90%以上，避孕方法基本知识知晓率达85%以上，2010年全区有615对符合再生育的对象主动放弃了生育计划。（胡波）

【科技工作】阵地建设日趋完善。对区计生服务站进行了第二次改扩升级，开设了节育技术、生殖保健、遗传优生检测、妇科、产科、乳腺外科、免费孕前优生健康检查等服务项目，新建了区人口学校综合大楼；有23个乡镇服务所“四优一满意”验收达标；对320个村级服务室进行了升级改造。突出技术服务，优质服务水平不断提高。以“生殖健康村村行”活动为主要载体，实施避孕节育措施知情选择，全区已婚育龄妇女综合避孕措施落实率保持在94.6%左右，知情选择率达93.5%；实施生殖道感染干预工程，为3.2万名已婚育龄群众进行了检查；实施出生缺陷干预工程，为232对夫妇进行了出生缺陷干预检测。（胡波）

【协会工作】广泛开展了“五好协会”和“五好会员”评选活动。科学制定村民自治章程，有效推进了村民自我教育、自我管理、自我服务。全面实行“阳光”计生，推行计划生育政务和村务公开。积极开展“生育关怀”行动，把入库的社会抚养费的10%作为“生育关怀”基金，多方募集资金90多万元，对35名贫困计生家庭大学新生给予了每人2000元的资助，开展计生系列保险活动，为群众理赔23万多元。（胡波）

【计划生育综合治理工作】一是完善部门联席会议制度。各综治部门按照联席会议要求主动配合计生部门开展人口计生工作。特别是区卫生局、区计生局积极配合开展“妊娠分娩信息实时通报”工作，录入通报妊娠分娩信息3883条，及时落实补救措施11例；区人民法院优先受理社会抚养费征收案件，强制执行 40 起，行政拘留 2 人，有力地促进了社会抚养费征收工作的开展。二是完善打击“两非”工作机制。成功查处了沧山乡一对夫妇非法进行胎儿性别鉴定典型“两非”案件，有力地遏制了性别比偏高势头。（胡波）

【流动人口服务管理工作】稳步推进流动人口管理服务“一盘棋”工作，提供孕情信息 1 万余人次，获取近 6 万条流出已婚育妇信息，全面推行流出人口亲情化管理服务，发放慰问金 2 万元。（胡波）

【利益导向工作】全年共完成 7516 名奖励扶助对象和 741 名特别扶助对象的审定、资金发放工作。启动城镇独生子女父母奖励试点工作，共完成对 1432 名对象的审定。（胡波）

政务服务

【概况】2010 年，区政务服务中心坚持以党建总揽全局，以人民满意为标准，以行政效能提升为目标，以政务公开为抓手，推进了行政审批制度改革、政务服务绿色通道建设、公共资源交易平台建设工作，为鼎城发展贡献了自己的力量。（李国伟）

【政务公开工作】1、强化了组织领导。2010 年，区委、区政府及时调整了政务公开领导班子，召开了政务公开领导小组成员单位负责人会议，明确了分工，部署了工作。按照省、市精神，区政务公开办实现了组织单设，安排了专职工作人员，负责全区政务公开工作的指导、协调、推进与监督工作；区直各单位和乡镇都设立了相应的政务公开工作专门机构，明确了分管领导和专职工作人员；启动了村、居务公开代办点。2、完善了工作制度和机制。2010 年，修订和完善了《政府信息公开工作考核制度》、《政府信息公开工作责任追究制度》、《政府信息公开工作年度报告制度》、《政府信息主动公开制度》等制度。区直各单位、各乡镇也制定和完善了相应的制度，确保了政务公开工作有法可依，有章可循。共召开了一次区常委会、两次区长办公会、一次政协主席会议研究政务公开工作。进一步完善了《政务公开社会评议制度》，聘请了 30 名社会评议监督员，制定了政务公开工作社会评议年度工作方案，并分五个组展开常年评议和专题评议活动。区委、区政府把政务公开工作纳入了政府绩效考核体系，在岗位责任目标考评的分值中，区直机关为 3 分，乡镇为 2 分。3、推进了政府信息和办事公开。在决策公开方面，区政府建立了专家咨询库，凡属规范性文件的出台，一律先公开征求意见，接受人大政协监督；涉及民生的事项决策一律采取听证会、群众代表旁听等形式决策。在民生和涉农涉负方面，重点公开了扶贫、教育、医疗、社会保障、促进就业等方面的政策、措施及其实施情况；涉农收费、标准及依据；最低生活保证金、合作医疗补助费、农民良种补贴、救灾救济资金等费用的发放情况；粮食最低收购保护价格等信息。全区社会救助金的发放通过几个层面的公示确保公开公正。在村级财务方面，成立了民主理财小组。在规范行政自由裁量权方面，4 月初，召开了区长办公会议，对贯彻实施《湖南省规范行政裁量权办法》工作进行了部署，制定了工作方案，成立了工作领导小组；6 月，对各单位的相关工作人员进行了培训。在推进办事公开方面，各公共企事业单位实现了从办理依据、程序、时限、收费标准，到决策和办事过程、结果的全公开。在依申请公开方面，完善了政府信息依申请公开工作机制，规范了工作规程，明确了申请的受理、审查、处理、答复等各个环节的具体要求。建立了内部沟通协调机制，明确了责任分工。（李国伟）

【政务服务工作】1、围绕政务服务工作破难点。一是自加压力用好权。区政府对区政务服务中心进行了关于审批权及收费权、行政监督权、组织人事管理权的三大项授权后，区政务服务中心推行了“两集中三到位”工作，实现了窗口服务工作有职有责有权，彻底改变了服务窗口形同虚设的现象。二是自我完善谋好事。政务服务中心按照创建人民满意政府的要求，建立了一整套适应管理需要的工作制度，并结合工作实际新组建成立了“大厅党支部”，设立若干个党小组，将党建工作深入到窗口服务台面。同时成立了政务服务中心工会、共青团、妇联等群团组织，形成了多位一体的大厅管理体系。三是自主创新管好人。在严格规章制度中突显人性化管理，这是政务服务中心管理的重要特点。开展了创建“工人先锋号”活动；“优质服务树形象,满意和谐促发展”活动;“讲礼仪、比服务态度,讲诚信、比服务品牌,讲规范、比服务管理,讲效率、比服务技能”为主要内容“四讲四比”竞赛活动。评选了“创先争优”先进个人、优秀共产党员、文明服务标兵、星级服务员,并组织他们到浙江桐乡市、江苏吴江市等地的政务服务中心参观学习考察,凝聚人心激发热情。四是自得其乐活氛围。“三.八”节中心组织女同志到韶山胜地参观,接受红色革命教育,增强了她们的奉献意识;5月,中心团委举办了“红五月”职工乒乓球赛,评出文体竞赛优胜选手,文体活动先进窗口,和谐了窗口单位间的协作关系;每月举办了一期政务服务信息,并开展了征文竞赛,培养了一批写作能手,激发了工作人员学习兴趣。2、围绕政务服务工作抓热点。一是扩面服务内容。2010年,对窗口的职能设置进行了规范,按照“两集中三到位”的要求整合窗口。到年底,区政务服务大厅共有各类窗口56个,其中独立窗口42个,联办窗口4个,委托窗口6个,外挂窗口4个。归集入厅的行政审批和办事服务项目197项。其中:实现“两集中三到位”的单位窗口11个,行政审批和办事服务项目基本实现了整体入驻。二是提速服务时效。推行“一门受理、联合审批、限时办结”的服务模式,抓了“绿色服务通道”的平台建设工作。通过已建“绿色通道”的正式启用,在提速增效方面上了新的台阶。三是提升服务形象。政务服务中心规定:凡离岗时间达到5分钟以上必须出示工作人员临时去向告示牌;离岗30分钟以上必须事先向值班管理人员请假,批准后方可离开;离岗在半天以上必须明确替岗人员上岗代班。窗口办公电脑严禁从事与工作无关的一切活动;严禁私自安装与工作无关的其它任何软件。否则,一经查证属实,对当事人除给予通报批评外,扣发当月岗位津贴50元,情节严重的由政务服务中心按工作人员清退程序对当事人坚决予以清退。年内按规定对一名窗口人员予以了清退处理,有效改善了大厅服务工作的面貌。四是延展服务方式。房产窗口开展了电话预约服务;司法窗口开展了预约上门服务;公安窗口开展了热线跟踪和上门办证服务。3、围绕政务服务工作保重点。一是标准力求更高。推行了“五化”的工作标准。即:服务要素公开化、服务程序规范化、服务模式统一化、服务言行亲情化、服务结果满意化。年初,邀请省内定置化服务标准体系建设方面的专家来鼎城进行专题讲座,对全区各单位的政务公开分管负责人和中心大厅的全体工作人员近200人进行了强化培训。对大厅办公服务的软硬件配置进行了优化,配置了办公电脑56台,电子触摸查询机4台,排队叫号机1台,建立和完善了政务大厅电子监控系统、电子网络平台,电子政务网主控机房,配备了2套电子局域网,实现了大厅服务全电子眼覆盖监控,办公数据资源安全共享。二是管理力求更好。区政府下发了《关于深入推进行政审批制度改革加强政务服务中心建设的意见》和《区政务服务中心窗口工作人员管理实施办法》等文件,区政务服务中心与区监察局、区优化办联合发布了《鼎城区政务服务中心窗口工作考评细则》,使政务服务中心的管理工作做到了有章可循,有规可依。

（李国伟）

地方志工作

【年鉴编辑】完成了《鼎城年鉴(2009)》资料的征集、整理和编纂。和《鼎城年鉴(2008)》相比,有进一步的改进和提高。一是调整了框架结构。在年鉴“资政论坛”栏目中,挑选各级领导在本年度公开发表的具有思想深度和资料价值的论文及调查报告集中刊出,体现地方综合年鉴的存史资政价值和鼎城社会、经济、文化的发展。这些栏目的增加,使《鼎城年鉴(2009)》的内容更加丰富、数据更加具体,鼎城的发展面貌更加明晰;二是增大了信息容量,《鼎城年鉴(2009)》的每个条目、每张表格、每一张照片都是具有权威性的信息,信息容量的不断增大,使《鼎城年鉴》的质量不断提高,功能日益强大;三是突出了年鉴特色。《鼎城年鉴(2009)》注重了体现地方特色、年度特色和时代特色。同时,为更好的体现“以人为本”及尊重人才的思想,在“人物”栏目里重点介绍了区里的农业专家及“全国五一劳动奖章”获得者;四是凸显了年鉴美感。《鼎城年鉴(2009)》选择了不少的随文图片,达到了图文并茂的效果。宣传彩页注重灵活性、多样性和同一性相结合,竭力追求清丽、高雅、大气的风格,整个版面设计画面生动,色彩协调。在精心编好年鉴的同时,还积极进行年鉴理论研讨,力图从实践中提炼出理论,由理论再指导实践。

（陈欣）

档案工作

【概况】2010年，全区档案工作紧紧围绕区委、区政府的工作大局，始终突出服务主体，在档案法治建设、业务建设、资源建设、信息化建设、队伍建设等方面取得了一定成绩。（肖伟）

【学会工作】5月20日，鼎城区档案局召开了鼎城区档案学会第五届二次会员代表大会，全区区直各单位、乡镇、农林场、社区档案员共160名参加了会议。会上表彰2009年度档案工作先进单位和先进个人，对乡镇、农林场2000年及以前档案移交区档案馆的工作作了具体安排；对所有档案员集中进行业务辅导。（肖伟）

【档案资源建设】开展了环洞庭湖渔民建档工作。区档案局按照省市档案部门的要求，成立领导小组，专题研究渔民建档工作，与畜牧局和牛鼻滩镇政府一道，现场考察、广泛座谈、收集资料、录制影像，整理出了文书、图片、影像、业务档案等70多卷（册）。乡镇档案进馆。区档案局按照《档案法》的要求，对全区乡镇2000年以前的文书档案接收进馆。为此，档案局下发了专门文件，成立了3个小组，每个小组由一名局领导牵头，分片分任务，下乡上门接收档案。截止年底，全区除2个乡镇外，其他全部进了馆。（肖伟）

【执法检查】9月上旬，区档案局对区直各单位档案室开展了档案行政执法检查和年检年审工作。检查内容包括对省二级档案室复查、档案管理机制、档案的收集整理、库房条件、档案保管保护现状及开发利用。对年检中发现的问题，好的典型及时发了通报。通过检查，有力地促进了各单位的档案工作，有效地增强了档案员的业务知识，及时发现并制止了档案工作中不规范、不作为现象。（肖伟）

【档案管理规范化评估】8月上旬，区档案局开展档案管理规范化评估工作。区工商局领导高度重视档案工作，把档案室升省特级纳入年初规划，投入十多万元，搞设施建设请档案局业务股具体指导，精心组织人力物力，对全局的文书档案、业务档案、声像档案、实物档案等各类档案进行了规范整理。经过市档案局的严格审查，区工商局档案室顺利晋升省特级档案室。（肖伟）

【“双争”活动】12月，市委办号召在全市办公室系统开展争创满意单位和争当业务能手活动，区档案局业务骨干刘俊波同志参加了“双争”活动评选。刘俊波同志业务精湛，24年如一日坚守兰台、服务兰台，为档案事业的发展做出了不俗的贡献。市委办、市档案局授予刘俊波同志档案工作“业务能手”的光荣称号。（肖伟）

信访工作

【概况】2010年，发生到区以上信访2606批8273人次（含来信283件次），集访210批2658人次。信访总量仍在高位，信访形势依然严峻，突出表现为三个特点：1、信访总量不断加大，到市集访急剧攀升。2、信访老户活动频繁，上访手段日趋激烈。3、涉农上访强势反弹，涉军上访激增。在严峻的信访形势下，全区各级各单位认真贯彻落实上级精神，立足超前防范，尽早化解，不断探索信访工作新机制，努力提升信访工作水平，切实维护群众合法权益，基本保证了全区社会大局稳定。（杜召祥）

【主要工作及成绩】一、信访工作理念进一步转变。区委、区政府主要领导带头转变“头痛医头，脚痛医脚”的工作思维，要求各级党政干部各项工作从不稳定的地方切入，把矛盾解决在萌芽状态，从源头上减少信访问题的发生。领导重视，召开了区委常委会议专题研究部署。重心下移，关口前移。二、信访维稳工作体系进一步完善。以区信访接待中心为依托，进一步整合资源，开始启动信访大厅建设，在区内初步形成了“党政主职总揽、区级领导参与、部门单位联动”的信访维稳工作格局。进一步完善开门大接访机制。全面落实了信访维稳工作责任。疑难信访化解工作有序推进。三、信访维稳工作卓有成效。通过努力，鼎城区的信访工作有了较大的起色，为实现在全市“保红旗、争位子”的目标打下了良好的基础。1、信访复查复核工作得到省市的充分肯定。2、接访劝返工作高效有序。3、为领导提供参谋决策的作用明显提高。（杜召祥）

法制工作

【概况】2010年，区政府法制按照年初的工作部署，锐意进取，

认真做好政府法制各项工作，推动依法行政向纵深发展，法治政府建设取得了新成效。（朱建林）

【规范性文件拟制及备案审查】区政府法制办以实行规范性文件“三统一”制度为重点，切实加强了规范性文件管理，有效实现了行政权力运行的源头控制。一是严格落实登记制度。全年统一登记、统一编号、统一公布区级规范性文件15件，对126件区政府和区政府办公室规范性文件及其他重要文件进行了合法性审查。二是认真抓好备案工作。按要求向市政府和区人大常委会报备了15件规范性文件。全年共收到各乡镇（场）、区直机关报备的规范性文件28件。三是全面完成新一轮清理任务。组织开展了对全区现行规范性文件的全面清理，废止3件、宣布失效9件、重新公布10件，提请区政府公布了规范性文件清理结果。（朱建林）

【行政执法责任制】推行行政执法责任制，加强行政执法监督，促进区直机关依法行政。一是继续完善和深化行政执法责任制。二是建立健全行政执法评议考核制度。三是认真梳理行政执法依据。四是加强监督。强化对区直各行政执法部门工作的指导和监督，督促其在法定职权范围内，严格依法从事行政执法活动。五是认真进行行政执法案卷评查。

（朱建林）

【行政复议】区政府法制办坚持以复议为民为宗旨，以案结事了为目标，综合运用书面审查、实地调查、和解、调解、听证等手段处理行政争议。全年共收到行政复议申请11件，依法审查后受理9件，已全部办结，有效消除和化解了行政争议和社会矛盾。

（朱建林）

【法律参谋】区政府法制办积极主动地参与区政府多项重大决策活动，协助处理涉及法律方面的事务，包括招商引资、企业改制、合同谈判等，从法律角度提出意见或参与协调处理，较好地发挥了法制人员的参谋助手作用。全年参与处理涉法信访案件12起，土地权属争议7起，林木林地纠纷3起，审查合同15份，为政府提供了较好的法律服务。

（朱建林）

民族宗教工作

【重要活动】2010年6月省民委党组副书记、副主任田代武到全省民族团结进步示范点村——许家桥回维乡中堰村调研。9月由新疆阿克苏地委统战部副部长、地区工商联党组书记苏来琦带领的新疆阿克苏地区民族团结考察团到花岩溪国家森林公园和许家桥回维乡实地考察。同月常德市回维族培训选拔工作专题调研会在许家桥回维乡召开。10月，副市长刘进能到许家桥回维乡调研民族乡经济社会发展状况。11月，省宗教局副局长向茂林到蔡家岗儒静庵进行省级“和谐寺观教堂”检查验收。年底，刘进能副市长带领市民宗局、市直五大宗教团体对许家桥回维乡中堰村进行春节慰问，送出慰问款物5万元。

（祝邦民）

【民族工作】一是认真做好散居回维少数民族聚居村经济社会发展状况调研工作。对许家桥回族维吾尔族乡及八个散居回维少数民族村的经济社会发展状况进行详细调研，形成了《鼎城区散居回维民族村经济社会发展状况的调研报告》。9月7日，区政府第十五次常务会议对散居回维少数民族聚居村经济社会发展问题进行研究，决定从项目规划、项目资金、保障政策、本级财政和教育帮扶等五个方面对散居回维少数民族聚居村进行倾斜，要求相关职能部门明确各自职责，拿出工作规划，并于年底对落实情况进行考核，如果年底不能到位的，要按规划逐年实施。为草坪镇王家冲村增设一台100千伏安的变压器，并解决所有配套器材。为谢家铺镇边山铺村的油茶品改项目申请立项。为许家桥回维乡争取450万元的水库除险项目资金。为三个散居少数民族村解决了村部建设问题。二是扎实开展民族团结进步行活动。在“湖南省第五次民族团结进步表彰大会”上，许家桥回维乡中堰村获“湖南省第五次民族团结进步模范集体”荣誉称号，逆江坪乡党委委员、副乡长李云华获“湖南省第五次民族团结进步模范个人”光荣称号；向省市争取四十万元资金为许家桥回维乡部分群众解决安全饮水问题。许家桥回维乡中堰村被省民委确定为“全省民族团结进步示范点村”，省民委拨付给中堰村三十万元的发展资金。三月为许家桥回维乡民族村15个困难户赠送了2000元的生产资料。封斋期间，挤出3000元资金慰问封斋穆斯林。还为区伊斯兰教协会组织的阿语培训班解决培训经费2000元。三是坚持原则，认真做好“两种考生”审核工作。共对170名“两种考生”的资格进行审核,其中少数民族考生117人,少数民族地区汉族考生53名,审核合格率100%。四是严格把关,进一步规范少数民族成份更改审批工作。严格按照少数民族成份更改审核条件,严把更改民族成份审批关,全年对15名少数民族群众的民族成份进行更改审批。（祝邦民）

【宗教工作】一是认真开展创建“和谐寺观教堂”活动。蔡家岗儒静庵和钱家坪天主教堂获“首届湖南省创建和谐寺观教堂先进单位”荣誉称号,区伊斯兰教协会获“首届常德市创建和谐寺观教堂先进单位”荣誉称号,区基督教“三自”爱委会主席刘明舞获“首届常德市创建和谐寺观教堂先进个人”荣誉称号。二是区佛教协会顺利换届。鼎城区佛教协会第三次代表会议于2010年8月10日召开,选举产生了区佛教协会常务理事15名,正副会长9人,正副秘书长各一人,释灵悟当选为会长。三是积极开展服务社会工作。2月组织部分宗教活动,捐资8000多元慰问了许家桥回维乡民族村20多个少数民族困难户,拿出5000元资金慰问宗教界代表人士,为玉树地震灾区捐款5000元,为甘肃舟曲泥石流灾区捐款3000元,还为贫困学生、困难户、五保户捐助资金5000元。（祝邦民）

信息化工作

【概况】2010年,根据全区机构改革相关文件精神,区政府信息化办划出信息产业等部分职能,更名为区政府电子政务管理办公室。在改革之年,电子政务办不等不靠,主动作为,为实现电子政务工作的发展做了大量基础工作,尤其在政府网站管理、子网站建设、电子政务内外网建设和信息化工程审核等方面取得可喜成绩,在年终全市电子政务工作综合评比中,被评为先进单位。（罗磊）

【政府网站建设】区政府门户网站继2008年全面改版后,又一次对网站进行大规模调整,办公室全体工作人员经过多次研究讨论,历时3个月,完成了网站的栏目、结构、资源的进一步优化,增强了网站的服务性、可读性和互动性。网站从强化硬件保障、培养相关人才入手,购置价值3万元的拍摄器材,组建了3人的采访团队,高标准、高质量地完成了近400次区内采访任务,把网站建设成为了鼎城的主流媒体,得到各级领导和社会各界的高度关注。政府网站着重在加快制作速度、拓展制作思路、扩充宣传面上下功夫,力争全面、详实地做好专题宣传。制作的《善卷论坛》、《十佳评选》、《善德公民》专题,用图片、文字、视频等多种表现形式立体地展示了各项重点工作。

继续抓好以《区长信箱》为重点的民生栏目的宣传与管理,并取得了区政府领导的理解与支持。区长董岚在一次区政府常务会议上要求所有的区政府领导必须亲自上网、亲自回复、亲自处理,她本人坚持每天登陆《区长信箱》栏目,回复、交办信件。为此,《常德日报》记者专程报道。该栏目的回复处理率达到90%以上,得到网民的交口称赞、群众的好评。（罗磊）

【子网站建设】为切实推进全区子网站建设,区电子政务办抓住省、市政务公开检查的契机,开展乡镇子网站建设工作,在短短2个月的时间,全区32个乡镇(场)已经全部建立网站。通过主动沟通和提供技术支持,各单位对网站建设的认识逐步提高,在网站信息更新的时间、数量、质量上都有了显著改善,涌现出了鼎城交警、鼎城劳动、鼎城规划、鼎城工商、鼎城国土等一大批优秀子网站。（罗磊）

【电子政务内外网】鼎城区房地产交通税收一体化系统是由区电子政务办牵头建设的全区首个电子政务应用平台,该系统于9月建设完成并投入使用,全程信息化的操作也极大地简化了办事流程,实现了高效、便捷、准确、迅速的工作模式。

根据省政府的文件精神,按照市政府的统一部署,结合鼎城区硬件、软件的实际情况,制定出了鼎城区电子政务内外网建设方案,做好了前期调研及准备工作,为该项工程2011年顺利启动建设并投入使用打下基础。（罗磊）

【信息化工程审核】区电子政务办严格按照《湖南省信息化条例》有关条款规定,不断完善管理办法,规范审核手续。与区财政搞好衔接,对全区信息安全工程和用财政性资金建设的信息化工程进行了审查、监管,确保工程的建设符合全区信息化的统筹规划、节约行政成本、杜绝重复建设。全年共审查区法院、区财政局、区公安局看守所、司法局涉及到的信息化工程4个,审减资金200多

万元。（罗磊）

安全生产工作

【概况】2010年全区安全生产工作以省委、省政府三个重要文件和国务院《通知》精神为指导，以落实安全生产责任制为核心，以强化基层和基础工作为抓手，突出隐患治理，加大安全投入，强化安全水平，全区安全生产形势切实好转。鼎城区被省政府授予“安全生产工作先进区县”，被市政府授予2010年“安全生产工作红旗单位”、“高危行业标准化建设、规范化管理先进单位”。区安监局被评为全省先进区县安监局。（吴志华）

【长效机制建设】制定并下发了鼎城区安全生产督查工作、联合执法、目标管理考核、投入保障、隐患治理、责任追究“六项制度”和宣传教育、隐患排查、隐患整治、打非治违、“两化”建设、制度落实“六个方案”。涵盖了安全生产工作的各个方面，全区安全生产工作进一步制度化、规范化、长效化。安全生产标准化建设、规范化管理工作(简称“两化”)成效明显，首批创建的32家高危企业如期达标，期中，烟花爆竹行业“两化”建设成为全市样板。安全生产示范乡镇建设稳步推进，钱家坪乡成功创建为“市级示范乡镇”，另有多个乡镇进入省市级安全生产示范乡镇创建申报程序。（吴志华）

【保障能力建设】全区成立了安全生产委员会、道路交通安全委员会、消防安全委员会、食品安全委员会、环保安全委员会“五大安全”协调机构，每个协调机构都由一名区级领导牵头主抓。各乡镇、有关部门和单位也相应调整了安全生产领导协调机构和安监工作机构，配齐配强了领导班子及工作人员。全区安全生产经费投入进一步加大，其中，吉强建材厂的关闭投入1300万元，险路险段安保投入300多万元，消防大队建设投入近300万元，安全生产工作专项经费投入66万元，“打非”购置车辆及相关设备投入近40万元，“两化”建设奖励20多万元，年度工作奖励5万元。（吴志华）

【隐患整治】严格按照安全生产隐患排查制度和隐患治理制度，强化隐患排查治理，落实隐患排查治理责任，突出了重大隐患整治。基本规范了武陵镇福广非法销售烟花爆竹一条街；彻底关闭了形成“天坑”的雷公庙吉祥建材厂；依法关停了沧山祥荣金矿等。开展了“打非治违”专项行动，成立了“打非”工作专班，严打各类非法违法生产经营建设行为。共取缔烟花爆竹地下小作坊37家，收缴成品、半成品、原材料近10吨，销毁发射药2500多公斤，依法拘留5人，危险化学品完成5个非法加油站点的整改办证，取缔非法加油站点13处，查处非法流动加油车6台。（吴志华）

【行政执法】严格行政许可制度和“三同时”审查制度，从项目可行性研究、、建设设计、、竣工验收，以及使用状况，全程监督把关，不达要求，决不许可，全年停产关闭危化生产企业1家，矿山企业5家，烟花爆竹生产企业1家。全面开展安全生产计划执法，积极启动职业危害申报和职业病防治监管，全年，有70多家生产经营单位参加了职业危害申报，职业病防治工作走在全市前列。严格事故查处，对发生事故的企业，顶格处罚，如祥荣矿业发生“4.29”事故后，对其进行了17万元的处罚，形成了极大的震慑作用。安全监管执法权威进一步树立。（吴志华）

【宣传教育】充分利用广播、电视、橱窗、板报、横幅等形式宣传安全生产法律法规和安全常识，全民安全意识进一步强化。鼎城电视台《安全生产专栏》节目，全年累计播出安全生产新闻138条。区安委办共编制《安全生产动态》12期，中国安全生产网、中国安全生产报、湖南安全与防灾、市安监局网站等国家、省、市级媒体上刊发安全生产信息40余篇。全年举办各类安全生产培训班近10次，培训管理人员800余名，一线员工1300多名，安全生产知识讲座首次进入党课。“安全生产月”活动开展有声有色，安全生产“咨询日”活动和“万人鉴名”活动深得各级领导和社会的认可，全区营造了更加浓厚的安全文化氛围。（吴志华）

【安全生产事故】全年共发生各类事故56起，死亡40人，受伤52人，直接经济损失67.05万元，与2009年同期相比，分别下降31%、6%、49%、3%。其中，道路交通事故53起，死亡36人，非煤矿山事故2起，死亡3人，烟花爆竹事故1起，死亡1人。危险化学品、水上交通、电力、建筑、森林、锅容管特等均无事故发生。全年无较大以上事故发生。（吴志华）

中国人民政治协商会议鼎城委员

【概况】2010年，区政协认真贯彻落实省委、市委政协工作会议和区委经济工作会议精神，牢牢把握团结和民主两大主题，认真履行政治协商、民主监督、参政议政职能，为深入推进“二次创业”发展战略，促进全区经济社会又好又快发展作出了新的贡献。

（刘德）

【建言献策】紧紧围绕区委、区政府工作中心和人民群众普遍关心的问题，开展调查研究，反映社情民意，进行参政议政。共征集提案138件，经审查立案的133件，形成建议案2份，协商意见8份，调研报告10篇，为区委、区政府科学决策提供了有益参考。主要从三个方面献策：1、为促进发展献策。在工业园区建设上提出了“推进‘1+5’发展模式，完善园区规划；优化产业结构，培育产业集群；实行抓大扶小，加大招商力度；实现多元投入，加强基础建设；优化发展环境，提升服务水平”等建议；针对西区开发，提出了“规划要超前、管理要规范、建设要量力”等六条建议；就善卷防洪大堤水利综合治理工程，提出“要超前进行规划、加快施工进度、确保工程质量、加强资金监管、发挥最大效益”等建议；针对新农村建设，提出了“要加强党对农村工作的领导、完善新农村建设的总体规划、建立健全长效管理机制”等六条建议；针对全区计划生育创“国优”工作，提出了“深化思想认识、强化领导责任、加大宣传力度、夯实工作基础、提高服务水平、强化征收力度、搞好部门配合、激发队伍活力”等八条建议，都得到区委、区政府的采纳。2、为改善民生献策。始终把关注民生作为政协履职的出发点和落脚点，充分运用调研、视察、提案、社情民意等形式，为解决民生问题听实情、出实招。“进一步规范客运中巴车票价”、“提高社会救助水平”等提案，有关部门认真吸纳提案建议，使问题得到了基本解决；“整合全区教育资源”、“进一步完善新农合制度”等一些事关全局的提案，引起区委、区政府的高度重视，有些建议得到采纳并已进入决策层面；“尽快畅通断头路”、“加强乡村公路管理和养护”的提案，使相关单位积极汇报衔接，克服各种困难，工作成效明显。就怎样有效预防和处理群体性事件，促进社会和谐稳定，区政协组成专门调研组，深入部分乡镇、村组进行了调研，并对全区发生的群体性事件进行了认真分析，形成了预防处理群体性事件的调研报告，得到市、区领导的肯定。区政协以《社情民意》为渠道，畅达民意民情。先后编辑《社情民意》、《内参件》25期，反映社情民意50多条，其中《关于减少缠访闹访事件的建议》等4条社情民意被省政协采用。如《中小学商店的食品卫生状况亟待重视》的社情民意，得到市委、市政府领导的高度重视，市委副书记、市长陈文浩进行了批示。6月份，市、区两级工商、卫生等部门进行了专项整治。针对武陵镇部分居民对城区经常停电反映强烈的问题，区政协经过调查后，形成了题为《武陵镇居民对电力容量不足反映强烈》的社情民意，区委、区政府领导高度重视，区委书记李秋葆，区委副书记、区长董岚，副区长刘运华相继作出批示。区电力局迅速进行了整改，群众反响很好。针对干部群众反映强烈的住院起付线问题，形成了《广大干部职工强烈要求取消医保住院报销起付线》的社情民意，引起了区委、区政府领导的高度重视，区政府多次开会研究，取消了住院报销起付线。另外，区政协反映的《建议善卷文化公园规划区内千亩土地采取租赁方式》、《新建电子显示屏亟待检修开播》等一批社情民意也引起了相关部门的重视。3、为维护稳定献策。广大区政协委员与民交友、体察民情、通达民意、促进民富，积极协调关系、化解矛盾、理顺情绪、维护稳定。在七届四次全会上，区政协委员就“加强基础建设，筑牢综治防线”作了大会发言，提出了“夯实基层组织建设、健全基层工作机制、提高政法队伍素质、加强综治工作保障”等建议，得到了有关部门的采纳。由于南方水泥征地拆迁和吉强建材厂的关闭，雷公庙镇南方水泥矿区的个别村组引发了不稳定问题，有一段时间，阻工、上访事件不断。根据区委安排，区政协进行了认真调研，提出了“全力做好稳定工作、协调解决保障和就业问题、支持开展新农村建设”等建议，得到区委、区政府采纳。针对鼎城区散居回维少数民族村经济发展比较滞后、基础条件比较差、群众生产生活比较困难等情况，区政协组织专门调研组，深入8个散居少数民族村进行认真调研，形成了《散居回维少数民族村经济社会发展不容忽视》的调研报告，以《内参件》的形式送达区委、区政府领导，引起了区委、区政府领导的高度重视，区长董岚进行了专题批示，区政府常务会议进行了认真研究。目前，散居少数民族村的村部建设、水利设施建设、电力整改、卫生室建设等已经纳入了议事日程。（刘德）

【民主监督】始终本着“帮忙式监督”的工作理念，卓有成效地开展工作。6月8日，区政协召开七届十一次常委会议，民主评议了区城管执法局工作，部分政协常委从班子建设、管理执法、优化环境等方面对区城管执法局工作进行了评议发言，会议形成了评议意见，提出了“加强班子建设、提高队伍素质、抓住工作重点、加强运转保障、坚持依法行政、强化部门配合”等建议。区城管执法局根据建议积极整改，在创建全国文明城市中发挥了重要作用。8月31日，区政协召开七届十二次常委（扩大）会议，对区交通局、区水利局、区教育局、区财政局、区卫生局等五个单位的提案办理工作进行了民主协商监督，有效促进了提案办理工作的落实。（刘德）

【凝聚力量】区政协充分发挥政治优势，切实搞好各民主党派、工商联、无党派和各人民团体的大团结，调动一切积极因素，汇聚政通人和、共谋发展的强大力量。1、充分发挥党派团体作用。区政协积极为党派团体的委员创造条件、提供机会、搭建平台，让他们在政协这个舞台上行使好话语权，展示自己的风采；积极吸纳优秀的党外干部成为政协委员，提升政协党外委员的整体水平，积极推荐优秀的党外干部担任领导职务。区政协主动加强沟通，畅通知情参政渠道，先后听取了全区经济社会发展情况通报、工业经济发展情况汇报、西区规划情况汇报，为党派团体了解区情、知情参政提供第一手资料。2、切实加强联络处的建设。加强阵地建设：各乡镇利用院落改造的契机，积极支持政协联络处加强阵地建设。大部分乡镇有了政协联络处的专门办公室、政协委员活动室，政协的章程、制度上了墙；加强考核调度：按照工作目标管理考核办法，区政协加强了年初工作的安排，年底工作的考核，以及日常工作的调度。各政协联络处按照年初工作思路，积极主动开展工作，赢得了党委、政府和广大群众的高度评价；开展分片活动：为调动基层委员的积极性，区政协把44个联络处分成6个片，由6个主席、6个委室分别牵头联系，先后组织开展调研、视察、学习交流等活动20余次，解决了乡镇联络处委员少、活动开展难的问题。3、广泛开展联络联谊活动。加强与政协委员及各族各界人士的联系、开展对外友好联络工作，是人民政协的重要职责和使命。区政协采取走出去、请进来和信息交流等方式，加强与外地政协的横向联系，先后接待了安徽临泉县、邵阳市、桃源县、慈利县、靖州苗族侗族自治县等10多个县（市、区）参观学习访问团，为宣传鼎城、促进合作起到了推动作用。区政协还积极做好对内的联络交流，勉励广大政协委员为鼎城的发展献计献策、建功立业。

（刘德）

【自身建设】不断加强政协自身建设，提升政协工作水平，《中国政协》、《湘声报》头版头条进行了报道。1、政治学习。建立了鼎城区政协网站，为宣传政协工作、委员学习交流提供了一个好的平台；切实加强机关干部和广大委员的政治理论学习，形成了比较完善的学习制度；深入开展"政协委员讲政治"活动，广大政协委员的政治意识、责任意识、大局意识明显增强；召开了领导班子、领导干部和党员民主生活会，党员干部通过交流工作、交流思想，增强党性、提升修养、推进工作；召开庆祝中国共产党成立89周年座谈会，党员干部的理想信念更加坚定，做好政协工作、服务鼎城发展大局的使命感和责任感进一步增强。2、履职能力。进一步明确专委会的工作职责，加强专委会的工作责任。每次政协开展调研考察，明确一个委室牵头负责；明确一个委室联系一个片，指导联络处开展活动。在推荐、协商产生政协委员时，注重人选的政治素质，也注重人选的参政议政能力和参政议政热情。并坚持定期组织委员开展学习，经常组织委员开展调研视察。一批政治素质过硬、工作能力突出、有发展潜力的年轻干部调入了政协机关。在工作中，政协机关的老同志兢兢业业、身先士卒，年轻的同志勤奋学习、进步很快。一年来，广大政协委员在各自的岗位上展才智、竞风流，涌现出一批优秀的政协委员。如辰州锑品的管挥委员被市委、市政府评为"09年度全市十佳优秀企业家"。桥南的朱清期委员，带头维护区委、区政府的决策，为桥南的稳定、市场的繁荣作出了很大的贡献。文艺届的黄士元委员，先后出版黄士元剧作选、小戏选、曲艺选等7部专著，荣获国家大奖30多次，省、市各类奖项50多次，成为国家一级编剧、享受国务院特殊津贴的专家。双桥坪镇的胡春喜委员，热心慈善事业，资助贫困学子，关注家乡的新农村建设，被评为"湖南省社会主义新农村建设领军人物"、第三届"常德市优秀中国特色社会主义事业建设者"。（刘德）

纪检·监察

【干部作风建设】全区层层分解落实了党风廉政建设责任制。区委、区政府制定了《关于强化区委常委、区人民政府副区长“一岗双责”的若干规定》。3月，区委常委、政府副区长各自对分管单位的“一把手”进行了廉政谈话，共计122人次。规范了公务用车的配备管理，严格明确新购、换购车辆的审批程序和控购标准。有效制止了公款出国(境)旅游。认真执行廉洁自律的有关规定，对领导干部配偶、子女从业情况进行了清查。干部作风建设主题月活动取得了实效，全区共派出了1100名干部奔赴48个村、65个企业开展工作，化解、协调矛盾50多起，解决信访问题280多件，为基层送去钱物200多万元。大力弘扬“五种作风”、严明“五条纪律”，对乡镇干部跑通宿、机关干部工作纪律、工作日午餐饮酒、打牌赌博等情况组织了20多次督查，全区共有17人因工作作风问题受到追究，其中3人受到纪律处分。对“4.30”有关工作人员违规饮酒问题进行查处，对参与违规饮酒的区商务局杨某、区工商局李某、区卫生局黄某给予了纪律处分。大力开展了“十佳领导干部”评选活动，对入选的十名同志给予了隆重表彰奖励。(伍伟 黄凯)

【反腐倡廉宣传教育】加强对《廉政准则》等党纪条规的学习，请市纪委领导为区委学习中心组宣讲《廉政准则》，将党政正职讲廉政党课纳入党风廉政建设责任制考核内容。扎实推进廉政教育，区电视台开办了廉政宣传和作风建设专栏，中央、省、市各级媒体和内刊刊登、播出反映区党风廉政建设的稿件130多篇，特别是《中国纪检监察报》分别推介了区廉政文化建设、案件审理等工作经验。扎实推进廉政文化建设，《苏大姐做寿》、《张二婶请客》等廉政文化精品剧目继续在全区巡回演出，廉政文化建设成果得到上级充分肯定。 (伍伟 黄凯)

【专项监督检查】强化对“一把手”的监督，明确规定区直各单位和乡镇(场)正股级干部、站所负责人调整，单项5000元以上的开支，项目资金安排等，必须坚持事先向分管常委和副区长汇报，再提交研究的原则。强化了政府投融资工程建设项目的监管，3月至9月，对08年以来政府投融资工程建设项目进行了全面检查，涉及市政、水利、交通、国土、教育卫生、新农村建设、农业综合开发等行业和领域；10月，区政府成立了重大投融资工程建设项目监管领导小组，对200万元以上重大项目实施常态化监管。截止年底，已对善卷垸防洪大堤综合治理工程、善卷医院、善卷中学等18个工程项目开展了重点监管。强化了工程建设领域突出问题的专项治理，重点对领导干部违反规定插手干预工程项目情况开展了清查活动，对工程建设项目招投标制度、国有土地使用权制度、矿业权出让制度的执行情况进行专项检查，个别违反招投标规定的行为得到纠正处理。强化了土地市场秩序的监督，认真落实控违拆违责任追究制度，严肃查处了9起控违拆违方面的典型案件，5人受到纪律处分。如武陵镇金霞社区原支书邹某因参与违法建设被查处，受到党内严重警告处分，并免去支部书记职务。强化了安全生产责任追究，对4起一般责任事故进行了问责调查。开展了对执法人员行为规范的督导检查，对区交通局道路运政处三中队有关人员粗暴执法行为进行了立案查处，4人受到党纪政纪处分，在全区执法队伍中起到了很好的警示作用。强化了财务监察，严肃处理了审计移送的财务违纪违规问题，对相关责任人进行了问责，处分单位“一把手”2人。开展了“小金库”专项治理回头看，严肃处理了个别单位私设“小金库”的违纪行为。（伍伟 黄凯）

【优化经济发展环境】开展“机关效能建设年”活动，各单位认真落实了服务承诺制、首问负责制、一次性告知制、限时办结制；开通了区政务中心资源交易平台监控系统，规范行政程序，推进政务公开，规范行政裁量权，规范权力运行体系，全力打造人民满意政府。加强收费监督和清理涉企收费，严把涉企收费政策关，取消19个部门的58种收费项目，降低标准25项，共为企业减负2000多万元。纳入“一费制”管理的企业共56家，费用合计123.93万元，同比减少7.85万元。建立企业周边环境维护工作责任制，开展专项整治行动，促进经济发展。贯彻落实各项惠企政策。继续开展经济发展环境大走访、大排查、大整治活动，坚决制止损害经济环境的行为，全年共受理和查办涉及经济发展环境和行政效能的各类投诉、举报和交办件39件，其中立案查处8件，问责19人。（伍伟 黄凯）

【解决损害群众利益的突出问题】继续巩固“减负”工作和公路水上“三乱”治理成果。对全区120多个村的一事一议奖补项目资金配套情况以及其它强农惠农资金进行了跟踪检查，对区邮政局许家桥邮政储蓄所在兑付粮补资金时搭售白酒等问题进行了查处。坚持每月上路巡查制度，基本解决了公路“三乱”问题。扎实开展教育领域的专项治理，全年共收到各类涉及教育乱收费举报38起，查处案件3起，涉及金额34.3万余元，对相关单位和责任人给予纪律追责。深入治理医疗领域中的不正之风，全区集中招标采购的医疗金额2038万元，占医院用药总额的81%，为患者让利119.3万元。强化治理商业贿赂，共查处商业贿赂案件7起，涉案金额75.6万元，给予党纪政纪处分2人，追究刑事责任4人。（伍伟 黄凯）

【案件查处】发挥信访举报主渠道作用，共受理群众来信来访电话举报81件，成功处理了矛盾纠纷20起，及时化解集体越级上访15起，群体性事件11起，澄清问题35个。全区共立案查处各类违纪案件100件，其中查处科级干部22人。如查处了谢家铺镇官桥坪村通村公路建设中的有关问题，3名责任人受到了相应的纪律处分，8名责任人写出了深刻检查。扎实推进案件审理工作，处分决定全部严格执行到位。认真落实申诉复查工作，处理复查案件2件，保障了申诉人的合法权益。（伍伟 黄凯）

【纪检监察队伍建设】落实中纪委（2009）9、10号文件精神，加强区纪委监察局机关建设。组建财务监察室，增加6个行政编制。争取财政支持，改善办案办公条件，实施“金纪工程”走在全市前列。加大干部学习培训力度，选派了7名同志参加中纪委和省纪委组织的培训，区纪委监察局机关全体干部参加了市纪委组织的纪检监察干部培训班，全区举办了一期近200人参加的纪检监察干部培训班。纪检监察组织体系进一步完善，乡镇都配齐了纪委副书记，村（居）党支部配齐了纪检委员，每个村新聘了3名以上党风廉政建设监督员。大力开展“创新争先”活动，树立了纪检监察干部良好形象，在2011年2月的全市反腐败工作暨纪检监察系统“创新争先”活动表彰会上，区纪委监察局荣获全市纪检监察工作先进单位，区“突出地方特色，打造廉政文化精品”荣获全市特色创新工作奖，案件查办、廉政文化建设两项工作荣获全市纪检监察单项工作奖，区芦苇场经济窝案调查组获查办案件有功集体荣誉称号。（伍伟 黄凯）

军　事

人民武装部

【概况】 2010年，鼎城区人武部在军分区首长和上级机关的正确领导下，认真落实分区年初党委全会精神，在“打基础、攻弱项、谋发展”的总体思路指导下，围绕“一个核心”、“两个重点”、“三个结合”、“四个落实”、“五个突破”等工作目标，真抓实干，较好地完成各项工作任务。先后荣获了省全民国防教育先进单位、军分区先进党委和全面建设、军事训练、安全管理、计划生育、新闻报道先进单位等荣誉;5人次参加分区、省军区“四会”教学和政工专业比武均获好成绩，8人次被军分区以上单位评为各类先进个人。（刘纯久）

【思想政治工作】坚持把思想政治建设作为根本任务和首要职责，注重强化首位意识、旗帜意识和军魂意识，确保了部队建设正确方向。坚持开展“创先争优”活动，把学习教育与“创建学习型党委、效率型机关”相结合。在全体党员中开展了党纪条规专题学习、反面典型警示教育、党员干部做出公开承诺、群众满意度测评等八项活动，注重解决实际问题，取得了明显成效。党委班子建设注重以能力建设为重点，按照真学、真懂、真用的要求，不断深化党的理论教育，重点学习五个理论专题和当代革命军人核心价值观；依据《党委工作条例》和新颁发的《政治工作条例》，较好地解决了议事程序、集体领导、民主决策和内部团结等方面的问题，党委班子的创造力、凝聚力和战斗力有新的增强。坚持按打仗的要求加强干部队伍建设。组织干部深入学习《参谋人员考核标准》，引导干部靠素质立足，靠实绩进步的观念，结合在职培训，努力提高“六会六能”技能。积极开展“日练百字，周撰一文，月上一稿”活动，努力提高干部动手写作能力和理论思维层次。（刘纯久）

【军事训练】坚持以省军区“充分认清省军区八项使命任务，加强新形势下核心军事能力建设”指示精神为指导，着力提高民兵完成多样化军事任务能力。修订完善各类战备方案。根据形势任务变化，及时对信息作战、森林防火、处置突发事件等9类方案预案进行了修订，并联合区委、区政府拟制评估了《鼎城区非战争军事行动能力建设规划》;扎实抓好力量建设。根据《规划》配套建设了抗洪抢险、森林灭火、反恐维稳、应急运输、医疗防疫等6类应急力量；坚持抓好教育训练。全年共进行了4期干部在职训练和5期民兵专业训练，效果明显。（刘纯久）

【后备力量建设】进一步将国防后备力量建设纳入鼎城经济社会发展全局统一规划，纳入党委、政府议事日程，纳入党政部门重要职责统一考评，狠抓基层武装部和专武干部队伍建设。认真落实09年省军区基层规范化建设“常德会议”精神。区、乡两级党委、政府严格按会议要求加大投入，98%以上的乡镇（一个乡镇在修建办公楼）和55%以上的村级民兵营达到了规范化建设标准。同时，注重加强专武干部队伍建设，年初调整了25名专武干部并在分区教导队进行了培训,100%的武装部长进了同级党委班子。3月份军事工作会议上表彰了五个"十佳"即:"十佳"基层武装部、"十佳"党管武装好书记(镇长)、"十佳"武装部长、"十佳"民兵营(连)长、"十佳"民兵,收效明显。区委区政府积极为国防后备力量建设排忧解难。8月份专题议军会上,将营院改建纳入了区行政中心整体西迁范畴,同意组建应急运输保障队、医疗防疫救援队和交通应急抢险队三支应急专业队伍,解决了人武部机关信息化建设,区国教办机构设置和工作人员编制及工作经费等问题,三名职工移交和一名随军家属得到妥善安置。分区在全市对鼎城区党管武装做法进行了转发。

(刘纯久)

【严治军落实】坚持抓教育、抓预防、抓重点、抓责任制,促进了部队的安全稳定。严格按照"三个严禁"、"六个管住"、"十个严防"要求狠抓安全管理。日常注重条令条例和规章制度学习。专题设置了"人人讲安全、事事讲安全、时时讲安全"的宣传板报,帮助大家树立起安全发展理念。办公秩序按照正规化要求进行统一规范,文电处理、请示报告等进行定期检查讲评;出入营院人员、车辆进行专人盘查和登记。安全重点人员进行经常性教育;每月坚持安全形势分析;每周对安全重点部位进行检查。"迎亚运、严军纪、树形象"安全整治效果良好。

(刘纯久)

【后勤综合保障】本着开源节流、科学计划的原则,狠压行政消耗性开支,确保重点建设。坚持党委集体理财和严格按章办事。依据上级规定结合自身实际制定了本部《后勤财务管理规定》、《食堂管理办法》、《接待管理规定》和《固定资产管理办法》,部领导带头遵守。同时,严格落实对外有偿服务管理政策规定,坚持收支两条线,加强家底工程建设。按照省军区资源节约座谈会要求,建设节约型、效能型军营。积极配合地方创建节水型城市和节能减排活动,努力"节约一分钱、一滴水、一度电、一升油",确保有限经费用在刀刃上,无滥发福利补贴现象。营院管理正规有序,营院搬迁按程序报建,民兵训练基地和出租门面无违规经营问题。(刘纯久)

【"双带双促"】紧紧围绕区委富民强区目标,积极发挥"三队"作用,组织民兵预备役人员参加"四个文明"建设。3月份在全区开展了"学雷锋"活动月。按照市委、军分区"创建'双拥'模范城"要求,积极开展"双拥"活动,军政军民关系密切,军地互办实事,部队和官兵涉法问题98%以上得到妥善处理。认真落实常德"双带双促"会议精神,及时制定"思想引导,典型引路,机制引入"的工作思路,积极协调区里成立领导小组及其办公室,转发市里三分相关文件,设立50万元的奖励基金,努力将"活动"纳入区委、区政府议事日程,纳入为民办实事内容,纳入涉军维权范围。先后利用市、区电视台和报刊等媒体宣传报道了周国春等一批先进典型,有力带动了广大退役军人参与"活动"的积极性。 (刘纯久)

【征兵】针对今年应征青年出现的"参军热"降温新情况,部领导带工作人员分头下到人口较多的乡镇检查宣传发动情况,深入同德职业学校等教育单位进行现场发动。一方面通过横幅、标语传统宣传手段进行动员,另一方面,通过报纸、电视、网络、手机短信等现代传媒等广泛进行宣传,激发应征青年报名参军热情。涌现了曾志伟等一大批志愿去西藏等艰苦地区参军的优秀青年。圆满完成了390多名新兵征集任务。

(刘纯久)

武警中队

【概况】2010年,中队官兵在支队党委和区委政府的正确领导下,圆满地完成了上级所赋予的各项任务,为鼎城区的社会稳定、经济的发展作出重大贡献,受到了驻地党委、政府和人民群众的高度赞誉。

中队党支部紧紧围绕"强班子、抓训练、保中心、创先进"的工作指导思想,支部一班人团结协作、齐抓共管,中队全面建设稳步推进,所取得的成绩得到了全支队官兵和支队首长的认可,特别是中队全年多次圆满完成上级的试点、检查任务。5月份,中队成功承办了支队组织的基层正规化现场会;6月份,总部副司令员何映华中将在总队长王小荣少将等领导的陪同下来中队检查"四配套"建设情况,对中队硬件建设给予高度评价;10月份,总部政治部副主任赵北臣少将在总队政委赵富栋少将的陪同下莅临中队检查指导政治工作,对检查结果给予了较高肯定。

以执勤和处突等中心任务完成圆满，在中队官兵的共同努力下，中队目标单位未发生任何执勤事故，多次参与常德市元宵焰火晚会等临时性勤务。因工作成绩突出，中队长胡科、战士邓文、周律荣立个人三等功，中队被支队表彰为“管理先进单位”，徐鹏鹏等十人被鼎城公安局表彰为“安全保卫先进个人”。

（席炳华）

消防大队

【概况】2010年，全区消防工作在区委、区政府的正确领导下，在各级各部门紧密配合下，贯彻落实“政府统一领导、部门依法监管、单位全面负责、公民积极参与”的消防工作原则，积极构筑社会消防安全“防火墙”，不断加大消防经费投入、全面普及消防知识、依法整治消防安全隐患，实现了消防工作健康、有序、可持续发展。大队被总队、支队评为“全面建设先进单位”、“执勤岗位练兵先进大队”、“执勤训练先进单位”“安全防事故先进单位”“全面建设先进中队”，被区委、区政府评为“五大安全工作红旗单位”、“落实二〇一〇年度消防工作责任状先进单位”。

大队全年共接警出动158次，其中处置火警95次，参加应急救援49次，出动警力1280人次，出动车辆182台次。直接财产损失386.3万元，挽回财产损失达5063.8万元，无人员伤亡，且并未发生较大以上火灾事故。与2009年同期相比，火灾起数下降26%，财产损失上升20%，死伤人数持平。成功扑灭“1.16铝粉厂火灾”、“7.10永丰纺织厂火灾”、“8.22石门桥芦苇场火灾”等多起火灾。成功处置“2.9斗姆湖金刚桥车辆事故”、“6.4氧化氢储罐泄漏事故”、“6.17黄土店油罐车泄漏事故”等多起抢险救援任务。大队根据“五个一律关停”、“五个一律查封”以及省消防总队的“四拆除”、“五查封”、“七关停”、“八拘留” 刚性措施要求，采取突击检查、错时检查和联合检查等方式，全年共检查单位272家，发现火灾隐患348处，整改火灾隐患314处，共临时查封61家，责令“三停”25家，拘留17人，有力净化了全区的消防安全环境。并在武陵镇大圆盘设置了大型消防宣传广告牌，在鼎城区电视台定期播报了“防火墙”工程进展情况。开展了消防宣传一条街活动，在城区主要干道的灯杆上设置了消防知识宣传牌。

（陈剑）

【处置8·22石门桥伍家嘴村芦苇堆码场火灾】8月22日18时整，鼎城消防大队接到报警称鼎城区石门桥镇伍家嘴村14组芦苇厂遭雷击导致14号堆垛起火，无人员被困，情况十分危急。接警后，大队迅速出动1辆指挥车、3辆消防车23名官兵赶赴现场进行处置。此次灭火战斗中，大队牢牢抓住了火场的主要方面，严格落实“五个第一时间”的要求，坚持先控制后消灭的原则，全体参战官兵展现出了消防部队“两不怕”的战斗精神，出色地完成了此次灭火救援任务，为消防部队树立了良好的对外形象。（周杨）

【处置6·17黄土店油罐车泄漏事故】6月17日20时05分，鼎城消防中队值班室接到报警，称鼎城区黄土店镇一辆载有15吨90#号汽油的油罐车发生泄漏，情况十分危急。鼎城消防中队迅速出动3辆消防车18名官兵火速前往救援。20时50分，消防官兵赶到现场，整个现场汽油蒸汽弥漫，形势十分危急！为了安全起见，中队指挥员要求消防车在距离事故点100米的上风方向停车。并以周围一百米范围为警戒距离，疏散周围群众，同时要求现场人员关闭手机。经过官兵们近一个半小时的努力，成功进行了倒罐处理。22时46分，现场险情成功解除。此次救援行动取得了圆满成功，得到了地方党委、政府领导和各级新闻媒体高度评价。

（周杨）

民主党派·工商联·群众团体

民主党派

【各民主党派工作】区委3月21日召开的第4次常委会议同意解决了各民主党派基层支部办公场地。各民主党派基层支部扎实开展社会主义核心价值体系学习教育活动。区委统战部积极支持各民主党派开展“四送”下乡活动和扶贫帮困活动。如民革鼎城总支两次组织捐款8000余元,开展爱心助残、助学活动。农工党鼎城总支分别在港二口、镇德桥开展大型义诊活动,并免费发放药品价值8000多元。九三学社鼎城支社在白鹤山乡肖伍铺村开展了送科技下乡及咨询服务活动,共发放技术资料100份,培训农民80多人次。积极组织各民主党派基层支部开展了“下基层、搞调研、促发展”活动,形成了一系列有份量的调研成果。其中无党派人士参与的关于《建立维稳工作新机制,促进社会和谐与稳定》的参政议政发言材料,得到了市委书记卿建伟的批示;民革关于《中小学商店的食品卫生状况亟待重视》的社情民意,得到了市长陈文浩的批示,市、区有关部门开展了专项整治。协助九三学社常德市委成立了九三学社同德职业技术学院支社,九三学社鼎城支社、民盟鼎城区基层委员会完成了换届,选举产生了新的领导班子。区各民主党派基层组织涌现了一批典型和先进个人,民革鼎城总支副主委铁红旗获“民革全国基层工作先进个人”称号。 (朱纯进)

区工商联

【概况】2010年,区工商联以邓小平理论和三个代表重要思想为指导,以贯彻落实中央16号文件重要精神为契机,以促进非公经济健康发展和非公经济人士健康成长为目的,认真担当起桥梁纽带和助手作用,大胆创新,务实进取,为建设和谐鼎城开展了大量卓有成效的工作。 (张建平)

【参政议政】区“两会”期间,组织系统内区人大代表、政协委员围绕区政治、经济发展大局和社会生活中的热点、难点问题深入调研,撰写提议案50余件。其中,工商联副主席莫政芳、副会长邓家国、蔡胜黎撰写的《关于助推非公有制企业战胜金融危机冲击的提案》被评为优秀提案。在政协七届四次全会上,工商联作了《破解融资瓶颈,服务中小企业》的大会发言,提出了五条可行性建议,在会上引起强烈反响,董岚区长当场表态:在服务中小企业方面,继续提供财政担保,继续提供中小企业扶持资金,支持设立小额贷款公司试点,逐步解决中小企业土地使用权的问题。这篇调研报告还被推荐到市政协的全会上作了大会发言。开展了民营企业参与光彩事业调查、非公有制经济代表人士队伍建设情况调查、非公有制经济发展环境调查、省级规模企业调查、非公有制企业融资情况调查、“富二代” 和家族企业调查、非公有制企业党建情况调查等调研活动。共调查走访了全区80多家非公企业,100多名非公经济人士,发放调查问卷、表格等100多份。通过调查了解,摸清了现有非公经济代表人士和非公企业党建现状,对非公企业参与光彩事业和非公经济发展环境等有了较清醒的认识，并由此形成调研报告3篇，在中央、省、市统战部网站上稿120余条。工商联两名班子成员被区委统战部评为“优秀信息员”，其中一名还被市委统战部评为“优秀信息员”。 (张建平)

【宣传教育】全年编撰四期《鼎城商会》，发布信息33条。

4月29日，举办了“学习和践行社会主义核心价值体系专题讲座”，聘请区委党校副校长丁春茹授课，130多名非公经济代表人士参与听课。为引导会员认真践行社会主义核心价值体系，弘扬中华民族传统美德，工商联六届四次执委会，向会员发出100多份“学‘信义兄弟’，做诚信企业”倡议书，号召会员讲诚信，重信义。还在天泽建材有限公司建立起了“树立和践行社会主义核心价值体系”示范基地。选派了四名优秀青年企业家在市委党校参加了“富二代”培训班。推荐了三名优秀企业家参加“常德市第二届优秀中国特色社会主义事业建设者”评选表彰活动。年丰粮油董事长胡春喜、联嘉机械董事长王建忠被市委、市政府评为“常德市第三届优秀中国特色社会主义事业建设者”。 (张建平)

【服务会员】与劳动保障部门合作，3月18日，举办了鼎城区2010年新春招聘会。10月14日~31日，与劳动部门、中南职校合作，举办了二期GYB、SYB全民创业培训班。与新村办衔接，确定了10家企业与示范村对接。3月18日，鼎城区第一家小额贷款公司——信和小额贷款有限责任公司成立。该公司的成立，一定程度上畅通了融资渠道，缓解了鼎城中小企业融资难题，为推动鼎城经济发展作出了新的贡献。此外，还深入各乡镇、企业开展融资调查，摸清区非公企业融资需求情况，并积极向区委、区政府有关领导汇报，解决有关难题。推荐10多家企业参加市里召开的全民创业暨银企洽谈会。全年为百佳园林、星凯印务、万家炊等会员企业提供法律咨询服务10多起。多次与区人社局、总工会一起研究工资集体协商事宜，联合下发《关于开展2011年度工资集体协商春季要约行动的通知》，指导企业切实维护职工合法权益，维护社会稳定。 (张建平)

【组织建设】加强与工商、国税、地税、质监、环保、工信、人社、商务等部门的联系与沟通，将其有关负责人吸收为工商联常委。4月29日，区工商联(总商会)召开六届四次执委会，会议听取审议了工作报告和上年度会费收支情况报告，补选产生3名工商联副主席、2名总商会副会长、14名工商联常委，增补了6名执委，免去了11名执委。会议还表彰了6个先进基层组织和45名优秀会员，进一步激发了会员的创业热情，增强了工商联的凝聚力。此外，通过严格考察，吸收了7家在当地有影响、有较高素质、能遵章守纪、照章纳税的企业为工商联企业会员，颁发了“中华全国工商业联合会会员单位”牌子。

(张建平)

【非公党建】按照区委统一工作部署，由统战部牵头，工商联与工商局为成员单位，联合开展了非公经济党组织创先争优活动，成立专门领导班子指导全区非公经济党组织创先争优工作。建立起全区非公经济党组织台帐，开展公开承诺、领导点评等一系列活动，推荐兴隆劳务、武陵机械、嘉诚机械、长岭烟机等几个党支部为示范点，此项工作得到了市创先争优领导小组的充分肯定，区工商联被评为全市唯一的创先争优工作先进单位，袁付华还被评为“全市非公有制经济组织优秀共产党员”。为更有效地指导非公经济党建工作，10月份，经区委组织部批准成立了工商联直属会员单位党委。 (张建平)

【光彩事业】引导20家非公企业与20个示范村结成共建对子，实施项目帮扶。确定申报对接项目20个，投入资金73万元。并树立了裕佳食品在中河口镇中河村发展冬瓜种植基地和荷花园林在石板滩镇荷花堰村发展花卉产业基地两个典型，上报有机冬瓜生产加工及其综合利用和企社村联合带动花卉产业发展两个低碳循环经济示范项目，并将裕佳的有机冬瓜生产加工及其综合利用项目作为“万企联村，共同发展”示范项目向省里申报，得到有关部门的大力支持。 (张建平)

区总工会

【概况】2010年，区总工会全面贯彻党的十七大精神，深入贯彻落实科学发展观，紧紧围绕全区工作大局，履行好基本职责，开展职工经济技术创新竞赛，加大困难职工帮扶力度，强化基层工会组织建设，切实维护职工合法权益，加强自身建设，不断提升工会组织社会影响力，为推动鼎城经济社会发展，构建和谐社会做出了积极贡献。本年度荣获全市工会工作“红旗单位”，区“绩效评估先进单位”。（史美澜）

【劳动竞赛和安全生产】组织开展群众性经济技术创新活动，把提高职工技术素质、开展岗位技能竞赛作为职工经济技术创新工程的核心。在“安康杯”劳动安全竞赛活动中，有113家企业、一万四千多名职工参加竞赛，有239名职工向企业提合理化建议312条。6月12日，配合安监局在桥南市场东大门开展“安全发展、预防为主”万名职工签名的安全生产知识宣传活动，发放宣传手册2000余份，12000名职工在彩布条上签名。（史美澜）

【劳模管理】劳模是促进经济发展的生力军，劳模精神是社会的宝贵财富，为弘扬伟大的劳模精神，在区电视台开辟“劳模风采”专栏，巡回播放他们的优秀事迹，在全区形成学劳模、赶劳模的良好氛围。按照上级工会要求，组织省级以上劳模进行免费体检、考察、疗养。对全区月收入不足1000元的23名市级劳模解决工资补差11.21万元，使劳模充分感受到党和政府对他们的关爱。对劳模进行动态管理，并建立优秀劳模先进事迹库，在本年的劳模评选活动中，区电力局职工周海斌被评选为全国劳模，朱晓初、贺姝红、周新明、蒋彬彬、毛新云5名被评选为省级劳模。

（史美澜）

【帮扶工作】区总工会把为帮扶困难职工实施的“送温暖工程”作为增强工会组织凝聚力和影响力的形象工程来抓。元旦、春节期间，通过各种渠道筹集慰问资金47万元，共向650名困难职工发放了爱心物资；通过爱心超市、金秋助学、大病救助等形式，先后对766名困难职工进行了生活救助81.2万元；在8月份的“金秋助学”活动上，对139名困难职工子女进行了救助，共发放救学金11.3万元；7–8月份，组织3300多元资金为116名农民工送去各种防暑降温药品和物质；发挥职培训平台的作用，共培训学员6317人，其中困难职工帮扶中心共举办13次培训班，培训学员1139人；开展对全区50名特惠职工家庭的优惠行动，特困职工凭区总工会发放的优惠卡，可以每季度免费使用水50吨水、80度电；为368名女农民工组织专业技术培训，组织3场女性健康知识讲座受益女职工350名，为环宇纺织、德隆纺织、欣海鬃刷的100名特困女农民工送出女性防癌保险。

（史美澜）

【基层组织建设和宣传】为了进一步贯彻《工会法》，不断加强自身建设，工会组织建设按照“贴近中心求发展、贴进职工办实事、贴近基层搞服务”的要求，最大限度地把职工组织到工会中来，严格按“十有”、“五个一”的标准，规范组建工作。5月，开展“工人阶级宣传月”活动，共悬挂横幅、标语和盾牌400余条，发宣传短信550余条。7月，鼎城区电力工会、11月，移动公司工会被授予“全国模范职工之家（小家）”荣誉称号。

（史美澜）

【维权维稳】高度重视和维护广大职工的合法权益，在全区企业进一步完善职代会制度，企业工会以厂务公开、集体合同签订等为举措，将职工的工资、福利、社会保险、劳动保护、工时休假等关系切身利益的问题落实到位。以特力液压公司、中联结构件厂、力帮公司、自来水公司、云港公司等为代表的企业开展了工资集体协商，有效建立起和谐劳动关系。截止12月底，全区共有273家企事业建立职代会，314家单位实行厂务公开，129家企业签订了集体合同。充分发挥帮扶中心特聘律师的作用，免费为职工提供法律服务、解答法律咨询，代拟法律文书，参与劳动争议的调解和仲裁，进行仲裁诉讼代理。全年，共开展大型法律宣传活动1次，发放宣传资料800多份，现场解决疑难问题47个。帮扶中心共接待来信来访320人次，提供法律咨询137次，参与劳动争议调解5次，有效的维护了职工的合法权益。在规模企业开展“百日要约行动”、“共同约定行动”和集体合同签订，重点推进企业“工资集体协商”，既保护了职工利益，改善劳资关系，又推动了企业发展。区八百里酒业被评为全市千家企业“共同约定行动”先进单位和推进工资集体协商工作示范企业。（史美澜）

共青团鼎城区委

【“两新”组织团建及驻外团建】2010年，有针对性的在主要乡镇、主要工业园区、规模以上的非公企业开展了团建工作，通过工业园区管委会、行业协会等各种渠道开展工作，顺利完成25家

"两新"组织团建的任务。在鼎城外出务工青年的集中地开展驻外团建工作，如在深圳市良田科技有限公司成立了鼎城驻外团工委。（文彬彬）

【"创先争优"演讲比赛】结合"创先争优"活动，向全区团员青年发出倡议，号召广大青年团员脚踏实地、爱岗敬业，为建设美丽的新鼎城作出新的贡献。6月中旬举办了由各乡镇、区直各战线、科局、企业、学校等青年参加的"爱岗敬业、创先争优"的主题演讲比赛活动。（文彬彬）

【文明城市创建志愿服务活动】为配合搞好"全国文明城市"创建工作，组织近万名志愿者开展了"文明常德，我在行动"志愿服务系列活动，主要涉及创建知识入户宣传、扶贫帮困、助残、义诊、慰问、义务执勤等志愿服务活动。（文彬彬）

【净化青少年成长环境】利用青少年法制培训基地，开展法制宣传教育活动，保障各个中小学每学期开设两节法制课和一节法制报告，加大青少年自我保护教育。如在区九中等中学举办青少年心理卫生知识讲座，在武陵镇中心小学举办交通安全法制法规讲座，张贴安全卫生挂图，印发防灾避险安全知识守则。开展重点青少年摸底排查专项活动，对有不良行为、严重不良行为青少年、闲散青少年、留守少年儿童、劳教和服刑人员未成年子女进行了摸底排查，掌握了重点青少年群体的特点和形成原因，为各项教育、管理和服务措施的制定奠定了基础。6.26"国际禁毒日"组织全区中小学生参加了主题"从我做起，远离毒品"的禁毒宣传展览活动和"拒绝毒品"万人签名活动。制作了一部声情并茂的Flash禁毒动画宣传片，加强青少年对毒品危害的认知，提高对毒品的警惕性。（文彬彬）

【中学生团日竞赛活动】6–9月开展了"我的团日，我做主"中学生团日竞赛活动。通过鼓励引导团员青年自主创建团日活动的形式，积极营造自主、宽松的团组织活动气氛，增强团组织活动时代感动力和吸引力，培养发挥学生的自主创新能力。钱家坪中学9年级106班团支部在全市"我的团日，我做主"中学自主团日竞赛活动中被评为常德市明星中学团支部。（文彬彬）

【关爱农民工子女】对所有在校的农民工子女的分布情况进行摸底调查，并在农民工子女相对集中的17所乡镇中学团委，开展一对一结对活动，使农民工子女在学习和生活上得到更好的照顾。协助团省委、湖南省青年企业家协会对全区400多名困难农民工子女进行慰问，本次活动共发放物资及慰问金15万元。（文彬彬）

【助学活动】对贫困学生进行调查摸底建档。进一步完善贫困学生的资料信息库。完成6名芙蓉学子的助学活动任务；积极联系爱心企业、单位募捐助学款十万余元，共资助五十名寒门学子。（文彬彬）

区妇联

【引领妇女积极创业】一是引领妇女创业有新起色。与区财政、劳动就业、承贷金融机构等部门加强联系沟通，争取女性创业小额贷款，扶持妇女创业就业。全区累计发放小额担保贷款1235万元，其中，女性享受贷款优惠政策78人，占贷款总人数的40%，贷款总额为494万元。二是加强巾帼家政服务中心的管理。围绕全民创业和就业再就业工作中心，把做大做强巾帼家政服务中心列为巾帼建功、服务社会的重要工作内容，以社区为平台，建立健全家政服务网络，配备专门的办公门面，聘请专业管理人员，培训专业家政员工。（梅敏琨）

【推动妇女参政议政】2010年村、区两级换届先后启动，各级妇联紧紧抓住这一次机会，及时介入，加深沟通，全力推进妇女参政实现新突破。一方面按照省里三个确保的要求（确保村民代表女性比例达到三分之一，确保女村委比例达到30%，确保每个乡镇至少一个村有女村一把手），大力推进农村妇女进村支"两委"。另一方面健全女性人才库，掌握更多的女性人才资源，积极向党委组织部门推荐，促进女干部成长。（梅敏琨）

【女领导干部联谊活动】3月5日，由区妇联、区女领导干部联谊会主办，体育局、广电局、卫生局协办，在太阳山组织了全区99名正科级以上女领导干部的登山比赛，本次比赛按照年龄分为甲、乙两个组，对每组的前十名分别给予奖励。全区所有处级以上女领导干部都参加了比赛，各位女领导干部纷纷表示这次的登山健身活动相比往年的旅游、学习又有了新的意义。（梅敏琨）

【“巾帼示范岗”品牌活动】9月，妇联党组书记、主席李双明被评为全国巾帼建功标兵。10月，区地税局被授予省妇联“巾帼文明岗”。12月，区公安局交警大队车辆管理所被授予市妇联“巾帼文明岗”。区城镇机关单位“巾帼示范岗”争创活动呈现“四高”特点，即：领导重视，措施扎实，参创热情高；岗位练兵，重点培训，服务水平高；加强管理，注重过程，目标定位高；氛围浓烈，彰显特色，争创活动质量高。区公安局服务办证大厅在环境布置上，将岗位成员的照片、工号牌及服务格言等全部张贴上墙，把创建规划、目标、服务宗旨、组织机构等制作成展板，固定在岗位醒目的地方，让人感受到强烈的创建氛围。区国税局在抓好争创活动的同时，充分运用现代化声像设备，采用多媒体手段进行宣传，从而有效增强了争创活动的吸引力和号召力，扩大了争创活动的影响。争创活动的开展，推动了巾帼示范岗成为区城镇机关各单位出成绩、出女性人才的重要基地；成为区城镇机关单位妇女立足本职自我教育、自我提高、争创一流业绩的重要平台；成为区城镇机关单位精神文明建设一道亮丽的风景线。（梅敏琨）

【维护妇女儿童正当权益】全年区妇联接待来访来信200余人次，处理结案率98%以上。建立区、乡（镇）、村三级维权网络，健全维权联席会议制度、信访接待制度和妇联系统特邀陪审员制度，实现源头参与和维权网络的“无缝覆盖”。以“三八”妇女维权周、“6·26”国际禁毒日、“12·1”世界艾滋病日为契机，开展“禁毒知识大型宣传展”、“法律咨询一条街宣传”和“普法维权知识竞赛”活动。开通妇女儿童维权热线7384466、12388。（梅敏琨）

【农村妇女免费妇科普查】9月，按照区委指示，与区卫生局联合举行妇科病免费普查大型活动。根据普查人数，分街道制定普查安排计划。妇联干部以书面、电话通知、上门入户并举的形式进行动员宣传，使妇女病普查工作深入人心，真正达到了家喻户晓，人人皆知。由检查机构抽调业务精、责任心强的技术服务人员组成检查组，按照妇女病检查项目要求进行普查；专人负责登记相关资料，做好宣传并维持现场秩序工作；保证体检妇女随到随检查；对查出疾病的妇女及时转诊，并跟踪随访；为参加普查的妇女建立健康档案；按有关政策及时实施医疗救助，使广大妇女真正从妇女病普查中受益。（梅敏琨）

【举办健康知识讲座及艾滋病防治培训班】4月28日，区妇联邀请马来西亚妇科临床医学院荣誉教授、中国红十会会员张振华博士和国际妇女健康协会中国分会会长、中国人民解放军187医院从事妇科临床工作42年的专家邹琴来区进行开展了大型女性健康知识讲座，为全区妇联干部及各界职业妇女讲授女性健康保健知识。教授根据自已多年积累的妇科临床经验，针对现代职业女性生活工作压力大和对生活水平要求越来越高的特点，重点从女性生理健康和心理健康两个方面进行讲解，特别是对女性妇科常见病、多发病等发病原因、发病症状、预防措施等进行了全面系统的讲解，引导广大妇女关爱自已从关注健康开始，在日常生活中加强体育锻炼，学会自我保健、自我放松，做到经常体检，对疾病“早预防、早发现、早治疗”。全区各界妇女代表160余人参加了培训。邀请区疾病控制中心专家专题讲解了艾滋病的预防和治疗。邀请区法律援助中心专家专题讲解了司法援助的程序。（梅敏琨）

【情系少儿】5月，由区妇儿工委办发出号召，倡仪区妇儿工委各成员单位和乡镇妇联组织开展春蕾扶贫助学系列活动，并倡仪全区乡镇女党委书记、女乡镇长、女科局长、女创业老板在“六一”期间，慰问特困妇女儿童。所有区级领导都在各自联片的点村进行了慰问。全面摸清了先天性心脏病、唇鄂裂妇女儿童底子，争取市妇联支持和美国爱心基金会援助免费为牛鼻滩镇孤儿严定武进行了心脏缝合手术，还有几名特困人员在求助计划之列。向市妇联争取、联系武陵酒业集团为石板滩镇留守儿童捐赠电脑10台、课外书1000余本。提请中华慈善总会为学成毕业孤儿全部安排了工作。5月30、31日，由区妇联主办，春蕾舞蹈艺术学校承办了专场庆“六一”文艺晚会，武陵镇中心小学举行了第14届移动

杯暨庆“六一”文艺演出。（梅敏琨）

区文联

【概况】2010年区文联坚持以邓小平理论和“三个代表”重要思想为指导，全面落实科学发展观，围绕区经济发展和二次创业等中心工作，积极探索文联工作新方式、加强文联和协会建设，通过大力开展文艺成果展示、组织各类文艺竞赛等一系列的工作，提升了文联的地位，扩大了文联的影响，为推动全区文艺事业的发展繁荣作出了新的贡献。

区文联先后召开了包括全区老作家、重点作者及文学新人参与的吕志坚散文集《送你一片彩云》专题研讨会，重点作者、市作协正副主席，区湖湘文化交流协会主席、省知名作家以及数届全国曲艺大赛金奖获得者等艺术名家参与的文艺恳谈会，并与区作协联合召开了一次以弘扬善德文化为主题的文学创作笔会；“5·1”、“10·1”长假前后，区文联组织区内部分文艺骨干举行了两次文学采风活动；10月份，区文联与国家级大型名刊《人民文学》联合举办了首届“善卷故里，善德鼎城”全国有奖征文活动；此外，区文联还于年初开展了“义务送春联”活动，年末引导区书协与周家店镇的农民书法社团“天门书协”进行了书法交流。（田力军）

【文艺活动】元月中旬，与区书协组织了10位书法家，在桥南市场开展了“义务送春联”活动，共为农民兄弟现场书写春联500余幅。

2月20日，召集全区包括老作家、重点作者及文学新人在内20余人，就吕志坚的散文新集《送你一片彩云》举办了专题研讨会，对其作品的优缺点进行了详尽而热烈的研讨与分析。“5·1”、“10·1”长假前后，在经费紧张的情况下，挤出资金，组织区内部分文艺骨干先后前往神农架、三峡大坝及苏、浙、沪一带进行文学采风活动。

8月，为提高《朗州》的办刊水平，专程召集了区作协10余位重点作者，同时邀请市作协正副主席卢年初、帅泽鹏、区湖湘文化交流协会主席徐政国、区人大副主任、省知名作家刘友善等领导以及数届全国曲艺大赛金奖获得者黄士元等艺术名家召开恳谈会。通过广开言路，集思广益，区文联迅速找准了《朗州》的刊物定位，进一步明确了办刊思路。

10月中旬，与区作协联合在花岩溪农庄召开了以弘扬善德文化为主题的文学创作笔会，为所有与会作家在今后的文学创作方向上作了一次有益的引导。

同时争取到30万财政拨款，与国家级大型名刊《人民文学》联合举办了首届“善卷故里，善德鼎城”全国有奖征文活动，在《人民文学》、《散文》、《诗刊》等国家级刊物及《湖南日报》、《常德日报》等省市党报及各大网站发布征文启事，还开设巨奖，一等奖奖金高达一万元，奖金总额近十万元，首开全市有奖征文高额奖金之先河。

11月份，区文联引导区书协与周家店镇的农民书法社团“天门书协”进行书法交流，让乡村的农民书法爱好者拓宽了眼界。

（田力军）

【组织建设】区摄影家协会、草坪镇民间艺术联合会先后成立，其中，草坪镇民间艺术联合会还设有诗社、舞龙队、舞狮队、腰鼓队等多个下属组织，两个协会合计会员200余人。另外，区美术家协会的各项筹备事宜已办妥，拟于2011年召开成立大会。

（田力军）

【创作成果】卢年初的散文集《旧事》、《帷幄》、《水墨》、冷凝的散文集《情界》、章晓虹的诗集《城市飞鸟》等作品集相继出版发行。12月9日，“丁玲文学奖”颁奖典礼在市芷园宾馆举行，黄士元、帅泽鹏等9名作家分获一、二、三等奖，获奖人数为全市第一。10月初，区文联主席王政与青年书法家李辉书写的善卷诗词被市书协选送至由省文化厅和省文联举办的“盛世丹青 -- 湖湘风采”2010湖南艺术年展，分别获奖，其中王政的作品获得银奖，成为常德市在此次年展中得到的唯一最高奖。

（田力军）

区科协

【概况】2010年，区科协紧紧围绕区委、区政府工作重点，按照“凸现创新、提高能力、夯实基础、注重实效、引领发展、重点突破”的工作思路和“三加强一服务”的工作重点，深化科技改革，坚持以改革促发展，努力实现“壮大科技队伍，突出科技服务，打响科技品牌，增强科技活力”的目标。不断提高科技与经济、社会与科普发展能力和水平。全区共有高科技人员430人，乡镇科协32个，区直学（协）会17个，社区协会18

个，农技联1个，农村专业技术协会87个，农村科普示范基地116个，省市、区科技示范户1235个。（黄光明）

【青少年科技教育】科技教育从青少年抓起，广泛培养青少年兴趣，提高科学思维创新能力，是区科协开展科普教育工作的重要课题。为了把科普教育之风吹进校园，在全区中小学生中营造“讲科学、学科学、爱科学、用科学”的良好氛围，区科协与教育学会紧密配合，在校园开设科普画廊。举办反对邪教、远离毒品的科普教育专栏，组织青少年开展“手拉手”科普讲座。组织青少年开展科技创新大赛等活动，全年参加人数达7000多人。区一中、斗姆湖镇中学、斗姆湖中心小学参加了机器人灭火、机器人足球、VEX机器人工程挑战赛获得了2金2银的好成绩。（杨敏）

【9·11全国科普日活动】9月11日是全国科普日，由区科协、区科技局等单位组织举办的全国科普日活动在周家店镇进行，近120名科技工作者自愿组织10个科普自愿服务小分队走上街头，热心为群众开展科普宣传、科技咨询及农村实用技术现场指导、培训活动。在街道两旁，内容丰富、形式多样的200多幅科普挂图引领群众驻足观看。现场准备的1万余份科普资料和300多张科普光碟被一“抢”而空。在全国科普日期间，共培训人员5000多人，解决实用技术难题370多个，近3万多名群众在全区各地参加了这次科普日活动。（廖长清）

【学会与学术交流活动】区直各学会主动开展形式多样、内容丰富、特色鲜明的科普、学习活动，为提高全区大众科学文化素质作出了积极贡献。①组织开展科技下乡活动。区直各学会共组织科技下乡活动120多次。②开展科技员继续教育，区直学会共举办培训班87期，培训人员7600多人次，举办科技讲座交流50次，听课人数9300人次。③开展“科技活动周、科普日”等科普宣传活动。④参加全市自然科学优秀论文评选活动，全区共有12遍论文获2、3等奖。（黄电平）

【科普惠农兴村】2010年，区“科普惠农兴村”计划得到了飞跃发展。全区共上报3个“科普惠农兴村”项目，全部得到了上级的批准。项目个数和奖励资金额度均占全市的近30%，其中《灌溪优质稻产业协会》获中国科协、财政部“科普惠农兴村”先进单位，《沧山综合养殖协会》获省科协、省财政厅“科普惠农兴村”先进单位。樊必初荣获全省科普带头人称号。通过科普惠农项目的建设，农村专业技术协会势力明显增强，协会会员的年收入提高近30%。（廖长清）

区残联

【概况】2010年，区残联贯彻落实《中共中央国务院关于促进残疾人事业发展的意见》文件精神，以残疾人“两个体系”建设为抓手，着力解决残疾人最直接、最关心、最现实的问题，完成全年的各项工作任务。共培训残疾人200人，培训总人数增加到1518人，就业率达到86%。扶助救助特困残疾人937人，扶持残疾人企业15家。免费落实法律援助5起，免费发放价值32万余元的用品用具1560件，有2595名残疾人免费享受了相关的康复服务。（唐丽娟）

【残疾人无房户建设】在18个乡（镇），投入资金26万余元，完成农村贫困残疾人无房户建设20户，总建筑面积达2000平方米，20户农村贫困残疾人直接受益。连续四年共为全区170户农村无房或危房残疾人解决了住房问题。（唐丽娟）

【创先争优活动】在“创先争优”活动中，多管齐下抓残疾人帮扶工作，把创先争优活动落到实处。

一是抓为民办实事项目。对23名“0～6岁贫困残疾儿童进行抢救性康复”是2010年为办民实事的项目之一，按照省、市、区政府关于此项目工作的要求，区残联筹措资金6.5万元，确保了此项工作顺利实施。同时，积极开展0～6岁贫困残疾儿童康复对象的筛选、输送、服务等工作。到年底，此项工作已进入康复训练的实质性阶段。

二是抓残疾人培训。6月7日，残疾人实用技术第一期培训班在长茅岭乡开班，标志着全年残疾人培训工作已全面启动。全年，投入经费20余万元，对全区200名残疾人进行培训，其中：职业技能50名，实用技术150名，在省、市下达的任务基础上增加36名。此次培训时间是两个月，培训内容是以种植技术、养殖技术、家电维修、电脑运用为主。为做好培训工作，区残联成立了领导班子，落实培训课程，安排培训经费，确保培训工作的圆满成功。

三是抓辅助器具的供应与发放。上半年，投入资金17万元，为1460名残疾人免费赠送轮椅693台、盲杖盲表447套、腋拐150副、助听器20台、座便椅1台等辅助器具1560件。免费为肢体残疾人安装与配备了价值达6.7万元的假肢30例、矫形器2例。

四是抓白内障复明手术。2010年，白内障复明手术工作被纳入省“百万贫困白内障患者复明工程”，白内障患者只要凭村级贫困经济证明、农村合作医疗本、身份证等就可在鼎城人民医院进行白内障复明手术，计划全区将为850名白内障患者进行手术，其中300名特困患者将获得全免费手术实惠。到年底筛查患者317例，已做手术109例。

五是抓精神病患者防治。投入资金7.2万元对200名特困精神病患者实施医疗救助，每位救助对象救助时间为三年，以发卡的形式进行，每年每人可免费获得价值360元的治疗精神病相关药品，救助对象凭救助卡到定点医院领取药品。

六是抓残疾人救助扶持。一方面扶残助残志愿者联络站完成帮扶结对50对，50名特困残疾学生和特困残疾人家庭子女将享受来自社会各界爱心人士5万元的爱心扶持。年内，已到位3万余元。二方面计划投入资金5万元扶持自主创业残疾人10户，已考察了11户。三方面是特困救助，上半年，投入资金4万余元救助各类特困残疾人90余人次。

（唐丽娟）

【“三个一”活动】一是联系一户残疾家庭。全体机关党员每人联系一户残疾人家庭，了解其收入来源、承包耕地、年人均收入、享有康复等状况，为解决残疾人实际困难掌握第一手资料。16名党员共联系了16户残疾家庭，他们共承包耕地65亩，收入来源以打临工与务农为主，年人均纯收入800余元。二是帮扶一人创业致富。党员联系的21名残疾人成了首批帮扶致富的对象，他们的创业种类有种植、养殖、加工及运输等，通过帮扶，他们走上了创业致富之路，成为残疾人中致富带头人。三是化解一起矛盾纠纷。以党员春训为契机，调解了18起残疾人矛盾纠纷，使残疾人的合法权益得到了维护。（唐丽娟）

【出台残疾人新型农村合作医疗和新型农村养老保险补助政策】12月9日，鼎城区召开新型农村社会养老保险试点动员大会，根据补助政策，从2011年起全区已办证的一、二级农村残疾人参加新型农村合作医疗的个人缴费部分，由区人民政府全额补助，经费从城乡医疗救助资金中列支；已办证并享受农村低保的一、二级残疾人参加新型农村养老保险，按照《鼎城区新型农村社会保险暂行办法》执行，由区政府代其缴纳每年最低档次（100元/年）的养老保险费，经费由区财政解决。

（唐丽娟）

【残疾人现场招聘会】7月8日，残疾人就业招聘会在常德神州职业培训学校举行，持《国家职业资格证书》的58名残疾人参加了现场招聘。招聘会上，李琳等12名肢体残疾人和两家企业达成了用工意向。（唐丽娟）

【“四送”活动扶残助残】5月16日是全国第二十次“全国助残日”，区残联在“全国助残日”期间，开展“四送活动”扶残助残。一是送政策。以残疾人保障法、扶助办法、残疾人就业条例等法律法规为主开展宣传，宣传残疾人自强自立、全社会扶残助残的典型。二是送器具。投入资金30余万元为1460多名残疾人免费赠送1560件辅助器具。三是送培训。四是送温暖。在助残日前投入资金2万余元对两所特教学校的鼎城籍学生、全区机关单位残疾职工及农村特困残疾人家庭进行走访慰问，投入资金20余万元搞好残疾人康复服务。同时，为残疾人募捐资金近57000元，结对50对以上，扶助特困残疾家庭学子50多名。

（唐丽娟）

【省残联检查“十一五”残疾人工作】11月12日，省残联副理事长刘平秀、康复部部长候建斌、教就部副部长李俊在市政府副秘书长罗上林、市残联理事长涂传勇的陪同下检查鼎城区“十一五”残疾人工作，鼎城区政府副区长蔡仁国及区残联班子成员参加了检查汇报。

检查工作以三种方式进行：一是座谈，与全区9名各类残疾人代表进行了座谈，询问了“十一五”残疾人工作的实施情况和“十二五”残疾人工作的意见和建议。二是查资料，对全区“十一五”期间残疾人培训、就业、康复、宣传、维权、教育、体育及扶助等工作进行了资料检查，并对个别残疾人工作项目进行了现场抽查。三是听汇报，由蔡仁国副区长和文海燕理事长对全区的“十一五”残疾人工作进行了汇报。

此次检查，刘平秀副理事长对区残疾人工作给予了充分肯定。她说，鼎城区委、区政府高度重视残疾人工作，“十一五”残疾人事业完成很好，工作实在，资料完整，区残联一班人扎实肯干、务实创新。她希望鼎城区在“十二五”期间要抓好残疾人社会保障和服务体系建设，把残疾人事业做得更好更实。（唐丽娟）

【辅助器具站建设】以假肢站为依托建立了鼎城区残疾人辅助器具供应中心，做到了有场地、有牌子、有专人负责。并完善了各种供应制度，增加了辅具供应品种，切实为残疾人供应优质的康复器具。（唐丽娟）

【文体成绩】在湖南省第八届残运会中，鼎城区派出了以举重、游泳、射击等三个项目的运动员，共获得了 1 枚金牌、6 枚银牌、3 枚铜牌的喜人成绩。（唐丽娟）

检察·审判

检　察

【概况】2010年，区人民检察院在区委和上级检察机关的正确领导、区人大及其常委会的有力监督、区政府区政协及社会各界的大力支持下，深入贯彻落实科学发展观，以推进社会矛盾化解、社会管理创新、公正廉洁执法三项工作为重点，全面履行法律监督职责，为鼎城经济社会和谐发展做出了积极贡献。8月，中共中央政治局常委、中央政法委书记周永康同志视察鼎城检察工作，并给予充分肯定。2010年鼎城检察院先后被市委政法委评为全市政法系统“红旗检察院”，被市检察院评为“全市先进检察院”。

（李佰君 杨洋）

【职务犯罪侦查工作】全年，共立案查办各类职务犯罪嫌疑人24人，法院判决19人。反贪污贿赂方面，始终把查办重点行业、重点领域的职务犯罪作为工作重点，集中力量查办城建、水利、土地开发等重点工程建设中的贪污贿赂案件8件8人。先后查办了区供水公司职务犯罪系列案，查办了市财政评审中心诸某等3人在工程决算评审中以权谋私的受贿窝案，参与查办了省公安厅副厅长杨某及相关人员职务犯罪系列案，取得了很好的社会效果。反渎职方面，严厉查办影响国计民生、侵害民众利益的渎职犯罪案件，突出关注民生，集中力量查办国家机关工作人员不作为、滥作为，侵害民众利益、危害能源资源和生态环境的渎职犯罪案件4件4人。先后查办了对农业生产资料监管不力、造成棉农巨大损失的区农业局李某玩忽职守案；查办了违规发放森林采伐许可证、致使生态环境遭破坏的沧山乡林管站彭某、梁某玩忽职守案。市区两级人大代表、政协委员两次视察反渎工作并给予充分肯定。

（李佰君 杨洋）

【职务犯罪预防】针对鼎城近年来工程建设项目多、人民群众关注度高的实际，将工程建设领域专项预防作为重中之重。采取预防教育、资格审查、监督招标、全程跟踪等有力措施，强化对西区开发、洞庭湖土地开发整理等重大工程建设和项目资金管理使用的监督。与区国土局联合出台了《土地开发整理工程建设预防职务犯罪工作实施意见》。针对房产开发商提高容积率、不补交土地出让金的问题，积极开展预防职务犯罪调查与对策分析，主动向区委、政府汇报，督促相关部门补收土地出让金近700万元。

（李佰君 杨洋）

【审查批捕】始终把维护社会稳定、促进社会和谐作为首要政治任务，特别是对危害一方的黑社会性质犯罪和恶势力犯罪，做到重拳出击，快速批捕。全年共受理提请批准逮捕各类刑事犯罪案件282件489人，其中经审查涉嫌犯罪批准逮捕209件344人，事实不清、证据不足不予批准逮捕的28件57人。（李佰君 杨洋）

【审查起诉】依法严厉打击严重暴力犯罪、多发性侵财犯罪和毒品犯罪，严厉打击黑恶势力犯罪及其充当保护伞的犯罪行为，严厉打击赌博、地下“六合彩”、制假售假等侵害农民利益、危害农业生产、影响农村稳定的犯罪活动,维护群众切身利益。全年受理审查起诉案件 383 件 642 人,提起公诉 360 件 586 人。决定不起诉 29 件 48 人,建议法院依法从轻、减轻处罚 80 人,对 30 名符合轻缓政策且在检察环节终结的案件当事人,实行社区、单位(学校)、家庭和检察机关四位一体跟踪帮教和社区矫正,促进了社会和谐。 (李佰君 杨洋)

【诉讼监督】全年监督立案 4 件 6 人,法院判决 2 件 4 人。追捕犯罪嫌疑人 12 人,法院判决 12 人。追诉漏犯 8 人、漏罪 10 条,改变公安机关定性的案件 12 件。不构成犯罪不捕 18 人,认定无罪不起诉 6 人,建议公安机关撤案 13 人。以挪用资金罪追诉的陈某被法院判处有期徒刑三年六个月,监督立案的熊某销售伪劣种子案,被评为全省侦查监督优秀案件。 (李佰君 杨洋)

【审判监督】深入推进量刑建议工作,全年向法院提出量刑建议 336 件,对 90 件适用普通程序审理的案件实行了量刑评估,量刑建议采纳率达 91.7 %。提出刑事抗诉 1 件。立案审查不服法院生效判决、裁定的民事行政申诉案件 8 件,提请抗诉 2 件,建议提抗 4 件,督促起诉 2 件。

(李佰君 杨洋)

【行政执法、刑罚执行监督】加强刑罚执行和行政执法监督,注重监外法管对象的管理监督,对近 400 名监外法管对象进行了跟踪考察,严格审查呈报减刑、假释、保外就医的案件 45 件,不批准呈报 5 件,纠正监管场所违法行为 7 件次。落实刑事执法与行政执法衔接机制,促进依法行政。行政执法机关共移送涉嫌犯罪案件 6 件,公安机关立案 4 件。

(李佰君 杨洋)

【控告、申诉及刑事赔偿】全年接待信访 80 余人次,共受理申诉案件 10 件,已办结 10 件,坚持和落实首问(办)责任制、检察长接待日等制度,深入开展了"大走访、大接访"活动,认真开展矛盾纠纷排查工作,主动参与涉稳重点问题的包保化解工作,积极稳妥的处理涉检信访问题,维护了社会稳定。 (李佰君 杨洋)

【队伍建设】始终把队伍建设作为事关检察工作长远发展的根本,着力打造一流检察队伍。以理想信念和职业操守为重点,认真组织开展了"恪守检察职业道德、促进公正廉洁执法"、"反特权思想、反霸道作风"、创先争优等多项主题教育,加强党建工作,狠抓党员教育。深入推进检察文化建设,通过聘请专家授课、演讲比赛、文化理论测试等丰富多彩的文化活动,积极引导干警珍惜本职工作,珍爱检察事业,促进干警职业素养、执法行为习惯和职业操守明显提升。全院有 30 人次立功受奖,无一人违法违纪或被举报投诉。 (李佰君 杨洋)

审 判

【概况】2010 年,区法院共受理诉讼案件 1757 件,审结 1660 件,结案率为 94.48%。其中审结刑事案件 349 件,民商事案件 1289 件,行政诉讼案件 16 件,再审案件 6 件。受理执行案件 197 件,执结 184 件(含终结本次执行),执结率为 93.40%。 (付勋艳)

【审判执行】刑事审判。依法审理抢劫、故意伤害、绑架、强奸等严重暴力犯罪以及盗窃等案件 55 件,判处 76 人;审结鼎城区水利局原局长徐诗标受贿案、桃纺改制窝案等职务犯罪案件 15 件,判处 21 人;严厉打击毒品犯罪,共审结涉毒案件 25 件,判处 28 人;依法审理发生在林业、国土、电力、烟草等部门监管领域内的刑事案件 5 件,判处 10 人。全面贯彻落实量刑规范化试点工作,共审结十五类试点案件 216 件 329 人。对轻微刑事案件,加大刑事和解工作的力度。积极参与社区矫正工作。进一步规范财产刑的适用和收取,有效防止财产刑适用和收取出现的随意性。

民商事审判。审理婚姻家庭、土地承包等各类纠纷案件 535 件,审理合同纠纷、侵权等案件 754 件;稳妥处理破产重组、金融债权、劳动争议等案件 68 件;按照湖南省高级人民法院的指令,依法审理桥南市场火灾损害赔偿集团诉讼案件,积极做好经营户的释义解惑工作。及时化解矛盾纠纷,加快办案节奏,全年民商事案件简易程序适用率达 64%,比上年上升 4.18%;按照"调解优先,案结事了"的原则,加大调解力度,民事案件调解率达 43.13%,同比增长 3.09%。

行政审判。共受理行政诉讼案件(含旧存)20 件,审结 16 件,结案率 80.12%。执结涉及拆迁纠纷案件 5 件，有效地维护了行政机关的权威和大局稳定。积极参与争创“全国计划生育先进市”工作，加大非诉行政执行工作的力度，受理社会抚养费征收案件 36 件，全部执结，执兑金额 75.1 万元。

执行工作。共受理执行案件 197 件，执结 184 件（含终结本次执行），执结率 93.40 %。大力开展执行清积活动，归口管理，统一协调，建立完善的执行联动机制和威慑机制。坚持以人为本理念，注重申请执行人和被执行人权益的并行保障，强化执行和解。积极向党委、人大、政府汇报，取得理解和支持，拓宽执行工作思路，成效明显。在清理积案的同时，做好新收执行案件的办理工作，加强与各庭室的联动协调，提高执结率。（付勋艳）

【涉诉信访】推行初访接待、法官判后释疑制度，落实案件限时办结制、责任追究制、绩效考核制，健全信访工作长效机制。全年共收到群众来信 41 件，接待群众来访 200 余人次，全部进行回复、处理。创新工作思路，前移信访责任，变“事后堵”为“事前防”，变“上访”为“下访”，综合运用司法救助、社会帮扶、当地稳控等多种方法，最大限度促使当事人息访罢诉。积极争取党委、人大、政府、政协的重视和支持，建立联合下访机制，形成“党委政府领导、人大政协支持、相关部门协同、人民法院主办”的联动工作格局，在新的工作模式下，一批积案得以有效化解。（付勋艳）

【司法公开】邀请近 100 名区人大代表参与旁听了 5 次法庭庭审，虚心接受人大代表在庭审规范和庭审驾驭能力方面的批评和建议，积极办结回复区人大常委会、区委政法委等部门交办、转办案件 41 件，自觉接受人大监督。按照市人大常委会开展《民事诉讼法》执法检查的要求，自查自纠，接受评议，就如何提高案件质量、审判效率、加大调解力度、开展司法为民活动等方面制定了整改措施并加以落实。重视发挥参审职能，全年适用普通程序审理案件 485 件，人民陪审员参审 418 件，参审率达 86.19%，同比增长 27.32%。（付勋艳）

【司法为民】进一步推行审务公开，加强立案指导和诉讼风险提示工作，指导当事人依法诉讼和查询法院工作信息。简化办案程序，扩大民事、刑事案件简易程序适用范围，民商事案件简易程序适用率达到 64%，刑事案件达到 71.02%。充分发挥基层法庭优势，共巡回审判 20 余次，方便了群众诉讼。不断规范和完善立案工作，主动延伸窗口职能，开展立案调解工作，为当事人降低诉讼成本、减轻诉累。积极争取财政支持，对经济确有困难的当事人实施救助，共发放司法救助金 34 万元，依法减、免、缓交诉讼费用 54.46 万元。积极参与治安重点地区的矛盾纠纷排查化解工作，加大法制宣传力度、以案说法，实现审判效果的最大化。（付勋艳）

公安·司法

公　　安

【**概况**】区公安局强化争先创优意识，自我加压、强势推进，以良好的工作成绩确保了全局整体工作水平的提升，实现了综合考评保持在全省第一方阵、执法质量全省优秀的总体目标。（周捷）

【**"平安世博"侦查破案专项行动**】突出公安主业，组织开展了"平安世博"侦查破案专项行动，共侦破刑事案件765起，查处治安案件2872起，逮捕、直诉616人，强制隔离戒毒299人，行政拘留1142人，抓获网上逃犯208人，破案打击指数全市领先。其中7起现发命案全部破获，命案侦破和打黑除恶工作绩效名列全市前茅；成功侦破了发生在唐家铺、长茅岭等乡镇的耕牛被盗系列案、发生在蔡家岗等乡镇的团伙盗窃通讯电缆系列案以及武陵镇"5.26"恶性抢劫案、S306线设赌诈骗团伙系列案等一批社会高度关注的大要、系列、团伙案；缉毒侦查破大案数、打击处理数、缴毒量位居全市第一。（周捷）

【**基层基础建设**】不断加强基层基础建设，特别是宗教保卫战略支撑点建设工作经验被公安部推介。12月8日，公安部《国内安全保卫工作简报》第209期以《鼎城区公安分局以宗教保卫为核心突出主业多措并举积极推进战略支撑点建设》为题，刊发了区公安局开展宗教保卫战略支撑点建设的经验做法。（周捷）

【**服务经济发展**】严厉打击各类经济犯罪。共侦破经济犯罪案件25起，刑事拘留41人，逮捕18人，挽回经济损失900余万元，特别是成功侦破了发生在许家桥乡涉案金额近500万元的特大合同诈骗案，有力维护了市场经济秩序。全力维护企业周边环境。组织开展企业生产经营和项目建设周边治安环境整治行动，严厉打击非法阻工闹事、强行参工参运、破坏企业生产等违法犯罪行为，竭力为灌溪工业园区发展、武陵镇西区开发及高速公路、石长铁路复线等重点工程建设排忧解难。一年中，全局共出动警力2000余人次，调处、化解涉企矛盾纠纷200余起，查破各类涉企案件50余起，刑事拘留20余人，逮捕、劳教10余人，行政拘留30余人，确保了全区企业生产经营和项目建设的顺利进行。（周捷）

【**民意导向**】推行便民利民十项措施，重点加强"警情民意直通车"工作，加大民调在岗责考评中的分值权重，建立以民意为导向的公安工作机制，推动全局各部门、各单位以常态化、经常性的民警大走访、案件大回访、警务大调查、安全大提示、公安大宣传为抓手，切实增强民警的群众意识、服务意识、和谐意识，畅通了警民联系渠道，促进了警民大融合。在全省公众测评中，鼎城公安局民警队伍整体形象继续位居全市前列。（周捷）

【**队伍管理**】以贯彻执行《公安机关人民警察纪律条令》和各项禁令制度为重点，加大"从严治警"的力度，抓队伍管理三个专项整治行动，特别是"两车"治理工作顺利通过公安部考核组检查验收。一年中，全局没有民警因违纪违规违法问题受到党内严重警告、行政记大过以上处分。

（周捷）

交通安全管理

【概况】2010年，面对道路交通安全管理工作的新变化、新形势、新挑战，鼎城交警大队全体干警开拓创新，积极履责，辖区交通管理各项工作全面发展，全区道路交通事故四项指数稳中有降，特大交通事故连续三年保持零发生，道路交通事故预防和调处工作经验在全省交警系统作典型推介，各项公安交管业务工作稳居省市先进行列。（成浩）

【综合考评】2010年，全体民警面对繁重的各项交管工作任务，以高度的集体荣誉感和责任感，认真履责，扎实工作。各职能股室严格按照分解责任，立足本职，紧扣岗责，科学调整好工作重心。区交警大队全年工作综合考评在全市取得了区、县交警大队第三名的好成绩，被省交警总队授予“2010年度全省公安交警系统综合考评县市级优秀单位”称号，连续两年保持省市先进行列。此外，还收获了“2010年度全省春运道路交通安全管理工作先进单位”、2010年度全区“五大安全”工作目标管理红旗单位、社会治安综合治理工作和维护社会稳定工作先进单位、区委政法委政务管理工作和执法监管工作先进单位等多项荣誉和奖牌。（成浩）

【事故防控和调处】大队坚持把事故预防和处理工作放在首位，以社会化管理为切入点，抓网络建设、宣传教育、基层管控和黑点整治，构建坚实的事故防控体系。以人民调解为突破口，创新人民调解、行政调解和道路法庭“三位一体”的事故处理机制，取得了较为显著的工作成效。重特大交通事故高发态势得到有效遏制，因事故引发的各类矛盾纠纷明显减少，经实践总结形成的事故防控与调处“四三”工作模式，得到了各级领导的充分肯定。7月，该工作经验被省交警总队在全省“三项重点工作”推进大会上作为典型经验予以推介。中共中央政治局常委、中央政法委书记周永康同志8月份视察鼎城区化解社会矛盾、维护社会稳定工作时，对“三位一体”的交通事故调处模式给予了充分肯定。（成浩）

【全国文明城市创建】在2010年全国文明城市创建工作中，区交警大队充分发挥主创单位作用，组织民警和广大交通劝导员开展了文明交通创建活动。累计查扣违法摩托车550多辆，收缴摩托车非法安装的伞具400多把，查纠违停机动车1200多辆（次），新增各类交通标志标牌90多块，施划交通标线5000多平米，增设停车泊位240多个，江南城区交通秩序得到明显好转，城市文明交通水平进一步提升。因创建工作成绩突出，大队被市、区授予“2010年度全国城市公共文明指数测评迎检工作红旗单位”称号。（成浩）

【交通安全社会化管理】2010年，区交警大队通过积极主动向区委、区政府汇报争取支持，深入推进道路交通安全社会化管理包保责任制的落实与完善，进一步夯实社会化管理工作基础。全区上下对道路交通安全的重视程度明显提高，各乡镇都把道路交通安全社会化管理工作列为日常工作抓好抓落实。区委书记李秋葆、区长董岚多次亲自调度道路交通安全工作，区委、区政府多次牵头组织道路交通安全专项整治行动和督查活动，区财政加大交通安全基础设施建设投入，积极解决社会化管理专项经费。区政府还专题召开了全区道路交通安全社会化管理工作大会，进行总结表彰和专题部署。在重大交通事故特别是可能引发群体性事件苗头的死人事故发生后，所在乡镇负责人第一时间赶赴现场参与处理，区领导亲临现场指挥调度。全年全区发生重大交通事故104起，死亡108人，死亡人数较上年减少12人，一般交通事故呈下降趋势，特大交通事故连续三年保持零发生，没有发生严重堵路、堵桥及上访等群体性事件，道路基本畅通有序，整体交通安全形势比较平稳。（成浩）

【警队建设】抓队伍建设，大力推行用人制度改革。年初，区交警大队成功组织了中层骨干任职资格缺位竞争和民警双向选择调整岗位活动，14名工作积极、表现突出的优秀民警分别提拔到股、室、中队的正、副职职位，一般民警全部重新调整了工作岗位。这次活动优化了队伍结构、营造了良好的用人环境，民警的工作积极性得到了进一步提高，警队凝聚力和战斗力得到了进一步增强。同时开展了“三基一化”工程建设，新添置5台警车等警用装备,完成了七中队、八中队办公场所搬迁,管控能力和执勤执法能力得到进一步增强。坚持以党建抓警队建设,认真组织开展党员"春训"和"创先争优"活动,增强了民警的政治意识、宗旨意识和争先意识,车管所被授予市级"巾帼文明岗"。坚持从严治警与从优待警相结合,整个队伍风清气正,守规守禁情况好,全年没有发生一起违纪违规事件,民警的政治经济待遇得到进一步落实。

(成浩)

【执法水平和服务质量】进一步落实执法监管机制,强化执法规范管理。大队全年共办理行政案件14230起,事故案件875起,实现了无行政诉讼案件、无国家赔偿案件、无行政复议变更案件发生。深入开展规范执勤执法示范岗建设活动,夏志武被授予省公安交警系统规范执法示范标兵。积极开展岗位培训和练兵活动,民警的执法水平和业务能力不断提高。在全市公安交警系统"大学习、大比武、大练兵"竞赛中,大队获得队列手势、交通事故处理2个一等奖,手枪射击、假牌假证识别2个三等奖和总分排名第二的好成绩。强化"五规范、五服务"等便民利民措施的落实,积极开展二等车管所创建,加大基础设施建设投入,车管所新办公大楼筹建工作基本完成。全年共办理五小车辆入户10852台,办证8500本,超额完成了年初岗责任务目标。此外,大队全年完成各类警保卫任务79起,其中一级警卫1起,向各级领导和社会各界展示了鼎城交警文明执法的良好形象。(成浩)

【宣传工作】全年大队在各级新闻媒体发表信息宣传稿件、图片381篇,在全市考评计分排名第二。其中《鼎城给违章公务车发"传票"》等新闻稿件被新浪、网易等全国性门户网站广泛转载,收到了较好的正面宣传效果。超额完成各级下达的信息及调研论文上报任务,被省总队网站采用工作信息35篇,调研论文8篇,在全市县级公安交警大队排名第二;被市支队网站采用工作信息212篇,调研论文22篇,在全市县级公安交警大队排名第二;宣传调研工作被区委政法委评为先进单位。文明交通行动计划和交通安全宣传氛围浓厚,真正做到了电视有图像、电台有声音、报刊网站有文字、有图片的立体宣传效果,其中大队组织制作选送的文明交通宣传作品被评为全省一等奖。(成浩)

司法行政

【概况】2010年,全区司法行政工作坚持围绕中心,服务大局,突出社会矛盾化解、社会管理创新、公正廉洁执法三项重点,积极开展创先争优活动,不断推进工作。全年,区乡两级共化解各类矛盾纠纷947起,区矛盾纠纷调处指挥中心直接调处重大矛盾纠纷83起,办理法律援助196件,办理公证609件,办理司法鉴定548例,办理各类法律事务504件,取得了良好的社会效果。区司法局全面工作及"专法普教"、综治、机关政务管理工作、基层司法管理、普法依法治理、社区矫正、法律援助、行财装备、公证、纪检监察、政工人事、法规、司法鉴定、党务等工作被评为全市先进。法律援助工作得到了省市的高度评价和肯定;矛盾纠纷调处指挥中心工作受到了中央、省、市有关部门的高度赞扬,特别是8月23日中央政治局常委、中央政法委书记周永康亲临鼎城矛盾纠纷调处指挥中心进行视察调研,对此给予高度肯定。此外,还涌现出了全省"法律援助为民办实事"先进个人陈晓清、全市"模范政法干警"鲍习武、全市"十佳人民满意司法行政干警"向克雄、全市"十佳基层法律服务工作者"汤建新、全市"优秀公证员"侯厶瑜、区"千优共产党员"张跃芬等一批先进个人。

(鲍习武)

【司法所建设】司法所队伍建设明显加强。2010年,利用第二轮乡镇机构改革的契机,争取到了在乡镇公共事业管理站增设一名专职人民调解员岗位,并通过公开竞聘的方式聘任了一部分原非公务员身份司法所长,进一步加强了基层司法行政工作力量。基础设施建设逐步完善,规范化建设水平不断提高。全年,利用国债资金新建了斗姆湖、港二口、钱家坪、唐家铺、谢家铺、镇德桥、大龙站、黄珠洲8个司法所办公用房,均通过上级验收。同时,积极开展模范化、规范化司法所创建活动,取得显著成效,中河口司法所被评为全省模范司法所,镇德桥、斗姆湖、沧山、黄珠洲四个司法所被评为全省规范化司法所。

(郑菊仙)

【人民调解】人民调解组织网络体系不断健全。全区共建有各级调委会625个,调委会成员总数达2228人，基本实现了人民调解组织在村、居一级的全覆盖目标。同时，注重抓了各专业调委会的建设，在原有专业调委会的基础上，又先后成立了“鼎城区劳动争议人民调解委员会”、“鼎城区食品安全人民调解委员会”、“鼎城区环境保护纠纷人民调解委员会”等专业调委会，人民调解工作向分工细致、职责明确、人员专业的方向发展，人民调解组织作用发挥更加明显。一年中，全区各级人民调解组织共调处各种矛盾纠纷4589件，调处成功4581件，调处成功率99%以上，防止民间纠纷引起的自杀事件31起35人次，防止民转刑案件49件426人次。其中，区矛盾纠纷调处指挥中心直接参与调处各类重大矛盾纠纷83起，驻交警大队调解室调处交通事故赔偿纠纷296起；驻医院调解室调处医患纠纷13起；调处成功率均达100%，为国家、集体、个人预防和挽回经济损失9百多万元，取得了良好的社会效果。比如“5·9”沅水三桥重点工程建设冲突处理、“华京宾馆”凶杀案善后处理等一批重大有影响的矛盾纠纷处理都比较好，得到了各级领导和人民群众的充分认可，为维护鼎城社会大局稳定发挥了应有作用。先后组织开展了全国“两会”、“春耕生产”、“迎世博”和武陵镇城区“百日重点整治”等一系列大的专项矛盾纠纷大排查大整治活动。重点排查化解山地林地权属纠纷、征地拆迁补偿安置、重点企业、重大工程项目和“三农”等领域内的矛盾纠纷，对排查出来的矛盾纠纷，坚持“两级中心”牵头，“四级网络”联动，确保矛盾纠纷化解在基层，消除在“萌芽”。区矛盾纠纷调处指挥中心还参与中联重科二期工程征地拆迁、沅水三桥征地拆迁、南方水泥厂项目、灯泡厂改制等矛盾纠纷化解工作，确保重点工程项目的顺利进行。

（严柳 郑菊仙）

【法律援助】2010年，法律援助正式列为为民办实事项目。区法律援助中心按照“三个提高”（提高覆盖率、提高知晓率、提高质量和数量同步增长率）标准，开展了一系列法律援助宣传活动，法律援助案件数量和质量同步增长。法援中心全年接待群众来信、来电、来访582人次，办理各类法律援助案件196件，其中涉及低保户案件41件，涉及农民工案件69件，涉及困难职工4件，涉及未成年人案件15件，其它案件67件。当事人因免交律师代理费而从中受益达49.5万元，为农民工挽回经济损失或争得利益达68.5万元。同时，采取多种形式提高法律援助的社会影响力。编印、发放法律援助宣传资料2.5万余份，制作便民卡近2000张，以方便群众及时得到法援帮助。进一步健全和完善网络体系。2010年全区增加法律援助联络点121个，新增工商行政管理法律援助工作站，扩大了法律援助工作的覆盖面和社会影响面。积极探索法律援助工作新路子，在全区推行“1小时服务圈”，实现法律援助的无缝覆盖。优化配置全区法律援助服务资源力量，使每个服务圈都能独立实施援助任务，实现就近就地援助目标。（陈晓清）

【帮教矫正】刑释解教人员安置帮教工作以预防和减少刑释解教人员重新违法犯罪为目标，以稳定和谐为目的，以贯彻落实中办[2010]5号文件和全国刑释解教人员安置帮教工作会议精神为主线，以强化“衔接接收、服务管理、教育帮扶”工作为重点，积极开展“两奔一促”活动，扎实开展“创无重新违法犯罪乡镇（街道）”活动，取得了较好成效。全年共帮教期内刑释解教人员981人，其中刑释人员891人，解教人员90人，解除帮教251人，重新犯罪4人，帮教率达100%，安置率90%，重新犯罪率为0.4%。年初正式启动社区矫正工作，成立了鼎城区社区矫正工作领导小组，具体负责组织全区社区矫正工作的开展与督导，协调公、检、法、司等单位按职责开展社区矫正工作。10月26日正式进行了监外法管对象由公安部门向司法行政部门的移交，共接收监外法管对象106人；为搞好社区矫正工作，制定了《鼎城区社区矫正工作方案》，明确全区社区矫正工作的指导思想、工作原则、适用范围、组织机构、职责分工、工作队伍、工作内容、工作制度、工作步骤及保障措施等内容；完善了工作网络，全区37个乡镇、农林场都建立了以司法所为主，公安、民政等单位为成员的帮教矫正站，具体组织开展社区矫正工作，全区620多个村居、社区建立了矫正帮教组，配合矫正站做好监管帮教工作；统一规范了社区矫正文书，印制了社区矫正档案；组织全区社区矫正工作人员培训，系统学习了社区矫正的有关文件、规定、办法等，提高了监管水平。（吴友）

【法律服务与监管】法律服务机构和人员积极围绕中心大局主动搞好各项法律服务，发挥了积极作用。全区18名执业律师共办理各类案件384件。其中刑事诉讼辩护及代理案件35件、民事案件诉讼代理302件、行政案件诉讼代理17件、办理法律援助案件30件、非诉讼法律事务82件、解答法律咨询305人次、代写法律事务文书150件、参加公益事业和社会活动235次、担任法律顾问47家；全区35名基层法律服务工作者为各类法人担任法律顾问60多家，办理各类法律服务120件；公证人员办理各类公证事项609件，为维护全区社会经济发展稳定发挥了突出作用。同时，局执法监督室加强了对法律服务市场的监管。结合法律服务机构和人员年度考核开展了执法检查，从源头上把住关口，堵塞漏洞。认真开展案件质量评查活动。共抽查各类案卷50件，其中评定出优秀等次41件，良好等次6件，合格等次3件，无不合格等次。先后对湖南宏声律师事务所、湖南先锋律师事务所、常德市政弘司法鉴定所的工作情况、内务管理以及办案质量进行了6次专项执法检查，并将检查结果进行了通报。开展法律服务“创先争优”活动，加强了对从业人员的职业道德和执业纪律教育，法律服务队伍中讲究执业道德、诚信办案、公正执法已形成良好的风气，全年法律服务实现“零”投诉。

（王延芳）

【公证工作】公证处在全市率先引进了“诺特瑞”公证软件；开始使用“用友通”财务管理软件；增加了两台电脑、一台办公录音电话机、两台多功能一体机（包含了传真和扫描等功能）、扫描仪、两台身份证识别仪，全面提升了鼎城公证处的软、硬件设施，提高了办证质量和办证效率。公证处进驻了区政务中心大厅服务窗口、建立了政务中心与公证处的局域网络；全年共办理各类公证业务609件，其中国内民事公证341件、国内经济公证38件，涉外及涉港澳台公证230件，公证业务量比去年提高十多个百分点。全年无一件错、假证，无一投诉事件，无一被撤销的公证。年底的公证卷宗质量检查，在全市各区县市中位居前列。在全市法律服务机构中排位第一，获得全市先进单位，公证处负责人侯厶瑜被评为全市优秀公证员。（侯厶瑜）

【普法依法治理】2010年为“五五”普法总结验收之年。全区普法依法治理工作按照“五五”普法规划和年初工作目标要求，紧扣中心，服务大局，为建设“善卷故里，幸福鼎城”创造了良好的法治环境。一是开展了“法治鼎城”创建。2010年鼎城区被确定为全省“法治区（县市）”创建试点单位，成立以区委副书记为组长的创建工作领导小组，制定下发《“法治鼎城”创建工作方案》，全面实施创建活动。二是开展了“五五”普法总结验收。7月份，市依法治市办对鼎城区“五五”普法工作进行了检查验收，鼎城获得通过并得到好评。三是开展了“百日城乡专法普教”活动。组建“十法宣讲团”，围绕《国土法》、《水法》、《环境保护法》、《规划法》、《土地承包法》、《土地承包纠纷调解仲裁法》、《劳动合同法》、《妇女儿童权益保障法》、《信访条例》、《治安管理处罚法》十部法律，采取行之有效的法制宣传教育手段和方式，使广大人民群众普遍接受一次专项普法教育。并落实专项经费50余万元编印《常德公民法律常识快读》26万册，免费发送到全区每家每户。四是公职人员特别是领导干部学法用法制度进一步落实。全区有50多名处级干部、1万多名公职人员参加了普法考试，取得了普法合格证。普法讲师团采取下乡镇巡回开办法制讲座培训的方式，培训基层法制骨干2200多名。五是贴近形势发展和工作需要，有针对性地开展法制宣传教育，针对区属重点工程搞好法律宣传教育保障，建立了“区长接待日”和律师共同参与信访接待制度。六是积极开展“民主法治村（居）、社区”创建、“依法办事示范窗口单位”创建等活动。

（张章）

经济管理与监督

发展改革计划管理

【概况】2010年,全区发展改革工作认真贯彻落实科学发展观,着力推进转方式、调结构、惠民生,经济增长再创新高,社会事业全面进步。全年实现地区生产总值149.58亿元,增长14.6%,规模以上工业总产值实现43.4%的高速增长。经济结构、效益明显改善。一、二、三次产业分别实现增加值42.79亿元、51.37亿元、55.42亿元,分别增长4.3%、23.4%、15.7%。完成财政一般预算收入4.07万元,增长52.6%。规模工业进一步壮大。新增规模以上企业14家,达到117家,产值达10亿元企业2家,过5亿元的1家,过亿元的6家,过5000万元的8家,机械、建材、纺织等骨干行业发展加快。粮食、棉花、油料、生猪、水产品产量稳步增长,农业龙头企业发展态势良好。商贸、服务业加快发展,商贸流通和交通运输网基本形成,仓储、批零贸易、房地产等发展较快。经济社会发展更加协调。新增城镇就业人员5103人,城镇零就业家庭实现动态就业援助达100%;新农合参合人数稳步增长,城镇职工基本医疗保险、企业养老保险、城乡低保、农村五保和退伍军人优待抚恤等保障项目实现了与市本级统筹;校舍安全工程、合格学校建设工程稳步推进;人口自然增长率控制在4.13‰;城镇居民人均可支配收入、农民人均纯收入分别达到16112元、5698元,分别增长12%、15.3%。

科学编制规划,绘制"十二五"发展蓝图。全区上下齐心协力,群策群力,编制"十二五"规划,为未来五年全区经济社会发展明确方向,确定重点,储备项目,规划质量得到了省、市有关部门和社会各界的高度肯定。提出了发展战略。将继续推进以"打造工业新城、开发城市新区、建设生态新村"为主要内容的"二次创业"发展战略。明确奋斗目标。"十二五"经济总量再翻一番,地区生产总值达到300亿元,全社会固定资产投资累计达到800亿元,财政一般预算收入达到10亿元,单位地区生产总值能耗下降到0.79吨标煤/万元。加强专项规划编制的指导、全区各部门单位高度重视"十二五"规划编制及重大项目开发,形成了水利、卫生、环保等39个高质量的专项规划。突出项目开发与衔接。突出转型发展,突出创新发展,突出统筹发展,突出和谐发展,收集整理产业提升、基础设施、民生工程、生态环境等"十二五"规划项目288个,经多次向上汇报衔接有近30个重大项目纳入了省"十二五"规划。

千方百计扩大投资,推动项目建设。全年完成社会固定资产投资62.4亿元,增长64.3%。争取上级投资创历史新高,达3.1亿元,以工代赈、巩固退耕还林成果后期扶持、沼气工程、农村公路、生猪标准化养殖、"双低"油菜、林业血防、农业血防、饮水安全等一大批专项投资项目开工建设。重点工程进展顺利。全年安排重点建设项目23个,完成投资41亿元。南方水泥、中联重科中小吨位汽车起重机技改、特力液压技扩改、中联机械产业配套园、天河管桩、污水处理工程、牛鼻滩排涝工程、枉水大型灌区、G207公路改扩建工程、常安高速、澧常高速、常岳高速、大龙站35KV输变电站改造、江复500KV(Ⅰ、Ⅱ回)输电线路“冰改”工程等项目均完成或超额完成年度投资计划。城市建设明显提速。西区开发全面启动,善卷文化公园及“一纵三横”西区道路等工程、善卷垸水利综合治理工程、善卷中学、善卷医院等项目开工建设;城区基础设施逐步完善,全年实施城镇项目78个,永安路、金霞东路等一批主干道路工程建成投入使用,花溪西路、双潭路等项目开工建设;城市产业不断发展,桥南商业城正式投入运营,朝阳路、佳泰、维畅等三大农贸市场升级改造全面完成,开工房产项目9个,建筑面积120万平方米。

加强综合协调,营造发展环境。继续加强招标投标管理,依法核准招标项目31个,应公开招标率达100%;突出抓好招标执法,全年稽察项目17个,立案查处招标投标违法案件2起。切实加强项目管理,积极协调处理工程建设过程中的阻工事件,成立重点工程建设“110”,采取“打教结合、标本兼治”的工作举措,为项目建设营造了良好施工环境。全年组织稽察特派员对项目工程质量和安全生产进行了专项检查,对个别项目工程存在的质量问题和安全隐患,作出了限期整改和停顿整改的处理,确保了项目工程建设质量。 (彭礼成)

物价管理

【概况】2010年,区物价部门围绕省、市价格工作会议精神和区委、区政府中心工作,加强价格调控、整顿规范市场价格秩序,提高价格服务水平,全区价格环境不断优化。一是保持市场价格水平的基本稳定。把稳定市场价格放在突出位置,加强与人民生活息息相关的115个品种价格的重点监测,严格执行国家关于价格调控的规定,严厉打击价格垄断、价格欺诈、哄抬物价等违价行为,全区粮、油、肉、菜价格基本稳定。价格调控能力不断加强,全年征收价调基金71万元,为平抑市场价格起到了积极作用。二是着力加强收费监管。严把涉企收费政策关,认真落实上级取消和停止征收的行政事业性收费项目,取消了19个部门单位的收费项目58项,降低收费标准25项,全年累计减轻企业缴费负担2000多万元。三是切实加强价格监督检查力度。重点开展了春运价格、协会收费、涉农和涉企收费、农村医疗收费、教育收费等监督检查,立案38宗,查处违法金额304.3万元。四是落实价费优惠政策。认真落实农村义务阶段困难家庭寄宿生生活补助政策,为困难家庭减轻负担近120万元;严格执行城镇低保户每月全免水、电、气、门诊挂号费等优惠政策,为城镇低保减负近20万元。五是价格服务水平不断提高。成本监审方面,对斗姆湖、蒿子港、周家店、韩公渡等五家水厂的水价进行了成本审核,审核金额800多万元,审减不合理成本60多万元,对水价调整严格按程序,组织召开定价听证会,广泛征求社会各界意见,科学合理制定了自来水销售价格;在价格鉴证方面,坚持把公平、公正、守纪放在首位,每宗鉴证报告做到资料齐全、程序合法、计算准确、结论真实,全年开展涉案物价鉴证570宗,鉴证金额250多万元,无一例提起复议,为社会各界提供了优质高效的服务。六是加强队伍建设。以开展创先争优为主线,以“内强素质、外树形象、打造满意机关”为目标,进一步完善行政执法责任制、岗位责任制,严格实行定价集体研究、价格处罚集体案审制度等,物价工作步入了规范化管理轨道。2010年被市物价局评为全市物价工作、价格监督检查工作先进单位。

(彭礼成)

统计管理

【概况】2010年,区统计系统贯彻落实区委经济工作会议精神,围绕区政府工作重点开展统计服务,紧扣上级统计业务部门工作部署,以服务地方经济社会发展为宗旨,努力提升统计服务水平,圆满完成了各项统计任务,全区统计事业实现了科学、稳步发展。

重调研,服务经济发展。为利用统计调查研究优势,充分发挥统计分析决策参谋作用,区统计局狠抓调研分析。全年共组织了五次大型专题调研活动,各专业每季度开展了一次专业数据评估,共写出较高水平的分析材料30篇,为区委、区政府决策提供了有效参考,受到了区委主要领导的好评。

抓质量,提高统计公信力。随着统计工作的社会关注度越来越高,对统计工作提出了更高的要求,全局认真落实上级统计改革部署,不断深化统计改革工作,努力促使统计工作贴近生活,服务百姓,提高群众对统计工作认知度,提高统计公信力。

强队伍，锻造作风优良的统计干部队伍。注重干部素质教育，鼓励干部加强业务学习。全年前后8次组织干部参加省市组织的业务培训学习。结合局情,认真修订与完善了各项规章制度，严格实行制度管人管事，机关作风进一步转变，干部战斗力进一步提升。

各项监测工作有序开展。国家林业监测工作，畜禽监测工作继续平稳推进。为国家各项补贴项目的落实提供了数据支持。

继续开展了“为民办实事”工作的数据评估认定工作。评估结果在政府网站进行公示，得到社会的监督与认可，并通过了省市的检查验收。 （陈真）

【第六次全国人口普查】人口普查工作贯穿全年统计工作始终。在区委区政府的高度重视下，全区各级各部门紧密配合，各级普查机构高效运转，全体普查指导员和普查员齐心协力，经过大量艰苦的前期准备，11月1日，鼎城区第六次全国人口普查入户登记正式启动，区政府副区长刘运华亲赴武陵镇临江社区、灌溪镇岗市村两个登记点入户登记现场并参与入户登记,至此,全区第六次全国人口普查入户登记工作正式拉开序幕，据区人普办初步预测，本次人口普查应登记人口达100万人。 （陈真）

国土资源管理

【概况】2010年是“十一五”规划收关之年，在上级的正确领导和在相关部门的鼎力支持下,国土人团结共事、齐心谋事,紧紧抓住科学发展这条主线，积极主动服务,严格规范管理,全区国土资源管理工作取得了显著成绩,比较好地发挥了国土资源保障作用，被市局评为全市国土资源系统服务重点工程建设先进单位，被区委评为目标管理先进单位。 （李明）

【项目报批】全年共报批新增建设用地项目24个，总面积71.4868公顷。批回中联重科中小吨位汽车起重机技扩改、鼎城人民医院、桃花源路、新合作物流配送中心、水产品批发市场、兴发安置基地等19个项目（含2008-2009年申报2010年获批项目),总面积94.2621公顷。切实保障区工业园、基础设施、城镇和重点招商引资项目用地。 （李明）

【土地整理】完成土地开发整理项目27个，总面积568.21公顷,总投资3071.51万元,新增耕地283.88公顷。项目的实施,不仅大大提高了耕地的数量和质量，实现了耕地占补平衡，而且为经济建设提供了用地保障。根据全国第二次土地调查成果显示,全区2010年年末实际耕地保有量121.2375万亩，超过了市政府下达的119.38万亩耕地保有量(2009～2012年）指标1.8575万亩,已连续13年实现耕地占补平衡。 （李明）

【征地拆迁】启动征地拆迁项目25个，拟征地总面积5725.66亩，拟拆迁总户数720户,拟拆迁各类房屋13.25万平方米,预算总资金3.18亿元。年末完成了常德大道(鼎城段)、鼎城人民医院、景新中学、S205公路改扩建等21个征拆项目,占全年启动项目的90%以上。完成征地补偿面积5725.66亩，拆迁户数682户，拆迁房屋面积12.57万平方米，支付征地拆迁总金额2.64亿元。召开征地拆迁安置对话会、政策宣讲会30多场次，受众1100多人。编制印发《征地拆迁补偿政策问答》、《安置资格政策问答》等宣传资料400多份,随同省、市政府征地拆迁安置文件一并发放到被拆迁户。做到了政策透明,操作公正,减少了拆迁阻力,加快了工作进度。 （李明）

【土地收益】全年共储备土地18宗,总面积282.45亩,推出土地16宗,总面积198.45亩,成交总额达1.1842亿元；区交易中心全年累计挂牌成交土地40宗,出让总面积57.7736万平方米,成交总价款达2.619亿元。累计上缴区财政土地纯收益1.2509亿元,有力地充实了区财政。 （李明）

【耕地保护】全年在全区城乡共张贴耕地保护宣传标语700多条、宣传横幅90多条,发放宣传资料15700多份,宣传板报70多处。在区电视台“政务之窗”开设专栏宣传，在直播节目中插播耕地保护短片，还借电影下乡的机会，在电影片头播放耕地保护宣传短片,全区各村放映达537场。全年收缴耕地开垦费916万元，严格控制了各类建设项目的耕地占用量,上报获批的20个项目仅占用耕地36.43公顷。 （李明）

【地灾防治】落实《鼎城区2010年度地质灾害防治工作责任

状》、《鼎城区2010年度地质灾害防治方案》、《鼎城区突发性地质灾害应急预案》等9项地质灾害防治方案和制度。利用“土地日”、“地球环境日”、“区安全生产月”等大力宣传地质灾害防治知识,发放资料2000多份,并把专家请到乡镇、中小学进行现场讲解。全年争取到省、市、区地质灾害防治经费56万元,收存矿山地质环境治理备用金35.4191万元。在汛期、地质灾害频发期,发布预警、预报信息28条,下乡巡查、处置地质灾害险情38次,拍摄记录照片305幅,基本做到了对全区新发生的各类地质灾害预报及时,监测到位,处置合理,未发生一起因地质灾害防治不到位导致的人员伤亡事故。 (李明)

【执法监察】全年共参加区政府和国土局自行组织的拆违行动94次,拆除违法违章建筑152处,拆除面积2.9万平方米。执法大队立案查处违法用地案件12起,涉及面积2.84公顷,收缴罚款14.3617万元。全国土地卫片执法检查结果显示,鼎城区合法用地率达到了97%。对石板滩新堰湾石煤矿等12家矿山企业下达了限期整改通知书,对沧山祥荣矿业等3家矿山企业下达了停产通知书,对无证开采行为进行了严厉查处。 (李明)

质量技术监督管理

【概况】2010年质监部门各项工作均取得了显著成绩。“食品质量安全”、“特种设备安全”两项工作均被市局和区委、政府评为先进单位。质检所顺利通过实验室国家认可现场评审,谱写了历史新篇章,一跃跻进全省质检所先进行列,为经济社会发展提供强有力的保障。 (房正成)

【质量监督】加强对生产企业的监督管理,建立监管有序的长效机制,做到重点突出,监管到位。全年共完成大米、面粉、食用植物油、白酒、饮料、调味品等食品定期监检计划500个批次,委托抽检241个批次,完成率达100%。 (房正成)

【行政执法】坚持抓重点、抓专项、抓源头,确保质量安全。组织开展了农资、食品、建材、烟花爆竹等八个专项整治和查处工作,成效明显。在专项整治中,共出动行政执法人员75人次,执法车辆32台次,检查生产企业130家、超市16个、经销网点38个,现场处罚26起,立案查处15起。查获广州万宝、长沙达人有限公司生产的不合格取暖器、课桌案,产(商)品货值金额达86余万元。取缔非法生产钢坯厂2家,捣毁制假售假窝点4个。 (房正成)

【法制宣教】创新法制宣教形式,采取对执法人员进行轮训、跟班学习、开展执法研讨、邀请法律指导等方式方法,提高执法队伍素。以“3·15”“质量安全月”活动为契机,通过新闻媒体、电视栏目、报刊等形式,面向社会有组织、有计划地宣传新颁布或新修订的法律法规。上报鼎城新闻3次,与鼎城台联办4期质量之窗,上市级新闻稿件5条,上报简报16期,市局转发简报12期,编印发放宣传资料1560余份,提高群众的法律意识,扩大质量技术监督认知度。 (房正成)

【标质代码管理】落实“质量兴市”工作会议精神,抓质量、树名牌,促进企业产品上档升级。为先玉网具、宏旺石油、锦云塑业、武陵源管业有限公司4家企业申报湖南、常德名牌产品。开展质量信用等级评价。帮助常德景云塑业、常德质中电通讯,宏旺石油有限公司等5家企业取得质量信用等级A级证书。

全年完成216家生产企业标准的年审工作,新发标准证书9份,为9家企业制修订14项企业标准,完成湖南佳达电线电缆、湘北水泥有限公司等30家企业生产许可证到期换证审查工作,并对无证无标产品进行了查处。加快牛鼻滩珍珠养殖农业标准化国家级示范区立项建设发展的步伐。重点抓了湖南佳达电线电缆有限公司省级标准化良好行为企业试点工作。

坚持服务标准化,办事程序化,管理规范化,不断提高服务质量,服务效率。全年新办证678个,代码到期年检1226个,建立电子档案1904个。 (房正成)

【计量管理】推进城信计量工作。加强对集贸市场、眼镜店、医院、加油站计量器具的监督管理;开展能源监测工作。帮助企业建立和完善能源计量管理制度,为政府节能减排和实施节能管理提供科学数据;开展计量检定和执法工作。集中抓好与老百姓生活密切相关的大米、食用植物油、调味品、农资等农业生产资料计量执法工作,查处计量违法案件8

起，货值金额32万元。检定计量器具1660余台（件），其中衡器500余台（件）、加油机380枪、天平80台套、压力表580块、单相电能表120块。（房正成）

【食品质量安全监管】一是严把准入质量关口。今年新增QS的企业13家，全区现获得QS证的企业达134家；二是全面清查涉乳食品企业。督促11家涉乳企业签订了新一轮的质量安全承诺书，抽检乳制品及含乳食品34批次，全部合格。三是加大食品抽查力度。全年共检710个批次，其中食品检验达350家近590个批次。四是加大食品添加剂和重点区域整治，共查处无证生产行为5起。全年共完成巡查、回访764人次，对发现的问题，督促企业及时进行整改，质量警示语制度取得明显成效。（房正成）

【特种设备安全监察】加强特种设备安全信息体系、监管体系、事故应急救援体系“三大体系”建设，为全区安全生产运行提供强有力的保障。在与120家企业签订责任状，落实三方责任基础上，着力抓好节日期间大检查，消除事故隐患。出动车辆56台次，人员160人次，检查150余家，发现安全隐患30处，下发监察指令书32份，立案6起；加强特种设备操作人员的培训工作，共培训450人，新发证178人；开展场（厂）内机动车辆普查整治。提高特种设备安全监察的复盖面，确保该类设备的安全运行；配合市局特检所开展在用特种设备定期检验120家，检验设备450台（件），压力管道1500余米；全年共完成气瓶检验2100只；严厉打击特种设备设计、制造、安装（修理）的违法行为，立案查处8起，其中查处江苏盐城、泉洲南侨两家在辖区的分公司未经许可擅自安装锅炉（压力容器）案，消除特种设备安全。3月下旬开始，在全区开展了液化石油气掺杂使假的整治工作。对5家液化石油气站进行突击监督检查，进行了抽样送检，对违规掺入二甲醚生产经销单位依法、依规进行了立案查处。

（房正成）

【烟花爆竹管理】严格管理危化品生产许可，强化证后监管工作，进一步加大烟花爆竹企业巡视制度。上半年开展了一次全面的普查摸底登记，与11家烟花爆竹企业签订了责任状，建立了监管有序的长效机制。严格对烟花爆竹生产企业的审批检验监督管理，排查安全隐患5起，对发现的问题进行了严肃处理。

（房正成）

【技术机构建设】投入164万元，对技术机构进行了扩项升级改造，技术检测能力大幅提升。先后组织实施了技术改造和“二合一”评审的申请认证；六大食品主要参数（三聚氰胺、苏丹红、苯并芘、溶剂残留量、脂肪酸组成、脱氢已酸）扩项，检定、检测项目已达47项，参数达333个；10月10日与湖南文理学院建立产、学、研基地，聘请文理学院博士、硕士4人；实验室国家认可现场评审已获得通过。（房正成）

工商行政管理

【概况】2010年，区工商局深入开展“学习提高年”“工作创新年”“工作精细年”活动，切实履行工商行政管理职能，全力打造“双合格、三过硬”队伍，全面建设人民满意工商，各项工作取得了好的成绩。（刘永斌）

【优质服务】以整合行政许可职能、行政审批相对集中为切入点，建设一流窗口，提高服务效率。整合行政许可职能，设立行政许可办公室。制定出台《常德市鼎城区工商局行政审批职能相对集中工作方案》，将所有行政审批事项全部集中到区政务服务中心窗口办理。区工商行政管理局授权局行政许可办公室（驻区政府政务中心）集中受理审核企业、个体工商户名称登记，企业设立、变更、注销登记，股权出质登记，流通环节企业食品经营许可，户外广告登记，展销会登记，企业动产抵押物登记，企业年检等行政许可、行政审批事项。实行“统一对外、集中办事”、“就近办理、一级办结”的工作模式，最大限度地方便申请人。实施政务公开，便利社会监督。自行开发服务软件，在政务中心工商服务窗口设立行政许可自助服务区，向前来办理行政许可、非行政许可的群众实现全开放、全方位的政务服务。还在行政许可自助服务区内配备了办公桌椅、电脑触摸屏、电脑、打印机等办公设备，印制了工商行政管理机关行政许可、非行政许可审批办事服务项目办事服务指南。办事群众可以使用自助服务区内的办公设备，全面了解涉及工商部门行政许可、非行政许可审批事项的所有工作指南，可以上网了解企业登记资料、工商法律法规，查阅企业登记指南等方面的信息，翻阅常见的登记规范示范文本，当场填制打印相关登记资料。同时配备专业工商行政管理人员，指导相关登记，避免走重复路、往返路。树立了亲民和谐的工商形象，受到了办事群众的一致好评。通过以上公开形式，使政务公开达到了“四个一”，即：“一看便知、一问便明、一查便懂、一办便成。”

全面推行行政许可告知“一口清”制度，提高服务效能。落实市局行政许可事项告知“一口清”制度实施办法，开辟“绿色通道”，对招商引资工业企业、伤残军人、大学生、各类农民专业合作社企业等均可通过注册窗口的“绿色通道”实行无障碍登记。对申请材料齐全、符合法定形式的，当场受理。除依法需要对申请材料的实质内容进行核实的外，当场作出是否准予登记的决定，领照时间由法定的10个工作日减为1个工作日。区工商局授权各工商所办理管辖范围内个体工商户设立、变更、注销登记，个体工商户流通环节食品经营许可，个体工商户验照等行政许可、行政审批事项。实现服务平台前移，将个体工商户的发照权限下放到各工商所，只要材料齐全，经营户当天就能在辖区的工商所领到营业执照。

以建立服务“一化三基”“四化两型”工商联络员制度，推动开展服务“一化三基”“四化两型”活动为主线，明确服务重点。自行设立开发服务软件，服务“一化三基”“四化两型”工作。联系企业218家，针对新登记的市场主体法律意识淡薄、市场竞争力不强、资金短缺等问题，有选择性的把节能、环保等新型工业化企业，服务农村、农业基础产业企业作为帮扶重点，明确工商干部作为联络员进行“一对一”帮扶。举办《公司法》、《农民专业合作社法》、《食品安全法》、《商标法》等法律培训班，培训企业法定代表人、个体工商户1913人，走访企业2123次，全年为企业解决实际问题980个。指导企业、个体工商户申报商标注册，发展市知名商标13件，占全市16.25%；省著名商标12件，占全市19.1%，均名列前茅。指导企业、个体工商户办理动产抵押登记，股权质押登记，促成企业融资近5.5亿元。举办银企洽谈会，为276个中小企业和个体工商户在工商银行、农业银行、邮储银行牵线搭桥，融资近4亿元。有效的助推了鼎城市场主体健康成长。成立服务法律援助中心，业务为联系企业进行法律宣传，法律咨询，法律援助。开设信息平台，与中国移动、中国联通合作，设立两个手机信息平台，通过信息平台定期向联系企业发布温馨提示、政策宣传、真情问候、征求意见等友好信息。

推行现场办公制。定期召开现场办公会，主要向企业老板介绍鼎城区工商局服务的工作目标，工作内容及工作措施，注重征求意见、宣传咨询、现场年检、企业融资、农副产品推广等方面的交流，提高服务水平，为企业搭建交流、合作、互赢的发展平台。以12315功能建设为重点，加大12315品牌建设，在消费维权上更新服务理念，创新服务方式。

12315是工商部门服务民生、维护稳定、树立形象、建立权威的载体。按照“热情受理、及时办理、合法处理”的原则，充分发挥12315行政执法体系的作用，平均每年受理投诉近600件，办结率100％，为消费者挽回经济损失近300万元，得到群众称赞，政府表扬，被誉为“第二信访局”。5月，12315接到鼎城区石公桥一村民陈某的投诉，称自己在石公桥某医院先后住院3次，病情不见好转，反而加重了，怀疑吃了假药。维权工作人员立即将她服用的药品送到药监进行鉴定，确认为假药。后经维权人员调解，该医院赔付病人12万元。

加强建设。进一步健全12315消费维权体系，提高消费维权的覆盖面。加强12315、消保、消委内部机构的资源整合、统筹配合，促进政府部门、行业协会、经营主体等外部力量的密切配合，着力构建行政执法、行业自律、社会监督“三位一体的大维权工作格局，形成综合维权的合力。

拓展功能。探索行业维权的功能，支持行业协会强化自律管理，开展自我服务，进行自我教育，加速自我发展。突出建材装修、电信通讯、美容美发、母婴用品，水电油气、房地产交易、物业管理等重点行业，抓住质量安全、价格欺诈、霸王条款等重点问题，有计划、有声势地开展消费维权监督，共走访公用企业5家，上门举办培训班3期，做到监管一个行业、规范一个行业。增强消费引导的功能。积极开展消费调查、消费评议、比较试验等活动，牵手厂家、商家和买家开展体验活动，通过建立手机短信、互联网等平台，定期发布12315数据分析报告4期，引导消费者安全消费、科学消费。延伸接受监督的功能。将12315作为工商部门密切联系人民群众的桥梁和纽带，及时受理群众对工商部门的咨询、投诉和举报，充分发挥12315了解社情民意、公开政务信息性能、征求群众意见、接受社会监督的作用。

创新方法。在“快”和“好”两个方面下功夫。一是快速反应。进一步优化12315工作流程，减少流转环节，增加维权力量。每个工商所设立消费维权申诉举报站，明确以网络监管为主体的消费维权责任制，努力做到消费申诉处理城区15分钟、农村第一时间赶赴现场。完善市场巡查制，特别是农村工商所每月至少对村镇进行了一次综合巡查，消除农村工商监管与服务的“盲区”。二是妥善处置。进一步建立健全消费者与企业的和解制度、经营者的自律制度、消费纠纷的调解制度等，探索小额消费纠纷快速调解的途径，完善农资与食品销售台帐制度及先行赔付等系列制度，力求把消费纠纷解决在基层、和解在企业、化解在萌芽状态。

（刘永斌）

【市场监管】1、“八大专项整治”见成效。专项整治保春耕，农资打假见成效。大力开展“红盾护农”保春耕、保夏收、保秋播三次专项整治行动，加大大要案查处力度。出动车辆138台次，出动执法检查人员1812人次，检查农资经营门店2449家次，查处农资案件129起，罚没入库38万元。

落实安全主体责任，强化安全监督管理。强制关停了灌溪镇5家有严重污染的镀锌厂，并配合石板滩镇政府取缔粉煤厂28家，协同公安、安监、质监等部门取缔烟花爆竹黑作坊21家，有效地保护了当地的生态环境。

明确监管重点，坚决取缔“黑网吧”。专项整治行动出动执法人员476人次，检查网吧户数210户，查处违规网吧6户。现鼎城区已无“黑网吧”。

积极开展企业登记代理整治。对全区23家企业登记代理机构，以及从事与企业登记代理相关联的验资、审计、资产评估企业和个人进行摸底调查，对无照无证或超范围从事登记代理业务的行为等列入重点整治内容。

加大商标保护力度，规范广告行为。4月23日，与市工商局合同科联合查办的重庆树荣化工有限公司生产销售的“邦德农达”牌草甘膦异丙胺盐(除草剂)的商标侵权，对该公司涉嫌侵犯商标专用权一案下达处罚决定书并处罚款30万元上缴财政，保护了企业的合法权益。

2、优质高效搞好年检验照工作。在企业年检时未利用年检之机搭车收取任何费用。加强年检审查，确保优质高效。

3、全力打造“五无”监管区。严格遵循省局“五无”创建要求和市局“五无”创建统一部署，始终把“五无”监管区创建作为全面提升服务水平，提高监管效能的头等大事来抓。共明确监管区94个，申报创建“五无”监管区66个，全部通过市局验收。

认真开展市场主体普查和清理整治无证无照经营工作。严格按照“三个基本摸清”、“三个百分之百”和“三个一致”以及“户口清、状况明、分类准、信息全”的工作目标，实行岗位责任到人，同时实行“谁采集、谁录入、谁负责”的工作责任制，确保普查登记事项录入准确完整，把无照经营率控制在2%以内。为加大无照经营查处力度，争取地方政府的支持，将这一部门职能上升为政府行为，10月，鼎城区人民政府印发了《查处取缔无照经营工作考评办法》，把此项工作纳入了乡镇党委政府年度目标管理考核内容。

积极探索实施食品流通许可工作机制和方法。聘请59名区人大代表、政协委员等为食品安全义务监督员，设立58个食品安全风险直报点，向社会挂牌公示。通过鼎广电台《政务之窗》，与听众互动，宣传工业松香拔毛的危害性，购买食用松香免费发放给经营户，以彻底杜绝工业松香拔毛。实行食品送货车备案制度，有计划、有步骤的推行农村食品安全示范点工作。对全区四十一个学校商店经营的小食品进行的抽样检测工作，在工作难度大、地域广、商品品种复杂、经费有限的情况下，克服困难，委托“中国检验认证集团湖南有限公司、长沙市食品质量安全监督检测中心、鼎城区质量监督检验所”三家具有法定资格的检验机构对抽样食品进行检测，共有二十七个学校商店销售的食品不合格，罚款近30万元，取得了良好的社会效益。7月，区政府印发《2010年度绩效评估办法》，将各乡镇食品安全纳入考核内容。

加强部门联动，防打结合。建立了公安、金融、通信、乡镇社区等部门参与的联席会议机制，对传销活动开展全方位的打击。取缔传销窝点53个，遣返传销人员1180多人，解救被骗人质15名，并扣押了大量用于传销的书籍资料等物品。组织干部到同德职业学院和市工商局同步进行了打击传销大型宣传活动。工作人员一一向他们宣讲了传销的表现形式、危害以及防范非法传销的各种手段、并现场发放各种宣传资料2000余份,师生们纷纷表示受益匪浅,让前来问讯、咨询的600余名学生受到教育。此次活动同时，还在区内传销多发地区王家铺社区开展了上述活动，并出动了两台宣传车在社区内各居民点进行了长达两小时的广播宣传。多次组织执法人员对传销活动十分频繁的武陵镇停车场社区、王家铺社区、桥南工业园等地的传销窝点进行了严厉打击。

（刘永斌）

【建人民满意工商】以加大培训力度，加大基层基础投入为手段提高服务水平,提升服务形象。

1、大力推进学习型机关建设。扎实开展“学习提高年”“工作创新年”活动。通过进行市场主体登记培训、食品检测培训、财务管理培训、档案知识培训、行政裁量权培训等专题培训8期，提高干部职工的理论水平,执法水平,监管水平。结合实际,明确了“机关学习日”，时间为每周五的下午，保证每月有2—3次集中学习时间。使学习成为干部职工的自觉行为,成为干部职工的生活方式。

2、大力推进党建建设,用党建工作统揽全局工作。

加强基层党组织建设。把机关72名党员调整为6个党小组，各工商所以所为单位成立党小组,全局成立17个党小组。各党小组分别召开了高标准的党小组生活会，生活会上每个党员就机关事务、干部职工关心的热点问题各抒已见，纷纷表示党小组生活会、民主议事要常态化,让组织生活这一必修课重回到工商队伍中来。

开展优秀党员的学习和评选活动,评选出一个优秀党支部,二个优秀党小组,30名优秀共产党员。树立“标杆”,做到学有榜样，赶有目标。大力表彰“十佳工商所长”、“优质服务标兵”、“执法监管标兵”、“学习标兵”、“敬业奉献模范”等五类标兵,把他们的先进典型事迹在各所的宣传栏进行宣传,号召全局学习身边的典型,学习看得见、摸得着、体会得了的先进典型。

开展“我为党旗添光彩”为主题的党建活动。深入开展一训、二献、三赛、四树、五帮的主题活动，充分调动党员干部的工作积极性，增强干部队伍的凝聚力和战斗力,努力打造敢做事、能做事、会做事的优秀团队。

3、改善基层工商所条件,树立良好的工商形象。

为充分调动干部职工的工作积极性,同时也遏制吃拿行为,总投资180多万元，把有限的资金向基层工商所倾斜，改善基层条件,做到了让干部职工有车坐,有饭吃,有较舒适的办公场所。

4、大力推进档案工作规范化管理,获得“省特级”档案室荣誉。

共投入各项经费计25万余元,重新装修了档案室、阅览室、荣誉室,购置了18组符合国家标准的档案密集架，除湿机、防磁柜、空调、文件消毒柜、电脑、温湿度自控仪等“九防”设施到位。室藏档案共计12499卷(件、份),分为综合档案和业务档案两大类，编有《组织机构沿革》、《大事记》、《基础数字汇编》、《创文明机关材料汇编》、《鼎城区市场主体发展报告》等资料，在验收中一举过关。

5、强化对外宣传,营造舆论氛围。

充分利用各类媒体大力宣传工商部门在维护市场经济秩序、促进经济发展中的作用以及自身建设中的先进典型，增进社会各界对工商部门的了解，让工商部门的工作得到各界认可，及时向区委办、区人大办、区政府办、区政协办上报鼎城工商简报71期，在各类报刊杂志和新闻网络媒体报道工作动态，全方位地营造和谐有序的良好工作氛围，为开展工作创造良好的环境。2010年被市委、市政府授予“2010年度全国城市公共文明指数测评迎检工作先进单位”。被常德市文明委授予市级“文明单位”。获得区委、政府授予的政务公开工作、优化经济发展环境、政务中心窗口、社会治安综合治理工作等多项红旗单位的荣誉。还获得食品安全、农资打假、安全生产、计划生育、建设新农村工作等多项先进单位的荣誉。

（刘永斌）

农村经营管理

【概况】2010年，全区经管系统认真贯彻落实中央一号文件，围绕农村土地承包管理、农民负担监督管理、农民专业合作组织建设、农村集体资产与财务管理扎实开展工作，为全区农村稳定和发展做出了积极贡献。区农村经营管理局被省评为农村土地流转指导工作先进单位，被市评为农村统计工作先进单位。

（伍佑波）

【山丘区水费减半征收】根据区长办公会议要求，区减负办制定了减征水费50%的负担方案，并直接核减到农户，仅此一项就减轻农民负担近110万元。

（伍佑波）

【一事一议审批】财政奖补项目的实施，调动村级组织筹资公益事业建设积极性的同时，也为农民负担的监管增加了难度。到区减负办申请筹资的村比上年大幅增加。鉴于此种形势，区减负办在搞好政策宣传的基础上，制定了严格的措施，并组织相关人员加大了项目现场的踏勘力度，2010年共批准一事一议项目190个。（伍佑波）

【成立全市第一家土地股份专业合作社】经管局根据政策和有关文件精神，积极指导石门桥镇乌塘岗村成立了全市第一家土地股份专业合作社，入股农户20户，入股土地面积210亩，入股土地实行规模化集约化经营，采取租赁或自营等方式，大力发展休闲农业和蔬菜产业，入股土地采取保底加盈余分红的分配方式。在土地集中连片流转方面做出了有益尝试和探索。（伍佑波）

【开展示范社建设】制定了《鼎城区2010年度示范社建设工作方案》、示范社建设标准、示范社考评记分细则。年底，省级示范社常德穗丰优质稻农民专业合作社经省为民办实事考核组考核达标合格，15家市级示范社经市经管部门验收，90%以上合格。

（伍佑波）

【自编村会计培训教材】组织相关业务人员认真编写了村会计业务系统辅导资料，内容涵盖会计核算、负担监管、农民专业合作社建设、农村土地承包等四大内容，辅导资料针对性强，联系实际紧密，深村会计喜爱。（伍佑波）

环境监督管理

【概况】2010年，区环保局以创“人民满意政府”、“五型机关”为载体，切实履行环保职责，不断加强环境宣传和环保执法力度，扎实推进生态区建设和污染减排工作、强化环境污染综合整治，努力改善区域环境质量，着力解决突出环境问题，全面完成各项环境目标任务。（高小英）

【环境宣传】抓住“六．五”世界环境日的契机，以“推进节能减排，倡导低碳经济”为主题，大力开展了系列宣传活动。一是开展了电视新闻采访。围绕“节能减排、低碳经济、生态建设、水资源的保护、污水处理厂建设”主题，在全区范围内进行了为期五天的新闻采访，跟踪报道近年来鼎城环保工作所取得的成绩和存在的主要问题，并制作了五期《推进节能减排，倡导低碳生活》专题系列报道，在鼎城电视台播出。二是举办了大型专题讲座。邀请省社科院史永铭教授在区委党校举办了“低碳经济”专题讲座，全区乡镇和科局“一把手”参与学习“低碳知识”，逐步树立“绿色理念”，自觉走向“低碳生活”。三是开展了宣传一条街活动。制作了宣传盾牌50块，印发宣传资料500份，发放环保购物袋600个，设立了现场环保咨询台和投诉点，还特别推出了“推进节能减排、倡导绿色经济，我支持、我参与、我行动”签名活动，参与签名的群众达500多人，其中年长的有七十多岁，年幼的只有四岁。四是开展了环保志愿者行动。组织100多名学生志愿者在沅江南岸拾捡垃圾，以实际行动支持和参与环境保护。五是开展了环保知识进课堂活动。6月4日，在武陵镇花船庙小学开展了“节能减排、低碳经济”环保知识进课堂的首场观摩公开课，现场受教育的师生达1000多人。环保宣传工作收到了良好的效果，广大人民群众的环保意识明显提高。（高小英）

【全国第一次污染源普查】进一步对第一次全国污染源普查数据进行了校核、汇总，建立了全区污染源数据库，全面准确地掌握了全区各类污染物排放情况，为科学制定环境保护政策与规划，切实改善环境质量奠定了基础。全区的污染源普查工作获全市先进单位。（高小英）

【环境监测】一是严格管理。建立了完善的监测实验规章制度，完成了计量认证和资质复查工作。二是加强了业务培训。全站人员进行了长达3个月的轮训，环境监测水平有了长足进步，11月中旬参加全市环境监测能力比武获团体第三名。三是完成了全年的验收性监测、环评监测、污染投诉监测以及每月的地表水质监测任务，开展了每季度的重点污染源的监督性监测，并按期报送监测数据。全年共获有效监测数据 2889 个，为环境管理和环保决策提供有力依据。

（高小英）

【建设项目管理】一是严格环境管理，开展项目清查。根据《常德市环保局<关于进一步加强建设项目环境保护管理工作的通知>》的有关要求，对全区项目建设情况进行了全面清查，共查处环保违法项目 15 个，否决了严重污染环境的新建项目 3 个，建立健全了建设项目管理台帐，项目管理步入规范化轨道。二是建立绿色通道，促进环保行政审批提速。按照提前介入、依法审批、主动服务、简化程序和急事急办、难事巧办的原则，创新工作思路，提高服务质量和办事效率。全年通过环境影响评价的建设项目 37 个，上级环保部门审批 7 个，本级审批 30 个，环评执行率 100%，同时执行率 100%。（高小英）

【污染减排】一是加强了对 8 家水泥厂和 3 家纸厂减排工程的日常监管，实行不定期督察，确保在线监测系统正常运行，稳定达标排放，对检查中发现的偷排漏排企业实施了严厉处罚。二是全程参与，全力配合，全面服务于江南污水处理厂的建设，确保污水处理厂提前 1 个月投入运行，并形成稳定的处理量，8 月下旬省环保创模验收组在核查中指出：江南污水厂的运行情况是全省最好的。三是加强了烟控区的监管，大力推进煤改气工程。截止年底，江南城区 72 台 1 蒸吨以下的燃煤锅炉已关停整改到位的有 62 台。四是全面开展全国环保模范城市创建工作。常德环保创模已通过省级评估，目前正在申请国家核查验收。全区共完成减排项目 19 个，削减 COD718.06 吨，SO2263.53 吨，存量削减率分别为 19.2% 和 13.8%，已全面完成"十一五"总量减排任务。

（高小英）

【生态区建设】全面启动《鼎城生态区创建规划》。4 月中旬，区政府召开了全区生态区创建工作会，下发了《鼎城区 2010 年生态区建设目标责任制考核实施办法》，落实了生态区建设目标管理责任制。加强对生态乡镇和生态村的创建指导。组织开展了生态创建专业培训班，聘请专家面对面授课，花岩溪、逆江坪、钱家坪等 6 个乡镇已通过省级生态乡镇的验收。实现区生态乡镇创建"零"的突破。三是加强农村环境及饮用水源地的保护。制定农村生活饮用水源保护规划。开展饮用水源保护后督察行动。定期对水源保护区水库进行监督性监测，鼎城区 6 座中型水库水质全部达到了 3 类标准，饮用水源达标率 100%。（高小英）

【环境监察】开展环保专项行动，对重点行业、重点企业进行重点排查，消除重点隐患，确保全区环境安全。开展"环境安全百日督查"专项行动。全年来组织环境安全督查 5 次，检查企业和单位 50 多家，对存在安全隐患的单位认真指导，落实整改措施，限期消除隐患，确保了全年环境安全"零"事故。开展"整治违法排污企业，保障群众身体健康"环保专项行动。区政府牵头，区环保局、区工商局、区电力局等部门整体联动，紧密配合，严厉打击了"十五小"污染反弹企业。6 月下旬，对斗姆湖镇、许家桥乡 4 家铝粉厂依法实施强制关停。9 月初，区政府再次重棒出击，组织相关部门，对灌溪镇渐河流域 8 家小电镀厂实施了强制关停。加强辐射安全监管。对全区 3 7 家医疗系统射线装置进行了逐一核查，完善检查资料档案，对核查中发现的问题进行了立案查处。（高小英）

审计监督

【概况】2010 年，区审计局围绕区委、区政府工作中心，坚持"依法审计、服务大局、围绕中心、突出重点、求真务实"的审计工作方针，突出针对经济和社会的热点、难点和领导关注、群众关心的问题开展审计，共完成各类审计项目 74 个，查出违规金额 9436 万元，管理不规范金额 14623 万元。经审计处理上缴财政 135 万元。移送纪检监察机关和司法机关案件 5 起。向被审单位和个人提出合理化建议 233 条，被采纳 198 条，修订有关宏观管理规定、制度 31 个，为促进全区经济社会全面协调可持续健康发展发挥了重要作用。（蔡中原）

【财政审计】注重规范财政收支行为，优化财政支出结构，促进财政资金更加合理有效地使用，减少损失浪费。全年共完成本级财政预算执行和其它财政收支审计 1 个，财政财务收支审计 14 个，查出违规资金 7077 万元，并抽查了灌溪和武陵两个乡镇的财政预算,查出预算虚列支出、违规退库、挤占挪用专项资金等违纪违规资金 1065 万元,查出一般预算收入入库不及时,欠缴基金收入违规出借账户等管理不规范资金 1.88 亿元,向区人大和区政府报送同级审计结果报告和审计工作报告,突出对预算分配、预算支出的审计,加强对部门预算财政专项资金的审计监督。并对预算、国库、社保、农财、国资等资金实行全面审计,同时延伸了教育、环保、民政、劳动、卫生、水利、国土、林业等关乎民生大计的主要部门的细化预算和专项资金的管理使用等群众关心的热点、难点问题进行审计。通过审计为区委、区政府进一步加强对资金的管理,建立和完善公共行政管理体制及公共财政体制提供依据。区政府多次召开区长办公会专题研究审计意见和审计建议。促进国土局专门制定了《鼎城区国土财务收支管理暂行办法》、区政府出台了《鼎城区政府性开发建设项目资金管理暂行规定》,加强了政府投资项目资金的管理。 (蔡中原)

【专项资金审计】加大对在新农村建设中涉农专项资金的审计,尤其审计涉及群众切身利益政策措施的落实情况。重点沿资金支付渠道对 8 个项目单位的水利专项资金使用进行跟踪审计。通过强化专项资金审计,揭示专项资金管理和使用中存在的问题,促进了被审计单位进一步完善制度、规范管理、防范风险、确保资金安全运作,为领导机关提供决策依据。 (蔡中原)

【行政事业审计】全区共审计单位 65 个,其中行政单位 63 个,事业单位 2 个,查出违规行为金额 8893 万元,决定收缴 118 万元。归还原渠道资金 5902 万元,调账处理 10042 万元。向司法机关移交和纪检监察移送 5 件。认真组织执行行政事业执收执罚情况审计。揭露了部分收费政策制定和执行中存在的突出问题。通过对这些问题的纠正、处理处罚,维护了国家的财政秩序,引起被审单位的重视,促进了财务管理的加强和国有资产保值增值。

(蔡中原)

【固定资产投资审计】围绕区委、区政府“二次创业”指导思想,加大固定资产投资审计力度,协助区政府出台了《常德市鼎城区人民政府投资项目审计监督办法》和《常德市鼎城区人民政府关于加强国家建设项目审计监督工作的通知》,规范了全区固定资产审计工作,本年度完成 17 个项目的造价审计,送审金额 6743 万元,审减工程造价 1053 万元,审减率达到 15.6%,并结合实际制定了《鼎城区审计局投资建设项目决算审计管理办法》,出台了《关于委托社会中介审计机构从事政府投资建设工程项目预、结算造价审计的暂行规定》,在全区建设领域专项治理大会上,通报和公布建设领域存在的超规模负债建设,融资垫资工程管理不规范,规避招标、违规招投标等问题。充分发挥审计监督与参谋作用,发挥政府财政资金、投资效益,使固定资产投资审计不断走向制度化、规范化。 (蔡中原)

【经济责任审计】经济责任审计在传统财务审计的基础上积极探索效益审计的路子,注重领导决策的科学性、效益性分析,重点揭示决策失误、工作失误和公务消费活动中的损失浪费,进一步加强对领导干部权力运用的监督。全区共对 25 个党政领导干部进行任期经济责任审计。其中 20 人得到重用、1 人提拔到副处级岗位、4 人降级使用,对 5 所中学校长和 8 个部门进行离任审计后,区委、区政府的领导高度重视对学校和部门存在的问题,由区纪委组织部对相关责任人进行警示谈话,3 位校长得到重用、2 位校长降级使用。区委主要领导充分肯定了区审计局的工作,区长董岚 3 次到审计局考察全区经济责任审计的情况。组织部庞波部长亲自到审计局整合经济责任审计结果,使审计结果报告件件有回音。领导干部经济责任审计进一步朝着制度化、规范化、经常化的方向发展。 (蔡中原)

【内部审计】全区内部审计机构开展审计项目 887 个查出违纪金额 794.6 万元,查出损失浪费金额 64.6 万元。促进增收节支 56 万元,所提建议意见被采纳 49 条。增加上缴 4.7 万元,建议给予行政处分 2 人,全年新发展单位会员 2 个,区一中内审人员黄及义被评为全省内部审计工作先进个人,为维护改革和发展大局作出了积极贡献。 (蔡中原)

食品药品监督管理

【概况】2010 年,区食品药品监督管理局深入学习实践科学发展观,树立科学监管理念,加强食品药品安全监管，推进党风廉政建设，创新药品监管体制机制，服务全区经济社会发展大局，各项工作取得了一定成效。

（王观音）

【药械市场监管】创新稽查工作机制。推行药品稽查“片警制”，将稽查人员分组、监管相对人分片包管到组，通过定工作指标、考核细则和工作要求，落实监管责任。开展药械专项整治。根据省市局的统一安排和部署，先后开展了以非药品冒充药品、医用氧、医疗器械、中药饮片、邮寄药品、终止妊娠药品等六项专项整治行动，分别立案查处非药品冒充药品案2起、违规经营医疗器械案件6起、非法经营使用中药饮片案2起、违法购进（邮寄）使用假药案1起、违法经营终止妊娠药品案1起。实行稽查全覆盖，即检查相对人100%，不留空白；检查企业各部门、医疗机构各科室100%，不留死角；检查药械项目100%，不留漏洞。全年共查处药品、医疗器械案件674起，其中一般程序案件21起、简易程序案件653起，没收假劣药械货值金额2.17万余元。全区未发生因药械质量而引发的安全事故。

（王观音）

【巩固农村药品“两网”建设成果】全区80%乡镇建立了食品药品监督协管站，调整聘任了32名监督协管员，每个村明确了信息员，并对协管员和信息员分批进行了新一轮培训，农村食品药品安全监督网络功能进一步增强。按照市场配置资源的要求引导扶持药品配送企业，企业管理更加规范，配送机制更加灵活，全区配送覆盖面达100%，药品配送率达90%以上。（王观音）

【推进药械不良反应监测】完善监测网络。8月19日，湖南省首个药品不良反应监测哨点在唐家铺乡卫生院正式挂牌，标志着基层医疗机构基本药物不良反应监测试点工作正式启动。同时乡镇以上医疗机构明确专人填报，并建议卫生部门将不良反应监测工作纳入医疗机构年度管理考核内容，促进工作落实。组织现场督导。明确责任领导和专职人员，负责对各相关单位每周一次电话催报、每季一次上门催报，并要求当场走访医务人员检查核实，防止漏报、错报和瞒报，确保上报的监测报告真正反映客观事实。全年共上报录用药品不良反应报告288份，可疑医疗器械不良事件报告53份。（王观音）

【内部管理】继续推行绩效考核。按照精细化、规范化和人性化管理的要求，坚持从每件事抓起，从每一天做起，做到“事毕事清、日事日毕”；把每项工作具体到天、细化到人、落实到岗；以“日清、月结、季评、年考”为手段，对每项工作进行过程控制和绩效评价，促进工作落实。坚持周值班和周例会制。领导和股室负责人实行轮流挂牌值周，值周人员负责值周期内全局日常事务处理，督查局纪局风，在下周一的例会上对上周工作进行讲评，对本周工作提出意见和建议。

（王观音）

食品卫生监督管理

【概况】区卫生监督所认真贯彻执行国家法律、法规及上级文件精神，严格执法，热情服务，保障全区人民身体健康，优化和改善全区经济环境。被市卫生局授予2010年卫生监督工作先进单位，被区委、区政府授予2010年度全区创建全国文明城市工作先进单位、2010年度优化经济发展环境工作先进单位、2010年度关心下一代工作先进单位、2010年度目标管理红旗单位、2010年度社会治安综合治理工作先进单位。至年底，鼎城区共有医疗机构918所；餐饮业625家，从业人员1825人；学校、机关、厂矿及建筑工地集体食堂182家，从业人员502人；生活饮用水单位37家，从业人员208人；公共场所经营单位404家，从业人员1461人；有害因素用人单位44家，接触有害因素职工1082人。（肖双华）

财政·税收

财　政

【概况】2010年，区财政部门紧紧围绕区委“发展快、财政强、保障优、稳定好”的奋斗目标，积极组织收入，改善支出结构，强化财政监管，转变干部作风，较好地完成了各项财政工作任务。各项经济指标良好：全区共完成地区生产总值149.58亿元，增长14.6%，第一、二、三产业增加值分别为42.79亿元、51.37亿元、55.42亿元；全社会固定资产投资总额为65.12亿元，增长52.1%；社会消费品零售总额77.12亿元，增长18.3%；2010年财政收入总额为19.65亿元，完成财政总收入6.92亿元，增长55.7%，一般预算支出16.59亿元，加上解支出0.3亿元，结转下年支出2.76亿元，实现了收支平衡。全区完成一般预算收入4.07亿元，增长62.61%。完成上划收入28517万元，其中：上划“两税”22864万元，增加6816万元，增长42.47%；上划所得税2469万元，增加306万元，增长14.15%；上划其他税收3184万元，增加441万元，增长16.08%。

强化征收，财政实力增强。通过加强财源建设和强化收入征管，财政收入保持了稳定快速增长的良好势头。一般预算收入的增幅、财政收入的增幅和质量，均进入全市第一方阵。主要表现在：一是财源建设。全年财政投入资金6000多万元支持全区工业发展，重点扶持了园区工业，仅中联重科五家关联企业全年上缴税费近1.5亿元。安排专项资金500多万元支持项目建设，注入政府资产近6亿元积极开展融资工作，支持了老城区道路改造、善卷防洪大堤、善卷医院、善卷中学等重点项目建设，改善公共设施，进一步完善了城市功能，促进城市经济发展，城市经营收益达3亿元。二是收入征管。层层落实促收责任，坚持依法征税；区财税促收协调领导小组，加强征收调度，制定奖励制度；建立财政、税务、国土、房产等职能部门联合征收措施，做到一体化征管，实行综合治税；强化以“源头控收、以票管收、依法征收”的非税收入征管机制。2010年完成“两税”7741万元，为预算任务的4.18倍。

优化结构，保障重点支出。积极优化支出结构，切实提高保障能力，着力保障和改善民生。2010年，区财政部门严格落实各种惠农支农政策，通过“一卡通”发放粮食直补、良种补贴等惠农补贴2.5亿元；投入资金14814万元支持农村农业发展，支持新农村建设、建设区乡村公路230公里、解决6.9万人的饮水安全问题、加强农田水利设施建设，切实改善了农民生产生活环境；投入资金26111万元支持教育发展，落实农村义务教育保障政策、加强中小学校舍安全工程建设、支持善卷中学建设、扶助中等职业教育发展等；投入资金24534万元加大社会保障和就业投入力度，促进全区新增城镇就业5103人，完成农村劳动力转移就业12015人，确保新型农村养老保险顺利启动，及时保障全区4.7万名享受对象的养老保险、医疗保险、失业保险、生育保险、工伤保险待遇的落实和5万名抚恤社救对象资金及时足额打卡发放；投入资金6959万元支持医疗卫生事业发展，推行了城乡医疗机构实施基本药物制度零差率销售试点，建立了基本公共卫生服务经费保障机制，促进新农合和城镇居民基本医疗保险制度平稳运行，筹集资金支持新建善卷医院、市四医院和区妇幼保健院改扩建，以及乡村卫生医疗机构建设。

深化改革，逐步完善财政体制。一是积极应对财政体制改革。认真应对财税体制调整，抓好了“两税”划转；认真应对“省直管县”财政改革，及时反映地方财政相关问题，争取了省市相关体制待遇和市级相关政策倾斜，2010年争取上级补助收入比上年增加16376万元。二是深化农村综合改革。继续完善“乡财区管乡用”财务管理体制，加强乡村债权债务管理，妥善化解了乡村债务；依据政策落实了村级“一事一议”财政奖补和义务教育等其他债务化解工作。三是支持配合其他相关改革。配合区卫生部门搞好卫生医疗体制改革，配合社会保障部门搞好新型农民养老保险试点，配合乡镇政府搞好乡镇事业站所人员改革。同时，区财政部门内部机制如预算管理、国库集中支付、政府采购等进一步深化，财政管理更具活力。

强化智能，规范财政监管。一是推进预算精细管理。科学合理编制预算，细化部门预算，建立预算事前评审机制，推进预算公开。二是加强财政资金管理。规范专项资金管理，推行财政投资评审精细管理，强化财务收支监管，严查违纪违规。三是完善国库集中支付管理。推行国库集中支付局与国库股合署办公，规范和简化支付程序，开展“拨款提速、服务提质”行动，保证了财政资金运行安全高效。四是规范政府采购管理。继续坚持“采管分离”，规范采购程序，扩大采购范围。五是强化国有资产监管。2010年，对全区国有资产进行全面清理，实行合理调配，规范处置程序，确保了国有资产不流失。

强化队伍，改进干部作风。完善机关管理制度，积极开展“建设人民满意财政”和创建“五型机关”活动，树立了财政干部“人人争当服务对象的保姆，人人争做财政资金的保安”的工作意识。深入开展了区财政局机关创先争优活动，局党组一班人率先垂范努力做到“五个好”，机关全体党员身体力行努力做到“五带头”。2010年，区财政局被评为“全省财政工作先进集体”，继续获得“综合治理红旗单位”、“优化经济环境红旗单位”、“计划生育工作红旗单位”等。（区财政局办公室）

财政监督

【概况】2010年，区财政监督检查局内强队伍素质，外树执法形象，强化监督职能，务实创新工作，全年共检查各类单位61个，查出违纪金额1044.6万元，33.7万元应收缴且入库。

把财政监督队伍建设成一支纪律严明、业务精通、作风优良的执法队伍，是区财政监督系统2010年的一项首要工作。结合反腐倡廉、勤政为民的学习内容，针对基层财政部门财政监督人员思想认识不高，监督工作留于形式等现象，7月初，区财政监督检查局对全区近40名乡镇财政监督干部进行了为期2天的法律法规培训，并围绕“加强学习、热爱本职、爱岗敬业、勤奋工作、严于律己、秉公办事”展开讨论，解剖典型案例，要求依法行政。财政监督检查在程序上注重严谨合法，每一个环节有专人负责。加强对各单位财政财务的经常性监督检查，全年检查16个乡镇，44个行政事业单位，查处到使用原始票据不规范、偷漏税款、乱收费乱摊派、设立“账外账”、挪用专项资金等违规违纪问题。调整财政监督方式，全程跟踪监督“重点建设资金、退耕还林资金、退田还湖资金、育林基金”等资金从拨付到使用的财务运行。成立区财政局内部监督管理制度执行领导小组和内部审计工作小组，每月对业务股室（单位）银行存款余额进行一次审核，确保资金按章执行。开展了全区社会团体和国有及国有控股企业“小金库”专项治理工作，重点检查了15个单位，共查出违纪金额37.58万元，并对查出的问题进行了依法处理，对单位提出了整改建议。配合区委组织部、区纪委、政府办，对全区2007～2009年农民负担及涉农补助资金进行了专项检查，会同区纪委监察局、区审计局对2008～2009年全区财政投资工程建设项目开展了联合检查，被检查单位涉及财政资金2579.64万元，严肃了财经纪律和法纪法规。（刘荷丽）

非税收入管理

【概况】2010年，非税收入管理围绕区委、政府提出的“发展快、财政强、保障优、稳定好”的工作思路，严格票据管理，加大非税稽查力度。全年完成政府统筹资金1565万元，罚没收入2899万元，国有资产有偿使用收入735万元,防洪保安资金302万元。继续强化非税收入征管。一是清理非税收入征收项目库，严格非税收入项目的挂接工作。单位部门执收执罚必须省财政厅、省物价局文件规定，从根本上杜绝乱收滥罚现象。二是明确执收工作目标,防止乱作为和不作为。大力宣传省政府办文件《关于推行非税收入执收工作责任制的规定》,力保非税收入依法征收和应收尽收。三是扩大POS机刷卡缴费面,方便非税收入缴款义务人。全年，区非税收入管理局主动做好与银联公司合作刷卡缴费的衔接工作，分别在区教育局安装POS刷卡缴费机一台，区政务中心安装两台。规范财政票据管理。一是全面开展2009年度非税收入票据年检年审，摸清单位票据管理情况。二是抓好票据管理工作,对照《湖南省非税收入管理条例》、《湖南省非税收入票据管理办法》,完善票据管理制度。三是继续坚持核旧领新,计划供票的原则,区直单位领票不超过一个月的用量,乡镇财政所领票不超过一个季度的用量，且在资金已入库的前提下才能申请领用新票，严防票据失控。加大非税收入稽查力度,日常稽查和专项稽查相结合，全年稽查收费单位30家,及时处理违规违纪问题，提高了非税稽查工作的威慑力，以查促管非税。（鲍利）

乡镇财政管理

【概况】2010年,结合上年工作情况，区乡镇财政管理局完善乡镇财政管理工作七项规章制度,做到办事规范,有章可循,岗位责任细化到每个干部，谁主事谁负责,有权有责。契税、耕地占用税征收创新高。通过摸底调查、征收稽查，全区两税上半年完成7737万元，占全年任务的418%。下半年，两税划归区地税局征收。“乡财区管”成效突出。从乡镇票据核审、乡镇财政所基础工作、乡镇财政业务流程、乡镇机关非生产性支出、乡镇债务台账等五项进行规范，全年共核拨资金2300笔,共计4.54亿元。其中:直接支付197笔，共计1541万元;审核支付凭证1072笔,共计3.58亿元；审核乡镇机关会计凭证3813张，制止不合理开支17笔，共计15万元;制止乡镇新增债务15笔,共计38万元。乡镇财政信息化管理收效大。全年,全区发放乡镇补贴项目29个，服务农户120万户/次，补贴资金2.46亿元。家电、汽摩下乡受到广泛关注，为群众服务的满意度逐步提高。依托“金财工程”实施信息化管理。乡镇财政所干部上下班实行乡镇网网上签到制，增强了乡镇财政所工作人员纪律的透明度。乡镇财政所会议通知、文件收发等实行网络传输，提高了指导乡镇财政工作的及时性。全年,区乡镇财政管理局分期分批组织了乡镇财政所、财政结算员、乡镇机关单位会计业务知识和计算机操作技能培训，熟练掌握“乡财区管”专用软件,提高了乡镇财政干部业务能力。（贺吉瑞 傅宏伟）

财政国库集中支付

【概况】2010年,区内105家预算单位实行财政国库集中支付,完成集中支付额99556万元,其中直接支付12619笔,金额78267万元,占集中支付总额的79%;授权支付8532笔，金额21289笔，占集中支付总额的21%。改革多环节支付为财政集中支付，遏制了多头设置银行账户，减少资金截留挪用现象，保障了财政资金安全,规范了财政收支行为。专项资金项目多金额大,使用范围广,管理起来比较困难。对此,区支付局将扶贫资金等10项专项资金纳入财政国库集中支付网络管理,减少资金转拨中间环节,提高了资金运行效率,确保专款专用。堵住财务管理漏洞，预防公务消费中的腐败。全年,区委办、政府办、区财政局等10家预算单位率先纳入公务卡结算制度改革试点。严格支付审核,全年拒付集中支付105笔302万元，督促600多万元纳入政府采购，节约财政资金500多万元。强化重点工程财务管理,对高速公路、工业团体建设资金、南方水泥项目资金等重点专项资金,建立专门账簿,实行专户核算。（夏文斌 刘汉初）

住房公积金征管

【概况】区住房公积金工作自区住房公积金制度建立以来,一年一个台阶稳步上升，连续4年被上级主管部门评为目标管理先进单位,至2010年，全区已实现了归集余额和贷款余额双过亿的目标。（肖萍）

【综合管理】加强政策宣传，将《住房公积金管理条例》、《常德市住房公积金提取管理办法》和

《常德市住房公积金贷款管理办法》公布上墙。提高服务水平，在办事大厅设置了座椅、茶水、眼镜等便民设施。建立了住房公积金网上查询系统，客户凭身份证号码、住房公积金账号可以在常德市政府网站查询个人住房公积金余额。2010年鼎城住房公积金管理部被市住房公积金管理中心评为提取工作先进单位，被省妇联授予“巾帼文明岗”荣誉称号。2010年归集住房公积金7040.17万元，其中财政拨款807.07万元，财政代扣住房公积金976.55万元。截止年底，归集总额30443.63万元，归集余额已达20663.09万元。全区已有206个单位建立了住房公积金制度，享有政策人数达20000人。办理住房公积金提取业务1966笔，提取资金2300.96万元，占年归集额的33%。提取实行了网上备案查证审核的方式，有效地杜绝违规套取住房公积金现象发生。受楼市销售火爆的刺激，贷款形势良好，全年共发放贷款6337.70万元，为363名干部职工有效地解决了住房问题，贷款余额达17842.42万元。严格实行“以贷促缴、以贷促还”的政策，贷款回收效果显著，贷款逾期率控制在0.02%以内。加大了资金的运作力度，资金利用率达到86.35%，全年实现增值收益374.01万元。（肖萍）

国　税

【**概况**】2010年，区国税局以科学发展观为统揽，确定“五个提升”和“开创五个新局面”的工作目标，强化工作措施，各项工作受到上级局和区委区政府的肯定。在全市国税系统连续三年获得年度工作考核排名第一，局领导班子年度考评排名第一，被评为全省国税系统“优秀领导班子”，在全区优化经济环境测评中排名第一，在全区绩效评估中获先进单位。党组书记、局长贺姝红同志被授予“湖南省先进工作者”荣誉称号。（戴丽萍）

【**征管**】全局立足征管实际，按照“重分析、破难题，强征管、促增长，守纪律、保质量”工作思路，促进税收质量与规模的良性增长。强化税源管理，把年纳税5万元以上的企业纳入监控范围，对年纳税50万元以上的重点税源企业实行“局领导挂点、税管员驻厂的包户责任制”，把握了征管的脉动。强化税收分析，形成了点、线、面有机联系、逐级递进的税收分析机制，每月收入预测偏差率控制在1%以内，年终收入预测偏差率控制在万分之五以内。强化行业管理，开展以机械制造、农产品加工、五小企业为主要内容的清理整治工作。强化效能稽查，推行“案源分析、独立检查、集中会审、有效执行、案件评议”五位一体的稽查工作新模式，针对不同遵从度的纳税人，采取刚柔相济的稽查方法，抓好办案质量与执行入库工作。全年入库税款3.18亿元，同比增收7555万元，增长31.3%。该局的非居民税收管理经验在全省国税系统得到推广，企业所得税年报会审经验在省局所得税工作会议上得到推广。（戴丽萍）

【**优质服务**】从2010年2月1日起先在灌溪税务分局试行“同区通办”，尔后面向全区推行。纳税人可以不受主管税务机关（分局）的限制，自主从优就近选择到鼎城区范围内的任何一个国税办税服务大厅办税。纳入“同区通办”涉税业务的有税务登记、认定管理、申报征收、发票管理、税务咨询领取等5大类56项，至12月31日，已全面开通“同区通办”业务，已办理异地代开发票业务3755户次、异地受理申报813户次、异地认证发票5000余份。推行“网上办税”业务，纳税人足不出户便可以完成纳税申报、认证等工作，节省了纳税人办税成本。加强优惠政策减免税审核确认工作，对享有优惠政策资格的企业实行跟踪管理，实行限时办结制，确保及时退税到位。全年累计落实各项税收优惠2679.97万元，推动了经济转型升级和税收的良性增长。（戴丽萍）

【**绩效考核**】建立了公务员绩效考核工作体系，将全局岗位划分为行政和执法管理两大类，细分出123个岗位，制订和完善了29项管理制度和16项单项工作标准，建立了三级考核模式：即考核办对各单位实行第一级考核，考核小组成员单位对负有相应职责的单位实行第二级考核，各单位对单位人员实行第三级考核，并按月通报考核结果，实行奖优罚劣，提升工作绩效。全年对干职实行问责75人次，扣考评分239分，扣发考评费和奖金28687元，给予干职奖励71580元。在全局形成了一种“个个勤奋工作，人人创先争优”的新局面，绩效考核工作经验在全市系统得以推广。（戴丽萍）

地　税

【概况】2010年区地方税务局紧紧围绕组织收入为中心，以大力开展创先争优工作为突破口，收入规模已经突破3亿元，为鼎城地方经济发展和社会稳定作出了积极贡献。被省政府评为“省级文明标兵单位”,被省共青团授予“五四红旗团支部”称号,被省地税局评为“全省地税系统先进单位”,办税服务厅被授予“省级文明窗口单位”、“省局级依法办事示范窗口先进单位”称号。被市局评为地税系统“班子考核先进单位”,“纳税人免填单服务”被市局评为工作创新奖。连续四年被区委、区政府评为区“优化经济发展环境工作先进单位”。（唐朝晖）

【组织收入】在强化收入调度、强化任务考核、强化税源监控、强化欠税清缴的工作方针指引下，税收收入的增长幅度超过20%,本年税收收入总额突破了3亿元大关。（唐朝晖）

【征收管理】以省局“五比五看强征管”活动和市局落实征管责任承诺制活动为契机，开展了“五大举措促征管”活动——开展定期业务点评,良性互动促工作；设立征管答疑制度，渠道畅通促交流；开创灵活培训模式,多元培训促提升；搭建电子政务平台,综合治税促增长；剖析行业管理难点,征管竞赛促创新。这些工作得到了市局领导的高度肯定。

（唐朝晖）

【依法治税】认真推行税收执法和行政管理责任制，严格过错责任追究，建立健全了涵盖税收执法、行政管理两大类系统十大类岗位的管理职责体系，促进了干部依法行政。严格严抓税收政策的落实，定期组织全局性的执法检查，发现问题及时通报并责令相关人员整改到位。（唐朝晖）

【纳税服务】坚持执法与服务并重，将优化服务渗透到了税收管理的全过程,全力构建“一二三四五”的大服务格局。在全局广泛开展教育，树立一个纳税服务至上的理念；建立二支专业服务队伍，即以分局征管力量为主体的日常服务队伍和以局领导、科室正副职、注册税务师为主体的特别服务队伍;不断强化培训,培养干部的业务、操作、沟通三种能力;开展以对残疾群体“零障碍”服务、对重点企业的“VIP”服务、对新办企业“一对一”服务、对弱势群体“送温暖”服务为内容的四项特殊服务；充分发挥办税服务厅窗口作用，打造以“值班长咨询”、“导税员导税”、“征收员代填单”、“特事特办”、“发票甄别”为主要内容的“五位一体”服务体系，有效地提升了纳税服务能力。（唐朝晖）

金融·保险

中国工商银行股份有限公司常德鼎城支行

【概况】2010年，以加快发展和支持地方经济为主线，围绕“以内控案防为基石，以个人金融业务为主线，以公司业务为依托，以转型业务为新的利润增长点”的工作思路，在注重业务发展的同时坚持合规经营，强调风险防范和内控管理，牢固树立以人为本的经营理念和科学的发展观，充分发挥员工工作积极性，使业务经营得到了一定的发展。

一、负债业务持续增长。年末各项存款余额为104245万元，较年初新增2649万元。

二、贷款规模增加，结构不断优化。年末自营贷款65709万元，较年初新增21446万元，1—12月累计投放29753万元。个人贷款占总贷款比例为35.99%，较2009年末上升5.7个百分点，抗风险能力明显增强。抢滩小企业金融市场初见成效。共拓展各类小企业贷款客户7家，新增贷款1760万元，有力的支持了地方经济建设。

三、转型业务和电子银行业务得到有效发展。截止12月末，新增企业网上银行49户，个人网上银行3573户，灵通卡发卡10584张，代理保险2013万元，个人理财产品营销5005万元，新发银行信用卡660张，完成分期付款848万元，工行信使累计制定4656户。营销企业账户信使108户，新增结算账户121户，营销结算套餐63户，对公理财产品营销3165万元。（许波）

【经营管理】一、真抓实干，确保内控案防无事故。支行在内控案防两个责任制建设方面一是明确目标、严格流程、落实责任，细化措施，即支行经常性的开展家访和召开家属会；深入开展警示教育活动；积极开展“讲党性、树正气、正行风”思想作风建设专题教育活动；严格落实行领导坐班制度；坚持费用的阳光、透明；每季度对员工进行内控案防的知识测试和验收，每个月组织一次学习；实行两个责任制承包，开展内控案防“结对子”活动；每月召开一次内控案防分析会。二是教育全员牢固树立四种新理念，即“内控无小事”，“内控就是效益”，“内控讲究细节”，“内控以预防为先”的理念。三是严格落实各项规章制度，突出抓好企业开户管理、U盾申领、预留印鉴卡管理、银企对帐、票据承兑与贴现管理、客户营销与维护、员工有无参与赌博及基层网点负责人履职、客户经理管理等“7+2”风险点的防控。四是高度关注员工的思想状况，按月对员工的工作生活情况进行摸底排查，及时掌握员工思想和行为的变化动态。并坚持做到“三不放过”，即事实不查清不放过，隐患不排除不放过，整改不落实不放过，在全行员工心中形成一种“发展业务内控先行”的强烈共识。

二、做大做强资产业务，努力提高收入来源，确保全年利润。

加大贷款营销力度，积极抢占市场份额，扩大贷款规模，不断优化信贷结构，增强长期发展潜力。从年初开始就对公司贷款和个人贷款实行同步营销两手抓方针，加快贷款营销工作，积极争取扩大贷款规模。一是公司业务实行抓大促小战略，加大对优良公司客户的贷款营销，下大力抓“东常高速”、“铁路复线”、“安业房产”、“武汉东光”、“恒华建设”等区域内的重点项目,同时搞好中、小企业贷款、贸易融资贷款和票据贴现。二是个人贷款继续实行抓大不放小的策略,以点带面,做好捆绑营销,搞好区域内几个专业市场的个人贷款的需求调查与贷款发放工作,同时加大按揭贷款和个人消费贷款等低风险贷款的投放力度。通过扩大增量,把更多的贷款投向优质客户,实现了贷款结构的有效调整。三是在贷款管理的基础工作中,严格实施风险评估,全面提高信贷资产管理水平。首先,严把贷款准入关,对可贷可不贷的坚决不贷;其次,坚持贷款客户的分类管理,实行主动退出,逐步压缩一般客户,主动淘汰劣质客户。

三、不断挖掘客户资源,确保负债资源可持续发展。

1、提高存款认识,以观念促增存。存款工作是全行性的基础性工作,更是“饭碗”工程。年初就把“存款立行”“存款兴行”的理念在员工中广泛宣传,并通过劳动竞赛的牵引,掀起了全员揽存的高潮。

2、突出考核占比,以机制促存款。一是加强了市场占比的考核,突出市场占比在存款指标中位置;二是加大了对员工增存的考核,调动员工揽存积极性。

3、抓好优质客户,培育存款潜力。一是客户经理发挥营销主力军作用,把握优质客户资源,充分挖掘桥南市场潜力;二是坚持抓好优质客户的扩面。通过出台《优质客户关系维护管理办法》,充分利用《优质客户管理系统》,确保优质客户关系维护基础工作及竞争培育优质客户增存工作落到了实处,取得了实效。

4、抓好优质服务,以服务促存款。坚持以规范化的服务热情接待广大客户,坚持以个性化服务为优质客户提供满意的服务。同时,加强柜面服务,防止柜面存款流失。各网点牢固树立优质服务意识,杜绝因服务不到位存款流失现象产生,赢得客户的信赖。提高客户满意度和忠诚度,同时特别重视对客户的投诉的处理,对媒体正反两个方面的新闻实行了逐日监测,慎重处理好客户投诉,避免媒体负面报道产生不良影响。

四、转变观念,做大转型业务,努力扩大中间业务收入。

在新型业务和电子银行产品的营销工作中,注重突出品牌效益,以桥南市场为中心,电子银行产品等新型业务得到了长足发展,为支行抢占市场份额奠定了坚实基础。

1、在信用卡工作方面一是强化激励机制,展开全员营销,全力拓展市场,做大卡量规模。二是加强理财金客户、行内中高个人资产客户的信用卡金卡的营销和财富客户的白金卡的营销力度,提高中高端客户渗透率。三是个人金融业务部要与营业部相互配合、紧密协作加强了内代发工资客户的集团营销。四是狠抓风险管理,坚持不办人情卡、违规卡。审核人员切实搞好客户的资信审查和调查,确保信息资料真实可靠,严格控制了不良透支的产生。

2、在电子银行工作方面一是认真做好有效扩面工作。二是突出抓好交易动户。三是牢牢抓住了缴费、对帐这两个着力点。

五、关爱员工,构建和谐支行。

以构建“和谐支行”为目标,着眼大局,维护稳定,以人为本,凝聚人心,用发展促进和谐,以用心推动和谐,有力地促进了支行各项业务和管理工作和谐发展。一是领导班子对支行管理工作形成了“群众利益无小事”的共识。在涉及员工切身利益的问题上,本着“尊重人、理解人、关心人、为了人”的人本思想,时时为员工着想,处处为员工谋利。二是加强精神文明建设,发挥工青妇作用,组织开展乒乓球赛、钓鱼比赛等形式多样的文体活动,丰富职工文化生活,提高全体员工的向心力、凝聚力,把全体员工的主人翁精神、积极性和创造力转化为推动业务发展的实际行动。 (许波)

中国农业银行
常德鼎城支行

【概况】2010年,中国农业银行股份有限公司常德鼎城支行按照上级行的部署,开展股改各项工作,实施经营战略转型,探索精细化管理,主动服务“三农”和鼎城建设。所辖网点12个,现有在职员工181人,离退休老干(含内退)105人;全年存款净增近4.34亿元,贷款净增近2.75亿元,实现盈利5500多万元。服务国家级德山工业园、桥南市场、西洞庭食品工业园、灌溪工业园经济区以及辖区的农村建设。顺应鼎城区城乡经济双向融合的发展趋势,改进金融服务,做好鼎城区重点建设项目金融对接工作。新增贷款项目1个(金天钛业),投放资金4亿元,签发全额银行承兑汇票

9000万元。

实施"三农"和县域市场蓝海战略，稳定和发展农村地区的网点和业务，以农业产业化、农村城镇化、农村基础设施、特色资源开发和发展优质中小企业为重点，加大对"三农"信贷支持，发放惠农卡18000多张万张；授信惠农卡2240多张，年末农户小额贷款余额5600多万元，引入常德市财鑫担保公司为个体工商户提供生产经营性贷款担保，全年县域贷款增速比全市高近2个百分点，涉农贷款余额达1.5亿元。加强与13家保险公司的合作，完成了上级行下达的各种保险代理任务；开展小企业信贷，推广小企业简式快速贷和个贷业务发展，拉动居民消费，实现金融支持与经济发展的良性互动、互惠共赢。

宣传"大行德广 伴您成长"农行新品牌，推进企业文化建设大讨论活动，提升金融服务品位和质量。组织员工为地震灾区捐款，全行募集3万余元，40多位党员缴纳特殊党费近0.5万元。维稳排查工作落实到位，全年实现0发案。2010年，鼎城支行获"常德市公安局内保先进单位"、"鼎城区公安局内保先进单位"、"鼎城区巾帼英雄示范岗"等荣誉 。

（赵崇钧）

【**股改上市工作**】按时完成基准日审计评估、不良资产处置准备重新核查、法律事务尽职调查资料补充、外部审计发现问题整改、股改建账。资产评估确权工作继续推进，土地评估县市初审和权属省级审核提前完成。完成不良资产剥离工作和组卷立档，按上级行锁定的清单进行剥离，对不良资产继续按规清收；4月份第三代信贷管理系统成功上线营运，7月16日中国农业银行成功上市，农行鼎城支行的发展随之进入了新的里程；年底本系统的人力资源改革成功实施。

（赵崇钧）

【**推进经营转型**】实施"对公业务上收，对私业务下沉"，网点正常类贷款法人和个人客户全部上收至支行营业部，业务综合化、差异化经营步伐加快，综合竞争力提高；创新客户管理模式，建立客户经理制，强化营业部及各网点的直销功能，客户分层经营管理制度进一步健全；中间业务提速发展，投行业务成为新增收入渠道；企业年金业务有所突破；保险代理业务收入实现大幅度增长；中间业务收入创新高，收入渠道进一步拓宽。全面开展网点普查，制定实施网点转型规划，分区域、分层次、分步骤推进网点转型，全年对4个骨干网点进行改造，竣工2个；自助设备投放与调整步伐加快，新投放ATM、自助服务终端等设备超过6台，电子渠道交易笔数占比提高10个百分点。

（赵崇钧）

【**夯实管理基础**】推行网上审批制度，提高信贷审批效率。加强信贷授信准入管理，坚持"绿色信贷"，实行环保"一票否决制"，控制"两高一剩"(即：高能耗、高污染、产能过剩)行业贷款。开展全员防范案件专项治理活动、《员工行为守则》教育和"三个办法一个指引"执行情况的检查活动，落实高管交流、近亲回避、强制休假、重要岗位轮换制度，全面实施基层网点员工业务操作"九个严禁"，运用监控录像资料制作员工违规操作行为，防范操作风险，启用营业网点主任负责制，实施员工积分管理办法，严控操作风险。继续推进社会化押运，减库工作成效明显。

（赵崇钧）

中国银行股份有限公司
常德市桥南支行

【**概况**】2010年中国银行桥南支行根据上级行确定为"管理年"，明确了"三年再造一个桥南支行"的目标，制定的工作方向是"更高目标、更快发展、更强管理"。并依照上级行的指导意见出台《桥南支行三年发展规划目标》，上下紧紧围绕支行制订的工作计划，造氛围、做活动、走市场、访企业，全体员工以"转变观念、唤醒潜能"为基点，早发动、措施实、推动力、亮点多，扎实将各项工作的推动融入"管理年"攻坚战活动之中。

1、针对性研究发展策略，由过去的单纯的抓"客户"转为"抓市场"，确定将支行公司负债规模和对公授信业务突破，作为业务发展的着力点，找准市场定位，制定以积极拓展对私中高端客户群体，稳健发展消费信贷业务。

2、寻找目标客户和项目，促进负债结构调整优化，切实做到竞争优质、开拓源头、培养潜力、做大基础；突出在国际结算专业、理财业务品牌、银行卡产品、与同业机构合作、国内结算与公司业务联动发展、新兴业务创新等优势，多渠道增加负债业务规模。

3、转变业务增长方式，狠抓产品攻坚。由过去的简单"卖产品"转为"卖服务"，把握结构调整的前瞻性、全面性和整体性，通过资源配置、绩效考核等手段，引导调整目标的实现；截止年末12月31日中国银行常德市桥南支行新增各项存款27153万元，新增人民币各项贷款余额2970万元，继续保持无"关注"和"不良"类贷款的优良记录。支行已优异的业绩获得开门红"对公""对私"条线两项突出贡献奖。员工庄丽连续三年获得中英公司营销大师称号，新入行大学生杨薇薇成为常德分行唯一获得金融英语等级证书员工。以实际行动谱写了"管理年"新篇章。（刘江涛）

中国建设银行股份有限公司鼎城支行

【概况】2010年末，中国建设银行股份有限公司常德鼎城支行全口径存款余额14.2亿元，比年初新增2.3亿元，其中企业存款7.7亿元，比年初新增1.7亿元，个人存款6.5亿元，比年初新增0.6亿元;贷款余额3.4亿元,比年初新增1.7亿元;2010年度实现中间业务收入1175万元，全年实现账面利润2948万元。

侧重加强内部管理，强化职业操守教育，培养依法合规经营文化，并在全行掀起创先争优活动。一是狠抓员工的廉洁合规从业专项教育活动。为进一步规范员工从业行为，有效预防和消除案件隐患，从重点环节、重点人员和突出问题着手，做好业务检查和排查工作，从内部审计、外部监管及条线检查发现问题着手，举一反三，彻底清查。二是强内控，搞好平安支行建设，牢固树立"平安兴建行、安全出效益"的经营理念，扎实推进安全、案防等系列创建工作。每季度支行组织员工学习安全管理的法律、法规和建设银行安全管理制度，掌握基本的安全常识和自救技能；加强安全防护设施检查和维护，及时发现安全隐患，确保安全营运。按季组织应急预案演练，提高员工处理各类突发事件的能力。三是在全行开展"双零上台阶、关注你我他"活动，极大地提高了全行员工的依法合规经营意识和风险防范意识，全年差错率控制在万分之零点一以内，受到上级行的好评。

始终坚持"以市场为导向，以客户为中心"的经营理念，贴近市场、服务客户，以星级服务管理模式，为地方经济生活提供高质量的金融服务。加大对地方信贷投放力度全年新增房开贷款1亿多元，大力开办票据业务，全年开出银行承兑汇票4个多亿，使得鼎城区许多企业融通资金加速资金的周转，从而让受益企业驶向良性发展的快车道，并特别对中小企业加大了信贷支持力度，全年发放3000多万元的中小企业流动资金贷款。

始终坚持没有最好，只有更好的服务宗旨，力争为鼎城区社会经济生活提供优质高效的金融服务。（官建华）

中国农业发展银行鼎城区支行

【概况】2010年，鼎城支行紧紧围绕省、市分行提出的"外树形象、内保平安"的工作目标，按照"抓发展、调结构、防风险、增效益、促和谐"的工作思路，不断开拓创新，以支持地方经济发展为已任。至12月末，各项贷款余额177352万元，较年初净增24554万元；各项存款余额25843万元，比年初增加19677万元，实现帐面盈利2249万元，并被市分行评为年度"先进单位"。

全年共发放地方储备粮贷款1270万元，支持常德国家粮食储备库完成省级储备粮轮换425万公斤、完成县级储备粮轮换300万公斤。

坚持"保收购、保优质企业、不保劣质企业"的原则，择优支持资信好、风险承受能力强的粮食经营企业理性收购。全年发放各类粮食收购贷款25347万元，支持企业收购粮食11680万公斤；发放各类油料收购贷款1000万元，支持企业收购油脂84万公斤；发放棉花收购贷款4488万元，支持企业收购皮棉7.7万担，有效解决了当地农民卖粮难、卖油难、卖棉难的"三难"问题，最大限度地保护了农民利益，促进了地方经济发展。（彭朝晖 戴美萍）

【支持水利基础设施与农业产业化建设】先后两次给区朗州城市建设投资开发有限公司发放农业综合开发中长期贷款1.98亿元，用于鼎城区善卷垸防洪大堤水利综合治理工程建设。该工程占地897亩，从鼎城西路至花溪东路，共修建4576m混凝土防洪大堤。项目建成后，将对提升江南城区防洪保安能力，促进区域经济发展、建设园林城镇、缓解交通压力、提升鼎城形象起到重要作用。

大力支持产业化龙头企业。全年共发放产业化贷款11810万元、棉花生资类流动资金循环贷款3200万元、农业小企业贷款500万元,确保了企业收购资金供应,进一步舞活了产业龙头,带动了全区农业生产持续发展。

大力支持企业扩规提质。为支持企业扩大仓容,提高产能,支行先后对天泽、东风纺织、精为天分别发放固定资产贷款3000万元、1500万元、1500万元,有效缓解了制约企业进一步发展壮大的“瓶颈”,提升了企业品牌知名度,扩大了产品市场占有率。

(彭朝晖 戴美萍)

鼎城区农村信用合作联社

【概况】鼎城区农村信用合作联社至2010年12月末,各项存款余额28.71亿元,各项贷款余额17.51亿元,不良贷款得到有效控制,资本充足率逐步上升,盈利能力不断增强。秉承服务“三农”、服务城乡居民、服务中小企业的宗旨,努力打造“农民增收、企业增效、社会满意”的富有生机活力的现代金融企业。 (鲁捍平 徐晶)

【主营业务】居民储蓄、单位存款;个体农户、商户、助学贷款,农业经济组织贷款,农村工商业贷款,住房按揭贷款等城乡居民消费贷款;开办代发工资、代理保险、票据承兑和贴现等中间业务;拥有福祥卡、POS机、ATM机、网上银行等便捷的金融工具和服务渠道。 (鲁捍平、徐晶)

邮政储蓄

【邮政储蓄】截止2010年12月31日,鼎城邮政储蓄余额达103675万元,全年累计净增20216万元,实现收入2508万元,全年发放绿卡25970张,绿卡通卡3814户。 (肖丽红)

中国人民财产保险股份有限公司常德市鼎城支公司

【概况】区财险公司2010年共完成保费收入6179万元,完成年计划的102.8%,同比增长15.8%。保费收入中,车辆险(含农用车、摩托车)保费收入1197万元,非车险(含财产险、责意险)保费收入973万元。政策性农业保险业务共实现签单保费4008万元,其中种植业签单保费3775.2万元,养殖业(能繁母猪)签单保费232.8万元。全年支付各险种理赔款项共2808万元,其中车辆财产险1021万元,种植业险1624万元,养殖业(能繁母猪)163万元。全险种简单赔付率为61.2%,创利1051万元,上缴利税近200万元。公司总体业务发展较快,规模空前,依法合规经营状况良好,内控管理及全面建设成绩突出,年内被评为人保集团公司“五一劳动奖状”、人保财险总公司“标杆县区支公司”和“先进集体”,被省、市人保财险公司评为“先进单位”,被区消委评为“消费者信得过单位”等。 (杨薇薇 吴丹)

【政策性农业保险工作】政策性农业保险工作,以《中共中央、国务院关于2009年促进农业稳定发展农民增收的若干意见》(中发[2009]1号)文件精神为指导,以省财政厅等部门联合下发的《关于印发湖南省2009年农业保险实施方案的通知》(湘财金[2009]19号)文件为依据,按照“政府引导、市场运作、自主自愿、协同推进”的原则组织实施。

根据上级文件精神和本区实际,在全区范围内开展了水稻、棉花、油菜种植业保险和能繁母猪的养殖业保险。政策性农业保险的承保规模和保险金额、费率和基本保费如下:

承保规模和金额。①水稻(早、晚稻)参保面积174万亩,保险金额48720万元。②棉花参保面积9.6万亩,保险金额2880万元。③油菜参保面积41.3万亩,保险金额372万元。④能繁母猪参保38880头,保险金额3888万元。

保险费率和基本保费。①水稻保险费率为6%,保费16.8元/亩·季。②棉花保险费率为8%,保费24元/亩。③油菜保险费率为6%,保费9元/亩。④能繁母猪保险费率为6%,保费60元/头。

(杨薇薇 吴丹)

中国人寿保险股份有限公司常德市鼎城支公司

【概况】2010年是极不平凡的一年,上级公司在发展文化导向上发生了变化,使支公司一时进入了被动适应期而遇到了一些意想不到的困难及困惑。但支公司一班人能直面应对,冷静思考、采取了竭力凝聚人心,汇聚各方力量等对策,排除市场与人为两方面因素的干扰,努力发展寿险业务,使公司业务规模,业务品质稳步上升,业务结构更趋合理,服务手段趋于完善,队伍规模日益壮大,管理能力进一步增强,基础建设不断稳固。全年实现保费收入1.495亿元,其中趸缴5435万元,期缴2306万元,意外险729万元,续收6480万元。短险综合赔付率为44.8%,较好的达成了各项经济指标。鼎城支公司是全市系统三个过亿元保费单位之一,也是进入全省系统20强序列单位。当年支公司分别被鼎城消费者协会、区公安局、区统计局评为"维护消费者合法权益先进单位","全区内保工作先进单位"和"劳资统计工作先进单位"。

(郑圣轩)

【险种结构优化】在发展业务上立足险种结构调控,大力发展期缴业务,特别是十年交及十年期以上业务和意外险等保费业务。实现十年期及以上保费1383.6万元,占期缴保费总量的60%,意外险保费729万元,占短期保费总量的90%。（郑圣轩）

【业务均衡发展】个险销售线自主经营意识强,通过推行新的《基本法》转换为契机,以制度经营和周单元点评为抓手,增设人力发展专岗,将业务拓展与队伍建设明确定位,各司其职,按照周单元经营模式展开组织拓展,保证了业绩和人力的同步增长,截至年末,个险实现销售人力规模681人,同比增长188人,持证率为100%,实现期交保费1517.4万元,其中10年期缴1236.2万元,绝对值排名处于全省领先地位。银保线面对日趋竞争激烈的银、邮市场,以《基本法》为平台,坚持一手抓客户经理队伍建设,一手抓理财队伍提质,依托"511"工作模式和周单元经营制度,队伍素质明显提高,年末银保有效人力达30人,同比净增12人,持证率100%,实现新单总保费5719.3万元,其中趸交保费4985万元,期交保费1734.5万元。期交达成年度目标的109.6%,与去年相比增长135.56%,在35个银邮出单网点上打造出年出单140万以上的网点15个,其中新单保费300万元以上的网点4个,牢牢控制了邮政市场70%的份额。团险销售线以启动《基本法》对接为起点,稳步推进队伍扩张,使GMIS系统有效销售人力达20人,持证率100%,在业务拓展上分清轻重缓急,赶超序时进度,全年达成短期险收入512万元,实现年度目标的116%,同比增长20%,其中意外险达成308万元,达成率为118%,比上年相比增长18%,已成功拓展两家企业年度业务,新增保费306.14万元,集合计划年金规模36.57万元,两项指标分别达成年度计划的204.09%、192.47%,在全市系统处于首位。(郑圣轩)

【管控扎实有效】坚持依法合规经营,提高公司管治水平:一是积极贯彻落实国家保监委97号和省保监局79号等文件,组织开展了单证管理、客户回访、印章管理、反洗钱等常规检查;二是严格执行《人身意外伤害保险业务经营标准》停售了撕票式和老版卡折式业务,全面推广激活卡、移动POS、"信保通"和学平险"先费后单"等新型销售出单方式;三是加强日常管理,提高执行《财务管理》、《单证管理》、《核保实务》等一系列规章制度,特别是在零现金收付费,保单借款摧收,客户回访,合同费率管理和查勘理赔等方向都取得了一定成绩。

(郑圣轩 钟中)

农　业

农业农村工作

【概况】2010年，全区上下按照市委、市政府的总体部署，坚持以统筹城乡发展总揽"三农"工作全局，以促进农民持续增收为中心，主攻加强现代农业建设，加快城乡统筹步伐，加速推进农村改革三个重点，实现了农村经济较快发展、农民收入稳步增长、农村大局和谐稳定。全区农业总产值70.21亿元，按可比价增速5%。农民收入再创新高，实现了"七连快"。全区实现农民人均纯收入5698元，比上年增长15.3%，是新世纪以来全区农民收入增幅最大的一年；增加762元，高于全市67元，为历史记录的最高值。

（孙忠恒）

【产业发展】一是种植业稳步发展。粮食生产通过采取调优结构、"压单扩双"，创建15个高效农业示范片和实施病虫害专业化防治等措施，产量再创新高，实现"七连增"。区粮食种植面积190.05万亩，比上年增加5万亩，总产71.33万吨，比上年增加0.24万吨。特别是在全区25个乡镇279个村，组建机防队673个，配备机防队员5376人，施药机械2214台，培训机防队员14649人次，签定防治合同44万亩，为农民节本增效4300多万元。油菜增产增收。全区油菜收获面积60万亩，在面积同比减少5.5万亩的情况下，由于产量和价格的增长，总产值仍比上年增加1380万元。棉花涨价增值。全区棉花种植面积15万亩，比上年增加2.41万亩，亩产籽棉260公斤（灾害天气影响亩平减产10公斤），总产3.9万吨，比上年增加0.5万吨，因籽棉收购价格比上年同期上涨79.3-96.6%，总产值增加21520万元。二是养殖业逐步回升。全区发展生猪132.9万头，其中存栏生猪44.9万头（其中母猪存栏4.13万头），出栏生猪88万头；存栏肉羊13.89万头；存笼家禽780万羽，出笼家禽1350万羽；禽蛋总产量达6.1万吨，水产品总产量达5.9万吨，肉品总产量达7.8万吨。各项生产指标与去年同期相比，增幅均在3%以上。特别是通过组织开展以强制免疫为重点的动物防疫，全区没有发生大面积动物疫病流行。三是加工业逆势而上。全区乡镇企业实现总产值139.5亿元，同比增长9%。年内新增规模企业2家，全区农业龙头企业现已发展到43家，其中省级3家，市级20家，区级20家。"精为天"粮油，"富民桥"菜业，"一品江南"酱醋，"天美乐"和"裕佳"食品，已成为我区的知名品牌。四是"八个一"工程全面推进。去年市里下达给我区的84个"八个一"示范工程项目已全面完成，示范工程带动全区形成了5万亩花木、8万亩榨菜、10万亩柑桔、15万亩优质蔬菜、16万亩楠竹、17万亩杨树、45万亩油菜、55万亩双低油茶、15万亩高品质棉花和110万亩优质稻等10大优势产业带。

（孙忠恒）

【新农村建设】按照市委、市政府"产业优先、连片示范、镇村同治、整体推进"的思路，领先推进城乡统筹，实现了新农村建设的局部突破。一是统筹城乡发展规划。坚持新农村建设总体布局与产业发展相结合，中心镇建设

常德市规划局鼎城分局

▲ 局长 陈世锋

▲ 7·15乡镇规划培训

▲ 7·15乡镇规划培训

▲ 逆江坪乡总体规划评审会议

▲ 拆违现场

◀ 重温誓言

▲ 听证会现场

▲ 篮球比赛

区交通局

▲ 领导班子

▲ 奖牌

▲ 春运誓师大会

◀ 全市农村公路养护现场会议局长王志新向徐超文副市长汇报工作

◀ 百强党支部

▲ 运政比武

▲ 参加中南大学函授班学习

▲ 全市农村公路养护管理现场会

◀ 建党89周年『跟党走唱红歌』文艺晚会

◀ 登山活动

▲ 党员春训点村义务植树活动

▲ 石公桥通村公路

▲ 拔河比赛

区地方税务局

▲ 党组书记、局长王立清深入企业进行调研。

▲ 副局长龚宏英代表鼎城区地税局资助贫困学子—陈琳

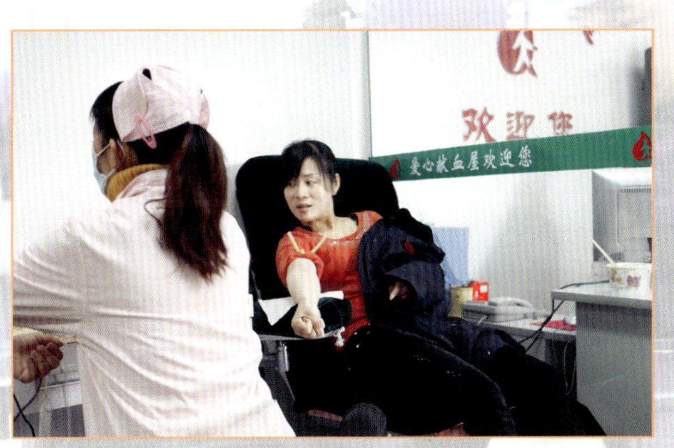

▲ 义务献血。

▲ 武陵镇景江苑业主赠送锦旗。

▲ 迎“七一”营业税知识抢答赛

▲ 与区财政局举行羽毛球比赛

区财政局

▲ 工作会议

▲ 作风建设和党员春训大会

▲ 公务礼仪知识培训

◀ 财政会计业务知识竞赛

区经管局

▲ 局长、农村土地承包纠纷调解仲裁委员会副主任李琦

▲ 鼎城区农村土地承包仲裁委员会成立暨仲裁员聘任仪式

◀ 农村土地承包纠纷调解仲裁办公室主任刘旭华

▶ 区委常委、副区长、农村土地承包纠纷调解仲裁委员会主任田大春向仲裁员颁发聘书

区 农 业 局

▲ 局长 熊春来

▲ 湖南省农业厅厅长田家贵一行视察葡萄标准化生产基地

▲ 局长向省农业厅厅长田家贵、区长董岚现场汇报晚稻集中育秧

▲ 局长熊春来、副局长杨德健查看晚稻生产长势情况

▲ 局长组织全局局务会成员及全体二层骨干观摩棉花高产创建示范片

▲ 局长组织全局局务会成员及全体二层骨干观摩优质稻生产基地示范片

区 房 产 局

▲ 领导班子

▲ 业务学习

▲ 业务培训

▲ 枫丹丽舍

▲ 鼎欣嘉豪

▲ 紫薇佳园

区　工　商　局

▲ 局长 徐晓斌

▲ 领导班子

▲ 全区工商行政管理工作会议

▲ 局领导到企业开展“四化两型”服务

▲ “消费者维权教育进学校”活动启动仪式

▲ 捣毁传销窝点

▲ 假冒伪劣商品销毁现场

区 工 信 局

▲ 渤雅重工科技有限公司

▲ 汽车起重机分公司

▲ 起重机成品

▲ 汽车起重机生产车间

▲ 经济开发区管理委员会

区 教 育 局

▲ 局长 卢年初

▲ 区长董岚督导合格学校建设

▲ 全国民办教育先进集体–淮阳中学

▲ 善卷中学教学楼群

▲ 武陵镇中心小学学生在艺术节展示才艺

▲ 善卷中学鸟瞰图

区 科 技 局

▲ 党组书记、局长 金刚

▲ 知识产权培训大会

▲ 与佳通机械座谈

▲ 与联嘉机械企业座谈

▲ 参观佳通新产品

▲ 办公大楼

区 公 安 局

▲ 区局举办刑事侦查业务讲座

▲ 区局部署开展以“两车”治理为主要内容的纪律作风专项整顿活动

▲ 柴从林局长陪同市公安局樊云峰副局长深入石门桥派出所检查“三基一化”工程建设和社会治安严打整治工作

▲ 长茅岭乡枫梓洞村村民自发组织送锦旗，感谢区公安局迅速破获系列耕牛被盗案

▲ 中联重科建筑起重机公司相关负责人感谢樟树湾派出所为企业发展保驾护航所付出的艰辛工作

▲ 区局一次性采购32台警用车辆，并全部配发到基层一线执法办案单位

▲ 区局党委委员吴志斌向区委常委、区委办主任、区保密委主任韩才渊汇报介绍保密工作开展情况

▲ 民警采取车巡的方式加强武陵镇城区街面巡逻防控

区 检 察 院

▲ 江西省吉安市政法工作考察团到鼎城区检察院调研指导工作

▲ 党员春训、主题教育实践活动动员大会

▲ 党员春训、主题教育实践活动动员大会签名现场

▲ 副检察长梅其伟下乡镇慰问困难群众

▲ 院干部参加区“司法公正常德行”活动

▲ “举报宣传周”活动

▲ 副检察长邹永忠、预防办科长毛兴祥到自来水公司开展反腐倡廉法律教育讲座

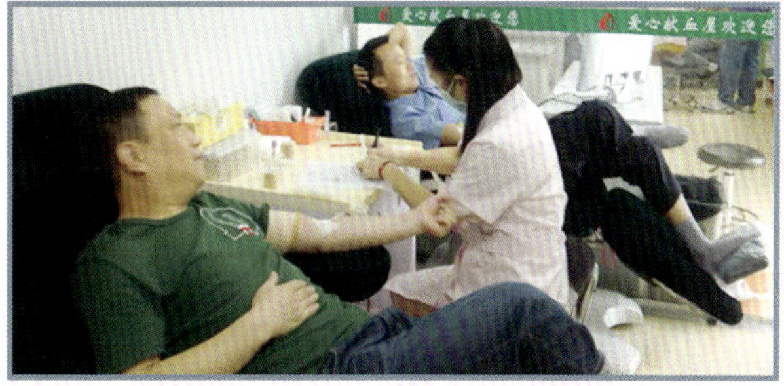

▲ 干警义务献血

区 能 源 办

▲ 领导班子

▲ 办公院落

▲ 办公环境

区 农 村 办

▲ 省长徐守盛视察新农村建设

▲ 新建的集镇街道

▲ 生态乐园

▲ 灌溪镇岗市村宜居小区

区交警大队

▲ 周永康考察交通事故人民调解室

▲ 湖南省交警总队杨琪君总队长在大队长李新民陪同下考察车管所

▲ 市委书记卿渐伟考察桥南大圆盘交通安全

▲ 大队长李新民上路对驾驶员开展宣传

▲ 区领导与大队班子成员合影

◀ 开展酒后驾驶违法行为专项整治

◀ 新建后的交警七中队办公院落

▲ "女警护学岗"民警护送学生安全过马路

与偏远落后乡镇发展相结合，项目实施与民生改善相结合，促进了城市基础设施向农村延伸、城市公共服务向农村覆盖、城市现代文明向农村辐射。二是统筹城乡产业发展。坚持把构建城乡一体化的现代农业体系作为统筹城乡发展的第一动力，通过采取加大财政投入力度、巩固提升优势产业、大力扶持农业龙头企业、支持农民专业合作社发展、加大丘岗开发力度和着力推进“八个一”示范工程等措施，加速了农业产业的转型升级。三是统筹城乡基础设施建设。去年，全区共统筹财政投入、部门项目、社会捐赠等新农村建设资金6000多万元，完成了32处集中供水工程、解决了6.8万人的安全饮水问题，西洋陂水厂成为全市唯一、全省少有、全国推介的典型示范水厂；硬化乡村道路126.6公里；硬化农业灌溉沟渠34条154.02公里；新建整修扩容山塘1324口；新建农村户用沼气池3037口。四是统筹城乡社会事业发展。全区新增达标村级卫生室85个，参加农村合作医疗人数67.96万人，改造中小学危房5座6000平方米；对农村敬老院、农家书屋、图书室、健身广场等社区文化体育卫生设施进行了标准化建设，实现了公共服务城乡共享。五是统筹城乡劳动就业和社会保障。着力狠抓了农民就业创业培训，全年共培训了农民3万人次，有计划地开展劳务输出7200人，扶持农民创业345人。六是统筹党的基层组织建设和城乡社会管理。积极开展以“发展现代农业、建设生态新村”为主题的实践活动，以党建为抓手，夯实了农村阵地建设、加强了农村基础设施管护、城乡社会管理和农民权益保护。全区新建村部77个，累计新建改造村部248个，在全区范围内，以村民自治为核心，进一步完善了“两委三合”制度，推行了“四议两公开”做法，切实维护了农民权益。（孙忠恒）

【农村民生】一是禁投限养进展顺利。禁投范围由原来的大中型水库和小Ⅰ型水库扩大到所有饮水水源水域，全区6座中型水库水质全部达到三类水质，39座小Ⅰ型水库全部达到四类水质以上标准。完成压减珍珠养殖面积1.5万亩。二是扶贫解困成效显著。全区第一轮扶贫重点村25个，其中市级扶贫重点村1个，区级扶贫重点村3个，面上扶贫重点村21个。市级重点村整合资金210万元，投入项目4个；3个区级重点村整合资金62万元，投资项目7个；面上21个重点村，区财政实施财政扶贫项目30个，投入资金102万元。三是沼气建设进展较快。全区3000口新建沼气池计划，已建3037口，累计建池41656口，一池五改率达80%以上。特别是许家桥回维乡阳光乳业第五牧场，唐家铺乡金泉河牧业，草坪兴旺养殖场等三处总池容量为3400立方米的大中型沼气池建设项目已完成主体工程。在新农村建设示范点共安装太阳能路灯58盏。四是合作组织规范发展。全区农民专业合作社发展到85家，其中，新发展合作社44家，合作社会员总数已达到3248户，带动农户1.65万户。特别是石门桥乌塘岗村在全市率先成立了第一家农民土地流转专业合作社，灌溪穗丰优质稻专业合作社和中河口华联棉花省级专业合作社等15家基础较好的示范社，通过整章建制、规范管理、重点帮扶指导，成功进入了中央、省财政扶持项目。五是农机推广力度加大。全区共争取中央农机购置补贴资金1600万元，推广先进适用的补贴农机具23118台，全区有2.2万户农民直接享受到了中央财政的农机购置补贴资金。六是农田水利建设掀起新高潮。全区投资3.45亿元，投工200万个，移动土石方300万方，完成除险及水毁恢复工程14处，水库除险加固15座，主渠防渗护砌16公里，山塘整修扩建2500口，机电排灌设施维修319处，饮水安全工程建设32处，渠道疏通1000公里，防汛公路整修70公里。特别是5月汛期以来，经历了七次强降雨，造成湖河暴涨，蓄水增加。由于汛前准备充分，防汛调度与现场督查到位，全区没有发生垮库溃垸、山体滑坡、山洪暴发等地质灾害和人员伤亡事故，三合垸5起涉河险情得到了成功处置，没有给农业生产造成直接损失。（孙忠恒）

【农村改革】全区已与农户重新签订30年承包合同18.2万份，占总农户的95.7%；已换补发土地承包经营权证18.1万本，占任务总数的95.2%。已全面完成发证工作任务的村533个，占总村数的94.8%，共流转土地17.81万亩，占总耕地面积的16%。农村集体林权制度改革基本完成，签订林地承包合同10万余份，发放林权证面积95.83万亩，占任务的99.89%，综合排名位居全市、全省前列。与此同时，农民权益得到保护。一是严格督查各种涉农补贴资金的落实。由区纪委、组织部、政府办、财政局、经管局五家单位组成四个联合督查组，对全区35个乡镇场的各种涉农补贴落实情况进行定期与不定期、明查与暗访相结合的专项检查，确保了各种惠农补贴政策的落实到位。二是严格规范村内“一事一议”筹资、山丘区灌溉水费和村组抗旱费的管理。今年全区共批准一事一议项目238个，与去年基本持平。同时，区减负办按区长办公会议要求，制定了水费减征一百万的负担方案，并直接核减到农户。三是加强大中型水库移民后扶资金的管理。从2006年7月1日开始，全区22108名大中型水库移民已发放直补资金2300万元，实施后扶项目751个。

（孙忠恒）

种植业

【概况】2010年，全区在粮食生产上积极采取压单扩双，扩大粮食种植面积，确保粮食持续稳定增长，取得了较好的效果。全区粮食播种面积188.41万亩，较上年增长1.83%，总产67.62万吨，较上年增加0.24万吨，农民人平纯收入5697.82元，增长15.43%。

水稻：全区播种面积180.29万亩，增长1.02%，单产365公斤，下降1.35%，总产65.84万吨，降0.3%。其中：早稻84.46万亩，增长1.55%，总产27.43万吨，增长0.67%；中稻（一季稻）7.63万亩，总产3.41万吨，降21.2%；晚稻88.2万亩，增长2.95%，总产35万吨，增长1.56%。水稻总产值12.9亿元，增长6.39%。

棉花：棉花种植面积16.06万亩，增长27.52%，单产105公斤，增长1.94%，总产1.7万吨，增长30.01%。

油菜：种植面积61.37万亩，下降6.3%，单产105公斤，增长5%，总产6.44万吨，下降1.53%。

水果：水果面积5.46万亩，较上年增长0.62%。其中：柑桔5.12万亩，增长0.49%，单产684公斤，增长0.29%，总产3.50万吨，增长0.78%。

瓜类1.25万亩，总产2.02万吨；蔬菜27.49万亩，总产34.50万吨；其他旱杂粮3.76万亩，总产0.83万吨。

（许光）

【粮食高产创建】区委、区政府高度重视农业生产，把水稻高产创建作为粮食增产增收的重要措施来抓，取得了显著的成效。在韩公渡镇、镇德桥镇分别建立了1个部级早稻高产创建示范片，品种为湘早籼45号，韩公渡示范片平均亩产447.6公斤，镇德桥示范片平均亩产434.8公斤，比同类型非示范区每亩增产100公斤以上。在镇德桥部级高档优质晚稻高产创建示范片，晚稻品种为岳优360，平均亩产521.8公斤。在韩公渡镇晚稻超级稻高产栽培示范片，品种为超级稻丰源优299。在草坪镇、石门桥镇分别建立了1个区级双季稻万亩高产创建示范片。万亩示范片两季亩产均达900公斤以上，亩平增收150元以上。结合新品种新技术引进示范，在其余各乡镇建立了30个新品种展示、新技术示范片。全区形成了万亩片＋千亩片＋示范点片的示范网络。全区完成粮食种植面积188.41万亩，总产67.62万吨，商品粮34万吨以上，粮食生产连续7年稳定增长，被湖南省人民政府授予“全省粮食生产标兵县（区）”的光荣称号，获奖金100万元。

（许光）

【优质稻推广】全年优质稻种植面积达118万亩，与“金健”米业、“金霞”米业、“广积”米业、“天泽”农业、“精为天”粮油等多家企业签订订单合同。通过省湘米办高档优质稻生产基地建设实施项目，在10个乡镇种植12.2万亩的高档优质稻。（许光）

【病虫专业化统防统治】作为农业部和省农业厅两级共建的农作物病虫害专业化统防统治重点示范县，实施农作物病虫害全程承包防治总面积40万亩。组建了专业化统防统治机防队150个，拥有从业人员2714人，配备植保施药机械2527台套，其中新购大型担架式喷雾机24套，背负式机动和电动喷雾器678台，日防治能力10万亩以上。参与病虫专业化统防统治的农户反馈，每亩平均节本增效152.6元，全区仅此一项增收节支6100多万元。7月中旬，农业部专业化统防统治检查观摩组来鼎城观摩指导，对鼎城取得的成效给予了充分肯定并在全国推广。（许光）

【测土配方施肥】完成测土配方施肥技术推广面积135.7万亩，发放施肥建议卡356500份，覆盖542个村，涉及农户183800户。配方肥销售9170吨，应用面积达67.8万亩。（许光）

【农产品质量安全管理】在蔡家岗镇、灌溪镇、牛鼻滩镇3个试点乡镇成立了农产品质量安全监管站。牵头组织农资打假成员单位开展农资打假专项整治行动，全年共出动执法人员452人次，在全区32个乡镇检查农资经营企业254家次，整顿市场2个，抽样农资样品54批次，查处违法案件10起，收缴不合格农资982.5公斤，为农民挽回经济损失30多万元。全区先后获得“三品”认证的农产品共34个，其中，绿色食品18个、无公害农产品16个。（许光）

养殖业

【概况】2010年，鼎城区养殖产量保持稳步增长，全区共出栏生猪88.31万头，同比增长0.2%；肉牛出栏2.21万头，同比增长4.7%，山羊出栏13.9万只，同比增长3.1%；出笼家禽1283.15万羽，同比增长3.9%；肉类总产量8.41万吨，增长1.3%；蛋品总产量6.06万吨，增长0.3%，水产品起水总量5.94万吨，增长3.4%；养殖总产值超过30亿元。（陈平）

【动物疫病防控】一是防控责任强。按照政府保质量，部门保密度的原则强化了防控责任。区委、区政府制定了《鼎城区2010年度目标管理责任制考核办法》，将动物防疫工作纳入乡镇年终目标管理考核的重要内容。二是防疫密度高。口蹄疫、猪瘟、猪高致病性蓝耳病、高致病性禽流感、鸡新城疫免疫密度均达100%。免疫不空档，不留死角，免疫程序到位，免疫台帐填写规范。对养殖大户实行了包保防疫，明确了防疫包保责任人，与大户签定《防疫包保责任书》，共包保牲畜35万头、家禽500多万羽。三是防疫督导勤。春秋两季集中防疫后，专门成立了防疫督导小组，对各个乡镇的动物防疫工作采取了分片负责、明查暗访、责任追究等形式加强了监督检查。不定期对个别乡镇、村、组、大户进行了随机抽查，检查防疫人员的工作是否落实到位。四是检疫力度大。产地检疫生猪110多万头，家禽380多万羽，牛、羊1.5万头，仔猪30多万头，雏禽260多万羽。屠宰检疫生猪10多万头。检疫率达90%以上。强化了各乡镇产地检疫申报点建设，对全区32个乡镇检疫申报点统一制作了检疫申报灯箱、申报牌、申报制度等。（陈平）

【畜禽水产品质量安全监管】鼎城区是2010年上海世博会和广洲亚运会这两个省份的畜禽水产品供应基地，监管责任更加重大。为确保了畜禽水产品质量安全，主要强化了以下三个方面的工作，一是增强了检测手段。成立了农产品质量检测站，设立了专门的检测实验室，配齐了检测设备，将防检、水产、农产品质量检测3个实验室进行资源整合。加强了检测队伍建设，重点培训了检测站负责人和实验室检验检测人员，提升了检测技术水平。二是规范了养殖投入品的管理。对兽（鱼）药、饲料市场进行了规范与整顿。对120家兽（鱼）药经营店进行了资格年审，对他们经营的药物品种进行了登记，建立了电子台帐，对假劣兽药经营行为进行了打击，对“三无”饲料及饲料产品进行了没收销毁，对“三无”饲料生产企业进行了取缔。三是严格“瘦肉精”等违禁物品的监管。实行生猪检疫与“瘦肉精”等违禁物品同步检测，对上市出售的生猪、定点屠宰场的待宰生猪和规模养殖场的生猪，按照不低于5%的比例进行了抽检，对阳光五牧、奶制品加工点、饲料自配加工点进行了三聚氰胺检测、对人为添加“瘦肉精”、三聚氰胺、孔雀石绿等违禁物品的行为进行了严厉打击。（陈平）

【标准化规模养殖】生猪、家禽、牛羊、水产规模化养殖水平大幅提高。年出栏50头以上和300头以上的规模养殖户分别达到了1250户和363户。生猪标准化规模养殖场30多个，生猪、牛羊、家禽健康养殖示范场6个，水产健康养殖示范场8个，种苗基地2个，综合养鱼面积14.2万亩，名、特、优水产养殖6.8万亩，龟鳖养殖1.1万亩，龙虾养殖9100亩，河蟹养殖3万亩，黄鳝网箱养殖6万口。其中金泉何牧业有限公司、金色阳光蛋禽养殖场、石公桥渔场被国家农业部评为第一批畜禽标准化示范场。（陈平）

【养护渔业资源】一是组织实施春季禁渔。成立工作班子，召开动员会议，制定工作方案、宣传春禁意义，提高渔民群体对春禁的认知水平。积极为渔民争取春禁生活补贴和燃油补贴资金23万元，及时足额发放到渔民手中。春禁期间，真正做到了“船进港、网入库、人上岸”。二是强化渔政执法，严厉打击非法捕捞行为。组织开展了打击电鱼、毒鱼、炸鱼等非法捕捞行为专项治理行动，渔政执法人员坚持24小时值班，日夜巡查，加强对城区河段的管理，查处了一批违法捕捞案件，电、毒、炸鱼现象明显减少。三是开展人工增值放流活动。继续开展鱼类人工增值放，全年在沅江桥南码头投放鱼苗250万尾。（陈平）

【项目建设】一是跑项目、要项目、争项目，储备项目力度大。全年共争取国投资金1500万元。另外，根据国家扶持的方向，做好项目储备。二是项目实施成效显著。采取项目实施与畜牧、防检、饲料药政等业务工作相结合。凡是不符合动物防疫条件要求，没有取得《动物防疫条件合格证》的，凡是使用禁用饲料、添加剂、禁用药物的养殖场户，一律不享受政策资金的扶持。全年，实施生猪标准化规模养殖场改扩建项目，扶持生猪规模养殖场12个；实施生猪调出大县奖励项目，奖励大户300多户；实施农业血防项目，对6个血防乡镇实施牲畜圈养、养鱼灭螺、水田改旱田工程；实施生猪良种补贴项目，加强区种公猪站及供精单位的建设，优化品改队伍，完善供精网络，共开展生猪人工授精6.8万胎次。良补项目实施代表全省接受国家农业部的检查，受到国家农业部和省局的一致好评，被省畜牧水产局评为2010年度生猪良种补贴项目实施先进单位。不少县、市畜牧部门先后到鼎城学习、借鉴良补项目的实施经验。（陈平）

林　业

【生态建设】以打造生态鼎城为主题，以全民义务植树、工程项目造林为重点，大力开展造林绿化。共完成营造林面积4.1万亩（造林2.3万亩、营林1.8万亩）、义务植树150万株。

全民义务植树。3月11日，以董岚区长为首的区五大家领导与区林业局、区财政局、区教育局、区卫监所全体干职共350余人在江南防洪大堤西段参加义务植树活动。植树节期间，区委办、区政府办相继在点村开展了义务植树，沧山、大龙站、长茅岭、尧天坪、园艺场等乡镇通过栽种“党员林”、“风景林”、“道路林”，有力地促进了全民义务植树活动的开展，掀起了全区义务植树的高潮。

工程项目造林。全国油茶示范基地县、退耕还林、林业血防、油茶低改等项目相继落户鼎城，引进林业资金近千万元。以大项目带动大发展，采取公司造林、大户承包和林农自主开发方式，新造油茶2300亩、杨树2.2万亩、杉树4000亩、低改油茶1.7万亩，林业项目争取率、实施率均高于全市平均水平。其主要特点是：大户承包和机械化作业多。益阳市森华公司来区营造血防抑螺防病林1.7万亩；大龙站镇全家坪村采用挖机深挖翻垦的方式，高标准完成油茶新造800亩。同时，结合市政府“八个示范一”工程，在大龙站、许家桥、区茶场、芦苇场、林科所、谢家铺等六个单位建立了油茶新造与低改、楠竹新造与低改、优质无节良材、林业血防等项目示范基地6个，面积达4万余亩。唐家铺乡油茶低改基地成为鼎城、常德市甚至湖南油茶产业发展的一张名片，国家林业局、省林业厅、市林业局、等多次视察指导，给予高度肯定。

5月12–25日，国家退耕还林检查组对鼎城到期退耕还林工程项目进行阶段验收，其生态林面积保存率、经济林面积保存率、总面积保存率、成林率、抚育管护率、建档率、林权发证率七项指标均达到100%，真正实现了“退得下、还得上、能致富”的目标。（胡立平）

【集体林改】集体林权制度改革作为省里2010年为民办实事项目之一，全区主体改革基本完成。签订林地承包合同10万余份，发放林权证面积95.83万亩，综合排名位居全市、全省前列。全年共组织督导乡镇林改4次，编印《鼎城林改简报》16期。通过林改，真正实现了“山定权、树定根、人定心”，社会各界投资林业热情高涨、发展潜力充分释放。截止年底，全区成功流转林地6700亩，新增造林大户200多户，吸纳各类资金9914万元，其中金融部门贷款7814万元、社会投资2100万元。（胡立平）

【森林防火】全年仅发生森林火灾8起(2起为较大森林火灾)，过火面积303亩，经济损失12万元。与去年同期相比，发生起数、过火面积、经济损失分别下降了33%、64.7%和82%。清明节森林防火特护期间，区政府向全区发放禁火通告1500余份，并在区电视台、鼎城政府网、鼎城林业网同步发布。对于发生的2起较大森林火灾，区森林公安分局对2名肇事者进行了刑事拘留，其中一人已判刑。4月份组建了一支100人的森林防火应急大队，下设林业局直属中队、4个乡镇中队。（胡立平）

【资源管理】强化对建设项目征占用林地的服务。全年审核审批征占用林地项目26起，面积21万平方米。加强林木采伐、木材调运管理，办理木材运输证2700份，调运木材3.5万立方米。核发林木采伐许可证600份，标准采伐林木2.1万立方米，毛竹165万株。年审年检竹木经营加工许可证258份、新办野生植物经营许可证5本。积极开展“林地管理年”活动，依法加强违法占用林地行为的打击力度，共立案查处违法占用林地案件3起。加大野生动物保护宣传力度，4月份开展了爱鸟周及野生动物保护宣传活动，展示野生动物标本100多个，发放宣传资料1000多份。

受理各类林业案件35起，查处33起，其中刑事案件5起。林业行政案件受理30起，查结28起。共打击处理各类违法犯罪人员32人，其中刑拘4人，取保候审18人，监视居住4人。发挥钱家坪、林科所、唐家铺、丁家港、中河口、韩公渡、大龙站、雷公庙等8个专职测报网点作用，以松材线虫病防控和竹蝗、天牛、马尾松毛虫防治为重点，结合杨树无公害示范工程项目，采取投放白僵菌，设置杀虫灯、诱捕器，使用生物农药等新技术、新手段，高效、无公害地防治林业有害生物。共组织开展虫情调查8次，发布虫情信息4期，全区没有发生大的虫灾。同时，做好了调运检疫和产地检疫，检疫各类苗木(花木)8万株，签发调运检疫证书2600份，外调木材3.5万方，苗木8万株。

林业局党委评为全区十佳党委班子，林业局获得全市林业工作红旗单位，林木测土配方获得全省先进单位，林地管理年活动全省先进单位，局机关党支部评为全区百强党支部。逆江坪乡、钱家坪乡、莫春华等10个单位和个人被市委市政府授予十佳先进。局长刘志平荣获全省林地管理年活动先进个人。　（胡立平）

【鼎城茶油】“鼎城茶油”是在独特的地理环境和适宜的气候条件下生产出的一种优质植物油，由于是采用传统的加工、压榨等工艺流程，生产出的茶油保留了其原始的清香和纯正，所以几百年来，鼎城茶油一直声誉远播。

鼎城茶油悠久历史，源远流长。清同治元年(公元1861)刊印出版的《武陵县志》记载“南境诸山上丰石颇有桐楂竹木之利”其中“楂”即为油茶树，说明鼎城茶油距今150年前就已盛产。当时鼎城境内沅江以南的唐家铺、丁家港乡、长茅岭、黄土店、石门桥、谢家铺及后河部分乡镇已经存在规模较大的油茶林主产鼎城茶油。

鼎城地理位置优越、气候条件得天独厚。鼎城地处洞庭湖西南，地理坐标为东经111° 72′ 10″ 至 112° 11′ 00″，北纬28° 35′ 5″ 至 29° 23′ 37″ 之间，南北长88.5公里，东西宽69.0公里，国土面积353.1万亩，有林地107万亩，其中油茶种植面积45.21万亩。地势为南北高，中部至东部逐渐低平，平均海拔在100–300米，中有沅江自西向东横贯，沅江以南称为前河、沅江以北称为后河，鼎城茶油主产分布在沅水两岸之间肥沃的丘岗地区。鼎城属中亚热带向北亚热带过渡的湿润季风气候区，冷热四季分明，干湿两季明显，春多寒潮、阴雨，夏多暴雨、高温，伏秋易旱，冬少严寒，年平均气温16.7℃，年平均日照1713.1小时，年均降水量1348.3㎝，相对湿度80%，无霜期276天。各项气候因素都极适宜于油茶树的生长与繁育，有利的气候条件，为鼎城茶油特定的品质提供得天独厚的自然条件。

鼎城茶油具有特定的品质。鼎城茶油产油的茶籽朔果呈圆形、排形、桔形居多，皮薄无毛光泽鲜艳。小果红色，大果青色，果实成熟时果皮开裂，种子乌黑光亮或呈棕灰色。压榨茶籽油色泽金黄或浅黄品质纯净，澄清透明、气味清香、味道纯正，是最好的食用油，其品质可与橄榄油相媲美。每百公斤干茶籽可榨茶油28–35公斤，其成分是油酸和亚酸为主的不饱和脂肪酸，含量达74.8%以上。茶油中没有人体难以消化的芥酸和山俞酸，只含极低的花生酸，食用后容易消化，又能促进脂溶性维生素的吸收。

鼎城茶油生产规模很大，1958年的调查显示鼎城就有油茶林面积45.21万亩。上世纪年代又陆续引进栽培永兴中苞、巴陵籽、衡东大桃、珠山红花、广西岑溪软枝油茶等地方优质品种。区油科所和长茅岭乡花莲冲村油茶基地近三十年的杂交选育和优树培育，现已形成鼎城油茶两大特色优质高产茶油无性系铁城和常林品系。现经省林业厅鉴定和审定的著名品种有铁城一号、常林36号、常林39号、常林58号、常林3号和常林62号六个鼎城油茶特色品种。目前鼎城油茶林每年产油茶籽可达1.5万吨，产茶油4500吨。

鼎城茶油远景规划。鼎城区委、区政府高度重视油茶产业，结合本地实际，制定出台了推进油茶产业发展的政策措施。建立油茶产业发展基金，奖励鼎城茶油大户，通过基地辐射、政策扶持、科技引导、林农积极性得到巨大发挥。“十二五”规划新造优质油茶5万亩(亩产茶油可达80公斤以上)，油茶低改达到10万亩。工程逐年实施努力提高产量，促进林农增产增收。为打造“鼎城油茶”产业，擦亮“鼎城茶油”这张名片，区里把“鼎城茶油”作为一项重大生态无公害林产品工程来打造。2010年鼎城区委、区政府把“鼎城茶油”这一拳头产品列入区里的发展战略规划，建立了专门的领导班子和工作班子，向国家工商总局申报中国地理标志证明商标。(高建良)

水　　利

【概况】2010年，区水利部门用科学发展观总揽水利工作全局，以党的建设为抓手，以反腐倡廉为切入点，紧扣区委、区政府工作重心，深入开展思想、作风、队伍三大整顿，狠抓防汛抗旱、水利建设两大重点，大力建设保安、民生两大工程，强化工程日常管理，提升水政执法、水利管理水平和水利队伍形象，努力实现水利工作又好又快发展，为鼎城经济和社会发展提供了坚强的水利支撑。2010年度区水利局获“绩效先进单位”等荣誉称号。

(罗明福　林碧霞)

【党建工作】3月份高起点开展了党员春训活动。月初对区直水利系统116名党员骨干进行了三天集中培训。2010年被确定为干部作风建设年，召开了300多名党员参加的干部职工大会，深入开展思想作风队伍整顿，提振信心。党员春训结合水利实际工作，“两不误、两促进”，提升了干部职工的政治素质、业务素质、服务水平。有步骤推进创先争优活动。引导基层党组织履职尽责创先进，广大党员立足岗位争优秀，对区直水利系统21名困难党员进行了慰问，统筹推进各项工作，形成长效机制。大力推介先进典型，6月30日，区直水利系统165名党员隆重集会，举行庆七一表彰大会，表彰了4个优秀基层党支部、21名优秀共产党员，其中2个支部和2名党员获区委表彰。

(罗明福　林碧霞)

【工程日常管理】强化了日常维护管理。区直水利工程单位从元月份开始，组织了三次全面的安全检查，完成了临洪大堤、大坝清基，有效落实了日常监测，并登记造册，建立台帐。树立了日常管理的规范标示牌。对穿堤建筑、中小水库、险工险段、防汛物质储备点等，统一制作设立了防汛责任和日常管理标示牌，进一步明确了责任。2010年，工程管理工作获省厅表彰。(罗明福　林碧霞)

【汛前准备】全面细致进行汛前查险。2–3月，组织各乡镇、水利工程单位，对全区穿堤建筑、险工险段、中小水库、机电设施、防汛物资开展了五个“百分之百”检查，对重点影响防洪保安的苏家吉水闸、牛屎湖、白芷湖、黄石岗闸、汪家洲出水管、新五甲拐闸、三合垸水毁等9处险工隐患实施了应急除险。落实防汛责任制。4月30日召开全区防汛抗旱动员会，7个分指在5月7日前分别召开了动员会，区、乡、村各级落实了以行政首长负责制为核心的防汛抗旱岗位责任制。完善了湖区防汛水位和上劳力方案、冲柳地区洪水调度方案、重点电排起止排水位方案、山洪灾害防御预案、紧急疏散转移预案、苏家吉水闸应急预案、涉河工程度汛应急预案，174座水库一库一案。狠抓了涉河工程除险。对9处影响度汛保安的高速公路涉水工程，区长挂帅成立专门领导小组与各分指、区水利局进行了强力调度。2月至5月，以区防指名义29次下发了东常、岳常、常安高速公路涉水应急除险工程的命令、通知、督导通报，与各涉水工程业主单位签定了责任状，并派出人员每日现场督导除险进度，实行一天一调度，一天一结账，一天一通报。培训队伍。5月11–14日对200名区防汛抢险大队队员进行了培训和演练，5月15日对新上任的51名乡镇党委书记和所有乡镇长等一线指挥人员进行了培训，各分指按照湖区乡镇和山洪易发乡镇不少于100人、其他山丘区乡镇不少于50人的标准，组建了乡镇抢险突击队，山洪易乡镇按照每乡20人、每村10人的标准组建了山洪防御应急队伍。

(罗明福　林碧霞)

【防汛抗灾】进入5月份以后，全区经历了八次强降雨过程袭击。第七次降雨强度最大，范围最广，从6月19日凌晨至23时，降雨过程约20个小时，全区13

个雨量观测点平均降雨量为98.7毫米，最大超美站174毫米，为1995年以来最强的一次。至6月底，全区平均降雨909.2毫米，同比2009年多288.6毫米。受上游强降雨影响，沅水各垸均进入警戒水位，南昏最高水位达39.84米（7月13日6时），善卷垸建设硒最高水位达39.69米（7月13日3时），超警戒水位1.19米，三合垸在警戒水位37.5以上维持39小时。

区委、区政府、区防指及时加强了防汛工作的领导。及时启动了防汛预案，5月份以后，启动防汛应急四级响应一次，三级响应两次，二级响应一次。在区电视台、区广播电台发布了预警信息，通过区防指手机短信平台向全区干部发布预警预报信息。科学进行调度。对山区病险水库、集雨面积大、库容小的水库和蓄水达80%的水库及时空库腾容，水库泄洪后调度乡镇加强巡查防守，确保安全溢洪。针对五溪、超美水库水位上涨较快情况，枉水分指及时按照预案上足干部劳力，加强防守。加强穿堤涵闸防守，根据五强溪下泄流量，及时通知三合、八官、善卷三垸、冲柳排水处，检查、关闭了沿堤穿堤建筑，根据澧水三江口下泄流量加大的情况，通知民主阳城垸密切注视雨水情，加强防守。及早抢排底水，减少了渍淹灾害。抓好山洪灾害防御，山洪易发乡镇全面组织排查，扫清转移障碍，深入农户动员，做好应急准备。强化查险处险和防守。入汛后，三合垸未达设防水位，在东常高速地勘和施工现场就发生8处险情隐患，险情发生后迅速组织抢护，及时控制险情，并加强险点的观测防守。5月21日五溪、超美水库相继进入防汛状态，枉水分指迅速按预案迅速上了劳力巡查防守。6月21日7时30分三合垸小河堤进入警戒水位，石门桥镇包堤干部迅速带领40名劳力进岗入位，巡堤查险。溢洪的小型水库均安排干部和劳力巡查防守。强化防汛督查。5月下旬区防指督查组进行了一周全面督查，6月18日又组成6个督查组对全区各乡镇场防汛值守情况进行了督查，6月20日晚、23日晚，区防指两次对全区168座小型水库管理人员的通讯情况进行专项督查，按照水库防守“四到位”、“五个一”的要求作好充分的准备。严肃防汛纪律。针对少数单位存在的责任不到位问题，区防指提出通报批评，并责成有关乡镇迅速整改。　　（罗明福　林碧霞）

【水利建设】以国投项目为主导，以除险保安为重点，以群众参与为主体，多措并举，大力建设保安、民生水利工程。全区投资3.45亿元，其中上级投资1亿元，善卷垸防洪大堤水利综合治理工程政府融资2.4亿元，投工200万个，移动土石方300万方，完成除险及水毁恢复工程14处，水库除险加固15座，主渠防渗护砌16公里，山塘整修扩建2500口，机电排灌设施维修319处，饮水安全工程建设30处，渠道疏通1000公里，防汛公路整修70公里。与历年比较，水利建设投入最大、发动最全面，创造了历史新高。

具体实施了“十大工程”。一是城市防洪。完成善卷垸防洪大堤水利综合治理工程即钢筋砼防洪墙建设4.576公里。二是水库除险15座。其中中型1座，即五溪水库左坝肩渗漏除险，小一型水库除险12座，包括中央资金8座、地方资金4座，汛期水库险情处理2座。三是流域治理。完成沧水河流域治理6.6公里河岸护砌、河道疏浚工程。四是大堤护坡，完成国投水利血防工程堤防护坡3处7.8公里。五是渠道防渗。完成枉水灌区沧山孙家冲干渠16公里渠道衬砌与建筑物改造。六是机电维修改造。完成沙河口、牛鼻滩排区更新改造的刹尾任务，完成机电排灌设施维修319处。七是完成饮水安全建设30处，解决65460人的饮水安全问题。八是区投100万元完成沙河口交通闸拆除、五里溪水库高硒渗漏处理等14处除险加固及水毁恢复工程。九是山塘扩容整修2500口。十是小农水建设，完成周家店镇年丰村节水灌溉示范工程和谢家铺官桥坪村小型农田水利设施改造工程。形成了“三大主战场”，即湖区渠道清淤疏通、工程除险、大堤护坡和机电维修的主战场，山区水库除险加固、山塘整修扩容和水毁工程恢复的主战场和善卷垸防洪大堤水利综合治理工程主战场。　　（罗明福　林碧霞）

【农村饮用水水源保护】全区6座中型水库、39座小Ⅰ型水库明确为重点保护水源，一律实行人放天养，禁止投入饲料、肥料、激素，禁止直排生活污水、人畜粪便，禁止倾倒垃圾、土石废料。各乡镇（场）、各中型水库管理所按照“一座水库、一套班子、一名监督员”的要求，全面清理终止承包合同，健全工作班子，明确一名主要骨干负责抓，常年聘请一名水质监督员，负责本辖区水库水质监督工作。加强了水库周边区域的项目审批，禁止在水源保护区域内新建严重污染水环境项目，并对现有污染企业逐步关停。上半年最后一次监测结果，6 座中型水库全部达到三类水质标准，15 座小一型水库达三类水质标准（达标率 38.5%），达到年度工作要求（31.5%）。（罗明福　林碧霞）

【农村饮水安全】全年完成农村饮水安全工程 29 处，完成投资 2755.3 万元，解决了 59362 人饮水不安全问题。加强了建设监管力度，对在建工程不断巡查和督导，严把质量关，每周召开一次现场调度会。加强乡镇、水利站的责任主体意识，形成齐抓共管的合力。创新建后管理举措，5 月份对全区农村饮水安全工程的生产、经营情况进行走访、调研，形成《农村饮水安全管理制度（试用稿）》，已在丁家港、十美堂、黑山咀等多个示范性水厂开始试行，通过以点带面，逐步实现全区农村饮水安全工程规范化管理。

（罗明福　林碧霞）

农业综合开发

【概况】2010 年鼎城区农业综合开发有土地治理项目和产业化经营项目。土地治理项目涉及草坪镇和灌溪镇 11 个行政村的 65 个村民小组，有农户 3428 户，农业人口 10474 人，耕地面积 1.65 万亩。产业化经营项目有 1 个贷款贴息项目。全年完成项目总投资 1705 万元，其中中央财政资金 893 万元，省财政资金 253.7 万元，市财政资金 66.4 万元，区财政配套 81.9 万元，群众自筹 410 万元。5 月市农开办受省办委托，对全区 2010 年项目进行验收时，给予了高度评价：鼎城区农业综合开发项目规划设计合理，附属工程设计有创新，综合措施到位，工程造价审计规范，财务工作扎实，制度健全，群众满意。（聂本长）

【开发成果】全区土地治理项目完成投资 1631 万元，其中中央财政资金 819 万元，省财政配套资金 253.7 万元，市财政配套资金 66.4 万元，区财政配套资金 81.9 万元，农民自筹 410 万元。共投工 9.59 万个，开挖土石方 17.14 万方，现浇混凝土和钢筋混凝土 12822 方，浆砌石 2425 方，硬化渠道 30 条 36.85 公里，疏通排渠 11 条 53.9 公里，修机耕道 6 条 14.1 公里，维修机埠 6 座 477 千瓦，修建小型水库 1 座，渠系建筑物 3 座，配套码头、交通桥、节制闸等附属设施 750 处，硬化良种晒坪 1183 平方米，加固山塘 19 口，营造防护林 600 亩。通过以上工程措施，配套农业和其他工作措施，改造中低产田 1.45 万亩。

产业化经营财政补贴项目——鼎城粮食收购项目，由常德天美乐冷冻食品有限公司组织实施。2009 年至 2010 年，该公司累计向中国农业发展银行鼎城区支行申请粮食收购贷款和产业化龙头企业流动资金短期贷款 4000 万元，收购糯谷 6966 吨，收购绿豆、芝麻、花生等杂粮 3495 吨，收购资金达 4334 万元，生产速冻食品和冷冻食品 2 万吨，偿还贷款利息 101.6 万元，国家农业综合开发为该公司提供中央财政贷款贴息 74 万元。2010 年度该公司实现销售收入 6056 万元，实现利润 1131 万元，净利润 406 万元，完成税收 135 万元，安排就业人员 350 人。（聂本长）

【开发效益】一是改善了农业生产条件和生态环境。通过农业综合开发，项目区改善灌溉面积 1.42 万亩，新增林网防护面积 0.32 万亩，扩大良种面积 0.65 万亩。二是提高了农业综合生产能力。项目区农业生产条件改善后，农业综合生产能力明显提高。据初步测算，项目区新增粮食生产能力 140.2 万公斤，新增棉花生产能力 7.34 万公斤，新增油料生产能力 17.8 万公斤，其他农产品 49 万公斤。三是增加了农民收入。随着生产条件的改善，农业生产成本大幅下降；优质农产品种植面积达到 1.16 万亩，农产品优质率达 80%；项目区年增种植业总产值 445.7 万元，农民纯收入年增加 147 万元。（聂本长）

【六制管理】一是完善工程招投标制。根据上级批复计划，将项目工程分为 6 个标段，经区投资评审中心对工程预算及上限值评审后，报区政府招投标管理办公室核准，委托常德天秤招投标代理公司于 10 月 20 日在区政务中心开标大厅进行竞标，全程在上级主管部门和区纪委、区财政局、区招投标办监督下进行，现场从 24 支竞标队伍中选出 6 支中标队伍，在互联网和项目乡镇公示 10 天无异议后，区农发办与中标队伍签订合同。二是落实项目公示制。在项目区树立 12 块公示牌，将项目名称、承包队伍、建设内容、工程质量、竣工时间、监理人员、奖惩措施、举报电话等详细标明,方便项目区群众监督。三是实行工程建设监理制。聘请湖南德江监理有限公司进行专业监理。同时以区农发办为主,从项目乡镇、村组干部和懂行的村民中聘请质量监督员24名,施工期间发现27处质量问题,都及时进行了处罚和整改。四是落实工程质量末位淘汰制。开发办与财政局、监理、项目乡镇组成考评小组,结合平时考核和竣工验收进行综合评比,考核得分最低的2支施工单位,取消下年度工程投标资格。五是实行工程造价审计制。聘请湖南中企华工程造价咨询有限公司进行工程造价审计,全年工程审减资金201万元。六是落实工程管护制。根据建设与管护并举的原则,按照"工程有主、主有其权、权有其责、责有其利"的方法办理移交手续,与项目村组签订《农业综合开发工程管护责任书》,确定工程业主10个,落实管护人员26名,明确了管护经费来源。

(聂本长)

农业机械

【概况】2010年底,全区农机总动力达到59.95万千瓦,拥有各种农业机械79502台,分别比上年增长6.2%、21%。

区农机局被湖南省农业厅评为十佳"湖南省创先争优县级先进农机局"之一,农机行政执法、农机推广、农机安全监理等单项被市农机化局评为先进,区农机局长沈建祥同志被农业部评为"全国粮食生产先进工作者"。

(黄光伟)

【作业水平及经济效益】全年机耕机耙面积155万亩,春耕、双抢机耕机耙率达96%;机械化收割面积135万亩,机收率83.6%;机械化插秧面积7.5万亩,机械化植保面积53.4万亩,机电排灌面积89.3万亩,水稻生产三项主要环节综合作业水平达63.5%,机械化运输0.98亿吨公里,农副产品加工46.5万吨,实现农业机械化总值5.40亿元。

(黄光伟)

【农机购置补贴】4月召开了2010年农机购置补贴工作会议,全年共完成中央农机购置补贴资金1600万元,拉动农民农机消费资金4318.5万元,全年共推广先进适用的补贴农机具23118台,其中:大中型拖拉机35台,手扶拖拉机344台,联合收割机165台(其中半喂入5台),插秧机60台,耕整机5541台,机滚船2907台,机耕船1647台,植保机械10696台,旋耕机57台,铧式犁2套,增氧机164台,小型挖坑机8台,榨油机24台,碾米机34台,投饵机35台,微耕机10台,起垄机2台,潜水泵1361台。全区共有2.2万户农民直接享受到了中央财政的农机购置补贴资金。

(郭旭)

【农机技术示范推广】作为全国水稻育插秧机械化技术示范推广项目县(区)之一,共建立了韩公渡镇郑家湾村、牛鼻滩镇上林村、武陵镇报国村、石门桥镇石门桥村、谢家铺镇匡家桥村共五个水稻育插秧机械化技术示范推广基地。4月27日,在谢家铺镇匡家桥村举办了全区水稻育插秧机械化技术示范现场演示会,之后,在各个示范基地举办了水稻机插秧技术推广演示活动。7月19日,鼎城区作为全省四个"全国水稻育插秧机械化技术示范推广项目县(区)"之一,顺利通过农业部项目专家组验收。

(郭旭)

【农机市场】2010年,鼎城区被农业部指定为"全国农机专业合作社示范点"。全区有县级农机协会1个,新建农机专业服务合作社1个,农机服务中心站5个,乡级农机协会36个,农机服务队20个。全区农机经营网点98个,农机维修网点130个,检审网点73个,发展农村机耕道100公里。"3·15"期间,联合公安、工商、技监等部门开展了打击假冒伪劣农机产品的活动,共查处假冒伪劣农机产品268台(件),涉案金额2.5万元,有力整顿了农机市场秩序,维护了广大农民的合法权益。

(黄光伟)

【农机培训】区农机校加强教学基础设施建设,严格教师队伍管理,确保教育培训质量。全年共培训各类农机技术人员6890人,其中汽车驾驶员1500人,拖拉机和收割机操作员890人,耕整机及其他农机操作人员3800人,阳光工程培训农民工700人,培训返乡农民工190人。

(郭旭)

【农机安全生产】加强组织领导,成立区农机安全领导小组。完善农机安全责任制,层层签定农机安全责任状3500多份,制定年度农机安全工作方案和应急处置预案,把农机安全责任落实到岗位和个人。

开展形式多样、内容丰富的

农机安全宣传活动。全年悬挂农机安全横幅30幅,张贴农机安全标语780条。出动宣传车40台次，到各个乡镇展出农机宣传盾牌,开展农机安全咨询活动。给全区3600名农机操作人员群发了农机安全短信。发放各种农机安全宣传资料8000余份。

加强源头管理。全区农机监理人员和乡镇农机管理人员走村入户,建立农机安全包保台帐,及时摸清了底子。严把上户关、考证关、年检复训关。全年共考试拖拉机操作员298人，收割机操作员162人;拖拉机入户310台,收割机入户172台，年检拖拉机1457台,受训农机操作员937人。三是新建"农机安全村"10个。

严厉整治农机违法行为。全年共联合公安、交警、安监、交通、教育、广电等部门开展联合执法行动35次，查处农机违章1760起,排除农机安全隐患215起,强制报废拖拉机11台,取缔农用车辆非法载客21起。全年未发生重大农机安全事故，农机事故四项指数未超标。（郭　旭）

移民管理与扶持

【落实移民政策】将移民直补资金按季度打卡发放。12月末,全区600元内项目扶持资金共投入2300万元。实施项目751个。后扶项目资金的有效使用，促进了移民安置区的经济发展。编制后期扶持规划,向上争取资金和项目。三月份，完成年度项目编制和申报,六月份完成"十二五"规划的编制工作。严格项目管理。在项目实施过程中坚持资金管理的程序，村级项目实施坚持民主理财小组审查制度，严把项目工程开工、质监、验收关,确保项目发挥更大效益。通过项目扶持,改善移民的生产生活环境，解决了库区和移民安置区行路难、饮水难、农田水利设施差等问题，移民区经济社会有了很大的变化。加大项目资金检查的力度。四月份,用一个月的时间，对局机关进行自查，对有移民项目和资金的单位进行了一次工作大检查，督促项目的实施到位,资金的使用到位,财务的管理到位。（廖圣）

【扶贫工作】扶贫工作实现了扶贫工作资金和项目争取零的突破。由于先期做了大量工作,移民局六进省城汇报，鼎城区挤进了省扶面上区(县)的行列,争取到省级扶贫资金80万元。从2010年开始，将有十多个贫困村进入省扶重点村的行列。（廖圣）

【为民办实事】培训移民。全年共举办移民技能培训班4期490人/次,不仅从数量上完成了任务,而且注重实际,在培训内容上,充分尊重移民的意愿,讲究培训实效,聘请市、区劳动就业培训中心专业老师对移民进行种养实用技能的培训，让移民掌握致富本领;各乡镇党委、政府制定移民就业培训方案,成立了培训机构,组织以农业技术综合站、畜牧水产站、农机站、劳动服务管理站、教育等有关人员组成的专业培训队伍，到移民户家中上门开展畜牧水产养殖、水稻、棉花、油茶、西瓜等农作物种植技术培训与服务指导,帮助他们提供劳务信息,取得了较好的社会效果。避险安置移民19人。9月底已全部实施到位，改善了一部分移民生存状况。（廖圣）

农民教育

【概况】2010年，鼎城区农教办以提高全区农民素质为主线，以增强农民创业、就业能力为重点,整合农民教育培训资源,完善农民教育培训体系，培训新型农民，为全区新农村建设提供了有力地智力支撑。全年全区各部门、乡镇场共开展农民教育培训1098期,培训人员6.73万人,占全区农村劳动力总数的15%。其中务农技能培训6万人，务工技能培训7300人。农村带头人1200人,实施"阳光工程"劳动力转移培训2600人。组织科技下乡赠送致富资料、书籍3万余册。独立开展实用技术培训24期，培训1800人次,"阳光工程"劳动力转移培训300人，上传农民教育在线信息410条,常德日报上稿4篇,鼎城新闻报道6次，完成电子信息与技术专业91名学员参学参考毕业审核工作，党员春训和创先争优活动、创建、维稳、基层组织建设等工作也出色完成。（张征）

【鼎城青年农民进高校"充电"】6月3日，鼎城区13位创业青年农民在常德职业技术学院参加了全市青年农民创业培训班学习,培训内容涉及农业创业政策、农业创业项目和农业创业风险等。全年共选派6批112人参加这种形式的培训班。

近年，鼎城区部分青年农民工在外打拼积累资金后，返乡开展现代高效农业及相关产业创业,农业产业化大户不断涌现,达到一定规模的大户有156户。为提高他们的综合素质和创业技能，区农教办组织创业青年农民到中国农业大学、常德职业技术学院等高校参加创业培训，系统学习专业知识和管理经验。

【走“培训 -- 就业”对接之路】区劳动就业部门根据农民工培训、就业的愿望，有针对性地开展培训。实行“农民工点菜、培训机构配菜、企业送菜”的方式，将电焊、电工、电脑、家电维修、厨师等设备拖到乡镇村头，组织农民工培训，做到“农、学”两不误。同时盯紧市场岗位，推动校企联姻，走出了一条农民工“培训 -- 就业”的对接之路。全区共有2406名农民工参加定点培训机构的职业技能培训，有1821名农民工经过培训后走上了就业岗位。（张征）

农村能源建设

【概况】2010年，区农村能源办突出“典型引路，整体推进，连片发展”建设户用沼气池。着力推进以太阳能热水器、太阳能路灯等多元发展的农村可再生新能源。进一步完善农村沼气乡村服务网点建设。全区新建上流式浮罩沼气池、新型分离水压式沼气池共达3037口，涌现出沧山乡新桥村、镇德桥镇八方岗村、长岭岗乡周夹巷村、大龙站镇全家坪村、雷公庙镇大会庵、斗姆湖镇南阳村、许家桥回维乡民族村等一批户用沼气池集中成片发展的示范村；许家桥回维乡阳光乳业第五牧场、唐家铺乡金泉何牧业、草坪镇兴旺养殖场等3处总池容为3400立方米的大中型沼气利用项目建设主体工程相继完成；结合2009年退耕还林农村能源项目，推广太阳能热水器223台；率先在城乡统筹示范片石门桥镇和新农村示范村沧山乡沧浪坪村群众文化娱乐广场共安装了太阳能路灯58盏，成为了全区节能降耗工作的闪光点。同时，进一步完善和建立健全了全区60个农村沼气后续服务网点；有条不紊地进行了“十二五”农村能源规划编制工作。年终，经市、区为民办实事办考核验收，鼎城区农村能源办被评为2010年度落实省市为民办实事工作的先进集体。（周伟建　丁胜伟）

【实施户用沼气池建设质量管理办法】8月26日，举办全区农村户用沼气建设质量管理暨技术培训班。培训班上市能源办主任周训促作了重要讲话，建池技术队长龚启初、李锡良、沈善义作了技术经验交流，通过了《鼎城区农村能源办公室户用沼气池建设质量管理办法》，该办法从质量要求、质量监督和验收办法、技术员队伍管理、资料管理等四大方面作出了明确规定，并制定了鼎城区户用沼气池质量计分标准。区农村能源领导小组办公室以常鼎农能函［2010］11号印发给全区四个沼气生产技术服务队。《鼎城区农村能源办公室户用沼气池质量管理办法》的实施，为进一步加强全区农村沼气能源建设项目管理，规范项目建设行为，提升户用沼气池的质量，确保农户利益，起到了一定的积极作用，也为户用沼气池建设验收工作提供了具体的考核依据。（丁胜伟）

【太阳能路灯工程的新亮点】围绕“城乡统筹，镇村同治”示范片建设，积极推进太阳能路灯工程。8月，率先在全市社会主义新农村示范点，城乡统筹示范片的石门桥镇墟场国道两旁安装太阳能路灯46盏，建成了“太阳能路灯一条街”。还在沧山乡沧浪坪村群众文化娱乐广场安装了太阳能路灯12盏。此举得到了省、市、区领导和当地群众的一致好评与称赞。安装太阳能路灯，既方便了群众夜间文化娱乐活动，又亮化了镇容村貌，更提高了节能降耗的环保经济效益，成为了鼎城区农村新能源建设又一道亮丽的风景线。（丁胜伟）

乡镇企业

【概况】2010年，区乡镇企业局按照常德市“双百工程”实施意见，把农业产业化经营作为推进农业和农村经济战略性调整，拓宽农民增收渠道，提升农业竞争力的重大举措来抓。大力培育龙头企业、星级农庄，不断完善利益联结机制，使全区农业产业化经营取得了良好发展势头。全区乡镇企业实现总产值137亿元，同比增长12.8%；其中实现工业总产值77.2亿元，同比增长16%；实现增加值56.7亿元，同比增长14.3%；其中实现工业增加值33.1亿元，同比增长21%；上交税金3.1亿元，同比增长87%，实现劳动者报酬11.4亿元，同比增长8.7%；全区新增福祥天茶叶、力邦纺织、德源农业3家市级龙头企业。（汪建国）

【“八个一示范工程”】落实《常德市2010年农业农村工作“八个一示范工程”实施方案》，将全区10家与农产品加工示范企业，纳入此项工程。全年实现销售收入63380万元，同比增长18.9%，上交税金565万元。建立基地21万亩，从业人员1850人；示范休闲农业7家，实现营业收入2605万，接待游客15.6万人次。（汪建国）

【市级龙头企业监测】8月，按照《常德市农业产业化龙头企业的监测管理办法》的规定，采取企业自查、实地观测、听取汇报等形式对全区16家市级农业产业化龙头企业实施监测。通过对企业发展运行情况、示范带动作用发挥情况、扶持政策落实情况等方面加大对企业的监管力度，确保企业良性发展。（汪建国）

【乡镇企业暨农业产业化“十二五”发展规划】根据党中央、国务院和省委、省政府关于新农村建设的若干政策精神，区政府制定了《鼎城区乡镇企业即农业产业化“十二五”发展规划》。规划中明确抓住市政府实施“双百工程”这一契机，以农产品加工园区建设为重点，优化龙头企业服务，建立和完善龙头牵引机制、利益联结机制，大力发展鼎城农产品精深加工。着力打造强势品牌，努力壮大全区龙头企业和产业集群，充分发挥乡镇企业和农业产业化在建设社会主义新农村中的积极作用，加速推进全区农业和农村现代化。（汪建国）

工　业

工　业

【概况】“十一五”是区工业经济发展极不平凡、卓有成效的五年。五年来，全区工业经济迎难而上，大步跨越，亮点频现，精彩纷呈，在应对严峻挑战进一步把握和利用发展机遇，在经受重大考验中进一步夯实和彰显主导地位，在实施工业兴区战略中进一步发挥和提升推动作用。五年来，区工业项目竞相落户，总量大幅扩张，效益全面提升，不仅成为经济社会发展的主引擎，更成为支撑常德市工业发展强有力的增长点。各项主要经济指标年均增长30%以上，连续五年推新工作考核进入全市第一方阵，工业经济呈现出加快发展良好势头。全区上下紧扣“转方式、调结构”的总体要求，加强综合调度，全力协调服务，力促工业经济实现“十一五”完美收官，圆满完成各项目标，五项主要指标与“十五”末的2005年相比，均实现翻番。（梁志凌）

【经济总量】“十一五”期间，区工业经济实现跨越式发展，总体实力显著增强。工业总产值由2005年的41亿元增加至2010年底的150亿元，增长266%；入库税金由0.8亿元增加至3.5亿元，增长337.5%；规模工业企业总产值、税金、利润分别由2005年底的18.1亿元、0.59亿元、0.57亿元增加至2010年底的100亿元、3亿元、7.6亿元，分别增长452%、408%、1233%。工业经济发展进入历史最好时期。（梁志凌）

【园区发展】“十一五”期间，累计完成基础设施投入9500万元，完成了开发区行政服务中心、灌溪园区自来水厂近20条高、低电力线路的转杆和新建等工程；完成了岗中路、花园新路、兴工路新建、中联大道改造等工程，基本拉开了灌溪园区的主干道骨架。开发区所辖“一区三园”发展到“一区五园”，基本完成灌石产业新城战略规划编制工作，规划面积从14.75平方公里扩大到45平方公里，园区承载力显著增强。截止年底，开发区拥有工业企业210家，资产总值40亿元，从业人员1.2万余人。预计2011年可实现产值100亿元，税收3亿元，分别占全区工业总产值和税收的66.7%、60%，分别比2005年增长9倍和10倍。其中规模以上企业68家，年产值过亿元的6家，分别比2005年增加52家和6家，完成工业总产值80亿元，入库税金2.5亿元，同比分别增长33.3%、38.9%，分别占全区规模工业总产值和税收的80%、83%。（梁志凌）

【项目建设】2006年以来，全区引进投资过1000万元的工业企业103家，总投资额104.93亿元，投资过亿元的11家。2010年，全区落实投资2000万元以上重点工业项目29个，计划总投资48.03亿元。洽谈项目4个，计划总投资44.5亿元。落实29个项目中，投资8.5亿元南方水泥续建项目、投资5000万元的海众混凝土搅拌站新建项目、投资1.5亿元的中联重科汽车起重机扩建等15个项目已完成投资，12月底已竣工投产；投资6300万元的长岭烟机新建、投资2000万元的亮仔王童装新建、投资3000万元的质中电扩建等4个项目均已具备开工条件，特别是9月，与中联重科签订了投资23亿元的技扩改项目，其中中联重科小吨位汽车起重机技扩改项目占地1634亩，投资16亿元，特力液压有限公司技扩改项目投入7亿元，目前项目正在进行前期准备。（梁志凌）

【企业成长】全区工业企业由2005年的940户增加至2010年底1550户，净增610户；规模以上工业企业净增61户，达到117家，其中，年产值过亿元的达到13家，净增7家。全年实现产值145.5亿元，入库税金2.3亿元。特别是中联重科汽车起重机、建筑起重机，产值分别达到199566万元和251157万元，分别同比增长18.8%、111.5%。中联重科建筑起重机入库税收突破亿元大关，同比增长58.5%。（梁志凌）

【优势产业】2010年，机械、建材、纺织和食品四大主导产业分别完成产值110亿元、6.5亿元、11.7亿元、11.8亿元，比2005年分别增长了424%、33%、90.2%、91.8%。（梁志凌）

规模企业简介

【湖南精为天粮油有限公司】湖南精为天粮油有限公司，成立于2005年3月，注册资金2000万元，固定资产8500多元，现有员工278人，年销售收入过亿元。是一家集粮油面收购、储备、加工、销售于一体的省级农业产业化龙头企业。公司办事处设在柳叶湖旅游开发区常德大道东方美景花园，下辖鼎城桃源两个生产基地共5个大米油脂面条生产厂、常德长沙两个营销部、一个容量为9.6万吨的仓储中心和三个粮食收储库。公司拥有两条日产120吨的精米、普米生产线，一条面条生产线，年产优质面条4500吨。桃源油脂生产基地有储油罐12个，容量为3000吨，油脂加工设备三套，日产食用油100吨，主要用于国家定点油脂储备，公司还依靠地域资源优势，采用纯压榨工艺，每年生产800多吨茶油。公司2010年实现产值7688万元，税金4.6万元。

【常德市联嘉机械有限公司】常德市联嘉机械有限公司是一家以生产油缸及各类杆件为主的民营企业，年产油缸10万支，主要客户有中联公司下属湖南特力液压公司、湖南中泰特种设备有限公司、湖南特种专用汽车有限公司等知名企业。公司位于常德市鼎城区桥南工业园，占地面积12500平米，厂房及附属建筑面积8000平米。现有员工260人，其中管理人员35人，工程师6人，等级技工141人。目前，公司拥有大型车、铣、磨、刨、抛光、珩磨等机床100多台。公司成立至今，产量稳定，年产值稳步上升，2009年完成产值5000万元，2010年完成产值达1亿元，2011年预计完成产值2亿元。随着国内高速铁路的发展和城镇化建设，工程机械行业仍处于快速成长期，公司将依托中联重科的高速发展，在3-5年内成为中国最专业的活塞杆生产商，每年持续保持50%以上的增长速度，在2015年产值将达到6个亿以上。

【常德质中电通讯设备制造有限公司】常德质中电通讯设备制造有限公司于2006年底落户鼎城经济开发区桥南工业园，2006年11月15日在鼎城区工商局登记注册，现注册资本3068万元人民币。主要从事通讯、广播、微波铁塔和钢结构生产、安装、维护。2007年7月成功获取通讯、广播、微波铁塔制造全国工业生产许可证(国家一级)。公司2007年正式投入生产，2008年适度扩大生产规模，增建生产车间近3000平方米，年产值突破了4000万人民币，上缴税收100多万元人民币，并顺利通过ISO9000体系认证。2009年再度扩展，再租赁了一个生产车间，年产值达6000多万元，上缴税收150多万元。2010年公司大力拓展省外市场，相继在湖北、福建、广东、广西、山东、云南、陕西各省的移动、联通、电信公司，中标取得相应业务。7月经省建设厅特种行业委员会严格审定，成功获取了常德首家钢结构生产安装资质，目前公司已承接了一部分钢结构生产安装工程，2011年产值将达到8000万元，税收将达200多万元。

【湖南特力液压有限公司】湖南特力液压有限公司是中联重科控股的有限责任公司，地处湖南省常德市鼎城区灌溪工业园内，占地175亩，建筑面积6.5万平方米，注册资本10466万元，员工680余人，是一家集产品设计开发、加工制造、销售服务于一体的新型液压油缸专业生产企业。公司具有近40年液压缸设计、制造经验，公司广泛吸取世界先进的液压缸加工技术和研究理念，加工技术成熟稳定，工艺设备先进精良，年生产油缸20万支，是目前国内生产规模宏大、质量堪称一流的液压缸专业生产厂家，公司产品广泛用于国内各类起重机械、桩机机械、混凝土输送机械及其他工程机械和建筑机械。为实现公司快速、持续发展，2010年投入资金1.5亿元，用于技术改造和扩建，本期技改投入完成后，将使特力油缸制造水平得到进一步提高，到2015年产能将达到50亿元，成为全国最大的液压油缸生产基地。

【常德市鼎城铜鑫机械有限公司】常德市鼎城铜鑫有限公司是一家生产、铸造、锻件、机械加工为一体的企业。公司自2005年7月成立至今，由50万元注册资本金的小型企业，现已发展成为总资产为1800多万元，年创产值几千万元的中型企业。并长期与中国石化集团江汉石油管理局第四机械厂（简称四机厂）、四机赛瓦公司（中石化与美国大白沙公司合资的企业）、中联重工科技有限公司及三一重工科技有限公司等保持着长期的供需关系。公司占地面积7300多平方米，建筑面积4000多平方米，铸造车间年产能力达2000吨以上，车间有普通车床、锯床、钻床、铣床、数控车床等金切设备的金加工能力。公司2010年生产各种配套总成部件1200吨，实现销售收入1850万元，实现利润420万元，上缴税金68万元。2011年公司计划生产配套总成部件1850多吨，力争销售收入达2800多万元，利润635万元，上缴税金103万元，就业员工达100人。到2015年，年销售收入达到17000万元，年利润1700万元，年入库税金625万元。

【常德云港生物科技有限公司】常德云港生物科技有限公司于2003年组建成立的民营股份制企业。是一家以出口为导向的高新技术企业，主要从事医药中间体的研究、开发、生产和销售，属生物医药范畴。产品有胆汁酸系列产品（熊去氧胆酸、鹅去氧胆酸、胆酸、去氧胆酸、去氢胆酸等），以及各系列胆盐。注册资本800万元，占地约30亩，已完成固定资产投资2500多万元，公司有员工90余名，高级工程师及专业技术人员28人，2010年公司实现产值1895万元，实现税收57.9万元。2010年底，公司拟投资3000万元，计划实施GMP认证向成药领域迈进，计划修建原料药生产车间二栋，其中熊去氧胆酸原料药生产线一条、鹅去氧胆酸原料生产线二条，各类胆汁酸盐生产线一条，精干包车间一栋。项目建成投产后，每年可生产熊去氧胆酸30吨，鹅去氧胆酸100吨。

【常德长岭烟草机械配件有限公司】常德长岭烟草机械配件有限公司成立于2001年3月，是一家私营股份制企业。公司座落在常德市北郊，距常德烟草工业机械有限责任公司、湖南中烟工业公司常德卷烟厂仅20余公里。公司主要从事工业类高速卷烟机及联辅设备的零部件生产加工，是常德烟草机械有限公司、湖南中烟工业公司常德卷烟厂的主要配套生产厂家，也是中国烟草机械集团有限责任公司的会员单位，中烟集团湖南地区分会理事单位。公司现有员工120余人，其中具有中、高级各类专业技术人员40余人，厂区占地65余亩，拥有现代化的标准车间两栋，有生产设备100台套，其中数控精加工设备15台套，固定资产856万元，2010年实现产值2128万元，实现销售收入3500万元，入库税金104.6万元。

鼎城区规模工业企业名单（117家）

湖南特力液压有限公司
中联重科常德汽车起重机分公司
中联重科结构件有限责任公司
中联重科建筑起重机械分公司
湖南中联重科专用车有限责任公司
湖南武陵机械制造有限公司
常德市渤雅钢丸铸造机械有限公司
常德同达机械制造有限公司
常德金欣机械制造有限公司
常德长岭烟机配件有限公司
湖南省双豹粮食机械有限公司
湖南省兴业肉类机械有限公司
常德东鼎动力机械有限公司
湖南省常德市鼎城汽车配件厂
常德市鼎城胜利冷气配件有限公司
浦沅多田野汽车起重机常德修理厂
常德市联嘉机械有限公司
常德市佳诚机械厂
常德德凯机械有限公司
常德市佳达电线电缆有限公司
湖南德亘电子有限公司
常德质中电通讯设备制造有限公司
常德三友机械制造有限公司
常德富贵铸造有限公司
常德华利烟机配件有限公司

湖南省昌明铸造有限公司
常德市鼎城海宏液压机械有限公司
常德金煜机械有限公司
常德市鼎城铜鑫机械有限公司
常德浦铁机械有限责任公司
常德市鼎城区唐桥机械厂
常德市合力机械有限公司
常德市鼎城区升湘机械有限责任公司
常德市鼎城林宇汽车配件有限公司
常德市迪格物贸工贸有限公司
常德中凯机械工业有限公司
常德市鼎城区宇鑫油漆有限公司
常德一开正泰成套电器有限公司
常德市鼎城区自来水公司
湖南湘陵米业公司
常德市鼎城年丰粮油饲料有限公司
湖南天泽农业发展有限公司
常德市格莱水产食品有限公司
常德富民桥食品菜业有限公司
常德金果园科技食品有限公司
湖南一品江南调味食品有限公司
常德天美乐冷冻食品有限公司
常德市裕佳食品有限公司
常德市八百里酒业有限公司
鼎城湘维饮料厂
常德汇泉食品有限公司
常德市弘洋农牧科技发展有限公司
常德云港生物科技有限公司
常德小飞象乳业有限公司
常德鼎正中药饮片有限公司
常德敬佩贸易有限公司
常德市洞庭古井酒业有限公司
常德市鼎城湘味源食品饮料有限公司
常德市美食佳粮油食品有限公司
常德市鼎城区吉强建材厂
湖南省常德市金鼎水泥有限公司
常德市金德山水泥有限公司
常德市湘陵水泥有限公司
常德市鼎城红太阳山水泥有限公司
常德市鼎城武陵水泥有限公司
湖南湘北水泥有限公司
常德市湘北太阳山水泥有限公司
湖南常德祥盛轧钢有限责任公司
常德市鼎城区天禄木业有限公司
常德湘沅木业有限公司
常德天宇建筑建材有限公司
常德金太阳彩色水泥有限公司
常德市鼎城富祥木业有限公司
常德环宇纺织有限公司
常德兴达纺织有限公司
常德杰红织布厂
常德市鼎城顺达纺织有限公司
常德力邦纺织有限公司
常德市东风纺织服装有限责任公司
湖南常德市鼎城常欣纺织有限公司
常德利群纺织有限公司
常德市鼎城东方恒康竹业有限公司
常德市鼎城区洞庭纸业有限公司
常德市鼎城区景云编织袋彩印加工厂
常德金利源包装有限公司
常德市鼎城文福纸业有限公司
常德市鼎城区福利橡胶制品厂
常德市先玉网具有限责任公司
常德德隆纺织有限公司
常德市鼎城区众鑫棉业有限公司
常德辉煌家俱有限公司
常德市展宏纸厂
湖南常德德山表业有限公司
常德市欣海鬃刷有限公司
常德湘大环保科技有限公司
常德视佳眼镜有限公司
湖南常德星源烟花制造燃放有限公司
常德辰州锑品有限责任公司
湖南省常德华宇合金有限责任公司
湖南宏旺石油有限公司
常德市鼎城信达油品有限公司
常德市鼎城正荣机械有限公司
常德市鼎城区三金结构厂
常德市鼎城永欣机械制造有限公司
常德市东森机械厂
常德润田机械制造有限公司
常德牛牛米业有限公司
常德市金潮粮油有限公司
湖南福祥天茶叶有限公司
湖南正坤置业有限公司
常德市鼎城区万家炊工贸公司
常德市鼎城区金泰盛林产品有限公司
湖南天泽建材有限公司
湖南常德南方水泥有限公司
湖南省天和建材有限公司

2010年全区规模工业主要经济指标汇总

单位:万元

名　称	工业总产值		入库税金		备　注
	累计完成	同比±%	累计完成	同比±%	
全区工业	1530000	17.7	35000	44	
规模工业(117户)	1038776	43.8	28395	36.4	
机械产业(43户)	779484	47.9	23571.7	36.6	
建材产业(15户)	45544	22.7	1639.4	3.9	
食品产业(27户)	79879	15.7	397.9	115.2	
轻纺产业(26户)	61383	11.5	979.7	24.8	
中联五家企业	384317	33.5	14329	59.8	
建筑起重机械	251157	111.4	10052.2	58.5	
汽车起重机	199566	18.8	5091	35.7	
结构件公司	18975	-30.2	1028	-49.4	
特力液压	120677	107.5	3870.8	80.5	
专用车辆	24544	11	90.8	52.5	

区 总 工 会

▲ 市人大主任曹儒国、市人大副主任、市总工会主席石成林在区长董岚、区人大副主任、区总工会主席皇甫泽华的陪同下参观区总工会职工维权帮护中心

▲ 鼎城区总工会创先争优活动动员大会

▲ 困难职工领取生活物资

▲ 鼎城区2010年度爱心超市活动启动仪式

▲ 加强劳动保护、维护职工合法权益宣传活动

▲ 劳动代表参观区重点工程

区消防大队

▲ 副区长彭勇（右二）视察营院建设

▲ 营院一角

▲ 消防演练

▲ 扑救现场

桥南市场

▲ 管委会主任 廖再文

▲ 总经理 高用海

▲ 市场一角

区朗州城市建设投资开发有限公司

▲ 总经理　孙凤英

▲ 领导班子

▲ 国开行行长和区政府领导视察工作

▲ 班子成员会议

▲ 德安路

阳明路

区农村信用合作联社

▲ 省联社常德办事处党组成员、主任助理兼鼎城信用联社党委书记、理事长 高仕贤

▲ 理事长高仕贤（中）、主任王永仕（左）听取企业负责人（右）的情况介绍

◀ 领导班子

中国人民财产保险股份有限公司鼎城支公司

▲ 鼎城财险公司法人代表　欧阳俊

▲ 整顿经营作风，依法合规经营暨圆满完成全年工作任务动员大会

◀ 专干培训班

常德顶兴混凝土制品有限公司

公司简介

常德顶兴混凝土制品有限公司坐落在常德市鼎城区武陵镇金霞东路，占地面积20余亩。公司于2010年4月19日经常德市鼎城区工商行政管理局注册，常德市鼎城区质量技术监督局审批认证。目前已取得：由常德住房和城乡建设局颁发的资质证书（预拌商品混凝土专业专业承包三级）；由湖南省质量技术监督局颁发的质量认定证书；由湖南省住房和城乡建设厅颁发的《建设工程质量检测机构资质证书》。公司壹期注册资本金壹仟万元。

公司现有职工50人，其中工程师2人，专业技术人员8人。公司坚持着以质量求生存，以服务树信誉的经营理念，采用先进的生产设备和生产技术，选用高品质的原材料，严格按照科学规范的生产流程，生产的混凝土质量指标全部达到国家标准。公司目前拥有两条生产线（中联重科HZS-120，三一重工HZS-180），现有搅拌运输车38辆。先进搅拌系统，先进的生产、运输设备，为公司营造了良好的生产经营优势。

本公司经营范围：从事预拌商品混凝土，水泥制品及砼结构构件生产、经营。

湖南省天和建材有限公司

▲ 副董事长 胡志刚

▲ 总经理 王庆怀

湖南省天和建材有限公司成立于2007年11月12日，由浙江省天和建材集团有限公司、慈溪市天圓混凝土有限公司、常德市鼎城区石门桥电杆厂共同投资组建，注册资本4200万元，投资总额2亿元。

公司现有职工220人，其中各类技术人员40人。拥有混凝土专项试验室，设备齐全，对水泥、砂、石、外加剂、钢筋等原材料可进行常规物理检验。公司技术支撑力量雄厚：控股方浙江省天和建材集团有限公司是国内混凝土行业中的骨干企业（始建于1956年的省属国有企业），在国内拥有杭州、湖州、宁波、南昌、武汉和湖南等多个生产基地，国外有斯里兰卡、阿尔及利亚两大生产基地，集团现有专业技术人员200余名，其中中高级技术人员100余名；慈溪市天圓混凝土有限公司成立于2003年，是一家专业预拌混凝土的股份制企业,公司具有预拌混凝土二级专业资质、ISO2000质量管理体系证书，拥有世界知名品牌的混凝土试验、搅拌、运输和泵送设备；常德市鼎城区石门桥电杆厂成立于1994年，是常德地区规模最大的钢筋混凝土电杆专业生产厂家。

公司位于花园城市－－常德，占地138亩，建筑面积3万平方米。现有两条国内一流的预应力管桩生产线，年设计产能300万延米，产品有PHC、PC、PTC三大系列，规格Φ300-600，品种齐全。业务领域不仅覆盖湖南全省，还销往湖北武汉、荆州、仙桃及江西、安徽等长江沿岸地区。

中国农业银行股份有限公司常德鼎城支行

▲ 行长　毛曜廷

▲ 院内一角

◀ 营业大厅

办公大楼

花岩溪国家森林公园

▲ 管理处主任潘文斌、常务副主任杨友莲走访退职村干部

▲ 中德合作林业可持续经营专家与管理处班子成员合影

▲ 国际碳汇专家考察花岩溪

▲ 旅游从业人员培训

▲ 花岩溪乡村旅游运动会拔河比赛

▲ 吉祥农家

▲ 龙凤湖秋色

▲ 樱桃闹春

区自来水公司

▲ 公司经理、书记 李新国

▲ 公司经理现场办公

▲ 客户中心

▲ 创建宣传栏

▲ 公司水厂

沙河口电排

▲ 站长 杨志勇

▲ 班子成员

▲ 沙河口电排控制楼

▲ 汪家洲电排主机泵

大电排拦污栅桥

▲ 国家林业局计划财务司副司长郝燕湘视察鼎城茶油基地

▲ 省林业厅唐苗生副厅长视察鼎城茶油基地

“鼎城茶油”是在独特的地理环境和适宜的气候条件下生产出的一种优质植物油，由于是采用传统的加工、压榨等工艺流程，生产出的茶油保留了其原始的清香和纯正，所以几百年来，鼎城茶油一直声誉远播。

鼎城茶油距今150年前就已盛产。当时鼎城境内沅江以南的唐家铺、丁家港、长茅岭、黄土店、石门桥、谢家铺及后河部分乡镇已经存在规模较大的油茶林主产鼎城茶油。

鼎城茶油具有特定的品质。它澄清透明、气味清香、味道纯正，是最好的食用油，其品质可与橄榄油相媲美。每百公斤干茶籽可榨茶油28–35公斤，其成分是油酸和亚酸为主的不饱和脂肪酸，含量达74.8%以上。茶油中没有人体难以消化的芥酸和山俞酸，只含极低的花生酸，食用后容易消化，又能促进脂溶性维生素的吸收，是深受专家肯定、老百姓认可的长寿油。目前鼎城油茶林每年产油茶籽可达1.5万吨，产茶油4500吨。

鼎 城 移 动 分 公 司

▲ 鼎城移动分公司二〇一〇年四月获“全国模范职工小家”荣誉称号

▲ 二〇一〇年十二月获“湖南省文明单位”荣誉称号

▲ 湖南省劳模 朱晓初

▲ 省公司专业会议参观淮阳标准化基站

▲ 全省首家县级移动公司的“手机大卖场”

▲ 2009年率全省之先成立的乡镇营业部

武陵镇

▲ 书记 肖仁华

▲ 镇长 汪其明

▲ 办公大楼

▲ 班子会议

鼎 城 一 中

▲ 学校领导班子合影

▲ 学校迎接湖南省示范性高中督导评估

▲ 携手长郡 合作办学

▲ 航天科学家戚发轫来校讲座

▲ 学生艺术节文艺表演

▲ 学生运动会

▲ 学生军训

鼎城区第二中学

▲ 校长、党支部书记 丁时导

▲ 校园一角

▲ 学生宿舍

教学大楼

鼎城区第六中学

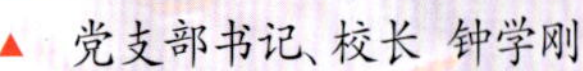

▲ 党支部书记、校长 钟学刚

▲ 副校长 沈修宇

▲ 副校长 熊少龙

▲ 副校长 袁振国

▲ 班子成员

▲ 工会主席 曾凡红

▲ 科技楼

▲ 教学楼

2010年鼎城区亿元企业主要指标完成情况

单位：万元

序号	企业名称	2010年完成		2011年预计	
		产值	税金	产值	税金
	合计	801184	23326.5	1455000	43010
1	中联重科建筑起重机械分公司	251157	10052.2	500000	20000
2	中联重科常德汽车起重机分公司	199566	5091	450000	10000
3	湖南特力液压有限公司	120677	3870.8	180000	6000
4	湖南武陵机械制造有限公司	60324	481.3	100000	1000
5	常德辰州锑品有限责任公司	59472	1440.2	80000	2000
6	湖南中联重科专用车有限责任公司	24544	90.8	30000	200
7	湖南中联重科结构件有限责任公司	18975	1028	25000	2000
8	常德市东风纺织服装有限责任公司	12776	209.6	15000	300
9	常德兴达纺织有限公司	10692	368.8	15000	500
10	常德市佳达电线电缆有限公司	10168	136	15000	200
11	常德市联嘉机械有限公司	10530	410	15000	600
12	湖南天泽建材有限公司	11083	144.4	15000	200
13	常德市精为天米业有限公司	11220	3.4	15000	10

（办公室）

经济开发区

【概况】湖南常德鼎城经济开发区是国家发改委于2005年12月审核批准的省级开发区。开发区下辖桥南、灌溪、石板滩、石门桥、斗姆湖5个园区规划面积56.1平方公里，拥有入园企业210家，固定资产总值60亿元，其中，规上企业68家。2010年完成工业总产值106亿元，入库税金3亿元。到2015年，开发区将实现年产值420亿元，2025年到达年产值1000亿元的目标。

目前，开发区初步形成以中联重科、中国建材、辰州矿业三家国有上市公司为支撑，机械装备、新型建材、轻工纺织、农副产品加工四大产业为主体的发展格局。特别是以机械装备制造业为主体的中联重科灌溪机械产业园跨越式发展，成为湖南省内仅次于长沙的第二大现代装备制造业生产基地。园区规划面积20平方公里，现有企业110家。其中规模企业25家，年产值过亿元的8家。2010年完成工业总产值80亿元，入库税金2.5亿元，分别占全区工业总产值和税收的70.6%、62.5%。其中中联重科灌溪工业园5家骨干企业发展形势喜人，完成工业总产值63亿元，税金2亿元，同比分别　增长64.5%、43%。（张兵）

电　力

【概况】2010年鼎城电力局售电量完成5.89亿千瓦时，同比增长13.49%；售电均价完成586.14元/千千瓦时，同比提高45.8元/千千瓦时，销售收入完成3.45亿元，同比增长22.6%，“非现金”电费缴入方式推广完成1802户。努力挖掘电力市场潜能，不断开拓新的电力市场，售电业务环节坚持快速流转、高效办理。全年完成新增用户1599户，增加用电装接总容量41854千瓦，其中大工业客户45户，城镇居民客户1520户，非普工业客户34户。安全生产截止12月31日，人身安全记录达7924天，设备安全记录达5758天。（姜智敏）

【电网建设】全年完成电力建设投资4575万元，城乡主电网的供电能力、设备完好率、自动化程度明显提升。完成了110千伏浦沅变电站改建工程，年内投资2800万元，彻底解决了雷灌走廊工业发展用电问题；改造的110千伏桥南变，投资200万元，完成后将大幅度提高供电可靠性；完成了武陵镇城区19台公变补点和高低压线路改造，投资350万元，极大的解决了迎峰度夏供需矛盾；为改善农村供电质量，利用网改资金550万元，完成了40个村涉及154个村民组的农村电网改造，克服困难自筹农电维护经费675万元，集中开展了低电压治理和安全隐患整治；为支持新农村建设，投入资金112万元，对蔡家岗、灌溪、石门桥、中河口新农村建设点进行电力设施标准化改造。（姜智敏）

【优质服务】营销服务反违章深入人心。加强员工宣传，深入开展“四创”活动，坚持“抓两头、促中间”，开展班组无违章劳动竞赛，深入推进营销服务专业化管理，提升工作质量，开展防控与稽查结合，实现营销服务反违章的常态化。为最大限度减少停电时间，强化了检修管理计划，严格控制非计划停电，全区供电可靠性达99.9%、电压合格率综合累计98.8%，极大的满足了全区用电需求。全局优质服务再创佳绩，行风测评获红旗单位，连续10年被评为鼎城区消费者满意单位，连续5年被评为市级消费者满意单位，连续2次被评为省级消费者满意单位。　　　　（姜智敏）

商务·贸易·旅游

商　务

【招商引资形式】领导强化招商。书记、区长亲自调度参与招商活动，9月份李秋葆书记参加第四届湘商大会，成功签约3个项目，达成投资协议29亿元；7、8月份，主管区长亲自筹备调度，董岚区长及区人大、区政协主要领导参加，举办了珠三角招商投资推介会及广州客商来鼎城的考察洽谈会，江南五星级宾馆、投海众混凝土搅拌、善卷防洪大堤改造等10多个重大项目入驻。同时，书记、区长每半月召开一次现场调度会，掌握项目进度，协调解决相关问题，确保了项目建设顺利推进。

部门联动招商。联合区工业局、区经济开发区、区国土等相关部门，积极对引进项目搞好日常工作服务，促进了招商引资各项工作开展。

创新方法招商。首先是利用区位优势、产业优势以及以“善卷文化”为内核加快城市建设的契机，形成招商“洼地”和产业集聚。其次是感情互动以商招商。充分挖掘鼎城的人脉资源，强化以乡招商。再是开展网上招商。充分利用互联网技术，筛选论证了一批项目，在政府网、鼎城商务之窗网站上建立了招商网页，把投资者需要了解的信息，图文并茂的在网上展示。

优化环境招商。实行区级领导联系重点项目制度，对项目进行全程跟踪服务及一站式服务，项目手续全程代办。修订出台招商引资优惠政策常鼎发[2010]8号文，建立了招商引资政策机制，进一步优化了招商环境。（丁立）

【招商引资成果】超额完成市里下达的招商引资任务，全年开工在建项目22个，引进国内资金27亿元，引进外资2383万美元，排名全市第一，并首次被评为湖南省内联引资先进单位。7月份，由广东省军区蔡多文将军牵线搭桥并由广东省金秋慈善基金会协办的“常德市鼎城区政府广东省金秋慈善基金会招商投资洽谈会”在广州市潮皇国际大酒店隆重举行，达成投资意向并成功签约7个项目，协议引资额14亿元。8月份，举办了珠三角招商投资推介会及广州客商来鼎城的考察洽谈会，投资3亿元的江南五星级宾馆、投资1.2亿元的海众混凝土搅拌、投资3亿元的善卷防洪大堤改造等10多个重大项目入驻；9月份，积极组织参加第四届湘商大会，共邀请了中联重科詹纯新董事长等十多个重要客商出席，签约重点项目有投资16亿元的中联重科常德汽车起重机技扩改、投资7亿元的特力液压技扩改、投资3亿元的鼎城润农茶油基地及加工项目。（丁立）

【家电汽摩下乡】全区家电下乡备案网点达到391家，共销售家电汽摩下乡产品140916台，销售金额5亿元。家电以旧换新备案销售网点35家，回收网点31家，销售家电2908台，回收旧家电532台。（丁立）

【万村千乡市场工程】至2010年底，万家好、新华联超市总计已发展生活超市252家，隆平高科发展农资超市47家，全区农村购物环境得到进一步改善，市场体

系进一步完善。（丁立）

【市场建设】认真落实市政府为民办实事精神，高标准完成了江南城区朝阳路农贸市场、维畅农贸市场、佳泰农贸市场提质改造，城区农贸市场购物环境彻底改观。水产品综合批发大市场项目有序进行，市场体系建设进一步完善。成立了鼎城区餐饮行业协会。经过认真筹备，于8月26日成立了鼎城区餐饮行业协会，搭建了企业与政府间联系的平台，改变餐饮行业长期无序、分散经营的状况，全区三产业发展迈出了重要一步。10月份还组织餐饮行业"双十佳"评选活动，为全区餐饮行业做大做强起到推动作用。（丁立）

【大型超市】各大超市运营良好。9月份、10月份步步高超市、久光国际商厦的开业，进一步集聚了桥南商圈人气。春天百货常德店、风采超市两家大型超市年销售收入都有大幅增长，春天百货常德店销售收入1.88亿元，上交税金（包括国税、地税等其他税收）达888万，解决就业员工900余人。风采超市在江南城区实现销售收入806万元，同比增长52%，上交税金（包括国税、地税等其他税收）40余万，解决就业员工160人。2010年，全区实现社会消费品零售总额82亿元，比上年增长20%，是2005年的2.4倍。（丁立）

供销合作社

【概况】2010年，供销社围绕区政府提出的"打造工业新城、开发城市新区、建设生态新村"为主要内容的"二次创业"战略部署和"积极稳妥抓改革，一心一意谋发展、全心全力保稳定"的年初工作目标，以科学发展观为指导，以加快改革与发展为主线，以大局稳定为基础，以新农村建设为契机，全力做好"乡村流通工程"建设准备工作，积极推进"两社一会"建设，全体干部职工精诚团结，锐意进取，较好地完成了区委、区政府及上级社交办的各项工作任务，圆满地完成了年初制订的主要工作目标。(吴亿远)

【专业社建设】组建完成了王家桥柑桔产销、信阳湖甲鱼养殖、石板滩花卉种植、周家店食用菌种植等四家农民专业合作社和16家农资经营网点的挂牌工作及蔡家岗、区园艺场两个种植面积1万1千多亩的柑桔生产种植示范园建设。成功举办十月份常德全国柑桔年会鼎城活动日的活动，与全国柑桔客商签订柑桔销售订单13.8万吨，为全区的柑桔产业铺路架桥。（吴亿远）

【维稳工作】稳定工作一直是供销社工作的重中之重、难中之难，供销系统也一直是全区维稳工作量最多、范围最广、类别最杂的单位。面对这个老问题，供销社党委一班人更新了一系列的措施化解了一大批遗留信访问题。一是建立维稳工作体系，成立常年抓维稳的领导班子。二是健全维稳工作机制，制定维稳工作方案；三是领导带头，全员上阵，多管齐下抓维稳；四是用"真心、真诚、真实"的态度来抓维稳。由于领导重视、措施到位，把矛盾和问题解决在萌芽状态，全年未发生一例重大越级上访事件，实现了无群访、无越访、无滞访、无重访"四无"和信访受理率、信访办结率、信访归档率"三个100%"目标。（吴亿远）

【创先争优活动】在区委、组织部的领导下，鼎城区供销社党委抓住"创先争优"这个党建主旋律，以抓党的建设促进全面工作开展。在活动中，精心组织，突出了"学"、"查"、"实"、"转"四个字，圆满地完成了各阶段的任务，得到了区"创先争优活动办公室"的好评。（吴亿远）

【农业生产资料管理】为贯彻落实8月11日国务院常务会议及8月18日全省秋粮生产工作会议精神，切实抓好2010年晚稻和秋粮生产，确保全年2010年粮食生产目标的实现。8月28日区供销社就晚稻增施肥供应召开了专题会议安排部署，并积极与各职能部门、乡镇沟通，与生产厂家、农资经销公司的密切联系、协调。从8月31日开始，全区调动运肥大货车辆28台次，分别由德山老码头、落路口码头、牛鼻滩码头、沙河口码头起货运往全区各乡镇、村组。在全区38个乡镇（场）设立供应网点38个，增设临时网点96个，共出动送肥下乡人员约500人次，保证以全市最低的价格，最好的质量送肥到农户手中。截止9月11日，共往全区送四川国光生产的98%晶体颗粒状磷酸二氢钾841974包、中化加拿大产60%氯化钾2525.922吨。（吴亿远）

粮食流通

【概况】2010年全区纳入社会粮食流转统计范围的粮食经营企业实现粮食购销总量436917吨(原粮下同),同比2009年减少86623吨。其中：从生产者购进130620吨，同比2009年减少15033吨。完成省级储备粮轮换任务4254吨,区级储备粮3000吨；收购市级调节储备粮1000吨,收购早籼稻103897吨，晚籼稻21986吨,优质稻41173吨,销售197092吨，同比2009年增加12448吨。重点非国有粮食经营企业，全年完成粮食购销总量418696吨，占全区购销总量的96%。（巢建兵）

【区级储备粮实现首次轮换】根据区人民政府《关于区级储备粮轮换计划的批复》(常鼎政函[2010]2号)文件精神,区粮食局联合区财政局、区发展改革物价局、中国农业发展银行常德市鼎城区支行下发了《关于区级储备粮轮换计划的通知》(常鼎粮联[2010]1号)。区级储备粮承储企业湖南常德国家粮食储备库，根据文件精神,组织专门力量,通过公开拍卖竞价销售的原则,实现3000吨区级储备粮顺价销售,9月,以市场采购价，收购新早籼稻3000吨。11月,区财政局、区粮食局、中国农业发展银行常德市鼎城区支行三家组成专门班子，对新轮入的3000吨区级储备粮的数量、质量进行检查。数量准确、质量检测各项指标均符合国家标准。

（巢建兵）

【农户科学储粮专项落户鼎城】国家发展改革委员会2007年起正式启动“农户科学储粮专项”。总体目标是为全国粮食主产区500余万农户建设标准化粮仓(装具)，使项目示范区农户的储粮损失减少5%左右,同时,带动全国农户改善粮食收获后的储藏和处理条件，使全国农户粮食产后损失减少2%左右。该项目由国家粮食局组织实施，投资方式为中央补助投资、地方配套、农民自筹、农户自愿参加。

2009年起，湖南正式列入国家发改委“农户科学储粮专项”，省委、省政府拟用4年时间(2009—2012),为全省42个粮食主产县的70万农户配套新型粮仓,普及储粮新技术。通过项目示范，全面提高我省农户科学储粮的能力和水平。通过区粮食局的努力,2010年该项目确定鼎城区为省第二批范围,2010年计划推广9000户，截止到12月20日，全区共有草坪、长茅岭、斗姆湖、丁家港、许家桥、石门桥、谢家铺、灌溪、雷公庙、双桥坪等乡镇的农户完成10372个专项，获得中央财政补贴145万多元。（巢建兵）

桥南市场

【概况】桥南市场地处长常路、车站路、鼎城路交汇处,共有经营门面4300多个，拥有服装、鞋帽、百货、日化、文化用品、床上用品、小家电、电子通讯系列品牌等十大强势专业。从业者3万多人，固定资产值10亿元以上,商品辐射中南五省市，年成交额27亿元以上。

2010年，桥南市场的各项工作取得了骄人的成绩：新的领导班子具有强劲的凝聚力、驾驭力和良好的影响力；创造了建市场以来全年没有发生一起安全事故的历史奇迹；市场的上访总量较上年下降了80%以上；市场管理水平上了一个新的台阶；市场经营成交额突破27亿元大关,年上缴税利1300多万元,市场生意进入最旺盛时期。（曾凡球）

【落实中心工作】较好的开展、党员春训、创先争优,按照活动要求,把各项工作落到实处。认真开展“优秀党支部”、“优秀共产党员”、“文明经营户”、“善德公民”的评选活动。评选出个协支部为优秀党支部，优秀员工党员25名、优秀经营党员12名、文明经营户96名,并成功推荐个协党支部为区优秀党支部，经营户高东蒲为“善德公民”前二十强。召开优秀党员事迹报告会。开展丰富多彩的文体活动。先后组织市场全体员工党员(包括70名经营户党员)举行了登太阳山比赛活动,与鼎城区公安消防大队联合举办了“军民共建、和谐桥南”爱国歌曲大家唱文艺晚会。积极组织开展贫困学子、贫困重病经营户扶贫帮困活动。全年共向希望工程和三名家庭受灾经营户捐款四万多元。（曾凡球）

【维护稳定】妥善处置第一、第三批诉讼户问题;努力处理“桥南源”与桥南市场连通后所带来的负面影响。努力消解员工不稳定情绪。先后解决桥南花苑小区产权证、个别员工公伤补偿等历史遗留问题。稳控涉军群体。成立了涉军维稳工作领导小组，经常对涉军群体及其家属进行走访、

座谈、慰问。加强个案处理,努力化解各种矛盾。（曾凡球）

【消防安全】加大消防隐患排查和处理，加大消防设施的安全检查、维护力度,及时更新配备消防器材。全年共拆除违规吊顶1200多个,拆除违规灯箱1100多个，整改私拉乱接线路5000多米,查处使用电烤炉、电饭煲等大功率电器130多个。加强消防知识培训和应急演练，重点督导夜勤人员值班备勤情况。全年桥南市场未发生一起失盗、消防安全事故。（曾凡球）

【市场管理】对市管系统设立人平500元的专项奖励基金,在七个交易管理站中评选市场管理先进单位,每两周一次,悬挂流动红旗,并给予一定的经济奖励,提升员工市场管理的主动性、自觉性。同时,以城市创建为契机,克服资金上的巨大压力,投入18万多元，粉刷外墙6500多平方米，清洗外围玻璃1200多平方米,维修屋面5000多平方米，拆除二、三区走廊顶部护栏进行重建,使市场的容貌得到了很大的改观,市场管理水平上了一个新台阶。（曾凡球）

【市场盘活】由于多方面的原因，市场几个区块的生意还不是很景气,个别经营户举步维艰,总公司加大了市场盘活力度。充实六区四楼。在征得业主委员会同意、经过30多次做好六区二楼童装区经营户和部分员工的思想工作后,打破划行规市界限,引进市场内外的童装经营大户充实了该区块的剩余门面。盘活了七区二楼。引进株洲客商,开辟内衣专卖区,实现了整体盘活。出台优惠政策,激励关闭门面开业,对市场门面盘活人员实行适当奖励。（曾凡球）

桥南商贸城

【概况】2011年，根据区委区政府的统一布署桥南商贸城主体市场 -- 水产市场实施搬迁,通过全体干部职工的共同努力，搬迁工作稳定有序推进，同时其它中心工作也取得了显著成效。

统一认识，有序推进搬迁进程。加大宣传公示力度,耐心细致做好经营户的思想工作，正面引导,调解矛盾。实行“三落实”、即组织领导落实、工作方案落实、工作措施落实,注重方法,以维护经营户利益为出发点，有序推进市场搬迁。

抓党建，积极开展创先争优活动。按照《鼎城区委组织部、区委宣传部关于在党的基层和党员中深入开展创先争优活动的实施意见》的要求,深入开展创先争优活动，抓好学习和实践活动整改落实工作,完善长效机制,推动学习实践科学发展观向深度和广度发展,同时,认真学习贯彻党的十七大和区委2010年经济工作会议精神,以党建总揽发展全局。

抓创建，全力以赴出成效。创建是2010年的重头戏,为做好全国文明城市创建工作，商贸城总公司高度重视，把文明城市创建工作列入工作的重要议事日程，加强领导,强化责任,周密部署,狠抓落实。总公司全体干部职工不畏酷暑,迎难而上,全部投入到铺沙卵、清淤泥、疏通下水道等等,尤其是公司的共产党员,在控违拆违工作中,不惧恶行,排除一切阻力,夜以继日,顺利完成了任务，充分发挥了党员的先锋模范作用,彰显了共产党员的风采。

抓稳定,重治理,促和谐。配合“和谐鼎城”建设,采取“打防结合,预防为主”的工作方针,狠抓市场内稳定和治安综合治理工作,切实履行“保一方稳定,促一方发展”的政治责任。每周组织巡逻3次，打掉了3个危害市场的涉黑团伙，抓获7名盗窃嫌疑人员。化解矛盾纠纷86起,市场内无发生影响社会稳定的政治事件,无重大安全责任事故。同时,明确包保任务,责任到人,加强维稳工作力度，全年无一起越级上访事件发生。（熊先成）

大桥南联托运公司

【概况】2010年,公司一班人,以党建总揽全局,攻坚克难,积极为经营户排忧解难，大力拓展新线路、新业务。货运线路拓展到130余条,辐射粤、沪、浙、闽、赣、渝、川、鄂等省、市的100多个县市。有货运部、信息部200多家,形成了湘西北最大的货物集散地，全年共完成贷物吞吐量2500万吨。另外,联托运公司还积极参加政府主导的新的桥南物流园建设前期准备工作以及城市创建工作。（陈斌）

桥南副食城

【概况】2010年,全体员工团结一致,齐心协力,圆满完成了全年的各项工作。领导班子团结合作,高效务实。市管部严格把关,认真抓好各项收费工作，全年共计收取各项规费165万元。其中，广告费2万元，搭摊费1万元；收回历年拖欠的老账1400多元；经营权出让8户，收入9万元。在各项收费工作中，不回避问题，不推卸责任，耐心解释，不讲情面，因而提前完成了全年任务。物管部坚持务求实效，做到受理问题有答复。对整个市场最难最敏感的水电问题进行整改，保证了市场电通，水通，路通的“三通”优良环境。全年累计维修房屋80多间，保证了经营户正常经营，对市场的各项工作起到了一定的推动作用。保卫部认真地收取车辆占地费，抓好消防工作，坚持各项检查制度。尤其消防方面，按照市场安排，所有经营门面一律配置4kg灭火器两具，仓库每间一具，工作人员多次向经营户进行消防宣传，并签订了防火、防盗责任状，发放各种消防资料1000多份，每月对消防栓进行一次出水检查，加强夜间值班巡查力度，发现情况，及时采取措施。对漏电、漏水、门面未关紧的情况及时处理或联系经营户，确保市场的安全，全年市场未发生一起火灾和被盗治安事件。（王东方）

市场服务中心

【朝阳路农贸市场】根据市、区二级政府关于全市农贸市场规范化管理的要求，作为全市第一波次提质改造项目，区市场服务中心委托常德市鼎城振坤房地产开发有限公司于2010年10月开始对朝阳路农贸市场进行了为期三个月的提质改造。项目完全遵照市政府出台的农贸市场建设标准设计施工，总投入260多万元，涉及蔬菜、水产、鸡鸭、停车棚等经营及配套区域，改造面积达3700多平方米。为此，市政府给予111万元财政补贴。通过标准化提质改造，一个高标准、规范化的市场呈现在消费者面前，为满足周边群众的生产生活、保障城区菜篮子工程、提升城市品味发挥出越来越重要的作用。（赵刚）

蔬菜产业

【概况】2010年全区蔬菜播种面积24.2万亩，其中无公害蔬菜基地面积13.5725万亩。总产量55万吨，创产值5.5亿元。蔬菜外销、加工量占总产量65%。蔬菜销售市场价比同期提高11%，全区农民在蔬菜产业中人平增加纯收入300元以上。蔬菜加工业发展势头良好，全区目前有蔬菜、豆制品加工企业100多家，年加工鲜菜18万吨，涌现“富民桥”菜业集团、“裕佳食品”有限公司、上林榨菜、雷竹笋技术开发有限公司、一品江南等一批加工龙头企业。逐步形成了榨菜、雷竹笋、冬瓜、萝卜、辣椒、豇豆、黄瓜等拳头加工品种；同时成立一批蔬菜协会和专业合作社，发展会员4800人。发展定单10万亩，年销蔬菜15万吨，产品远销广东、武汉、厦门、深圳、西安、温州等20多个城市。由于蔬菜工作成绩突出，区蔬菜办被评为2010年度“全市蔬菜工作先进单位”。（胡永红 艾泽明）

【无公害蔬菜管理】全区蔬菜产业坚持以蔬菜产品质量安全带动农民增收，以农民增收促进蔬菜产品质量安全的工作思路，实现了蔬菜产品由数量增长型向品质提升型转变。无公害蔬菜市场管理进一步规范。全区进入市场销售的蔬菜产品一律实行先检测后上市，蔬菜产品质量安全系数大幅提高。全区4个检测站共抽检蔬菜样品25800批次，合格率达99.58%，销毁不合格蔬菜89.5公斤。市蔬菜质量监测中心来区抽样检测3次60批次，合格率100%。由于强化蔬菜质量安全监管，全区未发生一起食用蔬菜中毒事件，确保了居民食菜安全。无公害蔬菜基地管理逐步走上正轨。通过大力倡导基地农民生产无公害蔬菜，实施基地抽样检测，引导农民建立农药施用台帐，大大提高了农民生产无公害蔬菜的能力。区蔬菜质量检测中心深入基地抽样检测5000批次，合格率98.87%，确保了源头基地蔬菜的质量安全。全区蔬菜拳头产品市场竞争力进一步增强。在蔬菜质量大幅提升的基础上，许多农民和蔬菜加工企业积极注册自己的商标品牌，并认真开展无公害、绿色食品的认证工作。

（胡永红 艾泽明）

【特色蔬菜基地】区内蔬菜产业通过多年的发展，已成为全区农民增收的支柱产业之一，逐步形成了一乡一品的发展态势。形成3个专业蔬菜生产基地。城镇精细菜蔬菜基地。主要分布在武陵镇、灌溪镇、斗姆湖等城市郊区乡镇的各个村组，面积达2万多亩，以生产时令新鲜蔬菜为主，确保城市的菜篮子供应。雷竹笋生产基地。是以雷竹笋开发公司为依托在谢家铺镇发展的一个新型特色蔬菜产品基地，其产品通过加工，深受市场青睐。榨菜生产基地。通过多年的实践，区内菜农摸索了一套榨菜套种的生产模式，中河口镇农民利用作物间的不同生理期，采用棉瓜菜的套种模式生产榨菜、甜瓜、棉花，收到了很好的效果。全区榨菜生产基地主要集中在牛鼻滩、韩公渡、中河口、蒿子港等乡镇，面积达8万多亩。他们采用"公司+农户+基地"的形式发展定单蔬菜产业，有效的降低了菜农的风险。食用菌生产基地。区内食用菌生产始于上世纪八十年代，发展于九十年代，兴盛于新世纪"十五"规划期间，先后组建了食用菌研究所、十美堂食用菌协会。武陵镇、十美堂、双桥坪、蒿子港、黑山嘴、黄珠洲等乡镇1000多农户。全年生产平菇、金针菇、鸡腿菇、木耳、灵芝、香菇等母种3700支，原种14800瓶，生产种20300袋。全年生产商品食用菌30049吨，产值7332万元，其中销省外295万元，成为部分农民一个重要的生产致富门路。（胡永红　艾泽明）

旅　游

【概况】2010年，全区旅游坚持"抓项目，促发展"战略，把旅游项目建设作为推动旅游产业发展的重点，继续保持了旅游产业的快速发展势头。全区全区游客接待量突破29万人，同比增长52%，实现旅游综合收入8500万元，同比增长54%。加大"吃、住、行、游、购、娱"六要素的建设力度，在旅游资源开发、景区建设、宣传营销、产品建设等方面取得了长足进步，被市委市政府评为"2010年度常德市旅游产业发展先进单位"。（曾令）

【项目建设】逆江坪吉祥寺佛教文化城建设项目。已经完成投资7750万，主体工程的基础开挖、景区进入公路的平整拓宽、电线管网的铺设、办公地点的修建等，基础性工作基本完工，开工的前期条件已经具备。（曾令）

【资源开发】花岩溪景区开发再提速。在加强对水体资源和森林资源保护方面，引进中德合作森林可持续经营项目，同时在两湖实施禁渔，杜绝无序发电。加快景区基础建设。完善景区道路网络，提高景区可进入性。推进旅游产品开发。新建中心区主题花园、森林人家提质、白鹭鸟语林等项目，改建青松岭、龚家洞、千年古樟景点项目，建成青少年户外活动基地，开辟了徒步生态旅游线路，推出了农家山野宴、农耕体验游等项目。毛栗岗乡村旅游点开发再提质。完善和修建环村游道，投资20多万元修建旅游接待中心、新建3个新景点、一个停车坪。新建荷花休闲山庄。引入社会资本投入丘岗开发，配套旅游休闲农业开发。目前已投资1000多万元，开发丘岗山地近1000亩，栽植各种高效林木10万多株。规划建设"百花园"。利用现有的地理优势和花木资源，重新调整了品种结构，改变原来杂而乱的格局，形成一山一品、一丘一品的规范化花园。乡村旅游开发再升温。认真做好全区乡村旅游资源开发调研，积极为区委区政当好参谋。提出建设环太阳山乡村旅游区的战略构想。区长董岚专题就太阳山乡村旅游开发工作进行专题调研要加大包装力度，将当地的传说、景点进行收集、总结和升华，用民间传说把景点串联起来；要合理定位，积极发展"百果采摘园"、"无公害蔬菜园"和农家餐饮；要重视宣传，既要向上汇报，对接市太阳山旅游大开发方案，又要对群众宣传，解决他们的思想问题；政府部门要加强引导，在太阳山周边规划高效果树种植区，出台优惠政策鼓励规范发展农家乐；要逐步开发，鼓励群众自愿参与开发，招商引资开发要坚持"真诚、远见、富民"的原则，并要求将环太阳山旅游开发纳入全区旅游发展长远规划，推动全区旅游业的发展。（曾令）

【产品开发和宣传促销】紧紧围绕"和谐鼎城"宣传主题，以城郊旅游资源和善德文化为依托，以"大湘西旅游圈"建设为契机，产品开发和宣传促销工作呈现新局面。参加湖南省首届旅游商品博览会、第二届中国·常德桃花节、等大型旅游宣传促销活动，向外展示鼎城良好形象。开发"花岩溪"经典干制品，"开口福"系列水产酱板产品、"洞野"系列腊制品、"富祥天"系列茶叶产品等地方特产，丰富鼎城旅游产品的内容。（曾令）

【星级饭店】加大对星级旅游饭店的规范管理力度，全区共有2星级旅游饭店4家，分别是瑞丰宾馆、桥南宾馆、楚添和大酒店、鹏远宾馆。2010年度星级复核评分平均达到80分，复检合格率100%。积极引导宾馆向高星级发展，指导金凤宾馆、华京宾馆开展创3星级旅游饭店工作。（曾令）

花岩溪国家森林公园

【概况】2010年，花岩溪管理处重点围绕“抓党建、强队伍，做规划、引项目，办实事、惠民生”推进各项工作，既是耕耘之年，也是开局之年；既是播种之年，也是收获之年。6月，由管理处投资60多万元、历时6个月工期的新办公楼如期竣工，建筑面积613平方米。与此同时，还完成了宿舍楼、食堂、老办公楼、机关花园的改造工程，总投资120万元。新办公楼建成之后，管理处机关面貌焕然一新，办公条件得到全面改善。

（姚高峰）

【林业经营】花岩溪利用林业项目办点示范，先后实施了荒山造林500多亩、楠竹低改1000多亩、中幼林抚育2000多亩。5月，花岩溪成为“中德合作森林可持续经营政策与模式研究”项目的全省唯一试点单位。12月，又争取到了省级“三杉种质资源保存库”项目，规划面积600亩，主要进行水杉、池杉、落羽杉的种子采集、基因保护和良种繁育工作，实现森林经营效益多层化、最大化。

（姚高峰）

【新农村建设】生态农业迈开步伐。在鹿渡桥新建了开心农场，同时，还组建了“森源野生蔬菜农民专业合作社”，主要生产、加工、经营本地的野蕨菜、野芹菜、天然竹荪、榨菜、春天芽等野生蔬菜品种（销到了乌鲁木齐、北京、太原等全国各地。10月，在湖南衡东湘菜烹饪大赛中富晶大酒店的榨笋获得了特等奖，其原材料就是花岩溪的天然榨笋），现已建成野生蔬菜基地200余亩。特色种养业来势良好。栖凤山村张家湾组村民唐志忠养殖的几十头野猪，2011年春节前被抢购一空；花岩溪村九斗溶组村民莫家祥养殖的黑山羊除了满足景区需要外，还远销广州等地，一年产销近1000只；仙池山村铁家冲组村民杨克斌养殖的竹篱鼠，每斤卖到60多元；仙池山村的李芳来7年时间栽种了3000多株桂花，买家出到了20万元。新农村建设领头羊风光无限。花岩溪管理处班子年度测评为2010年度全区一类班子，栖凤山村党支部被评为全区“十佳红旗支部”，唐紫初被评为2010年度全区“十佳善德公民”20名候选人之一；孙以让被评为全区“千优党员”中的50名党员标兵之一。此外，还有聂伴农、莫善枝、陈一先、闻一忠、陈国保等无职党员受到区里表彰。

（姚高峰）

【旅游开发】经过反复摸索，找到了一条适合花岩溪的特色旅游之路，那就是以现代林业为基础，以生态农业为支撑，发展生态休闲旅游。围绕“花”、“岩”、“溪”作文章，念好三字经，打造繁花、奇石、溪湖三位一体的自然山水之旅；围绕“六个一”作文章，着力建设“一幢山水掩映的明清农家小院”、“一座低碳环保的生态体验馆”、“一座原汁原味的农耕体验园”、“一道健康时尚的山野宴”、“一桌山歌传情的原生擂茶”、“一套风情浓郁的农家娱乐”，将花岩溪建成国内知名的生态休闲旅游胜地。

（姚高峰）

【资源保护】通过开发商承包五溪湖、龙凤湖两湖水体，在两湖禁止投肥养鱼，控制供水发电，两湖水体水位为近十年来最高，水质比往年有明显的改善，受到了德国专家和入境游客的好评。从6月12日起，管理处在两湖开展全面禁渔行动，并且卓有成效。此外，景区路边、水边、景边“三边”区域内的禁伐限伐工作得到景区居民的大力支持和理解，生态环境进一步改善。

（姚高峰）

【民生工作】真切关怀人民健康。管理处先后组织开展了多次“健康行”普查活动，为广大人民群众免费或低价诊查疾病。5月10–18日，管理处接请市华夏医院联合花岩溪卫生院为景区内群众开展了为期一周的疾病普查。此次普查中，五官、妇科常规、肝胆B超、糖尿病、高血压诊查等7项全免费，肝肾功能、CT扫描、多普勒彩超等项目均优惠至成本价。10月18–20日，采取在桥南设点和上门服务的方式对在本市内的流出人口开展了免费的生殖健康检查。11月6～8日，在景区内的4村3场开展流动式免费诊查服务。三次“健康行”活动共免去和优惠诊查费用达5万多元，先后对1800多名村民职工进行检查，查出各类病患24名，都及时得到转院治疗。全力帮扶特困群体。4月份，仙池山村村民黄光荣上山背树不慎折断腰椎，因无钱交手术费，在家中忍受疼痛折磨。管理处得知后，组织发动村里、邻里、亲友一天内筹资2万余元，并为其联系医院、医生，及时实施了手术。为缓解黄光荣的经济压力，管理处发动全体干部职工为其捐款，共5000多元。7月份，管理处干部带头捐款捐物，组织捐款6000多元，为全处退伍军人献爱心，慰问特困军人20余名。8月份，栖凤山村村民肖子国家，因遭雷击引发电火，家中房屋和家当全部烧毁。火灾后，管理处迅速组织全场干部、职工、村民进行募捐，累计款物25000多元，帮助其重建了房屋。10月15日，栖凤山村郭家冲组唐远泽、唐正彦家因用电线路老化引发火灾，损失严重。火灾发生后，管理处和村民立即组织扑救，并迅速组织募捐和慰问。还有因山洪、重病等原因造成困难的20多个家庭，管理处都及时进行慰问并帮助解决生产、生活及医疗等问题。开展春节前大慰问、大走访活动，把党组织的温暖送到各类困难群体和基层党员手中。健全社会保障体系。年底，管理处对机关干部职工、林场职工和村民养老保险和医疗保险进行了全面清理。管理处的机关职工养老保险还清了历史债务，林场职工养老保险集体部分由管理处补助缴纳，特别是景区4000多农民养老保险做到了应保尽保，并且由管理处和各村场全额补助，这在全区乃至全市都是绝无仅有的。（姚高峰）

【维护稳定】广泛开展矛盾“大走访、大排查、大调解”活动，干部人人争当“调解员”，共调处各类矛盾纠纷60余起，其中有11起是陈年旧账，远的有近30年历史。三样树村山林纠纷涉及到邻近乡镇，系1984年分山时遗留下的问题，一直没有解决，双方经常发生集体冲突。管理处先后6次组织相关人员进行协调，最后终于达成一致协议。花岩溪村泉水洞组1996年分山时，因分配不公遗留了不少矛盾，家族派系势力对抗，人员情况复杂，导致该组集体10多万元木材销售款分不下去，200多亩山林荒废多年，管理处和村里多次调处均无结果。12月，管理处派干部连续一个多星期扎根在农家，白天调查走访，广泛听取意见，晚上查找资料，寻找政策依据，最后拿出了一套合法、合情、合理的分配方案，并且对组里多年来的账目进行全面清理和公示，让老百姓心服口服，遗留问题也得到彻底解决，村民关系、干群关系达到前所未有的和谐程度。（姚高峰）

【社会事务】由管理处投资1万多元，对花岩溪小学供水、供电设施全面进行了改造，解决了以往学校用水难和用电不安全问题；对学校教师给予了支边补助，对困难教师给予了特别帮扶，教师队伍稳定，教学质量良好。计划生育奖扶政策、村民自治教育奖扶政策，受到国家人口与计划生育局高度肯定，认为花岩溪的利益导向机制走在了全国的前列。在举办花岩溪第三届乡村旅游运动会过程中，坚持将保持乡土特色、传承本土文化与不断推陈出新结合本土文化，已成为花岩溪村民精神文化生活中不可或缺的一部分，已成为加强基层团队组织建设、密切党群干群关系、加大旅游宣传促销、推进各项工作的有效途径。宣传工作开启新局面，在各级媒体播发新闻共200多篇次。在常德旅游景区中是除柳叶湖以外新闻最多的一个。（姚高峰）

【林权换证】按照国家集体林权制度改革总体布局和要求，花岩溪林权换证涉及山林4万多亩，1000多个户头，仅表格就需造15万张，每份3套，总计超过30万张。从06年开始，花岩溪林场着手进行集体林权制度改革工作，2010年需办理林权证1500多本，制作图纸5000多张，并且经过申请、填表、核实、公示、建立台账等16道复杂程序。经过农林科和各村场基层干部的日夜奋战，除插花山以外，总体工程基本完成。（姚高峰）

【中德合作森林可持续经营政策与模式研究】根据中德两国政府间发展合作混合委员会2007年7月达成的协议，从2008年1月起，中德两国开始国家层面的林业合作。此项合作首先在海南、福建、湖南三省进行试点，花岩溪是湖南森林可持续经营项目唯一试点单位。3月，德国专家开始进驻花岩溪，进行实地调查。5月10日，中德技术合作“中国森林可持续经营政策与模式”项目工作会议在湖南省林业厅举行，会议明确湖南省常德市花岩溪国有林场为湖南省项目示范林场，项目由中德专家为花岩溪林场编制与国际接轨的森林可持续经营方案。专家组在花岩溪先后完成了202个样点布置（其中105个永久性样点，97个临时样点）、立地调查和经济社会调查，进行了中期评估，并进行了碳汇交易的探讨。根据专家组安排，9月将完成经营方案编制。

德国是世界上林业最发达的国家，其上百年的经营模式和成熟的管理方式得到了世界各国的公认。根据花岩溪的立地条件和资源生长情况,中德专家预测,运用德国“近自然林业”森林经营方法,择优采伐,目标培育,多层混交,立体发展,20年后每亩至少达到材积20立方米以上(德国目前是每亩60—70立方米),可实现收入2万元以上,减出50%的生产经营成本,每年每亩可获纯利500元以上,年生产效益是现行经营模式的2.5倍以上。随着国际社会对环境的重视,控制二氧化碳的排放,促进了发达国家与发展中国家的碳汇交易。花岩溪林场在不断提高木材经营效益的同时,还将获得森林碳汇收益。此项目的实施,将带动整个鼎城林业的发展,对鼎城的经济社会发展将产生革命性影响。

(姚高峰)

城市建设与管理

城市建设与管理

【概况】2010年，区建设局坚持以城市建设发展为目标，从社会关注、群众关心的焦点、难点问题入手，以基础设施建设为重点，努力拓展筹资渠道，强化工程质量管理，大力推进"城市鼎城"建设，城市的聚焦、承载和服务功能进一步增强，人居环境进一步改善，城市形象进一步提升。（宋仁杰）

【招投标管理】通过拓展招投标渠道，健全招投标管理体系，严格执法招投标法及相关法规，进一步规范了建筑工程招投标管理。全区共有33个工程项目必须实行招投标，百分之百进行了招投标，中标金额6.09亿元。其中：公开招标项目56个，中标金额3.12亿元；邀请招投标项目11个，中标金额2.97亿元。实现了招标率100%，应公开招标率100%，备案率100%，录入率100%。（林煜）

【建筑行业管理】从强化管理、整章建制、落实责任入手，严格遵循《建筑法》的规定，采取宣传、督导、整改"三到位"等措施，依法审查发证条件。完善了两项管理措施，切实加强了建筑行业管理力度。完善市场准入制度，对进入区内的施工企业、监理企业、各类中介机构，审查其资质证书，并在规定的营业范围内承接业务，严禁超范围营业。对于市境外企业，必须在常德市建设局办理入境登记。加强建筑工程施工现场的检查，重点检查项目部管理人员持证上岗情况，包括项目经理证、五大员证、注册执业资格证及检查项目管理机构的设置。尤其对境外企业、公司务必派管理人员到现场进行管理，落实投标文件的机构设置。（高雪萍）

【安全监督管理】全年共办理安监手续32项，工程总造价2.1亿元，总建筑面积21.24万平方米。全面贯彻执行了国家安全生产标准规范，开展创建安全文明标准规范，开展创建"安全文明工地"活动，逐步规范监督程序，将常德市安监站专项专项整治的文件全部下发到施工企业。对拆除工程全部纳入监管，对拆除队伍资质、安监手续、意外伤害保险等严格管理，使全区拆除工程走上有专业资质队伍拆除的良性轨道，避免了"散兵游勇"式拆除。开展了百日安全生产专项整治活动，进一步强化各方责任主体的安全责任，重点解决建筑施工安全管理中存在的漏洞，一大批企业的施工现场加大了安全设施投入。受益工程均未出现重大安全伤亡事故，迅速扭转了建筑工程安全监督在全市落后的局面。（李卫东）

【工程实体质量监督】全年新受监工程项目41个，总建筑面积38万平方米，建安量17400万元，竣工工程65个（含上年结转），建筑面积28.7万平方米，建安量23786万元。认真贯彻执行《常德市住宅工程质量通病防治管理办法》，以点带面，切实开展创无质量通病专项治理。要求建设单位在开工前必须下达《住宅工程质量通病防治任务书》，对施工单位提交的质量通病防治方案和施工措施进行审批，将通病防治列入工程检查验收内容，明确通病防治的奖罚措施。逐步把建筑节能、室内空气质量检测和室外环境保护等工作纳入竣工验收的监督范围，全年竣工验收的工程均进行了室内空气质量检测和室外环境保护验收。严格规范五方责任主体的质量行为，强化了对基础主体、竣工的验收把关，确保全区在建工程主体结构安全、工程实体质量符合国家强制标准条文要求。（梁勇）

【查处城区违法建筑】针对武陵镇城镇规划区内未报先建、不报自建等违法建设现象比较严重的情况，依法行政，和区拆违办等有关部门一起，对违法建筑予以坚决查处打击。全年共查处违章案件112起，立案2起，下达私房停工通知书48份，送达听证告知书9份，送达处罚决定书1份。（丁为盛）

【燃气安全生产检查】积极参与组织燃气安全生产检查，本年度共参加全区组织的燃气安全生产检查3次，对不符合燃气安全生产的企业下达燃气强制整改通知6份，整改率100%。召开燃气企业及销售网点负责人安全生产会议1次。全年未发生一起燃气安全事故。（丁为盛）

【市政基础设施建设】江南城区基础设施建设累计投资达9000万元，解决了一些民生问题，保障了城市功能。重点项目建设。投入资金3200万元，完成了永安路、金霞东路的建设。；投入资金98万元，完成了迎宾小区235米排水改造工程。对花溪东路180米管道进行了疏通，对新民巷的下水管道进行了修理和清淤，投入130万元完成了沿堤三个社区的排水问题。对阳明路、临沅路、鼎城路等道路进行了维修，保障了居民出行。及时维修被盗和损毁路灯设施，路灯亮灯率保证在95%以上。全年投入小街小巷建设资金1000万元，改造了正汗路、桥东巷、仙门巷等主要巷道。江南污水处理厂支次管网建设共分八个标段，总投资约3900万元，目前五标段已竣工投入使用。（张明仲）

【园林绿化建设】以社区单位、绿化花化小巷、改善居民环境为基础，以创建单位园林精品和绿色阳台为重点，采取“抓两头、促中间”的方法，将绿化花化任务分解到社区、单位和广大居民。2010年，江南城区共投入资金406.7万元，新增绿地面积16984平方米，改造绿地面积7096.7平方米，江南城区的绿化水平又上了一个新的台阶。（文辉）

【建筑企业改制】区建设局下属天晟公司资不抵债严重，企业改制久拖不决，既是政府的一块心病，又是一个极不稳定的因素。区住建局成立了专门的班子，制定了工作措施。在改制工作中，通过各种途径，理顺各种关系，在资产出让等方面为企业破产增加资产收益，在买断人员集资建房上减少土地出让金的自筹部分，力争平稳推进破产改制。目前，天晟公司395名职工买断，已有160人签订了买断合同，企业改制取得了实质性进展。（高雪萍）

城乡规划管理

【概况】常德市规划局鼎城分局系常德市规划局正科级单位派出的机构。受常德市规划局委托，负责鼎城区范围内城乡规划管理工作。2010年分局围绕区委、区政府“打造工业新城，开发城市新区，建设生态新村”的发展战略目标，突出规划编制，强化规划管理，注重优质服务，为促进全区城乡建设、工业发展和城市扩容提质提供了强有力的技术支撑。（陈世锋 邱宪宏）

【机构设置】分局现有在编干部职工28人，分局领导班子成员6名，其中局长1名，副局长3名，纪检监察员1名，副主任科员1名。内设办公室、规划管理一室、规划管理二室、法制办、综合技术室、规划监察大队六个股室。（陈世锋 邱宪宏）

【规划编制】在区委、区政府的重视和支持下，全区的城乡规划编制工作得到有力有序地推进。一是突出江南城区规划编制。积极参与《常德市城市总体规划（2009—2030）》修编工作，积极为总体规划修编搞好服务工作，广泛征求全区的意见和建议，为江南城区的定位和发展提出了建设性意见和合理化建议。基本完成了江南城区西片区近12平方公里的控制性详细规划编制与评审。参与了市局组织的市城区学校布局规划、老年公寓布局规划和农贸市场专项规划编制，初步完成了江南城区排水和道路交通专项规划编制与评审。二是全力服务于工业园区规划编制。4月，陈文浩市长要求鼎城区从宏观层面全力研究灌石（灌溪、石板滩）工业新城之后，分局全力承担了规划编制具体的组织和技术服务工作。已完成常德市鼎城灌溪工业新城战略发展规划并已形成了成果，正报市政府批准后执行。三是完成了斗姆湖镇暨空港新城、大龙站镇、镇德桥镇的总体规划编制与评审，指导完成了谢家铺镇总体规划编制初步成果，启动了石公桥镇和逆江坪乡总体规划修编工作。（陈世锋 邱宪宏）

【规划管理】全面推行批前有公示、批中有程序、批后有监察的规划管理机制，保证了城乡规划的顺利实施。一是严把规划方案审查关。按照市规划局的要求，及时组织了常德市水产品市场、善卷中学、善卷医院、江山如画、江南大院、莱茵小镇、国龙大厦地块等14个项目的控规图则和规划方案的论证评审，完成了宝泰花园、图吉小区可行性规划研究方案论证，严格把住了方案审查关，提升了江南城区建设项目的规划设计水平。二是严格执行项目规划许可制度。2010年共核发《建设项目选址意见书》12份；《建设用地规划许可证》169份，用地面积3335961㎡；《建设工程规划许可证》275份，建筑面积276904㎡；行政审批做到了无违法、无违规、无越权行为，规划许可发证率达100%。三是严控违法建设。按照区政府要求，实行了班子成员控违拆违分片包干负责制和查违日报制度，加大了对城市规划区内"四个镇"的巡查力度，加强了对违反规划审批内容的违法建设行为查处。全年共巡查立案234起，涉及违法建设面积3.53万平方米，下达停工通知书89份，其中限期拆除决定书35份。（陈世锋 邱宪宏）

【规划服务】按照分局"创先争优"活动和区政府建设人民满意政府的要求，向一线延伸服务，把优质服务贯穿于分局工作始终。一是调整规划管理机构设置。随着2010年全区城乡规划管理职责划转分局管理后，分局及时地向市局汇报调整内部机构设置，打破城乡二元管理模式。以沅江为界，由两个股室分别承担两大片区的规划管理任务，并单独成立了综合技术室，避免了分局内部股室间职能交叉，既提高了办事效率、又使规划管理体现了城乡统筹。二是推进机关政务公开。根据分局的职能、职责，进一步清理规范办事公开项目，制定了为民办实事工作指南和报建审批流程图，全面公开办事依据、权限、程序、标准、时限、结果，提高规划工作的透明度。明确了规划许可、处罚、确认、强制（执法拆除）程序，制定了行政过错追究制、首问责任制、服务承诺制、办事服务制、效能投诉制等五项制度，实行了办事公开化、制度化。全年审批办证速度提速30%以上，无"乱收费、乱罚款"的现象发生，无影响经济发展环境的案件。三是打破常规观念。在实际工作中，分局建立起特事特办机制，为区重点项目开设绿色通道。先后对南方水泥、中联重科、桥南商业城、机场路等重大项目，在符合城市总体规划和控制性详规的前提下，做到随报随办。对善卷医院、善卷中学、江南污水处理厂、殡仪馆等社会公益和涉及民生的建设项目采取急事先办、突破常规的办法，在符合规划的前提下，加班加点给予办理，为项目建设节省报建时间。四是创新工作方式。变被动受理项目为主动关心项目，先后深入中联重科、南方水泥、辰州锑品、紫薇佳园、莱茵小镇、江山如画、鼎欣嘉豪、善卷中学、善卷医院等项目现场调研，与业主单位共同研讨规划方案，妥善解决规划建设中遇到的各类问题，做到了在工业项目、重大开发项目和基础设施项目审批上将加强管理与优质服务进行有机结合，追求规划管理与服务的最佳效果，得到了社会各界的好评。

（陈世锋 邱宪宏）

城市管理行政执法

【概况】2010年，鼎城区城市管理行政执法局围绕全区重点工作，以创建全国文明城市为契机，以建设人民满意政府为载体，全局干职立足本职，真抓实干，开拓创新，城市管理工作取得新突破。被市委、市政府评为2010年度全国城市公共文明指数测评迎检工作先进单位，被区委、区政府评为2010年度全区创建文明城市工作红旗单位。（胡嫣）

【市场化运作治理城市"牛皮癣"】为彻底根治江南城区小广告牛皮癣，改善城市环境，提升城市形象，鼎城区城市管理行政执法局于3月份开始尝试利用市场化运作方式治理城市"牛皮癣"顽疾，把原来由城管部门负责清理"牛皮癣"的工作交清洁公司负责，以其更专业的手段还城市清洁与文明。

3月底，鼎城区城市管理行政执法局成立了小广告牛皮癣清洗保洁市场化运作工作领导小组，对武陵镇建成区小广告牛皮癣进行了全面的调查摸底。根据摸底情况于4月初制定了武陵镇城区小广告牛皮癣清洗、保洁市场化运作方案。先后完成了“城市牛皮癣”清洗保洁权经营项目招标公告、投标须知、城市“牛皮癣”清洗保洁工作考核细则及承包合同的制定，并向社会予以公开招标，于5月初正式启动牛皮癣治理市场化运作，并成立了以夜巡中队为主体的日常考核组，按照《“城市牛皮癣”清洗保洁工作考核细则》负责对两家清洁公司进行监督和管理，通过市场化考核杜绝反弹。（胡嫣）

【城管执法百日大行动】为进一步深化城市管理，切实加强建设人民满意工作。鼎城区城市管理行政执法局从5月31日起开展“大整治”、“大拆除”为主题的城管执法百日大行动。在市容环境秩序的“大整治”行动中，执法大队针对各路段存在的突出问题，每天利用2个小时的时间集中力量，依法采取强制措施，查处和取缔屡禁不改的违章现象。共暂扣违章物品220余件，整改出店经营、占道经营1500余起，取缔马路市场6处、流动摊点120余处，规范整顿各类临街占道加工、维修点50多处，查处非法营运的两摩近200台，纠正乱停乱靠行为1200余起。户外广告股共查处违章广告180余起，拆除破损广告牌200余块，割除违规悬挂的横幅、条幅380多条。在治理违法建设“大拆除”行动中，从执法大队抽调执法人员补充到机动大队，充实拆违力量，加大巡查拆除力度，共立案查处违法建筑近80起，组织了15次集中强拆行动，累计拆除违法建设面积近10000平方米。（胡嫣）

【迎接全国城市公共文明指数测评工作】鼎城区城市管理行政执法局围绕区委、区政府迎接全国城市公共文明指数测评工作目标，开展系列工作。创新管理机制，提高精细化管理标准。完善全局日常工作模式以及相配套的内务管理规定；建立健全了城市管理目标责任制，定岗位、定目标、定责任、定标准，确保全局干职人员到岗、责任到位；建立健全了局班子成员长效管理责任分工及长效管理考核细则，要求每位班子成员分3个社区、3条主次街道及联系一个中队。长效管理考核小组对执法人员的到岗、着装、履责情况进行每周督查，每月考核。严格依法行政，狠抓市容秩序综合整治。全年，开展市容秩序专项整治行动有150多次，结合创文迎检，共整治各种占道经营、出店经营和流动摊贩3万多起。针对城区存在的马路市场，疏堵结合，进行了分类规划、规范管理，确保了所有经营户都进店入市经营。加大了学校周边环境的整治力度，针对学校周边的市容秩序混乱、乱搭乱建等现象，执法大队共组织20多次集中整治行动。对于城区的中小学上学和放学时段，都派出专人蹲点把守，维持好周边市容秩序。5月份，户外广告股对城区门店经营户和广告商进行了一次全面的调查摸底，并下发《关于规范门头招牌设置的通告》3500多份，全年共计拆除违规设置的广告牌550多块，割除各类条幅、横幅700多条。为规范人行道停车秩序，在城区主干道及重点部位新建停车围栏195个，对陈旧和破损的围栏进行了翻新和维修，共维修围栏35个，翻新刷漆336个。在确保稳定的前提下，以净化交通市场秩序为目的，全年共查处非法营运“两摩”500多台次。（胡嫣）

【控违拆违工作】抽调十多名执法人员充实到机动大队，增强控违、拆违力量，并加大日常巡查力度。全年共组织42次集中强拆行动，累计拆除违法建筑面积近30000平方米。3月11日，根据区控违拆违领导小组的统一安排和部署，执法局抽调80多人会同灌溪镇政府、区公安局、区规划局、区国土局、区建设局等单位组成的近300人的联合执法队伍，对灌溪镇兴发垸村的3处共1000多平方米的违法建筑进行了强制拆除。（胡嫣）

城区环境卫生管理

【概况】鼎城区环境卫生管理处以全国文明城市创建为中心工作，以创建“满意环卫”为奋斗目标，开拓创新，锐意进取，确保了江南城区环境卫生的干净、整洁，顺利通过了国家公共文明指数测评和其他的各项检查，并被市评为2010年度城市公共文明指数测评迎检工作红旗单位，被区评为全区创建文明城市工作红旗单位。环卫处共聘用临时清扫人员326人，比上年增加14人，清扫保洁总面积达到180万平方米。城区共有中转站13座,年清运垃圾47200吨,比上年增加9069吨。全年共完成有偿服务收费197万元。（李备军）

【镇村同治环卫管理】根据区委、区政府部署,环卫处派驻灌溪环卫中队4人，聘用临时清扫人员63人，比上年增加了6人,另聘用市容监察队员5人。主要负责灌溪镇区和四村及石板滩一村一居委会近50万平方米面积的清扫保洁和环境卫生管理工作。（李备军）

【基础设施建设】以全国文明城市和三个品牌城市创建为契机,不断完善城区环卫基础设施,社区更换和添置了600个塑料垃圾桶，各主次干道新安装了100个果皮箱，新做集装箱19个,新做垃圾斗车110辆。另外,还对城区部分公厕、中转站进行了全面维修和升级改造，尽最大的努力方便和服务广大市民。(李备军)

房地产业

【概况】2010年，鼎城区房地产业紧紧围绕“建设城市鼎城、开发城市新区”的发展战略,全体房产人扎实苦干,开拓创新,房地产市场持续健康稳定发展。全年共完成房地产开发投资6亿多元,销售新建商品房2000套25万多平方米；共发放各类房屋权属证书5000多本,实现各项房产税收1亿元。（贾仁斌）

【房地产开发】按照以抓大促小的方式全面带活现有拟开工楼盘的思路，一是对规模较大的每个拟开工项目，明确由一名区级领导联系,区人大主任向阳、区政协主席许忠诚等区级联系领导，多次召开了项目调度会，推动了项目的顺利开工。二是召开了拟开工项目业主座谈会，探讨发展对策。三是通过调查,结合开发商的建议,起草了《促进江南城区房产开发和鼓励购买商品住房的优惠办法》。四是建立了开发项目联系人责任制度，房产局确定了每名局班子成员联系3个开发项目，即1个在建项目和2个拟开工项目，以及时掌握了解项目进展动态。五是为项目建设排忧解难，共为拟开工项目解决具体问题近10个,确保了一批拟开工项目的顺利开工。全年在建项目共有9个,拟开工项目7个,占地面积约800亩，建筑面积约120万平方米；已完成房地产开发投资近6亿多元,开工面积约25万平方米，竣工面积23多万平方米；共销售新建商品房2000套25万多平方米,销售金额达4亿多元,销售形势明显好转。（贾仁斌）

【房屋产权交易管理】进一步健全房屋权属登记制度，严格执行业务工作首问责任制、过错追究制、限时办结制,加大房地产转让市场秩序整顿力度，进一步完善房地产业抵押登记程序，缩短了办理房地产抵押登记手续时间。共办理各类房屋权属登记5000多笔,登记面积130万平方米;办理存量房转让800笔12万平方米，办理商品房转让1200笔14万平方米；办理各类转让抵押手续近2000笔20万平方米，抵押金额达2.6亿元,盘活房屋权利人的房屋资产，为地方经济发展作出了一定的贡献。（贾仁斌）

【物业管理】规范敞开式小区物业管理试点工作稳步推进。按照政府主导、政府投资与市场化相结合的方式,投入350万元,在德安社区实施并完成敞开式小区物业管理试点工作，改善敞开式小区居民的居住环境和条件。成立维修基金管理中心，加大维修基金归集与管理力度，共归集维修基金近1000万元,解决了新建楼盘维修难的问题。（贾仁斌）

【安全鉴定】结合西区开发与老城区控违拆违，加强安全鉴定工作人员责任意识教育，严把房屋安全鉴定关，杜绝向非D级危房出具D级危房报告，全年共受理D级危房鉴定申请89笔,退回非D级危房鉴定申请37笔。同时,对受理的非D级危房,提出合理可行的维修加固建议，确保房屋居住安全。（贾仁斌）

【住房保障】按照省、市下达的任务，全年城区共解决548户住房困难家庭的住房问题，其中通过廉租房保障108户，通过租赁补贴保障440户。为完成省市下达的住房保障任务，一是强力推进廉租房建设，实行边征地边开展各项前期工作，为按时完成廉租房建设任务赢得了时间。二是努力争取上级住保投入。住房保障上级投入共到位资金503万元,其中廉租房专项投资补助198万元（与区政府下达的任务150万元相比超额完成了40万元),租赁补贴资金305万元。三是完成了保障对象申报工作。完成了

鼎城区第九中学

▲ 学校大门

▲ 物理实验室

▲ 宣传栏

▲ 图书馆

▲ 化学实验室

▲ 操场

中国人寿保险股份有限公司鼎城分公司

▲ 经理　符志辉

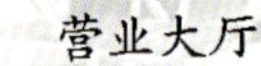

▲ 营业大厅

办公大楼

▲ 党委书记 欧阳雁

▲ 镇长 胡建新

▲ 办公大楼

▲ 国家环洞庭湖基本农田综合整治重大工程项目十美堂镇东风村水利工程

唐家铺乡

▲ 党委书记 葛辉琳

▲ 乡长 廖再利

▲ 唐家铺中学

▲ 卫生院

▲ 党政骨干集中学习

▲ 领导班子

油茶示范基地

丁 家 港 乡

▲ 党委书记 孙华伟

▲ 党委副书记、乡长 彭正荣

▲ 政府大门

▲ 政务大厅

▲ 办公大楼

长茅岭乡

▲ 党委书记 钟伟胜

▲ 党委书记钟伟胜汇报关心下一代工作

▲ 党校校长朱金桥上党课

▲ 为卸职老干部送上慰问金

▲ 庆祝建党89周年大会现场

▲ 与困难党员拉家常

谢 家 铺 镇

▲ 政府大门

▲ 镇二院（综合文化站、计划生育服务站）

▲ 政府公共职能服务中心

▲ 步行街

▲ 步行街

▲ 步行街

双桥坪镇

▲ 党委书记　丁保国

▲ 丁保国在田间察看水稻生产情况

▲ 镇敬老院

▲ 庆祝建党89周年乒乓球比赛现场

◀ 七一表彰大会

▲ 镇党政班子成员和中学教师共度第27个教师节

170户廉租房和440户租赁补贴保障对象的入户调查和审核工作，租赁补贴保障对象已公示，并已发放租赁补贴资金200万元，享受对象共900多户。四是启动了追加任务项目。7月20日，省、市对鼎城区下达了公租房50套、工矿棚户区改造60户、城市棚户区改造50户的追加任务，通过创新思路，抓紧实施，城市棚户区改造了87户，公租房建设任务完成。（贾仁斌）

【白蚁防治】在市房产协会白蚁防治专业委的精心指导下，紧紧抓住“中国白蚁防治氯丹灭蚁灵替代示范项目”在区开展的契机，防治业务从城区扩展到乡镇。变先收费后服务为先服务后收费，以“加大宣传、强化服务、严抓管理”为工作重点，推进我区白蚁防治工作逐步向生态化、信息化、科技化迈进，全年预防面积39万平方米，灭治面积1.2万平方米，签订合同420份。被评为全省“白蚁防治先进单位”，一人获得省级“白蚁防治先进个人”称号，二人获得市级“白蚁防治先进个人”称号。（贾仁斌）

【房产信息平台建设】2008年常德市被纳入住房城乡建设部房地产市场信息系统建设重点城市范围。按照常德市房地产管理局构建大常德房地产市场信息系统模式，分阶段建立起统一的全市房地产信息系统的要求，筹集130万元资金，设立专门的计算机房，配备5台IBM服务器，更新大部分办公电脑，接通IOM的电信宽带和区政务中心与局本部的4M光纤专线，组建办公局域网，完成网络设备安装和系统软件采购，对各类业务档案实施电子化管理，对房产测绘进行信息化建设，建立房地产信息网站，建设功能完备的房产信息平台。（贾仁斌）

散装水泥管理

【概况】鼎城区散装水泥和墙材革新办公室是区政府直管具有行政职能的副科级事业单位，负责散装水泥推广和新型墙体材料应用的监督管理工作。2010年，全区共推广使用散装水泥86.7万吨，散装水泥使用率达56.3%，城区建筑工程基本使用商品混凝土。因城区禁止水泥现场搅拌工作突出，获全省发展散装水泥工作先进县级散装水泥办公室殊荣，中国建材报以《推散老典型焕发新活力》为题，头版报道了鼎城推散的先进经验。全年共推广应用新型墙材13500万块，轻质墙板2.30万平方米，淘汰实心粘土砖厂2家，转产生产空心粘土砖企业1家，超额完成省、市主管部门下达的考核指标，城区基本禁止使用实心粘土砖。鼎城区散办被评为2010年湖南省发展散装水泥工作先进县级散装水泥办公室。（黄华）

朗州城市建设投资开发有限公司

【概况】常德市鼎城区朗州城市建设投资开发有限公司，成立于2005年11月25日，公司从注册资本5000万元发展到资产总额10.19亿元，信用等级荣升为A＋级。公司内设办公室、经营开发部、工程建设管理部、项目稽核部、财务部和融资部等“五部一室”。经营范围主要包括城市、农村、水利基础设施建设投资；土地及农业综合开发经营；房地产开发经营；建设工程承揽等。公司经过五年的发展积累，资产总额已达10.19亿元，争取国家开发银行和农业发展银行贷款5.267亿元，贷款规模在全市区县级融资平台中位列前茅。公司先后投资教育、卫生、经济开发区、市政基础设施等领域的重点工程建设，参与城区土地一级市场开发，已实现土地经营收益1亿元。

2010年，朗州城市建设投资开发有限公司按照城市建设总体目标，积极稳妥地推进我区城市建设投资开发的各项工作。面对金融机构及监管部门加大对地方政府融资平台清理整顿的局面，公司一班人克难求进，积极整改，被国家开发银行及银监部门认定为全覆盖类合格公司，信用等级评定为A+，并成功与农发行建立新的信贷合作关系，19800万元善卷垸防洪大堤综合治理工程项目贷款年内到位1亿元。工程建设有序推进。截至年底，在建的双谭路与花溪路都已完成投资总额的80%以上，其中，双谭路两个标段都已完成水稳层建设；花溪路一标完成了水稳层建设，正在进行混凝土路面铺设；二标已完成路面混凝土施工，并通过了工程验收，计划2011年6月竣工并交付使用。经营开发效果显著。成功出让地块2宗，土地经营获益1500万元；①嘉美大院地块：面积77.8亩，出让价格为3240万元。②双谭路以西、永安路以南地块，面积16.6亩，出让价格为697万元。花溪路储备地块，面积122亩，出让价格为5270万元。（周磊）

城市供水

【概况】鼎城区自来水公司创建于1981年,发展至今,已成为一家集自来水的生产、销售、服务为一体的供水企业。公司现有员工322人,拥有产能2.5万m^3/d(规划设计产能10m^3/d)的水厂一座,担负着江南城区10多万人的生产、生活用水。供水管网遍布江南城区,主干管网总里程达119 km。2010年公司先后荣获"消费者信得过单位"、"全区社会综合治理工作先进单位"、"全区政务中心暨政务服务工作先进单位"等称号。

全年售水总量达600多万吨,实现各项收入总计2496万元,同期相比递增11%。

全年受理各类供水服务事例2201件,用户的满意率达100%。全年累计立户3164户,完成了滨江花园、财富广场、常沅小学、德安西二、五巷等地区90多项"民心工程"。（李国琪）

九申管道燃气有限公司

【概况】常德市鼎城九申管道燃气有限公司于2002年12月5日成立,现有注册资本880万元,经营管道燃气开发、建设、经营、维修;天然气储存、销售;汽车加气销售,天然气充装。公司现有员工45人,主要经营内容为:负责对武陵镇城区内各类燃气用户供气及王家铺加气站对汽车加气。

通过近十年的建设,已铺设各规格燃气管道近70公里,供气范围东至双潭路、西至德安路、北到临江路、南至三滴水村,燃气用户近万户。拥有供气小区近200个,调压设备近300台,主、支管阀门180余个。经过近年的加大管网投入与每年对原有管道的安全维护,能确保对江南城区的各类用户安全供气与相应区域内的规划用气发展。（刘伟恒）

江南新城

【新城规划】⑴江南新城控制性详细规划。2009年5月,区人民政府委托市规划设计院承担江南新城控制性详细规划设计任务,在市规划局的支持下,规划编制工作顺利完成,经部门评审,原则通过了市规划设计院编制的江南新城控制性详细规划编制成果。⑵江南新城城市策划与城市设计研究。区人民政府委托清华大学科研院对江南新城进行城市策划和城市设计研究,主要内容包括:控制性详细规划优化建议并绘制鸟瞰图;建新路、善德大道修建性详细规划;城市街景景观规划;善卷文化公园和桃花源路、金霞路城市街景景观规划等。7月30日,清华大学将策划和设计成果交付给鼎城区人民政府。（袁万福）

【项目建设】沅水西大桥南引桥 沅水西大桥南引桥占地89亩,主要涉及武陵镇西站村4、5、6、7组,大桥已于2009年12月29日开工建设,2010年现施工队伍正紧张施工。

桃花源路暨机场快速道 桃花源路暨机场快速道征地1010亩,拆迁总户数为307户(其中:武陵镇240户,斗姆湖67户),道路全长10公里,主要涉及武陵镇、斗姆湖12个村(居)委会,2010年主要进行征地拆迁工作。

一期公寓楼 一期公寓楼安置小区规划面积为38.25亩,选址在武陵镇西站村的鼎城西路以北、红云路以西地块,紧邻沅水西大桥,其中,一号区占地17亩,投资1600万元,由兴宇通达公司承建,小区建设已全面展开。

大堤改造 项目东起花溪东路口,西至鼎城西路路口,总占地944亩,项目一期估算投资约1.6亿元。建设内容包括:防洪大堤工程,修建钢筋混凝土防洪墙4576米,防洪标准为50年一遇;防洪交通闸工程,在桥南路、阳明路与德安路与大堤交接的三处各建一座交通闸,闸口宽度10米,净高4.8米;防汛道路工程,道路硬化宽度7米;边坡护砌与绿化工程等。项目分三个标段建设,10月份开工建设。

善卷中学 选址在武陵镇福广村的金霞路以南,桃花源路以西地块,占地100亩。按3000个学位规模进行建设,计划投资6000万元,包括教学楼、综合楼、科教楼、办公楼、运动场、宿舍、食堂等。正在紧张的施工建设中。

善卷医院 选址在武陵镇福广村的东临德安路,南临永丰路,西临红云路,北临金霞路。占地133亩,总投资1亿元,争取银行投资5000万元,9月份开工建设。

江南新城办公大楼暨城市规划馆 江南新城办公大楼暨城市规划馆项目位于武陵镇福广村,南邻金霞路,东临红云路,占地15亩,投资1000万元,总建筑面积5200m^2,6月底开工建设。

【拆违控违】控违拆违小组进行逐日巡查,广泛宣传,有效控制了西区土地。西区共发现违法建筑物83起,面积约7961平方米,依法强拆违法建筑物80起,面积达7560平方米。西站、红云主要区域无一例新增违法建筑物。

（袁万福）

交通·通信

交　通

【农村公路建管养】2010年，农村公路建管养取得显著成效。全年完成通乡公路改造25.7公里；改造石公桥、樟树湾桥2座危桥，完成唐家嘴等5座桥梁的维修工作；实施5条县乡道安保工程；完成通畅工程126.5公里。投入690万元用于农村公路养护，其中：投入资金25万元对县道白沙线进行全面维护，对县道刘钟线K22+200--K22+640段0.5公里水泥砼路面投入40万元进行维修；对丁马线、陬鄂线、刘钟线、康兰线、南灌线1800平方米破碎板进行换板处理；完成白沙线6公里中修；完成县道水泥砼路面清缝、灌油58公里；完成县道康兰线、丁马线15公里绿化。出台了《鼎城区农村公路管理养护办法》，同时依据《鼎城区农村公路管理养护办法》，在搞好县道管养的基础上，对全区乡村公路管养给予指导、督促，确保全区县乡村道路安全畅通。出台县道每周逢“2”逢“7”日常养护清扫制度，由交通局党委成员带队分路段按季度考核验收。加大对公路桥梁特别是危桥的管理力度，制定了应急预案。全区农村公路养护管理工作步入了养护科学化、管理规范化、考核标准化和奖惩制度化的轨道，全区农村公路养护管理始终处于全市第一。覃家岗、东陂堰等村道实现了亮化、绿化和美化。8月，全市交通建设养护管理现场会在区召开，鼎城区做了典型发言，养护经验在全市推广。

（张力）

【“十二·五”交通发展规划】立足交通发展长远科学编制“十二五”规划。上半年，派出2个调查小组深入一线摸底子，历时4个月。对全区所有的农村公路及桥梁（含安保工程）建立完整的交通普查档案。积极做好与上级交通主管部门的衔接工作，成功向上争取了25个农村客运站建设、76座县乡道危桥改造计划。新增村道770公里，各类道路升级1456公里。进入全市规划的交通建设项目鼎城区处于全市第一位。周西公路、桥南物流产业园、蒿子港码头、县道白沙线等一大批重点项目已纳入上级规划并完成前期工作，即将开工建设。

（胡帮伦）

【交通行政执法】2010年，鼎城区道路运输管理处结合道路客、货运输市场秩序整顿，深入开展管理年活动。以发挥行政管理职能、提高工作效率、规范执法、文明执法、努力营造良好的经营氛围和运输环境、更好地为全区经济建设服务为目标，从提高自身素质下工夫，增强集体凝聚力和战斗力，形成了一个素质高、能力强、执法严的战斗集体。全年共进行运政执法1380人次，查获违章案件932宗，其中道路客运违章128宗，道路货运违章804宗；处理群众来信、来电咨询28起；受理区长热线和市长热线18起；调解运输纠纷11起。为群众挽回经济损失50000元。运管处派出执法人员，与公安交警组成安全生产联合检查组，对客运车辆逐台车进行登记检查。查车辆安全状况，查驾驶员是否合格，查是否进行安全生产日志登记。共查出并排除各类客运安全隐患28起，查处客运安全生产违章行为19起，有效地防范了无证驾驶和客运车辆带病上路，为客运市场安全生产提供了保障。道路运输管理处获得市、区“春运工作先进集体”，“运政执法先进单位”和市交通运输系统“交通安全目标管理”先进单位等荣誉称号，为全区建立竞争有序的道路运输市场做出了应有贡献。（宋国文）

【道路运输管理】鼎城区道路运输管理处在2009年税费改革后，撤消了原以办事处为单位的九个基层交管所,成立了4个运政中队，道路运输市场监管日益规范。为方便群众出行,提高行政村通车率,与区交警队、安监局密切配合，对农村道路客运安全通行条件进行评估，稳步推进农村客运网络建设，开通或延长三条农村班线。与乡镇政府部门紧密配合,完成了韩公渡,蔡家岗,沧山三个农村客运站场建设并投入使用。为缓解农村客运与城市公交之间的矛盾,配合市政府、市客管处完成了市城区至灌溪工业园的57路,58路公交车的开通，为鼎城工业园职工上下班提供了便捷的交通条件。为服务鼎城经济发展,积极制定“十二五”农村客运站场建设规划。常德桥南货运枢纽站前期征地拆迁工作已全面启动，以桥南为依托辐射全国的货运网络已初具规模。狠抓行业管理，开展每月一次安全生产大检查和信誉质量考核,对违规上访,擅自停运的花岩溪客运班线进行了处罚,下达了整改通知书。各中队配合当地政府积极担负起辖区内校车和农用车非法载客行为的整治,收到了良好的社会效益。全年仅城区一中队就查扣非法营运面包车350台次，有力地保障了客、货运市场的稳定。积极参与市运管处组织开展的创人民满意运管机关活动。主动到企业征求意见,为企业排忧解难,改变服务方式,上门服务,化解矛盾20余次，在创建人民满意机关活动中被市运管处评为红旗单位。（陈波）

【路政管理】坚持“依法行政、依法治路、综合整治、规范管理”方针,积极开展“反超限、反超载”专项整治活动，维护公路产权和合法权益，促进公路路政管理规范化,保障公路安全畅通。首先，广泛宣传《公路法》、《超限运输车辆行驶公路管理规定》、《湖南省实施＜中华人民共和国公路法＞办法》，为路政执法创造良好氛围。通过有线新闻、大型布告、设立热线电话等多渠道进行路政法律法规宣传，专项出动深入基层宣传车32次，行程共376公里，发放宣传单13100份,设置布告、标语5条，增强群众爱路护路意识。加大公路巡查力度，及时纠正、制止公路违法行为。全年上路巡查225车次1086人次,制止挖掘占用公路3起，制止违章建筑17起,拆除违章建筑摊棚等4处，责令清除公路堆积物85处,制止违章立杆1起，查处拆除违章接线接坡4起，协调处理各乡镇人民政府、区直属有关单位、重点工程建设单位等单位路政管理问题19起,查处超限运输车辆896辆，自行卸载38起。新成立的路政大队严格按照上级部门的要求,抓好工作人员学习教育，强化队伍建设,树好交通形象,提高工作效能。坚持依法行政,文明执法,规范管理,优质服务。坚持政务公开制度,严格按程序办事,按收费标准执行,各种费用实行“收支两条线”管理。加大治理公路“三乱”力度,杜绝了公路“三乱”现象发生。和工作人员签订安全、维稳承诺书,维护社会安全、稳定。进一步细化、量化工作目标任务,完善岗位责任制,做到每个岗位,每个人员都有明确的工作任务与目标。奖勤罚懒,合理分配,促进了路政工作的顺利开展，开创了路政管理工作的新局面。区路政大队党支部被区委评为“百强党支部”。（梅红）

【文明城市创建工作】7月份,为创国家文明城市,交通局坚决服从区委、区政府工作大局,立足交通行业本身，成立了专门领导班子,并下设5个领导小组。一把手负总责，各分管负责人各负其责，带领一支100人的交通队伍,统一食宿,集中管理。投入资金20万元,把板车管理、维修市场管理、客运码头管理、站场管理、营运车辆秩序管理等各项工作作为工作的重点，全体创建干部职工不畏酷暑文明执法，文明管理,优质服务,很好地展示了交通系统新形象。在整个文明城市创建中区交通局起到举足轻重的作用，连续四年荣获全区创建全国文明城市先进单位称号，连续两年被市委市政府评为全国城市公共文明指数测评工作先进单位。（胡帮伦）

【人大、政协议(提)案办理】区交通局全年共承办人大、政协议提案51件,其中承办区人大代表建议33件,承办政协委员提案

18件。在办理区人大建议、政协提案过程中,区交通局高度重视,积极组织,认真办理。全部承办工作于7月底办结完毕，回复率100%，满意率100%，见面率100%,解决率90%,连续四年荣获全区承办人大建议、政协提案工作先进单位称号。（唐红霞）

【港政航政、水上安全管理】鼎城区位于沅水之滨,横跨沅、澧两水,全区所辖水域91公里(跨水域151公里)。区港航管理以科学发展为原则，积极培育水路运输市场，加快运力发展和结构调整,积极推进沅水、澧水港口码头建设，大力提升水运在综合运输体系中的比重,增强水运竞争力。一是行业管理工作稳步推进。全区拥有25处渡口55艘客渡船，省际营运船舶35艘。年审办证率达100%,客渡船燃油补贴准确率达100%,有效地促进了水运市场健康、有序发展。二是全面做好了蒿子港码头，王家铺码头建设的前期准备工作，尤其是蒿子港千吨级码头率先争取到省、市的支持,纳入了“十二五”规划,争取在2011年年底动工兴建。三是完善水上安全监管措施。建立健全安全管理责任制和安全管理网络，认真做好全区各渡口码头的安全检查，积极开展水上交通安全专项整治活动，对非法渡口和无证渡船予以了取缔，杜绝了安全隐患，并首次实现乡镇渡口渡船办证率100%,确保了水上交通连续26年无事故。四是全年水路规费征收完成30万元，占年计划的100%。没有任何形式的水上“三乱”行为，各项基础工作全面推进，规范化、制度化建设日趋完善，各项工作都取得了可喜的成绩，被评为市海事系统创先争优红旗单位。（李明晖）

【质量安全监督管理】2010年质量安全监督管理工作将重点放在所针对农村公路建设和公路改造上。认真搞好农村公路建设现场监督检查。现场检查因质量和施工安全问题下发停工通知书8份,现场整改通知书5份,现场给建设单位质量监督员指导、培训30余次。在施工中严格把好工程质量和施工安全关，确保全区农村公路建设质量优良率90%以上,合格率100%。年初成立了工程检测试验室，共配备试验检测人员四名，一年来对全区公路改造和农村公路建设提供了客观、准确、及时的试验检测数据,全面保障了工程质量标准。(蒋治）

公路管理

【概况】鼎城区公路管理局地处常德市鼎城区武陵镇，与常德市城区隔河相望。现有干部职工536人,局机关设有办公室、政工股、养护股、工程股、机务股、财务股、路政大队、工会,管辖27个道班，樟木桥超限检测站，管养G207、G319、S205、S306四条国省干线的部分路段以及13条县道，管养总里程303.535公里，其中，国道319、省道306皆为常德市城区出口路段，地理位置十分重要。

2010年管理局不断加强公路建设、养护和路政管理工作,不断深化行业文明建设，各项工作成效显著，公路主要职能工作位居全市前列，雨季竞赛和路况达标竞赛排名全市第一；所承建工程的质量优良率达100%;路政管理科学规范,执法形象良好。被省、市公路主管部门授予“目标管理红旗单位”和“文明单位”等称号。（蒋芙蓉）

【公路路况】始终坚持“干支并重、平衡养护”的方针，在搞好国省道养护工作的同时，加强支线养护力度，确保了路网整体通行能力。针对G319、X044（新断线)、X049（谢杨线)、X053（牌南线)等路线出现路基塌方、路基沉陷等险情,不等不靠,进行大规模抢修。紧急处置塌方险情5处,投入资金70余万元。对管辖的45座桥梁进行了全面综合检测,并有6座桥梁列入了省级危桥库。现已完成了两座危桥的治理工作：其中东山坪桥完成了拆除重建的整体工作,已投入使用。濠口桥完成了危桥拆除，改造工程正在进行。全年共完成破碎板处治8800多平方;完成沥青灌缝72公里,投入嵌缝料60余吨,投入碎石4200余方，消耗乳化沥青35吨、热沥青百余吨;路基坍塌处治300多立方;全年共投入养护经费近400万元。（蒋芙蓉）

【路政执法】新成立了石板滩、斗姆湖、黄土店、牛鼻滩4个路政中队，新增路政人员22名，扩大了执法队伍，为路政注入了新的力量,带来了新的生机。在路政执法工作中将上路巡查作为日常工作的重点，并将其列入个人绩效考核,保证国、省干线每天都有路政人员上路巡查。将公路沿线的乱搭乱建、违章建筑控制在萌芽状态,同时把公路旁洗车、加水及修车点作为日常执法工作的一个重点内容来关注，有效的维护了路容路貌，减少了对公路的损害和污染。

全年刊出法制宣传墙报3期，宣传车上路发放公路法律法规资料500余份，利用公路沿线的陡坡、挡土墙、集镇地段群众房屋墙体等书写醒目标语70余条，投入宣传经费两万余元。全年共拆除公路两边违法临时厂棚49间，清理临时性路障200多起，制止违法建房3起，办理各类行政审批9件，查处路损案件28起，共计收取路损、补偿费37余万元。（蒋芙蓉）

邮　政

【概况】鼎城区邮政局服务范围2451平方公里，区内含34个乡镇，5个农林场，574个行政村，总人口90.43人2010年全局有自办网点18个，其中：一类支局网点9个，分别是：城区支局、许家桥支局、谢家铺支局、周家店支局、西洞庭支局、黄土店支局、牛鼻滩支局、韩公渡支局和浦沅支局；二类支局5个，分别是：斗姆湖支局、蔡家岗支局、蒿子港支局、港二口支局和桥南支局；所4个，分别是：石门桥所、大龙站所、石公桥所和东北湾所。另有代办点多个。全区邮政营销网点580处，服务面覆盖全区城区，自有房屋建筑面积14151平方米，其中邮政服务生产用房2866平方米，其它生产用房2900平方米，非生产用房8392平方米。全局职工总数346人。其中在职职工119人（内部退养职工8人，分流人员3人），劳务派遣工116人，离退休干部职工111人。

截止2010年12月31日，全局总资产为1977.6万元，其中：流动资产为186.27万元，固定资产为1658.81万元，无形资产为132.52万元。负债总额为1206.06万元。

服务满意度：92分；

收支差额完成643.94万元。（高健）

【通信能力】2010年，全局邮路总长度3305公里（单程）；城市投递段道9条，农村投递邮路51条，有邮政报箱2组，邮政信箱信筒295个，信报箱格口1000个；直接投递的妥投点8500个。

拥有邮政车辆4台，邮运投递汽车1台，行政车1台、其它生产用车2台。拥有ATM自动柜员机6台，邮资机1台。计算机总数90台，其中内部生产用微机27台，营业窗口微机58台，综合管理微机5台，另有PC机网络服务器8台。（高健）

【邮政业务】全年业务收入计划为2350万元，实际完成2508.43万元，完成全年计划的106.52%。较上年同期增长12.58%。（高健）

电　信

【概况】2010年，鼎城电信区局始终坚持“用户至上，用心服务”这一宗旨，强化企业核心竞争力，开展多元化的融合经营，扎实抓好为民办实事和农村信息化建设等工作，企业生产经营工作健康稳定发展，各项业务指标均呈稳步增长态势。3月，鼎城电信区局被常德市消费者委员会授予“2002-2010年消费者信得过单位”。（李世峰）

【通信建设】2010年，鼎城区局共投入线路建设资金582.9万元（不含光进铜退），建设立项19个，新建DSLAM下移点14个，新建FTTB点109个，新增宽带端口1920个，开通光网互联112个，新增光缆454皮长公里。在“平安城市”工程中，新建“校园周边电子防控系统”监控点10个，全区全球眼监控点达到149个。

为落实省市区“为民办实事”工作精神，鼎城电信区局科学编制建设发展总体规划，抓紧组织工程建设，到年底，新增2个电话自然村，22个行政村通宽带，20个农村综合信息服务示范点，各项工作目标圆满完成。（李世峰）

【生产经营】2010年，大力推进信息化工作，满足政府、企业、商业客户的信息传播需求，为广大电信用户提供综合信息服务。为方便农村用户办理各项电信业务，科学设置合理安排，在全区各乡镇设置综合信息服务站55家。同时通过e6、家电下乡等惠农政策，为广大农民朋友带来实惠，受到农村用户的好评。（李世峰）

移动通信

【概况】2010年，鼎城移动分公司积极投身社会主义新农村与和谐社会建设，深入落实“湖南移动富民惠农助学活动”，持续开展“绿色行动”计划，履行社会责任，为建设“工业鼎城、商贸鼎城、城市鼎城”做出应有的贡献。客户规模位居全省“十强”，年收入较上年度增长12%，创税收620多万元。在全省业务发展综合能力评估中进入二十强和全市第一、数据及信息业务发展能力综合评估进入全省前三名。（许剑剑）

【“159信息惠农工程”】投入超过3亿元资金用于基础通信设施建设，移动基站数量达到200多个，为实施农村信息化建设提供可靠的通信保障。积极投身信息化新农村建设，在全市首批信息示范乡镇(村)的验收中，5个示范乡（镇）和5个示范村顺利达标，并获市、区两级领导的高度赞扬。（许剑剑）

【渠道建设】全区累计服务网点数量在不断增加，延伸到了乡(镇)村组，网点规模优势进一步扩大，渠道类型呈现多列态并行发展。共建成10个农村乡镇营业部，提供更加便捷的服务，进一步方便了农村客户群体。其中灌溪营业部作为全省标准化示范点在湘西北推广。（许剑剑）

【提升服务质量】加强营业员的主动服务和规范服务，努力提高服务质量，厅店排序考核成绩优秀。建立重点投诉客户的资料库，强化投诉处理流程，客户反映良好。加强电子渠道分流，宣传推10086服务热线、网上营业厅、WAP掌上营业厅等电子渠道服务。（许剑剑）

【优化网络质量】新增GSM基站10个。完成GSM16A、TD的配套传输改造等工程。实施本地SDH传输网优化，进一步提高基础网络的安全性、可靠性。持续完善信息化支撑，提升IT支撑系统能力，完成城区光交箱的建设和使用。5500平方米的移动综合大楼正在新建之中。（许剑剑）

【开展文明创建】全面落实“讲党性、重品行、作表率”活动，切实推进企业党建工作；文明创建卓有成效：“全国模范职工小家”、“湖南省文明单位”、“湖南省档案工作规范化管理省一级”等称号已经挂牌；朱晓初同志光荣当选为湖南省劳动模范。

（许剑剑）

联 通

【概况】中国联通拥有覆盖全国、通达世界的现代通信网络，主要经营：固定通信业务，移动通信业务，国内、国际通信设施服务业务，卫星国际专线业务、数据通信业务、网络接入业务和各类电信增值业务，与通信信息业务相关的系统集成业务等。2009年1月7日，中国联通获得了WCDMA制式的3G牌照，并于同年10月份正式商用。中国联通3G能够提供包括可视电话、无线上网、手机上网、手机电视、手机音乐等多种信息服务。2010年中国联通鼎城分公司秉着“关注社会，服务人生”的经营理念为客户提供周到的综合电信服务，为员工营造良好的职业发展空间，为社会增添强劲的信息文明动力。以3G发展为重点，狠抓渠道建设，加快网络支撑建设，精细化管理，出色的完成了公司下达的各项经营指标。

（谢芳）

【企业文化】在市公司“每天进步一点点，每月增长三个点”的经营目标指导下，开拓新事业、新起点、新航程。以领导带头，发扬实干精神，形成内部和谐进取氛围。在快乐的工作同时，要健康的生活，工会组织开展多样化的文体活动，丰富了员工的文化生活。（谢芳）

【渠道建设】全年新增乡镇专营店14家，城区二级网点24家，乡镇二级网点33家，累计共有专营店和网点118家。渠道的合理布局方便了客户业务的办理，扩大了联通用户规模，提升了客户对联通的认可与感知。（谢芳）

【网络建设】加大对原有老基站的优化与维护，加快新增基站的建设。全年新建基站11个，网络的覆盖面积和普及面达到99%。（谢芳）

【安全生产】认真宣传学习《安全生产法》和公司有关安全生产规章制度，深入贯彻落实科学发展观，广泛宣传安全发展指导原则和“安全第一、预防为主、综合治理”方针，通过贴近实际、贴近工作、贴近员工的实地检查与督导执行，全年无一例安全事故发生，并在总部的安全生产月检查中得到了好评。（谢芳）

科技·防震减灾

科　技

【概况】2010年，争取上级科技项目18项，资金133万元。其中《洞庭湖区杂交棉高产配套栽培技术研究与推广》争取到国家星火计划项目扶持；《新型节能环保合成乳化液》和《生态南瓜系列产品深加工技术开发》等项目获省科技项目支持；《宝田牌1JGP-80型联合耕蒲船的推广应用》等12个项目获市科技立项。区本级确立并实施科技项目33项。科技成果鉴定验收工作成效明显，市二中医院的《金匮玉函经研究项目》通过了省级鉴定，区农业局的《测土配方施肥技术研究与示范推广》通过了市级验收，被评为市科技进步三等奖。企业自主创新投入力度加大，三季度，全区规模工业企业117家，安排有技术研究与试验发展经费的企业93家，研发经费达到了2.34亿元，占GDP的2.35%。产学研结合创新迈出新步伐，常德云港生物科技有限公司与湖南中医药大学合作，成功研发了一种新型功能茶饮料。常德市三益种业中心与中国棉花研究所在《转基因棉花新品种推广与培训服务体系建设》项目上进行了合作。高新技术企业队伍壮大，产业效益取得突破。中联重科股份有限公司的特力液压、专用车辆、汽车起重机械分公司等在内的近十家拥有的高新技术产品的企业入驻区工业园，壮大了全区高新技术企业队伍。截止到9月份，全区高新技术产品增加值达到了14.31亿元，占规模工业企业产品增加值的71.55%。区知识产权办联合常德市源友专利事务所的专利代理人员到企业进行专利知识的宣传和服务。“4.26”世界知识产权宣传日展板20余块，条幅3幅，印制、发放各种宣传资料1900余份，现场接受公众咨询150余人次；全区专利申请量达到了73件。区技术市场管理办公室加强了技术市场法律法规和优惠政策的宣传，对部分技术交易机构进行了上门服务，对符合使用技贸发票的交易机构进行了登记，为2家技贸机领购买了4本发票。对鼎城晋融通咨询工作室、鼎城渤雅重工科技有限公司进行技术交易审批备案，建立了资料库。组织人员编印、发布了4期技术市场信息。（郭建）

【开展科技活动周活动】5月份，区科技局在周家店镇中学举行了鼎城区2010年“科技活动周”启动式。在活动中，各有关单位共设了8个咨询台，摆了90块盾牌，发放了4500份资料和300多张光盘，对农村远教“12396”科技知识，知识产权知识，农业政策和实用技术知识进行了宣传普及；同时安排医生给农民进行了义诊，免费发放了价值1万多元的常用药品；邀请专家对水稻病虫害防治及种子选育知识和地震应急知识的进行了讲座。区科技局还给镇政府赠送了5吨化肥。活动收到了预期效果。（郭建）

【开展农村远教“12396”科技服务工作】6月份，区科技局组织全区各乡镇分管科技工作的负责人，远教专干在灌溪镇召开了全区农村远教“12396”科技工作会议，全面部署农村远教“12396”科技服务平台建设工作。各乡镇成立了以乡镇党委书记为组长的工作领导小组，依托当地专业合作组织、产业协会、龙头企业、科技示范基地、农业综合服务站组建了农村远教“12396”科技服务站，并组建了农业专家服务团队。这些服务站和专家团队及时地为农民提供科技服务，截止到年底，农村远教“12396”科技服务平台为全区农民提供服务达500多人次。区电视台从7月份开始，在黄金时段专题播放“12396”宣传片，提高了农村远教“12396”科技服务工作在全区乡村干部和村民中的知晓率。（郭建）

防震减灾

【提高群测群防水平】根据观测点价值和人员异动情况，对区内宏观观测点进行重新调整。淘汰观测价值不大、观测责任心不强的观测点，并充分考虑地质条件、观测意义等因素，新增加一处动物观测点和一处深井观测点。针对各个观测点情况，因地制宜开展对地震宏观异常的观测。做到有牌子、有制度、有记录、有检查，并且制定了相关的奖惩制度，增强了观测员的责任心。通过培训班发放培训资料和现场示范等方式努力提高观测人员捕捉、分析宏观异常的水平。特别是对2010年新增的观测点，多次到现场进行指导，规范观测流程，提高观测精确度，充分体现了各种类型观测点的价值。（汪成）

【加强地震知识宣传】结合“防灾减灾日”、“应急宣传周”、“五下乡”等大型活动的开展和重点工作的推进，采取资料发放、知识讲座、应急演练、街头宣传、电视广播、报纸网络等形式多样的宣传活动，实现防震减灾科普宣传教育进机关，进学校，进企业，进社区，进乡村的目标。通过多种方式不断提升全社会的防震减灾意识和自救互救能力。其中，在“五下乡”活动中，共计展出宣传盾牌40块，发放各类地震科普宣传资料2000多份，不少村民就如何识别地震宏观异常、在地震发生后开展自救互救等地震应急避险知识进行了认真咨询。与此同时，还给当地中学的500余名师生上了一堂防震减灾知识讲座，收到了好的效果。根据省、市有关文件精神，于5月成立了由常务副区长任组长，包括地震局在内的19个相关单位负责人为成员的应急救援工作领导小组，并组建了以公安消防部队为救援主体的综合应急救援队伍。将多种救援队伍纳入统一调度、训练、作战的体系，提高了应急反应能力。（汪成）

教　　育

概　述

2010年，鼎城区共有各级各类学校140所(小学86所、初中39所、普高6所、职高9所)；在校学生65338人(小学27727人、初中19152人，普高13927人，职高4532人)；在职公办教师5741人。全区省级示范性普通高级中学1所，市级名优学校9所，市级示范性学校35所，市级特色学校9所，省级示范性幼儿园1所，市级示范性幼儿园6所。　(蔡辉武)

教育强区

【**概况**】2010年，区委、区政府坚持教育优先发展战略，稳妥推进教育强区建设。一是教育问题优先研究。区里召开区委常委会、区长办公会、教育工作专题调度会5次，对课桌椅配备、高中学校布局调整、一中迎接省督导评估、校园周边安全等热点难点问题进行研究，并予以解决。投入160万元为义务教育阶段11460名学生配备了符合国家标准的课桌椅；撤并了区五中、区七中、区八中三所农村薄弱高中学校，安置学生310名，教师95名；区里成立了区一中迎省督导评估工作小组，区一中顺利通过省督导评估；为全区各校配备专业保安209名，每年投入192万元解决保安工资；投入16.5万元为城区中小学校配备了11个电子监控报警设备，校园周边安全得到保障。二是教师编制优先解决。在全区基本冻结编制，停进新人的情况下，区里优先为教育系统解决教师编制20个，其中有5人具有研究生学历，教师队伍的年龄和学科结构得到有效更新。三是教育投入优先保障。全年免杂费、补助公用经费2226万元，其中区级配套267万元；配套校舍维修改造长效机制资金290万元，继续教育经费10万元，家庭经济困难寄宿生生活费20万元；投入39万元用于两考组考和考点建设，区一中考点完成了与教育部和省市考试中心的网上连接，全市唯一；投入100万元用于三所撤并高中的债务化解；教师绩效工资比照公务员标准同等发放，由2009年的1.5万元增至1.8万元，在全市处于领先水平。　(蔡辉武)

教育“五项改革”

【**概况**】为进一步激活教育系统内部活力，2010年，区委、区政府推出了教育“五项改革”。一是实行校长聘任制，三年为一任期，任期内实行目标管理，每年进行年度考核，三年综合考核。区里对五所区属学校班子进行了大调整，新班子、新举措，带出了新的气象；二是二层骨干公开竞聘，全体教师均可报名参与，三年一聘，全免全聘。区一中12名二层骨干全部通过公开竞聘确定，建立了学校后备干部库；三是教师末位淘汰，从城区高中开始实施，淘汰人数根据各自在全市同类学校的排名情况确定，三类学校淘汰比例为2%，被淘汰教师顺向流动至缺编单位；四是绩效工资向一线教师倾斜，出台了《鼎城区义务教育学校实施绩效工资指导性意见》，坚持优劳优酬原则，扩大奖励性绩效工资差距。教师绩效考评根据工作量、工作效果确定，分为一、二、三类，按类别发放奖励性绩效工资；五是与省内外名校联合办学，提升鼎城教育的影响力和竞争力。10月10日，区一中与长郡中学签订了合作办学协议，两校在学校管理、队伍建设、教学教研、备考策略、师资培训、远程教育等领域加强合作。区九中也与长沙市一中联合，开办了直播班，实现了资源共享。10月15日，鼎城区推进教育“五项改革”动员大会在区一中举行，400多人参加会议。　　（蔡辉武）

质量建设

【概况】2010年为全区教育系统“质量建设年”，各项工作围绕质量建设展开。一是全面移植“洋思”经验。确立了“一年推广，两年见效，三年创出鼎城教育质量模式”的奋斗目标，倡导“没有教不好的学生”和“从最后一名学生抓起”的新理念。全区选取7所示范学校，每所一名局级领导捆绑，一月一督查。局领导、校长带头深入课堂听评课，全年人均听课80节以上。组织开展了洋思经验推介会、洋思课堂教学比武、洋思优秀教学设计评选等活动，将学习活动不断引向深入。灌溪中学在全区学“洋思”活动中崭露头角，成为身边的“洋思”。学“洋思”带来了教学质量的大提升。2010年中考，全区全科合格率比上年提高14.3%，人均分比上年增长60.9分。景新中学、灌溪中学、蔡家岗中学、断港头中学、唐家铺中学等五所学校跻身全市先进行列。二是狠抓了高中教育质量。区里设立了100万政府教育奖励基金。制定了《鼎城区教育奖励方案》，设立了高考奖、学考奖、教书育人奖、教科研成果奖、教学管理奖等5大奖项，16项指标，重奖为提升教育质量作出突出贡献的校长、教师和学生。2010年高考，全区4449人参考，本科一批上线254人，上线率5.7%，比上年增加22人，提高1.2个百分点；本科二批上线1065人，上线率24%，比上年增加180人，提高7个百分点。高二学考，淮阳中学、区一中、区三中合格率对比上年均有较大提升。三是狠抓了素质教育。组织开展了“三独”比赛、“书法绘画摄影”比赛、第20届中小学生田径运动会，让德育植根学校文化。各校努力探索新时期德育工作的新方法、新途径。区九中注重本土文化熏陶，学生表演的常德丝弦《桃李情》，获得了全国比赛季军的好成绩；灌溪中学开启了独特的“生活课程”；斗姆湖中学积极构建科技校园，创意机器人——“会走的豆豆”，获全国三等奖，学校被确定为“湖南省青少年科技活动教育”基地；江南实验中学、镇德桥中心小学、周家店中心小学成为了“常德市示范性家长学校”。另外，教研教改成果显著。全区240篇论文获省级奖；教学比武5人获省级奖；学科竞赛16人获国家级奖，115人获省级奖。（蔡辉武）

学校文化建设

【概况】为落实中央、省市教育主管部门关于加强学校文化建设的文件精神，不断提高全区教育发展整体水平，2010年，启动了学校文化建设，制定了《常德市鼎城区中小学校文化建设实施方案》。全区学校分三批，分别于2010年、2011年、2012年启动，各校用三年左右时间完成校园文化建设。建设重点围绕四个方面进行：一是物态文化建设。以学校建筑、办学设施、校园环境等为载体反映校容校貌的文化形态；二是活动文化建设。以学生为主体，以校园活动为载体反映学生精神风貌的文化形态；三是制度文化建设。建立健全科学的管理制度，依法治教，实行人文管理；四是精神文化建设。主要体现在校风、教风、学风、班风建设上。为确保学校文化建设取得实效，区教育局成立了学校文化建设领导小组和专家指导小组，将学校文化建设纳入学校综合性检查评估和目标管理考核的重要内容，实行定期调度、考核。从2011年开始，每年9月进行一次专项督查，每年10月召开一次现场会，每年以方案审批形式召开一次研讨会，并评选“学校文化建设示范学校”、“学校文化建设精品工程”，进行表彰奖励。2010年10月，首批10所试点学校校园文化建设工作正式启动。　　（蔡辉武）

合格学校建设

【概况】2010年，全区12所学校争创合格学校，投入资金1900多万元，其中有9所学校投入超过100万元。在合格学校建设上，坚持软硬件同步，着力挖潜校园文化特色，提升学校整体水平。中河口中学投入380多万元，新修教学楼一栋；大龙站中学从对口联系的常德军分区累计引资47万元；韩公渡中学投入260万元改建了下水道、体育场等基础设施；沧山中学从细节入手，开展感恩教育活动；长茅岭中学弘扬革命传统，唱响“红色校园”主旋律；常沅小学把善卷、武术文化作为创建主题；黄珠洲中学“软件资料全市一流”。11月22-26日，12所学校通过了市里验收，得到一致好评。充分发挥合格学校效益。8月份，依托学校现有资源，建成了斗姆湖、许家桥两所高标准的乡村青少年宫，全市仅三所，为全市文明城市创建增加了亮点。同时，将校安工程建设与合格学校建设有机结合，投入4970万元，完成校安工程新建、维修项目47个。2010年9月，区委书记、区长到中河口中学视察了项目工程建设情况，督导了工程进度。

（蔡辉武）

城区教育提质扩容

【概况】2010年，区里把城区教育提质扩容作为重点，不断缩小江南江北教育差距，满足人民群众日益增长的对优质教育资源的需求。一是加大了城区小学改造力度。投入800万元为武陵镇中心小学、花船庙小学铺建了高标准的塑胶跑道，为武陵镇中心小学修建了一栋教学楼，城区小学面貌得到有效改观。二是狠抓了善卷中学建设。区里把善卷中学作为善德文化建设的载体工程，纳入2010年全市重点建设项目，总投入7980万元。2月份完成了征地补偿全部手续；3月份由湖南视点规划设计有限公司承接总体设计和施工设计，并先后完成了审图、预算、财政评审等工作；7月份“三通一平”工程全部完成，具备施工条件；8月份善卷中学对外公开招标，最后工程由长沙洞井建筑有限公司中标承建，由长沙中大建设监理有限公司承担工程质量监理；9月28日举行了奠基典礼。10月份主体工程建设启动。12月底，三栋教学楼和科技楼完成基础施工，其中两栋教学楼的架空层及连廊完成了楼面浇注；学生食堂、两栋宿舍楼进入基础施工阶段，食堂基础梁完成装模，开始浇注，宿舍楼基础梁装模完成60%；办公楼、综合楼完成桩基础施工，进入静压试验阶段。

（蔡辉武）

普及“中小学图书馆（室）合格县”创建工作

【概况】2010年，区教育局狠抓了“普图”创建工作，投入250多万元为各校配备图书，确保了生均图书册数；各校共投入100多万元改建图书室、阅览室70多间，新增图书室20间，阅览室34间，购置图书架200多个，阅览桌600张，阅览凳980张，20所中小学校图书馆（室）实现了计算机管理。区一中投入30万元、石公桥中学投入6万元、周家店中学投入5万元用于“两室”建设；武陵镇中心小学投入7万元用于计算机管理；花船庙小学为全区“普图”建设提供了现场；斗姆湖中学建成了休闲式阅览室；区六中、草坪中学、港二口中学、黑山嘴中学师生读书活动开展得异彩纷呈。12月1-2日，全区“普图”工作顺利通过了省里的督查，完全达到了中小学图书馆（室）建设合格县标准。

（蔡辉武）

队伍建设

【概况】一是用党建统揽教育工作。完善了区三中和淮阳中学两所民办学校的党组织建设，实现了党组织对教育系统的全覆盖。全系统共有党组织63个，党员2500多名。全年共发展教师党员15名，学生党员5名。确立了75个党员示范岗，评选表彰优秀无职党员16人；区一中行政后勤支部，区九中高中支部、景新中学支部被区里评为“百强支部”，15名教师党员被区里评为“千优党员”。二是强化了师德师风建设。出台了《鼎城区教育系统师德师风建设实施方案》、《鼎城教师二十不准》，重点整治教师家教家养、有偿补课、买卖生源、体罚、变相体罚学生等问题。查处了江南实验中学成建制违规收费补课的行为，对校长进行了纪律处分，对参与补课的教师通报批评；对尧天坪中心小学、断港头中学的违纪教师给予了记过处分。三是强化了干部教师队伍管理。对全区义务教育阶段135名正副校长进行了业务考试；286名校长参加中小学校长远程教育培训，区教育局被评为“常德市千名校长现代远程教育先进单位”；确定了300名骨干教师。

（蔡辉武）

区一中

【概况】鼎城一中是湖南省示范性中学、省现代技术实验学校、省体育传统项目学校、省安全文明学校、省园林式单位、省绿色学校、省文明单位。2010年学校有教学班68个，在校学生3900余人。在岗教职员工316人，其中专任教师247人，本科及以上学历教师235人，研究生学历8人，研究生课程班结业55人，中学高级教师76人，中级职称教师91人，特级教师4人，市、区骨干教师及学科带头人18人，3人进入了常德市“十百千人才工程”人才库。学校布局合理，校园环境幽美，校园面积106400平方米，生均27.15平方米，建筑面积69571平方米，教学用房35285平方米，生均9平方米。　　（余平）

【教育改革】一是管理队伍注入了新鲜血液。2010年下学期学校班子实行了大调整，梁正凡任校长、党委书记，唐新湘、廖冬云、陈建龙任副校长，唐新湘、杨达斌任党委副书记，兼任工会主席，毛鹏飞任纪委书记，余平任办公室主任。二层骨干实行竞聘上岗，12名二层骨干年龄层次、人员结构合理，增加了80后、70后一批新生力量，也有了女性和民主党派人士的代表，他们绝大多数为教学骨干，有些还是管理能手。二层骨干全员竞聘的顺利实施，为学校的管理创新提供了有利的组织保障。二是办学模式拓宽了新思路。10月10日，学校举行了与长郡中学合作办学签字和揭牌典礼，这标志着学校与长郡中学深层次合作办学模式的确立。区委书记亲临现场参加了揭牌仪式。与长郡中学的合作，为整合教育资源，拓宽办学途径提供了新机遇。下学期，学校共分五批，派出上百人次赴长郡考察学习，并派出高三部分尖子学生与长郡学子共同考试。顺利组建了高一高二长郡班直播班，为和长郡中学全面接轨打下了良好的基础。

（余平）

【督导评估】迎接示范性高中督导评估，是2010年学校的一件头等大事，也是对学校办学水平的一次大检阅。在区委、区政府以及教育局的大力支持下，全校上下心往一处想，劲往一处使，顺利地通过了六年一次的大考，取得了比上次督导评估还要高的分数。督导评估结束后，学校根据督导评估中暴露出的问题认真总结反思，迅速制定了整改方案，根据省政府教育督导室对学校督导评估的意见，对相关问题分责任人、分时间段进行了整改落实。督导评估过后，又迎来了省“普图”工作验收检查，全校齐动员，特别是图书馆工作人员付出了艰辛的劳动，加班加点，克服困难，出主意，想办法，使学校普图工作得到了检查组的高度评价，学校被评为普图工作先进单位。　　（余平）

【教师管理】为了充分调动教职员工的积极性，学校采取了如下措施：一是严明职责。明确了班子成员和中层骨干的工作任务和职责范围，严格进行督促检查，实行了分管问责制和结果点评制，提高了行政执行力。二是加大奖励。兑现了高考奖、学考奖、肄业年级教学质量奖；对优秀班级和班主任实行重奖。评选出优秀班级20个，每班奖励3000元，其中班主任奖励1000元。三是慰问谈话。对那些默默无闻、任劳任怨的非教学人员学校主要领导与之交心谈心，并召开宿管人员座谈会，予以精神和物质上的抚慰；对年满58岁仍在教学一线工作的男教师和年满55岁的女教师进行慰问，并发放慰问金2000元，起到了良好的示范作用。对教学效果差、学生和家长反映大的教师以及违反教学纪律的教师，主管领导及时进行诫勉谈话。四是均衡编班。高一高二根据公平的原则严格均衡编班，使全体任课教师处于同一起跑线，激发了教师争先的热情。　　（余平）

【校纪校风】一是落实了学生管理。围绕学生常规管理，相关职能部门多方想办法，狠抓落实，严格责任，校纪校风得到了很大转变，基本杜绝了学生隔墙购物和外出上网打游戏的现象，让摩的远离了校门，获得了学生家长的好评。二是加强了安全保卫。规范了请假制度，严格了门卫制度，值班人员每晚值班延长到12点，公寓管理更加规范，同时加强了对校园周边环境的整治力度。由于工作措施到位，管理不留死角，学校秩序井然，全年没有发生一起安全责任事故，学校被授予区“社会治安工作红旗单位”。三是推进了健康教育。完成了国家中学生体质健康检测工作；全年，学生以及家长心理咨询200多人次；学校又被评为“湖南省学校心理健康教育先进单位”；5篇相关论文获省一等奖；学校心理辅导站还被省文明办确定为湖南省4家青少年心理辅导站之一。四是创新了德育形式。德育活动丰富多彩，社团活动生动活泼，班会活动主题鲜明，教育效果非常显著。创造性地开展了主题班会课的观摩活动和一中德育论坛。促进了班主任之间的相互学习、相互交流、取长补短，搭建了班级文化建设的平台。涌现了一大批优秀班主任，如高一的姚文斌、潘征、王在荣；高二的徐凯、严德琢、张英；高三的刘凌军、雷坤、杨红等。五是拓宽了助学途径。3月份为学校“学雷锋”活动月,全校为贫困生募捐7700元。此外,还争取到社会资助款14万多元,对200余名贫困生进行了资助。（余平）

【教学常规】一是整顿了教学秩序。制定了《教学常规工作要求26条》、《课堂教学十不准》;严格实行了早晚自习坐班制;实行了课堂电脑监控常态化管理,启用监控系统对课堂教学活动进行全程监控。制定《动态管理末位淘汰办法》,教工的紧迫感和危机意识不断增强。强化了督导检查。通过严格的督促检查,教学纪律良好,教师形象得到了有力的提升。二是加强了考试管理。学校狠抓了考风考纪建设,以高考的标准组织期中期末考试,严明考试纪律,启动监控器;实行高一、高二交叉阅卷,确保了教学评价的准确性与公正性;及时召开师生总结表彰会,切实发挥了考试的检测与激励功能。三是完善了赛课活动。上学期举办了“高三复习课评比”活动,“新课程研究教学比武”活动,“六年教龄教师教学比武”活动,“青年教师基本功”竞赛活动。为了提高教学比武的示范性和影响力,经过精心组织,开展了“教师课堂教学风采大赛”。周晖、曾国军、杨庆娟、杨清松、龙芳、陈群获一等奖。此外,在省市举行的教学比武中,吴红获省一等奖,钟建芳获省二等奖,肖铮获市一等奖。（余平）

【办学水平】一是教学质量有了新的提升。2010年高考,1380人参考,本科上线1132人,一、二批本科上线人数达725人,比去年增加243人,每个高三毕业班都获得了政府奖励;小专业上线人数101人,继续位列全市前茅;高二学业水平考试合格率达98.6%,被评为“常德市学业水平考试先进单位”。学生奥赛70人次获省级以上奖励。高二学生参加机器人大赛,1人获湖南省机器人高中组第一名,1人获二等奖;在全国英语能力竞赛中有26人次获奖;学生研究性课题《中学生校园内不宜使用手机》被评为全国一等奖;全年学生发表习作78篇,获奖习作49篇。二是教研工作有了新的成绩。全校有60篇教师论文在省级以上杂志发表或获省级以上奖励。省级现代教育技术课题《信息技术在数学探究教学的应用研究》6月顺利结题,省教育学会课题《高中学生语文学业成绩综合素质的研究》12月也已顺利结题,市教育课题《高中地理新教材中活动板块的教学研究与实践》上学期已通过中期评估。三是校本培训有了新的进展。学校大力倡导教师参加继续教育培训,鼓励教师参与学历培训、计算机和普通话培训以及各科的继续教育培训。全校50岁以下教师普通话和计算机等级达标达90%,有14人参加了国家级、省级骨干教师培训班的学习。7人被确定为鼎城区“369工程”名师培养对象,35人被评为鼎城区首届骨干教师。学校为每名青年教师配备指导教师,召开了两次青年教师座谈会,举办了青年教师教学基本功比武,促进了青年教师的成长。四是体育活动有了新的成果。成功主办了学校第二十四届田径运动会。在全区中小学田径运动会上获团体总分第一名,在全市中小学生田径运动会上获团体总分第四名。各种学生体育健身活动开展有声有色,除了常规活动外,还在区体育馆举办了高二羽毛球比赛;在学校工会的组织下,开展了丰富多彩的教工健身活动,如女教工的健身操、瑜伽培训,男教工的篮球比赛,全校教工的登山比赛等,这些活动的开展活跃了教工的业余文化生活。（余平）

【后勤服务】一是建立了固定资产电子账目,认真清理债务,化解资金300多万元。多方筹资,偿还贷款300万元。借迎接省督导评估的东风,对校舍进行了维修翻新,添置了办公设备、通用技术设备、图书管理系统,改造了校门,增加了花化美化的范围,使校容校貌有了较大的改善。同时,完成了田径场扩建改造的相关准备工作。二是服务部加大了改革力度,降低了服务成本,提高了服务质量,增加了服务效益,特别是教工食堂采取灵活的服务措施,方便了教工。在政策允许的前提下,积极为教工谋福利,大幅度地提高了教职工住房公积金比例。积极推行节水措施,学校被评为省“节水型单位”;积极做好学生医保工作,学校被区政府授予“城镇医疗保险参保工作红旗单位”。（余平）

【党建宣传】一是大力开展创先争优活动。党员公开承诺、大调研、大走访、谈心谈话等活动的开展,调动了广大党员的积极性,学校行管支部被评为全区先进党支部,鼎城电视台还进行了专题推介。罗隆运、胡红被评为鼎城区“千优”共产党员,杨传芬被提名推荐为鼎城区“十佳善德公民”。二是拓宽学校对外宣传渠道，加大了宣传力度。为擦亮学校对外宣传窗口，启动了校园网升级改版工作；为提高学校的影响力，积极推介学校先进人物和办学经验，先后有近30篇通讯稿件被《常德日报》、《常德晚报》、《常德教育》、《鼎城教育通讯》等媒体登载，鼎城电视台多次对学校工作进行报道。此外，学校的文明城市创建工作、维稳工作、内保工作、工会工作、共青团工作、退管工作、计划生育工作等都取得了好的成绩。（余平）

民办教育

【概况】2010年，全区共有各级各类民办教育机构86个，学生15594人，教师1900人，总资产超过4亿元。从民办教育发展基金中拨出5万元，用于淮阳中学考点建设；各民办学校做精做优，不断发展壮大，淮阳中学在创办贵州江口淮阳中学、澧县九澧实验中学，形成淮阳教育集团的基础上，开设了小学部。积极探索民办教育退出机制，不断规范民办教育发展。淮阳中学被评为全国优秀民办教育先进集体。（蔡辉武）

职业教育

【概况】2010年累计发放中职助学金468万元；规范招生秩序，引导初中毕业生合理分流，普职高招生比率接近1:1；调整专业结构，推行工学结合、校企结合的人才培养模式，突出重点专业建设，常德外事职业学校的“汽车应用与维修”、常德网络信息学校的“广告设计”、常德计算机职业学校的“动漫设计”、常德科技学校的“焊接技术”等4个专业积极争创市级精品专业；常德外事职业学校积极创建市级示范性职业学校。同时，引导职校毕业生就业，推荐就业率达到95%。（蔡辉武）

幼儿教育

【概况】加大了乡镇中心幼儿园建设力度，强化了乡镇政府职责，26个乡镇建立了中心幼儿园，学前三年教育幼儿入园率达到了81%。区实验幼儿园为省级示范性幼儿园，草坪镇阳光幼儿园等6所幼儿园为市级示范性幼儿园。区实验幼儿园园长被评为全国百佳幼儿园园长；灌溪明星幼儿园园长被评为全国民办教育先进工作者；草坪阳光幼儿园被评为全国民办教育先进单位。（蔡辉武）

安全工作

【概况】2010年全区教育系统大局稳定。实施了安全工作月报制度，每月28日前报送单位当月学校安全工作情况；手足口病得到有效防控；组织开展安全知识业务培训，培训各校食品安全负责人130人；强化督查，重点督查学校食堂、商店和民办教育机构安全工作；开展了应急演练活动，12月份在全区各校开展了防地震、防踩踏安全演练，不断增强学生安全意识；对校车进行了集中整治；配合区综治委、区公安局等对学校周边“十类人员”和不稳定因素进行了排查，组建了校园治安巡逻队，确保了师生安全。（蔡辉武）

文化·卫生·体育

文　化

【概况】2010年，鼎城区努力打造文化品牌，建设新型文化大区，服务于全区经济与社会的发展，文化工作呈现出文艺创作成果丰硕、文化活动丰富多彩、文化市场整治有序的良好势头。

（朱光明）

【文艺精品】成功举办2010年鼎城区春节联欢晚会;5月中旬去广州、深圳代表湖南省参加中国第九届艺术节第十五届群星奖比赛,常德丝弦《花枝俏》获入围奖。应中国文联、中国曲协邀请,国家非物质文化遗产——常德丝弦传承人朱晓玲5月26号赴法国巴黎参加首届中国巴黎曲艺节,带去了常德丝弦表演唱《常德是个好地方》、《咏梅》、《女儿船》,受到关注和好评。6月去浙江宁波赛区参加了第六届中国曲艺牡丹奖比赛,参赛剧目常德丝弦《花枝俏》获牡丹奖提名奖,将与其它三个赛区的提名节目角逐牡丹奖。新创编排的常德丝弦节目《诗墙赞》参加了常德诗人节开幕的演出。9月参加中央文明委组织的"四进社区"展演荣获金奖。以宣传推介"常德丝弦"为主要内容的《唱响丝弦》一书编纂完成,已出版发行。

（朱光明）

【群众文化活动】2010年全区组织对各艺术门类的作者进行经验交流和艺术创作,举办美术、书法、摄影展览，开展野外写生活动，参加市里举办的各类艺术培训班。常德市有两个节目参加了湖南省艺术节,其中常德丝弦《花枝俏》获金奖,常德丝弦《乡村喜宴》获银奖。9月份,在全区开展丰富多彩的群众文化活动，庆祝新中国成立60周年,举办一台全区性的群众文化合唱比赛，产生四个金奖,五个最佳表演奖,五个优秀演唱奖。尧天坪、中河口、蔡家岗、草坪等乡镇还举办"爱国歌曲大家唱"活动。区文化馆组织100人的腰鼓队和100人的军乐队参加市区的系列文化活动。

（朱光明）

【民间艺术】根据地方特色，在原有2项国家级、1项市级、7项区本级非物质文化遗产的基础上,大胆推陈出新,寻求非物质文化遗产发掘的数目、特色、质量和层次。正月,深入尧天坪、十美堂、武陵镇等乡镇走访慰问了非物质文化遗产主要传承人，为数十位老民间艺人送去 温暖与关怀。3月20日、4月15日、5月8日先后举办三次民间艺术研讨会,对三棒鼓、渔鼓、常德大鼓等民间艺术进行了研究和讨论，请有关专家和领导为鼎城区群众文化事业发展,为鼎城区民间艺术的保护、挖掘献计献策。4-5月,组织专业人员收集、调查、整理地花鼓的分布状况、生存环境及保护现状,成功申报《地花鼓》为市级非物质文化遗产。从4月开始深入地开展了非物质文化遗产普查工作,调查项目涵盖了8大门类20个项目,通过普查,基本摸清了非物质文化遗产的种类、数量与分布状况。6月12日,组织4个节目参加在桃源举办的第二届沅水流域鼓王擂台赛,荣获金奖1个,银奖1个,铜奖2个。7月,常德渔鼓、三棒鼓、常德大鼓、九子鞭、蚌壳舞、竹马》等六项申报常德市非物质文化遗产。9月26日,参加“沅澧鼓王擂台赛”,选送的常德大鼓《飞出茄子村》、《浪子回头》,常德渔鼓《带着公公改嫁》等节目分别荣获银奖和铜奖。（朱光明）

【文化市场】一是依法行政许可。行政执法单位严格平时的经营转让登记 和年审换证。文物部门在建设项目前置许可问题上有新的进展;文化稽查部门在“有所为有所不为”问题上做好文章。二是建立机制从严管理。落实责任机制,实行网吧24小时监管机制,开通24小时举报电话。强化市场巡查机制,对重点巡查区域、重点时段、重点巡查对象,增加巡查次数,加强巡查日常管理,同时完善市场巡查对象,做好巡查记录。三是加强社会监督。成立了由教育、公安、工商、广电、团委、妇联、电信、关工委、文化执法等部门组成的网吧专项治理领导小组。并以区关心下一代工作委员会为主体面向社会从老干部、老教师、老模范、老科技工作者、老战士等“五老”从员中聘请了63名网吧义务监督员、文化市场信息员、网吧义务监督员、文化行政执法监督员。四是开展专项整治。对全区音像市场进行了多次全面执法检查,共收缴盗版音像制品2.5万余张。按照“市场天天查”的要求,将网吧检查安排在双休日、中午以及下午放学时段,加大对网吧市场突出检查的力度和频率,严厉打击网吧违规接纳未成年人等违法违规经营行为。（朱光明）

【图书工作】今年市文化局评估工作小组到区图书馆检查验收,效果良好。7月份派专人参加在湖南省图书馆召开的第十期全国古籍普查培训班。向湖南省古籍保护中心填报《湖南省古籍收藏概况调查表》。向省图书馆《公共图书馆通讯》和市馆《图书馆工作》报送稿件15件,刊发10件。报送一项服务成果《农家书屋建设》,获省文化厅评定一等奖。截止至11月5日,累计发放有效借书证838个,阅览人数约1.7万人次;总藏书量9万册。（朱光明）

【文化遗产保护】根据地方特色,在原有2项国家级、1项市级、7项区本级非物质文物遗产的基础上,大胆推陈出新,寻求非物质文化遗产发掘的数目、特色、质量和层次。配合区善卷文化探源小组,深入挖掘善卷文化内涵,全面收集善卷先生生平事迹和从善从德的故事,积极开展“善卷故事”申遗工作,成立了领导小组和专家小组,确定邓声斌、贵体健为传承人,目前已通过市级评审,准备向省里申报。挖掘、整理全区范围内其它非物质文化遗产,形成保护传承、利用的规划体系与机制。（朱光明）

【文化信息资源共享工程】鼎城区支中心于今年已完成改造升级,正式投入使用。全区500个乡村基层网点已挂牌。 区财政为支中心开通10M光纤网络拨款1万元,经区委常委办公会议决定追加专项经费5万元。与区远教中心联合对全区500个乡村基层网点进行挂牌和业务指导,基本实现 村村挂牌、“村村通”。按省中心要求规范制作 中心机房管理规定、电子阅览室管理规定和数字资源使用说明,并全部上墙。明确两名管理人员,负责运行管理系统的维护,现设备运转正常,状况良好。向省中心提供5种地方文献,向市中心提供了5种视频资源。已与省中心签订2010年度协议,资源服务工作奖励尚未结算。（朱光明）

【农家书屋建设】为了深入贯彻落实中共中央、国务院《关于推进社会主义新农村建设的若干意见》精神,根据《国家“十一五”时期文化发展纲要》(中办发[2007]2号)和国家八部委下发的“农家书屋”工程实施意见,2010年全区农家书屋工程按照市局下达的计划完成了125家的建设任务。（朱光明）

【送戏下乡】为民办实事送戏下乡演出,按照区委、区政府的要求,超额完成全年目标任务61场以上,争取财政补贴落实配套经费5万元,大力弘扬了地方文化传统艺术,丰富了农村文化生活,受到了广大农民群众的热烈欢迎。（朱光明）

【区图书馆的升级改造】抓住中央财政支持县级图书馆建设的机遇,争取区级财政倾斜,共投入70万元对图书馆进行升级改造。改造馆舍面积1700平方米,配套建设公共绿化和读书广场面积1000平方米。改造后的图书馆功能,在原有基础上增加1个青少年绿色上网基地、1个少儿阅览室、1个古籍陈列室、1个多功能读者活动室。同时,利用中央财政投入,添置更新价值50万元的馆舍设备。（朱光明）

【乡镇综合文化站的建设】除以前达标的9个乡镇外，另19个乡镇综合文化站配套资金各18万元已到位，建成后达到国家标准。（朱光明）

【区文化中心建设】鼎城区文化中心建设工程，是由区政府办公会议和区委常委办公会议研究决定，并报区人大、区政协同意，将原武陵电影院由区政府收回后加以改建和扩建的工程项目。该工程占地面积10亩，建筑面积3300㎡，由区财政全额投资建设，工程项目2010年6月开工，要求2011年3月交付并投入使用。整个文化中心安装中央空调和沙发座椅，分前厅、观众厅和演出舞台三部分。前厅为五层，主要用于书画展览、群众文化培训和电影放映，同时将江北的区文化馆、区花鼓戏剧团、区戏剧工作室迁入办公。观众厅近1000㎡，可同时容纳600人。演出舞台若用于会议，可就坐近100人。文化中心建成后，功能较齐全，设施较先进，周边为开放式、广场式场所，集办公、会议、电影放映、文艺演出、书画展览、棋牌娱乐、广场健身为一体。它的建成，既可提高武陵镇的城市品位，又将丰富全区人民的文化生活，是一项名副其实的民心工程。（朱光明）

出　版

【概况】2010年，区新闻出版（版权）局，一手抓繁荣发展，一手抓规范市场，出版物市场健康有序发展。在全市新闻出版目标管理考核中评为先进集体。

（朱光明）

【开展保护知识产权 打击非法盗版专项行动】为贯彻宣传《中华人民共和国著作权法》、《中华人民共和国著作权法实施条例》，在4月23日世界图书和版权日开展“拒绝盗版从我做起”的宣传周活动，制作过街宣传横幅3条，盾牌4块，宣传车一台，在武陵镇城区进行巡回宣传，并下发宣传单5000余份。4月28日组织区知识产权管理办公室、区版权局、质监局、公安、工商等职能部门对城区网吧、软件销售、音像零售进行了全面清查。出动检查人员30人，车辆7台，共收缴盗版光碟2800张，软件260张，查处网上侵权案3起。（朱光明）

【配送图书设施 服务农家书屋】农家书屋的场地由各乡镇、村（居委会）解决，坚持综合利用，方便农民交通便利和不搞重复建设的原则，在选点定点工作中按照区委、区政府和上级的要求，从有利发挥农家书屋作用，为广大农村农民方便为重点，从4月10日至6月20日对全区125家农家书屋具体地址、面积大小、负责人等进行逐一看点核实。在选址工件中将农家书屋有的地址设在村文化活动室，村委会（部）或村党组织活动室等公共场所，有的设在责任心较强，热爱文化公益事业，积极性较高，有一定文化水平的离退休干部、老师或农户家里，使农家书屋选址工作不走过场，认真负责落实每一个点，每一家书屋，确保了书屋今后有效运行发挥应有作用。给全区每家农家书屋配送书柜、阅览桌、阅览凳，文化局坚持跟踪服务，与汇美家俱有限公司工作人员一起送到各乡镇、各村（居委会）农家书屋所在地。同时还复查农家书屋地址有无擅自变更，管理人员是否到位，进一步核实场地，坚持书屋有专用房间，面积不少于20平方米，有专人负责管理，做到实地实名，不搞虚设。

其次是配送图书，按照省、市局的安排，7月初区文化局与区邮政局一道将中央、省配送给每个农家书屋的图书1665册、光碟141张、标牌1块、登记册3本、报架1个、灭火器1支和文化局配套制作的360块制度、规定牌以及“知识改变命运，科技致富农村”等200多块宣传标语牌一并送到全区90个行政村的农家书屋具体位置。区文化局干部帮助指导每个书屋管理员进行图书分类上架；将标牌、制度牌、宣传标语牌安装或贴在书屋显要位置；现场辅导管理员图书业务知识和办理登记、借阅手续，使书屋真正建成一个村级、居委会文化活动重要场所。（朱光明）

广播电视

【概况】鼎城区广播电视台下设五个部门：即广播电台、电视台、有线网络公司、无线数字电视公司、机关后勤中心。全局现有干部职工168人。2010年在区委、区政府的正确领导、省市广播电视部门和社会各界的大力支持下，全局干部职工和谐奋进，踏实工作，自身建设、广播电视宣传、事业发展、管理和创收都取得了新的成效。（胡蔓）

【自身建设】进一步强化内部管理，加强自身建设。一是加强领导班子建设，确立了抓理论学习、抓廉洁从政、抓能力建设、抓团结奋进四个重点，台内重大事务一律召开党组会共同研讨决定，全面激活了广电领导班子的活力。二是加强作风建设，大力开展创先争优等各项活动，出台完善了一系列相关规章制度，台内各项事务有章可循、有法可依。三是提升服务质量，有线网络公司克服初期在管理、技术和服务上的不适应，努力提高服务质量，制定了详细的优质服务规范。并在收费、安装、维修等工作流程中更新服务理念，提高办事效率，力争打造具有鼎城广电特色的服务品牌。台后勤中心加强“五型机关建设”，为全台干部职工各项工作的顺利开展提供有力保障。电影公司服务群众，大力开展电影送片下乡活动，本年度完成公益电影放映7536场，丰富了群众的文化生活。（胡蔓）

【广播电视宣传】鼎城区广播电视台唱响宣传主旋律，全力做好党员春训、基层党建、关注民生、江南城区开发、城市文明创建等区委、区政府中心工作的宣传报道，并精心策划推出了《学沈浩见行动》、《劳模风采》、《你好—常德浦东》、《问鼎》、《枉水秋色》等一大批系列、专题报道。鼎城新闻扩容提质，开设时政、党建、民生、善德文化四个版块，影响日益深远。电视台、电台不断更新节目制作，电视台适时推出了《印象鼎城》、《欢动18点》、《农业科技》三档节目，大大丰富了节目的内容；电台在节目中推出“都市寻宝”、“缤纷周末好礼送不停”等活动，激活了声频。还克服硬件设备不足等困难，精心组织，承办了全区副科级干部公开选拔（直播）、鼎城国税“税企手拉手”、鼎城首届财会知识竞赛等活动，开创了鼎城电视台举办现场直播活动之先河。

电视台全年共播出新闻4000多条，播发系列报道和连续报道26组，电视专题170多期。电台共播出稿件1100余篇，其中录音报道160多篇，大型系列报道12组。外宣方面，电视台共有133篇稿件在常德电视台播出，电台在市台上稿100余篇，省台上稿近100篇，均居全市各区县前列。此外，电视台有3件作品获得市级好新闻奖，一等奖2件，三等奖1件，电台共有5件作品获市级好新闻奖，一等奖1件，二等奖2件，三等奖2件，创优水平在全市各区县中名列前茅。（胡蔓）

【事业发展】鼎城电视台有线电视网络上联省、市主干线，下联城区用户和二十多个乡镇，共设有110个光节点，近6万用户，在城区有线电视用户的覆盖率达98%以上。为进一步扩大鼎城电视覆盖面，全年投入40万元对金霞山电视转播台发射塔进行了升级改造。10月，与省广电移动数字电视有限公司合作组建鼎城广电移动电视公司，积极在农村启动无线数字电视工程，实现了数字电视的全区无缝覆盖，从根本上解决了偏远农村群众的看数字电视的难题。（胡蔓）

【安全优质播出管理】电视台把安全播出作为生命线，成立了安全播出领导小组，落实各项岗位职责，确保了年内没有发生重大播出事故，同时出台了《节目流程审查制度》，由各部室主任轮流把关，加强了电视节目质量的规范化管理。另一方面，按照安全播出应急预案积极演练，坚持24小时值班制度，以做到有备无患。电台先后出台并完善了一系列切实有效的管理制度，对各项工作进行严格的奖罚兑现，以保障安全优质播出。（胡蔓）

【广告经营】面对文化体制改革等新形势的挑战，区广播电视台的经济创收工作以“盘活产业，壮大经营”为目标，全面实现了经济创收的良性循环和可持续发展，保持了经营创收持续攀升的势头。全年经营创收总额首次突破2000万元，其中电视台全年创收361万元，电台完成创收253万元，网络公司在收视费收取、入户发展、增值业务等方面，完成1339万元的创收任务，均达历史新高。（胡蔓）

卫　生

【概况】2010年，在区委、区政府的正确领导和上级卫生行政主管部门的精心指导下，区卫生局以党的十七大精神为指针，以医药卫生体制改革为动力，以规范各项工作管理为主线，深入开展创先争优活动，进一步加强卫生技术队伍和基础设施建设，完善基本医疗与公共卫生服务体系，提升医疗卫生服务能力，推进了全区卫生事业科学有序发展。（杨雅俊）

【卫生基础设施建设】全年，完成固定资产投资8000余万元，其中向上级争取到位资金3500余万元，自筹资金4500万元，继续推进了三级基层医疗卫生服务网络体系建设。征地130亩、拟投入1.3亿元的善卷医院新建项目已奠基开工，市四医院感染科病房危房改扩建工程完成了基础打桩工作，区妇幼保健院综合大楼拆建已完成前期准备工作；草坪、黄土店等12所卫生院进行了房屋维改扩建，石门桥、许家桥2所卫生院启动了省投公有周转职工宿舍建设项目；对179个村卫生室进行了规范化建设，为617个村卫生室分别装备医疗仪器设备13(件)套。年内成功争取到部省联合洞庭湖区血吸虫病综合治理试点项目，预计5年内可到位资金1个亿。（杨雅俊）

【新型农村合作医疗工作】新农合工作既是区卫生系统2010年落实省市政府唯一的一件为民办实事，也是医改的重要内容之一。重点在提高新农合参合率和住院补偿率下功夫。一是不断完善制度措施，监管力度进一步加大。为规范医疗机构服务行为，严格控制医疗费用的不合理增长，年初出台了《鼎城区新型农村合作医疗费用控制标准》，并与各定点医疗机构签署了《鼎城区新型农村合作医疗管理与服务协议》。全年对区内各定点医疗机构的费用和政策执行情况开展了2次综合督查和每月2次以上的专项稽查，加大了对弄虚作假套取基金等违规行为的查处力度，通过实行“四级审核”制度，减少基金支出近300万元，有效维护了基金的安全运行和参合农民的根本利益。二是不断调标扩面，新农合补偿实施方案更加科学。进一步简化了报销程序和转院手续，提高了补偿封顶线、保底补偿比例，实行了慢性病门诊补偿；鼓励开展中医中药治疗；严格控制目录外用药；首次明确了自2010年开始将新生儿与退复军人纳入参合对象范围等多项惠民措施，不断扩大了新农合受益面，提高了参合农民受益水平。三是不断创新筹资方式，农民参合更加便捷。从7月份开始，推行了新农合协议筹资工作，变过去的村干部上门收缴为农民主动缴纳，得到了农民群众的广泛拥护和积极响应，对方便农民群众、降低筹资成本、巩固参合率具有重要意义。全区参合农民共679554人(含西洞庭)，参合率为100%，比2009年提高了2.7%。1-10月共补偿317263人次，补偿总金额为7434.86万元。其中住院补偿57388人次，补偿金额为6123.04万元，受益率为8.44%，统筹区域内实际平均补偿率为60.06%。（杨雅俊）

【基本公共卫生服务均等化】全面启动实施了国家9类基本公共卫生服务项目，有序推进实施国家6项重大公共卫生服务项目。一是完成城乡居民健康体检建档18万余份。二是完成妇女妇科病普查4万多人次，对1987名农村孕产妇实行了住院分娩补助，补助金额达180.11万元，免费为6808名农村孕前与孕早期妇女补服叶酸。三是落实了各项重大传染病防治政策措施，加强疫情监测力度，严格执行网络直报。年内共对614例活动性肺结核、135例癫痫、215例晚期血吸虫病病人进行了免费治管；免费为15岁以下人群补种乙肝疫苗29574人份，完成了全区8月龄—4岁儿童麻疹疫苗强化免疫接种27206人份，开展甲流疫苗接种近5万人份，为873 例贫困白内障患者免费开展了复明手术。四是开展3岁以下婴幼儿生长发育检查8571人次，全面实施了艾滋病母婴传播阻断项目。五是广泛开展健康教育活动，发放各类宣传资料22万余份，举办各类健康教育知识培训班20余次，启动了卫生系统全面禁烟活动。六是大力开展爱国卫生运动和城乡除四害活动，完成了农村无害化厕所建设任务2000座。（杨雅俊）

【卫生监督执法】一是开展五小门店重点部位专项整治。针对薄弱环节和主要问题，出动监督检查人员1300多人(次)、车辆120辆(次)，集中精力对武陵镇城区所有“五小”门店分行业、分不同部位集中开展了10次专项整治。责令整改380家、责令停业50家，督促所有从业人员体检，体检率达98%以上，餐饮单位量化分级率达100%，“五病”调离率达100%。通过一系列强有力的整治措施，武陵镇城区8条主干道、33条小巷的“五小”门店已基本全部达标。二是开展了公共场所量化分级管理工作。共对145家公共场所经营单位进行了量化评分，实行分级管理，其中B级单位15家、C级单位131家。三是开展了学校食品卫生、生活饮用水卫生安全、手足口病防治和医疗机构规范执业等专项检查。年内共办理行政处罚案件640件，处罚金额约31.25万元。（杨雅俊）

【创先争优活动】卫生系统基层党组织和党员创优争先活动开展以来，区卫生局党委紧紧围绕“推动科学发展、促进社会和谐、服务人民群众、加强基层组织”的活动目标，成立了班子，制定了活动方案，召开了专题会议广泛动员，建立了局班子成员联片督查指导制度，形成了一级抓一级、层层抓落实的工作局面。创建了13个“示范窗口”和“示范岗”，开展了“我是党员我带头，我是党员我奉献”等主题活动，极大地增强了广大党员的先锋模范意识，涌现出了年近七十，仍在呕心沥血、发挥余热的市二中医院名老中医吴忠文，身患癌症、仍坚持在创建一线忘我工作的区卫生监督所监督员吴云义等一大批优秀共产党员。先进人物的事迹带动和激发了广大医务人员的工作热情，促进了医疗卫生服务水平的不断提高，各项医疗业务指标均有明显增长，医疗服务行为逐步规范，医疗纠纷发生率较去年同比下降了48%。（杨雅俊)

血吸虫防治

【概况】2010年，全区投入查螺总工日3873个，完成垸内外查螺40680亩，占全年任务的100.4%。投入灭螺工日2513个，处理钉螺面积7707亩，占全年任务的104%。灭蚴2407.5亩，占全年任务的100%。人群查病42278人次，占全年任务的115%。家畜查病4410头次，占全年任务的103%。人群化疗24181人次，占全年任务的107%。家畜化疗6711头次，占全年任务的101%。救治晚期血吸虫病人215例，发生1例急性血吸虫病人。（丁勇)

疾病预防控制

【学习培训】疾控中心定期举办学术讲座和业务培训，科室坚持每月业务学习。2010年先后举办了《中心质量体系文件》《手足口病防治知识》《突发公共卫生事件处置》《传染病防制知识》等培训班。还积极选派各类专业技术人员到上级业务部门培训学习，共有30人次参加上级22个班次的脱产培训会议。同时为提高基层防疫人员的专业技能和素质，疾控中心共举办各类乡镇业务知识培训与工作会议10期，培训学员410人次，促进疾控工作正常有序地进行。（丁勇)

【免疫规划】认真抓好扩大国家免疫规划实施工作：以维持高水平免疫接种率为目标，狠抓适龄儿童计免建卡、建证、接种工作，把建卡、建证、接种工作当作搞好计免的基础工作来抓。全年共下发各类Ⅰ类疫苗215174支，注射器167200支；其中甲型H1N1流感疫苗49000支，卡介苗3360支，乙肝疫苗52190支，脊髓灰质炎糖丸疫苗30000粒，白破Ⅱ联疫苗1020支，百白破疫苗4500支，麻腮疫苗6500支，麻风疫苗4540支，麻腮风疫苗300支，麻疹疫苗18000支，无细胞百白破疫苗18039支，乙脑减毒活疫苗13020支，A群流脑疫苗2170支，A+C群流脑疫苗8825支，甲肝减毒活疫苗3710支。5月份组织对全区儿童的计划免疫状况进行了一次调查，共调查了全区31个乡镇、2个社区2008年6月1日—2009年5月31日出生的儿童231人。调查发现：建卡率、发证率为100%，卡介苗接种率99.6%，脊髓灰质炎糖丸疫苗接种率为98.3%，百白破疫苗接种率为98.3%，乙肝疫苗接种率为98.7%，麻疹类疫苗接种率为97.8%，A群流脑疫苗接种率为98.7%，乙脑疫苗接种率为98.7%；“七苗”全程接种率为95.7%，全程合格接种率大幅提高，A+C群流脑疫苗、百白Ⅱ联疫苗接种较往年也有了一定的提高。15岁以下儿童乙肝疫苗查漏补种工作：1月份完成2万人剂第二针乙肝疫苗接种，5月份左右完成 第三针乙肝疫苗；共完成补种2针对象4939人，接种率98.61%。补种3针对象20377人，接种率98.25%。全区乙肝疫苗应补种目标儿童30049人，应补种剂次76540，累计实种29574人，75267剂次，总针次的完成率为98.37%，超过省、市控制目标95%指标。儿童麻疹疫苗强化免疫工作：8、9月份，按照省、市、区卫生行政部门的统一部署，组织进行一次2005年10月1日—2009年12月31日间出生儿童麻疹疫苗强化免疫。实种对象27206人，其中本区儿童26311人，外地户籍儿童895人。麻疹强化免疫接种率为98.33%，本次麻疹疫苗强化免疫活动共下发麻疹疫苗36000人份，注射器5.4万支，投入经费13万元，接种率超过 省市质控的95%以上指标。脊灰疫苗强化免疫工作：按照省、市、区统一安排，2010年12月5～6日，2011年1月5～6日将组织对2007年1月1日以后至接种现场出生儿童的脊灰糖丸强化免疫。疫苗针对性疾病的监测工作：2010年度按上级要求认真开展疫苗针对疾病监测工作，重点落实了如下几项措施。一是明确责任，专人专管。免疫规划科安排了一名专人负责疫苗针对疾病的收集、调查采样、送样、数据上传上报等管理。二是严格按要求处置。三是保质保量落实监测任务。四是主动搜索与积极收集上报相结合。截止11月28日止，共完成麻疹排除病例18例个案调查，抽送血检测排除，达到了省规定排除率2/10万的标准。完成2例15岁以下儿童AFP的采样、送检、随访，送样率、样品合格率、75天随访率均100%。完成了9例15岁以下乙肝病例个案调查。开展流脑、乙脑、AFP主动监测。儿童预防接种证查验工作：根据免疫规划年度工作计划，9月30日前安排部署全区各乡镇完成入托入学儿童预防接种证查验和漏种儿童补种工作。全区查验托幼机构135个，查验学校101个，查验覆盖率均为100%。登记应查验对象8814人，实际查验对象8814人；有接种证8704人，应补证110人，实补证110人，补证率100%；应补种211人，实补种211人；其中需补种疫苗及人数分布为脊灰糖丸65人，A群流脑54人，A+C流脑59人，乙脑减毒活疫苗33人。所有需补种人员均已按要求进行了补种。甲流H1N1疫苗接种活动：按省、市、区甲型H1N1流感防控指挥部的统一部署，1～4月份，对全区学生、教职员工、老年慢性病人、公共服务窗口人员等重点人群进行四次甲型H1N1流感疫苗接种，共接种49000余人，并将人群接种信息通过儿童预防接种信息系统进行了全部网络信息上传。通过疫苗接种，有力控制了甲型H1N1流感的发生与流行，提高人群特别是高危人群体性免疫水平。（丁勇）

【法定传染病监测和疫情管理】全年共报告乙、丙传染病18种3960例，乙类传染病12种1456例。发病数在前五位的为手足口病、肺结核、乙肝、流行性腮腺炎、其他感染性腹泻，发病占发病总数的91.77%。死亡3例，分别为狂犬病1例、艾滋病1例、手足口病1例。无甲类传染病病例发生。（丁勇）

【重点传染病防治】按照上级要求，结合鼎城实际情况，把非典、人禽流感、甲流H1N1、艾滋病、狂犬病、乙脑、手足口病、流感等纳入重点传染病防治。全年共报告突发事件两起：十美堂镇中心小学流行性腮腺炎暴发，6月11日报告，7月26日结案，发病人数21人。灌溪镇明星幼儿园手足口病暴发，4月26日报告，6月7日结案，发病人数51人，疾控中心及时开展个案调查，处理疫点，防止疫情扩散，全年全区未发生重大传染病暴发流行。（丁勇）

【手足口病疫情防控】全区共报告手足口病例1930例，其中重症病例62例，死亡1例。接到重症病例疫情报告后，中心及时组织专业技术人员到各疫点进行调查、处理，疫点进行消毒，开展健康教育，发放宣传资料，防止疫情暴发流行，全区手足口疫情已逐渐下降。（丁勇）

【艾滋病防治】区疾控中心每月组织人员对宾馆、发廊、美发美容、桑拿按摩、洗浴、网吧、工地、吸毒人员等高危人群和群众进行面对面的宣传活动，共干预86家娱乐场所，性服务者312人次，免费发放宣传资料1200多份，安全套20000只。完成HIV检测1162份（VCT门诊296份、外展干预558份。羁押场所308份），梅毒检测558份，丙肝检测558份；组织人员到戒毒所、看守所对在押人员进行调查2次，共采集血清送检308份。组织到大型工地民工预防艾滋病知识宣传，干预农民工人1026人次，发放资料5526份，发放安全套3400只。完成了全区艾滋病疫情审核及艾滋病人随访和入组治疗工作，圆满完成全球基金艾滋病项目各项指标和任务。（丁勇）

【结核病防治】区疾控中心结防科共计接诊病人2980人，涂阳病人332例，涂阳病人比例占54.1%，初治病人603例，复治病人11例，初诊涂阳病人321例。初诊查痰2960人份，初诊病人阳性检出率为11.2%，查痰率为99.3%。肺结核可疑症状者就诊者就诊率为342/10万。开展4次培训工作，培训近400人次，对象有医疗单位医生、乡镇卫生院院长、专干、村级防痨医生等。共计发放各种资料十余种，散发宣传单40000余份，提高了群众对政府免费治疗传染性肺结核政策的知晓率，提高他（她）们防治结核病的知识水平，收效显著。疾控中心按乡镇为单位建立了病人档案，对中断治疗病人进行电话督导，乡医、村医上门督导，通过三级不同形式的督导，病人中断率逐月降低。疾控中心一直注重与市区各医疗机构的联系，对危重病人及时转诊住院治疗，避免出现医疗事故，对出院的病人及时进行追踪和免费治疗。特别是与常德市一医院、四医院、六医院联系密切，每周通过电话或上门收集转诊单至少一次以上，提高了转诊率和治愈率,减少了丢失率。

（丁勇）

【卫生监测】食品工作:完成武陵镇城区公共场所监测样品109份，合格99份，合格率90.8%，餐饮具监测样品183份，合格159份,合格率86.9%。学校卫生工作:对89所学校的食品卫生进行了全面监测，对食堂的餐饮具进行了抽样检验，合格率95.00%，对从事食品工作的炊事员，服务员578人进行了健康体检,3人不合格，合格率99.48%，不合格人员调离原岗位。对3所学校生产的糕点进行了抽样检查，合格率100 %。体检学生52614人，其中大中专学生4312人,中小学生52604人,中小学生体检率98.74%，总患病率31.89%，其中沙眼0.73%，近视19.27%，龋齿12.32%，其它0.02%。开展学生常见病、传染病防治和监测，督促指导学校做好各类传染病的预防管理、消毒处理和宣传工作，协助和指导校医开展学生近视、沙眼、贫血、营养不良等常见病的防治。在全国高考及中考期间加强考点食堂的卫生监测，确保高考、中考顺利进行。

（丁勇）

【碘缺乏病防治】根据《鼎城区2010年碘盐监测实施方案》要求，于4月13日至5月15日间开展了碘盐监测工作,对蒿子港、牛鼻滩、许家桥、丁家港等9个乡镇36个村共288户(份)食盐进行了现场采样及碘含量检测,碘盐覆盖率100%,在抽样、采样、检验等环节中均进行了质量控制。288份样品均为精制盐,合格碘盐288份，碘盐合格率为100%。同时,与多部门合作开展了“5.15碘缺乏病防治宣传日”活动,发放宣传资料2000多份，接待咨询200多人次，进一步提高了公民对食用碘盐防治碘缺乏病的意识。同时继续完善碘缺乏病防治达标资料，为迎接消除碘缺乏病目标国家评估验收打下基础。

（丁勇）

【消毒监测】完成全区乡镇卫生院和区直医疗卫生单位消毒监测样品681份,合格617份,合格率90.6%。

（丁勇）

【健康监测】开展从业人员和外出务工人员健康检查，共发放健康证4895人，其中食品行业3865人、公共场所744人、生活饮用水行业58人、外出务工人员228人。

（丁勇）

【检验检测】重点抓好计量认证质量体系运行的各项工作,严格执行标准规范和技术操作规程,按计量认证、质量手册、程序文件、作业指导书、技术记录的各项要求,完成检测检验工作。做好剧毒物品的保管工作以及检测检验仪器的维护、计量器具的周期性检定和实验室之间比对及能力验证。全年完成检验样品或标本16863份,37106项次，检测结果报告准确率达99.8%。同时协助做好突发应急事件处理、手足口、H1N1流感、乙脑、消毒监测等现场采样工作。参加省卫生厅组织HIV初筛实验室考核获得优秀。

（丁勇）

【健康教育及时为基层提供相应的宣传资料】以传单的形式编印了《手足口病防治十问》、《乙脑的预防》、《洪灾防病知识》、《结核病防治知识》、《狂犬病的预防》、《怎样预防艾滋》、《乙肝的预防》等内容的宣传资料22万多份,利用下乡、开会和培训、活动等形式及时把防病知识发放到基层群众手中。特别是4月,为配合做好全区出现的手足口病疫情控制工作，疾控中心不失时机地开展大力防病宣传,先后印发了《手足口病防治知识十问》和《告家长的一封信》等宣传资料20万份，发放到全区各小学、幼托机构,向学生、家长宣传手足口病的传播途径、预防措施、环境消毒等知识,为控制手足口的疫情,保护人民群众的健康，起到了很好的保护作用。开展重点健康宣传教育专题活动:为增强群众的防病意识,营造防病宣传氛围,组织开展了“鼎城农民健康行”活动,结合“3.15”消费者日,“3.24”世界防治结核病日、“4.7”世界卫生日、“4.25”儿童预防接种宣传日、“5.15”预防碘缺乏病宣传日、“5.31”无烟日、“6.26”国际禁毒日、“7.7”爱牙日、“9.28”狂犬病防治日、“12.1”艾滋病防治日和职业病防治宣传月等大型宣传活动，共出动宣传车23辆次,张挂大标语12条，活动咨询人数约8000多人次,发放各种宣传资料18000余份,得到广大群众的好评。积极办好中心内外的宣传专栏，用通俗易懂的语言和形象生动的图片向群众宣传防病知识。出版了手足口病防治知识、春季常见呼吸道传染病的预防、结核病的防治知识、职业病防治、控烟宣传知识、狂犬病知识热点问答、文明城市创建、冬季常见传染病的预防等内容的宣传板报8期。利用新闻媒体开展卫生科普宣传和新闻报道,11月26日参加了鼎广电台的政务之窗栏目，在节目中大力宣传了艾滋病、职业病的防制。督促指导区直和乡镇基层医疗卫生单位做好健教工作。全区32个乡镇和3个农林场卫生院及两个社区卫生服务中心共出版专栏近144期,村级出版宣传专栏500多期,张贴大标语200多条。区直6个医疗卫生单位共计出版板报35期，这对全区有效开展防病治病工作，保护人民的身体健康起到了很好的促进作用。　（丁勇）

【职业病防治】为维护本区企业的健康持续发展，破解落实职业病防制工作难点,依据《职业病防治法》等相关法律法规的要求，中心着力从三方面入手，进一步优化职业卫生技术服务，全面提高企业职业病防制水平，促进企业的健康持续发展。一是进一步强化主动优质服务意识。牢固树立“企业需求至上，服务企业为本”的工作理念,开挖潜力,缩短工作流程,提高检测水平,做好企业参谋，及时提供各项优质、高效、便捷的职业卫生技术服务。自8月24日开始，积极开展全区工矿企业接触有毒有害作业工人的身体健康体检，并为企业工人建立了健康档案。参加体检的人员主要是接触粉尘、锰、噪声、苯等有毒有害化学物质的工人，已体检约1000余人。体检的企业有中联起重机分公司、鼎城区正荣机械制造有限公司、常德升湘机械厂、湖南特力液压有限公司等12家企业。二是进一步强化与企业沟通联系。经常深入企业开展实地调查,全年对63家企业开展了健康有害因素的监测，了解和掌握企业的生产工艺、原辅材料、产品性状，积极主动地帮助企业找出职业危害因子，分析生产过程中存在的潜在危险，提出针对性的整改措施,协助企业安全生产,确保职工身心健康。三是进一步强化企业健康促进工作。通过开展健康教育与健康促进活动,提高用人单位及劳动者的法制意识和职业卫生防范意识。　（丁勇）

【质量控制】年初组织全体干部职工进行了为期一周的质量体系文件培训,并进行了考试,确立了各科室质量监督员并进行培训，以保证各科室的质量体系得到有效运行。全年共完成新购买配置的12台仪器设备的档案建立工作，督促完成检验科仪器设备检定，监督各科室进行仪器设备期间核查工作的完成。完成2010年质量体系内部审核工作，完成1100份食品、饮用水、公共场所、医院消毒检测报告的审核工作,完成44份职业病危害因素检测评价报告、10份职业健康检查评价报告的复核工作。（丁勇）

【公共卫生服务项目】目前，全区各乡镇均已启动九项公共卫生服务工作，完成城镇居民健康档案建档62051人，农村居民健康档案建档49593人。为41954位65岁以上的老年人开展了健康体检，对4242例高血压、1606例糖尿病和205例重性精神病患者实施了规范的慢性病管理。

（丁勇）

妇幼保健

【概况】2010年度区妇幼保健院被市卫生局授予全市“新生儿疾病筛查先进单位”、“新生儿听力筛查先进单位”、“妇幼卫生信息工作先进单位”。被区委区政府评为“绩效评估先进单位”,被区卫生局评为“目标管理红旗单位”。区创先争优领导小组选定该单位为鼎城区卫生系统2个创先争优示范单位之一，创先争优工作得到了上级领导的充分肯定，儿科被团市委授牌为“青年文明号”。　（刘德慧）

【临床业务】全年实现业务收入1813.08万元，较2009年增长17.94%,其中门诊收入1124.15万元,增长18.94%。住院收入688.93万元,增长16.33%。完成门诊人次47523人,增长32.58%;完成出院病人4347人,增长17.90%。实现住院分娩人次2030人，增长1.55%。妇产科手术1264例,增长5.25%。TCT人次372人,增长率13.07%。全年医疗差错纠纷数为0,下降80%。　（刘德慧）

【保健工作】1、新筛、产筛、听筛、HIV抗体的检测等中心工作方面，全年新生儿疾病筛查4669人，筛查率64.85%；产前筛查1591人,筛查率22.10%,筛查出阳性人数142例，产前筛查阳性率8.93%；听力筛查2239人，筛查率31.10%；HIV抗体检查4694人，筛查率65.19%，筛查出阳性病例2例。2、根据“湖南省增补叶酸预防神经管缺陷项目”实施方案要求，对目标人群实行免费叶酸增补。全年为新婚、待孕和早孕对象免费发放叶酸5808瓶。区卫生局指定该院为免费婚检的定点机构，对全区的适婚男女青年进行免费婚前医学检查，通过开展婚前保健、产前筛查、产前诊断等技术服务，积极做好三级预防措施，降低出生缺陷儿的发生率。被区卫生局指定为全区农村妇女病普查普治工作指导医院，对全区32个乡镇和3个农林场的免费妇女病查治工作进行业务指导，督促她们做好相关工作。对20-64岁的妇女进行免费妇女病普查共22342人，妇女病普查率12.43%，查出妇女患病人数8346人，妇女患病率37.36%，对查出的患病妇女均进行了药物治疗与保健指导，收到了较好的社会效益。3、通过省市级专家评审验收，鼎城区顺利成为产科建设达标合格区，完成了县级急救中心的复核工作。（刘德慧）

【医疗综合大楼拆建工作】年初，花70多万元收回了临街的十五间门面的经营、所有权，为医疗综合大楼建设用地扫清了障碍。为满足医疗综合大楼单元平面面积设计要求，花80万元购买一间占地60平方，建筑面积240平方的民房，并完成相关国土划拨手续，还花25万元收回职工宿舍后面18间杂屋。投入60万元整修杂屋间，解决儿保中心业务用房问题。完成医疗综合大楼建设的环境评估、可行性研究手续。完成医疗综合大楼的初步设计方案。区人大常委会主任会议成员视察该院的医疗保健场所及住院环境，并就医疗综合大楼拆建工作召开专题会议。（刘德慧）

常德市第四人民医院

【概况】2010年，完成门急诊诊疗118720人次，同比增长13.07%；收治住院病人21465人次，同比增长15.32%；实现业务收入11528.87万元，同比增长20.78%。被区卫生局评为“目标管理红旗单位”，被区委、区政府评为“绩效评估先进单位”，被市、区消委评为“维护消费者权益先进单位”；医院工会被市总工会评为“五一先锋集体”，被鼎城区委、区政府评为“十佳基层工会组织”；医技系统党支部被评为全区“百强”党支部，大内科主任陈友德被评为全区“优秀党员标兵”。斥资1800多万元，添置了湘西北地区第一台肿瘤精确放射治疗设备——上海伽玛星陀螺旋转式钴60放射外科治疗系统（陀螺刀），引进了意大利GMM数字化X线摄影系统（DR）、日本东芝TBA-120ER全自动生化分析仪等一批高端诊疗设备。感染科病区改扩建工程已完成主体工程。新成立了肾病内科，改造了血液净化室，血液透析机已增加到11台。启动优质护理服务示范工程，骨科和消化内科列为示范病房。葛良清主持的《原发性高血压左室肥厚与B型利钠肽及高敏C反应蛋白关系的研究》项目经市科委批准立项。（杨浩）

【陀螺刀治疗中心】经过历时二年多时间的精心筹备，9月24日，医院陀螺刀治疗中心正式开机治疗病人。这是常德市以及湘西北地区第一家肿瘤精确放射治疗中心。医院新购置的上海伽玛星公司陀螺旋转式钴60放射外科治疗系统（俗称“陀螺刀”）是集直线加速器和伽码刀于一体，采用航天陀螺仪旋转的原理，实行独特的三次聚集方式进行治疗的现金肿瘤治疗仪器。陀螺刀治疗肿瘤病灶具有无创伤、不出血、不需麻醉，治疗在清醒、无痛、舒适情况下进行等特点，治疗过程不受年龄、身体状况以及心脏病、高血压、糖尿病、肺炎等基础疾病的影响，尤其适合于不能耐受手术或麻醉者，对多发病灶可以一次性治疗。（杨浩）

【数字化X线摄影系统】意大利原装进口GMM数字化X线摄影系统（DR）摄片质量高，图像非常清晰，连同原有的一台美国CE公司数字化X线摄影系统（CR），每小时可摄片60人次，大大缩短了病人排队等候时间。（杨浩）

【优质护理服务示范工程】5月19日，医院启动“优质护理服务示范工程”，并确定骨科和消化内科两病区为示范病房。根据活动实施方案，医院从增加临床一线护士数量、做实基础护理、做精专科护理、优化支持系统服务、加强组织督导力度、谋化长效机制等六个方面入手，落实卫生部《医院实施优质护理服务工作标准》，夯实基础护理，提供满意服务。（杨浩）

常德市第六人民医院

【概况】常德市第六人民医院创建于1993年,座落在常德市鼎城区武陵镇,与常德桥南大市场相邻,是一所集医疗、科研、预防、教学于一体的县市级二级综合医院。医院占地面积28亩,房屋建筑面积21800平方米,其中医疗用房12170平方米,固定资产3000余万元。1997年被世界卫生组织和国际儿童基金会授予“爱婴医院”称号,是常德市人寿保险意外伤害定点救治医院,鼎城区城镇职工医疗保险、新型农村合作医疗、城镇居民基本医疗保险定点医院,鼎城区体检中心,交通事故急救中心,江南城区北片社区卫生服务中心,又是市第一人民医院联合医院,肩负着鼎城区直机关、桥南大市场及江南城区和前河近50万人的健康重任。2010年全院有干职工318人,其中正高职称4人,副高职称21人,中级职称81人,卫生技术人员占职工总数的86%。开设床位150余张。分设急诊科、内科、儿科、外科、骨科、妇产科、五官科、口腔科、肛肠科、皮肤科、肝病科、甲亢科、中医科、病理科、理疗科、肿瘤科等16个临床科室,检验科、放射科、CT室、B超室、三图室、胃镜室6个医技科室。可开展颅脑、骨外、普外、肝胆、泌尿、五官科、显微外科、微创外科、创伤外科及妇产科各种三类以上手术及部分四类手术。

医院装备有全市二级医院档次最高的日本原装进口日立牌四层四排螺旋CT机、柯达CR放射影像系统、日本岛津数字胃肠X光机、全自动生化分析仪、血球计数仪、麻醉呼吸机、日本进口东芝黑白B超、彩色B超、电脑监控ESWL体外冲击波碎石机、科瑞达钬激光治疗机、可视无痛人流仪、C臂X光机、心电监护仪、血液流变仪、MT—3000彩色经颅多普勒血流分析仪、脑电/脑地形图仪等高中档医疗仪器100多台件,能满足常见病多发病及部分疑难杂症的检测需求。医院长期坚持“以病人为中心,提高医疗质量为重点”的医院管理宗旨,常年开展优质服务竞赛、廉洁文化进医院、治理商业贿赂等活动,做到接待热心、解释耐心、治疗精心、接受意见虚心、听取建议诚心、视病人如亲人出自内心。以“医院成功、医生成名、患者健康”为办院目标,确立“聚人气、树正气、成大气”的服务理念,强化内部管理,建立健全各种规章制度、职责,使常德市第六人民医院真正成为大桥南经济重要的医疗保障机构。

2010年,完成门诊、急诊诊疗43338人次,收治住院病人4696人次,完成手术台次1268台,其中门急诊人次同比增长12%,住院人次同比增长31%,手术台次增加28%。圆满完成高考体检、老干部健康体检、征兵体检、驾驶员体检、全区职工体检等17800人次,接受乡镇卫生院培训43人,派往上级医院进修学习12人,参加省级以上短期学习班21人。全年五次组织义诊团深入到斗姆湖镇、武陵镇社区等开展“关注幸福家庭、关心女性健康”的活动和手足口病的发生与传播等知识讲座,受到社会的普遍好评。医院经济效益、社会效益大幅攀升,取得历史性好成绩。全年15次受到《常德日报》、《常德民生报》等市级以上新闻媒体的宣传报道,对提升医院的良好形象起到了很好的舆论作用。被评为全区目标管理先进单位、社会治安综合治理、工会工作、计划生育工作等先进单位。（李喜良）

【送医送药送温暖】5月7日一早,医院从外科、内科、妇产科、五官科选派了3名副主任医师和其他医务人员共15人,带着血压计、B超机等常规检测设备和大量药品,乘车来到了石门桥镇卫生院开展义诊活动。活动恰逢当地赶集日,又是全镇小孩到镇卫生院接种麻诊疫苗日,镇医院内人来人往,接受义诊检查的人特别多,做B超检测的人更是排队等待。当天接受义诊和咨询的人有700多人次。给10多名疑难杂症患者进行了对症下药,向患者发放常用降压药、慢性病用药、消炎镇痛药、妇科口服药及外用药物等药品价值达5000元,同时还发放科学防病知识、健康生活方式温馨提示以及预防甲型H1N1流感知识等宣传页4000多张、优惠卡近千张。医务工作者们为农民朋友认真检查,仔细询问,耐心解释,不厌其烦,还推迟了吃午饭,令众多农民朋友深受感动。

（李喜良）

【邀请知名专家巡诊】5月21日至22日,医院邀请我军对著名医学专家云南“黄家医圈”第八代传人,国际抗癌联盟副主席,黄传贵大校来鼎城区巡诊。21日和22日上午在医院肿瘤科进行巡诊,22日下午又到区卫生局讲学。应诊过程中,黄院长满脸笑容、问诊把脉、开方配药、应对自如，短短一天半时间里前来就诊的患者就达200多人。讲学的主题是“健康与保健”，鼎城区各乡镇卫生院院长、区直医疗单位业务院长、六医院骨干、病友及其家属等近百人聆听讲座，在座人士无不被黄院长渊博的知识、精辟的讲解所折服，报告大厅里时时响起经久不息的掌声。（李喜良）

【北片社区卫生服务中心工作】社区中心严格按照《疫苗贮存与运输管理规范》，认真坚持冷链运转工作流程，按质按量完成了各类群体免疫，应急免疫及查漏补种工作，全年共完成免疫接种23666人次(其中完成一类疫苗接种18630人次，完成二类免疫接种5036人次)。全年为212名孕妇进行孕期叶酸增补，有效地预防新生儿神经管畸形发生。孕产妇的系统管理率达到95%，新法接生率100%，孕产妇住院分娩率100%，高危孕产妇管理率100%。全年采取多种形式深入社区、开展调查和走访，每季度召开专干座谈会，对辖区的235名产妇进行登记造册，建台帐，筛选高危孕妇37名，及时为产妇提供产后访视和保健康复服务，共回收母子卡184本。9月，为辖区内300多名妇女免费进行了妇女病普查普治工作，有效降低了妇女发病率。为726名儿童进行系统管理，儿童系统管理率达90%，体弱儿管理率达100%。全年共开展不同内容的健康教育知识讲座6场、出宣传专栏12期、下社区为居民义诊12次，发放健康教育处方5000余份。共建立居民健康档案5万余人次，完成电子档案录入2万余人次，慢性病管理2000多人次。（李喜良 薛军）

常德市第二中医院

【概况】常德市第二中医院开设临床、医技科室21个、病床110张，在职职工149名。2010年，医院紧紧围绕管理年活动，坚持“以病人为中心，以质量为核心、充分发挥中医药特色优势”的服务宗旨，突出中医特色，提高整体服务水平，完成了年初制定的各项工作目标。医院全年业务收入、收治住院病人数、门诊诊疗人次分别同比增长15.6%、21.9%、16.7%。

完善规章制度，改进医院管理，宣传医疗特色。医院党总支根据鼎城区委的要求，制定了政治学习规划，扎实开展了创先争优活动，树立了“院兴我荣、院衰我耻”的主人翁观念。推行党小组领导下的科主任负责制，工资分配坚持以效益为主、按劳分配的原则，实行保底工资与效益工资相结合的动态双轨制经管方案，提高了职工待遇，同时还落实了退休人员工资的打卡发放，解除了退休人员的后顾之忧。制定了“2010年中医医院管理活动实施方案”，提高了医院的整体服务水平，有效缓解了老百姓看病贵、看病难的问题。5月，接受湖南省中医药管理局检查评估，深受好评。实行后勤服务社会化，保证后勤为临床服务，同时对医院物资进行清查盘底、建帐建卡，指定专人保管专人负责。全年共制作医院特色宣传资料万余册，派出专车和专人到周边单位及乡镇、诊所发放，联系业务。

加强业务培训，积极引进项目，营造学术氛围。开展中医适宜技术培训，积极推广中医适宜技术。为提高整体服务水平，全年共选派了6名中青年技术骨干到上级医院进修学习，举行了7次业务理论考试和5次护理技术技能竞赛，上专业理论课6次。3月，医院被确认为国家中医药管理局中药房能力建设项目单位，4月，《金匮玉函经研究》顺利通过湖南省中医药管理局科技成果鉴定，8月，吴忠文主任医师被评为市十大名老中医。全年发表国家级论文5篇，省级论文17篇。

加大基础建设投入，不断提升医疗技术。全年投入近百万元，对住院病房进行了改造和装修，新购置电视机6台、空调7台；全年共引进资金110万元，添置了部分外、骨、妇科手术器械和相关检测设备。

4月，医院召开了第六届五次职工代表大会，会上通过了《医院工作报告》、《工会工作报告》、《2009年度财务决算和2010年度财务预算的报告》和《2010年度经济管理方案》，推行院务公开和工会财务公开制度，提高工作的透明度。（刘少先）

【国家重点中医特色专科】国家重点中医特色专科——肝病专科的前身是吴忠文主任医师1985年创立的肝病门诊部，其后因业务需要于1991年3月25日设立肝病病房，1999年3月8日正式挂牌为湖南省中医药学会肝病医疗中心，2006年5月10日二中医院被湖南中医药大学附属一医院国家肝病中医医疗中心授予指导医院。2006年5月26日被湖南省中医药管理局确认为农村中医特色专科项目,2007年4月11日被国家中医药管理局确认为“农村医疗机构中医特色专科建设项目单位”。该专科以享受国务院特殊津贴专家吴忠文主任医师为学科带头人，现有专业技术人员35人,其中主任医师1名,副主任医师4名，主治医师6名，医师3名。全年门诊诊疗1万余人次,收治住院病人300余人次，业务收入350万元。

以吴忠文主任医师为学科带头人的肝病专科，主攻研究中医药治疗各类肝病,先后在国家级、省部级专业杂志上发表学术论文及经验总结百余篇。潜心研究趺阳脉,著《趺阳脉学》一书出版发行。在伤寒学研究方面造诣颇深,著《<金匮玉函经>研究》,填补了该学术领域的空白，并通过了省级科研成果鉴定。尤其在肝病临床与科研方面成绩显著，通过数十万肝病患者长期的临床观察与心得体会，综合肝病发生发展变化的社会、心理、生理、病理和环境等因素，将肝病病因和发病机制高度概括为湿、痰、毒、郁、瘀、虚六个方面相互影响、互为因果,提出了湿毒疫邪乘虚而入、首犯肝胆脾胃、邪伏入血、正虚邪恶、穷必及肾、怪病多痰、久病多瘀、痰瘀胶结难解是乙型肝炎久治不愈的全新论点。依据“六因一先、三维一体、四注重”的理论和辩证用药思路，研制出舒肝转阴系列制剂治疗各类肝病，取得显著疗效。其“龙虎清肝汤治疗急性黄疸型肝炎临床研究”获常德市科技进步三等奖。主持湖南省卫生厅“八五”重大攻关课题:“舒肝转阴片治疗慢性活动性乙型肝炎临床研究”取得重大突破，获省1995年度科技成果奖。“舒肝转阴5号片抗乙肝病毒的临床研究”作为省科委社会发展基金支助的科研项目,已于1999年9月被省科委批准立项,正实施Ⅱ期临床。“二甲胶囊抗肝纤维化、治疗肝炎后肝硬化的临床研究”已于2008年6月被湖南省中医药管理局确定为湖南省中医药科研计划项目。

肝病专科设有两个肝病门诊,一个病室,一个研究室,设病床30张，并于2005年8月8日开通网站（WWW.cd2zy.com),技术先进,设施齐全。拥有全市乃至全省最先进的县级医院中药制剂室及肝血流图、肝病治疗仪、全自动核酸免疫扩增检测仪和腹水浓缩回输仪等较为先进的仪器设备，并在全市率先开展时间分辨法乙肝定量检测。共研制开发了舒肝转阴系列制剂品种8个,其中7个品种经省药监局审批为医院制剂,已广泛应用于临床,同时获得省市科研成果两项，县级科研成果三项。 （刘少先）

肿瘤医院

【概况】2010年在深入贯彻国家卫生体制改革和医院体制改革的过程中，医院抓住发展和稳定两个重点，围绕创群众满意卫生的目标，继续突出卫生公益性质,在经济和社会效益两个方面均取得了较大的成绩。全年完成业务收入1500余万,病人入住人次数近2000,均较上年有较大增长,医院收支状况和职工待遇持续改善,达鼎城区同级同类水平.围绕改善民生,更好地服务群众,医院添置设备,改善环境设施,加大医保、农合工作管理,加强与各区县定点联系，增加了诊疗病人来院即付即补范围。同时医院围绕专科特色,加强人才培养,突出优质服务，着重规范诊治，医院妇瘤科、中医科既是重点建设科室,特色突出鲜明，在本地区肿瘤治疗领域形成较大影响。 (李立芳)

体　育

【概况】2010年，鼎城区体育工作以增强人民体质为根本任务，以推动全民健身工作发展和培养体育后备人才为工作重点，切实加强对区体育工作的领导，发挥体育推动经济发展、构建和谐鼎城的重要作用，圆满完成了各项工作任务。鼎城区中心业余体校获常德市体育后备人才培养工作先进单位,鼎城区体育局、鼎城区老年人体育协会、花岩溪国家森林公园管理处获常德市全民健身工作先进单位。

认真贯彻落实《全民健身条例》,群众体育工作呈现出少有的繁荣局面。5-11月,举办了鼎城区第一届区直机关运动会。6月2日至17日,开展了第三次国民体质监测工作，监测人数1500余人。10-11月,组队参加常德市首届企业职工运动会，获得总分44分，金牌1枚、银牌1枚、铜牌7枚。完成全区54个农村全民健身点工程建设及社区5条健身路径。

以备战省十一运会为契机，切实加强体育后备人才培养。9月,参加湖南省第十一届运动会，获得金牌13枚。9月21日至25日,与区教育局联合主办了“鼎城区第一十二届中小学生田径运动会”。狠抓体育产业开发,体彩销售取得了长足的发展。全年体育

彩票销售额760万元，列全市第三。（金明娟）

【鼎城区第一届区直机关运动会】5月18日，“中国体彩杯”鼎城区第一届区直机关运动会羽毛球赛在区体育馆举行，由此拉开区首届区直机关运动会的序幕。8月8日，在区体育馆举行了区直机关运动会开幕式。5-11月，先后举行 羽毛球、游泳、拔河、登山、象棋、乒乓球、门球、篮球等八个项目的比赛。11月9日，区直机关运动会圆满闭幕。区教育局、区政府办、区财政局、区委宣传部、区国税局、市第六人民医院分别获得团体总分前六名。此次机关运动会由区委宣传部主办，区体育局、区总工会、区机关党委承办，有来自全区60多家单位的1000多名运动员参加比赛，运动会时间跨度长、参加人数多、社会反响好为历来之最，展示区直机关干部的良好精神风貌，推进全民健身运动的蓬勃开展。（金明娟）

社会·生活

人民生活

【城镇居民收入与消费】2010年，随着鼎城区经济的健康、持续、平稳发展，城镇居民收入持续增长，生活质量稳步提高。2010年鼎城区城镇居民人均可支配收入16112元，比上年同期增长12.7%；人均消费支出12177.6元，同比增长6.2%。

一、城镇居民家庭收入持续增长

(一)工薪收入仍是城镇居民收入的主要来源。2010年鼎城区城镇居民人均工资性收入为8343.2元，比上年同期增长13.8%，占家庭总收入的49.2%。工薪收入的增长主要是由于公务员和事业单位津补贴的逐步规范到位和标准的提高。工薪收入的增长对提高职工家庭的收入水平，改善人民生活质量起了重要作用。

(二)经营性收入平稳增长。鼎城区进一步优化投资环境，鼓励下岗、失业人员自主创业，自谋职业，促使城镇居民经营性净收入的增长。2010年鼎城区城镇居民人均经营性收入3407.5元，同比增长6.1%。

(三)财产性收入大幅增长。随着城镇居民存款的增多，利息收入大幅增加，2010年鼎城区城镇居民人均财产性收入为863元，同比增51.5%。

(四)转移性收入稳步增长。随着社保制度的逐步完善，劳动部门出台了一系列优惠政策，提高了企事业单位养老离退休金标准，人均养老离退休金收入同比增长5%；2010年鼎城区人均转移性收入为4338. 9元，同比增长6.3%。

二、城镇居民家庭消费支出平稳增长

2010年鼎城区城镇居民家庭人均消费支出12177.6元，同比增长6.2%。从消费结构来看，八大类消费支出呈现“六增二降”态势，其中用于衣着及家庭设备用品及服务消费支出增长较快。

(一)食品方面支出持续增长。食品市场的繁荣和大型购物超市的大量涌现，以及餐饮业的迅猛发展，促进了人们食品消费质量的提升。追求营养、健康型，荤素搭配，粗细结合，营养于一体，绿色食品倍受人们的青睐。节假日，亲朋好友相聚上餐馆用餐成为人们就餐消费的时尚。全年人均食品支出为4994.6元，比上年同期增长8.8%.

(二)衣着消费档次明显提高。随着鼎城区社会经济的发展和居民收入的不断增加，许多品牌服装在鼎城区纷纷设立专柜，在丰富广大居民购物选择的同时也提高了鼎城区城镇居民消费的档次。2010年鼎城区城镇居民人均衣着消费支出为1607.8元，同比增长26.1%。

(三)尽管水电气均在涨价，可是，由于城镇居民用于装修房屋的费用减少，2010年人均居住支出1479.2元，同比减少24.9%。

(四)家庭设备用品及服务。鼎城区毗邻常德市城区，大大方便了鼎城城镇居民的购物；而收入的增加，使人们更加追求居家的环保和舒适度，家具、室内装饰品及床上用品都越来越趋于品牌。2010年鼎城区城镇居民人均家庭设备用品及服务支出1021.4元，同比增长28.4%。

（五）医疗保健消费支出更为理性。随着生活条件的改善以及人们对健康认识水平的提高，居民的医疗保健理念更为科学，自我保健意识不断增强，健身活动越来越普及，对营养滋补品的需求也更为合时、合理、合适。2010年鼎城区城镇居民人均医疗保健消费支出697.5元，同比减少23.8%。

（六）交通、通讯支出稳步增长。全年人均交通、通讯支出为982.0元，同比增11.7%。

（七）教育文化娱乐服务支出大幅增长。2010年，全区城镇居民人均教育文化娱乐服务支出1072.4元，同比增长36.2%。由于物质生活的不断满足，人们在精神方面有了更高的追求。家电的更新换代，报刊杂志的订阅等体现出人们在精神享受方面的提高。

（八）其它商品和服务消费支出成为消费热点。随着居民家庭收入的增加，消费水平日益提高，鼎城区城镇居民尤其是女性在金银珠宝饰品、高档化妆品、美容美发等服务消费的支出越来越多，成为居民家庭消费新的热点。2010年鼎城区城镇居民人均其它商品和服务支出322.5元，同比增长27.9%。（胡英）

【农村居民收入与消费】2010年，作为“十一五”规划收官之年，区委、政府认真贯彻落实一号文件精神，坚持科学发展思路，充分挖掘农业增效、农民增收潜力，保持了农村居民收入持续增长态势。据全区农村住户抽样调查结果显示，2010年全区农民人均总收入7022.62元，同比增加890元，增幅14.5%；可支配收入为5237.89元（农民人均纯收入5697.82元，下同）同比增加780.14元（756.36元），增幅达17.5%（15.31%）；人均总支出6202元，同比增加326.42元，增幅为5.6%。

农民增收环境继续改善，消费结构明显升级，农村居民消费支出增长，生活水平和生活质量进一步提高和改善，农民在购买各类服务及非食品方面的能力不断加强，农村居民人均生活消费支出达4368.9元，比上年增长5.7%，恩格尔系数为4.62。2010年全区完成农村固定资产投资额113932，同比增长28.5%，农村通电、通路、通水等基础建设得到很大改善，为居民消费打下了良好基础，全区98%以上农村居民已通电、通水；农村居民家庭日用品消费表现突出，彩电、冰箱、洗衣机等已普及，享受型或文化型高档耐用消费品，正成为农村居民新的消费投向点，推动农村居民消费进一步增长。（徐文利）

社会劳动保险

【概况】2010年，全区社会劳动保险工作以社保扩面和新型农村社会养老保险试点为重点，狠抓服务水平提升，全面完成了全年各项目标任务。全年参保缴费人数达31426人，新增参保扩面6324人，征缴社保基金15500万元，征收建安劳保基金306万元，市直企业续保代征基金194.4万元，争取上级财政转移支付收入4863.1万元，各项指标完成均超历史。新型农村社保养老保险试点成功落户鼎城，并从10月1日正式启动。首批12万待遇领取对象1938万元新农保基础养老金已全部下发，16–59周岁参保对象参保缴费工作全面展开，覆盖全区城乡的社会保障体系逐步建立，农民“老有所养”的梦想变成了现实。按政策认真办理了退休人员调待工作，开展了资格认证工作，全年共支付企业退休人员养老金1.3亿元，养老金足额发放率和社会化发放率均达100%，退休人员养老金待遇不断提高。全省统一新社会养老保险管理信息系统成功上线运行，业务经办能力和服务水平大大提升。

（古国彩）

失业保险

【概况】失业保险扩面和基金征缴工作力度不断加大。全年新增失业保险参保1452人，完成年任务的100%，征缴失业保险金290万元，完成年任务的100%。信息化建设不断加强。对全区159家参保单位、19858名参保人员建立了基础台账，录入电脑实行微机化管理，并及时对各参保单位失业人员异动情况进行核准、登记、造册，准确掌握参保单位失业金的缴纳情况，更好地完善失业保险台账。通过及时掌握失业人员的动态，更好地落实各项就业扶持政策。失业保险金申领发放程序更加规范。严格失业金申领登记制度，准确界定失业职工身份，认真核算享受标准，基本杜绝了冒领失业保险金情况，保障了基金安全，确保失业职工失业保险金按时足额发放。今年上半年享受失业保险金待遇人员累计216人次，共发放失业保险金及医疗补助金44万元,更大限度地发挥失业保险功能,从而有力地保障了下岗失业人员的基本生活,为促进失业人员早日再就业起到了积极的促进作用。

（李友成）

机关事业单位社会劳动保险

【概况】截止12月,全区参保317家单位,在职参保人数16967人,离退休人数6629人。基金支出9185万元,基金征缴力度不断加大。一是制定了养老金征缴目标量化考核方案,结合工作任务,严格考核,严明奖惩。二是认真开展参保稽核工作。3月份,对全区32个乡镇政府机关、站所及43所学校的社会养老保险费征缴情况进行了实地稽核,通过核对工资总额和缴费人数等情况,查找问题并及时进行处理。三是着力提高退休人员管理服务水平。深入全区32个乡镇开展离退休人员生存认证工作,减轻了乡镇退休人员的负担。做好离退休人员生存信息档案管理工作,对时间久、档案编号混乱的资料进行了重新整理。利用乡镇劳保站的资源优势,将长期居住在本地的离退休人员按居住地划分到乡镇劳保站进行管理,在各乡镇建立了离退休人员信息库,随时了解掌握离退休人员的生存状况,协助社保经办机构使生存认证工作经常化。

（周伟武）

工伤保险

【概况】工伤保险基金征缴扩面成效显著。5月1日起,血吸虫病纳入了工伤范围,截止12月底,全区工伤保险参保229家,参保总人数达到26862人,新增人数2881人,征缴工伤保险费331万元,工伤保险待遇支付374万元,基金累计结余56.92万元。支付老工伤保险待遇费60万元。扎实开展老工伤问题调查摸底工作。按照《关于印发〈常德市老工伤人员工伤待遇管理办法〉的通知》(常劳社发[2008]53号)要求,全面摸清了全区老工伤人员实际情况,为妥善解决我区老工伤问题打下了坚实的基础。落实农民工补贴的问题。争取区委政府的支持,与区重点工程办等单位一道,开展了重点工程招用农民工实行工伤保险补贴相关工作。

（刘冰清）

医疗生育保险

【概况】深入开展庆祝医疗保险改革发展十周年宣传活动。组织开展了“5.18宣传一条街活动”,对医保改革十年来取得的重大成果进行了集中宣传;与鼎城花鼓剧团合作,创作编排了常德诗弦《医保十年情》,并参加了市“医保改革发展十周年”文艺汇演;开展了大型义务巡诊和“送医进社区”活动,为过往群众提供免费医疗服务2000多人次。启动城镇职工基本医疗保险市级统筹工作。为解决区城镇职工基本医疗保险与江北市区“同城不同待遇”的问题,启动了城镇职工基本医疗保险市级统筹工作,调整了基本医疗保险待遇,取消了住院起付线,特殊病种待遇按市本级标准执行,计划两年到位。调整了三等伤残军人医疗待遇。原发伤疾病住院费和门诊费按政策全报;引发伤疾病住院费按城镇职工基本医疗保险政策报销,门诊费2000元以内按80%报销,2000元以上按60%报销。积极开展全区生育保险女职工妇科病普查工作。全区共有9500名参保女职工接受了妇科疾病普查,社会反响很好。

（胡小平）

新型农村合作医疗

【概况】2010年,全区新型农村合作医疗工作坚持“为民、利民、便民”的服务宗旨,深入开展了广泛的宣传、严密的稽查、严格的审核与及时的兑付等工作,全面完成省市为民办实事各项考核任务。被常德市新型农村合作医疗协调领导小组评选为“2010年度常德市新型农村合作医疗经办机构先进单位”和常德市卫生局“2010年度新农合工作(省市为民办实事)先进单位”。

（汪恩慈）

【基金筹集】在筹资期间,为使新型农村合作医疗政策家喻户晓、深入人心,引导农民自愿参合,2009年11月8日,全区2010年新型农村合作医疗宣传筹资动员大会召开,区长董岚到会讲话,会议要求各乡镇(场)加大宣传征缴力度,按时足额完成新型农合基金的筹集任务。区农合办印发了30万份宣传资料,各乡镇还充分利用宣传车、标语、墙报、广播电视等形式,大力宣传合作医疗政策、意义及操作办法。区电视台开设了新型农村合作医疗专栏,并及时对合作医疗开展情况进行跟踪报道,收到了较好的宣传效果。

草 坪 镇

▲ 党委书记　丁克刚

▲ 镇长　宋才林

▲ 中央党校直属分校干修班草坪调研基层文化工作

▲ 省委宣传部部长路建平一行草坪调研基层文化工作

▲ 市委宣传部部长覃清香陪同省委宣传部部长路建平在草坪召开基层文化工作调研座谈会

▲ 新建的草坪镇中学大门

▲ 草坪镇中学校园一角

▲ 草坪原创歌曲发布会

▲ 上级领导到草坪检查粮食生产工作

▲ 新建的草坪卫生院住院大楼

大龙站镇

▲ 党委书记 郑小林

▲ 党委副书记、镇长 刘波

▲ 政府大门

▲ 镇劳保站兼政务服务中心

镇机关大院

港 二 口 镇

▲ 班子成员合影

▲ 港二口镇政务中心

▲ 港二口镇敬老院

▲ 镇党委书记阮龄看望老人

周家店镇

▲ 领导班子

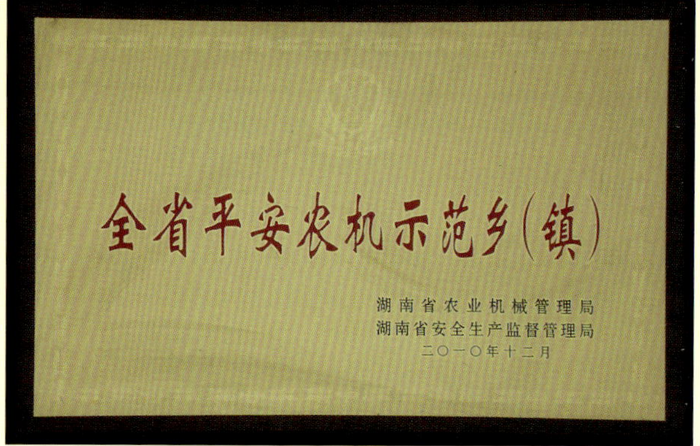

▲ 庆七一拔河比赛

▲ 新修的镇计划生育服务所

▲ 鼎城区十佳善德公民杨春秀

▲ 群众文化

中 河 口 镇

▲ 党委书记 贺用森

▲ 镇长 李军华

▲ 民间职业剧团艺术大赛

▲ 龙头企业万利达棉麻厂

▲ 西瓜棉花套种

新农村示范村中河村

雷 公 庙 镇

▲ 党委书记 王磊

▲ 镇长 陈谋昌

▲ 政府办公楼

▲ 农村客运站

▲ 政府大门

▲ 东森机械厂

▲ 湘陵水泥厂

▲ 政务公开宣传栏

石　门　桥　镇

▲ 党委书记　李晓秋

▲ 镇长　姚昌国

▲ 领导班子

▲ 书记、镇长视察旱情

▲ 视察村道建设情况

石　公　桥　镇

▲ 党委书记 贺译

▲ 镇长 刘霞初

▲ 骨干合影

▲ 鳡鱼

石公桥镇北极宫村江家湾鳡鱼人工繁养情况

鳡鱼，俗称水钻、水老虎，又名淡水鲨鱼，专以吃各类鲜活鱼饵为食，是一类十分名贵的野生淡水鱼类，其营养及药用价值都很高，市场需求量极大。在野生鳡鱼无法满足市场需求的情况下，江氏渔场江丛胜从2005年开始到长江流域各地引进野生鳡鱼鱼种进行人工繁殖，到2008年成功繁殖出了第一批鳡鱼苗，其间共投入资金上百万元，此情况2010年经中央电视台10台进行了报道。

为了转变别人认为鳡鱼人工不能养殖的观念，江丛胜在自己水面极其紧缺的情况下，专门用了几十亩水面养殖成品鳡鱼，并获得了巨大的经济效益，周边的一些水产养殖户看到了养殖鳡鱼的确能赚大钱，从2009年开始也纷纷加入到这个行业中来，到2011年4月份成立江南鳡鱼养殖专业合作社时，共有鳡鱼养殖水面近1200亩，养殖成员50多人，本年可创产值近3000万元。现在已经有上海、江苏、安徽、广东、广西、海南等18个省、市、自治区的养殖户向合作社预订明年的鳡鱼鱼苗。

石 板 滩 镇

▲ 书记 钟科程

▲ 镇长 聂君利

▲ 毛栗岗村村部

▲ 新农村

▲ 毛栗岗一景

▲ 庭园春色

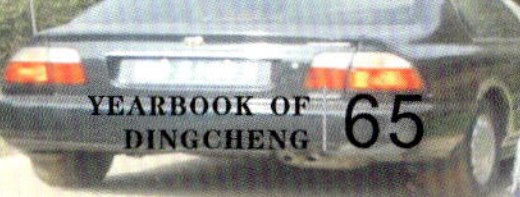

斗 姆 湖 镇

▲ 党委书记 胡杰

▲ 政府大门

▲ “三清”活动现场

▲ 党员春训动员大会

▲ 办公楼

韩 公 渡 镇

▲ 书记 陈学武

▲ 镇长 张胜保

▲ 办公大楼

▲ 沟渠清淤

黄土店镇

▲ 书记 沈劲松

▲ 镇长 牟凯波

▲ 领导班子

长　岭　岗　乡

▲ 党委书记　张静慧

▲ 乡长　陈洪涛

▲ 干部培训会

▲ 乡政府一角

▲ 区人大代表考察长岭烟机配件有限公司

长岭岗乡街景

区　特　养　场

▲ 党委书记 贺志勇

▲ 场长 李远书

▲ 领导班子

▲ 办公大楼

▲ 场领导检查生态健康养殖小区工作

血吸虫病综合治理项目基地

区芦苇场

▲ 场长 赵湘波

▲ 场总支书记 代明理

▲ 班子成员

▲ 场大门

▲ 办公楼

▲ 杨树基地

芦林间作

区园艺示范场

▲ 党委书记、场长　陈小军

▲ 场大门

▲ 庆祝中国共产党成立89周年红歌会

特色产品

2010 年全区共有 679554 人参合（含西洞庭管理区 26635 人），基金筹集总额为 9513.76 万元，其中：农民个缴 1359.11 万元，区财政配套 888.87 万元，市财政配套 1329.45 万元，省财政配套 1859.00 万元，中央财政配套 4077.33 万元，部门资助 14.558 万元（由财政部门为五保对象提供的参合资金）。同时，在全市率先组织开展了协议筹资工作。有效降低了筹资行政成本，为全区广大农民群众的参合提供了便捷，有效地巩固参合率。（汪恩慈）

【基金支付】全区新型农村合作医疗属县级统筹管理方式，根据《鼎城区 2010 年新型农村合作医疗实施办法（试行）》规定：门诊统筹为 15 元/人/年。住院费用补偿标准：乡镇级定点医疗机构起付线为 100 元，补偿比例 80%；区级定点医疗机构起付线为 300 元，补偿比例 65%；市二级定点医院起付线为 300 元，补偿比例 60%；市三级定点医疗机构起付线为 600 元，补偿比例 45%。住院分娩实行定额补偿，平产生育一次性补偿 300 元，符合剖宫产指征行剖宫产的一次性补偿 1100 元。结核病门诊化疗实行限额治疗，按比例补偿，初治病人最高补偿额为 230 元，复治病人最高补偿额为 270 元。动物致伤接种狂犬疫苗每人次补偿 100 元，注射人狂犬病免疫球蛋白每人次最高补偿额 460 元。血吸虫病晚期血吸虫病人内、外科治疗已享受国家医疗费用补助的，剔除已享受补偿费用后剩余部分再按可报费用的 20%补偿。慢性血吸虫病人在乡镇定点医院住院治疗，限额治疗 350 元，定额补偿 280 元；在区（市）级定点医院住院治疗，限额治疗 650 元，定额补偿 450 元。意外伤害无责任方意外伤害按可报费用的 30%补偿。全年住院补偿封顶线为 8 万元。（汪恩慈）

【基金运行】全年共补偿 464189 人次，补偿金额 9133.74 万元，受益面为 12.57%。其中：住院补偿 66634 人次，补偿金额为 7339.52 万元（农村五保对象有 878 人次获得 27.96 万元的二次补偿，农村五保对象在区、乡两级定点医疗机构住院得到了全额补偿），人均住院补偿 1101 元，平均补偿率为 50.48%；住院分娩 4395 人次，补偿 354.06 万元；动物致伤 6605 人次，补偿 82.36 万元；结核病门诊化疗 638 人次，补偿 9.08 万元；意外伤害 3976 人次，补偿 527.74 万元；血吸虫病与白内障 1540 人次，补偿 76.62 万元。

（汪恩慈）

【基金管理】规范程序，严格审核。区农合办遵循“公开、公平、公正”的原则。采取“四级审核”制度，取消零补偿，真正做到“即付即补”。为确保新型农村合作医疗的顺利运行，区农合办于 1 月 1 日零点，分 6 组对全区各定点医疗机构的在院病人情况进行了零点断帐稽查。建立健全了监督体系，建立了参合农民补偿受益情况“三级（区、乡、村）”公示制，设立监督举报电话，广泛接受社会监督。协同相关部门对定点医疗机构违规违约案件进行行政处理。在监管方面主要采取“网络监管与现场稽查、定期与不定期稽查、突击与告知稽查”方式，重点实施了“六查六防”，同时实施了每年“综合督查”和“专项稽查”，全年组织区内医疗专家对区内各定点医疗机构进行了二次“综合督查”，对在督查中发现的问题给予及时纠正，有效提高乡镇定点医疗机构医务人员的诊疗技能和专干的监管技能，对规范定点医疗机构服务行为起到了一定作用。保证了每月至少两次的专项稽查工作，针对性开展稽查，对在稽查中发现的个性问题给予了及时纠正，对共性问题给予通报警示和处理，有效遏制了弄虚作假现象的发生。（汪恩慈）

【创新监管】为规范服务行为，降低基金风险，结合本区实际，于 7 月在全区实行了住院“总额预付”支付模式，取得了较好的效果。一是除外责任得到有效控制，2010 年 7-12 月与 2009 年同期相比除外责任下降了 3.9%。二是促进了基层医疗卫生机构管理与服务模式的转换。医疗机构从被动管埋变为主动参与管理，费用自我约束机制和分担机制初步建立，医患关系得到进一步好转。三是规范了医疗机构服务行为。基层医疗机构大处方、不合理用药、不合理检查、挂床住院、门诊转住院等违规情况明显减少。四是基金效益得到有效发挥，减少了基金的无效支出，7-12 月份与 2009 年同期相比住院人次减少了 1804 人次，补偿率提升了 2.1%，次均费用减少了 63 元，人均补偿费用增加了 50 元，减少基金支出 830 万元。（汪恩慈）

乡·镇·场

武陵镇

【概况】武陵镇镇域国土面积37平方公里，辖10个行政村，15个社区。2010年末常住人口为76729人，流出人口6521人，流入人口2663人。2010年，社会生产总值2.1亿元，比上年增长12%；农民人均纯收入5760元，城镇居民人均可支配收入达16797元。财政总收入544.35万元，同比增长10.7%。财政工作获全省先进，计划生育工作进入全市先进行列，城市创建工作获市红旗单位荣誉称号。综合治理、经济环境优化、计划生育、工业发展，工会、青年、妇女、老干、关协等一系列工作，均走在了全区的前列。镇党委被市委授予“五个好”乡镇党委，被区政府评为目标管理先进单位和绩效评估红旗单位。（朱向宇）

【项目建设】2010年全镇在建和新建项目累计达37个，征地面积1100余亩，拆迁房屋376栋约7560平方米，迁坟1076座。全镇有19个村居涉及到了相关工程项目，其中在福广、王家铺、三滴水、西站等单位同时出现多处征拆。镇、村两级围绕建设工程，努力协调各类矛盾，教育当地群众不强行参工参运、强揽工程，积极主动支持项目建设，确保了天和管桩、污水处理厂、海众混凝、廉租房工程等项目的按时竣工或投产，保证了善卷中学、善卷医院、西开大楼、水产市场以及沅江大堤治理等一批新开工项目的建设进度。涉及6个村的西大桥机场路建设工程，以玉霞东路、双潭南路、花溪西路为骨干路网的城市干道工程进展顺利。（朱向宇）

【综治维稳】继续坚持“安全重于泰山，稳定压倒一切”的工作方针，从抓“五大安全”责任落实入手，把以消防安全为首的全镇安全工作始终放在重中之重的位置。通过整治福广烟花市场、整改百乐宫、重点监控城区仓储集中区域，有明显隐患的部位大幅度减少。尤其是巡夜打更的恢复，使全镇火灾事故的起数直线下降。公安两所狠抓队伍建设，城区大面控制能力明显增强。通过打击“两抢一盗”、“建设秩序维护”等专项整治行动，全镇社会治安秩序进一步好转。司法调解在矛盾化解最前沿起到了明显的缓冲作用，人民调解的及时率和成功率进一步提高；接待处理群众来信来访制度化，及时处访为稳定工作赢得了主动。治安、刑事、“两抢一盗”案件逐明显下降，上访批次和人数有大幅度减少。通过包保帮教，有8名刑释人员走上了依法经营的致富路。信访件回复率高，矛盾纠纷排查及时，调解成功率高达99%。对常住人口、流出人口、暂住人口、重点人口、出租房屋均实行了台帐管理，流动人口与出租房屋登记率分别达到了90%和100%。2010年武陵镇被评为全市社会治安综合治理工作先进单位、全区社会治安综合治理工作红旗单位，以及全区维护稳定工作先进单位。（朱向宇）

【城市工作】武陵镇投入创建人员1000多人，经费100多万元，集中整治“牛皮癣”、市容市貌、环境卫生、五小门店、占道经营、出店经营等，使江南城区面貌、小区环境大为改善。全镇各社区共发放入户宣传资料112000份，开展市民学习65次，举办爱国歌曲大家唱活动31次，访贫问苦172户，为解决“三不”问题与居民开展面对面座谈74次。制作盾牌145块、宣传橱窗和固定宣传栏425个，张贴横幅和标语263条。出动保洁人员和自愿者1002人，清除和覆盖牛皮癣20590处，清运垃圾1776车，整改独立院落89个，清理居民楼道875个，油漆粉刷临街门面46450平方米。清理占道、出店经营1503户，整治私拉乱接2440处。全镇创建工作的经验得到了上级的肯定，被市委在全市推介学习。2010年武陵镇也被评为全区创建全国文明城市工作红旗单位。围绕区委建设城市新区的发展战略，加大了城市用地的监管力度，在全镇范围内建立健全了监管网络，镇、村（居）、组三级责任主体明确，建立了控违巡查大队，对违法占地用地实行有奖举报。全镇共发生违章建筑67户，面积12407平方米。通过宣传教育促其自拆或助拆的有1703平方米，依法强拆的有8307平方米，乱占乱建、私卖私分的势头得到扼制。在西区基本上实现了违法建设“零”指标，旧城区实现了未向开阔地或有利用开发价值的区域蔓延，农区实现了不占用耕地建房。（朱向宇）

【新农村建设】武陵镇积极贯彻落实中央一号文件精神，进一步改善农民生产生活环境，镇财政累计投入资金50多万元用于水利基础设施建设。采取以奖代投形式发放奖励资金7.6万元，支持村级渠道整修疏浚。

通过多渠道筹集资金，三叉湖、福广等单位，完成了村道硬化2.4公里。另有25个村居单位建成了集村居办公、文化教育、群众娱乐、党员之家、退伍军人之家“五位一体”的村居公共服务中心，受到了广大党员干部群众的好评。优质瓜果、草莓、无公害蔬菜种植面积新增了近1000亩，全镇蔬菜总面积达6100多亩，油菜8000亩，春粮及其他经济作物达到1500多亩，也丰富了城乡居民的菜篮子。全年发放涉农补贴共23项，资金1073万元，发放37个征地拆迁项目补偿款1.23亿元。

（朱向宇）

【人口与计划生育工作】人口计划生育工作围绕区委创优质服务区的要求，坚持抓队伍、抓基础、抓重点、创特色的“三抓一创”计生工作理念，不断提高计生队伍的整体工作水平。搞好“三位一体”阵地达标建设，强化社会抚养费征收。把大小市场、公共场所及出租屋的人员，纳入服务的重点范围。全镇人口出生率始终控制在9‰以下，计生率在98%以上，一孩率在85%以上。镇财政投入10多万元资金，对计生办办公楼进行维修改造，配齐必要的办公设施。计生队伍全体工作人员加班加点，用了近一年的时间，完成全镇近两万育龄人口的信息采集。同时，积极落实计育奖扶政策，目前全镇已享受农村奖扶的人员达343人，特扶人员57人。

（朱向宇）

蒿子港镇

【概况】蒿子港镇位于洞庭湖南端，东邻安乡县与澧水交界，西接西洞庭管理区。镇域总面积56.15平方公里，耕地总面积35919亩，其中水田面积29212亩。辖13个行政村，5个居委会，1个渔场，166个村民小组。全镇总人口33473人，其中城镇人口10850人。2010年，实现国民生产总值3.9亿，同比增长15%；农民人均纯收入达到5038元，同比增长12%。（蔡明）

【经济与建设】全镇紧紧围绕经济建设中心，大力推进农业产业化，镇域经济得到进一步发展。全镇8000亩水稻，2万多亩棉花，3万亩油菜，通过强化技术指导、培训，均实现稳产、高产，亩产分别高达1000斤、600斤。养殖业在稳定牲猪、水产常规养殖的基础上，民康的甲鱼、鳝鱼、太岳、德安的牛蛙等特种养殖正逐步形成规模。土地二轮延包后续完善工作的全面推进，有效的缓解了土地矛盾，为农村经济的持续发展奠定了基础。（蔡明）

【新农村建设】深入推进新农村建设。先后投入230万元新建村组道路10公里，投入20万元新建村桥6座；投入50多万元，新建、改造了4个村部，投入35万多元对主排灌渠和斗毛渠进行清淤扫障工作。投入36万元对镇财政所办公楼和机关食堂进行改建；投入12万元对镇宇福路进行硬化。此外，以民康村和X042线为中心开展村庄整治，对全镇硬化乡村道进行路面维护，组织专班人员实行常年养护。（蔡明）

【综治维稳】全镇统一开展了“两打一整治”专项行动，治安拘留21人，教育处理18人，强制戒毒6人，封掉集镇茶馆21家，完善道路交通标识牌。为强化稳控包保和安全责任，继续深入落实“三级联动五员共管”的工作机制，本年度没有发生一起越级集访和一起非正常死亡事故。

(蔡明)

【民本民生】认真落实强农、惠农、支农政策。审批发放汽车摩托车下乡补贴22万元，家电下乡补贴48万元。全额打卡发放粮补资金，发放农村低保金60万元，城镇居民低保金160万元，伤残军人定补金30万元，优抚金16万元，五保生活定补金27万元。重视弱势群体的安危冷暖，发放救灾救济13万元，对4户贫困群众的农村危房进行了改造。

(蔡明)

【社会事业】在创“国优”之年，按照区委、区政府人口与计划生育工作目标任务，强化岗责，狠抓措施落实。计划生育完成“三术”203例，其中放环144例，结扎41例，流引23例。打卡发放175人奖扶金，征收社会抚养费48.2万元，组织开展了四次生殖健康村村行和大型宣传活动，优质服务得到深入推进。新型农村合作医疗参合人数22344人，参合率100%，协议筹资率达90%。已是连续四年达到100%。此外，其他各项工作也取得了明显成效。

(蔡明)

中河口镇

【概况】中河口镇位于鼎城区东北部。总面积73平方公里，其中水田43642亩，旱地13751亩。总人口30659人，其中非农业人口847人。辖22村，1居委会。有粮、棉、油、蔬菜、欧美杨生产基地，并形成棉花、蔬菜、油菜、养殖、种养加工供销一条龙的四个农民专业合作社，是市级农业产业化示范乡镇。（朱琨）

【党建】积极开展“我为党旗添光彩”、践行“五带头五承诺”、党员民主评议、党员“春训”等活动；建立健全党内民主生活会制度、创先争优领导点评制度、镇村干部岗责考评制度。重点整治下河、同德两个后进支部，通过以上工作党员的素质明显提高，党支部的战斗力、凝聚力得到加强。

（朱琨）

【经济与建设】兴产业，找准农民致富新路子。一是推广科学新技术新品种。着力推广优质棉、优质稻、蔬菜等科技新品种，大面积推广“菜－瓜－棉”间作套种高产高效栽培模式，全镇突破15000亩，培养了100名科技示范户。二是培育“公司＋基地＋农户”产业的发展格式。全镇已形成了“五大基地、六大支柱产业”齐发展的农业产业化发展态势，并树立了裕佳食品、富民桥榨菜、日甘好蔬菜等专业品牌。办实事，为农民增收提供保障。一是争取区级财政投入50余万元，完成了白芷湖三合院的除险保安工程；镇村两级共同投资近240万元，整修了受祜机埠，改造5座桥梁，维修了2处涵闸，疏浚了3000m主渠，2300m毛渠；硬化了镇村道路7公里，维修了镇村道路12公里。二是着力改善群众生产生活条件。投入60万元新建了双芦、太平、西河、受祜村部，改造了北洲村部；投入30余万元，整修了中河口镇文化交流活动中心；投入20余万元加强了集镇墟场的建设，改善了居民的生活环境；投入近400万元新修了中学标准化教学楼，改变了校园环境；投入180万元，平整了受祜300亩土地。三是认真落实惠农政策，切实减轻农民负担。打卡发放粮补资金415万元，落实棉种补贴资金41万元，落实家电补贴资金156万元。（朱琨）

【综治维稳】党委政府把维护社会大局稳定作为头等大事来抓，实现“小问题不出村，大问题不出镇”的维稳工作目标。一是健全维护社会大局和谐稳定的了长效工作机制。建立严格的镇村干部维稳岗责改评机制，实行分线划块责任到人，做到谁主管谁负责。健全镇村组三级维稳网络体系，29个党支部，创建158个党小组，落实了维护社会大局稳定最后一公里的责任制。开展书记大接访、干部大走访活动，全年共接待群众诉求210起，成功处理202起。二是建立一支稳固治安联防队伍。成立以综治专干为主体的10人治安联防巡逻队和一个高规格的人民矛盾调处中心，全年共制止、化解到市、赴省集访3起，成功处置交通、医患纠纷等突发事件6起，并实现“法轮功”等邪教组织管理零指标的目标，确保了上海世博、广东亚运、省市两会等重大活动及重要节日的安全稳定。三是打防结合，重点整治。全年共侦破各类刑事案件7件12人，判决12人，重点整治聚众赌博问题，端掉聚众赌博窝点3个，治安拘留10人,真正实现全镇社会治安的明显好转。社会治安状况在全区民意测评中排名第五,社会治安管理和综治维稳工作,五大安全管理工作名列全市、全区先进行列,镇司法所也被评为省级规范化司法所。（朱琨）

【计划生育】2010年严格按照计生创国优的工作目标要求,实行了诚信计生、优质服务。镇村两级共投入近16万元,改造升级了“四位一体”的阵地。全年共书写计生宣传标语5000余条,开办宣传厨窗30多个,印发宣传资料5000余份,举办专业知识培训班7000多人次。落实计生奖扶政策,累计发放各类扶助金36960元。全镇共征收社会抚养费35万元,通过依法征收,极大的震摄了大部分的违法生育对象,从而达到了规范生育铁序,稳定低生育水平。积极做好节育技术服务、怀孕情服务、咨询服务、妇科病普查普治、随访服务和药具服务等六项优质服务,全年共落实各类节育措施435例,入户随访750余人次,接受各类咨询5500余人次。（朱琨）

【民本民生】关心关爱弱势群体。为城镇低保93户(167人);农村低保635户(939人);农村五保3000人的待遇,共发放救助资金230万元;帮助303名特困学生减免学费、学杂费22万元。解决群众饮水、住房问题,投入140万元,解决了团洲、南洲、林家650户3200人的安全饮水问题;为7个无房户、危房户进行了住房改造,对麻河11、13组的危房户实施了整体搬迁。关心群体身体健康,进一步加大对农村合作医疗改革政策的宣传力度,使农民群众的参合率达到95.76%以上,全镇享受农村合作医疗的对象2200人次,得到国家补偿资金155万元;为60岁以上的老人3265人建立了医疗健康档案;为全镇1388名儿童进行健康检测;为1250名妇女进行了身体状况普查。（朱琨）

十美堂镇

【概况】十美堂镇位于区治北66公里,东濒澧水洪道,与安乡县安城乡隔河相望。2010年,该镇土地总面积55.7平方公里,其中耕地面积56881亩,农业产业结构调整后,粮食面积37810亩,水面面积7000亩。全镇辖16个行政村,2个居委会,年末总人口26544人。实现工农业总产值19573万元,比上年增长17.36%。其中第一产业总值15084万元;第二产业总产值3100万元;第三产业1751万元。农民人均纯收入4278元,比上年增长率22.5%。2010年,该镇被区委、区政府评为了“五个好先进党委”和“绩效评估先进单位”。（李尚武）

【新农村建设】水利建设方面:2010年,全镇投入资金60万元,疏通主排灌渠道11200米,清淤扫障近10万米,并完成2公里的主灌渠硬化工程。土地开发方面:争取国投1346万元对互助、同富、同乐、沙河、虾子湖、小茅等村3281亩土地进行了开发整理;同时又争取到国家环洞庭湖基本农田综合治理项目,国家投入4046万元对沙河、同兴、东风等10个村的2.38万亩面积进行综合治理。二期的教育、紫流、同富等6个村的3.23万亩总投资6460万的土地整治项目也已完成前期测绘和资料准备工作。农业产业化建设:因地制宜、瞄准市场,积极引导、大力扶持,先后成立了同富食用菌合作社,创立了“河洲牌”甲鱼、“盛泰”蛋鸡品牌。另外天龙野鸡、东风葡萄、民东黄牛、盈成棉业及油菜、水产、水稻等产业化基地已形成规模,为群众的增收提供了有效的途径。安全饮用水工程:争取国投、市投农村饮水项目一个,各级累计投入资金500万元完成了十美堂镇第二中心水厂建设,并完成了水厂至周边教育、小茅、互助等几个村的管网铺设,解决了近万人的安全饮水问题,实现全镇人民安全饮水全覆盖指日可。（李尚武）

【综治维稳】加大对涉赌、涉毒、涉黑等违法犯罪的打击力度和各类刑事、治安案件的查处力度。查处治安案件50余起,治安拘留10余人,加大对矛盾纠纷的调处力度。2010镇本级共调处各类矛盾纠纷40余起,调处成功率达98%。镇村干部主动联系涉稳对象、群体,及时了解其思想动态与诉求,经常与他们交心谈心,在生活上给予其关怀,并对重点对象实行镇村骨干包保责任制。全年没有发生一起到市集访、群访等非正常上访事件,2010年该镇被区委、区政府评为维护社会稳定、社会治安综合治理、五大安全工作先进单位。（李尚武）

【社会事业】计划生育工作上了新台阶。镇党委政府投入30万元对计生服务所进行了维修改造，同时各村也加强了计生阵地建设。通过与上级主管部门衔接，请来区计生局的生殖健康专家，组织了两次生殖健康检查，全镇参检妇女3800余人，参检率达95%。该镇计划生育工作通过创国优的检查，获得区计划生育工作进位奖。教育卫生事业有新的发展。加大对教育事业的投入，争取各级投资400余万元先后动工新建了一座三用堂，对镇中心校进行了全面维修；新建了一座高标准的幼儿园。在加大基础建设的同时，整合了教育资源，配强了师资力量。镇中学顺利通过省级合格化学校创建。卫生事业发展迅速。镇卫生院添置了不锈钢病床、手术台、磁疗仪、X光机、B超机、心电图等60多万元医疗设备。聘请了一批优秀的医技人员，卫生院诊疗条件有了很大提高。文化事业创新了特色。投入10万元建起了镇文化站，并通过向上级主管部门申请，先后在10个村建成了农家书屋。镇老干支部成立洞庭诗社，撰写了多篇反映十美堂和谐、发展的诗文，年初开始筹办的《洞庭诗艺》诗集现已出版发行。劳动保障与社会救助。全镇落实农村低保700人次，城镇低保121人次，五保370人次，修建安居房4个，发放各种救济资金12万元，尽最大能力对弱势群体给予了关爱。加大新型农村合作医疗政策的宣传力度，全镇的新农合参保人数12980人，参合率达到了95%。老干和关心下一代工作积极开展，被区委区政府评为老干工作和关心下一代工作先进单位。（李尚武）

牛鼻滩镇

【概况】牛鼻滩镇位于区治东18公里，东与贺家山原种场接壤。2010年全镇土地面积89平方公里，拥有耕地面积41532亩，其中水田28632亩、旱地12900亩，另有养殖水面21877亩。全镇辖20个村、2个村级农林场、4个居委会，总人口3.83万人。2010年，牛鼻滩镇社会生产总值首次突破了4亿元，农民人均纯收入达4500元，粮食总产5500万斤，棉花9.5万担、鲜鱼6.5万担。（聂文能）

【新农村建设】投资350万元硬化村级公路10.5公里，全镇、村道路硬化已达61.5公里，初步形成了以同春、四美两垸为中心，辐射常断、常韩沿线各村的公路网络；投资近400万元建成白洋湖大型自来水厂，解决3个村5000多人的安全饮水问题。在沅水血吸虫疫区的七个村新建血防厕所1780余座、垃圾小屋500余座。上林、同春、三星、武陵等村安装路灯370余盏，主道两旁都种植了品位较高的风景树，形成了绿化带，极大地改善了农村生态环境。投资300多万建成了沅水风光带与碧潭休闲文化广场，集镇面貌得到了根本改观。投资60万元新修了标准较高的肖家湾村、观音庄村、濠洲村三个村部，使农村基层组织有了一个固定的办公活动场所。连续三年被评为市、区小城镇建设先进单位，并作为小城镇建设的样板在全区推广。全镇电视覆盖率达100%，入户率100%，电话通话率达100%，农村合作医疗参合率达98%，新型农村养老保险参保率达82%。同春、武陵两支年轻女性文艺表演队异常活跃，观音庄乐队、白洋湖与栏马口等村管弦乐队为群众婚丧喜庆营造了健康气氛，丰富了群众的文化生活。（聂文能）

【民生工程】全镇救助五保户320人，发放生活费38.8万元，其中镇村两级补贴7.5万元，农村低保812人，发放资金60余万元，城镇居民低保73.4万元，社会救济75人，下发资金近30万元。农村合作医疗体系得到进一步加强，参合人数为31878人，参合率达到了98%，群众享受住院医疗补贴人数为2156人次，资金总额近400万元。该镇新型农村人口社会养老保险参保率达82%，入账社保基金190多万元。（聂文能）

【农村产业化建设】投资200万元新建了同春蔬菜保鲜库，经过近半年的努力以同春为龙头的万亩蔬菜基地雏形已基本形成。共产党员、退职村干部宋从魁从沿海引资300万元，建立了群英制鞋厂，解决近60名富余劳动力的就业问题。牛鼻滩镇大力发展蔬菜产业，加快了农业产业化发展步伐。全镇蔬菜生产总面积13390亩，其中榨菜7千亩，其它精细蔬菜6千多亩。目前已基本形成一村一品态势，出现同春村千亩特色蔬菜生产园；三星村千亩苦瓜、包菜生产园；上林千亩豆角、辣椒生产园，永福千亩香葱生产园；武陵、濠洲千亩玉米生产园；百家湖千亩水生蔬菜生产园。特别是引进广州鲜采果菜进出口配送公司在同春村投资兴建的“常德同春蔬菜进出口公司”，已经建成500吨蔬菜专用冷冻保鲜

库,并与农民签订了收购订单,在同春村6、7组建立100亩黄瓜示范园,以点带面,带动农民致富。(聂文能)

韩公渡镇

【概况】2010年,全镇土地面积119.3平方公里,辖30个行政村,2个居委会,4个镇属渔场,总人口43950人。全镇工农业总产值1.99亿元;实现全年财政收入为1162万元;农民人均纯收入3410元,同比增长9.7%;人口自然增长率控制在5‰;粮食生产总产量为63626.5吨,同比增长6%;棉花生产总产值为2830吨,同比增长7.2%;生猪出栏34501头,同比增长11.1%。2010年,在继续控制珍珠养殖规模的同时,大力开发河蚌、中华蟹等特色养殖产业。(钟平)

【农业生产与基础设施建设】认真贯彻全区农村工作会议精神,强化措施,在水稻生产上压单扩双,杜绝抛荒,杜绝晚稻直播,全镇早稻面积达75000亩。全年开设农业新科技培训班12次,培训人数3800余人;印发农业技术资料4500份。加大农机购置宣传工作,全年全镇农机购置补贴达40万元。镇农业机械化进程继续领跑全市,并保持稳步提升态势。全镇现有畜牧养殖9.5万多羽家禽及3.5万头牲猪。同时加大了防疫力度,确保100%的防疫密度。全年完成荒地造林及补植补造500亩,义务造林15万株。积极组织党员干部群众筹资筹劳,打造了一批党员示范沟渠、村级样板工程,全年共完成33公里渠道除杂出淤,达到了淤泥清、杂草尽、水流畅、道路通的标准,全市秋冬修水利工作现场会在韩公渡镇顺利召开,并取得了良好效果。(钟平)

【计划生育】年初镇党委、政府提出了“争先移位”的工作目标,全镇全年狠抓、实抓计生工作,计划生育工作进步大,理顺了上下级关系,落实了以村为主,狠抓了计生工作的源头管理,优质服务,加大了社会抚养费的征收力度。注重阵地建设,耗资30万元新建了计生服务大楼。全年共出生人口317人,其中计内278人,计生率87.6%。全年完成手术3228例,为育龄妇女提供免费生殖健康服务8901人次。(钟平)

【社会事业】已落实农村低保户489户1315人,年保障金达94.24万元。城镇低保应保尽保,达到116户170人,年保障金达33.49万元。缓解了因病至贫、因病缓贫的趋势,照顾了一批弱势群体的生产和生活。文化事业发展良好,共建有农家书屋11个。学校教育上了新台阶,挤进了全区第一方阵。(钟平)

石公桥镇

【概况】石公桥镇有土地面积9175.9公顷,辖26个行政村,4个居委会,1个渔场,年末总人口36047人。2010年,全镇总产值2.746亿元,同比增长11.2%,农民人均纯收入3825元,呈现出经济稳步发展,社会安定和谐的良好局面。(龚丽)

【新农村建设】镇党委、政府坚持因地制宜,加强新农村建设,以王家桥、东陂堰、覃家岗示范村为示范,推进全镇村庄整治工作。改善农村环境。新增硬化村道8.7Km,维修机埠11处,疏通沟渠20公里,新扩整修山塘15口,彻底更新改造芦花坪潜管52M。新植风景树5000株,逐步建成50Km风景树走廊。

集中精力完成项目建设任务。全年完成总投入1150万元,超额完成全年的总投资计划,石公桥大桥建设投资350万元,7月1日前通车;投入100万元建乡镇卫生院住院大楼;投入100万元建中心校教学楼;投入100万元建文化综合大楼;投入100万元建丁家垸机埠及沟渠硬化;建新、高堰岗、覃家岗、泥港口四个土地平整项目建设200万元;(7)投入400万元为7个村的村民建自来水改水。(龚丽)

【社会事业】计划生育再上新台阶。全镇育龄妇女6636人,其中流出3045人,全年完成孕检1.03万人次、流引产65例、计划生育率达90.94%、人口自然增长率4.8%、人口出生率7.5%。计划生育工作获得全区先进,中心服务所建设全市一流,对育龄妇女的“五色”管理办法得到全区现场会推介。安全稳定形势不断好转。全年未发生一起重大安全事故,信访总量呈下降态势,各村党支部主动作为,积极化解矛盾,全镇1600名共产党员成为维稳主力军,矛盾未出村的单位在2009年仅有两个的基础上增多至7个,他们分别是:龙子岗村、东陂堰村、王家桥村、高堰岗村、白云阁村、仙人庵村、建新村。全年调处治安案件186起，破获刑案52起，强制戒毒13人，刑事打击36人，治安拘留42人，有效地维护了治安环境。民生改善力度加大。安排近万元资金用于帮扶弱势群体，同时利用民政平台争取上级资金6万余元救助特困对象65名，积极启动新农保试点工作，年前共发放新农保资金94万元，城镇医保完成980人，占任务数的136%，新农合完成95.01%，城乡低保、农村五保和退伍军人优抚等保障严格按政策落实到位，共发放资金240余万元。积极支持农民工岗位培训，关心返乡农民工。（龚丽）

周家店镇

【概况】2010年全镇土地总面积147.3平方公里，其中耕地面积6.9万亩，辖25个村，3个居委会，332个村民小组，年末总人口36178人。全镇农村经济总收入达1.67亿元，比上年增长20%；农民人均纯收入达到3756元，比上年增长388元；实现财政收入1469.54万元，比上年增长114.47万元，增长幅度为8.4%。计划生育脱掉了被市、区两级一票否决的帽子。农机工作喜获“全省农机安全示范乡镇”光荣称号。综治维稳、五大安全、水利、农业机械化、残联、办公室、关工委等工作分别被区委、区政府评为红旗单位或先进单位。（易宏来）

【党建工作】在抓党建方面，周家店镇还根据自身特点，形成了一系例党建活动。在春节期间大范围走访慰问农村无职党员、特困党员家庭，给每个特困党员家庭均带去了慰问物资，扎实开展党员春训、党员联户带创、党员干部创先争优、党员干部“三比三争”等活动，组织优秀党员参加“红色之旅”。周家店镇娥公桥村、九岭村还实行村干部坐班制，处理日常村务，接待群众来访调解及事纠纷，处置突发事件等，抓党建成了推动周家店镇各项工作不断向前发展的不竭动力。

（易宏来）

【综治维稳】通过打造综治网络平台，建立快速反应机制，组建义务巡逻队、护校队、社区戒毒中心，综治维稳工作成绩显著。全区综治台帐现场观摩会在镇召开，“一中心五网络”专业化升级得到市区领导好评。协助相关部门全年共破获各类刑事案件34起，其中杀人案1起，寻衅滋事案件3起，盗窃案件19起，经济案件1起，其它案件10起；大砖桥村张友志、李国伦，熊家桥村熊永、谌业训等4人被区评为“见义勇为先进个人”。成功化解山林、田土纠纷23起，处置突发交通事故11起，协调各类涉稳群体矛盾69起，回复处理信访案件48批次，对比2009年减少30批次。联合区直相关职能部门，开展安全联合整治行动4次，单项整治行动26次。各车主、厂矿业主、经营门店的安全意识显著增强，全年安全事故零发生。森林防火责任制层层分解，防范意识明显增强。为解决农村学生接送车辆车况差、隐患多、驾驶技术不熟练、证照手续不齐全、车辆超载严重等问题，争取区政府支持，率先在全区开展学生接送车辆安全改革试点工作。具体做法一是由交警把好车辆准入关，校验车辆性能是否稳定，检查车辆证照、保险是否齐全；查看驾驶员的驾龄是否在三年以上，是否有重、特大交通事故记录。二是由政府相关职能部门和学校把好学生出校乘车关，确保乘车学生不超员。三是由车主和学生家长签订承运协议书，确保学生在乘车途中的安全。四是由区、镇两级政府分级负担车辆增加趟次的油费补贴和误工、保险补贴，提高车主接送学生的积极性。经过几个月的努力，基本实现了接送学生车辆证照齐全，载人不超员，不带病行驶，群众满意的目标。国家公安部和省、市领导到现场视察后，对周家店镇的经验给予了高度赞誉和充分肯定，并向全市推广。年底，被区委、政府授予“全区综治维稳、五大安全”工作先进单位光荣称号。

（易宏来）

【计生工作】镇党委专项措施抓计划生育工作，1、定规章制定出台了《周家店镇村级人口与计划生育工作目标管理考核办法》、《周家店镇联村干部人口与计划生育工作岗责考评办法》，派最得力的领导，抽最强的干部力量，铆足干劲常年抓计生工作。2、抓阵地建设，对村级“三位一体”阵地建设进行了达标验收；投入近100万元的镇计划生育服务综合大楼全面竣工，投入使用。3、抓流动人口管理，进一步强化了流动育妇的管理。利用春节回家过年之际开展计生关怀服务活动，发放纪念品，违法生育得到有效控制，符合政策生育率由2009年83%提高到2010年的86%；4、抓征收，社会抚养费征收到位率达62%；5、抓培训，组织计生所工作人员和村计育专干培训和考试。通过以上五抓，镇、村干部责任得到加强，计划生育队伍业务素质得到提高，计划生育工作水平得到全面提升，镇计划生育服务站“四优一满”市验收合格，创国优目标得到实现，一举甩掉了被市、区两级“一票否决”的帽子。（易宏来）

【农业生产】针对2009年不期而遇的严重水旱双重灾情，周家店镇党委、政府及时作为，讲究策略，处置得当，成功化解了天井、天门岗、熊家桥等村出现的各类险情，妥善处理了一些因灾引发的各类矛盾纠纷。敢于担当，认真组织群众进行生产自救，全镇派出救灾指导员100多人次，投入救灾资金3万多元。无偿为受灾农户提供高粱、油菜等各类种苗。粮食安全生产得到较好落实，完成上级下达的各项农业生产指标；珍珠压减面积完成800亩，超额完成区里下达指标；完成了14个村的土地二轮延包发证工作。集体林权制度改革已基本结束，核实新增发证面积4.2万亩；退耕还林迎国家审计效果较好，为区里争得荣誉；引进深圳润农茶油项目，并流转交地3174亩；荒山造林500亩，油茶新造700亩，油茶低改500亩，均已验收合格；农业科技推广工作有长足发展，病虫害统防统治新增面积5000亩，科技示范户带动效应明显增强；完成投入58万元履盖阳陂庵、熊家桥、合子山、白合寺、蜘蛛山、闵家桥、新时堰等七个村的退耕还林后扶工程基本口粮田项目一期；投入280万元，以大砖桥为主覆盖7个村的12000亩优质稻示范项目完成并通过验收；动物防疫工作进一步加强；农资打假上下联动机制已经建立，联合区农业局开展打假行动5次，收缴假种子300余斤，假复合肥2500斤；开通12396农村科技服务网，为指导群众搞好农业生产提供了更为便捷的咨询渠道。农机工作喜获“全省农机安全示范乡镇”光荣称号。（易宏来）

【新农村建设】2010年，全镇硬化了柳溪湾、武岗、竹山咀、天井、新时堰、合子山、大砖桥等村公路28公里，完成了双丰、东丰、芭茅滩等大小8座机埠的全面改造。投入280万元实施梁家冲水库除险保安工程。投入100万元实施年丰节水灌溉工程。全镇新建、扩容山塘80余口，出淤、疏通渠道12000米。完成了大砖桥、岩桥、九岭、闵家桥、白鹤寺等五个村土地综合开发项目，净增耕地480亩。投入18万余元安装了樊溪街、五福路、教育街、闵泉街、常蒿路路灯，投入近4万元栽种了樊溪街两旁的树木。完成了第三轮土地总体利用规划修编工作。（易宏来）

【民生工作】新农合参合率达95%；城镇居民医疗保险参保率达129%；新农保工作全面启动，5438名年满60周岁的老年人养老金存折全部发放到老人手中；组织120个农民参加电脑培训，组织30名残疾人参加实验技术培训；组织77名返乡农民工参加区招聘会；为4名下岗失业人员申请再就业援助，为2名下岗失业人员申报公益性岗位；为4名残疾人免费安装假肢，为9名肢体残患者免费配送轮椅，为16名白内障患者做复明手术，为2户住房困难户争取危房改造资金1.2万元；审核上报1056个低保户、18个五保户，发放低保救助金74.57万元，五保救助金31.92万元；大病救助27户，支付救助金17.14万元；完成7个安居工程建设；落实70.38万元优抚待遇；春节走访慰问弱势群体678人，发放慰问金25万多元。（易宏来）

【社会事业】建成镇政府网站；第六次人口普查工作全成完成；一事一议奖扶工作、十二五公路普查等工作都得到全面落实；武装、工、青、妇、老干、关工委等工作在全区有位置；群众性文体活动广泛开展，诗社、书协经常开展传播、普及、教育、传承活动，声名远播，选送的文艺节目在区级比赛中获金奖。残联、办公室、关工委等工作分别被区委、区政府授予红旗单位、先进单位称号。

为了丰富群众文化生活，弘扬传统文化，展示樊溪诗社五年创作成果，争创全国诗教先进单位，在2011年元旦节，镇党委、政府主办“樊溪之声——周家店镇迎新年诗词朗诵文艺会演”。市老年老干书画诗词协会会长王春阳等40多位市区领导出席了本次活动。樊溪诗社的诗友、镇民间艺术团和湖南文理学院德乐文艺演出团演员、区六中和镇中学的学生们，同台献艺，有诗词朗诵、歌舞、小品等，活动历时2个小时，演出高潮迭起，气氛热烈。

（易宏来）

镇德桥镇

【概况】全镇土总面积 43.2 平方公里，其中耕地面积 28782 亩，林地 3689 亩，水面 13319 亩。辖 13 个自然行政村和 1 个街道办事组，年末总人口 21037 人。全镇农作物总播种面积 82832 亩，粮食作物总产量 21348 吨，甘蔗 1100 亩，优质稻 28575 亩，蔬菜 4350 亩，出栏生猪 39496 头，水产品 2543 吨，家禽 47 万羽，全镇实现工农业总产值 1.87 亿元，同比增长 10%，人均纯收入 3191 元，同比增长 8.9%，人口自然增长率增长 2.9%，计划生育率达 93.6%。保持了全镇经济平稳较快增长和社会事业全面发展的良好势头。

2010 年获全区“社会治安综合治理先进单位”、“粮食生产先进单位”、“冬修水利先进单位”和“能源建设先进单位”等荣誉称号，受到区委、区政府的表彰。

（沈秀夫）

【农业经济】镇党委政府立足实际坚持农业基础地位不动摇，把“三农”工作当作头等大事来抓，强化农业主导地位，因势利导，带领群众进行产业结构调整，把“研究政策，找准对策，千方百计促进农民增收，“三农”发展步伐明显加快。努力克服资金不足等矛盾，争取国家重点项目，大力倡导产业结构调整，主抓龙头，培养大户，以点带面，已经形成了以同兴坝村、八方岗村为主的驾驭生产基地，刘家桥村为主的鳝鱼养殖基地，以张家桥村和朱家桥村为主的甘蔗生产基地，以卧龙岗村为主的瓜果生产基地，以乔家岗村、枫树口村、周家岗村为主的优质稻粮食生产区，逐步开始由散户经营向规模经营的转变，产业小区带动作用更加明显，全镇呈现一片欣欣向荣的局势，农业经济持续增强。同时注重农业生产的科技含量，培养广大农户的科学意识，狠抓农业的现代化田间管理，推动高产高质农业的生产，全镇优质稻喜收 10859 吨。

（沈秀夫）

【新农村建设】新农村建设全面提速，人居环境得到极大改善。共投入资金 635.8 万元，完成村村通道路建设 28.9 公里。充分抓住国家小农水建设的的机遇，积极争取国家专项资金近 1321 万元，硬化村道 11.4 公里，浆砌抗旱渠道 10.7 公里，维修抗排机埠 21 处，同时还自筹资金 400 余万元，修建桥梁 1 座，维修山塘、堰塘 31 处，维修村道、组道 29 公里。极大的改善了全镇人民的人居环境，同时为农业增产增收提供了保障。筹措资金 7 万元启动了小城镇规划修编，为小城镇建设争取项目提供了可能，农村各项改革工作稳步推进，完成集体林权制度改革。

改善居民保障，落实惠农政策。享受国家各类补贴及民政优抚和劳动保障资金达 450 多万元，为该镇的经济和社会发展注入了强大的活力。全镇新购置家用空调、冰箱、彩电等 1137 台，新购置汽车、摩托车 304 台，享受政府帮扶及协助对象达 600 多人，另外还有大型收割机 6 台，农用耕整机 145 台，真正做到了改革开放的成果让全民共享。

（沈秀夫）

大龙站镇

【概况】大龙站镇位于鼎城区区治北 27 公里，国土面积 43.5 平方公里，其中耕地面积 14536 亩；山林面积 32160 亩，其中国家退耕还林 2870 亩，经济林 8600 亩，油茶林 6200 亩。现辖 9 个村和 2 个居委会，全镇总人口 12618 人(含原市国营林场驻镇人口)。2010 年全镇人口出生率为 7.6‰，人口自然增长率为 2.5‰。全镇现有劳动力 5358 人，外出务工劳动力 1800 人，占总劳动力的 33.6%。实现农业总产值（现价）8298 万元，按可比价计算增速 12.1%；养殖业总产值（现价）4452 万元，按可比价计算增速 10.3%；粮食总产达 10686 吨，增速 11.2%；棉花总产达 295 吨；油料总产量 1198 吨；牲猪出栏 15472 头，增速 30.8%；实现了农村经济总收入 6224 万元，农民人均纯收入达到了 3758 元，同比增长 7.8%。保持了全镇经济平稳较快增长和社会事业全面发展的良好势头。年终考评获全区“社会治安综合治理先进单位”、“信访维稳先进单位”、“计划生育先进单位”和“建设人民满意政府先进单位”等荣誉称号，人大、政协、农村能源、高速公路等工作也跻身全区“先进单位”行业，受到区委、区政府的表彰。

（陈李玲）

【经济与建设】镇党委、政府继续按照“农业增产、农民增收、农村经济全面发展”工作思路，坚持以市场为导向，调整和优化产业结构，促进了农村经济大发展。在稳定粮、棉、油等传统农业的基础上，因地制宜发展了以柑橘、板栗、杨梅为主的水果业及以优质稻、蔬菜、油茶、花木等为主的的种植业。通过积极争取农业部门的项目扶持，完成全家坪村800余亩的土地平整项目，并引进种植新品改制油茶铁成1号。目前苗木长势良好，三年可挂果，亩产有望达200-300斤。重点培育花木营销种植大户12户，并引导成立兴国寺花木营销协会。同时，充分发挥农业综合服务站的作用，加强农业技术指导，及时为农民提供农业科技信息和技术服务，普及先进种植知识和技术。推广优质稻1000亩，油菜12000亩，优质棉花4000亩。强化措施，压单扩双，杜绝抛荒，严禁直播，全镇早稻面积达8000多亩，比去年同期增加1000亩。2010年共举办农业新科技培训班6次，培训人员3000余人；印发农业技术资料12期，1.2万多份；专设农业科技板报12期。大力宣传推广农村远教“12396”科技服务热线，让农民成为科技新人，致富能人。引进、示范、推广新品种、新技术：引进水稻新品种8个（特别是引进的超级稻品种，高产农户亩产达1800斤），棉花5个，油菜6个；新办水稻高产示范片1个，棉花2个，油菜1个。加大病虫害专业化防治力度，全年新增水稻专业化防治5000亩，群众每亩增收200元以上。

继续加大对农村基础设施建设的投入力度，基本完成通村公路建设任务，全镇共硬化通村公路18.7公里，乡道10多公里，实现了全镇11个村，村村通水泥路；镇村共投入资金15万元，完成了杨家湾、王码头等两座骨干山塘的除险保安，疏通渠道近10公里。争取国家退耕还林后扶资金32.17万元，整治山塘17口，硬化渠道1096m，整修田间道路1580m，疏通渠道38公里，处理险工险段2处，农田水利设施条件明显改善。（陈李玲）

【新农村建设】认真贯彻落实“中央1号”文件精神，深入推进社会主义新农村建设。为改善居民生活环境，加快集镇的“硬化、绿化、亮化、净化、美化”五位一体建设步伐，加大了对集镇的扩容提质，不断推进小城镇建设：实行街道卫生管理高标准化，完成了小城镇规划修编评审工作；投资近7万元，新增垃圾池4个，垃圾车1台，实现了垃圾运往白鹤山垃圾场集中填埋，规范了垃圾的管理；新建了沼气池20口，加强了农村能源建设。完善社会保障服务体系。全镇农民新型农村合作医疗的参合率达100%，新型农村社会养老保险试点工作参保率达92.73%，位居全区第三。完成了5村近4000人的农村安全饮水工程建设。完成了政府机关改造、司法所、文化站站房建设以及计划生育服务所升级改造等工程项目，加强了硬件建设，改善了机关单位面貌。新投入使用的镇中学教学大楼和镇卫生院住院大楼，极大地改善了我镇学生就学和群众看病、住院环境。（陈李玲）

【社会事业】全镇新增有线广播15只，新架杆线10公里，新增360W扩音机1台，全镇10个村已实现有线广播村村通；新建村级图书室4个；有线电视用户324户，现有线电视覆盖率已达80%，均已完成数字信号整体转换。全镇适龄儿童入学率100%，小学生巩固率100%，初中生巩固率99%，取得了文化教育事业新突破。加强人民调解，做好安全工作。发放普法资料2000余份，受教育人数达到2000余人，给学生上法制教育课6堂。强化司法调解，受理各类民事纠纷68件，减少经济损失60多万元。提供法律援助6起，接受当事人的法律咨询达300余人次。做好本镇7名刑满释放人员思想工作，做到月月关心，季度考评，无一人重新犯罪。搞好安全生产，杜绝安全事故。重点抓好矛盾纠纷排查化解。通过大走访，大排查，针对不同类型，不同矛盾，镇党委、政府以书面形式对相关责任人进行具体交办，实行“一岗双责”维稳责任制。计划生育工作成效显著。人口出生率7.6‰，计划生育率92%，享有农村独生子女奖扶政策113人，特别扶助14人。加大了孕检普查力度，对符合生育人员开展了孕前优生免费检查。人口与计划生育工作水平有所提升。

（陈李玲）

双桥坪镇

【概况】双桥坪镇位于鼎城区北部，属丘陵区，与临澧、津市接壤，距常德城区32公里。全镇总面积76平方公里，辖15个行政村、一个居委会，174个村民小组，6240户，22019人。2010年实现粮食总产量22970吨，油料总产量2980吨，其它农产品产量3880吨，农业总产值7530万元，同比增长10.8%，养殖业产值7890万元，同比增长8.7%，农民人均纯收入3780元，同比增长10.25%，通

过劳动力转移培训，输出剩余劳动力8700名，实现劳务经济收入9000万元，同比增长21.73%。（刘志英）

【基层党建】始终坚持以党建统揽全局的工作思路，全面加强党的思想建设、组织建设和执政能力建设。通过狠抓“三会一课”全面提升了党员的政治、文化素质，广大党员的大局观念、为人民服务本领明显增强；通过发扬党内民主，常抓“四议两公开”制度的贯彻落实，全面提高了党员的主人翁意识和履职水平；通过抓送温暖活动让党员动情、评议表率给党员加压、公开承诺跟党员明责，广大党员和基层党组织争先创优意识明显增强。全镇960名党员成为了领导双桥坪各项事业发展的核心力量，双桥坪镇党委成为全区的“五个好乡镇党委”，双桥坪的班子成为全区2010年度“十佳领导班子”。（刘志英）

【新农村建设】产业结构调整步伐加快，粮食生产向优质、优价、高效农作物调整，优质稻面积达20000亩以上；种植业生产向高效农作物调，万亩棉花、万亩杨树、5000亩花卉水果、万亩油茶将种植业结构调出了活力。全镇共消灭荒山1000亩，种植业生产的经济效益、生态效益日渐凸显；种植业向养殖业调。2010年，全镇涌现镇级养殖大户16个，区级养殖大户4个，规模效益不断加强。与此同时，农业装备水平得到不断提高，全镇农业机械达到3780台。各类协会组织不断建起，农业生产向机械化、公司化、规模化、集约化方向发展。农村基础设施明显改善。全镇整修水库3座，整修山塘105口，整修渠道50千米，通过改水，解决3000多人的安全饮水问题。投入资金60万元，完成两个村的电网改造，维修沼气池200口，新增农村楼房230座，有70%的农户住进了宽敞、明亮的楼房，农村居民向镇级居民点集中。（刘志英）

【和谐社会建设】和谐社会建设初见成效，全镇弱势群体得到有效关注，多方筹资100多万元新建一个高标准的敬老院，全镇的五保户、特困户、残疾人、贫困学生、贫困党员都沐浴了党建的阳光雨露。各类矛盾化解及时，80%的党小组做到了矛盾不出组，95%的村做到了矛盾不出村，各类涉稳对象基本做到了稳控包保，五大安全无责任事故发生。双桥坪镇被市委、市政府授予“全市平安乡镇”光荣称号，基本实现了和谐稳定。（刘志英）

【社会事业】各项社会事业齐驱发展，教育工作领跑全区，计划生育工作实现进位，达到了创国优目标，卫生工作在全区有位置，人大、政协、组、纪、宣、工、青、妇、老等各项事业平稳推进。（刘志英）

灌溪镇

【概况】2010年全镇土地总面积64平方公里，其中耕地面积26910亩。辖14个自然村、2个居委会，199个村民小组，8051户，年末总人口35055人。镇内交通便捷，基础设施齐备，新老207国道、常张高速、澧常高速、石长铁路贯穿境内。全年完成生产总值82亿元，较上年增长39%。其中工业产值80.4亿元，较上年增长53%；农业产值1.6亿元，较上年增长6%；上交国家税金达2.7亿元，较上年增长59%。农民人均纯收入5833元，较上年增长711元。荣获了全市人口与计生工作模范乡镇、五个好乡镇党委、区绩效评估红旗单位、区工业发展目标管理红旗单位、优化经济发展环境红旗单位等荣誉称号，另外，是全市唯一的被推荐到省里表彰的农村党风廉政建设先进单位，也是全省农业现代化建设工作会议上唯一作为城乡统筹典型发言的乡镇。（朱启娟）

【工业经济】围绕园区发展，强化服务理念，不断优化工业园软硬环境。配合开发区完成了配套园第一期2000亩的总体规划建设；完成了总投资3亿元的二期配套园项目征地拆迁工作；全面启动了总投资16亿的中联重科中小吨位汽车起重机分公司的西扩技改工程。投入资金1.5亿元，完成技扩改项目15个，培育出26家规模企业。中联重科建筑起重机分公司、湖南特力液压有限公司和常德汽车起重机分公司三家公司税收列全区入库税收前三名。完成了工业园区“一纵三横”的主干路网建设和改路、改水、改电、排污等基础设施建设。（朱启娟）

【新农村建设】在吸取富贵坪、大垱、中心桥、岗市新农村建设成功经验的同时，又将黄土山、兴发垸推向了新农村建设的前沿，先后争取市、区两级投入资金700多万元，完成了道路硬化11.2千米，沟渠硬化2.4千米，沟渠清淤10.2千米，新建垃圾回收箱21个，电力增容500千瓦。新农村建设形成了环形示范片。另外，还全面启动了新型农村社会养老保险工作。（朱启娟）

【城镇品位】根据镇区整体修编的蓝本和城镇总体规划，组织编制好了工业区、居民区、商贸区和生态农业区的详细规划。严格执行规模审批制度，着力把好规划选址关、建设方案关、现场放样关、施工质量关、竣工验收关，使城镇区域内的各种建设均按规划实施，使城镇建设走上规范化、科学化的轨道，全面提升素质品位。充分发挥区位优势和交通优势，增强了灌溪的吸纳、承载、辐射功能。提高营运效能，将灌溪建设成了经济繁荣、文化发达、交通便捷、环境优美的小城镇。

（朱启娟）

【社会事业】宣传、文化工作亮点纷呈，由村（居）民自发组织文艺团队6个，建成农家书屋12家。教育教学综合排名位列全区乡镇中学首位。新建劳动和社会保障服务站，积极落实新农村养老保险制度，力求灌溪农民老有所养，农村低保基本实现了应保尽保。社会大局保持稳定。

（朱启娟）

【党建工作】突出以“优化经济环境我护航”、“灌溪跨越发展我奉献”、“构建和谐灌溪我带头”为主题，在全镇党组织和党员中深入开展创先争优活动。其中推行的“我的承诺，请您监督”活动在《常德日报》的头版进行了宣传推介。《人民日报》发表了专门文章对镇示范村 -- 黄土山村的先进经验予以了报道。（朱启娟）

蔡家岗镇

【概况】全镇辖14个村，2个居委会，土地总面积55.7公里，耕地面积21558亩，其中水田19465亩，旱地2093亩。2010年年末总人口17228人，其中农业人口15728人。人口出生率8.4‰，自然增长率5‰。全年完成工业总产值4.3亿元，比上年增加7.8%，实现税收680万元。全镇累计引进资金2500多万元，实现工业固定资产投资近3200万元，引进企业5家，其中规模以上企业2家。截止2010年底，全镇共有企业26家，规模以上企业7家，规模工业产值达到1.1亿元，工业企业总量明显增强。抓好农业产业结构调整，在稳定粮、油等传统农业的基础上，发展柑桔种植12000亩、西瓜3000多亩、杂交水稻制种和棉花制种2000多亩。抓好以油菜为主的冬季农业开发，投入资金近20万元，建立了市、区两级的千亩油菜示范片，全年油菜种植面积达到了11000亩，仅油菜生产一项，人均创收300多元。共有养猪场4个，年生猪出栏达到9000头，8个养鸡大户，年养鸡9万多只。农业年生产总值1.3亿元，比上年增加500万元。农民人均纯收入稳步增长，达到3928元，比上年人平增加310元。全年共投入资金230万元，硬化通村公路4.1公里，疏通主干渠道56公里，主干渠维修21公里，山塘扩容5口，山塘硬化7处，渠道硬化850米，新修维修机埠4处，装机容量45千瓦，兴修机耕道6公里。农业生产条件明显改善，农业防灾、抗灾能力明显增强。全年共发放各项惠农资金459.5万元，人均达到313元。投入资金70多万元，全面完成了蔡家岗农村客运站建设；投入资金60多万元，基本完成了机关大楼的改造；投入资金30多万元，完成了集镇十字路口至镇中学主街道的重建改造。继续加大教育投入力度，投入近100万元，完成了中学宿舍楼建设；强化素质教育，镇中学初中中考成绩名列全区第二。全镇“参合”农民15068人，参合率达99.2%，城镇“参保”居民818人，超额完成了任务。投入资金近20万元，完成了镇政务服务大厅的升级改造。密切关注弱势群体，纳入低保对像385户，实际受惠人员达484人，发放低保款34.8万元；纳入农村五保户135人，由镇财政提供供养资金21万元；纳入城镇五保户28人，镇财政提供供养资金40万元；纳入新农村社会养老保险5380人，参保金额54.3万，其中60岁以上开始享受保险的达2600人，共发放养老保险金36.3万。被区委、区政府授予“目标管理红旗单位”，五大安全、计划生育被评为全区红旗单位，纪检监查、劳动保障、林业、移民、农机、教育、卫生等多项工作被评为全区先进单位。

（欧明艳）

【劳动保障平台】按照平台建设“六到位”的要求，党委、政府成立了相应的领导班子，配备了专职工作人员，并在全镇设立了16个村（居）村级劳动保障联络点，形成了镇村两级劳动保障服务网络。12月,按照高标准、高质量、高水平的建设标准,一次性投入11万元,完成了现代化劳动保障基层平台建设的升级,达到85平方米的办公面积,职业指导室和档案室一概齐全。全年组织集中职业技能培训4期,培训本地劳动力258人。截止年底,全镇各类人员就业率达96.3%。镇劳动保障服务所被评为基层劳动保障工作红旗单位。 (欧明艳)

【张茂林获得区"十佳善德公民"提名奖】张茂林是延寿庵居委会张咀组一位无职党员,现年64岁。1968年3月应征入伍,为救战友而落下终身残疾,定为三等残废军人,1975年11月退伍回乡。他一生中先后救过六次人,因为救人落下了终身残疾也无怨无悔。4月8日中午,在福建省建阳市谭厦花城小区,他再一次舍身救了一名从高楼滑下的15岁女孩,他的英勇事迹被常德日报、常德晚报等多家媒体报道。他是见义勇为、舍己救人的优秀共产党员,2010年底被评为鼎城区"千优党员",被提名为鼎城区"十佳善德公民"。 (欧明艳)

石板滩镇

【概况】石板滩镇位于市区西郊,全镇总面积64.5平方公里,水田2.1万亩,丘岗4.7万亩,年末总人口22038人,辖14个村,4个居委会。2010年,全镇完成工农业总产值8.6675亿元,比2006年增长141%,其中,工业总产值达到7.0008亿元,农业总产值完成1.5亿元。农民人均纯收达到4818元,比上年增长8%。有工业企业33家,规模以上9家,创产业值6.8亿元。 (李沙)

【经济与建设】共种植花木20000亩,其中,新扩种花木面积8000多亩,进一步扩大了花木产业,促进了特色经济的发展,现年产值达2亿元,比2009年增长28%,成为全镇农业的第一支柱产业。产品远销云南、吉林、上海等10多个省市。雷家铺村、玉皇庵村、毛栗岗村、石板滩村、莲花堰村等村全面完成林权发证改革任务,得到各级领导充分的认可。完成油茶低改400亩,油茶改造200亩,发展退耕还林2065亩,为农民带来直接经济效益20万元,极大地调动了林农的积极性。农田水利基本建设。基本解决农业综合开发的遗留问题。全镇基本实现村村通水泥路、通村公路里程达60.7公里,解决枫树桥、大溪冲等村2300多人的安全饮水问题。畜牧业。建立健全动物疫病防控网络,动物及动物产品检疫检验、兽药及饲料市场得到有效监管,全镇家禽防疫16万羽,牲猪1.2万头。科普宣传。群众学科学、用科学的意识逐步增强,农村适用技术广泛应用,科技对农业生产的贡献进一步凸显。捐资助学让群众满意。加大教育投入,积极开展捐资助学活动,完善教育质量管理机制。党委政府每逢学生高考,都要搜集全镇范围内考取本科、研究生的学子,并分别予以高额度奖学金和学费资助,农村子女入学率达100%。医疗文卫事业。投入23.5万元,对电影院进行了升级改造,建设了图书室等活动场所,积极推行农村新型合作医疗制度,参合率达100%,有效缓解群众看病难、就医贵的问题;进一步完善社会保障机制,对农村五保对象做到了应保尽保;积极推行新型农村基层养老保险,真正做到老有所养;积极筹集资金加大文化阵地建设,广泛开展丰富多彩的农村文艺活动,全镇呈现"村村有节目、户户有歌声"的喜人场面。 (李沙)

【花木生产】石板滩镇的花木生产主要集中在毛栗岗村。毛栗岗村是常德市远近闻名的花木专业村。该村13个村民小组,350户,1190人,从事花木生产农户达95%,花木种植面积3750亩,经营品种200多个。年花木销售过亿元,仅此一项人平创收达6000多元。注册园林公司12家,产品运销广东、上海、浙江、云南、贵州等10多个省市。全年石板滩镇共种植花木20000亩,其中新扩种面积8000多亩,年产值达2亿元,比2009年增长28%,成为全镇农业的第一支柱产业。 (李沙)

雷公庙镇

【概况】全镇土地总面积58平方公里,总耕地面积26386亩,其中水田23657亩,旱地2729亩,辖12个行政村、1个居委会,年末总人口15867人。种水稻23610亩,棉花3800亩,有柑橘面积1050亩,实现工业总产值16125万元,农民人均收入4617元,同比增长11%。获得全区综合工作绩效评估先进单位、安全工作红旗单位、工业发展红旗单位、计划生育先进单位等多项荣誉称号。 (肖杰)

【新农村建设】多渠道筹措资金,完成一批基础设施建设项目。争取丰盈水库除险保安加固工程项目,投入资金402万元,对丰盈水库大堤进行了除险加固;投入水利设施维修资金50万元,疏通硬化了丰盈、龙门水库主灌渠5000米,山塘扩容10口,清淤沟渠5000米;在大会庵村新建成沼气池20口;新建沈家岗、谢家岔村部二座。争取国投资金100万元,对中学已成危房的学生宿舍楼进行了拆除新建,改善了中学办学设施;投入小城镇建设资金10万元,对街道下水道部分地段进行了清淤疏通,投入20多万元整治了街道地质灾害,对2条集镇街道进行了整修维护;争取文化站建设项目,争取资金18万元,对政府的一栋办公楼进行改造,改造完成后将建成一个多功能镇级文化站和图书馆。争取市财政"五小"建设资金10万元对机关食堂、厕所、浴室进行了改造。（肖杰）

【农业生产】推广优良品种和科学种养,提高土地利用率,扩大农业生产的规模;开发荒山资源,开展油茶垦复,鼓励林果生产;推行并落实上级的各项优惠政策,提高农民的生产积极性。全年对比上年新增加双季稻面积2000亩,达到7000亩,棉花面积达到5000亩,新开发荒山面积1300亩,油茶新造1000亩。此外,镇政府还投入5万余元用于扶持冬季油菜生产,通过支部建示范片、党员建示范点等手段,发展油菜大户200余户,新增油菜面积2000余亩,油菜种植面积达到11000亩。高度重视科技普及和优良高效品种的引进、示范和推广工作。通过请专家授课、农业生产示范户谈经验等形式,全镇开展20余次农业科技知识讲座。引进优秀高效品种10多个,在尹家坪村形成了一个近500亩的乌梅种植基地。（肖杰）

【工业企业】南方水泥在该镇开矿征地拆迁500亩,拆迁安置53户;石长铁路复线征地68亩,拆迁安置10户。圆满按时完成了区委、区政府交办的各项征地拆迁工作任务。在工业企业发展上,利用原镇办企业隔热防水厂的厂房和厂址引进了一个一期投资800万元的台资企业技嘉制鞋厂,目前已安置300人进厂上班,为经济发展、解决群众就业发挥了很好的促进作用。党委政府积极为企业排忧解难,落实各项优惠政策,帮助企业解决发展中遇到的问题,确保境内工业企业稳产增产,湘陵水泥厂年产水泥12万吨,实现产值4000万元,利税500万元,东森机械厂、灰沙砖厂等企业也实现了较好的经济社会效益。（肖杰）

【计划生育】全年共完成各种节育手术217例,其中上环141例,流、引产10例,结扎64例,节育手术率达100%,计划生育率达89.6%,社会抚养费的征收力度也进一步加大,共收取社会抚养费34万余。（肖杰）

【社会稳定】高度重视维稳工作,建立健全维稳工作各项制度,重点对象稳控任务落实到人,实现人对人、点对点的稳控包保,确保维稳工作有力、有效的进行。"五大安全"工作,坚持"安全第一、预防为主、综合治理"的安全工作方针,把安全工作责任落实到位,制定、实施各种安全工作方案,成立了生产、消防、食品、道交、环保五套安全班子,建立了村级安全网络体系,安全生产领导小组每月定期和不定期到各责任单位进行安全生产检查和指导,及时发现安全隐患,特别是认真贯彻区长办公会议精神,将存在重大安全隐患的原吉强建材厂给予了彻底关闭的处置,消除了重大安全隐患。道交安全方面在各道路的陡坡拐弯处设置了提醒警示牌,配合交警、运管多次对非法营运车辆、三轮车载客行为的进行集中整治。食品、环保安全工作主要是邀请相关职能部门开展了多次集中宣传、整治活动。通过卓有成效的措施,全年没有发生一起重大安全事故,获得了全区安全工作红旗单位荣誉称号。（肖杰）

斗姆湖镇

【概况】斗姆湖镇位于区治西南10公里,与武陵镇紧紧相连,东接常德市德山开发区,西抵桃源县。桃花源机场坐落境内,高速公路四通八达,是常德水陆空交通的枢纽。2010年,全镇土地总面积41.2平方公里,其中,耕地总面积22233亩,集镇面积1.0平方公里。辖13个行政村、4个居委会,共7997户,年末总人口23635人。全年实现工农业总产值9994.7万元,同比增长8.2%;城镇居民可支配收入达9158元,同比增长7.6%;农民人均纯收入达3682元,同比增长9.06%,全年共

消赤减债 40 多万元。发放粮食直补、油价综合补贴、粮种补贴资金 231 万多元。（赵国清）

【城镇建设】紧紧扭住规划这个建设的龙头，按照“卫星镇”建设定位的思路，在编制完善发展规划上下功夫，突出“流通古镇，文化名镇”特色，体现“物流重镇，商贸强镇，产业大镇”的现代化新型小城镇风貌，完善“镇村互补，布局合理，功能完善，产业发展，环境优美”的城乡建设体系，引领卫星城镇的建设和发展。国家重点建设工程——桃花源机场路在该镇总里程约 7 公里，占地 390 多亩，牵涉到 67 户整体拆迁安置，完成拆迁安置 52 户，迁坟、砍树、挖边沟的工作全部完成。先后投入 500 多万元，完成旧城改造 10000 多平方米，商品房开发初具规模。疏通下水道 500 多米，投入 5 万多元安装了政府机关、集镇治安视频。集镇居民生活条件得到极大改观。（赵国清）

斗姆湖三叉路商品房剪影

【新农村建设】2010 年，全镇共投入资金近 150 多万元用于农业基础设施建设。投入 20 多万元完成了茅坪电排维护更新；投入 30 多万元完成了裴家码头机埠建设；投入 50 多万元完成了阳兰桥沟渠硬化 3 公里；投入 10 多万元完成了高排河万元村、红星村、马桥村、机场居委会境内共四处水毁工程、险工险段的修复处。共维修抗旱机埠 17 台；疏通镇内主抗旱排渍渠道 71 公里；5 座山塘挖深加固；接通万元、马桥等村抗旱三箱电线 3000 多米；除险加固红星村渡槽，恢复了抗旱功能。秋冬修水利工程受到了区政府的表彰奖励。（赵国清）

裴家码头机埠建设

【综治维稳】广大干部面对繁重的包保任务绝对服从、从不退缩，真正做了职责明确、任务落实。“区委书记大接访”活动有序开展，全年共排查矛盾 92 起，妥善化解 90 起，公安机关高压严打、强势出击，有效地遏制了各类违法犯罪活动。共发生刑案 13 起，破获 6 起；受理治安案件 53 起，查处 53 起；刑事拘留 18 人，强戒 19 人，拘留吸毒人员 19 人，逮捕 14 人，实现了无命案、无民转刑案件、无贩毒案件，无“法轮功”等邪教组织非法活动，无治安事故，无群体性闹事事件，维稳成绩较之以往有了根本性转变，群众安全感明显增强，满意率明显提高。综治工作被区委、区政府授予“社会治安综合治理先进单位”称号；公安工作、普法工作均被上级主管部门评为“先进单位”。（赵国清）

【民生工程】全面落实双拥各项政策规定，对城镇和农村低保对象进行了重新申请和审定。享受发放社会救济、优抚对象 1861 人；大病救助 27 人，发放 4.35 万元；发放寒门学子资助费 1 万多元；发放农村安居工程款 5 万元；发放残疾人无房屋建设补贴 6000 元；发放自然灾害房屋全倒户补贴 1 万元，让广大的弱势群体感受到了政府的温暖，民政工作被上级主管部门评为“先进单位”。农村合作医疗工作稳步开展，新农合参保人数达 17576 人，参合率达 98%，卫生工作荣获全区卫生系统奖项的五个第一；城镇居民医疗保险完成 1060 人，社会养老保险完成 50 多人，劳动和社会保障工作被上级主管部门评为“目标管理先进单位”。（赵国清）

【社会事业】计划生育工作稳步推进，期内出生 222 人，计划生育率达 93.17%，基本达到了预期目标，各项计划生育奖励政策把关严格、落实到位；移民工作具有特色、卓有成效，得到了领导和群众的广泛好评，被上级主管部门评为“先进单位”；教育战线成绩显著，被中国青少年科技辅导协会授予“全国青少年科技协会团体会员单位”、被湖南省青少年科协授予“湖南省青少年科技创新示范基地”、被市教委授予“未成年人思想道德建设示范基地”。培植了11个居民健身点，参与健身者达440多人；有腰鼓艺术团3个，女子管乐队3个，送文化下乡共300多场次。镇职业剧团选送的环棒杂耍《鼓声迎来万年红》节目在全区举办的“善卷故里、善德鼎城”2010年民间职业剧团艺术大赛上获得三等奖，同时被列入区级非物质文化遗产保护名录；企业文化开始启动，开展创意活动，关心未成年人，引导他们健康成长；发展工会组织3个；农家书屋成了农民学知识、学技术的热闹场所。特别重视对群众进行“善德文化”为核心内容的思想道德教育，“从善从德”已成为富民强镇的“软实力”，涌现出了镇信用社主任李辉、马桥村农民彭浩等一批先进人物。思想宣传工作被区委宣传部评为“先进单位”；办公室工作被区委政府两办授予“先进单位”；财政工作被区财政局评为“先进单位”；交通工作被上级主管部门评为“先进单位”；能源建设工作被上级主管部门评为“先进单位”。（王宏华）

草坪镇

【**概况**】全镇土地面积76.2平方公里，其中耕地面积4.2万亩，辖18个村，2个居委会，2010年实现工农业总产值6.8804亿元，其中农业总产值3.38亿元，较上年增长8%，粮食总产量29545吨，油菜15690亩，生猪出栏2600头，农民人均纯收入3750元，较上年增加230元。获区粮食生产先进单位、区人口与计划生育红旗单位、区综合治理先进单位、区国省干线建设先进单位、打造善卷故里突出贡献单位等荣誉称号。（胡丽萍）

【**粮食生产**】稳定水稻播种面积。压单扩双取得显著成效，双季稻种植面积达3.9万亩，巩固了粮食产量。开展粮食高产示范片创建工作。共创立了三个高产创建示范片，超级稻高产创建示范片，主要在先锋、花叶港、陡惠渠、兴垸、放羊坪五个村展开，其中核心片在先锋村1组、2组，面积达600余亩。杂交稻高产创建示范片，主要在放羊坪村实施。优质稻高产示范片，主要在兴垸村落实。以镇益农水稻合作社为载体，从品种的组织、肥、草、水的管理及病虫害的防治入手，加强临田指导，订单收购优质稻谷，示范片平均亩产达900公斤以上，每亩实现增收200元以上。镇里多次召开粮食生产专题会议，研究解决粮食生产工作中的具体问题，并与各村签订粮食生产目标管理责任状。切实加强农田水利基本建设，增强农业发展后劲。首先着重解决农田灌溉问题。注重11座水库的病险加固维修，争取资金160余万元完成易家冲水库的除险加固，保障下游6000余亩水田的灌溉问题。突出山塘建设，搞好沟渠的清淤除杂。新扩建山塘60多口，维修山塘50口。其次加大机耕道建设力度，加快农业机械化推广。年底，全镇11个村建设机耕道15条。主抓通村公路硬化、通组公路维修、通田机耕道通达，确保农产品运输道路畅通等。积极实施油茶林垦复工程，实施低产改造，加大楠竹、林木为主的丘岗开发力度，带动农民群众增收创收。（胡丽萍）

【**党的建设**】加强党的基层基础建设。在3月份党员春训月中，学中央一号文件，学沈浩，要求支部做到“四个一”，个人做到“五个一”。开展三项活动：计划生育、测评推优、道路维护。七·一时开展了“百优党员、十佳干部、五好班子”的评选活动，对“百优、十佳、五好”进行大力表彰，佩戴红花，发大红包；11月，再次进行党员冬训，全镇村组干部参加；年底，开展为困难党员送温暖活动。通过抓党建，增强了基层党组织的凝聚力、执行力、战斗力，让广大党员有了归属感；转变了干部作风，全镇上下形成了你追我赶、干事创业的良好氛围，千名党员已经成为推进各项事业发展的核心力量。镇党委还组织编撰了创先争优活动读本《先锋之歌》，该书图文并茂，记录了草坪镇百优党员、十佳干部、五好班子的先进事迹，展示了新时期共产党员的精神风貌和良好形象，千名党员人手一本，通过先进的示范引导，进一步增强了党员们的荣誉感、归属感和干事热情。（胡丽萍）

【**文化建设**】近年来，草坪镇确定了“齐打五张牌，同唱一曲戏”的品牌文化发展思路，以打造“全省文化名镇”、“全国民间文化艺术之乡”为目标，致力于“歌舞之乡”、“文化名镇”建设，就是以发展歌舞文化、诗词文化、人文文化、休闲农庄文化、政府机关文化为内容弘扬从善从德的文化精粹，打造文化名镇，全镇农村文化事业空前繁荣发展。2010年被邀请参加鼎城春节联欢晚会演出，大型歌舞《不一样的老百姓》受到社会各界的好评，市委常委、宣传部长覃清香3次到草坪调研文化工作，对草坪的文化工作给予充分的肯定。省委常委、宣传部部长路建平、中央直属机关八部门领导专程到草坪调研基层文化工作。年底，草坪民间艺术联合会举办了草坪春晚《草坪欢歌》，草坪农民第一次自办春晚唱出了农民的风采，唱出了草坪人的自信和幸福。（胡丽萍）

【项目建设】投入资金60万元建成一座高标准的草坪镇敬老院，40多名孤寡老人的集中养老问题得到解决。争取项目资金100万元，新建卫生院住院大楼，建筑面积1000平方米，配有床位40张，在全区乡镇卫生院建设中属一流，缓解了群众看病难问题。新建镇中学宿舍楼、小学三用堂、镇中学南大门。启动农业综合开发。草坪镇已纳入农业综合开发项目乡镇，3年连片开发，总投资1500万元，2010年实现项目建设500万元，其中国家投资430万元，镇村配套70万元，涉及10个村，项目包括山塘改扩建、机埠新建维修、渠道硬化、机耕道建设等，农业综合开发建设为镇里的农田水利建设注入了新的活力。投入资金50万元，完善镇计育大楼建设。（胡丽萍）

港二口镇

【概况】全镇土地总面积62.8平方公里，其中林地4.8万亩，耕地2.4万亩。辖16个行政村，2个居委会，2010年年末总人口17500人，其中集镇人口3800人。全镇经济收入总值为12693万元，其中农业总产值为4109万元；镇财政总收入1200万元，较上年增长20%；农民人均纯收入为4180元；全镇实现农民镇境内存款余额9500多万元，较上年增长12%。（张华昌）

【产业发展】港二口镇盛产楠竹和杉木，林业是当地的主要产业。在保持十年不间断实施林业项目的基础上，2010年实施楠竹低改400亩，油茶低改200亩，封山育林500亩，生态公益林1万亩，争取国家投入42万元。为壮大楠竹主导产业，打造楠竹之乡，新增楠竹面积3000亩，成立了以天野竹业有限公司为龙头的楠竹生产专业合作社。（张华昌）

【民本民生】全年下发各类补贴共计24项861万元。投入45万元，重新修建了大、小港桥，改善了7个村（居）委会4800人的生产生活出行问题。争取资金13.5万元，新建了4个村级卫生室，为16个村级卫生室配备了医疗设备，解决了村民小病不出村的问题。进一步提高了镇敬老院的管养水平，安装太阳能热水器、每月发放零用钱、统一购置衣物等。全面加大了解困力度，全年用于解困资金达15万元之多，解困对象达500多人。投入200多万元的镇政务中心全面建成启用，政务中心设施全市乡镇一流，解决了站所办公条件差和群众办事难的问题。（张华昌）

尧天坪镇

【概况】尧天坪镇全镇土地总面积53.58平方公里，其中耕地面积3.5万亩，林地面积3.01万亩，辖14个行政村，2个居委会，总人口1.55万人，其中农业人口1.4万余人。

全年生产总值11280万元，同比增长11.1%。固定资产总投资1120万元，社会消费品零售总额1.5亿元，同比增长27.1%。人平纯收入达到3839元，同比增长11.9%。镇党委、政府深入贯彻落实科学发展观，坚持以党的建设总揽发展全局，以“打造先进、和谐、优美尧天坪”为奋斗目标，致力于关心民本民生，谋划建设发展，团结务实，开拓创新，各项工作取得了可喜的成绩，计划生育、社会治安综合治理等多项工作受到上级肯定。（娄建喜）

【民生工作】以民本民生为出发点和落脚点，大力实施民生工程。农村公路整修与硬化全面完成，全年筹资80多万元，完成道路硬化整修12公里，全镇农村道路硬化总长度达到34.8公里。注重水利设施的改善，全年投入40多万元，整修渠道6万多米，整修山塘46口，整修水库两座。（娄建喜）

【敬老院建设】为了落实各级政府提出的关心弱势群体，弘扬敬老爱老养老精神的工作要求，

切实解决尧天坪镇五保老人衣食住行的困难，真正做到老有所养，老有所依，老有所乐，镇党委、政府多方筹集资金，修建了尧天坪镇敬老院。

镇敬老院位于尧天坪村贺家冲组，建筑用地477.68平方米，硬化面积1125.36平方米，绿化占地面积4.3亩。敬老院为两层钢筋混凝土结构建筑，院内共设置床位50个，配置了各种健身器材和办公设备，可集中供养农村五保老人50人。该工程于5月完成方案制定、征地品补等工作，6月中旬开始施工，11月底完成建设，历时6个月，共投入资金150万元，资金来源主要是国家补助资金和深圳科彩印务有限公司老板、省人大代表蔡得主及其总经理高丕兴等社会各界知名人士捐助。12月上旬，50名五保户正式入住尧天坪镇敬老院，由李生英任第一任院长。（娄建喜）

【**小城镇建设**】在推进小城镇建设中，实行高起点规划小城镇发展框架，确定了“以甘长、桃花、尧逆、金峰等5条路为骨架，商贸、居住、文化、教育综合开发配套发展”的思路，并利用多方力量投资小城镇设施建设，争取各级领导及知名人士的支持，对金峰路、伍福路、甘长路等集镇街道路面进行了硬化改造，并完成了居委会下水道网改，共投入资金达100万元。积极动员群众种花植树，墟场环境明显改善，并加大了对乱搭乱建的整治力度，确保了小城镇建设的“亮化、洁化、美化”。

2010年，全镇城镇规模扩大了三分之一，房产开发增加1万多平米。街道划行归市，南货、百货、五金、服装和各类产品加工销售等产业发展迅速，交易量愈亿元，建安税、交易税、增值税也相应递增。（娄建喜）

【**文化事业**】积极响应区委“实施文化名城战略，打造鼎城文化品牌”的号召，高度重视文化事业的发展，认真做好民间文化艺术之乡“挖掘整理、宣传推广、活动开展”三位一体文章，着力提升民间文化的氛围与品位。

尧天坪镇民间艺术以舞龙舞狮活动尤为突出，与之相应传承和发展起来的有地花鼓、腰鼓、九子鞭、渔鼓、三棒鼓、围鼓、傩戏以及民间锣鼓打击乐、民间剪纸、刺绣、管乐队、歌舞团等多种形式。全镇拥有龙狮队、女子管乐队、女

子腰鼓队等民间文化艺术团体40个，少儿龙狮队5支，中学生龙狮队4支，从业人员达到了1000多人，业务辐射全市各地，文化产业收入每年达到1000万元。

6月，由120名农民组成的6龙6狮表演队赴京，参加了由农业部、文化部和中国文联共同举办的首届中国农民艺术节。表演的高塔盘、蝴蝶盘花、卧龙飞腾、龙门阵、中国龙、快舞龙等22个龙狮套路，造型各异，气势不凡，充满吉祥和欢乐，在首都大舞台上大放异彩。赢得了组委会和观众的高度评价，并夺得了最高奖项—金穗奖，展现了龙狮所象征的中华民族奔腾争跃的精神风貌。

同时，利用文化优势和艺术影响力，创造性编排新农村建设的节目内容，溶于乐队、歌舞、小品及龙狮表演中，把政策、理论用群众喜闻乐见的方式表现出来，传达出去，让群众受到先进文化的感染。评选善德公民，树立道德典型，让群众受到先进榜样的影响。通过一系列文化推广，营造出了诚实守信、文明礼让、遵纪守法、尊老爱幼的良好道德风尚，提高了广大群众的素质，改进了民风，促进了社会和谐。

（娄建喜）

黄土店镇

【**概况**】黄土店镇位于区治西南35公里。南抵沧山乡；北靠草坪镇。2010年全镇土地总面积72.3平方公里，辖19个行政村和5个居委会，年末总人口数24729人。到2010年末农民人均纯收入3815元，农村经济总收入12983万元。主产稻谷、油茶、生猪、杉木、茶叶等，有丰富的金矿资源，优质的矿泉水，擂茶在全市闻名。（汪晓明）

【**新农村建设**】水利基础设施建设。全镇疏通团岭渠道、凉水渠道、沙溪支渠近35公里，解决了

涉及13个村近2万亩农田灌溉用水难的问题。除险加固小二型水库1座，硬化护坡山塘5口，新挖山塘18口，山塘整修扩容100口，整修机耕道13000多米。通村公路建设方面，全镇18个村共硬化水泥路50多公里。配合上级公路部门抓好207国道拓宽改造建设及配合村组搞好常安高速公路建设补偿款的分配工作。村部建设方面，截止年底，湖堤、鹿角、红岩、竹巷口、黄花、桃花庵、白岩、青岗、株树岗、街道等村部建设相继建成并投入使用，让干部、党员的活动有了好的场所。林业发展方面，发动群众荒山造林近1000亩，油茶垦复1000多亩，退耕还林补植补造400亩，中幼林抚育间伐1000亩，集体林权制度改革工作已基本完成。投入资金95万元新建了一栋3层楼950平米的办公大楼，投入12万元添置了办公设施和空调，镇办公环境得到改善。全年通过打卡发放的形式兑现中央各项惠农补贴，共计近900万元。（汪晓明）

【计划生育】镇党委、政府坚持把计划生育工作列入重点议事日程，严格制定年度计划生育工作考核办法，把计划生育考核与干部的政绩考核和奖惩挂钩，使全镇计划生育工作稳步推进。在春秋季手术、奖励扶助、独生子女保健费发放等工作完成全面细致。有效控制了计划外出生和总人口的增长。全年投入资金40万元建好了镇计划生育服务中心所，各村都按照地面铺瓷砖，墙面做888的标准搞好了村级服务所建设，计划生育阵地建设得到完善与规范。年终评比，黄土店镇计划生育工作取得进位奖。

（汪晓明）

【综治维稳】强化工作职责，实行问责追责制，制定了严格的责任包保奖惩制度。各类涉稳群体有专人负责，各种重点对象有专人包保，并实行了“五个一”维稳机制：每天有一名骨干接访；每周对涉稳对象时行一次走访；每周每人化解一起矛盾；特护期间对包保对象，每天签一次到，每周研究一次维稳工作。要求各个村（街道）做到矛盾不出村组。

（汪晓明）

石门桥镇

【概况】石门桥镇位于常德市南郊，毗邻中国常德经济技术开发区，辖31个村民委员会、1个居委会，总人口4.8万，总面积101平方公里。辖区内多条高速公路交汇，319国道、石长铁路贯穿全境，交通优势明显。2010年是石门桥镇全面收获喜悦和成绩的一年。经济发展突飞猛进，工业总产值突破15亿元，农民人均纯收入达到4800余元。各项工作得到上级的高度肯定，被评为区“十佳党委（党组）”、绩效评估先进单位；计划生育、社会治安综合治理、维护社会稳定工作、安全生产等各项工作均被评为红旗或先进单位。该镇新农村建设被确定为市级示范点，通过一年的建设，新农村示范片的面貌有很大改观。

（蒋建芳）

【新农村建设】全年共投入资金1800多万元进行新农村建设，成效显著。一是统筹基础设施建设。铺设下水管道2600米，改造宽12米的集镇街道人行道1.3公里，铺设人行道板15600m²，安装路缘石、树围石4800米，新装太阳能路灯46盏，新增变压器2台320千瓦，完成了2.6公里街道自来水管网铺设，硬化了排灌沟渠5公里。在示范片内全部实现了乡村道水泥路硬化。镇级水利工程建设投入五处，投资38万元。完成了邱家硚排灌站维修工程，跨村渠道清淤17公里，整修涵闸5处。村内水利工程投资156万元，整修山塘23口，抗旱排渍渠道56公里，镇政府“以奖代投”奖励资金18万元。各村共完成水利工程土石方150万方，投工1.8万个。二是统筹镇村环境治理。集镇街道粉刷房屋3100m²，硬化小街小巷18条1580米，完成了243户店铺的拆除，拆除违章建筑383间，更换门店招牌217块2290㎡；电力、电信、广电杆线实行了清理，增设不锈钢垃圾箱78个；示范片沿线（康吉公里）植行道树3800株，拆除违章建筑51户1998m2，粉刷墙面4673m2，整修屋面13000m2；同时引进资金600万元修建了农贸大市场，农贸大市场占地7000㎡，建筑面积6000㎡。三是统筹工农产业发展。着力打造了2000亩优质稻、1000亩油茶低改、1000亩生态渔业养殖、200亩湘莲、200亩蔬菜、休闲农业、纺织工业等七大优势产业基地；率先成立了全市第一家农民土地专业合作社，将“小生产”与“大市场”对接，实现了产加销、农工商一体化。（黄惠麟）

【民生工作】民生工作关系到群众的生产生活，镇党委、政府结合创先争优和建设人民满意政府活动，加大民生工程投入，服务全镇群众。先后对镇村卫生院、卫生室、敬老院、村级社区、五保（党员、军人）之家进行了标准化建设，镇卫生院引进慈善资金22万元、上级投入与自筹120万元新建了1400平米的门诊楼，集资180万元，新建了1780平米的住院楼，全年医药报销金额108万元。投入120万元修建了1300平米的镇中学学生宿舍楼。投入48万元资金用于敬老院升级改造。全年发放大病救助款18万元，危房改造发放资金12.9万元，各类优抚救助资金177万元，计划生育奖扶资金50万元，家电汽摩下乡补贴280万元，粮食补贴548.3万元。投入80万元新建一座综合文化服务大楼。农村九年义务教育入学率与新型合作医疗参合率均达到100%，新建农家书屋9个，配齐图书15000多册，新建农民健身广场5000多平方米，新建沿线公共绿化景观带21000平方米。全年先后举办各类培训100多次，培训农民4000多人。全镇目前在企业务工人数达到3000多人，年人均收入在2万元以上。（石华）

【社会事业】综治维稳成效显著。全镇各级组织把维护社会大局作为头等大事来抓。全年集中开展矛盾纠纷和不稳定因素排查30余次，镇村两级受理调处各类矛盾纠纷800余起，矛盾纠纷调处成功率达98%以上。广泛开展大接访活动，共接待来信来访200余次，并妥善做好解释和处理，真正做到了矛盾不出村、不出镇。加大对违法犯罪的打击力度，全年共逮捕21人，劳教1人，侦破刑案50起，查处治安案件200件，强制戒毒20人，治安拘留52人。全镇社会治安状况明显好转，群众安全感增强。计划生育创新绩。全镇出生381人，完成各类手术145例。加大社会抚养费征收力度，应征收44例，实征39例，征收面达90%，征收额达85%以上。在八月顺利通过国家计生委组织的检查，为全区“创国优”做出了贡献，被评为区人口和计划生育工作“红旗单位”。努力推行政务公开工作，设置公开栏、开通了镇政府网站，做到了公正、公开、透明、群众满意。深入开展“创先争优”活动，把每一项工作认真落实到位，社会各项事业全面进步。（李理）

谢家铺镇

【概况】2010年，全镇实现工农业总产值4.02亿元，较上年增长12%，财政收入完成1088万元，较上年增长23.3%，固定资产投资完成2000万元，较上年增长25%，民营企业发展到了19个，较上年增加4个，创产值1.4亿元，较上年增长6%，粮食总产量达到22448吨，创历史以来好收成。养殖大户发展到15个，较上年增加5个，生猪发展较上年同期增长24%。劳动力转移7805人，创收入4045万元。人均纯收入达到4002元，较上年人均增加200元。（陈又弟）

【社会环境】从抓集镇日常保洁和摊棚整治入手，彻底解决了困绕集镇墟场多年的脏、乱、差的问题；从规范社会营运车辆停靠入手，彻底解决了集镇车辆乱停乱靠、交通不畅的问题。共查封20多家以营利为目的的茶馆，基本杜绝了集中赌博的行为。严厉打击了各种强行参工参运和欺行霸市的行为，依法拘留了各类违法犯罪人员5人，全镇社会环境风清气正。（陈又弟）

【新农村建设】完成了关门洲水库除险保安工程，对关门洲水系、庙坛水系、金陵水系15公里渠道彻底清沟出淤。基本上达到了渠道畅通无阻，农田灌溉自如。完成了4个村水泥路硬化，全镇已有20个村通了水泥路，水泥路面达到160公里。完成了下陈湾村、官桥坪村、高湖庙村、公王庙村等第二次电力升级改造。基本缓解了电力不足的问题。（陈又弟）

【社会综合治理】共筹措资金5万元，重点解决了200多名特困人员生产、生活中的实际困难，特困户、五保户、贫困户等八大弱势群体的生活困难得到有效解决。采取教育引导，扶助帮困，感情联络等方式，狠抓了综治维稳工作，全镇社会和谐稳定。（陈又弟）

【社会事业】统筹推进了计划生育，医疗卫生、文化教育等社会事业。计划生育工作提高了服务质量，稳定了低生育水平。中学合格化建设已通过市里验收。新农保、新农合实现了应保尽保。文化事业蓬勃发展。（陈友弟）

黄珠洲乡

【概况】年末总人口18078

人,农业生产以稻谷、棉花种植为主,水面养殖以甲鱼、黄鳝等特色养殖为主。2010年完成工农业总产值21012万元,同比增长13%,农民人均纯收入3938元,同比增长11%。(钟小红)

【新农村建设】全年乡、村两级投入资金180多万元完成通村公路硬化8.5公里,截止年底,全乡乡村两级共硬化公里25.3公里,极大改善村民群众的生产、生活条件。9月,工程投资1200万元的黄珠洲乡自来水厂在福民村9组破土动工。预计8月将有秧田、福民、邓家、信阳等四村能够先期饮用安全用水。(钟小红)

【社会事业】综治维稳工作。党委、政府高度重视综治维稳工作,严格落实了包保责任制,对涉军群体、民办教师、站所下岗人员、农村电影放映员及个别的土地纠纷对象都作了大量的稳定工作,全年没有发生重大群体事件及群访、集访。加大了对全乡社会治安的整治管理力度,群众满意度明显提高,全年工作得到了上级组织的肯定,被区委、区政府评为社会治安综合治理工作红旗单位、维护社会稳定工作先进单位和"五大安全"工作先进单位。人口和计划生育工作认真落实计划生育基本国策,全年完成各类手术285例,计划生育率达98%,为奖扶对象95人发放扶助金59000元。(钟小红)

黑山嘴乡

【概况】2010年年末总人口1.89万人,其中农业人口1.8万人。人口出生率7.8‰。农业总产值980万元,增速6%;养殖业总产值绝对额达934万元,增速5%;粮食总产量2460吨,增速8%;水产品总量达280吨,增速10%;农民人均纯收入3700元,增速10%。产业结构全乡以棉花、水稻种植和淡水养殖为主,尤以螃蟹养殖而闻名。全乡已完成通乡公路建设16.1公里,通村公路27公里,已经实现水泥路村村通、有线电视村村通。全年新建维修桥梁9座,修整涵闸3处;改造了林果村电网;全乡已建成两个高标准的现代化水厂,基本完成了农村安全饮水工程。在上级政府大力支持下,因地制宜,开发了集休闲、钓鱼等为一体的农家乐园。整合资源,积极宣传推广该乡的优势所在,吸引外资,投资兴业。(张芳)

【新农村建设】农业特色产业进一步提升。全乡水稻种植面积稳定在16000亩以上,棉花种植面积稳定在12000亩以上,蔬菜面积2300亩。精养和特种养殖湖面达4000亩,牲猪7000多头。压减不良养殖珍珠面积151亩。同时积极鼓励农户发展了一批经济作物,如一港、四港等村的南瓜种植,庆复的辣椒种植已具一定规模,特别是一港村棉花套种甜瓜和种韭菜每亩收入提高到5千元,庆福村种植辣椒每亩可达6千元以上。

加快推进农业现代化进程。投入水利建设资金43万元,对黑山、庆福、一港等村的水利秋冬修进行了总体调度;全乡农民的耕作形式发生了彻底改变,已基本实现机械化。全乡农机具已达200多台套,并按政策实行了农机补贴。科技工作扎实开展,完成测土配方施肥技术推广2万多亩。水稻、棉花病虫害实行专业化防治面积达5000多亩。(张芳)

【社会事业】全乡参加新型农村合作医疗16000人,参合率达90%以上。全乡五保户、城镇低保、优抚对象、特困求助和计划生育奖励等享受公共服务性支出达到了近110万元,基本实现应保尽保。新农保工作启动后,全乡所有60岁以上老人均享受到了每月55元的养老保险金,全乡农村社保投保工作进展顺利,截止年底,全乡完成区里下达的社保任务的80%,居全区第三名。义务教育普及率达100%,"两免一补"政策全面落实。加强职业技术培训,一年内组织了两次电脑培训班,结业学员200多名,转移农村劳动力2371人次,实现劳务收入过千万元。文化事业得到推进,乡政府通过向上争资引项,争取到文化站建设项目,共投入资金18万元,建成了一个高标准的乡镇文化站,新开设了二个农家书屋。公共卫生体系得到加强。乡卫生院通过多方筹资,共投入100万元,建成了新的门诊楼和住院楼,极大的改善全乡群众的看病和住院条件,各村规范化卫生室建设工作也全面完成。(张芳)

【敬老院建设】加大敬老院和残疾人事业投入,并成立了常德市首家残疾人托管中心,解决了全乡孤寡老人、残疾人无人照顾的问题,对全乡弱势群体是一个很好的保障。(张芳)

长岭岗

【概况】2010年全年实现GDP8900万元，与上年同比增加764万元，增幅达9.3%。农民人均纯收入增加到3653元，增幅8.9%。全乡栽种水稻1.57万亩，水稻单产达490公斤。仅花木一项，全乡人均增收170余元。继续巩固生猪养殖项目，逐步扩大养殖规模，新增养殖大户3家。全乡存栏牲猪3280头，存栏耕牛102头，存栏山羊695只，存笼家禽24060只，存笼家犬970条。全乡退耕还林1951.7亩，完成人工造林1900亩，荒山造林300亩，完善全乡25800亩林地的林权证登记、发证工作。全年完成渠道清淤8.5公里，修复截、引、灌溉渠11.12公里，土石方41144m³，砼384m³。长岭烟机配件有限公司工业产值达2800万，上缴各种税费140万，成为区里的规模工业企业，长岭岗乡的龙头企业。

（程播）

【新农村建设】对照新农村建设的工作要求，结合全乡实际，乡党委政府绘出了长岭岗乡新农村建设的宏伟蓝图。完成了一条长510米，宽8米，两边各有1米宽沥水沟的街道建设，并配上了路灯，圩场街道初见规模。新增村级水泥路长岭岗村1.3公里，坛坪村6.3公里，古堤溶村1.2公里。水泥路已达50公里，实现村村通，交通状况彻底改善。管网入户1200户，新增用户130户，近6000人用上了安全的自来水，增设了2台消防栓。水厂被评为市级规范化水厂，列为区“八个一”示范工程。完成小城镇1.2平方公里的规划修编，共筹措资金12万元用于修编。

（程播）

【社会事业】按照区委要求，落实“一帮一”结对帮扶工作，每名共产党员联系3个户，农村最低生活保障工作得到落实，弱势群众基本生活得到保证，现有206户237人领取最低生活保障金，月发放保障金10120元。宣传贯彻落实各项惠农补贴，及时足额打卡发放，补贴面积为15807亩，补贴资金164.07万元，其他各类补贴资金192.82万元。认真搞好农民技术培训和劳务输出工作，现已培训农户320人次，免费发放喷雾器、农机具等200台套。组织培训贫困劳动力输出41人。大力开展婚育新风进万家活动，提高育龄群众计划生育基础知识知晓率，转变群众婚育观念，努力提高全乡计生工作整体水平。全年出生87例，人口出生率6.2‰，符合政策生育78例，计划生育88.6%。全乡累计孕检2357例，上环46例，流引产13例，结扎17例，查孕查病1875例，奖励扶助对象141人，特扶对象13人。为繁荣农村文化生活，乡投入资金建设了乡文化活动中心，添置健身休闲体育器材，不断加强农村文化阵地建设。加大教育投入，改善办学条件。中学、中心小学教育教学质量进一步提高，特别是中学的办学质量得到了巩固。当年考入区一中的有9名学生，在全区名列第四名。

（程播）

【综治维稳】将综治工作纳入政府工作的重要议事日程，调整充实综治工作机构，有针对性地开展工作。以村级治安室为活动阵地，开展“安全文明村组行”活动，继续开展“三满意”创建活动，促进依法治乡。加强普法教育，在全乡范围内进行普法宣传，增强群众法制观念和提高法律意识，上法制课，上课受教育人150人次，举办法制宣传专栏3期，开展法律咨询活动4次，接待咨询17人次，编印发放宣传资料3000份，书写张贴标语200条(幅)。出动宣传车辆5辆次。调解民间纠纷22起，调解成功21起。一年来共处警38起，其中立刑案20起，破获7起，逮捕1人，刑事拘留1人，治安案件受理并查处15起，强戒3人，治安拘留5人。利用1.4.7赶场日进行各种法律法规宣传和禁毒宣传，提高群众和学生的法律法规意识和防毒拒毒意识。加强对乡派出所、司法所、综治办的领导和管理，遏制了重特大治安案件和刑事案件的发生，进一步维护社会稳定。按全区社会治安综合治理工作会议精神，组建了15人的专职巡防队、每周开展两次巡逻，加强村级社会治安联防工作，打击偷牛盗窃犯罪分子，发挥村级组织在社会治安工作中的作用，切实维护社会稳定。

（程播）

丁家港乡

【概况】2010年完成农业生产总值16647万元；完成财政收入289.6万元；实现农民人均纯收入4543元，同比增加330元；人口自然增长率控制在8‰以内。年终目标管理与考核时，被区委评为绩效评估先进单位，社会治安综合治理红旗单位，维护稳定工作先进单位，计划生育工作先进单位，五大安全工作先进单位。

（王航宇）

【产业发展】继续将粮食种植面积稳定在5万亩以上，着重抓好水稻品种改良，优质水稻种植面积达到40000多亩，水稻优质率达到80%以上，呈良好的发展态势，仅此一项，人平增收200元；着力推进油茶低改工作，完成油茶复垦3800亩，油茶新造500亩，直接或间接效益近60万元。

（王航宇）

【基础建设】自来水厂建设工程已全面完成并投产，受益人口达到10000人，彻底改善群众饮水难的历史问题。结合镇村同治工作，投入资金4万多元，完成了集镇圩场的绿化30余平方米；投入资金近10万元，在集镇主干道两旁安装了30余盏便民路灯，实现丁家港乡的绿化、亮化及美化。争取市级机关改造项目，筹资近130万元，完成乡镇机关改造工程，建成高标准的政府办公大楼和政务大厅，更好地为群众提供一站式服务，全面提升乡镇机关硬件服务水平。争取市级教育投入30多万元，完成了乡中学宿楼的建设；投入资金23万元，完成1000多平方米的乡文化中心建设改造，以此为平台，加快构建全乡公共文化服务体系。（王航宇）

【社会事业】全面开展计划生育优质服务，加强村级阵地建设，投资10万元对全乡13个村的村级计生服务所进行了阵地建设和改造，着力提升了相对条件较差的5个村级服务场所建设，高标准地建设了人口学校、检测室、办公室等设施，完善了基层服务阵地配套建设，为做好计生优质服务工作奠定了坚实基础。加大了安全生产监管力度，有效遏止了重大安全生产事故的发生；扎实做好民政残联工作，推进农村危房改造、灾害防治、救灾救济和扶贫开发。通过向上积极争取，切实保障了弱势群众的基本生活，发放低保金33万元，发放农村五保资金32万元，优抚费48万元。乡财政安排资金20万元以上，用于弱势群体的帮扶解困。全年新型农村合作医疗参保率达到99.7%，城镇居民医疗保险完成任务数的165%。（王航宇）

许家桥回族维吾尔族自治乡

【产业发展】2010年，全乡实现工农业总产值2.08亿元，同比增长7.8%；实现农村经济总收入1.02亿元，同比增长12.6%；实现农业总产值、农业增加值6837万元和1055万元，分别比上年增长18%和7%。实现农民平均纯收入3580元，增长10.2%。农业产业结构调整步伐加快，传统产业水稻、油茶稳中有升，畜牧养殖业生猪、牛羊、家禽生产规模稳中有增。全年推广优质水稻15000亩，油茶低改650亩。发展各类养殖大户52户，全年出栏生猪2万头、家禽45万只，畜牧养殖业实现了由数量型向效益型的转变。集体林权制度改革全面完成，全乡林业步入崭新的发展时期。（邵晓丽）

【基础建设】全年完成了1300多米渠道硬化，实施了南北堰水库除险保安工程。投资40多万元，投劳17000个，疏通渠道13500米，整修山塘12口，护砌山塘3口，维修防汛通道1.2公里。同时，提前启动了民族垸大堤护坡、跑马岗村排灌渠浆砌、广城山村泄洪渠翻修和金牛山村机耕道建设等农业综合开发项目。基本完成民族、中堰、三德桥村3000余人安全饮水工程。投资4万元，安装路灯，完成了墟场亮化工程。新建沼气池22口。（邵晓丽）

【安全稳定】对于道路交通安全、生产安全、消防安全、食品安全、环保安全工作，成立了强有力的领导班子，实行一月一小查，一季度一大查的排查制度。重点打击非法烟花爆竹生产和整治非法营运车辆，对排查出来的问题严厉打击，对排查出来的安全隐患责令整改，严查到底。全年没有发生一起重大特大安全事故。坚持“群众利益无小事、民生问题大于天”的原则，全年共排查矛盾68起，调处纠纷68起，成功调处62起，有效地将矛盾消除在萌芽状态，通过深入排查和建立健全信息网络等方式，全年无重大越级信访案件。保持“严打”的高压态势，重点开展了打击“茶馆”赌博违法活动，打击团伙犯罪、吸贩毒和各类刑事犯罪；并对学校周边环境，特别是对“网吧”收留未成年人上网进行了整治，效果明显。（邵晓丽）

【社会事业】乡政府严格制定年度计划生育工作考核办法，把计划生育考核与干部的政绩考核和奖惩挂钩，全乡计划生育工作稳步推进，在春秋季手术、奖励扶助、流动人口的管理等方面取得了较好的效果。有效控制了计划外出生和总人口的增长，全年人口计生率为87.2%，人口出生率为5‰。借计划生育创国优的契机，投入资金12万元建好了乡计划生育服务中心所，投入8万元整修了村级服务所，计划生育阵地建设得到完善与规范。筹资新建了青少年文化宫和教学楼，中小学入学率和巩固率均达到100%。启动了卫生院职工住房建设，开展了甲级卫生室创建活动，乡村两级医疗卫生条件进一步改善。全乡新农合参合率达到了100%，城镇居民医疗保险全面启动，卫生院每年的住院补偿上千人次，群众切切实实得到了实惠。截止目前新农保参保率达65%，参保率达到了70%以上的村有6个。

（邵晓丽）

长茅岭乡

【概况】长茅岭乡位于鼎城西南，全乡土地总面积69.3平方公里，其中山林面积59700亩，水田面积29636亩，属典型的丘陵山区。全乡共19个行政村，176个村民小组。全乡地区生产总值增长速度稳定在10%，固定资产投资总额达1700万元，农民人均纯收入达3500元。2010年共完成双季稻种植面积4.65万亩，比上年增加2100亩，增产10%以上。全乡年出栏生猪16000头、出笼家禽43万羽，产鲜鱼560吨。全年共完成2000亩油茶垦复，300亩油茶品种低改，大大提高了农民收入。

（聂德其）

【新农村建设】对乡政府至大洋湖三叉路口断头路进行了硬化，于2010年十月初建成通车。将金星水库灌浆除险加固工程挤进了笼子，总投资600万元。争取资金26万元，完成了羊儿岗渠道的除险保安及30多口山塘整修和护坡，为农业丰收打下了坚实基础，确保了群众旱涝保收。突出了新能源建设，全年新建沼气池300口。积极推进改水工程，投资200万元对自来水进行网改，解决了田坪、枫林、长兴、花园等村近3000人的安全饮水问题。

（聂德其）

【老干工作】长茅岭乡老干部工作领导小组一班人不断创新工作方法，亮点多多，喜讯连连。4月投资13000元布置两间陈列室，将潘振武将军故居升格为青少年爱国主义教育基地；出版《银发焕彩》一书，总结回顾老干部工作。省关工委副主任范多富、市关工委常务副主任李少甫亲临指导工作，对老干工作给予高度评价。老干支部被评为全省先进离退休干部党支部、全区百强党支部，莫纯清、刘国珍被评为全市“三好”老干部，黄荣卿、肖春云荣为全区关心下一代先进个人，肖铁成荣为全市老年科技精英。（聂德其）

【综治维稳】全面落实社会治安综合治理各项措施，全年没有发生一起恶性刑事案件。畅通群众来信来访渠道，全年共接待群众来信来访75起，都得到了妥善处理，办结率100%。全年开展安全生产专项检查10次，全面落实了安全生产责任，有效防止了各类重大安全事故的发生。加强制度建设，严格落实包保责任，有效地把各类矛盾解决在基层、化解在萌芽，为经济社会的发展创造了平安、稳定的社会环境。

（聂德其）

【各项社会事业】进一步提高了教育投入，投入资金130多万元修建乡中学三用堂，教育化债200万元。认真落实新农合政策，全乡参合人数16575人，参合率达99.7%。民生与社会和谐更上一步台阶，全乡享受低保409人，五保223人，确保了社会大局和谐稳定。修建了一座能集中安置40名五保老人的集养老、休闲、娱乐于一体的高标准敬老院。实行危房改造，修建了“爱心房”4幢。基本解决了全乡五保老人、特困户、困难户的住房和生活问题。计划生育工作再上新台阶，优质服务的措施及优惠政策得到落实，流动人口管理进一步加强。农业技能培训成绩斐然，由农业综合服务站牵头举办了2期农业技术培训班，共培训农民群众、种植大户800多人次。实行村帐乡管，加强了对村级财务的监管 。

（聂德其）

逆江坪乡

【概况】逆江坪乡位于鼎城区西南53公里。东邻国家级森林公园花岩溪，西接人间仙境桃花源风景区，南抵湖南安化雪峰山脉，北连尧天坪镇、港二口镇，境内东南端群峰俊秀，插角山主峰海拔716米，为区内群山之冠。有成片原始森林，珍稀动植物达1000多种。全乡土地总面积76平方公里，其中水田14327亩，旱地822亩，山林89100亩。主产稻谷、杉木、楠竹，楠竹面积6万多亩，有

“楠竹之乡”之美誉。辖15个行政村,年末总人中12609人。全乡地区生产总值7728万元,比上年增长9%,粮食产量达9002吨,实现了粮食扩面稳产。实现林业收入1100万元,劳务收入3800万元以上,农民人均纯收入4315元。2010年,逆江坪乡党委班子被区委评为十佳领导班子,绩效评估被区委、区政府评为红旗单位。

(吴振华)

【产业发展】粮食实现稳产高产,压单扩双成效显著,粮食单产明显提高。高岩塘村种植的水稻品种Ⅱ优1259单季亩产达1400多斤,取得良好经济效益,并召开了现场会向全区推广。林业方面增容提质。全乡共造林、楠竹低改近万亩,并引导发展红豆杉,罗汉松、银杏等名贵树种。林业产值达2000多万元。2010年被评为全市十佳林业乡镇。劳务业成为增收推手。在全球经济复苏大背下,全年累计培训劳动力700多人次,组织劳务输出1000多人次,并形成网络,常年提供劳务信息平台,据初步统计,全年全乡劳务收入达3800万以上,大大增加农民收入。旅游产业逐步形成。引进深圳红丽实业公司,开发乡境旅游产业,推进吉祥寺佛教文化胜地建设,投入2300多万元已完成“三通一平”,已申报省级优美乡镇。小城镇和旅游区规范也已启动,逐步成为城里人休闲的后花园、生态林业的示范园。同时在加工业、养殖业等方面,鼓励创建专业合作社,高峰楠竹专业合作社被评为市级示范社。(吴振华)

【基础建设】完成通村公路硬化和整修拓宽7.8公里。恢复水毁工程170余处,硬化渠道5000余米,整修山塘水库13口,对千功坝等重点坝堤进行了除险加固,解决1200多亩耕地的灌溉问题。利用土地开发项目,完成了二家湾村230亩土地平整。投入近50万元,建好 乡敬老院,改善 五保老人的居住生活条件,对30多名农村五保户进行集中供养。投入100多万元,修建了中学宿舍楼。完成 土桥冲村、木龙冲村、鸿鹤陂村三个村级活动场所建设。推进圩场的集中供水二期扩容和安全饮水改造工程。已经启动 圩场和四个村的安全饮水改造工程。

(吴振华)

【安全稳定】投入30多万元,整改 存在安全隐患的路段20多处,新修桥梁一座,改造危桥三座,建水泥防护墩3200多米,树立安全标识牌180个,实现“五个零发生”。被市政府授予安全生产示范乡镇。实现全年没有发生 一起越级上访,没有发生一起集访事件,没有发生一起较大以上安全事故。没有发生重大刑事案件,信访积案化解率在95%以上,群众的满意度大幅提高。 “五大安全”工作、社会治安综合治理工作被区委、区政府评为红旗单位。

(吴振华)

【社会事业】严格落实计划生育奖扶政策,奖励扶助对象和特别扶助家庭确认准确率100%,符合政策内生育率88.54%,多孩控制率1.03%,流动人口管理到位率、信息准确率达95%以上,社会抚养费征收面100%,征收额达75%以上。年终考评时,计划生育工作被区委、区政府评为先进单位。农民负担惠民补贴全面落实公示制度,实行报刊限额制、领导负责制、部门负责制、一票否决制。新型农村合作医疗参合率达95%,城镇居民医保参保率达100%。全乡共有735人次享受合作医疗住院补偿,补偿金额62万元。做好社会保障工作,努力推行新型农村社会养老保险,保证农民的基本生活,关注弱势群体,对五保户、低保户做到应保尽保,并做好优抚对象的服务工作,发放各类优抚资金30多万元。教育教学质量稳居全区前列。

(吴振华)

唐家铺乡

【概况】2010年全乡土地总面积62平方公里,辖14个行政村,160个村民小组,年末总人口15548人,其中:农业人口15262人。人均纯收入3180元,人均增加300元,同比增长9.5%。全乡上下,以党建为抓手,用党建促灵魂,各项工作成效最显著。乡党委书记葛辉琳被区委授予“十佳领导干部”,人口计划生育工作被市级评为红旗单位,林业工作被区里评为先进单位,常安高速协调工作被市、区评为先进单位。

(李化弘)

【基层党建】坚持以党建总揽全局,深入开展创先争优活动。活动组织经常,高标准组织了党员春训,在党员干部中,通过开展“六个一”、争当“六种人”、签订“党员公开承诺书”等主题实践活动,明确党员责任,为党员发挥作用提供舞台。通过开展“六访”和

"春节送温暖活动"加强了与组织的联系，每一个党员都成为党组织和人民群众的连心人，每一个支部都建成有凝聚力、战斗力的坚强堡垒。涌现出李发明、周建伟、张敏等一批维护大局，对工作高度负责，以吃苦为乐，为奉献为荣的好干部；涌现出陈德君、何学文、周学柏、陈红喜等一批爱岗敬业，从不计较个人得失的部门站所负责人；涌现出刘桂君、罗德成、张德保等一批忠于党的事业、热心带班、一心为民办实事的好支书；涌现出张霞林、郭子军、彭立凡、高玉华等一批摆正工作位置，维护班子团结，扎实工作的好村干部；涌现出曾照祥、杨红顺、李渤然、张进德等一批身先垂范，敢人为先，热心公益事业的优秀无职党员；涌现出东湖山、金泉山、古龙山、仙人塘等一批顾全大局，工作有力，用心抓党建，用情解民难的好支部班子；涌现出王志忠、熊春庭、何桂保等一批从原工作单位退休回家乡安度晚年，但热情不减当年退职不退色的退休干部；涌现出钟颂荣、邹玉林、陈国富、陈德祥等一批在村干部岗位上已卸职，但依然一心维护村支两委工作，积极关心村里发展，给支持、给动力、不给阻力，积极协调村里各项矛盾，德高望重的卸职村干部。东湖山村党支部被区委授予"十佳红旗党支部"，仙人塘村党支部被授予"百强党支部"，钟颂荣被授予"五十佳无职党员优秀标兵"，陈国富等18位同志被授予"优秀党员"的荣誉称号。 （李化弘）

【**新农村建设**】整合资金200多万元，硬化了3公里墟场道路，改造墟场下水道工程，硬化了河头至龙虎口通村公路连接线，整修机耕道30多公里，全乡通村公路网络逐步形成。金泉何牧业成为了全区现代循环农业的样板，年向社会供应种猪能力达8000头以上，产值达1100万元。在金泉何牧业公司的带动下，2010年全乡出栏生猪300头以上的规模养殖户达5户，100头以上的达10户，50头以上的达25户。林业生产独具特色。全年丘岗开发、荒山造林达2500亩，高标准完成油茶低改2300亩，累计完成7600亩，成为了全省油茶产业改造的样板。国家林业局、省林业厅、市、区领导多次来乡考察调研，得到各级领导的认可。 （李化弘）

【**社会事业**】人口与计划生育工作继续坚持抓住重点，突破难点，打造亮点的工作思路。全年出生人口102人，计划生育率为92%，积极开展计划生育生殖健康检测服务活动，参检人数4380人。独生子女享受计划生育奖励扶助对象397人，特别扶助38人。全乡农村低保人口409人。审核确定优扶对象413人，农村低保，农村五保的政策性救助达118万元，安居房助建工程四所。教育优先发展，投入130万元，新建学校三用堂、基础设施不断完善，乡中学被确立为省级示范中学，初三直升鼎城一中11人。乡卫生院成为全省中医兴院的乡镇卫生院。全省首家药品不良反应监测哨点落户唐家铺乡。社会保障体系得到进一步完善。2980个60岁以上的农民享受新农保，领取养老保险进195万元，16—59周岁的农民开始享受社会养老政策。新型农村合作医疗，农民参合率达到98%，新农合补偿资金达到95万元。工伤保险、农业保险正在拓展中。劳务输出有序流转，全乡合理转移劳动力3510人，实现劳务现金收入达2000万元。文化广播事业不断发展，全年送电影下乡80场次，农村广播村村通覆盖14个村1400多户。全乡各项社会事业协调发展，社会治安状况良好，干部作风艰苦深入，民风淳朴，全乡正朝着健康和谐的方向迈进。 （李化弘）

【**综治维稳**】乡党委、政府高度重视综治维稳工作，从落实政策，解决矛盾，破解难题入手，认真做好信访工作，引导群众依法理性地表达个人的诉求。落实党政骨干信访接待日制度，健全各项矛盾排查，调处化解工作机制。乡村二级成立治安巡逻队，群众安全感普遍增强。在维稳工作上，乡党委、政府力求做到底子清，责任明，化解有方，基本实现矛盾不出村，全乡未出现一起非正常越级上访事件。 （李化弘）

钱家坪乡

【**概况**】2010年，全乡土地总面积76.9平方公里，辖17个行政村，148个村民小组，年末总人口15011人。耕地面积16918亩，林地面积84300亩。辖区内山峦起伏，翠竹、杉木掩映，风光秀丽，气候宜人。农业主产稻谷、油菜，林业盛产楠竹、杉木，畜牧业以养猪和养黑山羊为主，工业因地制宜，以竹木加工为主，板材、烤火架、木楼梯远销各地。常邵高速、207国道穿境而过，区道、乡道均已硬化，网络覆盖全境，通信设施完善。2010年，全乡人民在乡党委、政府的带领下，致富奔小康，经济建设又上新台阶，全年实现地区生产总值12273万元，比上年增长9.5%，人均纯收入达4680元，比上年增长8.3%。先后被市委、市政府评为“全市十佳林业乡镇”、“五大安全模范乡镇”，是鼎城仅有的一个连获两项殊荣的乡镇。被区委、区政府授予“绩效评估先进单位”、“五大安全红旗单位”、“林业工作先进单位”等荣誉称号。（何艳华）

【新农村建设】农业产业结构更加优化，该乡按照保证粮食生产，强化主导产业，发展特色经济的新思路，不断加快产业结构调整步伐。加大了林业集中连片示范建设力度，全年共完成荒山改造500亩，楠竹修山600亩。公益生态林保护达到56563亩，退耕林面积达到2960亩，退耕还林后扶面积达到400亩。4.6万亩竹山管理到位，竹蝗治理成效明显。引导农户调整农业生产结构，努力提高科技含量，一批农户发展苗圃花木及其他特色农业，收到较好的效果，油菜等经济作物种植面积逐步增加。黑山羊已成为本地特色产品，全年黑山羊出栏达1500头以上，生猪、家禽养殖在大户的带动下发展迅速，初步形成了以林业为主导、以发展养殖为特色的产业结构新格局。基础设施建设持续改善，农田水利设施建设步伐加快。以农业综合开发、山塘清淤整治、水毁修复工程、病险水库加固等为重点，加大水利设施建设力度。争取投资300万元，对砂田溪水库进行除险加固；全乡17个行政村兴修山塘、沟渠清淤，成效显著。共完成山塘整修89口，沟渠清修25公里，修复水毁工程52处。交通建设实现跨跃式发展。投资70多万元完成砂田溪水库防汛公路硬化；投资240多万元，对马群线4.5公里的断头路进行改造。共完成村级公路硬化38公里；八角楼、铁炉坪、栗岗岭、袁家湖、将军桥、黎家坪等村还筹措资金对65公里村组道填砂卵、扩路基，方便群众出行。乡机关面貌焕然一新。对机关功能进行重新规划，争取“五小机关”及政务中心建设项目，并投入80万元资金对政府机关办公楼进行全面改造。对上争取生态家园建设项目，投资10多万元，对马安头墟场进行了亮化改造，生活垃圾实行集中处理。徐家咀村争取上级环保建设资金30多万元。集体林权制度改革成果显著，4680本林权证发放到林农手中。组织剩余劳动力参加市、区招聘会10次，198人在家门口找到工作。加大申报和核查力度，为全乡247户贫困家庭落实城乡低保。通过明确责任，188个五保户做到了闲时有人问、病时有人医、老时有人送。通过扎实摸底，为2487名年满60周岁的群众每月发放了55元的农村养老保险金，其他年龄段的参保人员信息已全部录入微机，为群众参保提供咨询和服务。各基层干部广泛进行宣传，确保新农合参合率达98%；财政简化申报程序、公开补助标准，确保各项涉农补助及时、足额、公开、透明的发到户。共发放粮食、油菜类补贴1050万元，家电、汽车下乡补贴106万元，民政类补贴515万元，林业类补贴430万元。

（何艳华）

【社会事业】各项社会事业协调发展。努力发展教育事业，确保中小学巩固率达100%，贫困家庭儿童辍学率为“零”，通过优化教学资源，改善办学条件，创新激励机制，教育教学水平有明显上升，连续几年的中考，乡中学的一中上线人数全区排名靠前。目前已争取上级立项正在加紧落实“校安工程”建设。大力发展卫生事业，乡、村两级医疗卫生条件进一步改善，新农合参合率达98%以上，一定程度上解决了群众看病难、看病贵的问题。认真落实计划生育国策，投入10万元对乡计生服务所进行了改造，添置办公设备和医疗器械，“四优一满意”顺利通过验收，顺利完成“创国优”工作任务。大力弘扬善德文化，深入开展以“善德公民”等为主题的精神文明建设，大力倡导“从善、从德”文明新风尚，以争创文明乡村为目标，开展一系列创建活动，促进社会风气明显好转。

（何艳华）

【综治维稳】社会大局保持稳定，始终把维护社会稳定，保持安定团结的大好局面作为全乡各项事业发展的基础工作，认真贯彻上级维稳精神，不断完善各项维稳措施。认真落实安全生产责任制，加强安全生产巡查，狠抓安全监管。积极开展安全生产、防火、产品质量和食品药品市场监管等专项整治行动，特别针对道路交通、生产事故、易燃易爆物品管理等重点领域，认真排查，强化监管，有效地遏制了各种安全事故的发生。应对突发事件能力进一步提高。针对重大事故隐患、重大危险源，认真建立健全突发性公共事件的应急预案和应急机制，抓好应急人员配备、应急物资储备、应急演练等各项工作。社会治安综合治理成效显著。乡、村、组、户四级治安防控网络初步建成，矛盾纠纷的排查调处力度进一步加大，全乡共调处各类矛盾220起，把问题消化在萌芽状态，确保矛盾不出村、矛盾不出乡；加大对刑事案件的查处和邪教组织的排查打击力度，2009年7月13日，配合区公安局出动警力130余人，重点对黄土坡、洞桃等村无理阻工、偷盗高速公路建设物质的13人，实施了抓捕，扬了正气、保了稳定。实现社会环境平安和谐，连续几年被评为“社会治安综合治理一类乡”，2010年被市委、市政府评为“五大安全模范示范乡镇”。（何艳华）

沧山乡

【概况】全乡土地总面积67.05平方公里，耕地面积13697亩，其中水田面积13021亩，旱地面积676亩，山林面积66680亩。辖13个行政村，120个村民小组，年末总人口14307人，其中农业人口13187人。（何平）

【计划生育】2010年，乡党委政府高度重视计划生育工作。把计生工作作为全年工作的重之重，书记、乡长亲自抓，分管领导负总责，计生办工作人员负专责，通过一些行之有效的手段，确保了全乡计生工作的有序开展。加大了社会抚养费的征收力度，通过征收社会抚养费这一强制措施规范了生育秩序，有效的遏制了违法生育，确保了计生工作万无一失。还修建了一栋标准高、功能全的计划生育服务所。同时，还配备新型B超机等先进设备。10月份开展的“计生服务下村到户“活动，为广大育龄妇女送去了知识、免费检查了身体。（何平）

【稳定工作】全乡涉稳人员共8类，涉及17个群体，维稳对象217人，其中重点对象18人。乡党委、政府统一部署，统一安排。加强了乡村干部责任，搞好信息的掌握，落实重点对象的包保责任。对18个重点对象按骨干、站所长一对一包保到位。还积极开展走访慰问，变群众上访为干部下访。通过扎实的工作，做到了小矛盾不出村，大矛盾不出乡。（何平）

【新农村建设】在新农村建设工作中，着力推进以沧浪坪为主的市级新农村建设示范村建设，投资500万的沧浪坪休闲广场亮化绿化工程已全面完工。投资35万元的农村客运站已完成主体工程。全乡整修公路10公里，新修林道50公里，极大的改善了群众出行难、山林物质输出难的现象。投资135万元新建了一栋三层1100平方米的现代化教学楼，改善教育硬件设施。投资80万元的卫生院住院大楼已完成主体工程。全乡新增加沼气池50口，让老百姓得到了实惠。乡政府还投入40万元对机关礼堂和办公楼进行了改造，改善了干部职工的办公环境，让全乡干部有了一个安心舒服的工作环境。（何平）

区芦苇场

【概况】区芦苇场于1965年建场成立，是中型国营企业管理的事业单位，位于澧水流域外滩洲，滩洲上连中河口镇麻河村，下接黄珠洲乡四百弓村，北与安乡芦苇场隔河相望，全程35千米，现有干部职工312人，其中在职225人，退休87人，中共党员78人。芦苇场下设7个分场，其中包括6个生产分场和1个营养食品厂。以杨树种植和芦苇生产为主，实行芦林间作。全场杨树种植和芦苇生产面积17000余亩，年生产总值500多万元。（彭群阳）

【党建工作】认真贯彻区委以抓党的建设总揽发展全局，来促进各项工作的开展，认真开展党员春训、“七一”表彰大会和“创先争优”等活动。民主评选和表彰了2个优秀党支部和10名优秀共产党员，在“七一”表彰会上予以了表彰，并把他们树立为榜样，让全体党员学习标兵，有利的提高了全场党员的思想素质和积极性，增强了党员的“主体意识、民主意识”，使党员确立了“关心职工，服务职工”的理念。通过“创先争优”活动的开展，民主评选出了一个“先进党支部”和一名“优秀无职党员”，在全场形成了学先进、争先进的良好氛围。年底通过送温暖活动，走访慰问了全场党员，让他们心中感受到了党的阳光，党的温暖。（彭群阳）

【综治维稳】坚持以党建工作来化解各类矛盾，维护全场的综治稳定，芦苇场维稳主要涉及涉军群体、退休职工和部分在职职工三大块组成,矛盾突出、问题复杂,维稳工作也是历来是老大难的问题。为了杜绝群访事件的发生,场总支骨干曾多次上门讲政策,讲道理,动之以情,晓之以理,取得了很好的实效,成功地化解了2起参与涉军群访事件、4起退休职工越级群访事件和一起涉诉事件。（彭群阳）

【经济发展和社会效益】在面对纸厂改制重组和国家环保政策调整而导致芦苇市场严重滑坡这一难题,为避开市场行情不稳定的风险,芦苇场以最高价位提前整体将芦苇全部卖出,并继续引进国家血防造林项目,实行芦林间作,从以前的单一芦苇生产转型为环保型、低碳型的特色经济,植树造林达到70余万株,被立项为万亩"抑螺防病血防造林"项目和无节良材示范林基地和"八个一"造林项目基地。同时,在保证职工基本工资的基础上,动员96名职工走出去从事种植、养殖、服务、商品零售、食品加工、建筑行业等,每年至少创收380万元以上,职工的人均年收入由过去的一万多元增长到现在的3万余元,产生了很好的经济效益和社会效益。（彭群阳）

区特种养殖总场

【概况】2010年,全场总面积4.1万亩,其中耕地面积6194.5亩,国有水面3.3万亩,辖3个行政自然村、3个农业分场、5个国营分场。年末总人口4855人,其中农业人口4613人,干部职工(含固定农工)242人,在职机关工作人员12人,其中正式国家干部7人。（覃永先）

【经济与建设】场党委立足实际坚持农业基础地位不动摇,强化农业主导地位,因势利导带领群众进行产业结构调整。把"三农"工作当作头等大事来抓,研究政策,找准对策,千方百计促进农民增收,"三农"发展步伐明显加快,农业经济持续增强,农业产业化结构进一步优化,种、养殖业结构更趋于合理。"村村通"道路建设扎实推进,一年实现一个目标。（覃永先）

【社会事业】综治维稳工作。场党委高度重视稳定工作,严格落实包保责任制,采取"1+3"的方式进行包保,及时疏导化解涉军、涉债、下岗等各类上访矛盾。计划生育工作。全年完成手术11例,认真落实独生子女奖扶政策,为奖扶对象28人发放扶助金20160元;加大社会抚养费征收力度,严格控制计划外生育,计划生育率达90.8%。民生工作。共发放资金42.8万元,其中农村五保户6.1万元,城镇低保户22.3万元,农村低保户6.5万元,爱心房1.4万元,救灾款2.6万元,其它3.9万元。新农合工作。全场4613人参加农村合作医疗,参合率达100%。新农保工作。全场共有818人领取养老金,2013人参加新农保,参保率80%。（覃永先）

【"十佳善德公民"鲍菊秀】鲍菊秀是特养场福兴村2组村民,现年87岁,她40年如一日,悉心照料双目失明的小叔子——76岁的五保户陈福初,2010年12月鲍菊秀被区委、区政府评为鼎城区"十佳善德公民"。（覃永先）

区园艺示范场

【概况】区园艺示范场是1952年五月建成的以柑桔生产为主的事业性国有农垦单位,为中南最大的桔园之一,历经了59年的创业历史。它位于省道S306线王家桥处,距常德市北郊、火车站20公里,交通便捷。全场土地面积22平方公里,耕地面积9230亩,水域面积4198亩,桔园面积1. 2万亩.下辖5个全民分场,5个行政自然村,50个村民小组,26个柑桔生产队,全场总户数1905户,年末总人口6349人,其中非农业人口1751人。（聂琼）

【新农村建设】为了改善生产生活条件,有利柑橘销售,增加职工的收入,党委、场务会克服困难,成功地把新王家桥西北处的80亩荒山作为一个居住、商贸、文化、医疗、娱乐、餐饮为一体的新农村建设示范点建设。经过2008、2009、2010年三年的与努力,第一期、第二期工程已统一修建初具规模,达到了电通、水通、路通,其主街、副街交叉相连,路面宽敞,门面规格统一,经统计已入住户84户,紧接着第三期工程即将开工。新农村示范点的建成使桔农们有了一个平稳、安全的柑桔销售平台。（聂琼）

【招商引资】2010年场党委、场务会鉴于柑橘滞销、市场疲软和经济效益低的情况下,通过一再考察论证,共花了30万元,垦覆荒山150亩,创建了北枣南移实验区,种植优质北枣桂台系列20000株,成活达到80%以上。

还先后引进香桃、猕猴桃、葡萄等优良品种农业产业结构得到优化。从而为富民强场,建设新农村奠定了坚实可靠的基础。

(聂琼)

【维稳工作】场党委、场务会把稳定工作当作全场中心工作的重中之重。成立专门的领导班子和工作班子,由场党委书记亲自挂帅,分工明确,责任明确。做到了矛盾不出场,问题不上交。落实任务,责任到人。要求每个支部每年向总场综治办交纳维稳保证金3000元,设专人管理,一并与工作挂钩,奖惩分明,并还层层签定责任书。建立健全各项综治维稳规章制度,确保全场大局稳定。

(聂琼)

【计划生育】为了配合区里创国优,场党委、场务会狠抓了孕检、流引产、结扎等手术。一是组织保障。场村成立了领导班子,党委与骨干、总场与村都签了责任状,联系村干部包村,村干部包组、组干部包人。二是经济保障。场村两级共投资了2万元用于阵地建设、协会活动。三是措施保障。制定了严格的考核制度,完善了流动人口管理办法,对全场212名外去务工、经商育龄人员所在地计生办发了协查函,全场机关干职、支部书记、妇女主任人平交纳了1000元计划生育工作责任金,将计划生育工作直接与评先,晋升挂钩,由于采取了以上三个措施,全场12例结扎手术、26例上环、6例流引产、1854名孕检任务全面顺利完成。(聂琼)

人物·人才

全国劳动模范

周海斌 男,1970年出生,汉族,中共党员,1989年12月参加工作,鼎城电力局职工。自进入电力系统以来,一直从事最艰苦的变电运行工作,并担任站长职务,十五年如一日。2008年调入电力局维操队工作。他工作的变电站最早成为常德电力系统标杆站,先后8次获得常德市"青年文明号集体"和常德市局模范班组、青年遵章守纪先进集体称号。他工作的维操队,先后多次被评为安全生产先进单位、班组建设先进单位,2009年被评为常德电力系统标杆班组。自1991年—2009年以来,该同志连续多年多次被市局、本局评为"先进生产工作者"、"安全生产先进个人"、"安全生产标兵"、"优秀工会积极分子",2004年度被全国总工会授予"全国五一劳动奖"的奖章。2010年获全国劳动模范称号。

省劳动模范及省先进工作者

朱晓初 男,48岁。中共党员,MBA工商管理硕士学位。助理政工师,常德市第五届人大代表。2005年11月任安乡移动分公司经理;2007年6月任鼎城移动分公司经理至今。多次被评为省、市移动公司"先进个人"、"优秀共产党员";"优秀市人大代表"。2010年获省劳动模范称号。在他的带领下,鼎城分公司多次获省、市移动系统"先进集体";团省委授予的"青年文明号";市"文明标兵单位";省"消费者信得过单位";全国"模范职工小家"等称号。

周新明,男,汉族,1959年9月出生,中共党员,1982年8月参加信用社工作,原任鼎城区农村信用合作联社石板滩信用社任主任,现任朗州信用社主任。该同志2007年度被湖南省农村合作联社常德办事处评为"十佳信用社主任";2008年度被湖南省农村信用联社常德办事处评为"十佳信用社主任";2009年度被湖南省农村合作联社常德办事处评为"十佳信贷员";2007年度被湖南省农村信用社联合社评为"先进工作者";2008年度被湖南省农村信用社联合社评为"先进工作者";2009年度被湖南省农村信用社联合社评为"百优"信贷客户经理;2009年被湖南省农村信用社联合社授予"文明服务标兵";

2009年被湖南省农村信用社联合社评为“优秀共产党员”等荣誉称号,2010年获省劳动模范称号。

毛新云 男,1969年12月出生,中共党员,高中文化,湖南省常德市鼎城区石门桥镇邱家岗村10村民组人.常德兴达纺织有限公司、常德宏兴棉业有限公司、常德鼎城宏兴棉业有限公司法人代表.常德市第四、五届人大代表,常德市第四、五届人大农业委员会委员。先后荣获“常德市十大杰出企业家”、“优秀青年管理者”、“一星级企业家”“优秀共产党员”“社会主义新农村建设先进个人”等殊荣。2010年,被省政府授予“省农业劳动模范”称号。

贺姝红 女,1967年2月出生,1991年7月参加税务工作,曾任常德市国税局团委书记、人事教育科科长、政策法规科科长。2008年调任鼎城区国税局党组书记、局长。多年来,她始终把“进取、敬业、奉献、无私”作为自己的人生信条,并一以贯之地诠释和践行,在平凡的岗位上做出了不平凡的业绩。先后获得了“共青团湖南省委优秀共青团干部”、“湖南省‘四五’普法依法治理先进个人”、“常德市巾帼建功示范岗”、“常德市五一先锋”、“常德市首届十大女杰提名奖”、“鼎城区首届十大女杰”等20多项荣誉,10多次受到嘉奖、记功奖励,1次省政府记二等功。2010年获省先进工作者称号。

蒋彬彬 男,汉族,1979年8月出生,中共党员,大学本科文化,一级警司。1999年7月参加公安工作,先后在鼎城区公安局巡逻防暴警察大队、禁毒大队、刑警大队、武陵镇派出所工作,现任武陵镇派出所副所长,分管刑侦工作及武陵镇农村片、桥南工业园、商贸城水产市场、金霞社区工作。他曾多次受到上级部门的表彰和奖励,2004年被省公安厅评为首届全省警务技能教官班优秀教官,2006年被市公安局授予个人三等功,2008年被市公安局评为全市优秀人民警察,2009年被区政府授予个人三等功,2008年、2009年连续两年被评为鼎城区公安局十佳民警。2010年获省先进工作者称号。

高级(正高)专业技术人员简介

黄士元 男,中共党员,汉族,1943年1月出生,鼎城区图书馆支部书记,国家一级编剧,中国戏剧协会会员,中国曲艺协会会员。任湖南省曲协副主席、常德市剧协、曲协副主席、区政协常委、老科协常委等职。从事文艺创作四十余年。先后出版了《黄士元作品选》、《黄士元小戏选》、《黄士元曲艺选》、《黄士元文论选》,其作品十余次选调进京演出,进中南海怀仁堂、人民大会堂演出,十余次获全国金奖银奖,曹禺戏剧奖,田汉戏剧奖,五十余次获省、市创作奖,代表作有戏剧《哄队长》、《山里哥哥山里妹》、《旋转的钞票》、常德丝弦《瓜中情》、《待挂的金匾》、《特别新娘》、《特别党委会》、《新婚之夜》、《枕头风》、《最喜八月去农家》等,中央电视台多次播放,《人民日报》、《中国日报》、《光明日报》、《文艺报》、《中国文化报》、新华社等三十余家媒体曾予以报道。先后被评为湖南省优秀共产党员、省十佳知识型职工、省青年文学创作积极分子、常德市有突出贡献专家、常德市十佳文艺工作者、常德市2004年度十佳新闻人物,中共常德市委发出学习黄士元活动决定,市政府给予十万元重奖。曾先后当选为全国剧代会代表、全国曲代会代表、省党代会代表、省人大代表、省文化会代表、市政协委员、鼎城区政协常委,曾先后十余次记二等功、大功、三等功,享受国务院特殊津贴。

吴忠文 男,汉族,中共党员,1940年5月出生,大专文化,常德市第二中医院主任医师,享受政府特殊津贴。三十多年来,从事中医内科疑难杂病研究,精通《伤寒论》,潜心研究趺阳脉,著有《趺阳脉学》,在诊治肝病有丰富的临床经验,研制二甲散、舒肝转阴5号片、中药离子导入治疗肝胆疾病取得明显疗效和阶段性成果,发表国家级论文三篇,研制舒肝转阴系列制剂临床研究获常德市科技进步三等奖，舒肝转阴5号片抗乙肝病毒的临床研究在省科委立项。

陈 祥 男，中共党员，汉族，一九七0年十月出生，2010年获泌尿外科主任医师任职资格，现担任常德市第四人民医院副院长，兼微创外科主任，湖南省医学会泌尿外科分会委员，常德市医学会泌尿外科分会副主任委员。2005年主持微创外科工作以来，不断引进微创外科新技术，在医院率先开展泌尿外科微创手术，其中腹腔镜下肾切除，经皮肾镜碎石，取石术处于常德市领先水平，达省先进水平。在临床科研中，在本人主持下已向市科技局申报科研立项课题四项，其中"上尿路结石并急性肾衰的诊治"获市级三等奖，"两孔法腹腔镜下精索静脉高位结扎术"已获评审通过，二00五年度至二0一0年度连续六年均被评为"医院和区政府'先进工作者'称号"，2007年被鼎城区卫生系统评为"十佳医生"，零五至零九年度连续五年被评为"医院手术台次第一的医生"，2005年、2006年"十佳标兵"竞赛活动中均被评为"十佳标兵"，二00九年度评为"优秀科主任"，二0一0年被评为"优秀共产党员"。

卢年初 男，中共党员，汉族，1963年1月出生，80年代初毕业于湖南师大中文系，先后在师范学校、示范高中任教，后在组织部工作。2001年调教育局，现任常德市作协主席，鼎城区教育局局长、党委书记。中国作家协会会员，一级作家。

在任教期间，他一心为了学生，在业务上一丝不苟，精益求精，注重教学研究，教学效果好；在组织部工作期间，能做到严格自律，具有很强的开拓性，他注重调查研究，积极为领导出谋献策。

调教育局工作后，分管人事政工工作。他在充分调查研究的基础上，广泛征求各方面意见，大胆进行人事制度改革，将鼎城区33个乡镇联校和中学班子合并，减少行政岗位90个，节约经费300多万元，顺利实施教职工定岗分流工作，全区共分流581人，初步实现了教师队伍人事管理由身份管理向岗位管理、由行政任用关系向平等协商聘任关系转变，为激励优秀人才脱颖而出创造必要条件和良好的外部环境。

出任教育局局长以后，他精心筹划全区各级各类学校办学水平的提高，力保鼎城教育持续、稳定、健康地发展。他团结教育局一班人，积极争取区委、区政府对教育的支持，积极稳妥的推进教育强区工作。先后建立了党政领导、区直部门联系教育制度、政府教育奖励制度等一系列制度，出台了《关于在学校推行检查准入制的通知》，优化教育发展环境。按政策保障教育投入，为武陵镇城区四所小学各新建了一栋高标准的教学楼，新增小学学位2000多个，新建了投资近8000万元善卷中学，并拟于2011年秋季开始招生。稳步推进合格学校建设，三年来共建成合格学校59所。2009年5月18日，全市合格学校建设工作会议在鼎城召开。大力倡导读书、教研之风，创新用人模式。建立了局机关二层骨干竞聘制度、后备干部培养制度、干部提拔课堂见面制度、干部述职述廉制度、业务考试制度，所有学校班子成员一律从教学一线提拔。在全区冻结编制的情况下，通过公开招考的方式，06年以来新进教师303名，培养免费师范生103名。同时，不断解放思想，大力推进民办教育、职业教育发展，2008年，鼎城区被评为全省民办教育工作综合先进县。

从事文学创作以来，共发表作品500余件，被《青年文摘》、《读者》、《作家文摘》、《新世纪文学选刊》、《领导文萃》、《中外书摘》、《特别文摘》、《特别关注》等多家刊物转载，代表作《带着村庄上路》入选全国高考试题，并由中央电视台制作播出，多篇作品入选《百年中国经典散文选》《致故乡：名家笔下的灵性文字》、《三十年散文观止》、《21世纪散文排行榜》等多种权威选本。出版个人专著七部：分别为散文集《会见生活》、《带着村庄上路》、《机关》；长篇小说《沉浮》；思考者三部曲《旧事》、《帷幄》、《水墨》。其中，长篇小说《沉浮》被全国中文核心期刊《芙蓉》杂志于2009年第四期全文刊载；《水墨》被凤凰网读书频道列为2010年34期一周好书；思考者三部曲入选2011年湖南省中小学图书馆(室)装备图书征订书目。

该同志1993年市政府浮升一级工资，1996年区政府记三等功，1997年市政府记二等功，1998年区政府嘉奖，2001年市优秀党务工作者，2002年，区政府嘉奖，2004年作品散文集《带着村庄上路》获常德市第九届"五个一工程"奖，2009年市政府记二等功，2010年区政府记三等功。

地方文献

中共常德市鼎城区委办公室
常德市鼎城区人民政府办公室
关于印发《争创国家级计划生育优质服务
先进区奖惩办法》的通知

常鼎办发〔2010〕1号

（2010年3月4日）

各乡镇党委、人民政府，区属农林场，区直有关单位：

《争创国家级计划生育优质服务先进区奖惩办法》已经区委、区政府研究同意，现印发给你们，望全区各级各单位扎实工作，奋勇争先，为争创“国优”作出更大贡献。

争创国家级计划生育优质服务先进区奖惩办法

为了更好地推动人口计生工作的开展，实现争创“国优”的目标，经区委、区政府研究同意，特制订本办法。

一、评选创“国优”先进个人

对在争创“国优”工作中成绩突出，事迹感人的全区各级各单位干部职工，由所在单位推荐，经区计生领导小组审核，报请区委、区政府同意，评选为创“国优”先进个人，并给予一定的经济奖励。每年评选先进个人 50 名左右。

二、严肃处理创“国优”中工作不力的单位和个人

1. 接受“国优”检查的单位，凡出现问题影响考核结果的，罚款 2 万元，并对所在单位主要负责人和分管负责人依纪依规追究责任。

2. 创“国优”实行分段考核，2 个月为一段，每段考核一次。每段考核对后 5 名乡镇(场)的书记、乡镇(场)长实行警示谈话，分管计生负责人作书面检查；连续两次考核处于后 5 名的乡镇(场)长停职专抓创“国优”工作，分管计生负责人给予组织处理。

3. 对在创“国优”过程中被“一票否决”的单位，乡镇(场)分管计生的负责人要免职，村(居)支部书记要撤换，有失职、渎职行为影响检查验收的乡镇(场)党委书记，要依纪依规追究责任。

中共常德市鼎城区委办公室
常德市鼎城区人民政府办公室
关于印发《鼎城区2010年小城镇建设以奖代投实施办法》的通知

常鼎办发〔2010〕8号

（2010年3月19日）

各乡镇党委、人民政府，区属农林场，区直有关单位：

《鼎城区2010年小城镇建设以奖代投实施办法》已经区委、区政府研究同意，现印发给你们，望结合实际，认真遵照执行。

鼎城区2010年小城镇建设以奖代投实施办法

为进一步推进全区小城镇建设步伐，加快城乡经济统筹发展，调动各乡镇、农林场自主建设投入的积极性，改善城镇面貌，经过认真研究，制定本办法。

一、奖励的对象和范围

（一）奖励的对象

在集镇规划区范围内，从事城镇基础设施建设项目的乡镇、农林场（武陵镇除外）。

（二）奖励的范围

1. 按程序报批、经区政府批准的自主建设的道路、绿化、亮化、消防设施、给排水、环卫设施、垃圾处理等建设项目，投入5万元及以上的给予奖励。

2. 争取市级以上投入的项目资金，用于小城镇基础设施建设的。

3、国家、省、市政策计划内项目和区级及以上的新农村建设的投入不纳入本奖励范围。

二、奖励资金来源和奖励标准

1. 设立政府专项奖励资金，按乡镇完成工程投资额的10%-20%给予奖励（以审计决算的投资额为准）。

2. 本乡镇区域内的集镇经营性用地土地出让入库净收益，按70%给予奖励。

3. 本乡镇区域内的集镇房产开发、市场建设所产生的区本级实际所得的税收，按30%给予奖励。

三、项目与资金的管理

（一）项目管理

项目主管单位为区建设局。年初各乡镇按实际情况，拟定申报工程项目，形成我区当年小城镇建设项目计划书，报区建设局审定批准后，再报区城市办、区财政局备案。区建设局对项目进行全程的跟踪监督，发现工程质量、安全等出现问题，取消其奖励资格。项目完工后进行竣工验收与审计。

(二)资金的管理与支付方式

1. 政府专项奖励资金纳入全区建设资金统一管理。

2. 奖励资金专款专用,跟踪监督,不能挪作它用,否则予以追回。

3. 土地收益方面的奖励资金由区国土局核准,区财政局据实结算。

4. 税收方面的奖励资金由区财政局核准拨付。

5. 项目完工后,由区建设局组织相关部门进行验收,由区财政局对合格项目进行评审,以评审金额作为奖励基数。

6、所有项目经区城市办会同相关部门进行综合验收后,拿出分配方案,经区城市化领导小组研究,报区政府同意后再拨付。

四、本办法由区建设局负责解释。

中共常德市鼎城区委办公室
常德市鼎城区人民政府办公室
关于印发《鼎城区 2010 年工业发展目标管理考核办法》的通知

常鼎办发〔2010〕9 号

（2010 年 4 月 7 日）

各乡镇党委、人民政府，区属农林场，区直有关单位：

《鼎城区 2010 年工业发展目标管理考核办法》已经区委、区政府研究同意，现印发给你们，请结合本地本单位实际认真贯彻执行。

鼎城区 2010 年工业发展目标管理考核办法

一、考核对象及内容

考核对象：全区各乡镇人民政府、规模工业企业

考核内容：

乡　镇：主要经济指标、安全生产、优化环境、工业发展基础工作、统计报表工作；

规模工业企业：工业总产值、入库税金、技改投入、安全生产、统计报表工作。

二、考核办法（按百分制考评）

乡镇人民政府

1. 主要经济指标（30 分）：完成主要经济指标计满分，未完成的按比例计分。

2. 安全生产（20 分）：没有安全生产重大隐患和发生安全生产事故、有安全生产管理组织和工作安排、对企业存在的安全生产隐患及时下达整改通知书并及时督促整改、按要求配合区直有关职能部门开展安全生产工作的计满分。发生一次安全生产事故、直接经济损失 1 万元的扣 5 分，直接经济损失 2–5 万元的扣 10 分，直接经济损失 5 万元以上或死亡 1 人的计 0 分；发生一次安全生产事故、直接经济损失 20 万元以上的或死亡 3 人以上的一票否决。

3. 优化环境（15 分）：本地企业发展较好，对优化经济环境工作重视，没有出现经济环境纠纷计满分。当地发展环境不好，有举报且属实的每次扣 2 分，企业纠纷未及时调处的每次扣 1 分，接到投诉处理不及时或相互推诿的每次扣 2 分，同类问题重复投诉的扣 5 分。

4. 工业发展基础工作（15 分）：有组织领导、积极支持区推进新型工业化领导小组办公室工作的计满分；分管负责人、工业专干、统计员责任不明确的扣 1 分，年初工作任务不落实每项扣 1 分；工作例会每缺

一次扣0.5分，要求上报的材料每欠交一次扣1分，对其他工作任务不落实不配合的每次扣1分。

5．统计报表工作(20分)：乡镇及本区域内的规模工业企业及时报送各类报表及相关资料计满分，每种报表每迟报一次扣0.5分，每缺报一次扣1分；按原有规模工业户数，每户加0.5分，当年新进1户加2分。

规模工业企业

1．工业总产值(25分)：完成工业总产值指导性计划任务的计25分，按计划每增(减)1%加(减)1分。

2．入库税金(25分)：完成入库税金指导性计划任务的计25分，按计划每增(减)1%加(减)1分。

3．技改投入(20分)：有技改投入100万元以上的计满分，没有的不计分，每增投100万元加0.2分，最高加分不超过5分。

4．安全生产(20分)：落实安全生产管理规定和制度、未发生安全生产事故的计满分。发生一次安全生产事故、直接经济损失1万元的扣5分，直接经济损失2-5万元的扣10分，直接经济损失5万元以上或死亡1人的计0分；发生一次安全生产事故、直接经济损失20万元以上的或死亡3人以上的一票否决。

5．统计报表工作(10分)：按要求、规定上报各类情况和统计报表的计满分，每种报表每迟报一次扣0.5分，每缺报一次扣1分。

三、考核实施

考核由区推进新型工业化领导小组办公室牵头组织成员单位实施，结果报区推进新型工业化领导小组审定。

四、奖励办法

对乡镇人民政府：按得分多少评出工业发展目标管理红旗单位3名，各奖励5000元；先进单位6名，各奖励3000元。年终乡镇综合目标管理考核(岗责考评)工业部分按此得分折算计分。

对规模工业企业：按得分多少评出工业生产目标管理红旗单位8名，各奖励1万元；先进单位12名，各奖励5000元。

五、本办法由区推进新型工业化领导小组办公室负责解释。

附件：1、2010年全区工业主要经济指标指导计划表

2、2010年规模工业企业经济指标考核计划表

附件 1：

2010 年全区工业主要经济指标指导计划表

单位：万元

乡镇名称	工业产值		规模工业入库税金		固定资产投入	
	2009 年完成	2010 年计划	2009 年完成	2010 年计划	2009 年完成	2010 年计划
合　计	1283556	1528000	20621.9	32830	167510	249800
经济开发区灌溪片	583200	780000	15179.3	23150	87500	130000
经济开发区桥南片	118500	120000	1318.9	1650	8320	10000
蒿子港	28600	30000	18.1	15	300	500
中河口	28620	30000	22.8	35	720	500
十美堂	4900	6000	/	/	30	200
黄珠洲	4700	6000	/	/	30	200
黑山咀	7000	8000	/	/	205	200
牛鼻滩	9750	10000	29.1	45	870	500
韩公渡	6750	7000	/	/	100	200
石公桥	10000	15000	41.5	55	100	300
镇德桥	5100	6000	13.9	20	267	300
周家店	5900	6000	/	/	740	200
大龙站	5800	6000	/	/	250	200
双桥坪	6180	7000	7.8	10	400	300
长岭岗	6100	7000	137.5	180	600	500
灌　溪	95000	100000	670.4	975	20000	35000
石板滩	65008	70000	905.3	970	30000	50000
蔡家岗	30100	32000	523.1	560	1000	1000
雷公庙	20250	22000	262.1	270	1100	1000
斗姆湖	6500	8000	45.1	60	60	500
许家桥	8000	10000	21.9	10	225	300
丁家港	5900	6000	/	/	300	300
草　坪	9510	10000	1.9	10	350	300
石门桥	54420	58000	622.6	750	3695	5000
谢家铺	8050	10000	17.7	70	620	500
黄土店	6115	7000	/	/	300	200
唐家铺	6200	7000	/	/	240	200
钱家坪	7513	8000	/	/	210	200
沧　山	7380	8000	/	/	400	200
港二口	6680	7000	/	/	100	300
逆江坪	6000	7000	/	/	30	300
尧天坪	6080	7000	/	/	240	200
长茅岭	6500	7000	/	/	180	200
武陵镇	97250	100000	782.9	1165	8028	10000

附件2：

2010年规模工业企业经济指标指导性计划表

单位：万元、人

企 业 名 称	工业总产值		入库税金		从业人员	
	2009年完成	2010年计划	2009年完成	2010年计划	2009年完成	2010年计划
合 计（112家）	695336	1023200	20621.9	32830	12842	17267
经济开发区灌溪片（15家）	456094	715000	15179.3	25100	3564	4410
中联重科建筑起重机械分公司	118834	200000	6343	10000	754	900
中联重科常德汽车起重机分公司	158026	250000	3751	7000	599	750
湖南特力液压有限公司	58170	90000	2144.8	3600	770	800
湖南中联重科专用车有限责任公司	22106	50000	59	150	328	400
中联重科结构件有限责任公司	27181	30000	2031	2500	410	450
湖南武陵机械制造有限公司	49473	60000	262	1000	150	200
常德市迪格物贸工贸有限公司	6000	8000	58	100	103	150
常德市渤雅钢丸铸造机械有限公司	3847	8000	183.1	300	95	120
浦沅多田野汽车起重机常德修理厂	3610	5000	81.2	100	16	200
常德金欣机械制造有限公司	2480	3000	69.1	100	35	40
常德佳鸿机械有限责任公司	1610	2000	32.6	50	71	100
常德市鼎城区瑭桥机械厂	1427	2000	44.8	50	45	80
常德中凯机械工业有限公司	1330	2000	39.7	50	68	80
常德市鼎城三金机械厂	1000	2000	40	50	60	70
常德市鼎城正荣机械有限公司	1000	3000	40	50	60	70
经济开发区桥南片（39家）	60049	93200	1318.9	2045	2440	3245
湖南一品江南调味食品有限公司	1003	1300	14	18	38	45
常德天美乐冷冻食品有限公司	2115	3000	7.6	15	64	60
湖南宏旺石油有限公司	1026	1500	19.5	30	20	30
常德云港生物科技有限公司	1258	2000	54	70	88	100
常德市八百里酒业有限公司	1001	1500	17.9	25	34	40
常德市胜利冷气配件有限公司	603	1000	32.6	40	44	50
鼎城湘维饮料厂	807	1000	3.2	5	47	60
常德金果园科技食品有限公司	1004	1500	5.5	10	62	70
鼎城东方恒康竹业有限公司	610	800	3.8	5	58	60
常德同达机械制造有限公司	1205	1500	83.7	100	84	100
湖南省双豹粮食机械有限公司	2134	3000	137.8	150	81	100

企业名称	工业总产值		入库税金		从业人员	
	2009年完成	2010年计划	2009年完成	2010年计划	2009年完成	2010年计划
常德汇泉食品有限公司	1334	1500	15.5	20	138	120
常德市鼎城金标粮油工业有限公司	1879	2000	5.8	15	48	60
常德德隆纺织有限公司	1201	2000	11.4	20	71	200
常德辉煌家俱有限公司	406	500	1.7	5	57	80
常德市展宏纸厂	651	1000	10.9	15	41	50
常德小飞象乳业有限公司	750	1000	2.8	5	45	80
常德鼎正中药饮片有限公司	519	800	22	30	88	100
常德视佳眼镜有限公司	630	1000	18.7	20	29	40
常德市格莱水产食品有限公司	6009	7000	3.3	10	84	90
常德市鼎城文福纸业有限公司	1278	1500	17.2	20	40	80
常德市鼎城区景云编织袋彩印加工厂	1008	1500	11.2	20	47	70
常德金利源包装有限公司	582	1000	35.6	50	47	60
常德市佳达电线电缆有限公司	7019	10000	93.1	150	72	120
常德市联嘉机械有限公司	4513	10000	253.5	400	108	250
常德市佳诚机械有限公司	2989	5000	97.7	150	156	200
常德德凯机械有限公司	501	600	10.9	12	38	50
湖南常德水表总厂	1001	1200	15.4	20	50	60
常德市鼎城信达油品有限公司	700	1000	26.5	30	35	50
常德湘大环保科技有限公司	1503	2000	13.8	20	162	180
常德质中电通讯设备制造有限公司	6006	10000	172.6	400	150	150
常德三友机械制造有限公司	2616	3500	36.8	50	80	100
常德市鼎城海宏液压机械有限公司	612	1000	11.6	15	25	40
常德市鼎城林宇汽车配件有限公司	1001	2000	25	50	37	50
常德市鼎城湘味源食品饮料有限公司	513	1000	1	5	38	40
常德市洞庭古井酒业有限公司	562	1000	5.3	10	15	30
湖南福祥天茶叶有限公司	500	2000	5	10	35	50
湖南正坤置业有限公司	500	3000	10	15	55	80
常德市鼎城区万家炊工贸公司	500	1000	5	10	29	50
灌溪镇（9家）	24440	30400	670.4	980	854	1220
湖南常德祥盛轧钢有限责任公司	9500	10000	29.6	50	108	130
常德杰红织布厂	2729	4000	170.9	200	293	400
常德市鼎城区福利橡胶制品厂	1209	1500	4.7	10	20	30
常德市鼎城武陵水泥有限公司	6000	8000	297.7	500	198	300
湖南湘陵米业公司	1321	1500	3	10	17	40
常德富贵铸造有限公司	1000	1500	40.5	60	57	70

企业名称	工业总产值		入库税金		从业人员	
	2009年完成	2010年计划	2009年完成	2010年计划	2009年完成	2010年计划
常德市裕佳食品有限公司	3859	4000	22.3	25	293	300
常德市鼎城富祥木业有限公司	818	1000	0.4	5	40	50
雷公庙镇（3家）	3321	3700	262.1	320	281	320
常德市鼎城区吉强建材厂	1116	1200	116	150	53	60
常德市湘陵水泥有限公司	1405	1500	111.1	120	167	180
常德市东森机械厂	800	1000	35	50	61	80
蒿子港镇（3家）	21399	23000	18.1	25	142	258
湖南天泽农业发展有限公司	20082	20000	8.1	10	84	150
常德市美食佳粮油食品有限责任公司	817	1000	5	5	20	50
常德润田机械制造有限公司	500	2000	5	10	38	58
石公桥镇（2家）	9336	10000	41.5	55	120	100
湖南省常德华宇合金有限责任公司	1700	2000	39.5	50	40	50
常德市精为天米业有限公司	7636	8000	2	5	80	50
牛鼻滩镇（2家）	3330	3500	29.1	45	81	110
常德市鼎城区洞庭纸业有限公司	2330	2500	28.8	40	61	80
常德市弘洋农牧科技发展有限公司	1000	1000	0.3	5	20	30
草坪镇（2家）	2604	3000	1.9	10	126	170
常德市鼎城区天禄木业有限公司	1800	2000	1.9	5	68	80
常德鼎城七一机械水泵制造公司水泵阀门厂	804	1000	0	5	58	90
谢家铺镇（2家）	2093	2500	17.7	70	162	600
常德利群纺织有限公司	1126	1500	11	50	92	250
常德市鼎城区众鑫棉业有限公司	967	1000	6.7	20	70	350
长岭岗（1家）	2832	3000	137.5	180	101	150
常德长岭烟机配件有限公司	2832	3000	137.5	180	101	150
双桥坪（1家）	3435	4000	7.8	10	28	35
常德市鼎城年丰粮油饲料有限公司	3435	4000	7.8	10	28	35
镇德桥镇（1家）	882	1000	13.9	20	203	220
湖南常德市鼎城常欣纺织有限公司	882	1000	13.9	20	203	220
斗姆湖镇（2家）	2201	2500	45.1	70	272	350
常德环宇纺织有限公司	1401	1500	40.1	60	240	300
常德市金潮粮油有限公司	800	1000	5	10	32	50
许家桥乡（2家）	1204	1800	21.9	20	83	108
常德市欣海鬃刷有限公司	704	800	16.9	10	45	60
常德牛牛米业有限公司	500	1000	5	10	38	48

中共常德市鼎城区委办公室关于印发《2010年常德市鼎城区“十佳领导干部”评选办法》的通知

常鼎办发〔2010〕12号

（2010年5月26日）

各乡镇(场)党委、区直各单位党组织：

《2010年常德市鼎城区“十佳领导干部”评选办法》已经区委研究同意，现印发给你们，请遵照执行。

常德市鼎城区“十佳领导干部”评选办法

一、指导思想

以党的十七大和十七届三中、四中全会精神为指导，深入贯彻落实科学发展观，扎实开展领导干部作风建设，充分调动党员干部的积极性、主动性和创造性，提高我区领导干部服务企业、服务基层、服务群众的水平，为推进以“打造工业新城、开发城市新区、建设生态新村”为内容的“二次创业”提供强有力的组织保证。

二、评选范围

全区在职副科级以上领导班子成员。

三、评选条件

1. 践行“五种作风”好。是弘扬“五种作风”，严明“五条纪律”的楷模。

2. 完成工作任务好。严格履行工作职责，分管工作取得突出成效。

3. 群众口碑好。德能勤绩廉学等方面干部群众都给予高度评价，考察考核结果好，民主测评分值高。

4. 维护大局好。坚决维护区委、区政府权威，维护领导班子团结，大局意识强；积极做好矛盾化解工作，维护单位和社会稳定。

5. 廉洁自律好。带头遵守《中国共产党党员领导干部廉洁从政若干准则》。

四、评选程序

坚持公开、公平、公正的原则，采取单位民主推荐、初步审查、组织考察、部门联审、组织审查、媒体公示、讨论决定等方式进行。

1. 民主推荐：各单位要采取群众推选、会议表决的办法，将本单位推荐人选报区评选办。

2. 初步审查：区评选办初步审查各单位上报人选的书面材料，提出组织考察候选人选。

3. 组织考察：区评选办组成考察组，深入到侯选对象所在单位进行考察测评。

4. 部门联审:征求区纪委、区委组织部、区委政法委、区计生局、区信访局等部门意见,对违反相关规定和纪律的侯选对象“一票否决”;对符合条件的对象按 3∶1 提出联审后的人选,提交区干部作风建设领导小组研究。

5. 组织审查:区干部作风建设领导小组经审查,按 1.5∶1 的比例提出人选,提交区评选活动领导小组研究确定“十佳领导干部”预选人选。

6. 媒体公示:在鼎城电视台、鼎城电台、鼎城党建网和鼎城政府网对侯选对象进行社会公示,广泛征求群众意见。

7. 讨论决定:媒体公示结束后,报请区委常委会研究决定。

五、评选结果运用

1. 区委将对评选出的“十佳领导干部”进行表彰奖励,授予荣誉称号,给予每人 1 万元的奖励。

2. 对评选出的“十佳领导干部”在区广播电视台进行报道、推介。组织开展学习活动,大力宣传他们的先进事迹,在全区形成学先进、赶先进的浓厚氛围。

3. 对评选的“十佳领导干部”,组织部门将作为干部选拔任用的重要依据。

六、组织领导

成立评选工作领导小组,区委书记任组长,区长、专职副书记、纪委书记、组织部长任副组长,区委办、区政府办、区纪委、区委组织部、区委宣传部、区委政法委、区人事局、区财政局等为成员单位,领导小组下设办公室,由区纪委书记兼任办公室主任,办公室设在区纪委。

中共常德市城区委办公室
常德市鼎城区人民政府办公室
关于印发《鼎城区2010年农民负担监督管理工作意见》的通知

常鼎办发〔2010〕13号

（2010年6月12日）

各乡镇党委、人民政府，区属农林场，区直有关单位：

《鼎城区2010年农民负担监督管理工作意见》已经区委、区政府研究同意，现印发给你们，请结合本地本单位实际认真组织贯彻执行。

鼎城区2010年农民负担监督管理工作意见

为了进一步巩固农民负担监督管理工作成果，推动强农惠农政策的落实，防止农民负担反弹，根据省委、省政府，市委、市政府对农民负担监督管理工作一系列政策精神和要求，现就如何做好我区2010年农民负担监督管理工作提出如下工作意见。

一、总体工作要求

今年我区农民负担监督管理工作总体要求是：继续实施对农民反映强烈的涉负问题的专项治理，切实加强对各项强农惠农政策落实情况的督导检查，进一步完善和落实农民负担监管制度，努力构建农民负担监管的长效机制，确保农民负担进一步减轻，确保不因政策不落实和农民负担加重而发生涉负恶性案（事）件，为建设社会主义新农村、构建和谐新鼎城作出新贡献。

二、主要工作重点

（一）加强对农田生产排渍灌溉费的管理

1. 关于湖区乡、村水费的问题：按照中央、省、市的要求，坚决禁止纳入洞庭湖区防汛规划范围内的区县市以上水利工程管理单位、乡村组织向农民收取"堤防费"、"水利工程费"、"基本水费"、"电费"、"排涝基本水费"、"排渍电费"、"基本排洪费"、"机电排灌水费"等共同生产费。

2. 关于湖区村组抗旱费问题：村组抗旱费要按照"谁受益，谁负担"和"村民自愿、严格控制、使用公开、厉行节约"的原则，由村民以机埠为单位自主筹集和分摊，乡村两级不得分任务、定指标，更不得平调。村组年初不预算，待秋后，以机埠为单位按全年实际支出费用，填报《常德市鼎城区村组抗旱费申报审批表》报送审批。实行"用后报批、批后收取、民主理财、张榜公布"。

3. 关于山丘区农田生产灌溉水费问题：山丘区水利工程农田灌溉水费上级没有明文规定取消，今年继续收取。必须严格坚持按受益面积据实征收，张榜公布，并填发农田灌溉水费征收合同书，通知到户。具体征收按照市物价局、市减负办、市财政局、市水利局常价价[2009]85 号文件规定的标准执行。

（二）加强对惠农政策落实情况的监督

按照湘办〔2009〕65 号文件的要求，认真抓好各项惠农政策的落实。一是严格落实"谁分管、谁负责"的部门分工责任制，强化分工协作、齐抓共管的工作机制，惠农政策涉及的各相关部门要负责所管辖范围内惠农补贴资金发放和监管工作，哪个部门出现了问题，就由哪个部门负责整改处理，查处不到位的要追究部门的领导责任。二是通过电视、广播以及发放监督卡等形式，进一步加大对惠农政策的宣传力度，让更多的农民和基层干部及时了解各项惠农政策，发挥群众监督的作用。三是进一步完善补贴发放方式，推行"一卡通"发放。四是认真落实惠农补贴资金信息公开制度，严格惠农补贴资金发放纪律，不得截留、挪用，不得以计内计外为借口，随意打折克扣农民补贴，不得硬性抵扣水费、抗旱费、"一事一议"筹资和老欠、提留、税费等费用，确保惠农补贴资金安全运行、规范管理、有效使用。五是加大惠农政策落实情况的检查力度，要通过明查暗访相结合、部门检查和联合检查相结合、专项检查和综合检查相结合等多种方式开展检查，严肃查处滞留、少发、抵扣、冒领、挪用等违反惠农政策的违纪违规行为。

（三）切实加强"一事一议"筹资筹劳及财政奖补试点工作的监管

1. 关于"一事一议"筹劳。去年我们全区取消了"一事一议"筹劳，今年继续执行，防止"以资代劳"现象的发生。

2. 关于"一事一议"筹资及财政奖补。鉴于"一事一议"筹资有事难议、程序繁多、资金难收等问题，鼓励有条件的村取消"一事一议"筹资。对有集体生产公益事业建设项目，群众又迫切要求开展"一事一议"筹资建设的，要加强对"一事一议"筹资组织实施的指导，积极引导农民按民主程序议事、按民主决策事项出资。要加强对"一事一议"筹资及"一事一议"财政奖补试点组织实施的监管，对超出议事适用范围、违反民主议事程序、超过限额标准的议事项目，一律不得列入筹资范围；凡未经区减负办审查批准的"一事一议"筹资项目不得列入财政奖补试点范围；对强行要求村民出资、平调或挪用筹集资金及财政奖补资金等违规违纪行为，要及时予以纠正；对私分、贪污筹集资金及财政奖补资金的，要坚决查处。坚决杜绝"一事一议"筹资按亩平摊。加强对全区"一事一议"财政奖补工作的检查，对检查中发现违反相关政策的问题，要及时查处，督促抓好整改，对于整改不到位的，要取消其奖补资格。

（四）严禁新农村建设中向农民乱集资、乱摊派

新农村建设要量力而行、分步实施。在新农村建设中不准向农民搞统一标准的硬性摊派；不准新增村级债务，不准借贷搞建设。要鼓励农民自愿募捐，鼓励企业和工商业主及其他人员赞助农村公益事业建设。坚决杜绝用农民的补贴资金直接抵扣新农村建设中的集资款，包括农民自愿募捐款。一旦发现，将立案严肃查处。

（五）继续抓好涉农乱收费的专项治理

要集中抓好四个方面专项治理工作：一是治理农村中小学乱收费。重点解决学校向学生摊派教辅资料和向就餐学生收取高额伙食费的问题。二是治理对农民建房多收乱罚的问题。农民在原宅基地和荒山、荒坡地建房，不得收取代办服务费，严禁强制或变相强制建房人接受咨询、设计、评估、测绘、代办等服务并收取费用。三是治理向农民专业合作社乱收费。办理农民专业合作社登记不得收费，严禁在登记时搭车或变相收取其他费用，农民专业合作社也不得向成员代收或乱收经营活动之外的其它行政事业性费用。四是治理乡镇政府和有关部门向村级组织乱收费或委托村级组织向农民收取的各种税费。

三、重点工作措施

（一）进一步强化领导责任。一是要进一步统一和提高思想认识。当前和今后一个时期，农民负担监管内容正在从过去的减轻农民负担为中心逐步转变到以减负和维护农民合法权益为中心上来；农民负担的监管对象正在从过去以乡、村为主逐步转变到以乡村和涉农部门为主上来；农民负担的监管范围正从过去的税费监管、治理"三乱"逐步转变到对惠农政策落实和公共财政履行职能的监管上来。做好新形势下的农民负担监督管理工作，是维护广大农民利益的具体体现，是落实科学发展观的客观需要，是推动社会主义新农村建设的重要举措。各级党委政府和有关部门对农民负担监督管理工作的认识丝毫不能含糊，对农民

负担监督管理工作的重视丝毫不能减弱，对农民负担监督管理工作的力度丝毫不能放松，必须时刻紧绷减负这根弦，确保农民负担不反弹。二是要进一步强化各级各部门的责任。各级各部门党政一把手是农民负担监管工作的第一责任人，必须亲自抓、负总责。分管领导具体抓、负专责。监管成员单位和涉农部门要按照职能分工落实工作责任。要实行严格地责任追究。

（二）坚持农民负担方案仍由区级审批把关到户。多年来，我区采取了农民负担预算方案由区级直接审批备案到户的方法，今年要继续将“一事一议”筹资、村组抗旱费和山丘区灌溉水费交由农民负担监督管理领导小组办公室直接审批，备案到户。

（三）继续实行乡、村两级报刊由区里统一征订的措施。继续将乡、村两级报刊征订经费纳入区级财政预算。除区财政预算统一征订的党报党刊外，乡、村两级再不允许列支其他报刊订阅费用。否则，相关部门将按照“谁订阅、谁出钱、谁审批、查处谁”的原则，追究相关责任人的责任。

（四）巩固和完善农民负担监督管理的各项措施和制度。一是继续将农民负担监督管理工作纳入“一票否决”范畴。继续坚持党政一把手对农民负担监督管理工作亲自抓、负总责的领导负责制和专项治理部门分工负责制，把农民负担监督管理工作纳入各级党委政府目标管理考核范围；继续将农民负担监督管理工作的好坏作为录用、考核和任用干部的重要依据。二是继续落实农民负担和惠农补贴公示制度，《农民负担与补贴监督卡》发放到户制度，农民负担专项审计制度，涉农文件会签制度等日常管理制度，切实提高农民负担监督管理工作的规范化水平。三是建立备案备查制度。涉农单位对涉农收费的项目、标准，惠农补贴的项目标准、资金到位和发放时间，各单位在向上级申报或收到上级批复时，要同时向区减负办通报，备案备查，加强监督。四是继续实行联合督导检查。区里成立联合督导检查组，由区委组织部牵头，区纪委、区委农村部、区减负办、区财政局等单位参加，分成 4 个小组，定期对乡镇场进行督导检查和不定期暗访调查。发现问题，及时查处，并作为农民负担年度考核的重要内容。

（五）加大涉负问题的查处办度。加强涉负来信来访案（事）件的调查处理和回复，严肃查处各级违纪违规行为，切实维护农民的合法权益。对加重农民负担的乡、村，在实施责任追究，勒令清退的基础上，还要减少其相当于加重农民负担金额的财政拨付资金。认真贯彻落实《中共中央办公厅国务院办公厅关于印发<关于对涉及农民负担案（事）件实行责任追究的暂行办法>的通知》精神，对截留、抵扣、套取惠农补贴和向农民乱集资、乱收费、乱罚款等违纪违规行为，严格追究直接责任人和相关领导干部的党纪、政纪责任和经济责任。对情节恶劣、影响严重的典型案例，直接查处并实行“一票否决”到村、站、办、所、校，上溯追究主管部门的连带责任，确保党和政府的减负惠农政策落到实处。

中共常德市鼎城区委办公室
常德市鼎城区人民政府办公室
关于印发《常德市鼎城区计划生育利益导向优惠政策实施办法》的通知

常鼎办发〔2010〕16 号

（2010 年 7 月 22 日）

各乡镇党委、人民政府，区属农林场，区直各单位：

《常德市鼎城区计划生育利益导向优惠政策实施办法》已经区委、区政府研究同意，现印发给你们，望认真贯彻执行。

常德市鼎城区计划生育利益导向优惠政策实施办法

为了进一步建立和完善我区计划生育利益导向机制，促进广大群众生育观念的转变，鼓励和引导育龄群众自觉实行计划生育，稳定低生育水平，推进我区人口与经济社会协调和可持续发展，逐步实现计划生育工作以奖代罚的政策性转变，根据《中华人民共和国人口与计划生育法》、《湖南省人口与计划生育条例》等法律规定，结合我区实际，制定如下办法：

一、奖励优惠政策内容及标准

1．独生子女保健费政策

凡户籍在我区或工作单位在我区的独生子女父母，依照规定的程序领取了有效的《独生子女父母光荣证》或《独生子女证》且子女在十四周岁以内的，从领证之日起，每个家庭每月享受独生子女保健费 5 元。夫妻双方有工作单位的由所在工作单位各负担一半；夫妻只一方有工作单位的由有工作单位的一方全部负担；夫妻双方均无工作单位或均为农村居民的由区乡两级负担。已领取保健费的对象若再生育后不符合独生子女条件的应全部退还已领取的保健费并收回《独生子女父母光荣证》。

2．计划生育家庭特别扶助前期对象的扶助政策

育妇年龄在 49 周岁以内，符合再生育条件且有生育意愿的，区人口计生局技术服务站负责为对象免费做输卵管或输精管吻合术，免费为其进行遗传优生检测和出生缺陷的干预；凡符合《湘人口发〔2008〕20 号》文件规定的其他确认条件，女方或无配偶的男性年龄在 40 周岁以上的且主动放弃了再生育的对象，按照特别扶助对象的审批手续进行核实后，每年发给扶助金 300 元，达到国家规定的特别扶助对象年龄后自动纳入特别扶助。凡已领取了扶助金后又再生育的对象即停止其享受扶助政策。

3. 独生子女特殊家庭的扶助政策

凡未满18周岁父母双亡的独生子女，由政府每年发给其扶助金1000元；凡独生子女本人患以下7种疾病且家庭困难的，一次性补助其2000元：1. 恶性肿瘤；2. 重大器官移植手术或造血干细胞移植术；3. 冠状动脉搭桥手术或冠状动脉旁路移植术；4. 终末期肾病或称慢性肾功能衰竭尿毒症期；5. 急性或亚急性重症肝炎；6. 瘫痪；7. 严重Ⅲ度烧伤。

4. 放弃再生育的奖励

凡符合再生育条件的夫妻，领取了《独生子女父母光荣证》放弃了再生育意愿，且在本办法实施之日后主动采取了绝育手术的，属城镇居民的一次性发给奖励金3000元，属农村居民的一次性发给奖励金1000元。奖励金由乡镇或所属单位解决。领取奖励金后主观发生再生育行为，且不再符合独生子女家庭和再生育条件的，应退还全部奖励金并收回《独生子女父母光荣证》。

5. 计划生育手术并发症的治疗

经区级或区级以上计划生育技术服务专家委员会鉴定为计划生育手术并发症需要治疗的，其施术单位要安排治疗。区人口计生局按鉴定等级给予适当补助。

6. 独生子女家庭的其他优惠政策

农村集体经济组织分配集体经济收益、征地补偿费时，对独生子女家庭增加一人份额。

二、对象的确认办法、奖励和扶助经费的发放程序

对于符合以上各类扶助或奖励条件的对象，均由村居一级委员会评议通过后申报到乡镇人民政府，由乡镇人民政府审批认定后建档造册并上报到区人口计生局，由区人口计生局按照审批程序进行审批后批复给各乡镇人民政府。所有奖励或扶助的对象必须接受群众的监督，适合公示的对象要进行公示，对于群众举报或调查后发现不符合条件的对象要及时停止其享受奖励或取消扶助的资格，并追究相关人员责任。凡是应发放到人的奖励或扶助金，应按照两扶金发放的程序和要求发放。所有奖励或扶助对象在享受奖励或扶助的下年度都必须进行再一次的资格审查，不再符合条件的应及时退出奖励或扶助范围。

三、资金来源

奖励扶助金按照政府统一筹措，各级责任单位分级负担的原则，以社会抚养费为主体来解决。

1. 农村和无工作单位的城镇居民独生子女的保健费、特别扶助前期对象的扶助金和手术费及检测费、独生子女特殊家庭的扶助金等由区人口计生局组织实施兑现，从社会抚养费的生育关怀基金和上级专项补助金中解决，独生子女特殊家庭的大病救助由区人口计生局和区民政局协调解决；

2. 放弃再生育的奖励金由乡镇或对象所属单位解决；

3. 手术并发症的治疗由乡镇或对象所属单位解决，区人口计生局按鉴定的等级给予适当补助。

四、其他

本办法由区人口计生局负责解释，自2010年8月1日起施行。

中共常德市鼎城区委办公室 常德市鼎城区人民政府办公室 关于印发《关于常德市鼎城区人民政府机构改革“三定”工作的实施意见》的通知

常鼎办发〔2010〕17号

（2010年9月3日）

区直各有关单位：

《关于常德市鼎城区人民政府机构改革“三定”工作的实施意见》已经区委、区人民政府研究同意，现印发给你们，请认真遵照执行。

关于常德市鼎城区人民政府机构改革“三定”工作的实施意见

根据区委、区政府《关于印发<常德市鼎城区人民政府机构改革方案实施意见>的通知》(常鼎发〔2010〕10号)精神，现就区政府机构改革“三定”工作提出以下实施意见：

一、指导思想

“三定”规定是部门主要职责、内设机构和人员编制规定的简称，是具有法律效力的政府规范性文件，是各部门履行职责、依法行政的重要依据。这次区政府机构改革“三定”工作的指导思想是：高举中国特色社会主义伟大旗帜，以邓小平理论和“三个代表”重要思想为指导，深入贯彻落实科学发展观，围绕深化行政管理体制改革的总体目标，按照建设服务政府、责任政府、法治政府和廉洁政府的要求，合理界定各部门职能，合理设置内设机构，合理核定人员编制。通过“三定”着力转变职能、理顺关系、优化结构、提高效能，做到权责一致、分工合理、决策科学、执行顺畅、监督有力，建设人民满意的政府，为加快鼎城富民强区、全面建设小康社会提供体制保障。

二、实施范围

这次区政府机构改革，纳入“三定”的范围为：区政府工作部门、涉及职能调整以及其他与改革相关的事业单位。

三、主要内容

各部门“三定”主要包括以下内容：职责调整；主要职责；内设机构；人员编制和领导职数；其他事项；附则。具体内容参照《“三定”规定蓝本》(见附件1)。

（一）关于职责调整

1. 职责调整，主要明确新增、取消和加强的职责。新增的职责包括划入的和根据新形势、新任务增加的职责;取消的职责包括划出、下放、政府不再管理的职责以及取消的行政审批事项;加强的职责指部门原已承担但需要进一步强化的内容。职责调整的原则:一是与市对应部门的职责调整大体对应;二是以现行法律、法规、政策为依据;三是要落实职能转变的各项要求,推进政企分开、政事分开、政资分开、政府与市场中介组织分开;四是与行政审批制度改革相衔接。

2. 部门之间职责交叉事项的协调裁定。各部门拟订“三定”规定草案时,可将一些有分歧的职责暂时写入,但需采用黑体字或斜体字来表述,以引起注意,并另附专门的说明材料,阐述这些职责与哪些部门交叉,如何交叉,解决的具体建议和理由及依据。对一些存有分歧的职责,部门之间难以协商一致的,区编委办将在分析论证的基础上,提出职责协调意见,在征求分管区级领导的意见后,提交区委编委会裁定。最后,按区委编委会裁定的意见正式写进“三定’规定。个别涉及重大职责交叉的,将提交区委常委会议裁定。在职责协调中,要坚持依法界定职责,坚持权责一致,坚持一件事情原则上由一个部门负责,坚持部门之间协调配合,有利于理顺关系,促进事业发展。

(二)关于主要职责

1. 主要职责要全面、具体、清晰、准确地界定本部门负责的主要事项。主要职责确定的原则:一是凡是与市里对应设置的部门,其主要职责原则上大体对应,以利工作衔接,减少矛盾;二是市里无对应部门的,以部门原“三定”规定主要职责为基础;三是应以现行法律、法规、政策为依据,部门规章和领导讲话不能作为确定主要职责的依据,上级临时交办的事项、阶段性任务也不列入部门的主要职责;四是职能的确定应与行政审批制度改革相衔接;五是职能的确定应与社会主义市场经济体制相适应。

2. 在配置部门职能的同时,要明确相应承担的责任,做到有权必有责,权力与责任对等,避免权责脱节。

3. 内部管理事项,包括政务运转、人事、资产管理、党务、离退休、后勤管理等,不在主要职责部分表述,放到相关内设机构的职责中明确。

4. 保留牌子、加挂牌子机构不单独核定主要职责,在主体机构的主要职责中一并表述。

5. 表述顺序。按战略规划、政策法规、专项业务、科技信息、区委区政府交办的其他事项的顺序进行表述。

(三)关于内设机构

1. 内设机构:主要明确部门内设机构的数量、名称和职责。内设机构核定的原则:一是保留的部门,可在不增加内设机构数量的前提下,根据转变职能的要求和自身履行职责的需要,对现有内设机构进行调整、优化。合并新组建的部门,内设机构要有机整合,适当精简。二是内设机构人员编制原则上不低于2名。内设机构的名称应体现该机构承担的主要职责,做到概括、简练、明晰。三是各部门业务科室必须占科室总数的60%以上。四是内设机构一般称股、室,个别机构按上级有关规定确定其名称。五是正科级单位的内设机构级别为正股级,副科级单位的内设机构级别为副股级。

2. 内设机构的职责是部门主要职责的分解,要严格限定在本部门主要职责范围内,不能派生出新的职责。

3. 内设机构排序。原则上与主要职责的顺序相对应。

4. 部门承担了议事协调机构的具体工作的,一般不设常设办事机构,也不单独设立内设机构,可在相关内设机构明确相应职责。

5. 保留、加挂牌子的机构一般不在主体机构内单独核定内设机构,个别确需的,原则上参照市里做法从紧确定。

(四)关于人员编制和领导职数

1. 人员编制和领导职数,即明确机关编制数和部门、内设机构两级领导职数。

2. 这次机构改革,不进行人员编制的精简。新组建的部门根据职能配置、工作量大小等情况核定编制;职能调整的部门根据职能变化和工作需要对其编制进行适当调整。其他涉改单位根据实际工作需要在上级核定的行政编制总额内适当微调。

3. 领导职数的核定严格执行中央、省、市有关规定以及《市委编委办市委组织部关于印发〈关于加强区县(市)行政事业单位科级领导职数管理的意见〉的通知》(常编办〔2009〕104号)。新合并组建部门超职数配备的领导干部,暂维持现状,今后逐步过渡到规定的职数以内。区政府各部门领导职数设置方案,经研究报市编办备案同意后,在“三定”规定中予以明确。部门内设机构职数按照“编制数3名以内配1正,超过3名配1正1副"的原则核定。

（五）关于其他事项

其他事项主要说明前几部分难以涵盖但需要专门说明的事项。包括需要专门明确的职责分工事项；需要一并在"三定"规定中明确的部门所属机构、派出机构、挂靠机构等有关机构编制事宜；其他需要明确的事项。

（六）关于附则

附则部分主要明确"三定"规定的解释、调整和监督检查事宜。统一表述为"本规定由中共常德市鼎城区委机构编制委员会办公室负责解释，其他调整由中共常德市鼎城区委机构编制委员会办公室按规定程序办理"。

四、实施步骤

（一）拟定方案

第一步：各部门按要求拟定本部门的"三定"规定（草案）后，按照区编委办规定的时间分组进行衔接，意见基本一致后再正式呈报，原则上9月15日前报送区编委办。区政府工作部门、区政府直属事业单位"三定"规定（草案）正式呈报前需区政府分管领导签字同意；区政府部门管理的副科级以上事业单位"三定"规定（草案）需报主管部门签字同意。

第二步：区编委办收到各部门的"三定"规定（草案）后，就各部门交叉的职能及其他需要协调的问题，征求相关部门的意见。在听取相关部门意见的基础上，形成各部门"三定"规定（修改稿），由区编委办主任办公会议研究审核。

第三步：将区编委办主任会议审议通过的部门"三定"规定（修改稿），分别征求分管区级领导的意见，并进一步对"三定"规定进行修改，形成各部门"三定"规定（送审稿）。

第四步：将各部门"三定"规定（送审稿）提交区委机构编制委员会研究审定，涉及重大关系调整以及部门分管区级领导意见不一致时，需提请区委常委会议研究确定。

第五步："三定"规定（送审稿）经区委机构编制委员会或区委常委会议审定同意后，送区政府法制办进行合法性审查，然后按办文程序送区委办公室、区政府办公室审核印发。

各部门在报送"三定"（草案）时应一式三份，同时要报送Word电子文档；部门管理机构的"三定"草案要经过主管部门审核后，按规定报送。

（二）组织实施

1.各部门制定"三定"规定实施方案，召开本部门机构改革动员会议进行部署。

2.开展机关人员定岗工作。按规定拟订本部门内设机构中层领导、一般工作人员定岗实施方案，报有关部门审批后组织实施。

原则上组织实施工作要在9月底前全面完成。

（三）检查验收

"三定"规定组织实施后，各部门要写出总结报告。 10月初，区委编委办将组织有关部门通过听取汇报、查阅资料、召开座谈会、进行民主测评等方式，对各部门"三定"规定实施工作进行检查验收。对无特殊原因而没有如期按质完成任务的，要追究部门主要负责人的责任。

五、工作要求

（一）加强"三定"工作的组织领导。"三定"规定对约束部门的行为，协调工作运转中的关系，追究行政责任，开展机构编制执法等具有重要作用。三定"工作事关改革成败，各相关部门要高度重视，加强领导。区政府机构改革"三定"工作在区委、区政府的统一领导下进行，由区委机构编制委员会具体组织实施。各部门、各单位一把手要对本部门、本单位的机构改革"三定"工作负总责，并成立精干的工作班子负责机构改革的具体工作，真正把机构改革"三定"工作作为当前的一件大事来抓，确保机构改革任务圆满完成。

（二）认真做好转变职能工作。这次机构改革，无论是对新组建或调整变动的部门，还是机构未作调整的部门，都要把落实职能转变的要求作为首要任务，在对现有职能进行逐一梳理分析的基础上，把政府不该管理的事项交出去，把该由政府管理的事项定清楚。通过制定和实施"三定"规定，突出转变政府职能的核心，进一步理顺职责关系和强化部门责任，解决职责交叉、权责脱节问题，把转变职能真正落到实处。

（三）积极清理和规范议事协调机构。清理和规范议事协调机构，是这次政府机构改革一项重要任务。各部门承担了议事协调机构具体工作的，均要按照中央、省、市的规定，研究提出清理规范的意见，并填好《常德市鼎城区清理规范议事协调机构情况表》（附件2），与本部门"三定"规定（草案）一并上报区编委办。

（四）严肃机构编制纪律。各部门必须增强全局观念和纪律观念，严肃机构编制工作纪律。要严格按规定上报"三定"方案；严格执行批复的"三定"规定，做到不变样、不走调。决不允许借“三定”之机，擅自设立机构、违规进人、违规配备领导干部，也不允许突击提拔干部、调动干部；决不允许借人员变动之机弄虚作假、徇私舞弊、打击报复，决不允许借机构调整之机挪用资金、转移资产、私分钱物、挥霍国家财产。纪检监察机关和组织、人事、财政、审计、编制等部门要加强监督检查，对借改革之机以权谋私、违法乱纪的人和事，要从严查处，确保改革不走样、不变形。

（五）巩固“三定”成果。“三定”实施到位后，各单位要建立健全机构编制管理制度和其他工作制度，要制定职位说明书明确各岗位的责任，以巩固“三定”的成果。“三定”方案如需要调整，必须按程序申报，经批准同意后才能组织实施。

附件1：“三定”规定蓝本

常德市鼎城区XX局主要职责内设机构和人员编制规定

（草　　案）

根据《中共常德市鼎城区委常德市鼎城区人民政府关于印发〈常德市鼎城区人民政府机构改革方案实施意见〉的通知》（常鼎发〔2010〕10号）和《中共常德市鼎城区委办公室常德市鼎城区人民政府办公室 <关于常德市鼎城区人民政府机构设置的通知 >》（常鼎办通〔2010〕61号），设立常德市鼎城区XX局（简称区XX局），为区人民政府主管XX工作的工作部门。

一、职责调整

(一)取消已由区人民政府公布取消的行政审批事项。

(二)不再直接办理XX工作。

(三)将指导XX的职责划给区XX局。

(四)划入原由区XX局承担的指导XXX职责。

(五)加强XX管理，……。

二、主要职责

(一)……。

(二)……。

……………………………………

（××）承办区委、区政府交办的其他事项。

三、内设机构

根据上述职责，区XX局设××个职能股（室）：

(一)办公室

负责文电、会务、机要、档案等机关日常运转工作；负责××××××。

(二)XX股

负责××××××

……………………………………

四、人员编制和领导职数

区XX局机关行政编制××名，其中：局长1名、副局长×名，纪检书记（或纪检组长）1名，总工程师（或总会计师等）1名，工会主席1名；股级领导职数××名，其他工作人员××名。

机关后勤服务全额拨款事业编制×名。（机关后勤服务全额拨款事业编制按《常德市市直机关后勤服务人员管理暂行办法》（常办通字[2004]38号）规定，实行“老人老办法，新人新办法”，退一减一，不再新核定后勤服务编制。）

五、其他事项

(一)……。

(二)……。

……………………………………

六、附则

本规定由区委机构编制委员会办公室负责解释，其调整由区委机构编制委员会办公室按规定程序办理。

附件 2：

鼎城区清理规范议事协调机构情况表

填报单位：　　　　　　　　填报人：　　　　　　　　联系电话：

序号	议事协调机构	具体办事机构牵头（挂靠）单位名称	成立时间和文件依据	目前工作开展情况	处理建议（撤销或保留）及 原 因

填报说明：

1、议事协调机构，是指虽未列入区委、区政府工作部门序列，但受区委、区政府委托，在较长一段时间内承担跨若干个工作部门的重要业务工作的组织协调任务，具有明确工作职能的机构；

2、工作开展情况：主要填写正在开展、已经完成等。

中共常德市鼎城区委办公室
常德市鼎城区人民政府办公室
关于印发《鼎城区中小学干部教师队伍管理暂行办法》的通知

常鼎办发〔2010〕18 号

（2010 年 10月 13 日）

全区各学校，区直有关单位：

《鼎城区中小学干部教师队伍管理暂行办法》已经区委、区政府研究同意，现印发给你们，请认真贯彻执行。

鼎城区中小学干部教师队伍管理暂行办法

为全面贯彻党的教育方针，进一步加强我区中小学(幼儿园)干部、教师队伍的建设和管理，提高干部、教师队伍的素质，根据国务院《关于基础教育改革与发展的决定》和人事部、教育部《关于深化中小学人事制度改革的实施意见》，及区委、区政府有关会议精神，特制订本办法。

一、校长管理

1、任职条件：

(1)政治素质过硬。能严格自律，勤政廉洁，依法治教，依法办学。

(2)业务素质过硬。不断更新教育理念，带头上课。

(3)重视教学研究。每学年听课不少于 40 节，参加所任学科组的所有教研活动，参加其他学科组的教研活动每组每年不少于 1 次，力争成为本学科的区级、市级学科带头人。

(4)任职年龄。一般不超过 53 周岁，身体健康。省级示范学校校长任职年龄原则上不超过 56 周岁。特级教师或国家级优秀校长任职年限可适当延长。

(5)实行聘任制。三年为一任期。由管理部门聘任并发放聘书，任期内校长应科学制定三年办学规划与年度工作目标，确定学校的办学目标，形成办学特色。

2、任期目标：

(1)办学方向：坚持正确的办学方向，有明确的办学理念。

(2)教育管理：人员落实、制度健全、管理到位。

(3)教学研究：活动经常、效果显著。

(4)教学质量：任期内学校办学水平明显提升、教育教学质量明显提高、办学条件明显改善。

(5)财务管理：民主理财、制度健全、操作规范。

(6)队伍建设：干部勤政、教师敬业、队伍稳定、业务精湛，学历合格率不断提高，师德师风建设好。

(7)安全稳定:校园和谐、稳定,无重大责任安全事故,无群体性集访事件。

3、任期考核:

(1)考核主体:由区委组织部、区教育局、区人事局组织考核。

(2)考核方式:学年度考核和任期考核相结合,任期考核以三年为考核时限,以考核当年为重点。年度考核与任期考核均按照《校长任期目标考核细则》进行。

(3)考核结果:任期内考核结果分年度按20%、30%、50%计入任期考核。校长任期考核结果分"优秀"、"合格"、"基本合格"和"不合格"四个等次。考核结果与校长绩效工资挂钩,考核等次为优秀的校长予以重奖,在评优评先、提拔重用时优先推荐;基本合格的校长给予口头或书面告诫,限期提高;考核不合格予以免职。

4、其他

(1)学校出现重大安全责任事故的,校长引咎辞职。

(2)义务教育阶段年度考核综合测评最末的校长,降职使用。

(3)其他情况影响正常任期的予以调整。

二、班子成员管理

(1)班子成员应服从校长的安排。支持配合校长开展工作,对校长负责,积极履责完成分管工作。

(2)业务能力强。坚持上课,所授课程与所学专业对应。

(3)积极参与教研教改。分管教学的副校长每学年听课不少于60节,组织并参加全校性的所有教研活动,参加所教(学)学科的所有教研活动,参加其他教研组教研活动每组每期不少于1次;其他班子成员每学年听课不少于40节,参加所任学科组的所有教研活动,参加其他学科组的教研活动每组每年不少于1次。

(4)确定任期目标。班子成员应制定分管工作三年任期目标与年度工作目标,经校长审核、报教育局备案后实施。

(5)班子成员的考核参照校长考核进行。年度考核由校长组织,考核结果报教育局备案,任期考核按干部管理权限由管理部门组织考核,未完成任期目标或被评为三类班子的进行末位淘汰。

(6)任职实行任期制。任期为三年,由管理部门聘任并发放聘书。任职年龄一般不超过52周岁,特级教师或特别优秀的任职年限可适当放宽。

(7)乡镇中心小学校长、城区小学校长参照班子成员考核方式,由中学校长组织进行考核,考核结果报教育局备案。

三、二层骨干管理

(1)竞聘上岗。三年一聘,竞聘工作由学校组织。区一中二层骨干报区委组织部备案,其他学校二层骨干报教育局备案。任职年龄一般不超过50周岁。

(2)二层骨干应制定任期工作目标,经分管校长审核报学校备案。

(3)必须上课。所授课程应尽可能与所学专业对应(总务主任、安全保卫人员上课不做硬性规定,但应有明确的工作职责要求)。

(4)二层骨干任期工作情况由学校进行考核,考核结果报上级部门存档。

四、教师管理

(1)教师管理仍按《鼎城区教职工管理办法》执行,全面推行聘任制,严格落实绩效考核,奖励性绩效工资向一线教师倾斜,充分调动教师工作积极性。

(2)2010年开始,城区普通高中学校教师实行末位淘汰制,今后逐步推广到全区各校。

(3)各单位要从师德师风、工作作风、工作实绩等方面制定具体的量化打分细则及淘汰办法,交职代会讨论通过,本单位公示后报上级部门审核备案。

(4)被淘汰教师按顺向安排原则自行到缺编单位应聘,未被聘任的教师由教育局调配至缺编单位。

附:《鼎城区中小学校长任期目标管理考评细则》

附件：

鼎城区中小学校长任期目标管理考评细则

一级指标	二级指标	分值	评价要点	记分细则
(一)办学方向（5分）	1.依法办学	3	贯彻落实党和国家的教育方针，积极推行素质教育，促进教育均衡。	义务教育阶段组织招生考试、拒绝学区内适龄儿童入学、不均衡编班每项扣0.2分，有歧视差生现象发生一次扣0.5分，义务教育阶段设重点班扣3分。
	2. 办学理念	2	形成的办学理念符合学校实际，具有时代气息，广大教师正确理解其内涵，并贯穿于各项教育教学活动中。	不符合学校实际或没有时代气息扣0.5分，教师中没有正确全面理解办学理念内涵的一人扣0.2分，办学行为和教师从教行为中有违背办学理念现象的一次扣0.5分。
(二)教学管理（10分）	3.德育工作	2	德育工作有时效性、针对性，工作网络健全，活动开展经常。	每发现一项问题扣0.2分。
	4.一日常规	7	学校一日常规落实，管理办法好，每天有检查，发现问题及时整改，并与奖惩挂钩。注重课堂管理，落实课程计划，作息时间符合规定。	没有管理办法、检查不经常、有问题没有及时整改、没实行奖惩每项扣0.5分。上级教育部门在督查中发现有从教行为不规范的每人次扣1分，扣完为止。
	5.文体活动	1	按规定进行，保证每天锻炼一小时，学校各种文体比赛经常开展。	每发现一项有问题扣0.2分。

鼎城区中小学校长任期目标管理考评细则

一级指标	二级指标	分值	评价要点	记分细则
(三)教学研究(10分)	6.深入一线	3	带头上课，按要求参加教研活动。	上课不经常的扣0.5分，从不上课扣1分。听课每缺2节扣0.1分。参加教研活动每缺一次扣0.1分。
	7.教研教改	4	制度完善，组织健全，重视教研教改。	计划落实、材料齐全，每缺一项扣0.2分。活动无主题，无实效每项扣0.2分。没有开展教改实验扣0.5分，没有按要求开展课题研究扣0.5分，参加区级教研活动或明确要求参加的省市级教研活动每缺一次扣0.2分。全年业务讲座或学术报告5次，每缺一次扣0.2分。
	8.教研成绩	3	教改成绩突出，课题研究获得奖励。教师教学比武取得成绩。教研论文公开发表或获奖。	教改经验受到区级公开表扬记0.3分，经验和做法在区级及以上范围内得到推广记1分。课题获奖省级记0.5分，市级记0.3分，区级记0.2分。通过逐级选拔的课堂教学现场比武，每人次省级记0.5分，市级记0.3分，区级记0.2分，满分1分，其它形式和途径的相应减半。完成论文获奖（发表）目标的记0.5分。

鼎城区中小学校长任期目标管理考评细则

一级指标	二级指标		分值	评价要点	记分细则
(四)教学质量（40分）	9.考试成绩	省级示范高中	30	高考优秀率	任内一年、二年、三年依次考取北大、清华2人、3人、4人记15分，未完成的按比例扣分。高考文化科目考试成绩600分以上人数所占百分比达全市省级示范高中平均水平，每降低一个百分点扣1分。
			1	高考参考率	不低于同类学校平均水平，每下降一个百分点扣0.1分。
			4	高考一本、二本上线率	一、二本上线率分别达全市同类学校平均水平，每降低一个百分点扣分别扣0.2分。
			3	学考参考率（1分）、合格率（2分）	学考参考率不低于任前水平，每下降一个百分点扣0.1分。学考合格率达同类学校平均水平，每降低一个百分点扣0.2分。
		一般普通高中	5	学考参考率（1分）、合格率（4分）	学考参考率不低于任前水平，每下降一个百分点扣0.1分。学考合格率达同类学校平均水平，每降低一个百分点扣0.4分。
			1	高考参考率	不低于同类学校平均水平，每下降一个百分点扣0.1分。
			2	高考一本上线率	达同类学校平均水平，每降低一个百分点扣0.2分。
			30	高考二本上线率	达同类学校平均水平，每降低一个百分点扣1分。
		义务教育阶段	10	中考参考率、平均分	参考率不低于全区平均水平记5分，每下降1个百分点扣0.2分。
					平均分不低于任前名次记5分，每下降一个名次扣0.5分；排名后五名的满分为4分，每下降一个名次再扣0.5分。
			8	中考全科合格率	不低于任前名次记8分，每下降一个名次扣0.5分；排名后五名的满分为6分，每下降一个名次再扣0.5分。
			20	教书育人综合评比	不低于任前名次记20分，每下降一个名次扣1分；排名后五名的满分为16分，每下降一个名次再扣1分。
	10.综合素质		2	学生各类竞赛	组织学生参加由省、市教育部门组织的各类竞赛，按奖励成绩综合评比分为四类，依次记分为2分、1.5分、1分、0.5分。

鼎城区中小学校长任期目标管理考评细则

一级指标	二级指标	分值	评价要点	记分细则
(五)财经管理(15分)	11.收入管理	6	落实“收支两条线”按文件要求收费。	发现“帐外帐”“小金库”扣3分，发生一起乱收费举报核实属实的扣1分，受到上级部门查处的扣6分。
	12.支出管理	9	财务公开，支出管理规范，消赤减债。	学校帐目一期未接受教职工代表审计并公示的扣1分，支出管理不合要求的每发现一类扣0.1分，挪用专款未及时上解的每一起扣0.5分，乱开支、乱发津补贴造成新增债务的扣9分。
(六)队伍建设(15分)	13.队伍管理	2	干部教师队伍管理好。	未将教师队伍建设纳入学校工作计划扣1分；有支教任务的单位未实施支教的扣0.5分；无编但擅自聘请临聘教师的扣0.5分；未实施末位淘汰制度的扣0.5分。
	14.师德师风建设	8	师德师风教育经常，师德师风好。	未开展师德系列教育活动扣1分；督查、检查若发现一起有违师德师风规定的扣1分，若发生一起师德师风案件被查处的扣4分，扣完为止。
	15.教师培养培训	3	重视学科带头人、骨干教师和青年教师的培养，措施有力，完成上级下达的骨干教师培养任务。	未制订教师培养计划的扣0.5分；未设立专项培养经费的扣0.5分；未完成培养任务的每少1人扣0.5分。
		2	培训工作到位，50岁及以下教师学历合格率达到100%。	未建立校本培训制度扣0.5分；未完成培训任务缺1人次扣0.5分；学历不合格人员未参加学历提高教育的1人次扣0.5分。
(七)安全稳定(5分)	16.安全排查	2	按要求开展安全教育及应急演练活动，定期开展安全隐患排查，及时消除安全隐患。	未开展安全教育、应急演练、定期进行安全隐患排查并建立台帐的每项扣0.5分，隐患未及时整改的每发现一起扣1分。
	17.无安全事故	3	无安全责任事故发生。	发生一起安全责任事故扣1分，发生重大安全责任事故的一票否决。

中共常德市鼎城区委办公室
常德市鼎城区人民政府办公室
关于转发中共常德市委、常德市人民政府、常德军分区《关于鼓励退役军人自主创业的意见》的通知

常鼎办发〔2010〕20号

（2010年10月11日）

各乡镇党委、人民政府，区属农林场，区直各单位：

现将中共常德市委、常德市人民政府、常德军分区联合制定的常发〔2010〕14号《关于鼓励退役军人自主创业的意见》转发给你们，请结合本地本单位实际，认真遵照执行。

关于鼓励退役军人自主创业的意见

（2010年8月28日）

为进一步深化退役军人"带头建设家乡、促进经济发展，带头维护稳定、促进社会和谐"（简称"双带双促"）活动，更好地鼓励退役军人自主创业、带头致富，发挥退役军人在建设家乡和服务经济社会发展中的生力军作用，特提出如下意见。

一、切实把退役军人自主创业工作摆在突出位置

近年来，各级制定出台了一系列鼓励退役军人自主创业的政策措施，涌现出了一批艰若创业、自主创业的先进典型，为促进地方经济社会发展作出了职极贡献。但从总体上看，退役军人自主创业工作还存在一些问题和薄弱环节，部分区县（市）鼓励和扶持创业的政策措施还不够完善，推动创业的外部环境还不够优化，退役军人创业热情还不够高、能力还不够强。各级各有关部门要从政治和全局的高度，充分认识做好退役军人自主创业工作的重要意义，切实增强大局意识、责任意识，坚持把这项工作纳入重要议事日程，精心谋划、认真组织，进一步优化创业环境，激发退役军人的创业激情，提高其创业能力，努力使更多有创业意愿和创业能力的退役军人成功创业并带动社会就业。

二、全面拓宽退役军人自主创业市场准入条件

放宽市场准入领域和经营范围。按照平等准入、非禁即入的原则，退役军人可自主选择和申请经营项目，参与投资国家法律法规未禁止进入的行业和领域。

放宽对名称登记的限制。退役军人可以自行选择

法律法规允许的企业名称、字号;鼓励并帮助退役军人申请冠省名、市名和国家无行政区划的企业名称。

放宽对注册资本金的限制。退役军人申请设立合伙企业、独资企业以及从事个体工商业的,不受注册资本限制。退役军人设立有限责任公司,注册资本的最低限额可放宽为人民币3万元,全体股东的首期注入资本放宽到注册资本总额的20%,但不低于法定的注册资本最低限额,其余部分可以自公司成立之日起两年内缴足。

放宽对落户条件的限制。对在市、区县(市)、建制乡镇创业的退役军人,有稳定收入和合法住所的应准予办理户口迁入手续。

三、认真落实税费优惠政策

对退役军人自主创业从事个体经营的,工商部门免收登记类、管理类和证照类等行政事业性收费。对退役军人自主创业成立企业的,工商部门免收登记类、证照类等行政事业性收费。对退役军人创办企业从事农、林、牧、渔业项目的所得,按规定免征、减征企业所得税。从事蔬菜、谷物、薯类、油类、豆类、棉花、麻类、糖料、水果、坚果的种植,农作物新品种的选育,中药材的种植,林木的培育和种植,生畜、家禽的饲养,林产品的采集,灌溉、农产品初加工、兽医、农技推广、农机作业和维修等农、林、牧、渔服务业项目等,其所得免征企业所得税;从事花卉、茶和其他饮料作物、香料作物的种植,其所得减半征收企业所得税。农产品流通企业,如按规定纳税确有困难,经地税部门批准,可减免房产税、城镇土地使用税。对自谋职业的城镇退役士兵从事个体(雇工7人以下)经营(除建筑业、休闲娱乐业以及广告业、桑拿、按摩、网吧、氧吧等行业外),自领取税务登记证之日起,3年内免征营亚税、城市维护建设税、教育费附加和个人所得税。对退役军人自主创办的企业,根据有关规定给予用电电价优惠。国家和省出台的其他有关鼓励退役军人自主创业的优惠政策,相关行政主管部门应当认真落实到位。

四、进一步加大金融和财政扶持力度

加大金融支持力度。加强政府、银行和企业之间的沟通与合作,重点加大农村信用社、邮政储蓄等农村金融机构的信贷支持力度,积极争取国有商业银行和其他金融机构的支持,搞好融资服务,调整信贷经营策略,为退役军人自主创业提供多元化的融资方式。对符合一定条件的退役军人创业项目,财政部门负责协调当地担保公司、金融机构为其办理贷款手续,并根据创业项目类型,安排相应的财政贴息。

加大财政扶持力度。退役军人新办工业企业和农产品加工企业,实行3年创业扶持期,新建厂房按每平方米20元包干缴纳工程各项报建规费(不含劳保基金),项目投产之日起3年内所缴纳税收地方所得部分由受益财政全部用于企业创业扶持。设立退役军人创业扶持奖励基金。市委、市政府每年从创业扶持奖励基金中安排100万元,对纳税额大、社会贡献大的退役军人优秀创业人员进行表彰奖励;各区县(市)每年从创业扶持奖励基金中安排部分资金,通过以奖代投、定额补助、贷款贴息、风险补偿等方式,鼓励和支持退役军人创业。

鼓励打造名品名牌。加大资金、技术的投入力度,重点支持发展前景好、科技含量高、示范带动作用强的创业经济实体并重点培育,着力塑造退役军人创业品牌。对重点培育的项目,各级各有关部门要优先予以立项,优先支持贷款,给予项目资金的扶持;对退役军人创办的符合一定条件的技改、创新、集聚发展等项自,中小企业发展专项资金要予以优先支持;工商、质监部门要积极帮助退役军人创业实体争创中国驰名商标、省著名商标,打造名牌产品。

五、不断优化退役军人创业指导服务

开展创业指导。各区县(市)要聘请一批高等院校、科研院所的专家教授,或中小企业家和能人大户、熟悉经济发展和创业政策的政府部门人员担任创业导师,组建创业指导团,采取灵活多样的形式,广泛深入地帮助退役军人开展创业辅导服务,指导退役军人论证创业项目,制定创业计划。

强化技能培训。将退役军人技能培训纳入全市职业教育和职业技能培训规划,对全市有培训需求,符合培训条件的退役军人应培尽培。培训要以市场需求为导向,依托全市定点职业培训机构,按自愿参加、自选专业的原则,以能力素质和专业技能培训为重点,对退役军人实行政策补贴性培训,培训经费由各级财政在再就业资金中支付。培训坚持党委领导,政府负责,人力资源和社会保障部门牵头,军分区(人武部、民政、教育、财政等部门结合自身职能支持配合实施。培训合格后,根据本人所学技能和市场需求,推荐就业或自主选择合适岗位就业。

优化创业服务。按照手续从简、收费从低、办事从快、服务从优的原则,进一步清理和规范创业涉及的行政审批事项，提高审批效率，大力推行联合审批、一站式服务、限时办结和承诺服务等制度。依托公共就业服务体系，设立退役军人自主创业服务窗口，免费推介适合退役军人的创业项目，公布各项行政审批、核准、备案事项和办事指南。为退役军人自主创业开通“若绿色通道”。依托开发区、高新技术园区、工业园区等资源建设的创业孵化基地：要主动对自主创业退役军人开放，积极帮助安排生产经营场地，提供相关配套服务。各区县(市)委组织部及所在乡镇党委要加强对退役军人党员的教育管理，积极帮助转移组织关系，积极组织开展“创先争优”党建主题活动，发挥党员的先锋模范作用。对领办企业和创业园的退役军人中的党员，要帮助单独或联合组建党组织，并指导开展好党建工作。各地要建立退役军人创业人才数据库，及时掌握退役军人创业进展情况，有针对性提供持续服务。对退役军人创业的重点项目，要明确专人负责联系，结成帮扶对子，落实帮扶措施。

六、努力为退役军人自主创业营造良好环境

各级政府要把促进退役军人自主创业作为一项重要的工作任务，明确目标，落实责任，强化考核，有效推进；按照政府促进、社会支持、市场导向、自主创业的要求，不断完善政策扶持、创业培训、创业服务“三位一体”的工作机制；对城乡创业主体采取统一的政策，取消歧视性的身份限制、行业限制，营造公平创业的环境。各有关部门要加强沟通，密切配合，形成推进退役军人自主创业工作的合力。人力资源和社会保障部门要将扶持退役军人自主创业工作纳入当地促进城乡创业带动就业整体计划，协调相关方面统一安排、整体推进，充分发挥退役军人自主创业带头就业的倍增效应。财政、工商、税务、金融等部门要认真做好相关政策细化和落实工作。工会、共青团、妇联等社会团体要发挥自身优势，扶持退役军人自主创业。各级各有关部门要采取多种形式，大力宣传促进退役军人自主创业的政策措施。要加大发现、培养、宣传和推广典型的力度，市、县两级每年要评选“十佳优秀退役军人”创业典型，充分利用广播、电视、报纸、网络等各种媒体，广泛宣传他们的好经验、好做法，大张旗鼓地进行表彰、奖励。对表现突出的优秀创业退役军人，要积极为他们评优评先、参政议政、提拔使用创造条件，积极推荐担任村“两委”正职和人大代表、政协委员。切实让他们政治上有荣誉、经济上得实惠、社会上受尊重，充分发挥典型的示范、导向和辐射带动作用。本意见施行时间至 2012 年 12 月 31 日止。

（此件发至副县处级单位）

中共常德市鼎城区委办公室
常德市鼎城区人民政府办公室
关于表彰2009年度工业发展目标管理
红旗单位、先进单位的通报

常鼎办通〔2010〕3号

（2010年1月1日）

各乡镇党委、人民政府，区属农林场，区直各单位：

2009年，全区各级各单位认真贯彻落实市委关于开展“项目建设年”和“推进新型工业化”活动的精神。通过一年的努力工作，经区推进新型工业化领导小组考评，区委、区政府研究决定，授予以下21个单位为2009年度工业发展目标管理红旗单位和先进单位，予以通报表彰。

一、乡镇(6个)

红旗单位（2个）

灌溪镇　雷公庙镇

先进单位（4个）

石板滩镇　武 陵 镇

蒿子港镇　港二口镇

二、规模企业(15个)

红旗单位（奖励10000元）5个

中联重科常德汽车起重机分公司

中联重科建筑起重机械分公司

湖南特力液压有限公司

常德辰州锑品有限责任公司

中联重科结构件有限责任公司

先进单位（奖励5000元）10个

常德长岭烟机配件有限公司

常德市联嘉机械有限公司

常德质中电通讯设备制造有限公司

常德市佳达电线电缆有限公司

常德兴达纺织有限公司

常德华利烟机配件有限公司

常德市鼎城武陵水泥有限公司

湖南武陵机械制造有限公司

常德市精为天米业有限公司

常德环宇纺织有限公司

中共常德市鼎城区委办公室
常德市鼎城区人民政府办公室
关于2009年度“五大安全”工作目标管理
考核评先及否决情况的通报

常鼎办通〔2010〕5号

（2010年1月1日）

各乡镇党委、人民政府、区属农林场、区直各单位：

根据区委、区政府《关于印发〈2009年度目标管理责任制考核指标〉的通知》（常鼎发〔2009〕17号）和《常德市鼎城区安全生产委员会关于印发〈鼎城区乡镇（场）2009年度安全生产目标管理办法〉的通知》（常鼎安发〔2009〕2号）精神，经区“五大安全”工作领导小组考核，区委、区政府研究，决定授予逆江坪乡等5个单位为2009年度“五大安全”工作红旗单位；授予牛鼻滩镇等25个单位为2009年度“五大安全”工作先进单位；授予李新民等30名同志为2009年度“五大安全”工作先进个人；对鼎城区华富田烟花鞭炮有限公司“1.14”爆炸事故的责任单位谢家铺镇通报批评，并对其2009年度的安全生产工作予以一票否决。

一、红旗单位（5个）：

逆江坪乡、大龙站镇、区交警大队、区消防大队、区食品安全办

二、先进单位（25个）：

周家店镇、石门桥镇、中河口镇、钱家坪乡、灌溪镇、十美堂镇、草坪镇、蒿子港镇、牛鼻滩镇、长茅岭乡、区财政局、区工业局、区公安局、区交通局、区教育局、商务局、区广电局、区畜牧局、区环保局、区质监局、卫生监督所、区法制办、长岭岗乡张冲碎石场、草坪镇先锋烟花鞭炮有限公司、中国石油常德鼎城分公司

三、先进个人（30名）：

李新民、余树弟、梁华安、叶仁利、何官敏、罗军初、腾衍军、梁宋桂、郑小林、周克银、肖世军、罗会刚、黄士桥、刘圣祥、马庆云、陈 宏、王 磊、李碧波、李仕民、吴宝廷、杜 明、杨丽娟、刘建林、杨正全、王文华、蔡国新、史道广、成绪晶、麻秀娟、廖再文

四、一票否决单位（1个）

谢家铺镇

望上述受表彰单位和个人再接再厉，不断进取，在新的一年里，为构建平安鼎城再创佳绩。

中共常德市鼎城区委办公室
常德市鼎城区人民政府办公室
关于2009年度工业企业税收大户实行表彰奖励的通报

常鼎办通〔2010〕6号

（2010年1月1日）

各乡镇党委、人民政府，区属农林场，区直有关单位：

2009年，我区税收收入增速较快，涌现出了一批工业企业税收入库大户。根据区委、区政府《关于鼓励工贸企业发展的优惠政策和奖励办法》（常鼎发〔2009〕3号）文件精神，经区委、区政府研究，决定对长沙中联重工科技发展股份有限公司建筑起重机械分公司、长沙中联重工科技发展股份有限公司常德汽车起重机分公司、湖南特力液压有限公司、湖南中联重科结构件有限责任公司、常德金德山水泥有限公司五家生产型工业企业区级税收入库大户实行表彰。

特此通报。

附件：2009年工业企业税收大户奖励单位及奖励金额表

附件：

2009年工业企业税收大户台阶奖励单位及奖励金额表

金额单位：元

单　　位	2009年区级税收入库额	奖　金	备　注
长沙中联重工科技发展股份有限公司建筑起重机械分公司	20387080	450000	
长沙中联重工科技发展股份有限公司常德汽车起重机分公司	11965738	250000	
湖南特力液压有限公司	8340739	200000	
湖南中联重科结构件有限责任公司	7560498	150000	
常德金德山水泥有限公司	1156642	50000	
合　　计 (5家)	49410697	1100000	

中共常德市鼎城区委办公室
常德市鼎城区人民政府办公室
关于调整区级领导成员分工和若干领导小组的通知

常鼎办通〔2010〕25号

（2010年4月6日）

各乡镇党委、人民政府，区属农林场，区直机关各单位：

因工作需要，现将2010年暨2011年度区级领导成员分工、包片和联系点的安排以及若干领导小组调整的情况通知如下：

一、区级领导成员分工及联系点安排

李秋葆 区委书记

主持区委全面工作，联系灌溪镇。

董 岚 区委副书记、区长

主持区政府全面工作，主管监察、审计工作，联系蒿子港镇。

詹一兵 区委副书记

协助书记处理日常事务，分管党务、意识形态、机构编制工作，负责稳定、计划生育、新型工业化和农业产业化等工作，联系人大、政协、人武部和石公桥镇。

向 阳 人大主任

主持区人大常委会全面工作，联系韩公渡镇。

许中诚 政协主席

主持区政协全面工作，联系蔡家岗镇。

杨 君 常委、常务副区长

协助区长管理区政府全面工作，牵头“五大安全”，分管政府办、统计、信息化、财税、劳动和社会保障、再就业、机构编制人事、信访、政务公开、金融、保险、老龄、重点工程、实事办理、大桥南、企（事）业改革、驻外办事机构等工作，负责商贸鼎城工作，联系武陵镇。

李世霞 常委、纪委书记

主管纪检、监察、反腐败工作，负责城市化工作，包石门桥片，联系谢家铺镇。

韩才渊 常委、区委办主任

主管区委办公室工作，协管信访工作，包石公桥片，联系镇德桥镇。

田大春 常委、统战部部长

主管统战工作，分管计划生育、计生协会工作，包大龙站片，联系双桥坪镇。

胡 文 常委、政法委书记

主管政法和稳定工作，包斗姆湖片，联系斗姆湖镇。

邵明福 常委、开发区工委书记

主管工业、招商引资和鼎城经济开发区工作，包灌溪片，联系灌溪镇。

庞 波 常委、组织部部长

主管组织工作，分管老干、工会、共青团、妇联工作，包黄土店片，联系沧山乡。

陈兆前 常委

分管建设、城管、房产、规划、国土、城区交通安全、西区开发、控违拆违、城区消防等工作，包蒿子港片，联系黄珠洲乡。

陈 德 常委、副区长

分管发展改革与物价、计划生育、计生协会、招商引资、服务业等工作，协管重点工程，联系中河口镇。

刘昌松 常委、人武部部长 与政委共同负责人武部全面工作，联系雷公庙镇。

傅 勇 常委、副区长

分管教育、卫生、血防、交通、公路、生产安全、交通安全等工作,联系工商联、共青团、妇联工作,包港二口片,联系港二口镇。

王建华 常委、宣传部长

主管宣传工作,分管文明城市创建、桥南续建、桥南维稳和大桥南有关工作,包牛鼻滩片,联系牛鼻滩镇。(原政府分管工作不变)

赵伍芳 人武部政委 与部长共同负责人武部全面工作,联系大龙站镇。

马本慧 人大副主任

协助主任主持区人大常委会全面工作,分管人大常委会选举任免联络工委工作,联系黄土店镇。

潘端明 人大副主任

分管人大常委会财经城环工委和内务司法工委工作,联系黑山咀乡。

皇甫泽华 人大副主任

主管工会工作,分管人大常委会办公室工作,联系逆江坪乡。

刘友善 人大副主任

分管人大常委会农工委工作,联系石板滩镇。

丁福华 人大副主任

分管人大常委会科教文卫工委工作,联系许家桥乡。

蔡仁国 副区长

分管农办、农业、农机、水利、林业、移民、扶贫、新农村建设、农业产业化、农业综合开发、气象、经管、乡镇企业、农民教育、农村能源、科技、科协、地震、畜牧、消赤减债、残联等工作,联系人武部和石门桥镇。

唐绍华 副区长

分管粮食、供销、工商、药品监督、商务、市场服务中心、个体私营经济、文化、体育、广播电视和食品药品安全等工作,联系丁家港乡。

刘运华 副区长

分管工业、旅游、外事侨务、民族宗教、散装水泥办、质量技术监督、电力、邮政、电信、移动、联通、无线电管理等工作,联系工会工作和周家店镇。

詹学明 副区长

主持沧山乡全面工作

彭 勇 副区长

分管稳定、司法、公安、法制、消防、民政、救灾等工作,联系长岭岗乡。

周国栋 政协副主席

协助主席主持区政协全面工作,分管区政协办公室,联系唐家铺乡。

彭久媛 政协副主席

分管区政协经科委、联络委工作,联系草坪镇。

钟泽英 政协副主席

分管区政协提案委工作。

杨 元 政协副主席

分管区政协法制委工作。

过 乔 政协副主席

分管区政协学习文教卫体文史委工作。

曾广文 人武部副部长

协助部长工作,并负责军事科。

廖忠东 区委副调研员

协助处理区委交办的有关工作。

葛桃林 区委副调研员

协助处理区委交办的有关工作。

宋道利 区委副调研员

协助处理基层组织建设有关工作。

郭述政 区委副调研员

协助处理项目资金争取有关工作。

刘正华 区委副调研员

协助处理有关督查工作。

杨代珍 区委副处级干部

协管妇女、老干及协会相关工作。

龚玉喜 区人大副处级干部

协助处理人大常委会内务司法工委工作。

尹茂林 区人大副处级干部

协助处理人大常委会财经城环工委工作。

谭延胜 区政府党组成员、正处级干部

协助处理重点工程建设方面的有关事务。

熊以富 区政府党组成员、花岩溪度假区工委书记

协管旅游、服务业及政府老债化解工作。

朱金球 区政府副调研员

协助处理商贸方面的有关事务。

彭炳根 区政府副调研员

协助处理信访稳定方面的有关事务。

孙启林 区政府副调研员

协助处理大桥南及污水处理厂有关事务。

朱纯华 区政府副处级干部

协助处理水产市场开发方面的有关事务。

龚严程 区政府副处级干部

协管水利相关工作。
汪泽云 区检察院检察长
主持检察院工作,联系长茅岭乡。
柴从林 区长助理、区公安局局长
主持公安局工作,联系尧天坪镇。
刘凡之 区公安局政委
协助局长主持公安局全面工作,主管队伍建设。
孙启玉 区一中校长
主持区一中全面工作。
朱金桥 区委党校校长
主持区委党校全面工作。
潘文斌 花岩溪管理处主任
主持花岩溪管委会全面工作。
鲁爱政 鼎城经济开发区管委会主任
协助工委书记主持开发区全面工作。
廖再文 桥南管委会主任、工委书记
主持大桥南全面工作。

二、有关领导小组名单

1.社会治安综合治理委员会
主 任:李秋葆
副主任:董 岚 詹一兵 胡 文 刘昌松 潘端明 彭 勇 彭久媛 汪泽云 柴从林
2.维护社会稳定工作领导小组
组 长:李秋葆
副组长:董 岚 詹一兵 杨 君 胡 文 彭 勇
3.区信访工作领导小组
组 长:杨 君
副组长:韩才渊 胡 文
4.财经工作领导小组
组 长:董 岚
副组长:杨 君 韩才渊 潘端明 周国栋
5.计划生育工作领导小组
组 长:詹一兵
副组长:田大春 陈 德 丁福华 彭久媛 曾广文
6.依法治区领导小组
组 长:李秋葆
副组长:董 岚 胡 文 王建华 潘端明 彭 勇 彭久媛
7.建设学习型城市工作指导委员会
主 任:李秋葆
副主任:詹一兵 傅 勇 王建华 丁福华 彭久媛
8.精神文明建设委员会
主 任:詹一兵
副主任:胡 文 傅 勇 王建华 赵伍芳 丁福华 彭久媛
9.岗位责任制领导小组
组 长:詹一兵
副组长:杨 君 韩才渊 庞 波 王建华
10.党建工作领导小组
组 长:李秋葆
副组长:詹一兵 李世霞 庞 波 王建华
11.党风廉政建设领导小组
组 长:李秋葆
副组长:董 岚 詹一兵 杨 君 李世霞 庞 波 王建华 汪泽云
12.机构编制委员会
主 任:董 岚
副 主 任:詹一兵 杨 君 庞 波
13.优化经济环境领导小组
组 长:董 岚
副组长:杨 君 李世霞 邵明福 陈 德 潘端明 周国栋
14.推行执法责任制领导小组
组 长:杨 君
副组长:胡 文 潘端明 周国栋
15.人民武装委员会(国防动员委员会)
第一主任:李秋葆
主 任:董 岚
副 主 任:詹一兵 杨君 刘昌松 赵伍芳 蔡仁国 曾广文
16.国防教育委员会
主 任:詹一兵
副主任:刘昌松 傅 勇 王建华 赵伍芳 丁福华 蔡仁国 周国栋
17.招商引资领导小组
组 长:杨 君
副组长:邵明福 陈 德 潘端明 周国栋
18.大桥南建设管理领导小组
组 长:杨 君
副组长:王建华 唐绍华
19.发展服务业领导小组
组 长:陈 德
副组长:丁福华 唐绍华 彭久媛 熊以富
20.农村工作领导小组

组　　长:詹一兵
常务副组长:蔡仁国
副 组 长:刘友善　周国栋
21.新农村建设领导小组
组 长:李秋葆
副组长:董 岚 詹一兵 杨　君　庞 波
　　　刘友善　蔡仁国 周国栋
22.科技工作领导小组
组 长:蔡仁国
副组长:丁福华　周国栋
23.消赤减债及基金会欠款清收领导小组
组 长:李秋葆
副组长:董 岚　杨 君　蔡仁国 柴从林
24.“减负”和农民负担监管领导小组
组 长:董 岚
副组长:李世霞 刘友善 蔡仁国 周国栋
25.移民工作领导小组
组 长:蔡仁国
副组长:刘友善　周国栋
26.养殖业领导小组
组 长:蔡仁国
副组长:马本慧　周国栋
27.推进新型工业化工作领导小组
组 长:董 岚
副组长:詹一兵 杨 君 邵明福 陈 德
　　　潘端明 刘运华 周国栋 钟泽英
28.重点工程建设领导小组
组 长:杨 君
副组长:陈 德　傅 勇 谭延胜
29.企(事)业改革工作领导小组
组 长:董 岚
副组长:詹一兵　杨　君 蔡仁国
　　　唐绍华　刘运华
30.安全工作领导小组
组 长:董 岚
副组长:杨　君 陈兆前 傅 勇　皇甫泽华
　　　唐绍华 刘运华 彭 勇　彭 久 媛
31. 城市化工作领导小组
组 长:李世霞
副组长:陈兆前 王建华 副区长一名
32.城市创建工作领导小组(暨爱国卫生运动委员会)
组 长:李世霞
副组长: 陈兆前 傅 勇 王建华 潘端明 彭久媛
33.交通建设领导小组
组 长:杨 君
副组长:傅 勇
34.教育卫生血防工作领导小组
组 长:傅 勇
副组长:丁福华 彭久媛
35.老龄工作委员会(老干部工作领导小组)
主 任:詹一兵
副主任:杨 君　韩才渊 庞 波 皇甫泽华
　　　彭久媛
36.关心下一代工作委员会
主 任:詹一兵
副主任:庞 波　傅 勇 丁福华　彭久媛
37.防范和处理邪教问题领导小组
组 长:胡 文
副组长:王建华 彭 勇

三、领导小组议事规则

1. 本文件只明确担任各领导小组组长和副组长的区级领导,各领导小组组成人员由组长确定。

2.各领导小组对所担负的工作全权负责,除涉及到全局性的重大问题可提请区政府常务会或区委常委会研究解决外,一切事务性的工作均由领导小组负责处理。

3.各领导小组内部严格实行层次领导,责任单位应按程序请示汇报,各领导小组不得把矛盾和问题上交。

4. 原则上要求各领导小组至少每季度集体研究一次工作,特殊的和季节性强的工作,要经常研究和调度,及时解决运行中出现的矛盾和问题,确保各项工作稳步推进。

5.领导小组负责的工作如需分解责任,可自行设立若干办公室或责任小组,在领导小组的统一领导和协调下开展工作, 并由该领导小组全权考核工作实效。

附件:区级领导包片联点一览表

附件：

区级领导包片联点一览表

单　位	联系领导	单　位	联系领导	单　位	联系领导
蒿子港片	陈兆前	大龙站镇	赵伍芳	草坪镇	彭久媛
蒿子港镇	董　岚	长岭岗乡	彭　勇	沧山乡	庞　波
黑山咀乡	潘端明	双桥坪镇	田大春	钱家坪乡	法院院长
中河口镇	陈　德	灌溪片	邵明福	斗姆湖片	胡　文
黄珠洲乡	陈兆前	灌溪镇	李秋葆 邵明福	斗姆湖镇	胡　文
十美堂镇	一名副区长	石板滩镇	刘友善	许家桥乡	丁福华
牛鼻滩片	王建华	蔡家岗镇	许中诚	丁家港乡	唐绍华
牛鼻滩镇	王建华	雷公庙镇	刘昌松	港二口片	傅　勇
韩公渡镇	向　阳	石门桥片	李世霞	港二口镇	傅　勇
石公桥片	韩才渊	石门桥镇	蔡仁国	长茅岭乡	汪泽云
石公桥镇	詹一兵	谢家铺镇	李世霞	尧天坪镇	柴从林
镇德桥镇	韩才渊	唐家铺乡	周国栋	逆江坪乡	皇甫泽华
周家店镇	刘运华	黄土店片	庞　波	武陵镇	杨　君
大龙站片	田大春	黄土店镇	马本慧		

中共常德市鼎城区委办公室
常德市鼎城区人民政府办公室
关于成立常德市江南新城西区征地
拆迁安置指挥部的通知

常鼎办通〔2010〕26号

（2010年4月12日）

各乡镇党委、人民政府，区属农林场，区直有关单位：

为了全面推进常德市江南新城西区开发建设，加快“城市鼎城”建设步伐，确保江南新城西区建设各项工作顺利推进。经区委、区政府研究，决定成立常德市江南新城西区征地拆迁安置指挥部。

其组成人员如下：

总 调 度：陈兆前

指 挥 长：龙凌云

常务副指挥长：李润初

副 指 挥 长：陈友志 余培红 肖仁华 胡 杰

成 员 单 位：区城市办 西开办 区国土局 区公安局

区城管行政执法局 区劳动和社会保障局

区民政局 区财政局 区房产局

区信访局 区监察局 区建设局

区交通局 区电力局 区广电局

区水利局 区环保局 区规划局

区计生局 区城投公司 区电信局

区移动公司 武陵镇政府 斗姆湖镇政府

工 作 人 员：黄 俊 詹子华 周春华 冀建华

张家祥 成基和 张 建 彭定国

王忠友 李三军 吴 伟 钟建军

指挥部下设办公室，办公室设在武陵镇国土所，负责江南新城西区征地拆迁安置的具体工作，由李三军同志任办公室主任。

中共常德市鼎城区委办公室
常德市鼎城区人民政府办公室
关于编纂《鼎城年鉴(2009)》的通知

常鼎办通〔2010〕28号

(2010年4月13日)

各乡镇党委、人民政府,区属农林场,区直和驻区各单位:

2009年度《鼎城年鉴》的编纂工作已经启动,为进一步提高年鉴的质量和权威性,充分发挥政府综合性年鉴的资政、存史、宣传作用,现将编纂《鼎城年鉴(2009)》的有关事项通知如下:

一、组织机构

(一)《鼎城年鉴(2009)》编纂委员会

名誉主任委员:李秋葆

主任委员:董 岚

顾　　问:向 阳 许中诚

副主任委员:杨 君 韩才渊 刘昌松

委　　员:雷建国 梁正凡 李湘建 李丽辉 郑立军 罗旺甫 熊 辉 高建良 李南孝 丁晚枝 沈国华 卢年初 李占坤

(二)《鼎城年鉴(2009)》编辑部

主　　编:杨 君

副 主 编:雷建国 高建良

编辑部主任:高建良

编辑部副主任:彭 慧 梁惠成 杨 红 刘本猛

总　　纂:高建良

总　　校:彭 慧

编　　辑:金柯羽 陈 欣 林金华 郑运莲

二、编纂范围

以2009年1月~2009年12月为上下时限,期间区内乡镇(场)和副科级以上行政单位,中央、省、市驻区单位以及500万元以上产值的工、商企业都应向《鼎城年鉴》编辑部提供相关资料。

三、编纂内容

《鼎城年鉴》为综合性年鉴,编纂内容包括文字、图片资料两类。文字资料由综合性资料和专题性资料两种组成。综合性资料(概述或概况)全面记述期内本部门、本单位职能范围内的工作基本情况,以当年各项工作和各项经济社会发展指标完成情况为基本内容,包括指导方针、主要工作、主要经济指标、获得的荣誉称号等。专题性资料记述期内单位在某一方面取得的重大成绩和经验教训及发生的重大事件,对有突出贡献或获得省部级以上表彰的先进个人,也要在专题性资料中加记述。各单位的详细条目由各单位执笔人参考去年的条目,根据实际情况的变化进行增减。做到突出工作业绩、不遗漏主要工作方面。资料要详细、数据要真实具体、经过要清楚,还要注意记载大、新、特、奇的内容。有关国计民生、方便群众生产、生活的重要信息、联系地址、号码等应尽力收录。与2008年相比,变化不大的内容尽量简化,突出新内容。

图片资料包括随文黑白插图和彩色专版用彩照。随文插图照片附在随文之中,对重大事件、重要活动、重要会议辅以照片表现。彩版宣传是年鉴一个重要表现手段,是展示各单位和鼎城形象,加强对外推介宣传最有效的形式。

四、工作要求

1. 加强领导。各部、办、委和其他各战线牵头单位要明确一名副职和一名联络员负责本单位和战线的《鼎城年鉴》编辑工作。凡有撰稿任务的单位和部门,要明确分管政工负责人负责此项工作,由负责文字工作的组室负责人或办公室主任具体负责本单位年鉴资料的撰写报送工作。各单位要在规定的时间内将上述人员的姓名、通讯号码报送区史志办公室。

2. 强化责任。要建立编辑和审校责任制。撰稿人员要对撰写内容负责,做到政治上无差错、事实上不失真、语言上无错误。所有上报稿件均要署上撰稿人姓名,由单位"一把手"签字,并加盖单位公章上报。各单位接此通知后,安排专人收集资料,撰写条目,按时按质报送(交稿时请附带电子文档和随文图片),并对《鼎城年鉴》的编纂工作给予一定的资金支持。

报 送 单 位: 区委党史办(区地方志办公室)

交稿截止时间:2010 年 5 月 30 日

联系电话:13549785963

传　真:7384126

电子邮箱:dcszb@163.com

联 系 人:杨 红(13786609119)

附　件:《鼎城年鉴(2009)》编写条目及撰稿责任单位

附:

《鼎城年鉴(2009)》编写条目及撰稿责任单位

条　目	责任单位
一、专文	区委办、人大办、政府办、政协办
二、大事记(2009 年 1 月 ~2009 年 12 月)	党史办
三、概况	
地理	党史办
位置、面积	党史办
人口	公安局
人口自然增长率	公安局
行政区划	政府办
概况、乡镇行政区划变更	政府办
环境质量	环保局
水环境质量、城区空气环境质量、城区噪声质量	环保局
气候特征	气象局
概况、气温、降水、日照	气象局
主要气候事件	气象局
气候对农业生产、旅游、水利的影响	气象局
水文、雨情、水情	气象局
鼎城区 2009 年国民经济和社会发展统计公报	统计局
区及区直单位领导人名单	组织部
中央、省、市驻区单位领导人名单	党史办
四、中共鼎城区委员会	
概述	区委办
区委重大决策、重要活动、重要经济工作会议、常委会议	区委办
办公室工作	区委办
组织工作	组织部
宣传工作	宣传部
统战工作	统战部
对台工作	对台办
610 工作	610 办
桥南维稳	稳定办
机构编制工作	编 办
党史工作	党史办
老干工作	老干局
党校	党 校
接待工作	接待办
五、鼎城区人民代表大会常务委员会	
重要会议、重要议案、重要决议、重要活动、人事任免、执法监督检查	人大办
六、鼎城区人民政府	
政府重大施政举措、重要活动、重要会议	政府办
办公室工作	政府办
重点工程建设	重点工程办
人事工作(乡镇站所人事制度改革)	人事局

条　目	责任单位
民政工作	民政局
劳动和社会保障工作	劳动局
就业培训	劳动局
职业介绍	劳动局
外事侨务工作	外侨办
人口与计划生育工作	计生局
政务服务	政务中心
地方志工作	党史办
档案工作	档案局
信访工作	信访局
法制工作	法制办
民族宗教工作	宗教办
信息化工作	信息办
安全生产工作	安监局
七、中国人民政治协商会议鼎城区委员会	政协办
概述、重要会议、重大活动、重要提案、文史工作	
八、纪检·监察	纪　委
九、军事	
人民武装部	人武部
国防教育	人武部
预备役	人武部
征兵	人武部
武警中队	武警中队
消防大队	消防大队
十、民主党派·工商联·群团组织	
各民主党派	统战部
中国国民党革命委员会鼎城区总支部	统战部
中国民主同盟鼎城区总支部	统战部
中国民主建国会鼎城区支部	统战部
中国农工民主党鼎城区支部	统战部
鼎城区工商联	工商联
鼎城区总工会	总工会
共青团鼎城区委	团区委
鼎城区妇女联合会	妇　联
鼎城区科学技术协会	科　协
鼎城区文学艺术联合会	文　联
鼎城区残联人联合会	残　联
鼎城区老科学技术工作者协会	老科协
十一、检察·审判	
检察	检察院
审判	法　院
十二、公安·司法	
公安	公安局
交警	交警大队
司法行政	司法局
十三、经济管理与监督	
发展改革规划管理	发改局
物价管理	发改局
统计管理	统计局
国土资源管理	国土资源局
质量技术监督管理	质监局
工商行政管理	工商局
农村经营管理	农经局
环境监督管理	环保局
审计监督	审计局
食品药品监督管理	药监局
食品安全卫生监督管理	卫生局
十四、财政·税收	
财政概况	财政局
乡镇财政管理	财政局
非税收入征收管理	非税局
财政国库集中支付	财政局
国有资产监督管理	国资局
住房公积金管理	住房公积金管理中心
会计统一核算管理	财政局
国税	国税局
地税	地税局
十五、金融·保险	
银行业机构	商务局
保险业机构	商务局
工商银行	中国工商银行鼎城支行
农业银行	中国农业银行鼎城区支行
中国银行	中国银行股份有限公司常德市桥南支行
建设银行	中国建设银行股份有限公司常德市鼎城区支行
农业发展银行	中国农业发展银行鼎城区支行
邮政储蓄	区邮政局
财产保险	中国人民财产保险公司鼎城区支公司
人寿保险	中国人寿保险股份有限公司常德市鼎城支公司

条　目	责任单位
十六、农业	
农业农村工作	农　办
种植业	农业局
养殖业	畜牧水产局
林业	林业局
水利	水利局
农业综合开发	农业综合开发办
农业机械	农机局
移民开发	移民局
农民素质教育	农民素质教育办
新农村建设	农　办
农村能源建设	能源办
乡镇企业	乡企局
农业产业化	乡企局
十七、工业	
概述	工业局
工业园区建设	经济开发区
规模以上企业简介	工业局
湖南名牌企业名单	工业局
电力	电力局
十八、商务·贸易·旅游	
招商引资	商务局
水果市场	商务局
家俱市场	商务局
建材市场	商务局
医药市场	商务局
大型超市	商务局
专卖品经营	商务局
服务业	商务局
对外贸易	商务局
供销合作社	供销社
粮食流通	粮食局
桥南市场	桥南市场
桥南商贸城	商贸城
大桥南联托运有限公司	联托运公司
副食城	副食城
市场服务中心	市场服务中心
蔬菜产业	蔬菜办
旅游	旅游局
花岩溪国家森林公园	花岩溪管委会
十九、城市建设与管理	

条　目	责任单位
概述	建设局
城市规划管理	规划局
城市管理行政执法	城管局
城市公用事业	建设局
城市环境卫生	环卫处
市容管理	环卫处
城市绿化	建设局
城市供水	供水公司
房地产业	房地产管理局
散装水泥管理	散装水泥办公室
城建投资	城投公司
规划建筑设计	建设局
二十、交通·通信	
交通概述	交通局
交通建设与管理	交通局
公路管理	公路局
道路运输管理	交通局
城区公共客运管理	交通局
农村公共客运管理	交通局
邮政	邮政局
电信	电信局
移动通讯	移动公司
联通通讯	联通公司
二十一、科技·防震减灾	
科技	科技局
防震减灾	地震局
二十二、教育	教育局
概述	
基础教育	
职业教育	
民办教育	
湖南同德职业学院	
教育强区工作	
教育教学工作	
二十三、文化·卫生·体育	
文化	文化局
出版	出版局
文物考古	文化局
广播电视	广电局
电影放映	文化局
卫生	卫生局

条　目	责任单位
血吸虫病防治	卫生局
疾病预防控制	疾控中心
妇幼保健	妇幼保健院
医疗机构	卫生局
常德市第四人民医院	第四人民医院
常德市第六人民医院	第六人民医院
常德市第二中医院	第二中医院
常德市肿瘤医院	常德市肿瘤医院
体育	体育局
二十四、社会·生活	
人民生活	统计局
机关事业单位社会养老保险	劳动局
企业基本养老保险	劳动局

条　目	责任单位
工伤保险	劳动局
医疗保险	劳动局
新型农村合作医疗	农合办
二十五、乡·镇·场	各乡镇场
二十六、人物·人才	
全国“五一劳动奖章”获得者	总工会
受国家部委表彰的先进个人	人事局
市劳动模范	总工会
高级(正高)专业技术人才	人事局
二十七、地方文献	区委办、人大办、政府办、政协办
二十八、资政论坛	区委办、人大办、政府办、政协办

中共常德市鼎城区委办公室
常德市鼎城区人民政府办公室
关于落实2010年省市为民办实事工作的通知

常鼎办通〔2010〕37号

（2010年5月20日）

各乡镇党委、人民政府，区属农林场，区直有关单位：

为全面落实《常德市人民政府关于办好2010年“十件实事”的通知》（常政发〔2010〕3号）、《中共常德市委办公室常德市人民政府办公室关于落实2010年省为民办实事工作的通知》（常办〔2010〕29号）文件精神，确保我区全面完成2010年省、市为民办实事工作任务，现就有关事项通知如下：

一、提高思想认识。省、市下达的为民办实事工作任务，是当前广大人民群众最关心和迫切需要解决的实际问题，件件关系到人民群众的利益。各乡镇（场）党委、政府和区直部门负责人要提高思想认识，把为民办实事工作作为全面贯彻党的十七大和十七届四中全会精神、继续深入学习实践科学发展观的重要举措，作为深入推进我区“二次创业”发展战略的主要抓手，作为建设责任政府、打造满意政府的重要内容，真正把实事办好、好事办实。

二、强化组织领导。经区委、区政府研究决定，鼎城区为民办实事工作由区委副书记、区人民政府区长董岚，区委常委、区人民政府常务副区长杨君，区人民政府办公室主任雷建国全面负责，日常协调工作由杨君同志负责，分管区直主要责任单位的副区长为相关实事牵头人。成立鼎城区为民办实事考核办公室（简称“区考核办”），负责组织考核工作，办公地点设区政府督查室。雷建国同志兼任区考核办主任，周小云、欧阳明、吴弟友等同志任区考核办副主任，区政府督查室、区人事局、区统计局、区发改局、区财政局、区监察局、区审计局为区考核办成员单位。各乡镇（场）、区直责任单位要把为民办实事工作列入本地、本单位工作重点，建立健全领导责任制，形成主要领导亲自抓、分管领导具体抓、组建工作班子专门抓的工作模式。

三、明确工作责任。各乡镇（场）人民政府和区直主要责任单位为落实省、市为民办实事工作的责任主体，履行相关工作职责。区人民政府负责全区落实省市为民办实事工作的组织实施。区政府办、区教育局、区文化局、区劳动和社会保障局、区卫生局、区民政局、区建设局、区房产局、区残联、区畜牧局、区水利局、区食品安全办、区交通局、区能源办、区城管执法局、区经管局、区司法局、区移民局、区商务局、区林业局、鼎城移动通讯分公司、区电信局等22个单位为区直主要责任单位，区广电局、区信息化办、区财政局、区发改局、区国税局、区地税局、区工商局、区国土局、区环保局、区公安局、区工业局等11个单位为区直相关责任单位，区直主要责任单位和相关责任单位具体负责省、市为民办实事各项指标的落实。

区直主要责任单位要制订详细的工作方案和落实时间表，建立工作责任制，明确工作责任人，提出工作要求，每月5日前将具体工作进度的进展情况报区考核办；要明确专人负责信息工作，加大信息报送力度，分析问题、总结经验、推介做法，原则上要求每月至少报送信息1篇以上；要按照分解下达的具体目标任务落实责任，建立责任体系，确保全面完成所承担的实事工作任务。区直相关责任单位要按照各自职能，积极配合和支持主要责任单位的为民办实事工作，为实事办理开辟“绿色通道”、提供“快捷服务”。各有关部门要加强对项目建设的后续管理，确保长久发挥效益。区考核办各成员单位要按照各自分工，抓好落实省市为民办实事的相关考核工作。

区考核办要对全区实事办理情况进行定期或不定期的督查或调度，及时研究解决工作中出现的矛盾与问题，并将督查结果予以通报。

四、严格考核奖惩。区考核办负责考核主要责任单位，并将考核情况及时向区人民政府报告。考核工作按区考核办下发的《关于对2010年落实省市为民办实事工作进行量化考核的通知》实施，采取每月调度（逐月上报）、季度自评、半年检查、年终考核的办法，即由主要责任单位每月进行调度，每季进行自评，半年由区考核办组织检查，年终由区考核办综合考核总评。经年终考核，全部完成目标任务的，考核结果为达标；考核中有一项不达标的，考核结果为不达标。

凡考核达标的区直主要责任单位的行政主要负责人在年度考核中可评为优秀等次，事迹突出的给予记功，同时给予一次性奖励。凡考核结果为不达标的，单位的行政主要负责人和分管负责人的年度考核均评定为不称职，并不得参加其他奖励项目的评选。全区落实2010年省市为民办实事考核结果经区考核办综合评定并报市考核办确定后，由区考核办落实考核结果的兑现工作。

附件：1.2010年鼎城区落实省、市为民办实事考核指标分解表

2.2010年鼎城区为民办实事考核办成员单位工作职责

附件 1：

2010 年鼎城区落实省、市为民办实事考核指标分解表

序号	责任单位	考核项目	工作目标	完成时间	分管领导	备注
1	区劳动和社会保障局	新增城镇就业人员	5000 人	11 月底	杨君	省市指标相同
2		城镇零就业家庭实现动态就业援助	100%	11 月底		省指标
3		城镇居民基本医疗保险住院医疗费补偿率	50%	11 月底		省指标
4		援助城乡困难对象就业	260 人	11 月底		市指标
5	区政府办	推进市直改制企业社区解困	1 个	11 月底		市指标
6	区交通局	新建乡镇到村水泥（沥青）路	118 公里	11 月底	傅勇	省指标
7	区卫生局	新型农村合作医疗住院医疗费补偿率	54%	11 月底		市指标为 50%以上
8		新型农村合作医疗参合人数	626011 人	11 月底		市指标
9	区教育局	建设义务教育阶段合格学校	7 所	11 月底		省指标为 5 所
10	区房产局	新增廉租住房	108 套	11 月底	王建华	市指标为 50 套
11		新增城镇租赁补贴	80 户	11 月底		市指标
12		整治市城区敞开式小区基础设施	1 个	11 月底		市指标
13		规范市城区敞开式小区物业管理	1 个	11 月底		市指标

序号	责任单位	考　核　项　目	工作目标	完成时间	分管领导	备注
14	区城管执法局	城镇生活垃圾无害化处理率		11月底	王建华	省指标尚未下达
15	区建设局	城镇污水处理率		11月底		省指标尚未下达
16	区水利局	解决农村饮水不安全人数	5.9362万人	11月底	蔡仁国	省指标为4.01万人
17		小Ⅰ型以上水库消灭五类水质	45座	11月底		市指标
18	区畜牧水产局	压减珍珠养殖面积	14500亩	11月底		市指标
19	区能源办	新建沼气池	1900口	11月底		省指标
20	区经管局	建设农民专业合作省级示范社	1个	11月底		省指标
21	区移民局	移民避险和改善生存环境搬迁人数	19人	11月底		省指标
22		移民培训人数	450人	11月底		省指标
23	区林业局	林权发证率	80%	11月底		省指标
24	区残联	对0–6岁贫困残疾儿童进行抢救性康复	20人	11月底		省指标
25	区文化局	建设农家书屋工程	125家	11月底	唐绍华	省指标
26	区商务局	新建改造市城区农贸市场	2个	11月底		市指标
27	区食品安全办	蔬菜农残检测超标率控制率	6%以内	11月底		市指标
28		确保不发生重大群体性食物中毒责任事故	0起	11月底		市指标

序号	责任单位	考核项目	工作目标	完成时间	分管领导	备注
29	鼎城移动通讯分公司	新增通电话自然村		11月底	刘运华	省指标尚未下达
30	区电信局	新建农村综合信息服务示范点		11月底		省指标尚未下达
31		行政村实现互联网宽带上网		11月底		省指标尚未下达
32	区民政局	农村危房改造	150户	11月底	彭勇	此为市指标，省指标尚未下达
33		改扩建乡镇敬老院	6所	11月底		省指标为5所
34		城市低保对象月人均补助	163元	11月底		省指标为130元
35		农村低保对象月人均补助	66元	11月底		省指标为55元
36		农村低保扩面后达到保障人数	2.34万人	11月底		市指标
37	区司法局	为困难群众办理法律援助案件	190件	11月底		省指标

说明：城镇污水处理率、城镇生活垃圾无害化处理率两项指标由省里直接下达，尚未下来；农村危房改造（市里指标已下达）、新增通电话自然村、新建农村综合信息服务示范点、行政村实现互联网宽带上网四项指标，需待省里指标下达至市里，再由市直相关责任单位分解下达到我区，尚未下来。

附件2：

2010年鼎城区为民办实事考核办成员单位工作职责

单 位	具 体 工 作 职 责
区政府督查室	1、负责检查督导全区落实省市为民办实事工作
	2、负责区实事考核办的日常工作
	3、负责上下的联系联络工作
区人事局	负责承办实事考核奖惩的相关事项
区统计局	1、负责省市实事指标的解释工作
	2、负责数据的报送工作
	3、负责实事项目的评估认定
区发改局	1、负责实事项目的报批和资金安排计划
	2、负责协调各职能部门落实为民办实事优惠政策
区财政局	1、负责省市为民办实事相关资金的调度
	2、负责为民办实事相关资金落实情况的检查指导
区监察局	1、负责为民办实事工作环境的治理
	2、负责为民办实事违纪问题查处
区审计局	1、负责为民办实事资金使用情况的审计
	2、负责对违规使用为民办实事资金问题的查处

中共常德市鼎城区委办公室
常德市鼎城区人民政府办公室
关于印发《常德市鼎城区生态区建设方案》的通知

常鼎办通〔2010〕39 号

（2010 年 5 月 21 日）

各相关乡镇党委、人民政府，区直相关单位：

《鼎城区 2010 年生态区建设方案》已经区委、区政府研究同意，现印发给你们，请结合本地本单位实际认真贯彻执行。

常德市鼎城区生态区建设方案

为了贯彻落实科学发展观，构建生态文明的和谐社会，按照《常德生态市建设规划》的总体安排，鼎城区将全面启动生态区建设工作，现结合鼎城实际，制定本方案。

一、指导思想

以科学发展观为指导，以发展循环经济为核心，以改善环境质量为出发点，坚持污染防治与生态保护并重，统筹城乡经济社会发展，推进我区走上生产发展、生活富裕、生态良好的文明发展道路。

二、组织机构

成立鼎城区生态区建设工作领导小组。

组　长：董 岚

副 组 长：王建华

成员单位：区政府办、区环保局、区林业局、区财政局、区发改局、区建设局、区农业局、区国土资源局、区旅游局、区工业局、区水利局、区卫生局、区教育局、区广电局、区畜牧局、市规划局鼎城分局、区农办、区商务局、区城管执法局、区食品安全办、区统计局、花岩溪管委会、灌溪镇、石板滩镇、尧天坪镇、逆江坪镇、钱家坪乡、港二口镇、唐家铺乡、长岭岗乡、石公桥镇、谢家铺镇、雷公庙镇。

领导小组下设办公室，办公地点设区环保局，区环保局局长鲍明月任办公室主任。

相关乡镇（场）和区直相关单位成立相应机构。

三、工作职责

（一）区直责任单位职责

1. 区环保局：对照国家生态区建设指标和生态区建设总体规划，制定本部门工作规划和实施方案；督促落实生态区创建环境质量污染防治、总量控制等环境保护内容；具体落实生态区建设各项工作内容。

2. 区林业局：对照国家生态区建设指标和总体规划，制定本部门创建工作规划和实施方案；督促落实创建生态区技术指导，生态林业体系建设中森林覆盖率，林业病虫害综合防治等有关指标内容。

3. 区财政局：负责落实建设所需经费；对照国家生态区建设指标和建设总体规划，制定本部门创建工作规划和实施方案；督促落实生态区建设财政指标等相关内容。

4. 区发改局:对照国家生态区建设指标和总体规划,制定本部门创建工作规划和实施方案;督促落实生态区建设总体规划及经济发展宏观调控、产业结构调整、单位 GDP 能耗相关内容。

5. 区建设局:对照国家生态区建设指标和生态区建设总体规划,制定本系统创建工作规划和实施方案;落实园林、生态城镇体系建设、城镇生活污水处理、城镇公共绿地面积等相关内容。

6. 区农业局:对照国家生态区建设指标和总体规划,制定本部门创建规划和实施方案;落实生态农业体系建设中农村新能源使用,秸秆综合利用、禽畜粪便综合利用、农膜回收、农业病虫害综合防治、农药化肥施用强度等相关内容的实施。

7. 区国土资源局:对照国家生态区建设指标和生态区建设总体规划制定本部门创建工作规划和实施方案;督促落实生态区创建退化土地恢复,资源合理利用等相关内容的实施。

8. 区旅游局:对照国家生态区建设指标和总体规划,制定本部门创建工作规划和实施方案;落实生态区、旅游区环境达标等相关内容。

9. 区工业局:对照国家生态区建设指标和总体规划,制定本部门创建工作规划和实施方案;落实生态区工业体系建设、工业结构调整、发展循环经济,淘汰落后生产工艺等相关内容。

10. 区水利局:对照国家生态区建设指标和总体规划,制定本部门创建工作规划和实施方案;落实生态区建设中单位 GDP 水耗、农村改水等相关内容。

11. 区卫生局:对照国家生态区建设指标和总体规划,制定本部门创建工作规划和实施方案;督促落实生态农业体系中农村改水、改厕和指导创建卫生村镇、优美乡镇等工作。

12. 区教育局:对照国家生态区建设指标和总体规划,制定本部门创建工作规划和实施方案;督促落实绿色学校建设;落实生态区建设中初中教育普及率等指标。

13. 区广电局:对照国家生态区建设指标和总体规划,制定本部门创建工作规划和实施方案;督促落实创建宣传工作任务;确定电视台、电台专题专栏专人宣传报道,创建良好氛围。

14. 区畜牧局:对照国家生态区建设指标和总体规划,制定本部门创建工作规划和实施方案;落实生态区指标中秸秆综合利用,禽畜粪便综合利用等有关数据的落实和实施。

15. 市规划局鼎城分局:对照国家生态区建设指标和总体规划,制定本部门创建工作规划和实施方案;落实建设项目环保审批的有关规定;指导编制村庄整建规划;落实生态保护相关措施。

16. 区农办:对照国家生态区建设指标和总体规划,制定本部门创建工作规划和实施方案;指导农村沼气建设,实施农村环境综合整治工作。

17. 区商务局:对照国家生态区建设指标和总体规划,制定本部门创建工作规划和实施方案;重点解决城区农贸市场环境问题;督导各乡镇管委会建立无公害产品、绿色食品交易区、绿色消费示范市场。

18. 区城管执法局:对照国家生态区建设指标和总体规划,制定本部门创建工作规划和实施方案;开展生态区建设户外广告宣传;落实规划城区渣土运输管理工作。

19. 区食品安全办:对照国家生态区建设指标和总体规划,制定本部门创建工作规划和实施方案;组织经常性食品安全检查,确保食品安全,消除安全隐患。

(二)相关责任乡镇(场)和工作职责

1. 创省级优美乡镇:花岩溪管委会、灌溪镇、石板滩镇、尧天坪镇、逆江坪镇、钱家坪乡、港二口镇、唐家铺乡、长岭岗乡。

2. 创省级生态村:灌溪镇富贵村、中心村、岗市村、大垱 村、兴发村、汤家坪村,石板滩镇玉皇庵村、石板滩村、毛栗岗村、荷花堰村,花岩溪管理处栖凤山村,港二口镇新开山村,石公桥镇王家桥村,谢家铺镇公王庙村、向家巷村,雷公庙镇尹家坪村,尧天坪镇双合桥村,钱家坪乡中溪冲村,逆江坪乡老屋坪村。

3. 工作职责:成立相应的领导班子和工作机构;制定优美乡镇和生态村建设环境保护规划;确保乡(镇)、村容整洁、管理有序、景观协调、宅边路旁绿化、水清气洁;注重解决环境违法项目的取缔;及时提交建设工作总结和报告。在区生态区建设工作领导小组的领导和各责任单位的协助下,积极主动开展好优美乡镇和生态村建设工作。

四、工作要求

(一)统一思想,提高认识

生态区建设是建设环境友好型社会的重要举措,要力争以生态区建设为契机,努力促进鼎城区环境整体水平的进一步提高。

（二）加强领导，强化责任

全区生态区建设活动的开展于四月份启动，十二月份全面完成。时间紧，任务重，各责任单位要积极行动起来，一把手负总责，同时明确专门队伍严格按照生态区建设的要求专抓，确保各项指标任务的落实。

（三）强化督导，严格追责

全区把生态区建设工作纳入单位年终岗评考核指标体系。同时，全区将组织专门督查班子，加强日常性巡查督导，对不作为、迟作为、缓作为等行为实行责任追究，并新闻曝光。

中共常德市鼎城区委办公室
常德市鼎城区人民政府办公室
关于进一步规范领导接待活动的通知

常鼎办通〔2010〕44号

（2010年6月3日）

各乡镇党委、人民政府，区属农林场，区直各单位：

为认真贯彻落实《中共常德市委办公室常德市人民政府办公室关于切实改进领导同志到地方考察调研接待工作的意见》（常办发〔2009〕2号）的精神，结合我区实际，现就有关事项通知如下：

一、严格落实接待活动报告制度。中央、省、市领导同志来鼎城考察调研，需要区几大家领导参与接待的，牵头单位负责向区委办公室报告，由区委办公室报请区委主要领导同意后统一调度。同时，上级主管部门副厅级以上领导干部来我区检查指导工作由对口单位负责接待，需区几大家领导陪同的，由接待单位制定接待方案报请区委、区政府主要领导审定同意后，由区委办、区政府办协调安排。

二、加强统筹协调。中央领导同志、省主要领导同志、省委常委、市委领导同志来鼎城的接待工作由区委办公室负责制定接待方案，报区委主要领导审定后组织落实。省、市人大常委会，省、市人民政府，省、市政协领导同志来鼎城的接待工作，由相应领导机关办公室制定接待方案，经相应领导机关主要领导审定后组织实施；需几大家领导陪同的，经承担接待任务的相应领导机关报区委主要领导同意后由区委办公室统一协调。军队系统领导同志来鼎城考察调研的接待工作由区人武部按军队有关规定执行，需要区委、区政府领导参加接待的，由区人武部政工科报区委办公室统一协调。

三、规范宣传报道。中央、省、市领导同志来鼎城考察调研的新闻报道，由接待活动牵头单位安排区级媒体记者随行采访。考察调研活动的新闻稿按报道内容分别由几大家办公室分管文字的负责人审核把关：属于党委序列的报道内容，由区委办公室分管文字的副主任负责审核把关；政府序列的报道内容由区政府办公室分管文字的副主任负责审核把关；人大、政协、人武部等相应领导机关的单项接待活动的新闻报道内容由接待机关分管文字的负责人审核把关。

中共常德市鼎城区委办公室 常德市鼎城区人民政府办公室 关于调整区处理信访突出问题及群众性事件联席会议组织及工作机构成员的通知

常鼎办通〔2010〕52号

（2010年7月10日）

各乡镇党委、人民政府，区属农林场，区直有关单位：

经区委、区政府研究同意，决定对区处理信访突出问题及群体性事件联席会议组织及工作机构成员进行调整。其调整情况如下：

一、联席会议组织机构

牵头人：詹一兵

召集人：杨 君 韩才渊 胡 文 傅 勇 王建华 蔡仁国 刘运华 彭 勇

成员单位：区委办 区人大办 区政府办 区人武部 政工科 区纪委 区委组织部 区委宣传部 区委政法委 区法院 区检察院 区公安局 区司法局 区民政局 区建设局 区房产局 区国土局 区规划局 区人事局 区工业局 区商务局 区发改局 区财政局 区劳动局 区农业局 区林业局 区畜牧局 区水利局 区教育局 区文化局 区卫生局 区交通局 区经管局 区环保局 区移民局 区城管执法局 区供销社 区信访局

联席会议下设办公室，办公地点设区信访局。

二、联席会议工作机构

（一）办公室。负责联席会议的日常工作，对全区集中处理信访突出问题及群体性事件进行综合调度、劝返处置、督查协调等。何奕波任联席办主任，张长远、袁万国、唐爱和、杨珂、黄永清、杨道政、董宏志任副主任。

（二）十四个专项工作组：

1. 企业军转干部问题工作组：组长杨君，负责人邬吉湘，办公地点设区人事局；

2. 退役士兵问题工作组：组长彭勇，负责人袁万国，办公地点设区涉军办；

3. 涉法涉诉问题工作组：组长胡文，负责人郑立军，办公地点设区委政法委执法监督室；

4. 企业改制问题工作组：组长刘运华，负责人沈国华，办公地点设区工业局；

5. 农村土地征用问题工作组：组长王建华，负责人李润初，办公地点设区国土局；

6. 城镇房屋拆迁问题工作组：组长王建华，负责人杜孟，办公地点设区房产局；

7. 环境污染问题工作组：组长王建华，负责人鲍明月，办公地点设区环保局；

8. 移民问题工作组：组长蔡仁国，负责人林成初，办公地点设区移民局；

9. 民、幼师问题工作组：组长傅勇，负责人卢年初，办公地点设区教育局；

10. 乡镇分流农技员问题工作组：组长蔡仁国，负责人熊春来，办公地点设区农业局；

11. 畜牧退休、分流人员问题工作组：组长蔡仁

国,负责人熊俊,办公地点设区畜牧局;

12. 信访老户问题工作组:组长韩才渊,负责人董宏志,办公地点设区信访局;

13. 农村债务纠纷问题工作组:组长蔡仁国,负责人易文松,办公地点设区政府办;

14. 桥南涉诉经营户问题工作组:组长王建华,负责人廖再文,办公地点设桥南管委会。

中共常德市鼎城区委办公室
中共常德市鼎城区政府办公室
关于开展区级领导“进社区、解难题、
办实事”活动的通知

常鼎办通〔2010〕55 号

（2010 年7 月 13 日）

武陵镇党委、人民政府，区直相关单位：

为进一步抓好常德市争创第三届全国文明城市工作，落实各项创建任务，确保我区全国城市公共文明指数测评工作取得优异成绩，根据全区创建工作总体安排，近段时间将深入开展区级领导“进社区、解难题、办实事”活动。

此项活动由区委副书记詹一兵同志负总责，区文明办负责统筹协调，武陵镇党委、政府和联社区单位具体组织实施。活动开展将以进社区宣讲文明创建知识、参加文体活动、督促检查创建工作、帮助解决一些具体问题等方式进行，切实提高社区群众对文明创建的知晓率、支持率、满意率。经区委、区政府研究同意，现将活动安排予以印发，请相关部门对照活动安排认真搞好配合，切实落实责任，确保活动取得实效，并及时将活动开展情况报区文明办。

附：区级领导“进社区、解难题、办实事”活动安排

附件：

区级领导“进社区、解难题、办实事”活动安排

区级领导	社区名称	区直包社区单位及责任人	武陵镇包社区责任人	市直包社区单位及责任人	社区联系人	根据社区情况解决1—2个具体问题
李秋葆 韩才渊	鼎城社区	区劳动局　杨双清	田振宇	市检察院　欧阳志衡 市委市政府接待处　黄银花 芷园宾馆　王景领	丁建娥 贾仁国	
董　岚 陈兆前	临江社区	区计价局　李　俊	卜开权	市审计局　吴让晓 市乡镇企业局　莫文涛	黄民主	
詹一兵 蔡仁国	迎宾社区	区财政局　张　毅	袁丽娟	市计生委　曹新华 市酒管办　谭永贵	燕明星	
向　阳 丁福华	花船社区	区国土局　彭伟君	熊月来	市委政法委　程志刚 市610办　王有达	丁为华 许　慧	
许中诚 彭久媛	善池社区	区国税局　桂　芳	田启新	市移民开发局　易继军 市农业综合开发办　李艳红	刘祝东	
杨　君 刘运华	停车场社区	区民政局　张松远	廖建湘	市商务局　白鸿谋 市蔬菜办　朱建湘 市商务局离退休管理中心　黄英	石启茂	

区级领导	社区名称	区直包社区单位及责任人	武陵镇包社区责任人	市直包社区单位及责任人	社区联系人	根据社区情况解决1—2个具体问题
李世霞 杨代珍	渡口社区	区审计局　熊　君	肖仁华	市司法局　余小萍 市劳动争议仲裁院　龙　伟	唐枝仙	
田大春 皇甫泽华	德安社区	区教育局　匡　永	陈德海	市房管局　沈明莉 市公积金　龚德平	刘大毛 林红亮	
胡　文 彭　勇	金霞社区	区工业局　张建国	袁丽娟	市非税局　欧阳富华 武陵监狱　唐光明	邹光文	
邵明福 刘凡之	玉霞社区	区房产局　熊先道	李建忠	市发改委　杨　青 市信息化办　胡岩城	杨维林	
庞　波 潘端明	桥头社区	区广电局　李建军	汪其明 杨　慧	市科技局　肖技国 市财校　周明慧	黄明中	
陈　德 刘正华	王家铺社区	区移民局　郭立春	熊月来	市委政研室　屈锦林 市契税局　易先云	黄玉权	
刘昌松 曾广文	善卷社区	区林业局　熊晓利	刘建林	市公用事业局　李清林 市市政建设总公司　余卫国	严德成	
傅　勇 宋道利	永安社区	区电力局　丁家宝	刘优群	市城管办　于乾好　市城建投　林　红 城区公共客运管理处　万后铭	杨维刚	
王建华 唐绍华	常沅社区	区水利局　熊选桂	周德新	市物价局　陈秋林 省棉科所　肖立一	孙金权	

中共常德市鼎城区委办公室
常德市鼎城区人民政府办公室
关于常德市鼎城区人民政府机构设置的通知

常鼎办通〔2010〕61号

（2010年9月3日）

各乡镇党委、人民政府，区属农林场，区直各单位：

《常德市鼎城区人民政府机构改革方案》已经市委、市人民政府批准。现将改革后的区人民政府机构设置通知如下：

一、区人民政府工作部门

区人民政府办公室（挂区人民政府法制办公室牌子，保留区政府外事侨务办公室、区民族宗教事务局、区旅游局牌子），简称区政府办（区法制办、区外侨办、区民宗局、区旅游局）。

区发展和改革局（挂区物价局牌子），简称区发改局（区物价局）。

区教育局，简称区教育局。

区科学技术局，简称区科技局。

区工业和信息化局，简称区工业信息化局。

区公安局，简称区公安局。

区监察局（与区纪委机关合署办公，列入区政府工作部门序列，不计入区政府机构个数），简称区监察局。

区民政局（保留区民间组织管理局牌子），简称区民政局（区民间组织局）。

区司法局，简称区司法局。

区财政局，简称区财政局。

区人力资源和社会保障局，简称区人力资源社会保障局。

区国土资源局，简称区国土资源局。

区环境保护局，简称区环保局。

区住房和城乡建设局，简称区住建局。

区交通运输局，简称区交通运输局。

区水利局，简称区水利局。

区农业局，简称区农业局。

区林业局，简称区林业局。

区商务局（保留区招商合作局牌子），简称区商务局（区招商局）。

区文化广电新闻出版局（挂区版权局、区扫黄打非领导小组办公室牌子），简称区文广新局（区版权局、区扫黄打非办）。

区卫生局（保留区爱国卫生运动委员会办公室牌子），简称区卫生局（区爱卫办）。

区人口和计划生育局，简称区人口计生局。

区审计局，简称区审计局。

区城市管理行政执法局（仍为区政府独立的行政执法部门，不计入区政府机构个数），简称区城管执法局。

区统计局，简称区统计局。

区粮食局，简称区粮食局。

区食品药品监督管理局，简称区药监局。

二、区人民政府直属事业单位

湖南省常德花岩溪国家森林公园管理处（加挂湖南省常德花岩溪省级自然保护区管理处、湖南省常德花岩溪旅游度假区管理处牌子），简称花岩溪国家森林公园管理处（花岩溪省级自然保护区管理处、花岩溪旅游度假区管理处）。

区体育局,简称区体育局。

区供销合作社联合社,简称区供销社。

区农村经营管理局(加挂区农民负担监督管理领导小组办公室牌子),简称区农经局(区农民负担监督管理办)。

区安全生产监督管理局,简称区安监局。

区桥南市场管理委员会,简称区桥南市场管委会。

区城市建设投资开发管理办公室,简称区城建投资开发办。

区农村能源领导小组办公室,简称区能源办。

区人民防空办公室,既是区人民政府防空工作的主管部门,也是区国防动员委员会的常设办事机构,简称区人防办。

区广播电视台,简称区广播电视台。

三、区人民政府派出机构

湖南常德鼎城经济开发区管理委员会,简称鼎城经济开发区管委会。

中共常德市鼎城区委办公室
常德市鼎城区人民政府办公室
关于在全区装备使用移动存储介质管理系统的通知

常鼎办通〔2010〕63 号

（2010 年 9 月 13 日）

各乡镇党委、区人民政府，区属农林场，区直各单位：

为进一步加强全区电子政务内网的建设与管理，根据市委办、市政府办《关于在全市装备使用移动存储介质管理系统的通知》（常办发电〔2010〕53 号文件）精神，经区委、区政府研究，决定在全区范围内装备使用移动存储介质管理系统。现将有关事项通知如下：

一、装备内容及范围

装备使用移动存储介质管理系统主要包括三项内容：移动存储介质管理、违规外联监控及内网安全准入管理。

该系统装备应用于全区各单位接入电子政务内网的计算机（所有未接入内网的工作计算机仅安装移动存储介质管理软件）

二、成立专门班子

区委、区政府成立全区电子政务内网建设领导小组，加强对移动存储介质管理系统装备应用工作的领导。具体组成人员如下：

组　长：杨　君　区委常委、区人民政府常务副区长

副组长：韩才渊　区委常委、区委办主任

　　　　雷建国　区政府办主任

成　员：曾世平　区委办副主任

　　　　马庆云　区政府办副主任

　　　　娄智伟　区人大办副主任

　　　　杨国军　区政协副秘书长

　　　　高　力　区委组织部副部长

　　　　龙墙昀　区财政局副局长

　　　　杨　斌　区电信局副局长

　　　　马永祥　区信息化办主任

　　　　林春明　区委机要局局长

领导小组下设办公室，办公室设在区委机要局，林春明兼任办公室主任。

三、工作步骤

1. 全区各单位制定好移动存储介质管理系统装备应用方案。填写《移动存储介质管理系统装备应用摸底表》、《单位计算机及网络情况摸底表》（见附件），并报区委机要局，9 月 25 日前完成。

2.各单位做好安装物理隔离卡和杀毒软件、配备中间机等准备工作，9 月 30 日前完成。

3. 进行移动存储介质管理系统技术培训，10 月 20 日前完成。

4. 安装移动存储介质管理系统，11 月 10 日前完成。

5.区委办、区政府办将在 11 月下旬对全区各单位移动存储介质管理系统装备情况组织检查验收。

四、工作要求

1.强化组织领导。各单位必须明确一名班子成员分管移动存储介质管理系统装备应用工作，同时必须明确一名懂电脑的工作人员负责本单位移动存储介质管理系统的管理和维护。

2.强化配套设备落实。全区移动存储介质管理系

统15万元经费由区财政负担，但各单位需配套如下设备：

(1)需调配1台内网计算机安装移动存储介质管理平台和审计平台,用以管理和维护本单位移动存储介质;

(2)需根据实际使用情况配置中间机（至少1台);

(3)需安装物理隔离卡和杀毒软件。

各单位必须高度重视,重点倾斜,克服困难,保证配套设备按期落实到位,确保移动存储介质管理系统顺利安装。

3. 强化管理和维护。全区移动存储介质管理系统由区委机要局统一管理,包括管理二级平台与三级平台的管理员、审计和监督内网移动存储介质的活动情况等。区委办、区政府办设二级管理平台。各乡镇(场)、区直各单位设三级管理平台。各单位均指定一名管理人员负责管理和监督本单位的移动存储介质。区国家保密局负责全区电子政务内网终端违规外联的管理和监控。移动存储介质管理系统的日常维护工作由承建商负责。

4. 严格相关责任追究。区委办、区政府办将装备使用移动存储介质管理系统工作纳入办公室工作年终考评内容,未按时间要求装备使用移动存储介质管理系统的单位一律取消年终办公室工作评先资格;装备使用移动存储介质管理系统后,如再发生存在一机两用、移动存储介质内外网交叉使用现象的单位,将依据《保密法》有关规定,严格追究分管领导和直接责任人的责任。

五、注意事项

1. 各单位安装的物理隔离卡必须使用国家保密局认证许可的产品,安装的杀毒软件尽量统一品牌和型号。所有设备的品牌和型号均须报区委机要局同意后再行购置和安装。

2. 各在具体实施过程中遇到问题应及时与区委机要局联系,联系电话:7388789,联系人:李建红、孙大力。

附件:

1. 移动存储介质管理系统装备应用摸底表

2. 单位计算机及内网情况摸底表

附件 1：

移动存储介质管理系统装备应用摸底表

单位名称：　　　　　　　　　　　　（单位公章）　填报日期：

<table>
<tr><td>项　目</td><td>姓　名</td><td>行政职务</td><td>联系电话</td><td colspan="2">备　注</td></tr>
<tr><td>分管领导</td><td></td><td></td><td></td><td colspan="2"></td></tr>
<tr><td>主管办公室（科室或股室）负责人</td><td></td><td></td><td></td><td colspan="2"></td></tr>
<tr><td>移动存储介质管理系统装备应用人员配备情况</td><td></td><td></td><td></td><td>QQ 号码</td><td></td></tr>
<tr><td>防火墙品牌及型号</td><td colspan="2"></td><td>安装范围（内网、外网、专网）</td><td colspan="2"></td></tr>
<tr><td>内网接入方式</td><td colspan="2"></td><td>外网接入方式</td><td colspan="2"></td></tr>
</table>

说明：内网与外网的接入方式为：ADSL 整网接入、以太网接入、单机 ADSL 接入等。

附件 2：

单位计算机及网络情况摸底表

单位名称：　　　　　　　　（单位公章）　填报日期：

计算机使用人	所属部门（科室、股室）	主要用途（办公、财务专网、公文传输、上互联网）	联网情况				安装隔离卡情况		是否安装杀毒软件	计算机MAC地址	所属网段	使用人手机	备注
			内网	专网	外网	单机	是否安装	隔离方式					

说明：隔离卡隔离方式分为：双网双硬盘、双网单硬盘、软隔离三种方式；所属网段是指本单位局域网计算机的 IP 网段。内网是指电子政务内网（与外网物理隔离）；专网是指本系统的业务专网；外网是指电子政务外网（与互联网逻辑隔离）和互联网；单机指未接入任何网络。

中共常德市鼎城区委办公室
常德市鼎城区人民政府办公室
关于成立江南善卷文化公园建设领导小组的通知

常鼎办通〔2010〕69 号

（2010 年 10 月 11 日）

各乡镇党委、人民政府，区属农林场，区直各单位：

为了加快推进江南城区开发建设步伐，配套城市功能，打造“鼎城文化品牌”，经区委、区政府研究同意，决定成立江南善卷公园建设领导小组，其成员名单如下：

组　长：李秋葆

副组长：董 岚　詹一兵　胡 文　陈兆前　王建华　柴从林

领导小组下设建设指挥部，由李南孝兼任指挥长，汪其明、李少学兼任副指挥长，指挥部全面负责项目的建设及相关协调工作。

中共常德市鼎城区委办公室
常德市鼎城区人民政府办公室
关于进一步明确乡镇(场)新型农村社会养老保险工作职责的通知

(2010 年 12 月 1 日)

常鼎办通〔2010〕75 号

各乡镇党委、人民政府,区属农林场:

为全面推进我区新型农村社会养老保险(以下简称"新农保)工作,经鼎城区新型农村社会养老保险工作领导小组研究同意,现将乡镇(场)新农保工作职责明确如下:

一、强化领导、明确责任

各乡镇(场)要高度重视本辖区新农保工作的开展。一是成立乡镇(场)新农保工作领导小组,党政一把手任组长,召开专题会议研究部署新农保工作,明确工作任务,落实工作责任。二是成立村级新农保工作班子,村支部书记为第一责任人。要充分发挥党员干部的模范带头作用,促进新农保工作全面铺开。

二、具体实施、全面启动

1. 抓好宣传发动工作。

各乡镇(场)要充分利用专栏、标语、横幅、宣传车、广播等各种媒介,采取分发宣传资料、召开广播大会、现场答疑解惑等通俗易懂的形式组织干部进村入户,广泛宣传新农保工作的重要意义、基本原则和各项政策,引导适龄农民踊跃参保。

2. 抓好信息录入和核实工作。

参保人员信息录入和有效人员信息核实是新农保工作的基础,各乡镇(场)要确保本辖区参保人员信息准确无误。一是 60 周岁以上人员信息资料从公安系统调出后需组织专人到每家每户进行核对;二是对 16—59 周岁的人员,要逐户摸底登记并录入系统;三是辖区内补登户籍人员需凭有效的二代身份证和居民户口簿参保。

3. 强化督促检查工作。

各乡镇(场)要定时对本辖区新农保工作进行督促检查,对工作的启动实施、宣传动员、人员统计及基金征缴等情况进行汇总。建立本辖区新农保工作激励机制,增强村、组干部的责任意识和竞争意识,确保新农保工作高质量完成。

三、按时保质、完成任务

各乡镇(场)在全区新农保工作启动初期要完成的工作目标是:确保本辖区 60 周岁以上的老人信息数据准确,2010 年 12 月底前实行社会化发放率 100%;确保本辖区 16—59 周岁符合参保缴费条件的农村居民,2011 年 6 月 20 日前参保率达 85%以上。

四、强化监督、严肃纪律

各乡镇(场)要加强对新农保基金和票据的监管。新农保专干要切实履行职责,严禁将保管的票据发放到村干部或无关人员手中,一经发现,要及时予以制止和纠正。各村征缴的基金必须在 24 小时之内交到乡镇(场)新农保专干手中,严禁截留和挪作他用,一经发现,严肃追究相关人员的责任。

区新农保工作领导小组将根据各乡镇(场)新农保工作进展情况,分阶段进行监督检查,进行全方位评估。对工作进展顺利、任务完成较好的乡镇(场)将在全区进行通报表扬;对重视不够、工作不力、措施不到位、进展迟缓、任务完成差的乡镇要进行通报批评,追究相关领导责任,并限期督促整改落实。

中共常德市鼎城区委 常德市鼎城区人民政府 关于印发《关于进一步加强人口和计划生育工作的意见》的通知

常鼎发〔2010〕1 号

（2010 年3 月 4 日）

各乡镇党委、人民政府，区属农林场，区直有关单位：

《关于进一步加强人口和计划生育工作的意见》已经区委、区政府研究同意，现印发给你们，请认真贯彻落实。

关于进一步加强人口和计划生育工作的意见

为了更好地贯彻落实《中共中央国务院关于全面加强人口和计划生育工作统筹解决人口问题的决定》(中发〔2006〕22 号文件)，认真执行《人口与计划生育法》和新修订的《湖南省人口与计划生育条例》，做好新时期的人口与计划生育工作，实现我区人口计生工作新的跨越，为打造和谐鼎城创造良好人口环境，区委、区政府决定就进一步加强人口和计划生育工作特提出如下意见：

一、进一步加强对人口和计划生育工作的领导

(一)区委中心学习小组要带头学习人口理论，乡镇党委、政府的政治学习每年要安排 2 次学习人口与计划生育政策法规；区委党校一个月以上的培训班要开设人口与计划生育课程。要通过学习，使各级党政领导进一步深化思想认识，强化国策观念，拓宽工作思路，继续加大计划生育"三结合"、"三为主"和"宣传先导、依法管理、村(居)民自治、优质服务、政策推动、综合治理"的工作力度，推动工作思路和工作方法的转变，全面提高我区人口计生工作水平。

(二)党和政府的坚强领导是做好人口与计划生育工作的根本保证，各级要以党的建设总揽人口计生工作全局，把计划生育工作纳入经济工作的整体规划，纳入党委、政府的重要议事日程，切实做到责任到位、措施到位、投入到位。区委、区政府每年召开 2 次以上，乡镇党委、政府每年召开 4 次以上计划生育工作专题会议，及时解决计划生育工作的具体问题，落实计划生育优惠政策，为计划生育工作创造良好的工作环境。

(三)认真落实计划生育工作党政一把手亲自抓、负总责，严格实行区级领导联乡镇，乡镇干部联村，区、乡部门联农村工作点，村干部联组，党员、协会会员联农户和计划生育专职干部联岗位的计划生育工作包干责任制，并将联系点的计划生育工作情况作为衡量各级领导干部和计划生育专职干部政绩的重要依据。

(四)要层层制定人口与计划生育目标管理工作规划,层层签订人口与计划生育工作责任状,认真进行考核评估,坚决兑现计划生育“一票否决”。

二、努力建设一支高素质的计划生育工作队伍

(一)区人口计生局、乡镇计划生育办公室(含计划生育服务所)的编制、人员要优先保证。乡镇计划生育办公室、乡镇计划生育服务所要按照“机构合法、人数合适、结构合理、素质合格”的要求设置,按乡镇总人口2万人以内5人,2万人以上每多1万人增加1人的原则配备。

(二)乡镇应确定一名年富力强的党政副职担任计划生育工作专职分管领导并相对稳定一届以上,同时配备一名行政编制的计划生育专干。区(乡)计划生育技术服务站(所)应由一名懂医疗技术的专业人才担任站(所)长。乡镇计划生育服务所要有2名以上有资质的执业医师或执业助理医师技术人员。区计划生育技术服务站、乡镇计划生育中心服务所要按照标准配备有资质的技术人员。

(三)每个村(居)配备一名年龄在45岁以下,初中以上文化、热爱计生事业、身体健康、群众拥护、工作认真负责的女性计生专干,每个村(居)小组配备1名指导员。

(四)乡镇计划生育工作人员实行区、乡共管体制,区人口计生局负责业务指导,乡镇(场)负责人、财、物的管理。因计划生育工作需要,在编的计划生育工作人员,可在全区计生系统内部调动,由区计生局牵头,会同组织、人事、劳动等部门办好有关手续,相关单位不得拒绝。乡镇计生工作人员改行异动的,必须征得区计生局同意,并坚持先进后出的原则,调出一个补充一个。

(五)全区计划生育系统的队伍结构和培训学习严格按省市的有关规定执行。

(六)乡镇计划生育工作人员的工资纳入财政预算。

(七)建立计划生育奖励机制。连续3年获得全区计划生育工作红旗单位称号或连续5年获得全区计划生育工作先进单位称号的乡镇,期间连续任职的党政正职、分管领导或计生专干在提拔使用时,优先考虑。

三、切实保证计划生育经费投入到位

(一)区、乡两级的计划生育事业费严格按照省市要求落实到位,确保计划生育工作人员工资待遇落实,确保计划生育工作的正常运转,确保农村节育手术免费。区级事业经费要按照上级标准足额纳入年初财政预算,并由区财政按月按比例拨付到位。

(二)严格计划生育事业费管理,进一步规范财务管理制度,增收节支,开源节流。严格财经纪律,杜绝不合理开支。

(三)严格社会抚养费的管理,认真执行“收支两条线”的管理体制,征收的社会抚养费及时全额上缴国库,任何单位和个人不能截留、挪用、贪污、私分。要严格社会抚养费的使用用途,征收社会抚养费所需工作经费不足部分由乡镇财政解决。

四、扎实搞好科学管理和优质服务工作

(一)完善工作网络。加快计划生育乡、村阵地网络建设,乡镇计划生育服务所要全部创“四优一满意”乡所,计算机信息网络要建立健全,协会组织要开展经常性活动,努力形成“区领导、乡负责、村为主、组配合、户落实”的计划生育工作格局。

(二)严格依法行政。认真执行国家《人口与计划生育法》、《流动人口计划生育工作条例》、《社会抚养费征收管理办法》、计划生育行政执法“七个不准”和《湖南省人口与计划生育条例》,加大计划生育依法行政力度,大力征收社会抚养费,规范育龄群众的生育行为,维护广大群众的合法权益,全面推行合同管理制和家庭计划生育责任制,不断增强群众自我教育、自我管理、自我服务意识,促进依法行政。

(三)强化宣传教育。要多形式、多渠道地对人口理论、计划生育政策法规、优生优育、婚育新风进万家等内容进行广泛的宣传。区电视台、广播电台和乡镇广播站、电视差转台要定期举办计划生育专题节目。各级人口学校要全面开展计划生育宣传教育活动,并逐步实现电化教学,确保全区已婚育龄妇女的受训率达到95%以上。

(四)提高统计质量。计划生育部门必须认真贯彻执行国家《统计法》,层层建立人口与计划生育统计质量责任制,乡镇计生办主任为统计工作第一责任人,统计员为直接责任人。统计报表要及时、准确、严禁瞒报、漏报、错报、虚报。

(五)搞好优质服务。计划生育部门对育龄妇女的生殖保健要实行“免费检查、低费治疗”,紧紧围绕生育、节育、不育、生殖保健、优生优育提供优质服务。为降低新生儿出生缺陷，全区所有持证待孕夫妇要全面推行优生遗传检测。要逐步扩大避孕节育措施知情选择面，积极推广生殖保健用品，落实避孕节育措施，降低意外妊娠率，杜绝大月份引产，控制违法生育。要积极开展计划生育系列保险服务。各级政府和财政、工商、税务、银行、物价等有关部门，要对照公益性事业的有关规定为搞好计划生育优质服务工作予以积极扶持，提供优惠政策。

五、齐抓共管，认真落实计划生育综合治理

实行计划生育是一项庞大的社会系统工程，全社会都应该重视支持这项工作，特别是计划生育责任部门要制定切实可行的措施，加大综合治理力度，保证我区计划生育工作跃上新台阶。

（一）计划生育部门要充分发挥职能作用，协助党委和政府组织、协调、督促、推动各部门落实人口与计划生育政策，实现人口与计划生育工作目标。

（二）纪检、监察部门要严肃查处违反计划生育的人和事。组织、人事部门要把计生工作好坏作为考核各级领导干部政绩的重要依据。在办理单位评先和个人评先、晋级、晋升、招工、录干手续时，必须征求计划生育部门的意见。

（三）宣传、教育、科技、广电、文化等部门要密切配合，利用各种新闻媒体，广泛、深入地开展人口与计划生育基础知识的公益性宣传。党校和初中以上学校要开设人口及青春期、性保健讲座或课程。

（四）民政部门要按照《婚姻登记管理条例》，加强婚姻登记管理工作；贯彻执行《中华人民共和国收养法》，规范社会收养工作；在发展社会福利、社会救济和社区工作中，要优先照顾和扶助实际计划生育并符合条件的家庭。

（五）计划生育和卫生部门要根据各自职责，密切配合，围绕生育、节育、不育共同做好计划生育技术服务和生殖保健服务。计生部门要加大对婴儿性别鉴定、性别选择性终止妊娠以及非法施行节育手术和恢复生育手术的查处力度。卫生部门要加强对孕产妇的管理，接受孕产妇必须查验其《生育证》，无有效《生育证》的，应及时向本辖区内计划生育行政部门报告。

（六）药监部门要加强终止妊娠药品的管理，规范药具零售市场，依法查处违法销售终止妊娠药品案案件，查处伪劣避孕药具药品、医疗器械等行为。

（七）财政部门要按照上级计划生育经费投入的要求，安排计划生育经费，并及时落实到位。要配合同级计生部门做好计划生育经费的使用、管理和监督工作。

（八）计划、农业、国土、移民、统计等部门要进一步明确在计划生育工作的职责和任务，制定发展计划和有关政策时应有利于计划生育的开展，把扶贫开发与计划生育工作紧密结合起来。

（九）公安、工商、劳动、国土、城建、房产、文化等部门在办理各种证照和户口迁移手续时，有关单位或个人在聘用外来流动人口或向流动人口租赁房屋时，必须查验“流动人口计划生育婚育证明”，并共同做好其计划生育管理工作。

（十）工会、共青团、妇联和计划生育协会等群众团体要积极支持和参与计划生育工作，广泛开展人口与计划生育知识的宣传教育、关心和维护育龄群众的合法权益。

六、强化基层管理，大力推行村民自治

（一）进一步提高对“村民自治”工作的认识。实行“村民自治”管理体制，是计划生育工作深入发展的迫切要求，是强化村级在计划生育工作中的主体地位和作用的需要，有利于人口计划的全面完成和计划生育工作任务的落实，有利于实现工作方法的转变，提高计划生育工作水平，有利于调动人民群众自我教育、自我管理、自我服务和民主参与、民主监督的积极性，有利于密切党群、干群关系，形成“干部好做工作，群众乐意接受”的工作局面。

（二）强化村级班子战斗力，主动承担计划生育工作责任。成立由村支部书记任组长，由村会计、村专干为成员的村计划生育领导小组，组级配齐指导员和协会小组长，进一步落实村级计生责任，主动完成人口计生工作任务，实行“村为主”。

（三）发挥村组干部、党员、计生协会会员 带头模范作用，不断增强群众自我教育、自我管理、自我服务意识。

1. 制定村组干部、党员、协会会员联系户制度，做到干部包村包组包对象。

2. 干部、党员、计生协会会员带头执行计划生育方针政策，并经常在群众中开展宣传服务，带领群众发家致富，少生优生。

3. 动员育龄群众参与村里的计划生育管理，并掌握计生基础知识，应知应会率达95%以上。

（四）严格实行重管制度。加大重管村管理力度，对重管村（居）的乡镇联村干部由组织和人口计生部门建立专门档案,在重管期内不得调动和提拔。对被纳入重管村的责任人实行责任追究。第一年被纳入重管的,对责任单位实行黄牌警告;连续两年被纳入重管的,对责任人实行警示谈话;连续三年被重管的,对乡、村(重管的)两级计生工作实行"一票否决"。建立重管村脱帽责任制,不能脱帽的一律由书记、乡镇(场)长亲自联系,直到脱帽为止。

七、完善利益导向机制,积极落实计生优惠政策

(一)认真实施人口与计划生育奖励扶助、少生快富和特殊困难家庭救助工程。

(二)教育部门对独生子女和农村双女户家庭子女在报考本区省级示范性高中时,同等条件下优先录取,品学兼优、家庭贫困的独生子女和农村双女户家庭子女优先提供奖励或救助,对就读高中、中等职业学校的特困独生子女和农村双女户家庭子女,可由学校免除学费。

(三)卫生部门对参加农村合作医疗的独生子女和农村双女户家庭子女报销医药费时,在同等条件下可适当提高报销比例。

(四)民政部门对计划生育特困家庭实行重点救助,在同等条件下优先纳入城乡最低生活保障。

(五)事业单位在面向社会公开招考工作人员时,给独生子女及农村双女户家庭子女在总分中加1分(百分制)。

(六)国土资源部门在办理计划生育农村特困家庭建房手续时,只收工本费。

(七)房产部门在计生特困家庭购买经济实用房、求租廉租房时予以优先。

(八)农村工作部、水利、爱卫、能源等部门,在沼气建设、改水改厕等方面,优先计划生育家庭,并给予适当优惠。

(九)劳动部门在技能培训、就业安排等方面优先安排计划生育家庭,在非工种限制条件下,积极向用人单位推荐招(聘)用女性。奋斗到底电视台、站?

八、严格执行计划生育"三制"管理制度

(一)严格实行"一票否决"制。1.在年度计划生育综合考核中被否决的区直单位,取消评先评奖资格,对其单位的党政一把手诫勉一年、分管负责人、计生专干和有关的责任人给予党纪、政纪处分,并且当年不得评先评奖、提拔晋级;连续两年被否决的(包括追踪否决)、对其单位的党政一把手、分管负责人、计生专干给予党纪、政纪处分,情节严重的予以免职(一年内不能任相应职务)。2.在年度计划生育综合考核中被否决的乡镇,取消评先评奖资格,对其单位的党政一把手诫勉一年、分管负责人、计生专干给予党纪、政纪处分,并且当年不得评先评奖、提拔晋级;连续两年被否决的(包括追踪否决)、对其单位的党政一把手、分管负责人、计生专干给予党纪、政纪处分,情节严重的予以免职(一年内不能任相应职务)。3.在年度计划生育综合考核中被否决的村(居)委会,取消评先评奖资格,对其单位的党支部书记、计生专干和联村干部给予党纪、政纪处分,并且当年不得评先评奖、提拔晋级;连续两年被否决的(包括追踪否决)、对其单位的党支部书记、计生专干和联村干部给予党纪、政纪处分,情节严重的予以免职(一年内不能任相应职务);因连续三年重管而否决的村(居)支部书记就地免职。4.实行"追踪否决"。对隐瞒上年计划生育工作真相,问题严重,符合否决条件的单位,实行"追踪否决",被追踪否决的单位的责任人按前1、2、3款的有关规定从重处理。5.实行"即时否决"。在阶段性工作过程中,出现计划生育重大责任事故,造成严重影响,符合"一票否决"条件的,即时实施"一票否决"。6.国家工作人员违法生育多生育子女的实行"一票否决",依法给予降级、撤职直至开除的行政处分。

(二)继续实行"末位淘汰"制。在年度考核中居全区倒数第一名且被"一票否决"的单位予以末位淘汰。对被末位淘汰单位的党政一把手给予党纪、政纪处分,分管负责人、计生专干和问题最严重村的联村干部除给予相应的纪律处分外,情节严重的就地免职(一年内不能任相应职务)。连续两年被末位淘汰的单位,对其党政一把手(考核期内连续任职的)除给予相应的纪律处分外,情节严重的予以免职(一年内不能任相应职务)。

(三)继续实行"退位追究"制。在年度考核中,比上年退位8位(含8位)以上的单位,对其单位和其党政一把手、分管负责人、计生专干通报批评。退位12位(含12位)以上的单位,对其党政一把手、分管负责人、计生专干诫勉一年。退位16位(含16位)以上的单位,对其党政一把手、分管负责人、计生专干给予党纪、政纪处分。在上年度考核中受到退位追究,连续两年累计退位16位(含16位)以上的单位,对其党政一把手、分管负责人、计生专干给予党纪、政纪处分,情节严重的予以免职(一年内不能任相应职务)。

(此件发至乡镇)

中共常德市鼎城区委 常德市鼎城区人民政府 关于印发《鼎城区2010年“项目建设年”工作方案》的通知

常鼎发〔2010〕3号

（2010年3月11日）

各乡镇(场)党委、人民政府，区直和中央、省、市驻区各单位：

现将《鼎城区2010年“项目建设年”工作方案》印发给你们，请结合本地本部门的实际，认真贯彻执行。

鼎城区2010年“项目建设年”工作方案

2009年，区委、区政府抓住国家扩大内需的政策机遇，把项目建设摆在工作的重中之重，大力开展“项目建设年”活动，取得了显著成效。为保持全区经济平稳较快发展的良好态势，全面完成“十一五”经济社会发展目标，奠定“十二五”经济社会发展坚实基础，按照市委、市政府的统一安排部署，2010年继续开展“项目建设年”活动。为切实抓好此项工作，特制定我区“项目建设年”工作方案。

一、指导思想

认真贯彻落实区委经济工作会议和区十五届人大四次会议精神，千方百计抓项目、扩投入、促发展。在继续扩大投资总量的前提下，更加注重优化投资结构，在投资结构上突出产业投资，在产业投资上突出高技术、低能耗项目。通过项目建设带动全区经济结构调整，促进发展方式转变，保持经济增长活力。

二、工作目标

——投资总量快速增长。全社会固定资产投资比上年增长50%以上。

——重点建设加快推进。安排重点工程建设项目28个，完成投资30亿元；20个重大前期项目取得实质性进展；新开发1000万元以上重大项目100个，其中3000万元以上项目30个，过亿元项目5个以上，过10亿元项目1个以上；建好重大项目储备库，储备重大项目100个以上。

——争资融资富有成效。争取上级投资3亿元以上，融资10亿元以上。

——管理水平不断提升。加强对投资项目特别是政府投资项目监管，落实项目法人责任制、招标投标制、工程监理制、合同管理制，加强对建设项目的监督检查，确保项目建设不出现重大违纪违规行为。

三、工作重点

围绕“项目建设年”目标任务，突出以下五个方面重点：

1.千方百计扩大投入。全力争取上级投资，根据国家投资方向和要求组织项目申报，加大保障性住房、农村基础设施、教育卫生、环境保护与生态建设、政法基础设施建设等方面的争资力度。大力争取金融支持，抓住国家实施适度宽松货币政策的时机，建好政府融资平台，解决项目建设资金不足的问题，运用BT、BOT融资方式，引导社会资本在更大范围、更宽领域参与我区项目建设。

2.全面加快重点建设。严格落实重点工程责任，确保G207公路改扩建、鼎城南方水泥一期、芙蓉烟叶复烤、江南城区污水处理厂建设等16个项目竣工投产；S205改扩建、澧常、常安、常岳、石常铁路电气化及增建二线等?7个项目加快建设进度，确保完成年度投资；常德水产品批发市场、吉祥寺佛教文化中心等5个项目加快工作进度，确保上半年开工建设。切实优化重点建设环境，加强重大项目建设调度，及时解决项目建设过程中的困难和问题，健全重点建设协调联动机制，全面加快重点建设进度。

3.扎实推进前期工作。严格落实项目前期工作责任，建立健全前期工作跟踪督办制度，突出协调解决项目建设规划选址、环境准入、征地拆迁等问题，畅通项目前期推进的“绿色通道”。从项目储备库中筛选一批前景好、基础实、效益高的重大项目，加快推进前期工作。抓好项目前期工作各环节的衔接，明确相关部门责任，倒排时间，限期完成。

4.认真抓好项目储备。按照“策划一批、论证一批、储备一批、核准一批、开工一批”的工作思路，建立健全“动态管理、良性循环”的重大项目开发储备机制。结合“十二五”规划编制，以新型工业化、新型城镇化、新农村建设和民生、环保等方面为重点，进行专题项目策划与开发，在开发深度上达到向国家和省、市申报项目的要求。以此为基础，储备重点项目100个以上，建成高水平“十二五”重大项目储备库，并争取20个储备项目进入上级“十二五”规划。

5.切实加强项目管理。切实加强政府投资项目管理，积极开展建设领域专项治理，抓好计划申报、资金拨付、工程建设、竣工验收等环节，确保政府投资项目实施过程规范有序；加强专项稽查和联合检查，严肃查处违法违纪行为，确保政府投资项目的质量和效益。

四、活动安排

抓好“五比五看”活动，即比固定资产投资增速，看经济发展快慢；比重点项目建设进度，看发展力度大小；比项目前期推进和开发成果，看发展后劲强弱；比项目争资融资额度，看投资发展活力；比政府投资项目管理，看投资发展效益。具体活动安排如下：

1.3月中旬，召开“项目建设年动员大会”，全面总结2009年“项目建设年”活动，安排部署2010年“项目建设年”工作。3月下旬开展一次工作督导，全面掀起“项目建设年”活动新热潮。

2. 4月份，开展“项目建设服务月”活动，项目责任单位主动上门为联系项目帮困解难、协调服务。

3.5月份，开展“重大项目建设调度月”活动，项目牵头区级领导现场办公，协调解决困难和问题，加快项目建设进度。

4.6月份，开展“项目建设督导月”活动，对“项目建设年”工作情况实行排名排位、末位通报，大力营造互比互看、你追我赶的浓厚氛围。

5.7月份，区委督查室、区政府督查室、区项目建设年领导小组办公室，对政府投资项目进行专项检查。

6.8、9月份，召开新开工、竣工重点项目调度会，解难题、加压力、促进度。

7.10、11月份，对照市、区两级考核指标，对“项目建设年”活动开展情况来一次“回头看”，对工作完成情况进行全面摸排，做好迎接省、市检查的准备工作。

8. 12月底，对“项目建设年”工作进行严格的结账、评分和考核，筹备好总结表彰大会。

（4）保障措施

为继续抓好“项目建设年”活动的开展，要在提高认识、强化领导、加强调度、严格考核等方面下功夫，努力确保各项工作任务顺利完成。

1. 统一思想认识。全区各级各部门要站在讲政治、讲大局的高度，不断提高开展“项目建设年”活动的思想认识，切实做到一切工作以经济建设为中心，经济工作以项目建设为重点。要按照区委、区政府“项目建设年”活动的总体要求，切实统一思想，提高工作认识，加强宣传动员。电视台、网站等各类新闻媒体，要开辟专栏和专题节目，加大宣传力度，对“项目建设年”活动实行全方位、多角度、多渠道的跟踪报道，真正在全区上下营造出抓大投入、上大项目、促大发展的良好氛围。

2.加强组织领导。成立区“项目建设年”活动领导小组，由区委副书记、区长董岚任组长，区委常委、常务副区长向美华，区委常委、副区长陈德任副组长，相关单位为成员。领导小组下设办公室，办公地点设区发改局，向美华兼任办公室主任，陈德、罗旺甫兼任办公室副主任。领导小组办公室具体负责“项目建设年”活动的总体安排、综合协调、督导考核等工作。切实落实工作责任，把重点工程建设、固定资产投资、争取上级投资、重大项目前期和项目开发、政府投资项目管理等工作责任分解到乡镇和区直单位，严格落实“一个项目由一名区级领导牵头，一个责任单位负责，一套班子抓落实”的工作责任机制。各乡镇和区直单位工作机构只能保留不能撤销，工作力量只能加强不能削弱，工作经费只能增加不能减少。

3.强化调度督导。建立健全“项目建设年”各项工作制度，区项目建设年领导小组办公室实行周调度、月通报制度，随时掌握工作动态，加快项目推进。区委、区政府每季度召开一次调度会，督办工作，协调解决重大问题。建立督导跟踪问责机制，区委督查室、区政府督查室、区项目建设年领导小组办公室不定期开展“项目建设年”工作督导，督查任务落实、项目进度等情况，对工作不力、未达到进度要求的单位及主要负责人予以通报批评。

4.完善考评奖励机制。把“项目建设年”工作纳入乡镇和区直单位目标管理考核（待岗位责任制考核领导小组确定考核分值后，再与现有的百分值考核进行换算）。年底对“项目建设年”工作进行综合考评，对综合排位前5名的乡镇和前10名的区直单位给予奖励。

附件：

1.2010年鼎城区“项目建设年”重点工程建设工作责任制表

2.2010年鼎城区“项目建设年”重大项目前期工作责任制表

3.2010年鼎城区“项目建设年”重大项目开发工作责任制表

4.2010年鼎城区“项目建设年”争取上级投资工作责任制表

5.2010年鼎城区“项目建设年”争取上级投资责任制单列表

6.2010年鼎城区区直单位“项目建设年”工作考核细则

7.2010年鼎城区乡镇“项目建设年”工作考核细则

附件 1

2010年鼎城区“项目建设年”重点工程建设工作责任制表

单位:万元

序号	项目名称	建设性质	建设规模	建设起止年限	投资来源	总投资	2010年计划		责任单位	责任领导	备注
							投资	主要建设内容			
	合计					1929628	307467				
1	南方水泥工程	续建	占地厂区 430 亩，矿区 540 亩，日产 4500 吨	2008～2011	自筹	68800	40000	1、工程的前期办证、环评。2、土建开工建设	区经济开发区	邵明富	市考核
2	中联重科汽车起重机分公司技改工程	续建	塔基机械设备，安装调试，结构一、二厂的扩建	2009～	自筹	15000	15000	完成塔基机械设备的安装调试及配套建设			
3	常德芙蓉烟叶复烤工程	续建	占地 180 亩，新建烟叶复烤厂房及配套设备	2008～2010	自筹	37000	11000	完成新建烟叶复烤厂房的建设		邵明富 熊以富	
4	石板滩烟叶仓库二期工程	续建	占 280 亩	2008～2010	自筹	35700	15700	完成特流中心及厂房的建设	区政府办	熊以富	
5	鼎城区景新中学(善卷中学)建设工程	新建	教学楼、综合楼等建设	2010～2012	市区投	4980	3000	完成主体工程建设	区教育局	蔡仁国	
6	德安南路建设工程	新建	长 1400 米，宽 30 米	2009～	区投	5000	2000	道路、排水、路灯、绿化及配套工程	区城建投	王建华	

序号	项目名称	建设性质	建设规模	建设起止年限	投资来源	总投资	2010年计划		责任单位	责任领导	备注
							投资	主要建设内容			
7	双潭路建设工程	新建	花溪路至金霞大道1400米道路，排水、道路，排水、路灯建设，红线宽30米	2009～	区投	4100	2500	完成1400米道路建设			
8	花溪西路建设工程	新建	善祠路至桃花源路1025米道路，排水、路灯建设，红线宽30米	2009～	区投	2750	1000	完成1025米道路建设			
9	廉租房建设	新建	廉租房建筑面积4949平方米，108套	2010	国投 区投	667	667	廉租住房建设	区房管局	王建华	市考核
10	污水处理厂区建设	续建	占地120亩，第一期工程处理规模3万吨，二期达4.5万吨，2010年投产	2009～	国省投 自筹	11000	2800	完成厂区厂房及管网建设等工作	区建设局		
11	建新路建设工程	新建	阳明路至双潭路1486米道路，排水建设，红线宽40米	2009～	区投	1166	600	完成1486米道路建设			
12	金霞东路建设工程	新建	商贸城园盘至滨江路780米道路，排水建设，红线宽60米	2009～	区投	1800	900	完成商贸城园盘至滨江路780米道路建设			
13	G207公路改扩建工程	续建	全长43.47km，二级公路路基宽度12米，路面宽度10.5米	2009～2010	国省投 区投	17600	10000	完成我区境内38km道路路基工程	区重点办 锡海公司项目部	向美华 谭延胜	纳入市本级考核鼎城区配合
14	S205公路改扩建工程	续建	全长59.7km，二级公路路基宽度12米，路面宽度10.5米	2009～	国省投 区投	28000	8000	完成我区境内10km征地拆迁任务			
15	澧常高速（鼎城段）建设工程	续建	总投资83亿元，建设里程134.7km，其中鼎城段30公里	2008～	国省投	191500	38300	完成征地拆迁任务路面施工队伍进场	区高速公路指挥部		

序号	项目名称	建设性质	建设规模	建设起止年限	投资来源	总投资	2010年计划		责任单位	责任领导	备注
							投资	主要建设内容			
16	常安高速（鼎城段）建设工程	续建	总投资55.98亿元，建设里程97km，其中鼎城段35公里	2009～	国省投	170000	34000	完成征地拆迁任务			
17	常岳高速（鼎城段）建设工程	续建	总投资45亿元，建设里程64km，其中鼎城段26公里	2009～	国省投	203500	40700	完成征地拆迁工作	区高速公路指挥部		
18	沅水西大桥、常德大道改造及桃花源路建设工程	新建	沅水西大桥建设,常德大道改造及桃花源路建设	2009～	国省投 自筹	254000	30000	完成征地拆迁，沅水西大桥桩基础，常德大道、桃花源路前期工作	区建设局 西开办	陈兆前	
19	石长铁路电气化改造及增建二线工程	续建	总投资74.5亿元，其中鼎城37km	2009～	国省投	745000	20000	完成征地拆迁和路基开工建设	区铁路办	陈　德	
20	湖南特力液压技改	技改	中联液压件生产	2009～2011	自筹	30000	7000	设备购置	区经济开发区	邵明富	
21	天和管桩建设	续建	占地面积137亩，建成预应力管桩生产线两条	2009～2010	自筹	8000	2000	建成投产		邵明富 熊以富	
22	公寓式安置小区	新建	阳明路以西、金霞大道以北、沅水环围新建安置房3000套，建筑面积360000平方米	2010～2015	市投 自筹	48600	8000	完成500套安置房建设	区西开办	陈兆前	
23	枉水大型骨干工程等	续建	干渠防渗、加固，涵管渡槽、机耕桥等	2008～	国省投 区投	21000	2000	干渠防渗、加固，涵管、渡槽等	区水利局	杨　君	

序号	项目名称	建设性质	建设规模	建设起止年限	投资来源	总投资	2010年计划		责任单位	责任领导	备注
							投资	主要建设内容			
24	牛鼻滩排涝工程	更新改造	机电设备更新，提高扬程2–4米	2009～2010	国省投区投	6965	3000	机电设备更新，土石方建设			
25	农村饮水工程	新建	解决农村22万人口饮水安全	2009～2010	国省投自筹	2000	2000	解决饮水不安全人口22万人			
26	110千伏浦沅变电站改造工程	改建	2×50兆伏安	2009	国投	5000	2000	完成2×50兆伏安的变电改造工程	区电力局	刘运华	
27	大龙站35千伏输变电改造工程	改造	2×5兆伏安	2009	国投	1500	800	完成2×5兆伏安的输变电改造工程	区电力局	刘运华	
28	江复500KV（Ⅰ、Ⅱ回）输电线路冰改工程	改造	冰改加固	2009	国投	9000	4500	完成江复线500KV输电线路抗冰技改工程	区重点办	刘运华	

附件 2

2010年鼎城区“项目建设年”重大项目前期工作责任制表

单位：万元

序号	项目名称	主要建设内容	总投资	2009年底前期工作完成情况	2010年前期工作责任目标	责任单位	牵头区级领导	备注
	合计		608499					
1	中联重科鼎城机械产业配套园	建设生产车间、仓储、办公及员工倒班楼，完善其他配套设施等	29000	已完成预可研	具备开工条件	区经济开发区	邵明富	市考核
2	周家店至西湖公路改造工程	全长36.1公里二级公路建设	17308	已完成初步设计	具备开工条件	区交通局	刘运华	市考核
3	桥南货运枢纽站	建设货运枢纽站场，建筑面积2万平方米	10000	已启动前期工作	具备开工条件	区交通局	陈　德	市考核
4	鼎城水产市场	建筑面积6.8万平方米	9000	已启动前期工作	具备开工条件	区城管局	王建华	市考核
5	经济综合开发示范镇建设	示范镇道路、供水等基础设施建设	20000	正编制可研	完成项目报批	区城建投	王建华	市考核
6	吉祥山风景区建设	建设以吉祥寺为主体的佛教文化建筑群	56550	已签订投资协议	完成可研批复	区旅游局、逆江坪乡政府	蔡仁国	市考核
7	鼎城区人民医院（善卷医院）建设工程	总建筑面积3.8万平方米	13000	可研已批复	具备开工条件	区卫生局	蔡仁国	市考核

序号	项目名称	主要建设内容	总投资	2009年底前期工作完成情况	2010年前期工作责任目标	责任单位	牵头区级领导	备注
8	江南公园建设	建设占地830亩的江南城区市民休闲公园	50000	可研已批复	完成初步设计	区建设局	陈兆前	市考核
9	滨江路建设工程	包括道路、外滩公园、善卷文化墙等，道路长3700米，宽40米	60000	已启动前期工作	具备开工条件	区水利局	陈兆前	
10	西区开发公寓楼安置小区项目	用地面积38.25亩，建筑面积56999平方米	7500	已启动前期工作	具备开工条件	西开办	陈兆前	
11	商业步行城建设项目	用地面积495亩，建筑面积766937平方米	150000	签订投资协议	完成项目业主招商	西开办	陈兆前	
12	江南城区城西五星级宾馆项目	用地面积75亩，建筑面积150000平方米	20000	已启动前期工作	完成项目业主招商	西开办	陈兆前 蔡仁国	
13	中联重科汽车起重机配套件生产线建设	占地面积30亩，建设生产车间、生产线等	15000	已签订投资协议	具备开工条件	区经济开发区	邵明富	
14	南方水泥二期工程建设	新增4500吨/日干法水泥生产线1条	50000	已启动前期工作	完成项目核准	区经济开发区	邵明富	

序号	项目名称	主要建设内容	总投资	2009年底前期工作完成情况	2010年前期工作责任目标	责任单位	牵头区级领导	备注
15	桥南轻纺市场群整体改造	占地面积50亩，建筑面积160000平方米	50000	已启动前期工作	完成项目业主招商	区市场服务中心	王建华	
16	鼎城西路新建、临沅路改造工程	鼎城西路长749米，宽40米，临沅路长2200米，宽30米	6000	已启动前期工作	具备开工条件	区建设局	王建华	
17	玉花楼蔬菜市场升级改造	占地面积10亩，建筑面积3000平方米	3000	已启动前期工作	完成项目业主招商	区商务局	唐绍华	
18	常德桥南农产品市场建设	用地面积73333平方米，建筑面积204935平方米	31341	已启动前期工作	具备开工条件	桥南商贸城总公司	向美华	
19	区社会福利服务中心	养老、敬老、儿童福利院等基础设施建设	4000	已启动前期工作	完成前期工作	区民政局	彭勇	
20	微波炉生产线建设	占地面积45亩	6800	已征地15亩	具备开工条件	区工业局	刘运华	

附件 3

2010 年鼎城区“项目建设年”重大项目开发责任制表

序号	责任单位	项目专题	开发内容	项目开发任务	小计
	合计				117
1	区发改局	重大项目策划与开发	围绕新型工业化、新型城镇化、新农村建设和节能减排等方面开发项目	开发过 1000 万项目 15 个以上,其中过 3000 万的 10 个以上	15
2	区经济开发区	机械制造业项目策划与开发	依托我区现有机械制造业基础、主要资源、市场方向策划和开发项目	开发过亿元的项目 2 个以上，其中过 10 亿元的 1 个	4
		建材业项目策划与开发	建设省内重要建材基地，重点发展技术含量高、附加值高的终端产品	开发过 1000 万项目 2 个以上，其中过亿元的 1 个	
3	区工业局	轻纺业项目策划与开发	围绕区内轻纺行业的资源整合、产业提升、品牌创立等开发项目	开发过 3000 万元的项目 2 个以上，其中过亿元的 1 个	7
		食品加工业项目策划与开发	围绕区内食品加工业的资源整合，产业提升，品牌创立等开发项目	开发过 3000 万元的项目 2 个以上，其中过亿元的 1 个	
		其他重大工业项目策划与开发	围绕培育高新技术产业等开发项目	开发过 3000 万元的项目 3 个以上，其中过亿元的 1 个	
4	区农业局	重大农业建设项目策划与开发	围绕优质粮食作物、名特优新水果、茶叶、花卉、生产基地建设等开发项目	开发过 1000 万项目 6 个以上，其中过亿元的 1 个，过 3000 万的 2 个	6
5	区畜牧水产局	畜牧水产业重大项目策划与开发	顺应养殖业规模化、集约化养殖模式转变，开发一系列畜禽产品质量安全检测体系建设、无公害畜禽产品认证、畜牧业科技研究与推广等项目	开发过 1000 万项目 5 个以上，其中过 3000 万的 2 个	5

序号	责任单位	项目专题	开发内容	项目开发任务	小计
6	区林业局	林业重大项目策划与开发	围绕油茶产业、林业有害生物防治、经济林生产等开发项目	开发过 1000 万项目 6 个以上，其中过 3000 万的 2 个	6
7	区农机局	农机装备重大项目策划与开发	围绕加快农业机械化推进开发项目	开发过 1000 万项目 2 个以上，其中过 3000 万的 1 个	2
8	区移民局	移民库区及安置区重大项目策划与开发	围绕移民库区及安置区基础设施建设及后期扶持开发项目	开发过 1000 万项目 2 个以上，其中过 3000 万的 1 个	2
9	区能源办	农村能源重大项目策划与开发	围绕推进农村新型能源开发项目	开发过 1000 万项目 3 个以上，其中过 3000 万的 1 个	3
10	区商务局	市场体系建设项目策划与开发	开发重大商品零售场所、商品交易市场、商业中心（街、区）等的基础设施新、改、扩建项目	开发过 1000 万项目 3 个以上，其中过 3000 万的 2 个	3
11	区交通局	物流业项目策划与开发	完善我区大宗物品长途运输、中转、水陆联运、仓储、分拨等功能，建设一批堆场、仓库、停车场、流动加工区和配套办公设施等项目	开发过 1000 万项目 2 个以上，其中过 3000 万的 1 个	12
		国省道建设改造项目策划与开发	开发国省道改造、断头路建设项目，提升公路运力	开发过 3000 万的项目 3 个以上	
		区乡村道建设改造项目策划与开发	完善农村交通网络，开发区乡村道建设项目	开发过 1000 万项目 5 个以上	
		沅水航道整治与港口建设项目策划与开发	整治航道通行条件，提升装卸能力，优化港口布局，开发水运建设项目	开发过 3000 万的项目 2 个以上	
12	区水利局	水利建设重大项目策划与开发	开发洞庭湖综合治理、安全饮水、水闸改造、灌区配套、泵站更新、四水治理、水生态保护等重大项目	开发过 1000 万项目 12 个以上，其中过 3000 万的 8 个	12

序号	责任单位	项目专题	开发内容	项目开发任务	小计
13	区信息化办	现代通信基础设施建设项目策划与开发	依托电信、移动、联通等现代通信集团开发建设项目	开发过 1000 万项目 3 个以上	3
14	区电业局	电网建设重大项目策划与开发	立足于标准适度超前，预留发展容量，开发工业、民用变电站、输电线路、配电线路建设项目	开发过 3000 万的项目 5 个以上	5
15	区西开办	江南城区西区开发建设项目策划与开发	围绕西区开发，在城市扩容与功能配套等开发项目	开发过 3000 万的项目 8 个以上	8
16	区文化局	文化建设项目策划与开发	围绕标志性文化工程、文化产业基地和旅游新景观等开发项目	开发过 1000 万项目 3 个以上，其中过 3000 万的 1 个	3
17	区教育局	教育事业项目策划与开发	围绕教育事业的发展，开发项目，特别是职业教育基础能力建设，开发专业门类齐全、装备水平较高、优质资源共享的实训基地等项目	开发过 1000 万项目 3 个以上，其中过 3000 万的 1 个	3
18	区科技局	科技项目策划与开发	围绕创立科技交易平台、提高科技创新能力、高新技术产业发展开发项目	开发过 1000 万项目 5 个以上，其中过 3000 万的 2 个	5
19	区卫生局	卫生事业项目策划与开发	围绕完善区、乡（镇）、村级医院、卫生院、卫生室建设及特色医院服务功能的转型，开发建设项目	开发过 1000 万项目 5 个以上，其中过 3000 万的 2 个	5

序号	责任单位	项目专题	开发内容	项目开发任务	小计
20	区建设局	城镇建设项目策划与开发	在江南城区、重点小城镇、重点村庄，围绕水、电、路及污水处理、垃圾处理等策划开发项目	开发过 1000 万项目 3 个以上，其中过 3000 万的 2 个	3
21	区旅游局	旅游项目开发与策划	围绕开发人文景区、旅游景观、综合型主题乐园、大型休闲体育项目、度假村、乡镇旅游等开发项目	开发过 3000 万的项目 2 个以上	2
22	区环保局	环境保护重大项目策划与开发	围绕环境整治、生态治理等开发项目	开发过 1000 万项目 3 个以上，其中过 3000 万的 2 个	3

工作要求：1、招商项目要求达到商业计划书深度，内容包括：项目背景、项目建设内容、项目执行人、市场分析与预测、项目招商要求、项目可行性分析、效益分析、联络方式等。要求数据分析要详实，依据充分，2000 字以上。

2、非招商项目开发要求达到预可研深度。

3、项目开发任务完成情况以专家评审后进入区重大项目库为依据。

附件 4

2010 年鼎城区“项目建设年”争取上级投资责任制表

单位：万元

序号	责任单位	项目名称	2010 年争资任务		责任人	区级领导
			争资额	合计		
		合　计	31180	31180		
1	区农业局 区发改局	标准粮田建设	600	5320	熊春来 罗旺甫	杨　君
		农业有害生物预警与控制区域站建设	250			
		农作物病虫害专业化防治	50			
		双低油菜生产基地建设	400			
		粮食产能建设	4020			
2	区水利局 区发改局	善卷垸护坡工程	100	6670	王成猛 罗旺甫	
		汪家洲护坡	350			
		上林拐护坡	350			
		沧水治理	100			
		高水治理	200			
		低水治理	150			
		农村饮水安全工程	1902			
		枉水灌区续建配套与节水改造	1008			
		病险水闸除险加固工程	2160			
		以工代赈	350			
3	区林业局区发改局	油茶示范基地县建设	100	840	刘志平 罗旺甫	杨　君
		油茶低改	240			
		退耕还林后期扶持	500			

序号	责任单位	项目名称	2010年争资任务		责任人	区级领导
			争资额	合计		
4	区畜牧水产局 区发改局	生猪标准化规模养殖场（小区）建设	220	356	熊　俊 罗旺甫	
		生猪良种补贴	136			
5	区农机局 区发改局	机耕道建设项目	300	550	沈建祥 罗旺甫	
		农机维修网点建设项目	150			
		以机代牛血防工程建设项目	100			
6	区能源办 区发改局	农村沼气工程建设	1200	1200	周伟建 罗旺甫	
7	区科技局 区发改局	洞庭湖区高产棉花示范与推广项目	100	100	金　刚 罗旺甫	
8	区移民局 区发改局	大中型库区移民安置	800	800	林成初 罗旺甫	
9	区工业局 区发改局	武陵机械有限公司起重机配套生产线	800	800	沈国华 罗旺甫	刘运华
10	区交通局 区发改局	通乡公路、通畅工程	2800	3000	王志新 罗旺甫	
		农村客运站场建设	100			
		危桥改造	100			
11	区电力局 区发改局	农配网改造	500	4100	汪文武 罗旺甫	
		城配网改造	600			
		输变电站建设	3000			
12	区建设局 区发改局	江南城区污水处理工程	1500	1500	李南孝 罗旺甫	王建华
13	区房管局 区发改局	廉租房建设	150	150	杜　孟 罗旺甫	
14	区经济开发区 区发改局	灌溪镇水厂建设	200	200	鲁爱政 罗旺甫	邵明富

序号	责任单位	项目名称	2010年争资任务		责任人	区级领导
			争资额	合计		
15	区委组织部 区发改局	村级组织活动场所建设	76	76	梁正凡 罗旺甫	庞 波
16	区 法 院 区发改局	区法院审判大楼建设	200	200	李思洁 罗旺甫	彭 勇
17	区民政局 区发改局	养老敬老设施建设	800	800	杨桉权 罗旺甫	
18	区广电局 区发改局	广电设施配套工程建设	40	40	周志皓 罗旺甫	唐绍华
19	区文化局 区发改局	乡镇文化站建设	48	48	余建民 罗旺甫	
20	区教育局 区发改局	中小学校校舍安全工程	2000	2000	卢年初 罗旺甫	蔡仁国
21	区计生局 区发改局	服务站所和网络建设	100	100	孙大刚 罗旺甫	
22	区卫生局 区发改局	人民医院建设	2100	2320	李占坤 罗旺甫	
		乡镇中心卫生院建设	100			
		村级卫生室建设	120			
23	区旅游局 区发改局	旅游配套建设	10	10	施德娟 罗旺甫	

附件 5

2010 年鼎城区“项目建设年”争取上级投资责任制单列表

单位：万元

序号	责任单位	项目名称	2010 年争资任务		责任人	区级领导
			争资额	合计		
		合　　计	4670	4670		
1	区国土局	土地整理项目	2800	3000	李润初	王建华
		信息化建设项目	200			
2	区财政局	乡镇办公用房建设	300	300	熊　辉	向美华
3	区农开办	土地治理项目	970	970	梁腊清	
4	区国税局	办公用房建设	300	300	贺姝红	
5	区地税局	办税大厅改造	100	100	陈保家	

附件 6

2010 年鼎城区区直单位“项目建设年”工作考核细则

考核项目	考核内容和分值	计　分　办　法	督查考核单位
一、重点工程（40 分）	1、纳入全区重点工程计划（20 分）	以纳入全区重点工程责任制表中最多的区直单位项目个数为满分，其他区直单位按比例下浮。	区人事局、区项目建设年领导小组办公室
	2、完成年度投资（20 分）	按各区直单位纳入重点工程责任制表中的项目个数平摊分值，未完成年度投资的项目扣除该项目对应分值。每个项目年度投资每少完成 10%扣除对应分值的 10%，以核实统计报表为准。	
	3、综合管理与协调（扣分）	1、重点工程出现重大责任事故，一次扣 5 分。 2、建设环境被区优化办通报，一次扣 2 分。	
二、争取上级投资（20 分）	1、争资额度（15 分）	争资额度最高的区直单位为满分 15 分，其他单位依额度按比例下浮。上级投资额确认以资金计划文件为准，不含高速公路、国省道改造和各类银行贷款。	
	3、争取上级投资增长率（5 分）	在 2009 年完成额基础上，2010 年争取上级投资总额每增长 2 个百分点加 0.5 分，加分 5 分封顶。	

考核项目	考核内容和分值	计分办法	督查考核单位
三、重大项目前期和开发（20分）	1、重大项目前期工作（10分）	按重大项目前期工作责任制表中规定的各区直单位责任项目个数平摊分值，未完成扣除对应分值。	
	2、重大项目开发工作（10分）	1、基分8分，按重大项目开发责任制表中规定的各区直单位责任项目个数平摊分值，未完成扣除对应分值。项目开发要求按责任制执行。 2、超额完成任务加分，鼓励多开发投资较大的项目。在完成任务的基础上，每多开发1个投资1000万的项目，加1分，加分2分封顶。	
四、项目管理（10分）	项目建设管理工作（10分）	按项目申报、招投标、资金使用、完成情况、工程质量等五个方面考核。上级检查组发现问题并提出整改意见的，1个项目扣1分，被通报批评的该项分值全扣。	区人事局、区项目建设年领导小组办公室
五、机构设置及日常调度（10分）	1、工作机构设置（2分）	健全班子机构人员计1分，未健全不计分。有日常工作台帐、工作记录计1分，没有不计分。	
	2、日常工作推进（4分）	日常工作调度计2分，全年开展项目建设年工作调度会不少于10次，每少一次扣0.2分。工作落实情况计2分，此项工作由区项目建设年办公室根据平时掌握情况进行计分。	
	3、信息报送（4分）	每报送信息1条得0.1分，每采纳1条得0.1分，加分4分封顶。	

注：暂按100分进行分解，最终考核分值待区目标管理考核领导小组确定后再进行换算

附件 7

2010 年鼎城区乡镇“项目建设年”工作考核细则

考核项目	考核内容和分值	计　分　办　法	督查考核单　位
一、固定资产投资（40 分）	农村非农户固定资产投资增长速度（40 分）	1、以全区全社会固定资产投资增速目标任务 50%为标准值，达到标准值计 20 分，未达到按比例扣分。 2、各单位以 2009 年度增速为基础，每超过基数 5 个百分点，加 2 分，加分 20 分封顶。	区人事局、区项目建设年领导小组办公室
二、重点工程（30 分）	项目建设环境、协调（30 分）	1、积极协调各项矛盾，建设环境好计 20 分，不及时协调矛盾，每出现一次扣 4 分，扣完为止。 2、按时完成上级交办的各项工作计 10 分，不按时完成上级交办的工作每一次扣 2 分，扣完为止。 3、建设环境被区优化办通报，一次扣 3 分。	
三、争取上级投资（30 分）	争资额度（30 分）	各乡镇 2010 年度争取上级投资额最高者计 30 分，以下按比例计分。上级投资额确认以基本建设投资计划文件为准，不含高速公路、国省道改造投资和各类银行贷款。	

注：暂按 100 分进行分解，最终考核分值待区目标管理考核领导小组确定后再进行换算

中共常德市鼎城区委
关于印发《2010年常德市鼎城区“十佳领导班子”评选办法》的通知

常鼎发〔2010〕5号

（2010年3月24日）

各乡镇(场)党委、区直各单位党组织：

《2010年常德市鼎城区“十佳领导班子”评选办法》已经区委研究同意，现印发给你们，请遵照执行。

2010年常德市鼎城区“十佳领导班子”评选办法

为切实加强领导班子建设，区委决定在全区领导班子中开展评选“十佳领导班子”活动。结合《常德市鼎城区2007—2011年深化“双争”活动规划》的要求，特制定本办法。

一、指导思想

全面贯彻落实科学发展观，坚持党要管党、从严治党的方针，以“双争”活动为载体，狠抓领导班子建设，大力倡导大胆创新、敢于担当、扎实干事、亲民爱民、清正廉洁的工作作风，在全区上下形成干事创业、奋勇争先的良好氛围。

二、评选范围

各乡镇(场)，区直机关、事业单位的领导班子(区委常委会组成人员任负责人的单位不参加评选)。

三、评选条件

1. 党建工作成效好。用党建统揽工作全局，认真落实党建工作责任制，不断提升党建工作水平；班子团结，凝聚力、战斗力强，班子成员示范作用好；党员干部队伍的先锋模范作用发挥好；党建活动开展得好。

2. 维护稳定大局好。服从组织领导，切实维护全区改革、发展、稳定的大局，做到令行禁止，政令畅通；维稳保安责任落实到位；重点工作对象教育转换得力；矛盾纠纷排查化解到位，矛盾不上交；接访行动迅速，处访及时有效，实现“八个不发生”(不发生敌对势力和“邪教”组织的渗透破坏事件，不发生群体性事件，不发生赴市到省进京非正常上访事件，不发生违法违规缠访事件，不发生个体极端事件，不发生重大安全事故，不发生涉众性犯罪事件，不发生社会暴力恐怖事件)。

3. 科学发展业绩好。立足本单位、本部门实际，坚持科学发展理念，内务管理严格；坚持重大问题集体研究决策，不出现重大决策失误；充分调动本单位各方面的工作积极性，创造性的完成各项工作任务；发展基础得到加强，经济社会发展成效明显。

4. 勤政廉政作风好。狠抓班子的思想作风建设，大力倡导“五种”作风，严格遵守“五条”禁令；经常深入基层调查研究，立足本职，扎实干事，工作卓有成效；本单位、本部门实行党务、政务公开；落实党风廉政建设责任制，领导班子集体及成员个人清正廉洁，不发生任何违规、违纪及违法行为。

5. 改善民生服务好。坚持用改善民生来凝聚发展力量；严格执行上级惠民政策；关心关爱弱势群体，各类弱势群体的帮扶力度明显加大；切实为民办实事，主动作为，服务中心，服务群众。

四、评选程序

1. 班子年度考察

对领导班子进行年度考察，其中被评为一类领导班子的对象有资格参加“十佳领导班子”的评选。

2. 征求相关职能部门意见

征求纪检监察、综治稳定、信访、计生、安监、涉农等部门对一类班子的意见，确定初选对象。

3. 民主推荐

举行全区性的推荐大会，对列为初选对象的单位进行民主推荐，按得票多少确定前20名提交评选领导小组研究。

4. 领导小组研究

评选领导小组专题研究，确定15个左右入选对象。

5. 公示

在鼎城电视台、鼎城电台、鼎城党建网、鼎城政府网进行公示。

6. 常委会研究

常委会专题研究确定“十佳领导班子”。

五、激励措施

1. 被评为“十佳领导班子”的单位，在区委经济工作会议上予以通报表彰，同时在鼎城党建网、鼎城政府网、鼎城电视台、鼎城电台上开办“十佳领导班子”风采专栏进行宣传推介。

2. 被评为“十佳领导班子”的单位，由区委、区政府授予荣誉称号，区财政奖励5万元。

3. 被评为“十佳领导班子”的单位一把手在提拔重用时优先考虑。

六、组织领导

成立评选工作领导小组，区委书记任组长，区长、专职副书记、纪委书记、组织部长任副组长，区委办、政府办、纪委、组织部、宣传部、政法委、人事局、财政局等为成员单位，领导小组下设办公室，由组织部长兼任办公室主任，办公室设在区委组织部。

中共常德市鼎城区委
常德市鼎城区人民政府
关于印发《常德市鼎城区社会稳定风险评估实施办法》的通知

常鼎发〔2010〕6号

（2010年6月16日）

各乡镇党委、人民政府，区属农林场，区直各单位：

《常德市鼎城区社会稳定风险评估实施办法》已经区委、区政府研究同意，现印发给你们，请认真遵照执行。

常德市鼎城区社会稳定风险评估实施办法

为健全预防为主的维稳工作机制，避免因决策不当引发社会不稳定问题，根据有关法律法规和上级精神，特制定本办法。

一、评估原则

1.决策包责原则。按照“谁主管、谁决策，谁评估、谁包责”的原则和“属地管理，分级负责，归口办理”的要求，对涉及群众利益的重大事项，由决策单位负责组织有关人员，按照社会稳定风险评估的程序，认真开展社会稳定风险评估，并对社会稳定风险评估的全面性、客观性、公正性负责，确保社会稳定风险评估在各项决策中正确运用。

2.合法合规原则。要依据国家法律法规和相关地方性法规、规定及有关政策进行社会稳定风险评估，任何决策不能突破法律法规和政策规定。

3.民主集中原则。要充分发扬民主，坚持走群众路线，广泛听取各方面意见，调动群众参与社会稳定风险评估的积极性和主动性，切实保障群众知情权、参与权、监督权，使决策最大限度地兼顾不同群体的合理诉求。

4.科学评估原则。要正确把握最广大人民群众的根本利益、现阶段群众共同利益和不同群体特殊利益的关系，做到既考虑群众的眼前利益，又要符合群众的长远利益和根本利益。

二、评估责任主体

评估责任主体是重大事项决策和执行责任单位。各责任单位要结合本地实际，制定相应工作方案，建立专业功能的评估队伍和评估体系，负责辖区内社会稳定风险评估工作。

1.评估专家库。从经济、法律、稳定、信访、安监、环保、建设、劳动等领域聘选专家组成，负责对决策活动中有代表性、先兆性的若干变量进行测评辩识和风险评估。专家库内设专家的数量与知识性结构应以能覆盖整个评估指标体系所能涉及的知识范围为原则。

2.专职评估工作人员。专职评估人员通过向社会公开招聘或以选任、选调的方式产生。

3.兼职评估工作人员。兼职评估人员主要通过临时抽调等灵活方式,从街道、社区和相关职能部门、人大代表、政协委员中调取工作人员组成。

三、评估范围

1.涉及人民群众普遍关心的民生问题;

2.关系人民群众切身利益政策的制定或修改;

3.国有企业和事业单位的改革或改制;

4.对人民群众生产、生活造成影响的行政区划调整、征地拆迁和城市发展与管理;

5.对人民群众生产、生活造成影响的环境保护或重点工程项目建设;

6.涉及群体利益的政策性收费、定价和行业政策调整;

7.各级党委、政府或维护稳定工作领导小组认为应当进行社会稳定风险评估的其他事项。

四、评估内容

1.合法性评估。评估拟决策项目是否符合党的方针政策,是否符合国家法律、行政法规、地方性法规,涉及政策调整、利益调节的对象和范围界定是否准确,调整、调节的政策、依据是否充分,决策的主体是否合法,决策的程序是否合法等。

2.涉稳性评估。拟决策项目是否存在涉稳风险,是否可能引发不稳定事件。

3.安全性评估。主要评估拟决策项目是否存在重大安全隐患,是否产生环境污染,是否对群众生产生活和身体健康造成影响等。

4.认同性评估。拟决策项目是否适应大多数群众的利益需求,是否得到大多数群众的一致认同等。

5.合理性评估。拟决策项目是否符合科学发展观的要求,是否符合当地经济发展的总体水平,是否兼顾现实利益与长远利益,出台实施的时机是否成熟等。

6.可行性评估。通过综合评价,对拟决策项目是否具有可行性作出明确结论。

7.战略性评估。主要评估地方性决策、部门性决策、单项目决策、短期项目决策是否对宏观性、全局性、整体性、长远性项目存在不利影响。

8.协调性评估。主要评估某个地方、某个部门的决策项目是否会导致相邻地区、相关行业的攀比,对其他地方和部门形成不良影响,是否做到了统筹兼顾、通盘考虑。

五、评估程序

1.评估立项。根据决策单位的申请,明确相关专家、专(兼)职工作人员开展立项评估。

2.收集资料。收集相关文件资料,整理相关数据,按照评估的主要内容进行初步评估。

3.社会调查。通过问卷调查、走访群众、召开代表会议等多种形式,实地了解掌握群众的反应与态度。

4.组织听证。组织各方面、各阶层、所涉利益群体的代表召开专门听证会进行听证。

5.专家论证。由各方面相关专家提出具体意见。

6.综合评估。由评估机构综合各方面意见,全面评估,划定风险警度,作出风险大、风险较大、风险一般、风险小的等级结论,并准确研判其可控度,向决策单位书面提交风险评估报告书,提出实施、暂缓实施、不实施的明确意见,以及怎样克服风险的建议。

7.社会公示。通过多种途径与形式,将决策和评估意见向社会公开,进一步收集和征求各方面的意见和建议。

8.民主决策。按照社会稳定风险评估的意见,充分发扬民主,集体研究讨论决策、决定是否实施。

9.跟踪修正。评估单位要在决策实施过程中进行跟踪评估与监测,根据变化了的形势与情况及时调整和修正。

10.监督调控。以区纪委、区联席办、区维稳办、区监察局、区信访局为主体组成社会稳定风险评估的监督体系,集中加强对决策实行社会稳定风险评估和对风险评估结果运用的监督,并抓好实施过程中相关协调工作。

六、检查监督

1. 区维护稳定工作领导小组负责对全区社会稳定风险评估工作进行指导和协调,并对化解工作进行跟踪监督。

2. 区维稳办每年不定期对社会稳定风险评估工作进行督查,督查情况及时报区委、区政府,作为目标责任考核参考依据。

3.区人大、区政协根据工作需要,对社会稳定风险评估工作开展视察、调研,并提出改进意见和建议。

七、责任追究

1. 社会稳定风险评估工作纳入各单位目标责任考核范畴。

2.对应进行社会稳定风险评估而未实施，或在评估中搞形式主义、弄虚作假，造成决策失误，引发大规模集体上访、群体性事件、个人极端暴力事件或造成重大公共安全事件的，对有关责任单位及其主要责任人和直接责任人进行责任追究。造成严重后果的，依法依规追究党纪、政纪和法律责任。

3.责任追究由区维稳办会同相关部门实施。

八、本办法自印发之日起施行。

中共常德市鼎城区委
常德市鼎城区人民政府
关于鼓励工业企业发展的优惠政策和奖励办法

常鼎发〔2010〕8 号

（2010 年 7 月 20 日）

第一条 为鼓励与吸引投资，促进我区经济发展，特制定本办法。

第二条 凡在我区新办固定资产 2000 万元人民币以上和工业技改投入 1000 万元以上（以下金额均指人民币）、达到国家规定的投资强度的工业企业，均按本办法施行。

第三条 供地政策

1、新办固定资产投资 2000 万元—1 亿元（不含 1 亿元）工业企业和工业技改投入 1000 万元以上的企业供地，按国家公布的鼎城区工业用地最低价依法获取土地使用权后，财政按实际用地面积每亩补贴 3—5 万元的基础设施建设配套费；

2、固定资产投资 1 亿元以上的工业企业供地按“一事一议”的原则商定。

第四条 对新办工业企业建设中应缴纳的行政事业性规费按 25 元 / 平方米包干收取，投产后应缴纳的行政事业性规费按常鼎办通 [2009]37 号非税收入统收制度执行；对新办工业企业所上缴的征地契税和服务费两项费用，在土地供应时按上缴额度的 50% 一次性奖励企业用于基础设施配套建设。

第五条 奖励办法

1．设立新办企业奖。新办工业企业投产营运后，连续 3 年按上缴区本级净税收额（不含建安税）的 20% 给予奖励，最高奖金 100 万元，引进单位和企业各分配 50%。由乡镇引进的入园企业，三年后按区本级净税收额的 10% 奖励给单位，最高奖金 50 万元。

2．设立引进人奖。对新办工业企业的第一引进人，在企业投产营运后，按固定资产投资 2000 万元—1 亿元（不含 1 亿元）和 1 亿元以上的两个档次，分别给予一次性奖励 5 万元和 10 万元。第一引进人由企业提出建议，区招商领导小组报请区委、区政府研究确定。

3．设立创品牌奖。企业产品首次获得湖南省名牌、湖南省著名商标，分别奖励企业法人 2 万元；首次获得国家级名牌、中国驰名商标，分别奖励企业法人 4 万元。

4．设立税收登台阶奖和比例奖

登台阶奖：凡当年入库区级税收首次 100 万元、300 万元、500 万元、800 万元、1000 万元、1300 万元、1500 万元、1800 万元、2000 万元的生产型企业，分别奖励 5 万元、10 万元、15 万元、20 万元、25 万元、30 万元、35 万元、40 万元、45 万元。2000 万元以上的，每超过 500 万元奖 10 万元。

比例奖：凡得过登台阶奖的企业，从下年度开始，其入库区级税收不少于上年且未上新台阶的按入库区级税收增加额的 1.5% 给予奖励。

第六条 本办法所列优惠政策，针对具体项目，由区商务局、区工业局、区财政局、鼎城经济开发区等相关单位共同拿出方案，报区招商引资领导小组审定后实施。

第七条 本办法所列奖项，由企业、单位或个人按要求向商务局申报，经区商务局初审，报区招商引资领导小组同意后，组织相关单位专业人员审核，报区委、区政府研究决定。

第八条 本办法从发文之日起执行，原有的工业企业招商引资相关优惠政策与奖励办法同时废止。此发文之日以前的工业企业招商引资项目，按已签订的合同协议执行。

中共常德市鼎城区委
常德市鼎城区人民政府
关于印发《常德市鼎城区人民政府机构改革方案实施意见》的通知

常鼎发〔2010〕10 号

（2010 年 9 月 3 日）

各乡镇党委、人民政府，区属农林场，区直各单位：

《常德市鼎城区人民政府机构改革方案实施意见》已经区委、区人民政府研究同意，现印发给你们，请认真遵照执行。

常德市鼎城区人民政府机构改革方案实施意见

根据《中共湖南省委湖南省人民政府关于市县政府机构改革的意见》（湘发〔2009〕18 号）、《中共常德市委机构编制委员会关于区县（市）政府工作部门设置的指导性意见》（常编发〔2010〕23 号）和《中共常德市委常德市人民政府关于鼎城区人民政府机构改革方案的通知》（常委〔2010〕23 号）精神，结合我区实际，提出如下实施意见。

一、机构改革的指导思想和基本原则

（一）指导思想

高举中国特色社会主义伟大旗帜，以邓小平理论和“三个代表”重要思想为指导，深入贯彻落实科学发展观，围绕深化行政管理体制改革的总体目标，按照建设服务政府、责任政府、法治政府和廉洁政府的要求，着力转变职能、理顺关系、优化结构、提高效能，做到权责一致、分工合理、决策科学、执行顺畅、监督有力，建设人民满意政府。

（二）基本原则

1.坚持精简统一效能。以转变政府职能为核心，理顺职责关系，明确和强化责任，优化政府组织结构，积极探索职能有机统一的大部门体制，完善体制机制，推进依法行政，提高行政效能。

2.坚持因地制宜。从鼎城区实际出发，做好与上级政府机构改革的衔接，充分考虑当前各方面的有利条件、不利因素和可承受程度，积极探索符合本地特点的改革路子，坚持分类指导，统筹兼顾，突出重点，循序渐进，因地制宜推进改革。

3.坚持积极稳妥。正确处理好改革、发展、稳定的关系，既要适应经济社会发展需要，改革创新，积极探索，力争在一些重要领域迈出较大步伐，又要在保持政府机构相对稳定的前提下，平稳推进机构改革。

4.坚持依法依规。严格执行国家法律法规，遵守机构改革纪律和机构编制管理规定，不突破中央规定的政府机构限额和行政编制总额,逐步实现政府组织机构及人员编制的科学化、规范化和法制化。

二、机构改革的主要任务

(一)着力转变政府职能

加快推进政企分开、政资分开、政事分开、政府与市场中介组织分开,把不该由政府管理的事项转移出去,把该由政府管理的事项切实管好。推进体制机制创新,从制度上更好地发挥市场在资源配置中的基础性作用,更好地发挥公民和社会组织在社会公共事务管理中的作用。

进一步突出区政府履行职责的重点,更加有效地贯彻执行中央方针政策和国家法律法规,切实履行区域经济调节职能,加强对经济社会事务的统筹协调,更加注重社会管理和公共服务,加强为企业和公众提供公共服务的职能,着力解决教育、医疗、就业、社会保障等民生问题。

继续深化行政审批制度改革,减少行政许可,规范行政审批,提高行政效率。通过健全办事制度和程序,公开办事依据,简化办事流程,改进直接面向基层和群众的"窗口"机构的服务与管理,积极探索政府部门行政许可事项相对集中的改革试点,转变管理方式和工作作风,提高政府服务水平,提高工作透明度和公信力。

进一步完善行政执法体制,继续深化综合行政执法改革,加强执法队伍建设,强化政府相关部门执行和执法监管职责,增强处置突发公共事件和社会治安综合治理的能力。

(二)理顺职责关系

通过部门"三定"工作,明确职责分工。坚持一件事情原则上由一个部门负责,确需多个部门管理的事项,分清主办和协办关系,明确牵头部门。建立健全部门之间协调配合机制,形成工作合力,切实解决部门职责交叉和关系不顺的问题。

(三)明确和强化责任

按照权责一致、有权必有责的要求,在赋予部门职权的同时,明确其相应承担的责任。继续推进政务公开,促进依法行政、民主决策、科学执政。建立健全行政问责制度,完善绩效考评办法,积极探索责任追究及引咎辞职制度,提高行政问责的可操作性,切实解决权责脱节的问题。

(四)调整优化组织结构

为适应经济社会发展需要,整合优化组织结构,探索实行职能有机统一的大部门体制。结合鼎城区实际,区政府工作部门调整及设置情况如下:

1.组建区政府农村工作办公室,与区委农村工作部一个机构,两块牌子,列入区委机构序列。区政府农村工作办公室保留区乡镇企业局牌子。区委办公室不再保留加挂的区农村工作领导小组办公室牌子。

2.组建区工业和信息化局。将区工业发展局的职责、区人民政府信息化工作办公室承担的信息产业职责和推进信息化工作职责,整合划入区工业和信息化局。不再保留区工业发展局。

3.组建区交通运输局。将区交通局的职责、区城市管理行政执法局指导城市客运的职责,整合划入区交通运输局。不再保留区交通局。

4.组建区人力资源和社会保障局。将区人事局的职责、区劳动和社会保障局的职责,整合划入区人力资源和社会保障局。不再保留区人事局、区劳动和社会保障局。

5.区建设局更名为区住房和城乡建设局。

6.组建区文化广电新闻出版局,加挂区版权局、区扫黄打非领导小组办公室牌子。将区文化局、区广播电视局承担的行政管理职责,整合划入区文化广电新闻出版局。不再保留区文化局(区新闻出版局)、区广播电视局。

7. 区食品药品监督管理局由垂直管理调整为区政府工作部门。将区卫生局承担的食品卫生许可,餐饮业、食堂等消费环节的食品安全监管和保健食品、化妆品监督管理职责,划入区食品药品监督管理局。区食品安全委员会办公室承担食品安全综合协调、组织查处食品安全重大事故的责任的职责。

8.区发展改革物价局更名为区发展和改革局,加挂区物价局牌子。

9. 区人民政府办公室加挂区人民政府法制办公室牌子,不再单独设置区人民政府法制办公室。

10. 区统计局、区粮食局由部门管理机构调整为区政府工作部门。

11.保留区人民政府办公室(保留区政府外事侨务办公室、区旅游局、区民族宗教事务局牌子)、区公安局、区监察局(与区纪委机关合署办公,列入区政府工作部门序列,不计区政府机构个数)、区教育局、区科学技术局、区民政局(保留区民间组织管理局牌子)、区司法局、区财政局、区国土资源局、区环境保护局、区水利局、区农业局、区林业局、区商务局(保留区招商合作局牌子)、区卫生局(保留区爱国卫生运动委员会办公室牌子)、区人口和计划生育局、区审计局。

调整后,区政府工作部门为25个。此外,区城市管理行政执法局仍为区政府独立的行政执法部门,不计入区政府机构个数。

(五)规范机构设置

精简和规范各类议事协调机构及办事机构。凡工作可以交由相关职能部门承担或职能部门进行协调的,不另设立议事协调机构;涉及跨部门的事项,由主办部门牵头协调。议事协调机构不设实体性办事机构,确需保留的要在机构限额内设置。区政府不再设置部门管理机构。不再新设立承担行政职能的事业单位。部门内设机构要进一步综合设置,规格和名称要加以规范。根据区政府工作部门调整设置情况,对改革涉及的事业单位调整如下:

1. 区畜牧兽医水产局、区农业机械化管理局调整为区农业局管理的事业单位,其机构级别维持正科级不变。

2. 区人民政府信息化工作办公室更名为区人民政府电子政务管理办公室,调整为区人民政府办公室管理的事业单位,机构级别维持副科级不变。

3. 区人才开发交流服务中心更名为区人力资源开发交流服务中心,区劳动争议仲裁院更名为区劳动人事争议仲裁院,上述机构更名后机构级别维持副科级不变,均由区人力资源和社会保障局管理。

4. 区房地产管理局调整为区住房和城乡建设局管理的事业单位,其机构级别维持正科级不变。

5. 组建区文化市场综合执法大队,机构级别为副科级,为区文化广电新闻出版局管理的行政执法机构。设立区广播电视台,机构级别为正科级,为区委、区政府直属事业单位。

(六)完善管理体制

合理划分区、乡两级政府经济社会事务的管理权责,明确区、乡政府的职责和权限,着力解决权力上收、责任下放、权责脱节的问题。按照财力和事权相匹配的原则,科学配置区、乡政府财力,增强区、乡政府提供公共服务的能力。

进一步理顺区、乡政府与垂直管理部门的权责关系,明确分工,落实责任,建立健全协调配合机制,严格执法监督。

(七)严格控制机构编制

严格执行中央、省、市关于机构改革和机构编制管理的政策法规,严格控制机构数量,不突破中央规定的政府机构限额。对人员编制实行总量控制,不突破上级核定的行政编制总额。在同一层级内,根据职能的调整,对人员编制实行动态管理,优化结构。严格按照上级要求,不超配领导职数、不新增内设机构。通过自然减员和调整等多种方式逐步消化党政机关超编人员,努力在2011年底前实现行政编制数、实有人员数、财政供养数相对应的实名制管理目标。

严格执行机构编制审批程序和备案制度。加强对机构编制规定执行情况的监督检查,对违反规定的认真查处、限期纠正。建立健全机构编制管理与财政预算、组织人事管理的配合制约机制,建立完善机构编制考核、责任追究制度。严禁区直业务部门干预乡镇机构设置和编制配备。

三、关于机构改革中几个具体问题的意见

1.部门职责的确定。部门职责是其履行行政职能的主要依据,要依法依规予以确定。在具体操作上,按以下原则办理:一是凡与市里对应设置的部门,其主要职责原则上大体对应,以利工作衔接,减少矛盾;二是市里无对应部门的,以部门原“三定”规定主要职责为基础;三是部门职责调整,应以现行法律、法规和上级党委、政府以及机构编制部门有关文件和规定为依据。其他部门规章和领导讲话要求,一般不作为主要职责依据,上级临时交办的事项、阶段性任务也不列入部门主要职责。

2.内设机构的核定。在定职能的基础上,根据本部门人员编制数和市政府对应部门内设机构设置情况,合理综合设置内设机构,内设机构编制数原则上不得少于2名。保留的部门,可在不增加内设机构数量的前提下,根据转变职能的要求和自身履行职责的需要,对现有内设机构进行调整、优化。新合并组建的部门,内设机构要有机整合,适当精简。各部门业务股室数量必须占股室总数的60%以上。内设机构名称一般为股、室。正科级单位的内设机构级别为正股级,副科级单位的内设机构级别为副股级。

部门承担了议事协调机构具体工作的,不单独设置内设机构,可在相关内设机构明确相应职责。

3.人员编制的核定。在机构改革“三定”工作中,新组建的部门根据职能配置、工作量大小等情况核定编制;职能调整的部门根据职能变化和工作需要对其编制进行适当调整。其他涉改单位根据实际工作需要在上级核定的行政编制总额内适当微调。

4.领导职数的核定。严格执行中央、省、市有关规定以及《市委编委办市委组织部关于印发〈关于加强区县(市)行政事业单位科级领导职数管理的意见〉的通知》(常编办〔2009〕104 号)精神,重新确定各部门领导职数。新合并组建部门超职数配备的领导干部,暂维持现状,今后逐步过渡到规定的职数以内。区政府各部门领导职数设置方案,经研究报市编办备案同意后,在"三定"规定中予以明确。部门内设机构职数按有关规定执行。

非领导职务职数按公务员法及相关文件规定的比例配备。

5.党组织和工会、共青团、妇联等群团组织设置。新组建部门党组织按照《中国共产党章程》和有关规定设置。机关工会、共青团、妇联等群团组织按有关章程设置。

四、机构改革方案的组织实施

区政府机构改革在区委、区政府的统一领导下,由区委机构编制委员会负责组织实施,区委机构编制委员会办公室承担具体工作。区政府机构改革方案实施的总体部署是:2010 年 9 月 6 日召开动员大会,部署区政府机构改革,9 月 20 日前全面完成部门"三定"规定的审批,9 月底前全面实施到位。

(一)加强组织领导。这次区政府机构改革意义重大,政策性强,涉及面广,情况复杂,必须统一思想,加强领导,周密部署,精心组织实施。机构改革涉及的各部门一把手要负总责,并成立精干的工作班子,负责本部门机构改革的具体工作,确保改革取得实效。调整设立的单位,新机构在正式建立之前,原有机构及其工作人员要继续履行现行职能,积极做好衔接工作,防止工作出现脱钩断档的现象。涉及职能、机构、人员编制和财产等划转的单位,要指定一名领导班子成员负责交接工作,处理遗留问题。同时,要加强思想政治工作,正确处理改革发展稳定的关系,确保思想不散,工作不断,秩序不乱,国有资产不流失。

(二)做好"三定"工作。参照国务院和省、市政府机构改革做法,此次区政府部门"三定"工作,无论是调整变动的部门还是保留的部门,均按新的改革要求重新制定"三定"规定。"三定"总的要求是进一步转变职能,理顺职责关系,明确和强化责任,完善内设机构设置,规范领导职数配备等。各部门要按照有关制定"三定"规定的具体要求,认真拟订本部门的"三定"规定草案,并在规定时间内向区编委办呈报。"三定"规定印发后,要严格按照规定的要求,切实做好组织实施工作。

(三)严肃改革纪律。此次政府机构改革涉及的各部门,要严格执行省纪委、省委组织部、省监察厅、省财政厅、省人事厅、省编办《关于严明纪律切实保证行政管理体制改革和政府机构改革顺利进行的通知》(湘纪发〔2009〕9 号)和机构编制管理有关规定,对违纪违法的,一经发现,坚决查处。机构编制部门要积极履行职责,纪检监察机关和组织、财政、审计等部门要密切配合,确保机构改革任务的顺利完成。区政府机构改革基本结束后,区委、区政府将组织对各部门"三定"规定实施情况进行检查。

附件:鼎城区人民政府工作部门设置表

附件:

鼎城区人民政府工作部门设置表

1	2	3	4	5	6		7	8	9	10	11	12	13	14	15	16	17	18	19	20	21	22	23	24	25
区人民政府办公室	区发展和改革局	区教育局	区科学技术局	区工业和信息化局	区公安局	区监察局	区民政局	区司法局	区财政局	区人力资源和社会保障局	区国土资源局	区环境保护局	区住房和城乡建设局	区交通运输局	区水利局	区农业局	区林业局	区商务局	区文化广电新闻出版局	区卫生局	区人口和计划生育局	区审计局	区统计局	区粮食局	区食品药品监督管理局

说明:区政府设置工作部门25个，其中：区监察局与区纪委机关合署办公，列入区政府工作部门序列，不计区政府机构个数；区人民政府办公室挂区人民政府法制办公室牌子，保留区政府外事侨务办公室、区民族宗教事务局、区旅游局牌子；区发展和改革局挂区物价局牌子；区民政局保留区民间组织管理局牌子；区商务局保留区招商合作局牌子；区文化广电新闻出版局挂区版权局、区扫黄打非领导小组办公室牌子；区卫生局保留区爱国卫生运动委员会办公室牌子；区政府农村工作办公室与区委农村工作部一个机构、两块牌子，列入区委机构序列；区政府农村工作办公室保留区乡镇企业局牌子。此外，区城市管理行政执法局仍为区政府独立的行政执法部门，不计入区政府机构个数。

中共常德市鼎城区委
常德市鼎城区人民政府
关于印发《鼎城区深化乡镇事业站所机构改革的意见》的通知

常鼎发〔2010〕11号

（2010年11月5日）

各乡镇党委、人民政府，区属农（林）场，区直有关单位：

《鼎城区深化乡镇事业站所机构改革的意见》已经区委、区政府研究同意，现印发给你们，请结合实际认真贯彻执行。

鼎城区深化乡镇事业站所机构改革的意见

根据《中共中央办公厅转发<中央机构编制委员会办公室关于深化乡镇机构改革的指导>的通知》（中办发〔2009〕4号）和有关文件精神，结合我区实际，现就深化我区乡镇事业站所机构改革工作，提出以下意见：

一、指导思想

深化乡镇事业站所改革，要以邓小平理论和“三个代表”重要思想为指导，深入贯彻科学发展观，按照建设社会主义新农村、构建和谐社会的要求，坚持精简统一效能原则，理顺职责关系，创新体制机制，优化机构和岗位设置，严格控制人员编制，促进农村经济社会又好又快发展。

深化乡镇事业站所改革，要加强分类指导，综合设置站所机构，合理核定人员编制，积极稳妥推进改革，确保社会大局稳定。

二、机构设置和管理模式

按照常办〔2007〕49号“乡镇事业站所的设置不超过6个，由区县（市）统一规范、因地制宜设置”的原则要求，我区各乡镇统一设置农业综合服务站（可加挂企业管理站牌子）、农村经营管理站（可加挂安全监督管理站牌子）、劳动保障和社会救助服务站、计划生育服务所、公共事业管理站（可根据情况加挂广播文体站、建设环保站牌子），山区乡镇设置林业管理站（可加挂水利管理站牌子），湖区乡镇设置水利管理站（可加挂林业管理站牌子）。确因工作需要和限额不够的可加挂牌子。乡镇事业站所6个限额不包括国土资源所及其他区级单位的乡镇派出机构。此外，动物防疫站纳入此次乡镇事业站所改革范围，在农业综合服务站加挂动物防疫站牌子。

改革后的乡镇事业站所，主要承担公益性服务职能，实行区乡共管。人、财、物的管理以乡镇为主负责，区直部门负责业务指导和依法监督。

上级有新政策出台时,以新政策为准。

三、核定编制

我区乡镇事业站所的人员编制总量以2007年的编制为基数核定,具体编制数额由乡镇研究后报区委机构编制委员会审核下达。

四、实施的方法与步骤

1. 制定“三定”方案。

乡镇事业站所“三定”方案由乡镇制定。“三定”方案包括站所设置和人员编制方案。国土资源管理所的“三定”方案由业务主管部门制定。“三定”方案报区编委办审批后实施。

2. 制定竞聘上岗的实施方案。

根据区编委办审批的“三定”方案,各乡镇制定所聘任职位名称、人员数量、任职的基本条件、资格等充分体现责权利的条款。在制定事业站所岗位任职条件时,乡镇要根据事业站所承担的工作要求和不同专业特点,提出执业资格的要求。专业性强的工作岗位,必须由具有相应专业学历或取得国家相应执业资格证的专业技术人员任职。乡镇事业站所任职条件和执业资格要征求业务主管部门的意见,然后确定任职资格。竞聘上岗实施方案报区人力资源和社会保障局审批后实施。

3. 竞聘程序。

按照个人申报、资格审查、演讲测评、聘前公示、公布结果、办理聘任手续等程序进行。

乡镇事业站所工作人员竞争上岗前,由乡镇先解除工作关系;区畜牧兽医水产局要将2004年以来聘任的乡镇动物防疫人员全部解聘,有关问题的处理,由区畜牧兽医水产局为主,乡镇配合。

资格审查。有下列情况之一者,取消竞聘资格,不得聘用:①2003年乡镇事业站所改革后的未聘人员受到治安处罚的;②2007年以来,年度考核一次以上不合格的;③受到刑事处罚的;④本《意见》第六部分第6条涉及到的两类人员。

办理聘用手续。受聘人员填写相关表册后,由乡镇统一到区人力资源和社会保障局办理聘用审批手续,与乡镇政府签订聘用合同(聘任期一般为三年),聘任期不得超过法定退休年龄。聘用合同经区人力资源开发交流服务中心鉴证后生效。

五、经费保障

加强乡镇事业站所的经费保障。事业站所聘用的工作人员基本工资按档案工资打卡发放,工资与其他待遇维持原资金保障渠道不变。

六、有关问题的处理

1. 乡镇事业站所机构改革不包括学校和乡镇卫生院。

2. 乡镇事业站所人员,在符合职位任职条件下,可以跨站所竞聘。2003年乡镇事业站所改革后的未聘人员和原从事杆水电网工作下放给乡镇管理的人员,可以参与竞争上岗。

3. 各乡镇在岗位设置时,要在公共事业管理站设置一个人民调解员岗位。

4. 政策性安置的人员,适应期未满的,待适应期满后再参与竞争上岗;适应期已满的,一律参与竞聘。

5. 2003年以后乡镇事业站所聘用的人员,已按规定给予再就业补偿的,聘任期已满,这次竞岗落聘或不再参与竞岗的不给予经济补偿。

6. 乡镇事业站所工作人员竞聘前,与所在单位办好财、物、资料交接手续,由乡镇安排行政机关人员暂时接管(负责)。不办理工作移交的,或者欠单位借款、未在规定时间内结算的,一律取消竞聘资格。

7. 乡镇机关公务员可在事业站所任职,事业站所人员不允许到公务员岗位任职。

8. 2003年以来的未聘人员,未聘期间的社会保险费按规定全部由自己缴纳。

9. 2007年乡镇事业站所改革以来,在编在岗的工作人员中,2010年12月31日距法定退休年龄不足三年的,不参与竞争上岗,由乡镇申报,区编委办和区人力资源和社会保障局审核备案后,直接签定聘任合同至退休。

10. 政策性安置适应期未满和2010年12月31日距法定退休年龄不足三年上岗的,其编制由全区统筹,不占此次下达的乡镇事业站所编制。

11. 聘用人员和解除人事关系人员的人事档案,一律由区人力资源开发交流服务中心托管。

12. 聘用人员与其它工作单位有劳动关系的,签定聘用合同前必须与其它工作单位解除劳动关系。

七、加强乡镇机构和人员编制管理

严格执行乡镇事业站所机构编制的审批制度和程序。区编委办要进一步完善乡镇事业站所“编制实名制管理”的管理办法,对乡镇事业站所人员招聘进行严格的控编审批,严禁超编进人。区财政局要把乡镇事业站所机构编制作为乡镇事业经费预算的主要依据。乡镇要把核定后的事业站所机构编制和人员的变化情况及时公布，接受社会监督。

八、组织领导

为确保乡镇事业站所机构改革顺利进行，成立区乡镇事业站所机构改革领导小组，由董岚同志任组长，詹一兵、杨君、庞波、蔡仁国等同志任副组长，马庆云、邬吉湘、涂国祥、熊辉、郑军、曾强国、李润初、王成猛、杨桉权、熊春来、沈建祥、李琦、文海燕、罗孝全、李南孝、鲍明月、周志皓、余建明、胡新军、孙大刚、刘荣、石冬华、熊俊等同志任成员。领导小组下设办公室，涂国祥同志兼任办公室主任，办公地点设区人力资源和社会保障局。

我区深化乡镇站所机构改革的工作，从 2010 年 11 月 6 日开始，12 月底结束。各乡镇、各部门要加强领导，严明纪律，精心组织，统筹安排，确保工作任务顺利完成。

中共常德市鼎城区委员会
关于加快经济发展方式转变的决定

常鼎发〔2010〕12号

（2010年12月19日）

为深入贯彻中央和省委、市委关于加快经济发展方式转变的重大战略部署，认真制订和落实好国民经济和社会发展第十二个五年规划纲要，全面开创鼎城经济社会发展新局面，特作如下决定。

一、加快经济发展方式转变的总体思路和目标要求

区第十次党代会以来，全区上下认真贯彻落实科学发展观，全力推进“二次创业”发展战略，经济社会发展取得了重大成就。但是，全区经济社会发展的基础仍然薄弱，经济发展方式仍然粗放，资源环境与经济社会发展的矛盾日益突出，迫切需要进一步解放思想、转变发展方式。

1、*总体思路*。坚持以邓小平理论和“三个代表”重要思想为指导，深入贯彻落实科学发展观，把加快转变经济发展方式贯穿于经济社会发展全过程和各领域，提高发展的全面性、协调性和可持续性，全力推进新型城市化、新型工业化和农业现代化，把“二次创业”推向新阶段，实现经济社会发展新跨越。

2、*总体要求*

——以科学规划为指导。科学制定“十二五”规划和专项工作规划；坚持严格执行规划，保持规划严肃性和政策连续性。

——以城市经济为主导。把完善城市规划、扩大城市规模、健全城镇体系、增强城市功能、提升城市品位作为统筹城乡发展，促进第一、二、三产业协调发展的核心举措来抓。

——以优化结构为主攻方向。提高二、三产业在经济发展中的比重，优化各产业结构、壮大产业规模，实现产业联动，推动经济持续高效发展。

——以改革创新为动力。坚持立足鼎城实际，研究新情况，解决新问题；积极推动城乡一体化改革和政府职能转变，以创新精神推动鼎城各项事业。

——以保障和改善民生为立足点。提高政府保障能力，推进基本公共服务均等化；努力提高城乡居民收入；加强社会建设，创新社会管理，促进社会和谐。

——以建设“两型”社会为着力点。发展低碳经济，推进节能减排，突出生态建设，加强污染治理，建设资源节约型、环境友好型社会。

3、*战略目标*。力争到“十二五”末，全区经济总量翻一番，综合实力跨入全省十强。全区地区生产总值达到300亿元，年均增长15%；第一、二、三产业增加值分别达到36亿元、147亿元、117亿元，三次产业结构调整为12:49:39；规模工业总产值达到400亿元，年均增长40%；财政一般预算收入达到10亿元，年均增长19.7%；全社会固定资产投资累计达到700亿元，年均增长25%以上；社会消费品零售总额达到200亿元以上，年均增长20%；农民人均纯收入达到11000元，年均增长13%，城镇居民可支配收入达到30000元，年均增长12%；单位地区生产总值能耗下降到0.79吨标煤/万元，年均下降2%。

二、加快经济发展方式转变必须把握的重点

1、*突出文化驱动，推进新型城市化*。充分发挥文化引导社会、教育人民、推动发展的功能，站在文化的高度经营城市，发挥城市统筹协调经济社会发展的作用，走出单纯追求收益抓城市经营的误区。力争到2015年，全区城镇化率达到45%，江南城区建成区面积达到20平方公里，城区人口达到19万人。打造善德文化中心。全力建设善卷文化墙、善卷文化主题公园、善卷文化外滩、善卷中学、善卷医院、善卷大酒店、善德大道等标志性工程，使善德文化真正成为城市的灵魂，把江南城区建设成为"中华善德文化第一城"。打造人口集聚中心。科学规划，完善服务设施，改善人居环境，推进户籍制度改革，出台城市规划区失地少地农民安置保障办法，合理调控、保持房产价差优势，努力使江南城区成为常德的人口集聚中心，以人口集聚蓄积城市扩张动力，带动城市第三产业，推动城市可持续发展。打造现代服务中心。以文化建设为动力，营造优良的城市人文环境，推动现代服务业发展，活跃城市经济。加快文化休闲产业发展，打造常德丝弦、善德文化品牌，带动演艺文化、餐饮文化、休闲文化、旅游文化及相关产业发展；加快商贸物流产业发展，以专业化、信息化、产销一体化为重点，完善桥南专业市场群，建设空港星城、货运枢纽站、货运码头、斗姆湖物流产业园等一批重点项目，使江南城区真正成为湘西北商贸服务枢纽；加快新兴服务产业发展，充分发挥金融、中介、咨询、信息等产业在服务经济发展中的作用。

2、突出项目带动，推进新型工业化。依托战略企业、大型项目带动工业整体升级，扩大产业规模，走出盲目招商、低水平发展误区。力争到2015年，规模工业总产值达到400亿元，增加值达到150亿元。集中布局工业园区。对工业园区进行整合，以实现资源共享、产业集中。以灌溪、石板滩为中心，建设灌石产业新城，主要布局机械建材产业；以石门桥为中心，建设食品纺织产业基地，主要布局食品加工、纺织和服装加工业，努力建成湘西北地区重要的农产品加工转化基地。通过鼓励升级改造、土地置换搬迁等措施，逐步引导桥南工业园企业向其它园区转移。推动产业集群发展。着力发展机械、建材、有色金属、食品、纺织服装5大产业集群。机械产业重点抓好中联重科的发展，把灌溪打造成为中联重科一流的产业基地，力争2015年机械产业产值突破300亿元；建材产业重点抓好南方水泥、天泽建材发展升级，力争2015年实现产值30亿元；有色金属产业以辰州矿业扩改投入为主，力争2015年实现产值30亿元；食品产业以桥南园区为主，逐步向石门桥转移，力争2015年实现产值20亿元；纺织服装产业重点扶持现有骨干纺织企业做大做强，同时以知名品牌为主引进一批服装加工企业，力争到2015年实现产值20亿元。同时抓好生物医药、电子信息、新能源开发利用等技术含量高、附加值高的新兴产业发展，力争到2015年实现产值20亿元以上。加快工业升级改造。采用信息技术、节能环保技术和低碳技术等先进适用技术，加快工业升级改造。加大节能减排工作力度，关停污染严重、能耗超标的小水泥、小冶炼、小矿山。同时，规范园区管理，全面加强信息、技术、人才等方面的支持服务，打造省内一流的经济开发区。

3、突出产业拉动，推进农业现代化。以龙头企业、农业产业为支撑，发展高效现代农业，走出低效益发展的误区。力争到2015年，农业总产值达到99.5亿元。完善农村基础设施。全面排查、重点调研、分步实施、公平对待，着力解决农村"行路难、饮水难、排灌难"问题，消除规划无序和投入不公等现象，增强发展后劲。加强农业产业化建设。力争在"十二五"期间培育或引进一到两家上市农业龙头企业，以此带动一批农产品精加工企业、一批高效特色产业基地和一批专业大户，推动全区农业品牌化、优质化、高效化。同时，完善农村土地经营权流转机制，推动农业标准化建设和适度规模经营。加强农业物流商贸体系建设，为农业产业化提供支撑。发展生态农业。扩大绿色、有机、无公害等生态农产品规模，推广测土配方、生态施肥和病虫害生态控制等农业清洁生产技术，发展乡村生态休闲旅游业，基本建成无公害农产品生产区。转变农业生产方式。整合党员干部远程教育、农村实用技术培训、农民素质教育等资源，强化农民教育培训；发展农民专业合作组织，提高农民组织化程度；发展劳务经济，拓宽农民增收渠道；加强技术示范、农机推广、农村信贷支持、农业信息发布等服务，引导农民转变生产方式、增加收入。

三、加快经济发展方式转变的基本途径

1、统筹城乡发展。坚持以城带乡、以工促农，实现城乡统筹协调发展。打造城乡统筹先导区。在城乡结合部大力开展镇村同治，同时选取一批有基础的乡镇，实施城乡统筹体制改革试点，完善基础设施，引导产业承接，促进劳务输出，转变生产生活方式，率先实现城乡统筹。加快小城镇发展。加强规划指导、投入支持、产业引导，把小城镇作为城市经济辐射点、农村产业承载点、城乡统筹联结点来建设。加强农村公共事业投入。保障乡村运转，着力加强乡镇机关建设和村级活动场所建设，增强乡村组织服务功能。重点围绕城乡教育、卫生、社会保障均等化，加强队伍建设，加速工作推进，加大投入力度。

2、坚持经济社会协调发展。加快发展各项社会事业,激发社会活力,为经济发展提供支持。提高人口素质。加强计划生育优质服务,控制人口自然增长率,优化人口结构。突出人才战略。推进教育强区,统筹发展城乡义务教育,大力实施名优教师培养工程,全面推进名校创建工作,提高教育质量;重视职业技术教育,加强劳动就业培训,提高劳动者素质;出台激励机制,实施人才引进工程。优化公共服务。健全社会保障体系,重点推进新型农村社会养老保险试点,完善基本医疗保障制度,积极稳妥推进医药卫生体制改革,稳步提高城乡居民最低生活保障标准,积极发展农村民间文化。确保和谐稳定。创新社会管理,严厉打击各类违法犯罪活动,强化安全监管,努力化解社会矛盾,促进社会和谐。

3、优化生态环境。坚持经济发展与环境保护的协调统一,推进可持续发展。发展循环经济。加快城区和工业园区污水处理体系建设,大力发展利废建材和新型墙体材料,加大农村沼气推广力度。治理面源污染。加大投入,推进农村面源污染综合治理、水环境综合治理和环保重点项目建设。重点推进村收集、镇转运的城乡一体化垃圾处理体系建设,全面加强水污染防治,确保饮用水安全。保护国土资源。严守耕地保护红线,优化土地利用结构,积极开展土地综合整治。加强生态建设。鼓励全民参与环境保护行动,积极创建生态区、生态乡镇、生态村,全面加强退耕还林和防护林、生态公益林建设。

4、推进产业联动。以城市经济为重点,全面加强第一、二、三产业的联动互促。推进工业园区城市化。把工业园区作为城市副中心、产业功能区来打造,全面配套各类城市服务设施,发展第三产业,为工业发展提供有力支持。延伸农村产业链。建立农产品生产、加工、销售、运输的完整网络,使农业产业延伸到二、三产业,提升产业规模和效益。促进服务行业对接。把第三产业作为联接一、二产业的重要纽带,加强服务行业协会组织建设,规范行业管理,促进交流协作,推动产业间对接服务,提升产业融合度。

四、加快经济发展方式转变的保障措施

1、以解放思想更新发展理念。在全区继续深入开展学习贯彻科学发展观活动,引导党员干部正确把握大势,进一步解放思想,摒弃落后的发展观念,树立全新的可持续发展理念,促进发展方式的转变。健全宣传舆论引导机制,突出区情教育,深入宣传“二次创业”发展战略,营造良好的发展氛围。加大改革开放力度,弘扬创业精神,推动全民创业。

2、以党的建设总揽发展全局。持续深入抓好基层党建,凝聚合力、激发动力、增强工作执行力,不断提高领导经济社会发展的能力和水平。发挥党员作用。坚持以人为本的党建工作理念,关心党员生活,解决党员困难,明确党员责任,发挥党员作用,树立党员典型,真正使四万名共产党员成为推进鼎城各项事业的核心力量。用活干部队伍。树立公正用人的良好导向,拓宽选人用人渠道,激发干部队伍活力,真正使广大干部成为干事创业的中流砥柱。建强基层组织。健全基层党建工作机制,完善基层组织设置,充分发挥基层党组织在推动发展、服务群众、凝聚人心、促进和谐中的作用,真正使基层党组织成为工作前沿的坚强堡垒。

3、以改善民生凝聚发展力量。让全区人民共享改革发展成果,进一步改善党群干群关系,激发改革发展的热情和力量。关心弱势群体。继续加大对五保户、特困户、下岗失业人员等弱势群体的帮扶力度。进一步健全救助救济机制,实现扶贫解困常态化,及时解决群众的实际困难。解决突出问题。进一步拓宽大病救助覆盖面,提高救助标准,努力解决看病难问题;进一步加大廉租房、经济适用房建设力度,努力解决住房难问题;进一步加强技能培训、就业扶助工作,努力解决就业难问题。关注发展死角。拟定全区治理方案,对发展落后的低洼湖区、偏远山区和散居少数民族村进行重点帮扶,改善群众基本生产生活条件。

4、以作风建设增强发展保障。发扬优良作风,继续在全区倡导“五种作风”,加强反腐倡廉建设,在项目服务、安全稳定、控违拆违、改善民生等工作中树立一批典型,让作风优良的干部在政治上得到重用,经济上获得重奖,让作风不实的干部退位让贤,营造政令畅通、真抓实干、奋勇争先的良好氛围,推动各项工作落到实处。要转变政府职能,加强法制建设,提高依法行政水平,建设人民满意政府。

各级各单位要根据本决定精神,结合实际,制定好具体实施办法,明确落实措施,并认真组织实施。

(此件发至乡镇)

中共常德市鼎城区委关于表彰2009年度“十佳领导班子”、“十佳领导干部”的通报

常鼎通〔2010〕1号

（2010年1月1日）

各乡镇党委、人民政府、区属农林场，区直各单位：

为进一步抓好领导班子思想政治建设，大力倡导大胆创新、敢于担当、扎实干事、亲民爱民、清正廉洁的工作作风，营造全区干事创业的良好氛围，区委决定自2009年起，在全区科乡级领导班子和领导干部队伍中开展“双十佳”评选活动。一年来，各级领导班子和领导干部按照区委的总体要求和部署，深入开展以“学习好、维护好、团结好、作风好、机制好、发展好”为主要内容的“十佳领导班子”和“十佳领导干部”创建活动，涌现出了一批团结协作、勤政务实、勇于开拓、成绩突出的领导班子和一批学习好、创新好、实干好、廉洁好的领导干部。根据班子年度考察情况，经民主推荐、区委常委会研究，区委决定授予区财政局等10个单位为全区2009年度“十佳领导班子”、李圣祝等10名同志为全区2009年度“十佳领导干部”荣誉称号。

一、十佳领导班子

区财政局区劳动和社会保障局

区建设局区民政局

区信访局区工业局

武陵镇　灌溪镇

石板滩镇唐家铺乡

二、十佳领导干部

李圣祝　钟科程　李南孝　罗旺甫　宋才林

张四平　刘旭东　杨　鹰　李超选　陈吉伟

希望受表彰的领导班子和领导干部要珍惜荣誉，戒骄戒躁，再接再厉，不断取得新的成绩。全区上下要以先进为榜样，深入学习实践“三个代表”重要思想，牢固树立科学发展观和正确政绩观，为促进我区经济社会又好又快发展作出新的贡献。

中共常德市鼎城区委员会
常德市鼎城区人民政府
关于表彰武陵镇等7个乡镇目标管理红旗单位的通报

常鼎通〔2010〕5号

（2010年1月1日）

各乡镇党委、人民政府，区属农林场，区直机关各单位：

2009年度，全区上下以党的“十七大”精神为指导，全面贯彻落实区委经济工作会议精神，严格履行岗位职责，开拓进取，与时俱进，为促进工业鼎城、商贸鼎城、城市鼎城建设和我区的三个文明建设作出了突出贡献，涌现出了一大批先进单位，经民主评选，区岗位责任制领导小组量化考核，区委、区政府研究决定：

授予武陵镇、蔡家岗镇、蒿子港镇、逆江坪乡、石板滩镇、灌溪镇、唐家铺乡等7个乡镇2009年度“目标管理红旗单位”称号。

望上述先进单位，再接再厉，争取更大的光荣。区委、区政府号召全区各级各单位和广大干部群众，以先进为榜样，在新的一年里，进一步严格履行岗位职责，开拓奋进，为促进我区的“二次创业”作出更大贡献。

中共常德市鼎城区委 常德市鼎城区人民政府 关于表彰2009年度人口和计划生育 全面工作、协会工作、综合治理工作红旗单位和 先进单位的通报

常鼎通〔2010〕6号

（2010年1月1日）

各乡镇党委、人民政府，区属农林场，区直各单位：

2009年，全区各级各部门深入学习实践科学发展观，稳步实施生育政策并轨，大力推进综合改革，加快人口和计划生育长效工作机制建设，较好地完成了人口和计划生育工作各项任务。根据年初人口和计划生育工作责任目标要求，经区人口计生领导小组审定，区委、区政府研究同意，决定对以下单位予以通报表彰。

一、区人口和计划生育工作红旗单位、先进单位（11个）

红旗单位(3个)

灌溪镇　草坪镇　蒿子港镇

先进单位(8个)

逆江坪乡　丁家港乡　石板滩镇

武陵镇　石门桥镇　唐家铺乡

蔡家岗镇　牛鼻滩镇

二、区人口和计划生育工作进位奖(4个)

斗姆湖镇　镇德桥镇　中河口镇

黑山嘴乡

三、区计划生育协会工作先进单位(3个)

石板滩镇　大龙站镇　黄土店镇

四、区人口和计划生育综合治理工作红旗单位、先进单位（10个）

红旗单位(3个)

区财政局　区计生局　区劳动局

先进单位(7个)

区公安局　区教育局　区建设局

区民政局　区药监局　区房产局

区移民局

在新的一年里，全区各级各部门要始终坚持现行人口和计划生育政策不动摇，坚持人口和计划生育工作“三制管理”不动摇，坚持以人为本，强化政策推动，推进依法行政，完善优质服务，加强长效工作机制建设，推动人口和计划生育工作健康发展，为稳定低生育水平、提高人口素质、构建和谐鼎城做出新的更大的贡献。

中共常德市鼎城区委
常德市鼎城区人民政府
关于对2009年度周家店镇等单位人口和计划生育工作实行“一票否决”和黄牌警告的通报

常鼎通〔2010〕7号
（2010年1月1日）

各乡镇党委、人民政府，区属农林场，区直各单位：

2009年，全区人口和计划生育工作取得了较好的成绩，但有少数单位工作被动，特别是完成人口计划缺口较大，在省、市、区各级检查中暴露出比较严重的问题。为严格“三制”管理，促进全区人口和计划生育工作持续健康发展，根据年初人口和计划生育工作责任目标管理要求，经区委、区政府研究决定，对以下单位实行“一票否决”和黄牌警告。

一、人口和计划生育工作“一票否决”的单位(26个)

“一票否决”的乡镇(1个)

周家店镇

“一票否决”的区直单位(1个)

区工商局

“一票否决”的站办(所)(1个)

韩公渡镇卫生院

“一票否决”的村(23个)

韩公渡镇丛河村　　韩公渡镇丁家口村

韩公渡镇城子村　　韩公渡镇金牛村

石公桥镇高堰岗村　　石公桥镇新竹湾村

石公桥镇丁家垸村　　中河口镇西河村

中河口镇麻河村　　石门桥镇赵家桥村

石门桥镇邬家铺村　　沧山乡凉水村

沧山乡桃花溪村　　钱家坪乡马安头村

双桥坪镇官堰坪村　　十美堂镇教育村

镇德桥镇刘家桥村　　大龙站镇祝家当村

尧天坪镇桂花村　　长茅岭乡长兴村

黑山嘴乡七港村　　雷公庙镇谢家岔村

黄珠洲乡黄珠洲村

二、黄牌警告的单位(3个)

黄珠洲乡　韩公渡镇　沧山乡

望全区各级单位认真总结经验，吸取教训，真抓实干，开拓创新，为全区人口和计划生育工作再上新台阶而努力奋斗。

中共常德市鼎城区委
常德市鼎城区人民政府
关于兑现2009年度招商引资各项奖励的通报

常鼎通〔2010〕8号

（2010年1月3日）

各乡镇党委、人民政府，区属农林场，区直各单位：

2009年全区招商引资工作成效显著，经区委、区政府研究决定，对鼎城经济开发区管委会等10家招商引资先进单位、东帆等4个省级著名商标和名牌、湖南常德南方水泥有限公司引进单位予以通报表彰。

附：

1、2009年度鼎城区招商引资先进单位

2、2009年度鼎城区创品牌奖励金额表

3、2009年度鼎城区新办企业引进人奖明细表

附件1：

2009年度招商引资先进单位

鼎城区经济开发区管委会

区商务局 区工业局 区委统战部 区编办 中河口镇 灌溪镇 石门桥镇 蔡家岗镇 许家桥回维乡

附件 2：

2009 年度全区创品牌奖励金额表

单位：万元

序号	单位名称	所创商标或名牌	级别	奖金	颁发时间
1	常德市东风纺织有限责任公司	东帆（著名商标）	省级	2	2009.4.8
2	常德鹤王蚊香有限公司	鹤王（著名商标）	省级	2	2009.4.8
3	湖南省一品江南调味食品有限公司	一品江南（著名商标）	省级	2	2009.4.8
4	湖南佳达电信电缆有限公司	佳达电缆（名牌产品）	省级	2	2009.12
	合计			8	

附件 3：

2009 年度新办企业引进人奖明细表

单位：万元

序号	项目单位	注册时间	注册资金	到位资金	奖金	引进人
1	湖南常德南方水泥有限公司	2009. 7. 18	10000	28000	10	鼎城经济开发区管委会和区工业局

中共常德市鼎城区委
常德市鼎城区人民政府
关于表彰全区关心下一代工作先进单位、好领导和先进个人的通报

常鼎通〔2010〕9号

（2010年1月14日）

各乡镇党委、人民政府，区属农林场，区直机关各单位：

近年来，全区各级各部门、各级关工委坚持以邓小平理论和“三个代表”重要思想为指导，认真贯彻落实党的十七大精神，坚持科学发展观，充分发挥老同志在关心下一代工作中的积极作用，不断探索青少年成长的规律，与时俱进，务实创新，为全面提高青少年素质，构建社会主义和谐社会，培养中国特色社会主义事业的建设者和合格接班人作出了积极贡献，涌现出了一大批先进典型。经区委、区政府研究，决定对在关心下一代工作中做出突出成绩的区委办等20个单位授予“关心下一代工作先进集体”称号，对支持关心下一代工作的在职领导干部孙启玉等21名同志授予“关心下一代工作好领导”称号，对无私关爱下一代并付出辛勤劳动的蒋栋山等66名同志授予“关心下一代工作先进个人”称号。

希望受到表彰的单位和个人珍惜荣誉，发扬成绩，再接再厉，全区各级各部门、各级关工委及广大从事关心下一代工作的同志，要以先进为榜样，认真宣传贯彻党的路线、方针、政策，自觉组织广大离退休老同志在维护社会稳定，关心支持现代化建设中发挥积极作用，大力开展青少年思想道德教育，千方百计为青少年办实事、办好事、解难事，为推动我区关心下一代工作的新发展作出更大贡献。

附件：全区关心下一代工作先进单位、好领导和先进个人名单

附件：

全区关心下一代工作先进单位、好领导和先进个人名单

一、关心下一代工作先进单位(20个)

区委办 区政协办 区教育局 区农业局
区交通局 区林业局 区地税局 区卫生局
区广电局 区残联 武陵镇 长茅岭乡
石门桥镇 灌溪镇 石板滩镇 沧山乡
丁家港乡 石公桥镇 十美堂镇 韩公渡镇

二、关心下一代工作好领导(21名)

孙启玉 区一中校长
卢年初 区教育局局长
张志华 区二中校长
李南孝 区建设局局长
李仕民 区交通局副局长、党委副书记
熊春来 区农业局局长
贺盛福 区政务中心主任
孙大刚 区计生局局长
李双明 区妇联主席
刘小平 区委办联合工会主席
贺姝红 区国税局局长
李书跃 牛鼻滩镇党委书记
李三堡 蒿子港镇党委书记
杨学平 灌溪镇党委书记
张圣华 黄土店镇党委书记
黄少华 许家桥回维乡党委副书记、乡长
欧阳雁 十美堂镇党委书记
肖仁华 武陵镇党委副书记、镇长
阮琳 港二口镇党委书记
邓铁强 周家店镇党委书记
郭芳勇 区委宣传部副部长、区文明办主任

三、关心下一代工作先进个人(66名)

蒋栋山 陈正思 张传发 郭松权 王业好
尹杨明 孙万秋 梁政权 王志忠 赵正清
周德富 黄定凯 陈伯林 罗邦利 黄荣卿
喻美珍 孔鸿均 朱昌仕 余国保 罗冬青
周秋宏 陈文龙 余松清 毛炼清 阳仁发
涂先锦 杜正球 贺介民 刘善宝 雷战球
陈三河 刘汉臣 曾冬甫 李惠成 杨怀钦
潘国平 曾国杰 黄选震 何新舫 黄柏胜
丁梅初 雷义君 罗功杰 张凤池 刘绍伯
马海清 李湘建 姜钦道 许道成 丁敬宝
周启华 张圣经 熊跃宙 李启华 刘代利
石友仁 周大红 姚开均 罗跃秋 韩寿贵
夏俊国 李胜华 林开华 葛良清 杨元英
沈爱华

中共常德市鼎城区委员会
常德市鼎城区人民政府
关于表彰2009年度农业和农村暨新农村建设工作先进单位、种养大户的通报

常鼎通〔2010〕10号

（2010年3月5日）

各乡镇党委、人民政府，区属农林场，区直各单位：

2009年，全区上下认真贯彻落实中央各项农村政策，扎实推进社会主义新农村建设，切实狠抓农业增效、农民增收和农村稳定工作，有力促进了农村经济社会又好又快发展。经区农村工作领导小组审核，报区委、区政府研究决定，对2009年度农业和农村暨新农村建设工作先进单位、种养大户予以通报表彰。

一、新农村建设工作先进单位

石板滩镇 灌 溪 镇 牛鼻滩镇 沧 山 乡

中河口镇 水 利 局 国 土 局 交 通 局

农 开 办 能 源 办

二、优质稻产业开发先进单位

灌 溪 镇 草 坪 镇 双桥坪镇 韩公渡镇

镇德桥镇

三、林业工作先进单位

港二口镇 钱家坪乡 蔡家岗镇 石板滩镇

石公桥镇

四、水利工作先进单位

谢家铺镇 十美堂镇 石公桥镇 石门桥镇

雷公庙镇

五、养殖业工作先进单位

蒿子港镇 黄珠洲乡 雷公庙镇 特 养 场

斗姆湖镇

六、农业产业化工作先进单位

中河口镇 武 陵 镇 石门桥镇 石板滩镇

石公桥镇

七、农机化工作先进单位

韩公渡镇 牛鼻滩镇 草 坪 镇 谢家铺镇

灌 溪 镇

八、农村能源建设先进单位

中河口镇 韩公渡镇 长茅岭乡 尧天坪镇

草 坪 镇

九、移民工作先进单位

石门桥镇 蔡家岗镇 斗姆湖镇 沧 山 乡

石公桥镇

十、农村经营管理工作先进单位

港二口镇 牛鼻滩镇 镇德桥镇 石门桥镇

蔡家岗镇

十一、农民教育培训工作先进单位

石板滩镇 蒿子港镇 谢家铺镇 逆江坪乡

中河口镇

十二、农业龙头企业先进单位

1、省级龙头企业

常德市精为天米业有限公司

常德市鼎城区万利达棉麻加工有限公司

2、市级龙头企业

常德兴达纺织有限公司

常德市鼎城区裕佳食品有限公司

湖南常德天美乐冷冻食品有限公司

十三、农民专业合作社先进单位

鼎城区华联棉花专业合作社

常德市穗丰优质稻专业合作社

常德市明园蜂业养蜂专业合作社

十四、粮食生产大户

韩公渡镇刘保胜　石门桥镇高振球

大龙站镇顾吉庆

十五、养殖业生产大户

唐家铺乡金泉何牧业有限公司　何仕全

蒿子港镇民生牲猪养殖场　卢运辉

石公桥镇兴达鳜鱼苗种场　刘晓兰

灌溪镇蛋禽养殖大户　孙雪军

十六、丘岗开发大户

双桥坪镇　袁亮久

黄土店镇　胡传成

荷花园林绿化有限公司　杨友平

中共常德市鼎城区委
常德市鼎城区人民政府
关于表彰区委办等35个目标管理红旗单位和
给予雷建国等324名同志记功奖励的通报

常鼎通〔2010〕11号

（2010年3月6日）

各乡镇党委、人民政府，区属农林场，区直机关各单位：

2009年度，全区上下以党的“十七大”精神为指导，深入学习实践科学发展观，全面贯彻落实区委经济工作会议精神，开拓进取，与时俱进，为把我区建设成工业鼎城、商贸鼎城、城市鼎城，作出了突出贡献，涌现出了一大批先进单位和个人，经民主评选，区岗位责任制领导小组量化考核，区委、区政府决定：

一、授予35个区直单位2009年度“目标管理红旗单位”称号：

区委办 区人大办 区政府办 区政协办

区纪委纪检监察室 区委组织部 区委政法委

区检察院 区法制办 区财政局 区审计局

区信访局 区人事局 区计生局 区教育局

区发展改革物价局 区劳动和社会保障局

区工业发展局 区建设局 区民政局 区农机局

区农开办 区六一0办 区委接待办 区老干局

民主阳城垸修防会 三合垸修防会

沙河口电排管理站 区疾控中心

常德市第四人民医院 区一中 区二中

区国税局 区住房公积金管理中心 区地税局

二、给予下列59名同志呈报市政府记二等功：

雷建国 龚天宝 麻建明 李湘建 梁正凡

王成猛 周春元 熊 辉 宋仁福 何奕波

邬吉湘 孙大刚 卢年初 罗旺甫 涂国祥

沈建祥 梁腊清 袁序英 孙复军 徐亚丽

张静慧 肖仁华 钟科程 李三堡 陈 宏

曾强国 杨学平 李圣祝 沈国华 李南孝

杨桉权 顾成仁 周志皓 辛建华 彭文会

李国林 胡治湘 周静波 张志华 龚佑炎

汤政鹏 姚开明 张锦华 覃哲秋 丁德友

王建平 吴定波 杨 成 孙小红 聂景宪

姚永德 梅松成 赵国清 郭昌云 夏建宏

向中明 张孝清 史茂林 段进举

三、给予下列265名同志记三等功：

聂德枝 杨爱顺 鲁尤全 祁化萍 王本泽

陈友德 赵建湘 皮业军 许世荣 葛良清

涂建民 胡淑娟 王晓莉 吴忠文 张山河

余方义 丁 勇 谭忠溪 杨 俊 刘 伟

谌 东 鲁学兰 范东方 李伯君 李 鸿

鲁爱龙 沈启钦 姚开校 刘国英 孙权新

丁敬君 熊 芳 刘吉军 梁传东 王泽富

王 勇 李进利 廖利和 杨庆峰 李 锋

张重阳 夏训宇 贺 云 黄万福 刘 荣

严豫军 王运德 胡 江 姚高峰 吴敏华

杨 鹰 刘旭东 宋仁杰 张明仲 罗 杰

周和生 刘霞初 莫国强 管红云 钟利民

田文财 段立成 莫善雨 丁大文 罗立新

喻伏安 袁利民 任子昴 徐保明 邹建钢

曾祥顺 赵志欣 彭小平 涂虎岩 潘云芳

傅宏伟　邓南明　邓泽新　周文彬　熊宏武
肖长勇　夏　凯　高和平　吴科强　向克雄
陈旱玲　王昌文　余培红　唐慧芬　吴代军
朱吉平　杨飞虎　童宏利　顾建国　蔡如杰
喻富国　王昌盛　梁佑恩　林长虹　杨久华
谷绍君　莫春华　姜大清　杨德健　刘建军
李向阳　陈定军　李超选　宋才林　张四平
陈吉伟　涂华军　冀万喜　沈正球　聂君利
杨碧勇　徐　杰　葛辉琳　李碧波　余国政
舒仁华　何建洲　闵圣平　吴友春　涂绍斌
邓元平　熊元湘　张建新　刘先春　杨　明
蔡福德　曾世平　黄　俊　卿静梅　陈友志
杨道政　刘克茗　李世新　张长远　王胜平
李贵新　李丽辉　李小波　李新民　余建明
肖双华　刘传维　陈少栋　史启盛　雷　坤
谭春林　周子春　周晓波　邱德新　王向德
唐纯尧　彭文华　雷　芳　刘碧芳　刘俊佳
张兰英　徐家忠　李胜群　白尤新　王竣君
陈　慧　曾国华　李　伟　陈志敏　毛敏慧
汪卫卫　蔡振宇　刘满清　鲁炳元　廖壮志
张　科　钱建军　周志鹏　唐　斌　廖波霞
刘实践　赵小波　潘道明　丁云华　李　明
陈蔚平　杨华初　陈　志　刘嘉诚　张学俊
聂顺清　廖建国　杨　平　李　艳　杨淑芬
丰杰伟　龚　杰　樊　洲　李新芬　石朝威
廖玫芬　娄远华　阳惠桃　徐小兵　廖　娟
胡建军　邱亚玲　王　辉　黄友琼　熊智丹
高志华　肖红伟　杨泽球　谭桂平　莫道明
廖运先　李智荣　李淑华　何南祥　崔仁杰
张佑清　陈惠平　杨　俊　孙世平　蒋彬彬
李国顺　黄　卫　黄　芳　吴弟友　熊明星
罗　义　王高峰　陈君才　李圣年　徐长君
欧阳倩　梁宋桂　鲁光贵　谢秀波　肖　敏
熊宏曼　朱　静　陈英(女)彭宏伟　杨智钧
姚跃华　刘爱国　罗　勇　彭建英　朱德胜
周　勇　王延芳　鲍刁武　周明君　孙孝武
丁时斌　肖德义　李君琪　皮烈宏　黄国权
唐文志　罗军初　皮明灯　李建忠　蔡抒颖

望上述先进单位和立功受奖人员，再接再厉，争取更大的光荣。在新的一年里，全区各级各单位和广大干部群众要以先进为榜样，转变工作作风，踏实工作，鼓足干劲，全面掀起二次创业新高潮。

中共常德市鼎城区委
常德市鼎城区人民政府
关于表彰2009年度老干部工作先进单位、先进个人、优秀离退休干部党支部暨老有所为之星、离退休干部“五好”个人的通报

（2010年3月16日）

常鼎通〔2010〕12号

各乡镇党委、人民政府，区属农林场，区直各单位：

2009年，全区各级高度重视老干部工作，广泛开展了“争先创优”活动，取得了显著的成绩，涌现出了一批老干部工作先进典型。经区委、区政府研究，决定对全区老干部工作先进单位、先进个人、优秀离退休干部党支部暨老有所为之星、离退休干部“五好”个人予以通报表彰。

一、老干部工作先进单位

区委办　区人大办　区政府办　区政协办

区教育局　区建设局　区商务局　区公安局

区国税局　区财政局　区司法局　区卫生局

区畜牧水产局　武陵镇　灌溪镇　港二口镇

十美堂镇　黄土店镇　大龙站镇　许家桥回维乡

二、优秀离退休干部党支部

区委办离退休干部党支部

区委统战部离退休干部党支部

区四医院离退休干部党支部

长茅岭乡离退休干部党支部

石门桥镇离退休干部党支部

钱家坪乡离退休干部党支部

尧天坪镇离退休干部党支部

蒿子港镇离退休干部党支部

石公桥镇离退休干部党支部

韩公渡镇离退休干部党支部

三、老干部工作先进个人

杨元英　孙传国　邹　蓉　杨品仪　谭子兵

赵仕祥　张　琼　涂昔林　杨特华　秦永先

四、老有所为之星

张传德　范源湘　邓声斌　胡湘泉　莫纯清

易斌清　吴忠文　罗冬清　肖铁成　徐厚望

五、离退休干部“五好”个人

张家仁　熊国清　陈正思　田子述　张传发

胡兰桂　王子如　戴有道　彭家祺　刘文信

刘志云　周淑凯　梁志华　马宝林　刘族持

胡代喜　石有仁　贺用来　贺介明　陈元甫

王江山　黄书文　熊大钊　邓立华　娄秋舫

涂先锦　黄弟宏　彭太山　陈顺成　李长浩

麦焕保　罗邦利　梁志玉　孙孟秋　朱昌仕

谭九成　刘地广　孙孝清　龚　龙　朱天禄

张小学　罗　云　刘桂清　李冬年　刘国泰

黄兆安　何国良　潘国平　黄定楷　樊建堂

杨桂元　康国初　柳锡均

在新的一年里，希望全区各单位、老干部工作者和广大离退休干部以先进为榜样，进一步加强对老干部工作的支持，同时，各单位要切实落实好老干部的政治经济待遇，抓好离退休干部党支部建设，引导老干部为创建和谐鼎城和推进鼎城“二次创业”发展战略发挥积极作用，努力开创我区老干部工作新局面！

中共常德市鼎城区委
常德市鼎城区人民政府
关于印发《2010年区级领导、区直单位及驻区有关单位防汛抗旱责任制》的通知

常鼎通〔2010〕14号

（2010年4月28日）

各乡镇党委、人民政府，区属农林场，区直及驻区各单位：

《2010年区级领导、区直单位及驻区有关单位防汛抗旱责任制》已经区委、区政府研究同意，现印发给你们，请结合本单位实际认真贯彻执行。

2010年区级领导、区直单位及驻区有关单位防汛抗旱责任制

一、防汛抗旱责任目标

确保湖区不溃一堤一垸，山丘区不溃一库一坝；遇特大山洪灾害，最大限度减少人员伤亡，杜绝群死群伤；山丘区遇连续六十天干旱不减产，遇连续百日干旱，确保人畜饮水安全，确保全区基本生活用水需要。

二、组织机构

1、区防汛抗旱指挥部

指 挥 长：董 岚

政　　委：李秋葆

副指挥长：杨 君 蔡仁国 柴从林 丁晚枝 王成猛

副 政 委：詹一兵 向 阳 许中诚 刘昌松

成　　员：陈顺来 李湘建 雷建国 梁正凡 李丽辉 郑立军 罗旺甫 熊 辉 王志新 杨桉权 沈建祥 张明松 李新民 罗义忠 吴 政 王宏尧

指挥部下设一个办公室、七个组、一个抢险大队。办公室主任由王成猛兼任，办公地点设区水利局。

2、分指挥部

(1)民主垸分指挥部

指 挥 长：陈 德

政　　委：陈兆前

副 政 委：葛桃林 宋道利

副指挥长：辛建华 杨志勇 叶茂林

(2)八官垸分指挥部

指 挥 长：彭 勇

政　　委：王建华

副 政 委：潘端明 刘正华 汪泽云

副指挥长：孙启林 龚严程 胡祥厚 刘代胜

(3)冲柳垸分指挥部

指 挥 长：刘运华

政　　委：詹一兵

副 政 委:韩才渊

副指挥长:谭延胜 钟泽英 曾文学

(4)五里溪分指挥部

指 挥 长:邵明富

政　　委:许中诚

副 政 委:田大春

副指挥长:刘友善 过 乔 鲁爱政 李道权

(5)三合垸分指挥部

指 挥 长:傅 勇

政　　委:李世霞

副 政 委:庞 波 彭久媛 朱金桥

副指挥长:彭文会

(6)柘水灌区分指挥部

指 挥 长:唐绍华

政　　委:向 阳

副 政 委:马本慧 皇甫泽华 丁福华 周国栋 郭述政 熊以富 区法院院长

副指挥长:詹学明 朱金球 杨 元 潘文斌 袁终宏 孙碧波 刘传满

(7)善卷垸分指挥部

指 挥 长:杨 君

政　　委:胡 文

副 政 委:赵伍芳 杨代珍 刘凡之

副指挥长:朱纯华 廖再文 何三明 肖仁华

3、区指挥部各组室

(1)办公室

主　任:王成猛

副主任:吴 政 王宏尧 甘翊初 罗明福

办公室内设情况、水情、险情、内务、机动五个专业组,其工作人员以区水利局人员为主(具体见《2010年区防汛抗旱指挥部办公室专业组人员安排表》),并视汛旱情况,由区委组织部从区委办、区政府办、区农办和有关单位抽调。

(2)综合组

组　长:王成猛

副组长:贺 云 李 辉 罗义忠 甘翊初 罗明福

成　员:龚明泉 罗 磊

(3)行政组

组　长:陈顺来

副组长:梁正凡 李新民

成　员:黄 卫 孙世平

(4)督查组

组　长:李湘建

副组长:张长远 周晓云

成　员:孙 旗 康 翔 张三忠

(5)后勤组

组　长:雷建国

副组长:罗旺甫 熊 辉 吴 政

成　员:王志新 汪文武 张明松 沈建祥 陈载幸 赵忠林 罗永红

(6)工程组

组　长:王宏尧

副组长:杨开河

顾　问:陈德新

(7)新闻组

组　长:李丽辉

副组长:杨 斌 黄孝桂

(8)生产救灾组

组　长:丁晚枝

副组长:杨桉权 熊春来

(9)抢险大队

大队长:曾广文

政　委:高 力

副大队长:钟联明 段成虎

副政委:尹国平 吴弟友

区指挥部各组工作人员不够的,由区委组织部从各单位抽调有农村工作经验、熟悉防汛抗旱业务的干部充实。

4、区直单位防汛抗旱岗位责任

区直单位及驻区有关单位由单位一把手作为第一责任人,并明确一名副职为第二责任人,明确一名办公室负责人为联系人,具体责任乡镇见《2010年防汛抗旱责任单位安排表》(附后)。

三、防汛抗旱岗位职责

1、区防汛抗旱指挥部

李秋葆 董岚 杨君 刘昌松 蔡仁国 柴从林 王成猛负责全区防汛抗旱工作的全面指挥。

指挥部各组室职责如下。

(1)办公室。负责掌握信息、研究对策、组织协调、科学调度、监督指导。办公室内设各组应及时将相关情况汇总整理后交情况组。

(2)综合组。负责掌握、传递水情、雨情、汛情、工情、灾情,及时报告情况,提供决策依据,并负责防汛期间区指挥部值班。

(3)行政组。负责防汛抗旱人员、车辆的调度。

(4)督查组。负责督查防汛抗旱工作落实情况,调查处理违反防汛抗旱纪律的行为。

(5)后勤组。负责防汛抗旱物资器材及其他防汛抗旱车辆调度,电力通讯保障,防汛抗旱经费调拨和后勤保障等工作。

(6)工程组。负责提供防汛抗旱技术参谋,调度洪水,调度堤垸、穿堤建筑、水库、电排等水利工程的运用,抢险、排险。

(7)新闻组。负责防汛抗灾的宣传报道工作。

(8)生产救灾组。及时掌握和提供灾害情况,负责受灾地区救灾、灾民的生活安置和生产恢复工作。

(9)抢险大队。根据指挥部命令,承担重大险情的紧急抢险任务和救援任务。

2、分指挥部

各分指挥部在区指挥部统一领导下,负责本区域内防汛抗旱工作的全面组织、指挥、协调。

3、区直及驻区有关单位

区直及驻区有关单位根据单位职能,承担区指挥部交办的防汛抗旱工作任务,服从分指挥部调度,积极协助所包垸(库)、乡镇的防汛抗旱工作,根据情况需要,给予人力、物力、财力支持。

四、防汛责任要求

1、认真做好防汛准备

认真进行汛前大检查,做好防大汛、抗大灾的各项准备工作。凡有防汛责任的领导干部和单位,必须抓住汛前有利时机,深入防汛责任区,熟悉情况,搞好检查,督促各地做好防汛抗旱的各项准备工作。

2、各分指挥部领导干部的上岗水位

当沙河口站水位达到37.50米(警戒水位,以下同),或牛屎湖、白芷湖水位达31.50米时,民主垸分指领导进岗入位;

当建设硚站水位达到38.50米时,善卷垸分指领导进岗入位;

当邱家硚站水位达到37.50米时,三合垸分指领导进岗入位;

当牛鼻滩站水位达到37.00米,或高水郑家湾站水位达35.00米,或低水拦马口站水位达34.00米时,八官垸分指领导进岗入位;

当冲柳闸站高水水位达到35.50米,或低水水位达34.00米时,冲柳垸分指领导进岗入位。

具体上岗时间由区防汛抗旱指挥部办公室通知。各分指领导干部奔赴责任区后,要督促乡镇政府和堤垸水利部门认真抓好防汛工作。

山丘区水库视蓄水、降雨和险情情况,由各分指办公室向分指领导汇报,由分指领导决定奔赴现场的具体时间,一旦进入防汛水位,分指领导干部立即报到上岗。

3、区防汛抗旱指挥部领导成员上岗水位

(1)当部分间堤达到警戒水位,或一座以上中型水库达到防汛水位,或部分乡镇发生一般旱情时,启动防汛抗旱四级响应,王成猛坐镇指挥,区防汛办会商汛情、旱情,相关专业组投入工作,实行昼夜值班,及时准确掌握汛情、旱情、险情、灾情变化,并向区委、区政府报告。

(2)当一条以上水系的部分一线堤垸达到警戒水位,或部分间堤达到保证水位,或二座以上中型水库达到警戒水位,或大部分乡镇发生较大旱情时,启动防汛抗旱三级响应,蔡仁国、王成猛坐镇指挥,区防汛办专业组投入防汛工作,指挥部成员单位派负责同志到指挥部集体办公,实行昼夜值班,及时准确掌握汛情、旱情、险情、灾情变化,并向区委、区政府报告。

(3)当二条以上水系的大部分一线堤垸达到警戒水位且水情仍在继续恶化,或一座以上中型水库达到危险水位,或发生重大险情,或全区发生大面积干旱且受灾严重时,启动防汛抗旱二级响应,董岚、刘昌松、蔡仁国、王成猛坐镇指挥;区水利局全力以赴投入防汛抢险;区委办公室、区政府办公室、区委组织部、区委宣传部、区农办、区发改局、区财政局、区交通局、区公安局、区民政局、区粮食局、区农机局、区气象局、电力局等单位派主要负责同志到指挥部集体办公;指挥部各组按分工开展工作,全区工作重心转向防汛抗灾。

(4)当出现流域性洪水,或二条以上水系的大部分堤垸达到保证水位,或全区大部分堤垸达到警戒水位且水情仍在继续恶化,并出现重大险情,或全区发生特大干旱严重受灾时,启动防汛抗旱一级响应,指挥部全体成员到指挥部坐镇指挥,指挥部各组按分工开展工作,防汛抗灾成为压倒一切的工作。

2010年防汛抗旱责任单位安排表

责任范围	姓　名	责任职务	责任范围	姓　名	责任职务
民主垸分指(1)			八官垸分指(2)		
蒿子港镇	毛友志	区农业局副局长、党委副书记	牛鼻滩镇	张松远	区民政局局长、党组副书记
	贺盛福	区政府中心主任、党组副书记		刘志平	区林业局局长、党委书记
中河口镇	李润初	区国土局局长、党组副书记		李占坤	区卫生局局长、党委书记
	罗孝全	区统计局局长、党组书记		胡治湘	区卫生局副局长、党委副书记、区疾控中心主任、党支部书记
十美堂镇	黎建华	区司法局局长、党组书记	韩公渡镇	李林平	区检察院副检察长
	鲍明月	区环保局局长、党组书记		卢年初	区教育局局长、党委书记
黄珠洲乡	赵宜平	区农发行行长		涂国祥	区劳动和社会保障局局长
	杜　孟	区房产局局长、党组书记		邬吉湘	区委组织部副部长（兼）、区人事局局长、党组书记
黑山咀乡	宋仁福	区审计局局长、党组书记		石冬华	区安监局局长、党组副书记
	高承志	区邮政局局长			

2010 年防汛抗旱责任单位安排表

责任范围	姓　名	责任职务	责任范围	姓　名	责任职务
冲柳垸分指(3)			五里溪分指(4)		
石公桥镇	王楚东	建设银行鼎城支行行长	长岭岗乡	李靖华	鼎城区经济开发区管委会工会主席、工委委员
	欧阳俊	区财产保险公司经理	雷公庙镇	莫政芳	区工商联副主席
	罗光新	区公路局局长	蔡家岗镇	麻建明	区政协党组成员、秘书长、区政协办主任
周家店镇	金　刚	区科技局局长	灌 溪 镇	徐亚丽	区委老干局局长
	符志辉	区人寿保险公司经理	双桥坪镇	顾　伟	区委统战部纪检组长
镇德桥镇	李启明	区药监局局长	石板滩镇	尹爱兵	区工商银行行长、总支书记
	单　文	区地震局局长、区科技局党组成员（兼）			
	杨　斌	区电信局副局长			
大龙站镇	李政达	区总工会党组书记、副主席			
	肖馨舫	区档案局局长			

2010年防汛抗旱责任单位安排表

责任范围	姓　名	责任职务	责任范围	姓　名	责任职务
三合垸分指(5)			善卷垸分指(6)		
石门桥镇	张　毅	区财政局工会主席、党组成员	武陵镇	周志皓	区广电局局长、党组副书记
	杨　琦	区委组织部副部长		李小波	区城管局局长、党组书记
	沈国华	区工业发展局局长、党组书记		胡新军	区体育局局长、党组副书记
	李仕民	区交通局副局长、党委副书记		曾频德	区委政法委纪检组长
	林成初	区移民局局长、党组书记		孙大刚	区计生局局长、党组书记
	高道初	区供销联社主任、党委副书记	斗姆湖镇	李　琦	区经管局局长、、党组副书记
				欧阳倩	区发展改革物价局副局长
				代　飞	区商务局局长、党组书记
				余建明	区文化局局长、党组书记
				刘　俊	市兴隆公司党委副书记、总经理（聘任）、工会主席、区政府办党组成员（兼）

2010年防汛抗旱责任单位安排表

责任范围	姓　名	责任职务	责任范围	姓　名	责任职务
柾水分指(7)			柾水分指(7)		
港二口镇	高建良	区党史办主任	草坪镇	曾爱佳	区信用联社党委书记、理事长
许家桥乡	马　涛	团区委书记	黄土店镇	刘小平	区委办政联主任
丁家港乡	梁腊清	区农业综合开发办主任、区财政局副局长（兼）		罗会刚	区工商局局长
长茅岭乡	毛曜廷	区农业银行行长、党委书记	唐家铺乡	周伟建	区能源办主任
尧天坪镇	龚天宝	区人大党组成员、区人大常委会办公室主任	钱家坪乡	陈国政	区法院副院长、党组副书记
逆江坪乡	李双明	区妇联主席、党组书记	沧山乡	文海燕	区残联理事长、党组副书记
	刘盛祥	区技监局局长、党组书记		熊　俊	区畜牧水产局局长、党组副书记
谢家铺镇	陈其中	区农机局党组书记、副局长			

2010年区防汛抗旱指挥部办公室专业组人员安排表

责任范围	姓　名	责任范围	姓　名
情况组（1）		险情组（2）	
组　长	甘翊初		梁天科
副组长	罗明福		彭　亮
成　员	陈　亮		顾建国
	张　鹏		李孙新
	诸光跃		李富春
	曹　辉		张爱群
	刘则友		龚　坤
	牟　蓉		罗　琛
	王　平		陈云峰
	李　俊	水情组（3）	
险情组（2）		组　长	周世民
组　长	王宏尧	副组长	姚金岭
副组长	杨开河	成　员	曾秋云
顾　问	陈德新		赵华湘
成　员	李广玉		谭长红
	刘德云		刘　宁
	熊建中		彭桂兰
	胡定军	内务组（4）	
	刘昌龙	组　长	吴　政
	张德敬	副组长	杨万先

2010年区防汛抗旱指挥部办公室专业组人员安排表

责任范围	姓　名	责任范围	姓　名
内务组（4）		机动组（5）	
副组长	丁建友	成　员	游兴国
成　员	周庆梅		李志胜
	陈振友		杨长云
	杨　萍		严奉琦
	邓文华		熊选桂
	向新华		杨宏福
	李德贵		肖冬初
	刘金城		刘大祥
机动组（5）			沈建湘
组　长	孙　旗		肖智勇
副组长	康　翔	对口市防办专业组联系人（6）	
副组长	张三忠	堤垸组	龚　坤
成　员	刘忠祥	水库组	陈云峰
	黄先甫	排渍组	牟　蓉
	刘胜玉		
	邱大舟		
	黄永红		
	黄用贤		

中共常德市鼎城区委关于在全区创先争优活动中开展“十、百、千”评选活动的通知

常鼎通〔2010〕16号

（2010年7月21日）

各乡镇（场）党委、区直各单位党组织：

为在全区范围内营造创先争优的浓厚氛围，经区委研究，决定在全区各基层党组织和广大党员中开展“十、百、千”(即：“十佳”党委、党组，“百强”支部，“千优”党员)评选活动。现将有关事项通知如下：

一、指导思想

坚持四万共产党员是推进鼎城各项事业的核心力量，以科学发展观为指导，深入贯彻落实党的十七届四中全会精神，扎实开展创先争优活动，把各方面的积极性、创造性凝聚到推进“二次创业”上来，努力实现鼎城经济社会发展新跨越。

二、评选标准

“十佳”党委（党组）：①领导班子好，出色完成上级交给的各项任务，年度考核被评为一类，班子成员年度内没有受党纪政纪处分；②党员队伍好，党员先锋模范作用、干部骨干带头作用发挥好；③工作机制好，基层党建工作机制健全，部门议事、决策和工作制度完善，民主制度得到落实；④工作业绩好，管理措施到位，班子团结，与基层单位关系协调，运行规范；⑤群众反映好，干群关系密切，社会评价高，党组织受到单位群众一致拥护。

“百强”支部：①班子战斗力强，支部班子结构合理，分工明确，整体素质高；②队伍素质好，信念坚定，能带头执行党和国家的各项政策，带头学习提高，带头服务群众，带头遵纪守法；③工作制度全，能用制度管人管事；④工作业绩好，能团结带领群众，高标准、高效率、高质量地完成工作任务；⑤思想作风实，经常性开展传统教育，积极为群众办实事、办好事。

“千优”党员：①带头学习提高，认真学习实践科学发展观，是本职工作的行家里手和岗位标兵；②带头争创佳绩，认真履职，岗位成绩显著；③带头服务群众，积极帮助群众解决困难，热心公益事业；④带头遵纪守法，自觉遵守党章规定、党的纪律和本单位规章制度，模范遵守国家法律法规；⑤带头弘扬正气，敢于同不良风气、违纪违法行为作斗争。

三、评选表彰

1. 沿用以往评选办法和程序。“十佳”党委（党组）的评选按《2010年常德市鼎城区“十佳领导班子”评选办法》（常鼎发[2010]5号）的要求实施。“百强”支部与“千优”党员的评选按《鼎城区“十佳村（居）党支部书记”和鼎城区优秀无职党员评选办法》（常鼎组通[2010]16号）的标准和程序实施。

2. 分层次表彰。“十佳”党委（党组）、“百强”支部、“千优”党员评选出来后，分层次进行表彰。①所有对象由区委在年底统一发文命名表彰。所有表彰名单记入鼎城党史和组织史，个人事迹在区电视台、电台、党建网、政府网进行宣传报道。②区委直接表彰的是：“十佳”党委（党组）(即“十佳领导班子”)，“十佳”村(居)党支部书记所在的支部和50名优秀无职党员。③各单位负责表彰其余的90个支部和950名优秀党员。

四、有关要求

1. 统一思想，提高认识。开展“十佳”党委（党组）、“百强”支部、“千优”党员评选活动是激励基层党组织和党员发挥战斗堡垒作用和先锋模范作用的有

效途径，是落实区委把“党员当亲人看、把党员当党员看、把优秀党员当榜样看、把违纪党员当反面教材看、把基层党组织当堡垒建”要求的重要手段。区委成立由区委书记任组长的评选领导小组，各级党组织要真正做到认识到位、责任到位、措施到位、工作到位。

2. 周密安排、精心部署。坚持发扬民主、上下结合、注重实绩和群众公认的原则。各级党组织要结合季度评议，严格把关，做到好中选好，优中选优。

3. 加强宣传，营造氛围。各基层党组织要利用媒体、会议、宣传栏、板报等宣传手段，进行广泛深入的宣传，在全区掀起争先进、学先进、赶先进的热潮，为整个评选活动营造浓厚的氛围。

4. 创新形式，广泛参与。着力开展党建工作大家谈、党建歌曲大家唱、党员干部大家选、党员形象大家议、党建效果大家评等专题活动，让文件精神传达到每个支部、每位党员、每名群众，广泛吸引群众参与。

5. 总结经验、促进工作。评选活动中，各级党组织要注重发现、培育先进典型，总结、推介先进经验，把开展大表彰与推动大发展紧密结合起来，增强基层组织的凝聚力、创造力和战斗力，为继续推进“二次创业”提供坚强的人才保障和组织保证。

2010年区防汛抗旱指挥部办公室专业组人员安排表

<table>
<tr><th>责任范围</th><th>姓　名</th><th>责任范围</th><th>姓　名</th></tr>
<tr><td colspan="2">内务组（4）</td><td colspan="2">机动组（5）</td></tr>
<tr><td>副组长</td><td>丁建友</td><td rowspan="10">成　员</td><td>游兴国</td></tr>
<tr><td rowspan="7">成　员</td><td>周庆梅</td><td>李志胜</td></tr>
<tr><td>陈振友</td><td>杨长云</td></tr>
<tr><td>杨　萍</td><td>严奉琦</td></tr>
<tr><td>邓文华</td><td>熊选桂</td></tr>
<tr><td>向新华</td><td>杨宏福</td></tr>
<tr><td>李德贵</td><td>肖冬初</td></tr>
<tr><td>刘金城</td><td>刘大祥</td></tr>
<tr><td colspan="2">机动组（5）</td><td>沈建湘</td></tr>
<tr><td>组　长</td><td>孙　旗</td><td>肖智勇</td></tr>
<tr><td>副组长</td><td>康　翔</td><td colspan="2">对口市防办专业组联系人（6）</td></tr>
<tr><td>副组长</td><td>张三忠</td><td>堤垸组</td><td>龚　坤</td></tr>
<tr><td>成　员</td><td>刘忠祥</td><td>水库组</td><td>陈云峰</td></tr>
<tr><td></td><td>黄先甫</td><td>排渍组</td><td>牟　蓉</td></tr>
<tr><td></td><td>刘胜玉</td><td></td><td></td></tr>
<tr><td></td><td>邱大舟</td><td></td><td></td></tr>
<tr><td></td><td>黄永红</td><td></td><td></td></tr>
<tr><td></td><td>黄用贤</td><td></td><td></td></tr>
</table>

“百强”支部、“千优”党员指标分配表

单　位	百强支部	千优党员	备 注
区委办系统	2	10	
区人大办	-	1	
区政府办系统	3	10	
区政协办	-	1	
区 纪 委	-	1	
区委组织部系统	1	5	
区委宣传部系统	1	5	
区委统战部系统	-	1	
区政法委系统	5	20	
区发改局系统	2	5	
区农村办系统	5	20	
区工业局系统	3	10	
区商务局系统	3	10	
区建设局系统	1	5	
区教育局系统	3	15	
区卫生局系统	3	15	

说明：

1、各乡镇(场)“十佳”村(居)党支部书记所属支部即为“百强”党支部，占用“百强”支部名额一个；区委表彰的50名优秀无职共产党员属于“千优”共产党员，占用各单位“千优”党员名额一个；区直“百强”支部和“千优”共产党员的评选侧重于一线支部和党员。

2、“千优”共产党员指标按单位党员数比例进行分配。

3、区委常委会组成人员所在单位不参与“百强”支部的评选，其余按支部数进行评选。

常德市鼎城区人民政府
关于印发《常德市鼎城区人民政府
2010年工作要点》的通知

常鼎政发〔2010〕2号

（2010年2月2日）

各乡镇人民政府，区属农林场，区直各单位：

现将《常德市鼎城区人民政府2010年工作要点》印发给你们，请认真贯彻执行。

常德市鼎城区人民政府工作要点

根据区十五届人大四次会议通过的《政府工作报告》，为确保全面完成2010年区政府各项工作任务，特制定此工作要点。

2010年政府工作总体要求是：高举中国特色社会主义伟大旗帜，以邓小平理论和“三个代表”重要思想为指导，深入贯彻落实科学发展观，全面贯彻党的十七届四中全会和中央、省、市、区委经济工作会议精神，着力转变发展方式，夯实基层基础，关注民本民生，把保增长、调结构、增后劲、惠民生有机结合起来，努力实现经济社会又好又快发展。

2010年经济社会发展的主要预期目标是：地区生产总值增长14%以上，全社会固定资产投资增长50%以上，社会消费品零售总额增长20%以上，财政一般预算收入增长15%以上，城镇居民人均可支配收入和农民人均纯收入分别增长10%以上，单位生产总值能耗下降4%以上，主要污染物排放减少2%以上，人口自然增长率控制在5.5‰以内。

围绕上述总体要求和目标任务，重点抓好以下七个方面的工作：

一、锲而不舍做强“工业鼎城”

全年完成工业投入35亿元以上，实现工业总产值150亿元，其中规模以上工业产值100亿元，入库税金5亿元。

1. 做强园区。财政注资1500万元，设立鼎力经济开发投资有限公司，实现融资5000万元以上，及时配套园区基础设施，完成灌溪机械产业园二期工程，启动三期工程建设；抓好石门桥、斗姆湖两大产业园的规划修编；调整石板滩园区布局，引导建材产业向北扩展。（责任单位：鼎城经济开发区管委会、区财政局）

2. 做强企业。加强技扩改调度与服务，推动企业扩大规模，提高产能，力争年内新增产值过亿元企业2家以上，税收过亿元的企业实现零的突破，新增规模工业产值25亿元；（责任单位：区工业局）继续设立中小企业发展基金，继续实行财政贷款担保，抓好小

额贷款公司试点，扶持中小企业做大做强。（责任单位：区财政局、区金融创安办）

3. 做强产业。力争全年新引进2000万元以上工业项目15个以上，采取超常措施引进10亿元以上的战略项目；支持机械、建材、纺织、食品等主导产业做大做强，力争机械产业产值突破80亿元，建材、纺织、食品产业产值分别突破10亿元；着力引进和培育新型产业，努力实现产业多元化。（责任单位：区商务局、区工业局）

二、大刀阔斧打造常德“浦东”

坚持扩容与提质并举，大力推进新型城市化，用5—10年时间，把江南城区打造成常德的“浦东”。

1. 西区开发。成立西区开发总公司，用专业化的队伍、企业化的管理和市场化的运作方式来推进西区开发；（责任单位：区江南城区西区开发建设指挥部）再建一个融资平台，争取全年政府融资5亿元以上，带动社会投融资50亿元以上；（责任单位：区国土资源局）实施善卷文化主题公园、江南货运枢纽平台、五星级善卷大酒店和“一桥一路”等工程；（责任单位：区建设局、区交通局、区商务局）启动防洪大堤及善卷大道、善卷文化墙建设工程的前期工作；（责任单位：区水利局）抓紧制定失地农民安置和保障办法，出台鼓励农民进城创业的优惠政策。(责任单位：区劳动和社会保障局)

2. 旧城改造。全面完成双潭路、花溪西路、金霞东路的道路硬化，德安路、永安路、隆阳西路等6条主干道亮化和10条小街小巷综合治理；全面完成江南污水处理系统建设，实施大湖中路、319国道出城口以及3个社区排水系统改造，新建3个带公厕的垃圾中转站。（责任单位：区建设局、区朗州城市建设投资开发有限公司、区环境卫生管理处）

3. 城市管理。积极推进城市综合执法，引进市场方式管理城市；强化土地市场管理，强力推进控违拆违，采取储备、租用等形式全面控制西区土地；深入推进城市创建，不断美化市容市貌，优化人居环境，提升城市品位。（责任单位：区城市管理行政执法局、区国土资源局）

4. 小城镇建设。支持乡镇年内完成规划修编；采取以奖代投方式支持小城镇建设；出台乡镇土地出让金收益返还等相关政策，鼓励小城镇建设；培育一批工业、旅游、商贸等特色小城镇。（责任单位：区建设局）

三、突出产业夯实“三农”基础

紧紧围绕农民增收、农业增效、农村发展的目标，夯实农业基础地位。全年力争实现农业总产值70亿元以上，同比增长6.4%。

1. 着力发展产业。设立农业产业发展基金，扶持建设一批高效种植示范区、现代养殖示范区、休闲农业示范区；强化农民培训，健全农业技术及农技推广、农业信息服务、市场信息服务等体系；发展农业专业合作组织，提高应对市场风险的能力；抓好农村土地二轮延包后续完善和集体林权制度改革后续配套工作，为规模经营奠定基础。（责任单位：区农村办、区经管局、区林业局）

2. 改善基础条件。整合项目资金，重点抓好67个市级示范村和35个乡镇示范小区建设；（责任单位：区新村办）配套2000万元，新建通村公路233公里，改造沧猴线、钱群线、甘伍线、断新线等4条16.4公里通乡公路，完成东风桥、枫林口桥的改造，建立健全乡村公路的管养机制；（责任单位：区交通局）新解决6万人的安全饮水问题；新扩沼气池3800口以上；继续推进韩公渡镇乌黄垸综合治理工程，抓好牛屎湖、白芷湖除险，抓好小型农田水利建设，实施病险水库除险、血防灭螺、水库骨干渠道硬化和中小河流流域治理工程。（责任单位：区水利局、区能源办、韩公渡镇政府）

3. 促进农民增收。强化农民实用技术培训，力争全年新增劳务转移输出2万人以上，促进农民劳务性增收；落实强农惠农政策，促进农民政策性增收；加强防汛保安、重大动植物疫病防控，抓好农业政策性保险，促进农民生产性增收。（责任单位：区农村办、区经管局、区水利局、区畜牧局、区农业局）

4. 强化基层保障。抓好84个村级活动场所的改造；按村平4万元的标准，逐步完善村级组织运转低限保障的分配机制；加大对偏远贫困乡镇、少数民族乡镇的支持力度；按政策落实村干部及离任村干部生活困难补助制度；对80岁以上农村老党员每年给予200元生活困难补助；乡镇站所人员人平每月增加200元工资。（责任单位：区财政局）

四、发挥优势繁荣“商贸鼎城”

充分发挥鼎城环绕城区、商贸洼地、交通枢纽等优势，制定出台加快第三产业发展的优惠政策，大力发展鼎城商贸。

1. 优化市场体系。抓好朝阳路农贸市场搬迁；启动轻纺市场、水产品市场、蔬菜批发市场和维畅农贸市场升级改造；支持财富广场做大做强，巩固大桥南商贸龙头地位。（责任单位：区商务局、桥南市场管委会、区市场服务中心、武陵镇政府）

2. 配套仓储物流。建设集仓储、物流于一体的江南货运枢纽平台；（责任单位：区交通局）完成斗姆湖物流产业园规划修编，及时对接机场路、桃花源空港新城的大建设、大物流，构筑湘西北重要的现代物流集散地。（责任单位：鼎城经济开发区管委会、斗姆湖镇政府）

3. 加速聚集人气。引进大型生活服务超市，引进高品位娱乐休闲中心，引进知名餐饮酒店，引进信息、劳务中介等新型服务业态。（责任单位：区商务局、区发展改革物价局）

五、紧盯项目扩大有效投入

继续把扩大投入作为抓发展的关键措施，用大投入带动大发展，力争全年落实投入总规模 100 亿元以上。

1. 精心编制“十二五”规划。安排专项经费，抽调专门人员，科学规划发展的长远目标、具体思路、重大项目和工作举措，加强规划的衔接协调，争取 20 个以上重大项目进入上级规划，为后续发展提供有力的规划保证。（责任单位：区发展改革物价局）

2. 抓好重点工程。继续坚持区级领导联系重点项目制度，切实抓好具有带动作用的重大工程建设。配合市政府抓好沅水三桥、机场路以及常安、常岳、澧常高速公路和石长铁路复线及电气化工程建设，完成国道 207、省道 205 及周家店至西湖干线公路改造。统筹抓好区乡公路、电力、通讯等各项工程建设。（责任单位：区发展改革物价局）

3. 突出项目开发。重点围绕资源、产业、区位等优势，大力进行项目策划和开发，开展服务外包试点，建好重大项目库，力争全年开发储备项目 100 个以上；加强“开发－招商－建设”的整体联动，促进开发成果的转化。（责任单位：区发展改革物价局）

4. 严格项目监管。制订项目前期工作流程和标准，落实前期工作责任；切实抓好政府投资项目监督管理，确保资金安全，杜绝“豆腐渣”工程。（责任单位：区发展改革物价局）

六、统筹发展构建和谐鼎城

坚持以民为本，认真办好省、市各项实事，着力解决好关系广大人民群众切身利益的问题，努力构建和谐鼎城。

1. 提高保障水平。依法推进社会保险扩面，力争全年征缴各类保险金 1.92 亿元；职工医疗保险金全面实现市级统筹，待遇与市里同步；提高新农合和居民医保补偿标准，人均住院补偿率均达到 50%以上；积极争取农村养老保险试点；千方百计增加就业岗位，年内帮助 5000 名失业待业人员再就业；（责任单位：区劳动和社会保障局、区卫生局）提高城乡低保和五保户的补养标准；抓好 100 套廉租房、150 套农村安居房和 12 所乡镇敬老院建设，启动区福利中心建设；（责任单位：区民政局）抓好专业捕捞渔民危房改造工作，全面落实移民政策；（责任单位：区畜牧局、区移民局）继续安排 2000 万元专项资金用于扶贫帮困；按人平 1.8 万元的标准落实公务员津补贴和教师绩效工资，按政策落实事业人员绩效工资，努力实现江南江北保障一体化。（责任单位：区财政局）

2. 打造文化品牌。开展善卷文化探源，启动善卷文化“申遗”，聘请名家撰文，充实江南新城的文化内核；在江南体育休闲广场添置大型电子显示屏，繁荣广场文化；支持广播电视扩大覆盖面；打造常德丝弦艺术精品，鼓励发展民间文化。

（责任单位：区文化局、区广电局）

3. 建设教育强区。开工建设善卷中学，年内完成一期工程；完成 14 所合格学校建设，推进中小学校舍安全工程；设立 100 万元的教育奖励基金，继续重奖教育功臣。（责任单位：区教育局）

4. 发展卫生事业。启动建设善卷医院，抓好 5 个乡镇卫生院和 116 个村级卫生室建设；稳步推进卫生体制改革。（责任单位：区卫生局）

5. 加快旅游开发。以“大湘西文化旅游产业带”建设为契机，启动花岩溪至逆江坪旅游连片开发，加快以逆江坪“吉祥寺”为主体的佛教旅游文化城建设，加大农家乐旅馆开发与规范力度，大力打造原生态绿色旅游品牌。（责任单位：区旅游局）

6. 落实基本国策。抓好人口与计划生育工作，按照人平 10 元的标准足额落实计生事业费，完成计生服务站（所）的达标建设，确保“国家优质服务先进区”争创成功；（责任单位：区计生局）加强耕地保护，严肃查处违法用地、私下买卖土地和矿产资源乱采滥挖行为，最大限度地节约集约土地资源；（责任单位：区国土资源局）认真落实《鼎城区生态区建设规划》，突出抓好重点行业、重点领域、重点企业的节能降耗减排工作，努力实现污染减排约束性目标。

（责任单位：区环保局）

7. 维护社会稳定。坚持政府工作从不安全、不稳定的地方抓起。深入开展领导干部大接访活动，着力规范信访秩序，充分发挥信访维稳网络的作用，切实处理好各类不稳定问题和群体性事件；（责任单位：区信访局）深入开展重点行业、重点领域安全隐患排查整治，严格问责，坚决杜绝重特大事故发生；（责任单位：区安监局、区消防大队、区交警大队、区交通局、区食安办、区环保局）加强社会治安综合治理，严厉打击各种刑事犯罪；（责任单位：区公安局）完善公共事件应急管理体系，提高应对和处置突发事件的能力。

（责任单位：区政府办）

七、实实在在塑造政府形象

坚持以人民群众满意为目标，切实加强政府自身建设，着力塑造政府良好形象，不断提升政府执行力与公信力。 （责任单位：区政府办）

（说明：上述工作责任分解中，有几家责任单位并列的，排一的单位为牵头单位。）

常德市鼎城区人民政府
关于公布第二批区级非物质文化遗产名录的通知

常鼎政发〔2010〕3号

（2010年2月8日）

各乡镇人民政府，区属农林场，区直有关单位：

区人民政府批准区文化局确定的第二批区级非物质文化遗产名录（共计3项），现予公布。各级各部门要按照《国务院关于加强文化遗产保护的通知》（国发〔2005〕42号）和《湖南省人民政府办公厅关于加强非物质文化遗产保护工作的意见》（湘政办发〔2005〕27号）要求，利用各种手段对保护对象进行全面、系统地记录，鼓励和支持代表作传承人（团体）开展传习活动，要通过各种渠道使区级非物质文化遗产广为传播，加深公众的了解和认识，促进社会共享，确保区级非物质文化遗产得到保存、传承和发展。

常德市鼎城区第二批非物质文化遗产名录

1、善卷故事

2、花溪榨笋

3、巫　舞

常德市鼎城区人民政府
关于进一步加强人民满意政府建设的通知

常鼎政发〔2010〕10号

（2010年4月29日）

各乡镇人民政府，区属农林场，区直和驻区各单位：

2009年，全区以开展学习实践科学发展观活动为契机，努力建设人民满意政府，取得了较好成效。2010年，全区继续深入推进人民满意政府建设，进一步落实建设人民满意政府工作各项举措，全面提高亲民政府、法治政府、诚信政府、高效政府、节约政府、廉洁政府建设水平。经研究决定，2010年建设人民满意政府重点推进七项行动。现将有关事项通知如下：

一、开展重大决策阳光行动

推进重大决策公开，促进科学民主决策，保障公众的知情权、参与权、表达权和监督权。一是加强重大决策调查研究。凡是政府出台重大政策、安排重大事项、建设重大项目，决策前要深入开展调查研究，进行可行性分析。年内，由区政府牵头，相关部门具体组织，重点围绕“打造工业新城、开发城市新区、建设生态新村”为核心内容的“二次创业”发展战略，对经济转型、西区开发、第三产业发展、货运枢纽中心建设、交通建设、未成年人和留守儿童教育、农田水利基础设施建设、农村高效特色产业发展等重点课题开展调查研究，并形成高质量的调研报告，为区委、区政府决策提供依据（责任单位：区政府办、相关单位）。二是实行重大决策专家咨询制度。根据全区经济社会发展需要，聘请区内外知名专家学者和各类高端人才，作为区政府决策咨询专家，对重大决策开展专家咨询。年内，建立好咨询专家库。继续加强与清华大学专家团队的沟通，为开发城市西区，打造常德“浦东”提供决策咨询。开展善卷文化探源，完成善卷文化“申遗”，聘请名家撰文，充实江南新城文化内核（责任单位：区政府办、区城市办、区西开办、区人事局、区科技局、区发改局）。三是推行重大决策公示与听证。完善重大决策公示、听证制度，凡是涉及人民群众切身利益的重大决策事项，都要通过广播电视、报纸和网站等媒体及时公示，组织开展公众听证，充分听取群众意见，接受群众批评，维护群众利益。年内，各相关单位都要组织几次有较大影响的公示和听证活动，充分听取群众意见（责任单位：区法制办）。四是自觉接受人大、政协监督。建立健全政府工作的各项监督机制，自觉接受区人大及其常委会的法律监督和工作监督，自觉接受区政协的民主监督，虚心听取工商联、无党派人士的意见，确保行政权力依法、公正、有效运行。认真办理人大建议和政协提案。邀请区人大代表、政协委员以及群众代表列席和旁听区政府全会、区政府常务会议以及其他重要会议（责任单位：区政府办）。五是切实抓好涉及民生重大事项的公开。加强政务公开工作，对涉及民生领域的就学、就医、住房、保险、办证等方面的重大事项，一律面向社会公开，所涉及的相关政策及法律要让群众清楚明白。相关职能部门还要定期以群众喜闻乐见的形式做好宣传工作（责任单位：区政务中心、区劳动和社会保障局、区民政局）。

二、开展行政审批提速行动

贯彻落实省、市关于政务服务有关文件精神，进一步精简行政审批事项，提高行政审批时效，增强经济社会发展活力。一是推行行政审批集中办理。凡区政府核准的行政许可、行政审批和其它服务事项必须进入区政务中心集中办理，力争全区行政审批项目入驻区政务中心窗口比例达到90%。实行“一站受理、内部流转、限时办结、联合审批、统一收费、优质服务”的运行模式，为公民、法人和其他组织提供规范、优质、高效的服务。采取以奖代投的方式,支持乡镇政务中心建设,年内建成10个以上乡镇政务中心。在全区建成120个村级办事公开代办点,逐步实现群众办事不出村的目标。加强对已取消的50项行政审批项目的动态管理,防止反弹(责任单位:区政务中心、相关单位)。二是全面规范行政程序。严格实行逐级负责制,一般情况严禁越级请示汇报;对上行文,必须先向主管部门上报书面材料,并加盖行政公章,再由主管部门逐级行文上报(责任单位:区政府办、相关单位)。三是实施重点项目全程代理。为相关重点工业企业项目提供全程代理行政审批服务,简化审批程序,提高办事效率,加快重点项目建设进度(责任单位:区经济开发区、区招商局、区工业局、相关单位)。四是开通"联合审批"便民通道。对涉及两个或两个以上部门审批的事项,认真落实"联合审批四项制度"(即:基本建设项目联合立项,开发项目和重点工业项目联合报建,基本建设项目报建联合审图,基本建设工程竣工验收审批事项联合验收),由牵头部门出台相应的工作方案,统一受理、统一审批、统一发放结果,政务中心负责协调好相关事宜(责任单位:区政务中心、区发改局、区建设局、市规划鼎城分局、区城管局、区国土资源局、区环保局)。五是加速电子政务建设。继续抓好群众网上诉求的快速处置,对网上诉求实行限时办结,帮助广大群众排忧解难。加快电子政务中心网上办事平台建设,推进网上办事,扩大网上审批。逐步完善电子政务内网平台,扩大公文传输系统应用,着手建设协同办公系统,强化相应人员的操作培训,加快办公自动化、无纸化进程(责任单位:区政府办、区信息化办、区政务中心)。

三、开展行政裁量权规范行动

认真贯彻落实《湖南省规范行政裁量权办法》(以下简称《办法》),在去年推行行政处罚裁量权基准试点工作的基础上,全面推进规范行政处罚自由裁量权工作。一是认真组织实施。制定详细、有针对性的培训方案,认真组织各单位"一把手"、执法人员的培训工作。按照"自上而下、逐级推进"的原则,制定与经济社会发展水平相适应的行政处罚裁量权基准,对已经设立的不合理行政裁量权要及时清理整顿并在鼎城政府网站上予以公示。在容易发生偏差、群众反映比较强烈的执法领域,搞好行政裁量权典型案例的收集工作,并汇编成册,下发全区(责任单位:区法制办、区监察局、相关单位)。二是加强监督问责。开展自清自查,发现违法行使行政自由裁量权的,主动及时纠正并撤销。对滥用行政自由裁量权的行政执法人员,通过行政处理和行政处分等手段进行问责。建立公众正常反馈投诉机制,确保公众合理诉求得到及时受理和处置,维护人民群众正当权益(责任单位:区法制办、区监察局)。

四、开展发展环境整治行动

以执行政策零折扣、提供服务零距离、生产经营零干扰、处理投诉零缺位为目标,以整治政务服务环境、项目建设环境和生产经营环境为重点,推进发展环境优化工程,为"二次创业"提供强有力的环境保障。要认真组织开展经济发展环境大走访、大排查、大整治活动。第一阶段,大走访。由区政府领导带队,各乡镇各部门各单位主要负责人参与,开展"百企走访解难"、"机关干部下基层,排忧解难惠民生"等作风建设主题月活动,深入企业、基层和群众实地调查研究,听取企业和群众意见,了解和掌握存在的实际问题。第二阶段,大排查。各级各部门各单位对征求到的意见认真梳理,对反映的问题归纳分析,制定切实可行的整改方案,对突出问题进行定人交办、限期办结。第三阶段,大整治。各级各部门各单位要对反映出来的突出问题,从源头上查找原因,从制度上予以规范,从机制上彻底解决。要严格按照市委、市政府下发的《对乱收费、乱罚款、乱摊派行为的处理办法》,严肃查处破坏发展环境的人和事,通报一批典型案例,坚决防止"三乱"现象反弹。要突出抓好工程建设秩序治理,着力解决工程建设领域存在的突出问题,严厉打击强行参工参运、串标围标、欺行霸市、违章建设等扰乱建设秩序的行为,为建设项目保驾护航。要深入推进工程建设领域专项治理,制定项目前期工作流程和标准,落实前期工作责任,完善政府采购制度,依法查处工程建设领域出现的腐败行为,杜绝"豆腐渣"工程(责任单位:区监察局、区优化办、区建设局、区财政局、相关单位)。

五、开展生态环境保护行动

以"两型社会"(资源节约型和环境友好型社会)建设为重点,认真落实《鼎城区生态区建设规划》,突出抓好重点行业、重点领域、重点企业的节能降耗减排工作,强力推进生态区建设。一是抓好工业污染防治。严格项目环保准入,严控"两高一资"(高污染、高能耗、资源消耗型)项目落户,落实新上项目环保"三同时"(同时设计、同时施工、同时投产使用)管理。开展环保整治专项行动,关停淘汰落后产能。督促企业建设治污设施,确保污染物达标排放。(责任单位:区环保局、区发改局、区经济开发区、区招商局、区工业局)。二是抓好城市环境管理。加强城市生态建设,加大对大气环境、水环境、声环境等监测力度,并于每月上旬发布上月环境质量月报,每年初发布上年环境公报。积极配合市城区深入开展文明城市创建活动。建立健全市容市貌及控违拆违长效机制,全年拆违1万㎡以上。全面完成双潭路、花溪西路、金霞东路的道路硬化,德安路、永安路、隆阳西路等6条主干道亮化和10条小街小巷综合治理;全面完成江南污水处理系统建设,实施大湖中路、319国道出城口及3个社区排水系统改造,新建3个带公厕的垃圾中转站(责任单位:区建设局、区城管局、区环保局、区水利局、区林业局、区发改局、区环卫处)。三是抓好农村综合整治。出台乡镇土地出让金收益返还等相关政策,采取以奖代投的方式推进乡镇小城镇建设。积极探索农村生产生活垃圾处理模式,推行集中无害化处理。加强农村水源保护,全面解除养殖合同,禁止投肥养殖,确保年内区内39座小Ⅰ型水库水质70%以上达到Ⅲ类标准,6座中型水库水质全部达到Ⅲ类标。规范珍珠养殖,进一步压减珍珠养殖面积1.5万亩。保护渔业资源和养殖业发展环境,推广农业生态种养,加强对农药、肥料、农膜等农业投入品的管理。年内规划健康养殖示范小区13个,新增"零排放"养殖场6—8家。加强植树造林和林木品种更新,保护森林资源(责任单位:区农村办、区环保局、区水利局、区畜牧水产局、区农业局、区林业局)。

六、开展困难群体帮扶行动

结合省、市实事办理,进一步加大困难群体帮扶救助力度,真心实意为困难群众办实事、做好事、解难事,让困难群众共享改革发展成果。一是加强就业援助。进一步扩大就业,落实就业援助政策,逐步解决零就业家庭和贫困家庭的就业问题,年内城镇新增就业5000人以上;失业人员再就业3100人以上,其中就业困难对象再就业1000人以上;零就业家庭动态就业援助率达100%;新增农村劳动力转移就业人数12000人以上(责任单位:区劳动和社会保障局)。二是低保扩面提标。进一步提高低保工作水平,建立管理规范、保基本、广覆盖的城乡低保体系,切实做到动态管理下的"应保尽保"和"应退尽退",年内城镇低保月人均补助提高15元,达到每月163元;农村低保扩面6900人以上,月人均补助提高10元,达到每月66元(责任单位:区民政局)。三是搞好群体解困。加大六〇一社区的帮扶力度,重点改造5个基础设施项目;加大对军烈属、五保户、特困户、失业人员,生活困难的老党员、老干部、老教师、乡镇站所人员等8大弱势群体的帮扶力度,要组织农村支部书记免费体检,对80岁以上的老党员每年每人发放200元的生活补助;加大下岗职工的帮扶力度,通过采取免费培训、职业指导、职业介绍等方式优先推荐就业,积极引导鼓励自主创业来带动就业,发放政策贴息小额贷款,为自主创业者提供政策性资金帮助;加大乡镇站所人员、退职村干部等基层干部的帮扶力度,保障乡村运转,逐步提高乡镇站所干部职工的待遇。同时,继续安排2000万元专项资金,用于扶贫帮困;继续安排50万元的专项资金,用于临时救助(责任单位:区政府办、六〇一社区居委会、许家桥回维乡政府、区房管局、区建设局、区劳动和社会保障局、区财政局、区民政局、区信访局、区卫生局)。四是强化住房保障。加快廉租房建设,全年竣工108套5000㎡;把好入住审批关,确保廉租房入住的公开、公平、公正。抓好农村安居工程建设,全年建设150套农村安居房。扩建农村敬老院12所,全面实现"一乡一院"工作目标;制定《鼎城区农村敬老院管理暂行办法》,抓好农村敬老院管理(责任单位:区建设局、区房产局、区民政局)。五是关注发展死角。继续推进韩公渡镇乌黄垸综合治理工程,抓好牛屎湖、白芷湖除险工程建设,抓好小型农田水利建设,实施病险水库除险、血防灭螺、水库骨干渠道硬化和中小河流流域治理工程(责任单位:区农村办、区水利局、韩公渡镇、牛鼻滩镇)。

七、开展便民利民服务行动

通过规范执法程序、改进"窗口"服务作风、加强社会治安综合治理等措施,树立政府及其工作部门良好形象。一是强化文明执法。不断加强执法人员的学习培训,增强秉公执法、文明执法的自觉性;开展"文明执法月"活动,规范执法程序;加大监察打击力度,严惩简单执法、粗暴执法、不文明执法行为(责任单位:区公安局、区交警大队、区城管局、区房产局、区建设局、相关执法部门和单位)。二是改进服务作风。窗口服务单位要进一步加强大厅服务质量管理,实行日检查、月公布、季考核、年评比的方式,开展"三个一、四个不"(即:一张笑脸、一声问候、一个让客户满意的答复;不冷落办事群众、不延误已受理事项、不发生差错、不影响干部形象)服务评比活动,全面提升大厅服务水平;要设立老、弱、病、残、孕等特殊服务区,对行动不便和时间紧急的群众,提供上门服务和延时服务;要推行首问负责制,着力解决群众办事“两头跑”的问题;要建立和完善群众投拆举报处理机制,做到“事事有着落、件件有回音”(责任单位:区政务中心、区劳动和社会保障局、区国土资源局、区国税局、区地税局)。三是建立上访快速反应机制。继续深入推行“大接访制度”、“开门接访制度”、“信访员代理制度”,对群众的来电,要予以及时回复;对群众的来信,要实行限期办理;对群众的来访,要安排专人接待,将矛盾处理在萌芽状态,严防矛盾升级,严禁矛盾上交(责任单位:区政府办、区信访局、相关单位)。四是加大治安治理力度。进一步加大打击力度,通过开展专项侦破行动,严厉打击黑恶势力、涉恶涉毒、严重暴力和“两抢一盗”犯罪;进一步加大整治力度,直面社会治安的焦点、热点问题,超前行动,将犯罪化解在萌芽阶段,尤其注重搞好学校、集贸市场等人群密集场所的专项整治;进一步加大防控力度,坚持城区治安防控“十字方针”,充分做好人防、物防、技防工作,确保全区社会治安综合治理工作保持全省第一方阵的位置。(责任单位:区公安局、相关单位)

八、开展七项活动的工作要求

(一)实行整体推进。2010年,建设人民满意政府工作实行区乡整体联动,全面推进。全区各级各部门各单位要高度重视,做到有专门班子、有工作方案、有目标要求、有主题活动、有考核评比,结合本地本部门本单位工作实际,立足本职岗位,积极推进人民满意政府建设。

(二)明确工作责任。上述七项行动责任分解中,由几家单位共同完成的事项,排第一的单位为牵头责任单位,分管该单位的区级领导为第一责任人;所有综合性、共同性工作,各乡镇场、区直和驻区有关单位均为责任单位。

(三)制定工作方案。各级各部门各单位要对照七项行动目标任务,结合各自工作实际,确定特色主题活动,制定切实可行的工作方案,进一步细化工作任务,明确工作措施,分解工作责任。

(四)加强舆论宣传。充分利用各种宣传阵地,采取多种宣传形式,广泛开展建设人民满意政府活动宣传,营造良好氛围。

(五)加强督促协调。加强对人民满意政府建设工作的日常调度,区满意办采取一月一调度,一季一督查,年中小结、年底结账等方式,组织建设人民满意政府监督员,对各乡镇各部门各单位开展七项行动情况实施监督,及时了解和掌握工作情况。对督查过程中发现的问题,责令及时整改到位,促进各项工作落到实处,确保今年建设人民满意政府工作取得新的更大的成效。

常德市鼎城区人民政府
关于印发《常德市鼎城区新型农村
社会养老保险暂行办法》的通知

常鼎政发〔2010〕14 号

（2010年 11 月 22 日）

各乡镇人民政府，区属农林场，区直有关单位：

现将《常德市鼎城区新型农村社会养老保险暂行办法》印发给你们，请认真组织实施。

常德市鼎城区新型农村社会养老保险暂行办法

为全面贯彻落实科学发展观，加快建立覆盖城乡居民的社会保障体系，解决农村居民老有所养的问题，促进全区城乡经济社会统筹协调发展，根据《国务院关于开展新型农村社会养老保险试点的指导意见》（国发〔2009〕32 号）和《湖南省人民政府关于开展新型农村社会养老保险试点的实施意见》（湘政发〔2009〕38 号）精神，结合我区实际，制定本暂行办法。

第一章 总 则

第一条 新型农村社会养老保险（以下简称“新农保”）的基本原则是“保基本、广覆盖、有弹性、可持续”。

（一）从农村实际出发，低水平起步，筹资标准和待遇标准与经济发展及各方面承受能力相适应；

（二）个人、集体、政府合理分担责任，权利与义务相对应；

（三）政府主导和农民自愿相结合，引导农村居民普遍参保；

（四）中央和省确定基本原则和主要政策，我区制定具体办法，对参保农村居民实行属地管理。

第二章 参保范围

第二条 本区年满 16 周岁以上（不含在校学生）、未参加城镇职工基本养老保险具有本区户籍的农村居民，均可自愿参加新农保。

第三章 基金筹集

第三条 新农保基金由个人缴费、集体补助、政府补贴构成。

（一）个人缴费。参加新农保的农村居民应当按规定缴纳养老保险费。缴费标准目前设为每年 100 元、200 元、300 元、400 元、500 元、800 元 6 个档次。参保人自主选择缴费档次，多缴多得。区人民政府按照国家的统一规定，依据农村居民人均收入增长等情况适时调整缴费档次。参保人凭新农保社会保障卡在全省统一确定的金融机构按年缴费。

（二）集体补助。有条件的村集体可对参保人缴费给予补助，补助标准由村民委员会按照《村民委员会组织法》民主确定。鼓励其他经济组织、社会公益组织、个人为参保人缴费提供资助。

集体补助是对个人缴费的补助，不能代替个人缴费。参保人必须在个人缴费后才能享受集体补助，集体补助的标准最高不超过当年的最高个人缴费标准。

（三）政府补贴。中央财政对基础养老金给予全额补助，并根据国家经济发展和物价变动等情况适时调整基础养老金水平。区政府视本地经济发展情况适时提高基础养老金水平。省、区政府对参保人缴费给予补贴，补贴标准为每人每年 30 元，除省财政补贴部分外，其余由区财政补贴。鼓励农村居民多缴费，区政府视本地经济发展情况，按“多缴多补”的原则适时适当增加缴费补贴。

对农村低保户中的重度残疾人、农村“五保”人员，区政府代其缴纳全部每年最低档次的养老保险费。

第四章 个人账户管理

第四条 鼎城区新型农村社会养老保险管理中心（以下简称“区新农保中心”）为每个新农保参保人建立终身记录的养老保险个人账户及养老保险档案资料，并建立全省统一的新农保信息管理系统。

第五条 参保人员养老保险个人账户由个人缴费、集体补助、政府补贴三部分组成。个人缴费、集体补助及其他经济组织、社会公益组织、个人对参保人缴费的资助，各级政府对参保人的缴费补贴，全部计入个人账户，完全积累、一步做实到位。

第六条 个人账户储存额目前每年参考中国人民银行公布的金融机构人民币一年期存款利率计息，年度内若遇国家利率调整，新农保个人账户计息随之调整。区新农保中心每年对参保人员个人账户的储存额结息一次。

第七条 个人账户储存额只能用于支付参保人员养老金，不得提前支取，不得挪作他用。参保人员死亡，个人账户中的资金余额，包括个人缴费、集体补助、其他经济组织（含社会公益组织、个人）对参保人缴费的资助部分及区政府为农村低保户中的重度残疾人、农村“五保”人员缴纳的养老保险费等资金，可以依法继承。政府补贴部分不能继承，继续用于支付其他参保人的养老金。

第五章 养老金待遇

第八条 新农保养老金待遇由基础养老金与个人账户养老金两部分组成，支付终身。

基础养老金标准为每人每月 55 元，资金由中央财政全额补助。区政府视本区经济发展情况，经省人力资源和社会保障厅、省财政厅批准后，可以适时适当提高基础养老金水平。个人账户养老金月计发标准为个人账户全部储存额除以 139。

第九条 鼓励农村居民长期缴费，新农保参保人缴费年限累计超过 15 年的，每增加 1 年缴费年限，其基础养老金每月增加 0.5 元（不含补缴年限）。

第十条 新农保养老金实行社会化发放，领取人凭社会保障卡或“新型农村社会养老保险待遇领取存折”到指定的金融机构领取。

第十一条 养老金待遇领取条件：

年满 60 周岁、未享受城镇职工基本养老保险待遇的农村有户籍的老年人，可以按月领取养老金。

新农保制度实施时，符合领取基础养老金待遇的人员，其同村居住符合参保条件的子女应当参保缴费。

新农保制度实施时，距领取年龄不足 15 年的，应按年缴费，未按年缴纳应缴养老保险费的人员，年满 60 周岁后不享受基础养老金。年满 60 周岁时未按年缴费的人员允许补缴，但补缴年限政府不给予缴费补贴。

新农保制度实施时，距领取年龄超过 15 年的，应按年缴费，累计缴费年限不少于 15 年。

第十二条 新农保养老保险待遇享受人员每年应到所在乡镇（场）劳动保障服务站进行养老金领取资格认证，未在规定的时间内进行资格认证的，区新农保中心从次月起停发养老金，待进行资格认证后再予补发；参保人员或养老保险待遇享受人员死亡的，其法定继承人应在一个月内到所在乡镇（场）劳动保障服务站申请注销养老保险关系。

第十三条 按照国家统一部署，落实省人民政府制定的调整基础养老金的政策。

第六章 组织领导和宣传发动

第十四条 按照国务院及省人力资源和社会保障厅的统一部署和要求，成立鼎城区新型农村社会养老保险试点工作领导小组。领导小组的主要职责是研究制定新农保的政策制度、实施方案,协调新农保工作中出现的问题,总结评估新农保工作的成效,向省新农保试点工作领导小组报告工作情况。领导小组下设办公室,区人力资源和社会保障局负责办公室的日常工作和试点的有关具体工作。

各乡镇(场)负责本行政区域内新农保工作的宣传动员和组织参保,制定新农保工作实施方案,建立新农保工作班子,并将新农保工作列为年度经济工作计划,实行目标考核。

第十五条 坚持正确的舆论导向,运用通俗易懂的方式,加强对新农保工作重要意义、基本原则和各项政策的宣传,引导适龄农民积极参保。

区人力资源和社会保障局负责制定整体宣传方案,印制相关宣传资料,采取多种宣传形式,通过电视、广播等多种媒体营造良好的宣传氛围,并指导各乡镇(场)开展新农保宣传工作。

第七章 经办管理和经费保障

第十六条 区新农保中心要认真记录农村居民参保缴费和领取待遇情况,建立参保档案,长期妥善保存。要按照省级管理模式,建设全省统一的新农保信息管理系统,并纳入全省养老保险信息管理系统,充分利用现代信息技术和金融网络为新农保工作提供高效便捷的服务。针对农村居民居住分散的特点,以方便参保人持卡缴费、领取待遇和查询本人参保信息为目标开展新农保服务工作。

区新农保中心主要负责新农保的参保登记管理、缴费申报、基金征缴、个人账户建账与管理、待遇核定与发放、保险关系转移接续、档案管理、统计分析等工作,并对乡镇(场)劳动保障服务站的业务经办情况进行指导和监督考核。

第十七条 乡镇(场)劳动保障服务站负责参保人员的参保资格、基本信息、缴费信息、待遇领取、关系转移情况的初审以及信息录入、相关情况公示等工作。

村民委员会主要负责新农保政策宣传、动员农村居民参保缴费、对参保人缴费和待遇领取资格公示、待遇领取资格确认、新农保业务所需资料的收集与上报、向参保人发放有关资料、农村居民基本信息采集、情况公示等工作。

第十八条 区财政将新农保工作经费纳入财政预算。区新农保中心工作经费由区财政按工作完成情况进行考核后拨付,主要用于政策宣传、基金征缴、监督稽核、系统维护及考核管理等工作。区财政为各乡镇(场)(含村)安排一定工作经费,视业务开展情况给予以奖代补,主要用于本乡镇(场)新农保工作办公费及退休人员社会化管理相关费用的支出。具体考核兑现由区财政局和区人力资源和社会保障局另行制定。

第八章 监督管理

第十九条 建立健全新农保基金财务会计制度。新农保基金纳入社会保障基金财政专户,实行收支两条线管理,单独记账、核算。基础养老金与个人账户养老基金分账管理,基础养老金不能挤占个人账户基金。个人账户基金实行省级集中管理,纳入省级财政专户。个人账户基金结余按国家有关规定实现保值增值。

第二十条 区财政局和区新农保中心在全省统一确定的金融机构设立新农保基金收入户、支出户和财政专户。参保人缴纳的养老保险费、集体补助进入区新农保基金收入户,区财政局和区新农保中心在规定的时间内将新农保基金收入户中的资金和政府缴费补贴划转至区财政专户。

第二十一条 新农保养老金由区人力资源和社会保障局会同财政局编制预算,逐级上报,经省人力资源和社会保障厅、省财政厅审定后,由省财政厅将个人账户养老金所需资金从省财政专户在规定的时间划转至区财政专户。区财政局按月将基础养老金和个人账户养老金从财政专户划转至基金支出户。

第二十二条 区人力资源和社会保障局要切实履行新农保基金的监管职责,制定完善新农保各项业务管理规章制度,规范业务程序,建立健全内控制度和基金稽核制度,对基金的筹集、上解、预算、划拨、发放进行实时监控和定期检查,并定期披露新农保基金筹集和支付信息,做到公开透明,加强社会监督。区财政、监察、审计部门按各自职责实施监督,严禁挤占挪用,确保基金安全。各村民委员会对本村参保人参保缴费和待遇领取资格进行公示,接受群众监督。

第九章 制度衔接

第二十三条 原在民政部门参加了老农保的人员,按照湘政办明电〔2008〕261号文件要求,积极稳妥地完成保费清退工作。

第二十四条 妥善做好新农保制度与水库移民

后期扶持政策、农村计划生育家庭奖励扶助政策、农村五保供养、社会优抚、农村最低生活保障制度等政策制度的配套衔接工作。在国家出台相关衔接政策之前，新农保参保人仍按现行政策享受其他社会保障待遇。

第十章 法律责任

第二十五条 从事新农保工作的人员，违反本办法有关规定的，按照干部管理权限，由纪检监察部门对主要负责人或直接责任人给予纪律处分；构成犯罪的，依法追究刑事责任。

第二十六条 通过伪造有关证件或其他手段参保，多领、冒领养老保险待遇的人员，由区人力资源和社会保障局取消参保资格，追回多领、冒领的养老保险待遇；构成犯罪的，依法追究刑事责任。

第十一章 附 则

第二十七条 本办法自公布之日起施行。

资政论坛

推进马克思主义大众化关键在加强基层党建

李 秋 葆

党的十七届四中全会决议指出，要“坚持把思想理论建设放在首位，提高全党马克思主义水平，不断推进马克思主义中国化、时代化、大众化。”坚持用发展着的马克思主义武装广大党员、干部和群众，是各级党组织特别是党的基层组织责无旁贷的历史使命。

让基层党组织书记成为应用马克思主义的专家。基层党组织书记在基层工作中处于核心领导地位，其是否真学、真信、真懂、真用马克思主义，决定了一个地方马克思主义大众化的水平。为此，基层党组织书记要努力做到三个第一：要把做坚定的马克思主义者作为第一追求。坚定马克思主义信仰，对党忠诚、对事业忠诚、对人民忠诚。要把落实管党责任作为第一职责。不断增强管党意识，提高管党能力，改进管党方法，提升以党的建设总揽工作全局的能力和水平。要把践行科学发展观作为第一准则。带头树立正确的政绩观，不断开拓创新、解放思想，真正做到阳光决策、民主决策、科学决策。

让普通党员成为践行马克思主义的先锋。党员是党组织的细胞，是群众中最为优秀的代表，是马克思主义的重要实践者，只有让每一名党员都成为先锋，马克思主义才能真正成为主流。要用真情温暖党员，实现马克思主义由理论向信仰的转变。坚持从政治上重视、生活上关心、工作上帮助，让广大党员真正感受到组织的温暖和团队的力量，自觉自愿地接受马克思主义，并转化为自身的世界观和为之奋斗的革命理想。要用责任约束党员，实现马克思主义由观念向行为的转变。围绕党员职责，提出履责目标，抓好督促落实，让每个党员成为推动科学发展的模范。要用典型激励党员，实现马克思主义由实践向示范的升华。大力推荐评选表彰优秀共产党员，用他们的闪光事迹引领广大党员更加积极地践行马克思主义。

让基层党组织成为普及马克思主义的前沿。党的基层组织是党联系群众的桥梁和纽带，是马克思主义大众化的前沿阵地。要健全组织体系，拓宽马克思主义覆盖面。注重在“两新”组织中健全党的组织，完善党小组等基层组织体系，解决基层党建“最后一公里”覆盖难的问题。要规范党建工作，突出马克思主义主旋律。做到教育管理经常化、规范化、长期化。要创新活动方式，增强马克思主义影响力。注重新兴载体，充分利用电视、网络等媒体，让马克思主义走出传统课堂；丰富表达形式，采取文艺创作、示范展示、情景体验等多种手段让马克思主义深入人心。

基层党建与中国当代马克思主义大众化相辅相成,共同途径在于实践,共同目的在于推动科学发展。把握好这一内在联系,高度重视思想政治建设,始终坚持以人为本,全力推动科学发展,必定能够全面普及科学发展观这一当代中国的马克思主义,把改革发展的事业不断推向新的高潮。

整合八种力量 提高监督实效

向 阳

吴邦国委员长在十一届全国人大常委会第一次会议上指出:“人大监督工作容易搞虚,不容易做实。增强实效是做好人大监督工作的关键”。监督权是宪法和法律赋予地方人大的一项重要职权,当前,随着社会主义民主政治建设的不断深入,依法治国进程的不断加快,人大监督面临着许多新情况、新问题,特别是监督不全、不深、不力、不实的现象,在一些地方还比较突出,严重影响了人大监督的权威性和实效性。面对新情况新形势,要综合运用好八种力量,不断提高监督实效。

一、要依靠好党委的核心力量

我国的人民代表大会制度,是党领导的人民民主制度。人大要提高监督的实效,离不开党的支持与保障。一要围绕中心开展监督。坚持党的领导是搞好人大监督、确保监督实效的根本保证。地方人大要树立以党建新思路推动人大工作新发展的思路,及时了解党委的主张和意图,紧紧围绕党委的中心任务,确定人大常委会监督工作的重点。二要积极主动请示汇报。人大监督工作的重大事项、人大常委会即将通过的重要决议、决定,事前都要及时主动地通过人大常委会党组向同级党委请示汇报,积极取得党委的理解和支持,切实做到坚持党的领导、充分发扬民主和严格依法办事的有机统一。三要立足本职建言献策。要通过丰富的监督工作实践,积极向党委反馈工作情况,提出监督建议意见,以更好地提高人大监督的实效。比如建议党委逐步改变目前存在的党政共同决策、联合行文的传统做法,进一步强化和突出人大的监督职能。对于党委提名推荐的干部,可以建议党委在推荐时更加详细地介绍考察情况,说明推荐理由,以便于人大常委会增加对拟任对象的了解。

二、要坚持好程序的执行力量

对人大监督工作而言,程序就是规范,程序就是力量,程序就是保证,人大监督的每一个过程都必须严格依法、按程序进行。一要明确好监督的主体。地方人大行使监督权的主体是各级人大常委会。主任会议负责处理常委会的重要日常工作,人大各工作委员会协助常委会行使职权,它们的职权是程序性而不是实体性的,主要为常委会开展监督工作提供有效服务。人大同其他国家机关的关系不是分权制衡的关系,而是相互配合、分工合作的关系,都是在党的领导下依法独立地履行职责、协调一致地开展工作。人大及其常委会对“一府两院”要充分行使监督权,但决不能代替行政机关、审判机关和检察机关的职权。二要把握好监督的重点。人大机关作为国家权力机关的性质和地位,决定了其监督重点只能是改革发展过程中带有根本性、长远性的事项,如果事无巨细,样样都管,就会分散精力,抓了不该管的,该管的反而容易抓不好。三要坚持好行权的原则。人大常委会行使监督权的显著特点是集体行权,即监督任务的确定,监督工作的实施,监督结果的形成,都要按照法定程序,经过集体讨论,通过会议表决来决定。因此,要注重提高常委会会议的审议质量,做到审议前准备充分,审议时议深议透,审议后与抓好督办,让审议有高度、深度和力度。要不断加强监督权行使的规范化和程序化,做到监督既不失职,又不越权。

三、要运用好法律的刚性力量

提高人大监督实效,要善于运用好“刚性”监督手段。一要理直气壮抓好监督。监督法规定了听取和审议工作报告、执法检查、特定问题调查、询问、质询、罢免等多种监督形式。地方人大常委会要解放思想,勇于创新,充分挖掘现行法律对监督工作的各种制度要素,制定操作性强的程序性办法,用足用好法定的各种监督手段。特别是要根据实际需要,依法大胆运用一些法定的刚性监督手段,如质询、特定问题调查、撤职、罢免等等,增强人大监督的权威性。二要刚柔相济抓监督。要摒弃那些只讲形式不求实效的作法,既要规规矩矩走程序,更要扎扎实实求实效,把讲究形式与力求实效结合起来,把"柔性"监督与"刚性"监督统一起来,在"常规"监督中恰到好处地运用"非常规"监督手段,做到刚中有柔,柔中带刚,刚柔相济。如在听取和审议专项工作报告时,除了会前调查、集中审议等常规手段外,还可以综合运用询问、票决等刚性手段;在执法检查活动中若遇到重大情况,可适时组成特定问题调查委员会;在对规范性文件进行备案审查时,可以撤销政府不适当的决定和命令等等。三要跟踪问效抓监督。吴邦国委员长曾指出,跟踪监督是这些年人大推动解决重点难点问题的一个好办法。对监督发现的问题抓好跟踪问效,是提高监督实效的关键一环。要探索创新方式,支撑跟踪监督;要扭住重点议题,做实跟踪监督;要建立健全机制,保障跟踪监督。在跟踪"问效"的基础上,还要敢于进行"问责",进而推动人大监督力度不断加大,监督实效不断提高。

四、要保证好代表的主体力量

人大代表是人民代表大会的组成人员。地方人大常委会作为人民代表大会的常设机构,在行使监督权的过程中,必须充分发挥人大代表的监督主体作用。一要健全代表培训机制。应建立健全人大代表的培训教育机制,把对代表的培训教育工作贯穿代表的整个任期。通过培训教育,一方面使代表充分认识自己所担负的社会责任和法律责任,树立强烈的为民履职意识;另一方面使他们充分掌握履职知识和技能,做到善于监督,敢于监督。二是要发挥代表政治优势。要充分发挥人大代表工作、生活在各个阶层、各个领域,和广大人民群众接触最多,对国家机关行政、司法行为感受最深的政治优势,把那些有较高文化素质和较强履职能力的人大代表组织起来,构建覆盖整个行政区域的监督网络。三是要激发代表监督热情。要围绕年度工作安排和社会热点、难点问题,通过代表小组活动的形式,为代表制定调研课题,使代表能在日常工作生活中"多个心眼",留心"一府两院"的行政、司法行为,引导代表对其中不足之处及时向人大常委会反映,提出自己的意见和建议。通过这些工作,可有效延伸人大常委会的监督"触角",增强实施监督的针对性。

五、要激发好公众的参与力量

人大监督权从根本上说,是人民当家作主、参与国家事务管理权利的表现。因此,人大监督工作必须密切联系人民群众,更好地代表人民群众。一要坚持亲民为民,倾听群众呼声。人大监督要坚持走群众路线,深入基层、深入群众调查研究,听民声、察民情、知民意、集民智。要充分发挥代表联系选民制度及代表联系卡的作用,广泛联系人民群众,倾听意见和要求,让民情民意及时汇聚到人大常委会。二要畅通联系渠道,让人民群众参与监督。人大监督工作必须依靠人民群众,敞开大门,拓宽渠道,让人民群众参与进来。要逐步探索让人大代表、人民群众代表旁听常委会会议、参加人大视察活动等方式,进一步扩大人民群众对人大监督工作的知情权、参与权和话语权。三要突出重点热点问题,加大监督力度。要抓住人民群众普遍关心、反映突出的热点难点问题,作为人大监督工作的重点,迎难而上,加强监督。要坚持从代表建议和人民群众的呼声要求中,抓住人民群众反映强烈的问题,从人民群众直接感知的实事入手,每年确定几件重要事项,全力督办落实。人大监督工作只有更好反映人民的意志和愿望,自觉地代表人民、服务人民,才能保持旺盛的生命力。

六、要凝聚好部门的联动力量

提高监督实效要善于联动好其它机关和部门的监督力量。一是在监督主体上联动。我们党和国家的运行体制中,有比较完备的监督体系,如纪检、监察、审计、检察等机关和部门的监督。他们依照党的有关纪律和国家法律法规规定,享有对国家机关及其工作人员依法行政、公正司法、廉洁自律情况进行监督的权力,又有比较专业的调查手段和监督技能。人大常委会要注重整合以上监督资源,在调研、视察、执法检查等监督过程中,要注重部门之间的联动。二是在监督方式上联动。在开展监督过程中,要注重发挥各个监督部门的优势,发挥各方面监督的积极作用。要利用其他监督部门熟悉监督对象各方面情况的优势,形成协调效应和监督合力,实现监督效果最大化,使人大常委会在扩大监督视野的同时,减少监督成本,增强监督实效性和威慑力。三是在监督成果上联动。充分发挥人大监督与其他部门监督的分工不同、角度不同、手段不同、程序不同等各自优势,经常性地保持沟通、联系,了解其所掌握的信息资源,并从中发现问题,确定监督对象。要注重将人大监督的成果向有关单位进行交办或反馈,拓展人大监督成果的运用渠道。

七、要把握好舆论的引导力量

《监督法》规定:“各级人民代表大会常务委员会行使监督职权的情况,向社会公开”。这就要求人大常委会在行使监督权的过程中,要把握好舆论的引导力量。一是要明确公开内容,尊重公众知情权。根据《监督法》的规定,常委会听取专项工作报告的审议意见及办理结果;听取国民经济和社会发展计划执行情况报告、预算执行情况报告和审计工作报告的审议意见及办理结果;听取执法检查报告的审议意见及办理结果等等,一经通过即可向代表通报和社会公布。在实际操作中,常委会的监督工作包括议题、方案、活动、审议、结果等都可全程公开。二是要拓展公开途径,掌握舆论主动权。当前,实行公开的主渠道是大众传媒,主要是依靠报纸、电视台、电台、网络等,通过新闻报道、新闻发布、现场实播、专刊专题、设立网页等一些形式。根据需要,人大也可以主动通过召开座谈会、听证会、通报会、社会大型宣传活动以及会刊公报等,向社会公开监督过程和结果,使人民群众及时了解人大行使监督职权的情况。三是创新公开形式,提升工作影响力。要善于利用网络优势,充分发挥网络媒体作用,通过使用文字、图片、声音、视频等网络信息技术手段实行“阳光监督”。要在加快建设全覆盖、高水准、互动式的人大网站上求突破,网页更新快捷及时,力求将人大网站建成最佳公开平台。还可积极探索常委会定期向人大代表和群众代表通报监督工作情况,常委会领导与群众代表就监督问题面对面对话等一些新形式,加强人大监督工作公开性的制度化建设,进一步提高监督公开的质量和水平。

八、要建设好自身的保障力量

人大监督职能发挥得如何,很大程度上取决常委会组成人员及其机关工作人员的素质和能力。提升监督水平是增强人大监督工作实效的保障。一要增强学习意识。要做到有效监督,监督者本身应该成为监督领域的行家里手。要把学习当作增强履职能力的基础工作,同时,要通过调查研究、互相交流、跟班学习、参与中心工作等形式,在实践中拓宽视野,增长见识,学到真知。要拓宽招才、引才渠道,特别是要注意引进审计、经济、法律等专门人才,提高人大机关的专业化水平,为人大依法行使监督职权提供优质、高效的服务。二要增强民本意识。要树立“监督为民”的理念,始终保持与人民群众的血肉联系,始终把人民的利益摆在第一位,实实在在为人民谋利益,不辜负人民群众的信任和期望,无愧于国家权力机关的地位和使命。三要增强创新意识。就我国人大监督实践而言,监督法是具体的,因为它规范了每种监督形式的大致程序。但从一个地方的具体监督实践来看,监督法又是原则性的,而且随着工作的推进,必然还会遇到一些法律没有规定的新情况。加之被监督对象千差万别,如果用固有的模式、用教条化的办法去开展监督工作,难以收到应有的效果。因此,既要严格执行监督法,又要在不违背法律精神、法律原则的前提下,坚持边探索、边实践、边完善,通过更深更广的监督形式,确保人大监督实效。

以党建新思路推动人大工作新发展

向 阳

高度重视和加强党的建设，是我们党由小到大、从弱到强，在挫折中奋起、于困难中成熟，不断推动党领导的伟大事业取得胜利的一大法宝。加强和改进新形势下党的建设，是坚持和完善人民代表大会制度的根本保证，是保证党“总揽全局、协调各方”和提高人大常委会机关履职水平的迫切需要。在新形势下，地方人大常委会要坚持解放思想，理清党建思路，争取人大党建新成效，促进人大工作新发展。

一、人大机关抓党建的核心是抓方向

吴邦国委员长指出：“人大工作坚持正确政治方向，最根本的就是坚持党的领导、人民当家作主、依法治国有机统一，核心是坚持党的领导。”党的领导是坚持人民代表大会制度、做好新形势下人大工作的根本保证，也是做好基层人大工作必须始终坚持的政治方向。地方人大常委会机关抓党建，核心就是要抓方向，确保自觉坚持党的领导，认真贯彻党委的意图。

要坚持紧跟核心。紧跟党委领导核心，始终坚持党对人大工作的领导，深入学习贯彻党的十七届四中全会精神，确保在思想上始终与上级党组织保持一致。人大的大事要事，常委会党组认真研究后要及时向同级党委汇报，切实做到坚持党的领导、充分发扬民主和严格依法办事的有机统一。对党委推荐提名的干部，要依法任免，确保组织意图和群众意愿的实现。

要坚持紧扣中心。要始终围绕同级党委的工作大局，坚持用科学发展的眼光分析形势，用可持续发展的思路谋划工作，用跨越式发展的要求解决问题，聚精会神搞建设，一心一意谋发展。要把依法监督寓于推进发展、维护稳定的大局之中，贯穿于改善民生、促进和谐的全过程。既要严格监督，规范监督程序，完善监督机制，更要注重实效，不断提高监督的科学性和有效性。要坚持与时俱进、开拓创新，主动适应推进地方发展的新任务，使人大工作在探索中前进，在开拓中发展，在创新中提高，始终服从和服务于工作大局。

要坚持紧贴民心。全心全心为人民服务是党的根本宗旨，密切联系群众是人大工作的最大优势，把握人大工作正确的政治方向，必须始终坚持维护人民群众的根本利益，充分尊重民意、虚心倾听民声、切实维护民权，赢得满意和信任，变“为民作主”为“主权在民”。在作决定决议、审议监督、代表视察、人大信访、议案办理等工作中，都要始终把人民群众高兴不高兴、答应不答应、满意不满意作为判断工作得失的标准，真正为民代言。

二、保持人大工作正确方向的关键是党组

党委对地方人大的领导是通过地方人大常委会党组来实现的，这说明人大常委会党组是确保党对国家权力机关领导的关键，是人大常委会的领导核心。人大常委会党组要严格按照党章要求，认真履行职责，切实发挥作用。

党组要发挥好“反映”作用。党在民主决策过程中，可以通过各种渠道、各种方式了解人民群众的意愿，而人大及其常委会机关应该成为反映民意的主要民主渠道。要通过组织代表集中视察、检查、调研、受理群众信访及汇总人大代表议案、意见等形式，广泛收集民意，经党组会研究后形成人大常委会意见，并直接向党委、政府进行反映，进而科学准确地反映民意。

党组要发挥好“转化”作用。把党的主张通过法定程序转变为国家意志，是地方人大常委会党组义不容辞的职责。这一职能贯穿于人大依法行使的各项职权和人大的各项工作之中，而更多的则是体现在人大行使监督和讨论、决定重大事项职权方面。地方人大常委会要以对党和人民负责的精神，认真吃透党的政策，精心组织调查研究，严格按照法定程序，依法行使民主权力，使党的决策、主张通过法定程序，转化为法律义务和人民群众的自觉行动，从而保证党委在更高层面上对全局工作的领导核心作用。

党组要发挥好“纽带”作用。群众路线是党的生命线，党也只有得到人民群众对自己的主张的充分了解、理解和支持，才能最终实现自己的工作目标。地方人大常委会党组要在密切党与人民群众的联系上发挥好桥梁纽带作用，运用各种方式，创造各种条件，一方面保证人大及其常委会在依法行使职权中能够充分反映人民群众的意愿，体现人民群众的利益；另一方面使广大人民群众能够在人大及其常委会依法行使职权的过程中充分了解党的路线、方针、政策及对重大问题的决策意向，从而使党的主张真正成为人民群众的共同愿望和自觉行动。

三、确保党组领导核心地位必须坚持抓队伍

党组的核心领导地位，主要是通过对党员的领导和机关党支部的指导来实现的。地方人大常委会机关要十分重视党员队伍的自身建设，坚持党要管党，从严治党，确保党组织的凝聚力和战斗力。

要加强思想建设。思想建设是地方人大党建工作的基础，而思想建设说到底就是要通过理论学习强化党的意识。这就要求地方人大党员干部必须加强学习，尤其是理论知识的学习，将理论知识学习作为一项重要工作长抓不懈。要建立学习的推动机制，由“要我学”变成“我要学”，由被动学变成主动学；要确保学习效果，把运用理论知识解决实际问题的能力作为学习考核的主要标准；要将建设学习型政党、创建学习型机关、争当学习型干部落到实处，不断提高理论素质，加强思想建设，提升党性修养，巩固党的意识。

要加强制度建设。要加强以党章为核心的地方人大党内制度体系建设，提高制度建设的科学性、系统性、权威性。要用制度管权，按照建立结构合理、配置科学、程序严密、制约有效的权力运行机制的目标，切实加强对权力约束的制度建设。要用制度管事，认真贯彻好党员权利保障条例，增强地方人大党组织工作的透明度，使普通党员更好地了解和参与党内事务，保障其知情权、参与权和监督权。要用制度管人，建立、完善加强干部选拔任用和教育管理监督的制度，推行和完善民主推荐、民主测评、竞争上岗等制度，创造公开、平等、竞争、择优的新机制。

要加强作风建设。地方人大是地方权力机关，要把党员干部作风建设始终摆在突出位置。工作中，要坚持全心全意为人民服务的宗旨，把为人民谋利益作为自己全部活动的出发点和归宿，把一切为了人民、一切依靠人民作为制定路线方针政策的基本依据；要坚持党的各项工作与人民利益的一致性，在任何时候、任何情况下，都要牢牢记住与人民群众同呼吸共命运的立场不能变，全心全意为人民服务的宗旨不能忘。要努力树立“大胆创新、敢于担当、扎实干事、亲民爱民、清正廉洁”五种作风，力戒形式主义、官僚主义，保持与群众的紧密联系，更好地发挥人大密切联系群众的政治优势。

四、实现党员队伍建设长抓不懈的根本在制度

制度具有根本性、全局性、稳定性和长期性的特点。制度建设是人大机关党员队伍建设和党建工作取得成效的根本保证。地方人大常委会要健全党组统一领导、机关党组织齐抓共管的责任体系，形成一级对一级负责、层层抓落实的党建工作格局。

要建立健全向同级党委请示报告制度。人大常委会审议决定重大事项、部署换届选举工作等，人大常委会党组要事先向同级党委报告，按照党委指示和要求开展工作。要通过党组织的活动和党员的先锋模范作用，认真贯彻党委意图，保证党的路线方针政策和党委的重大决策、工作部署在人大各项工作中的贯彻和实现。要积极向党委推荐人大系统的优秀党员和干部。

要建立健全党建工作经常性研究制度。地方各级人大常委会党组至少每半年研究一次，机关党支部每季度研究一次。通过加大培养教育、交流提高的力度，提高各项党务工作水平。要进一步健全党组会议制度，充分发扬民主，完善议事规则，规范会议程序，促进党组会议的民主化、制度化、规范化。

要建立健全党建工作述职评议制度。机关党组织班子成员要定期向机关党员大会进行履岗履职情况的述职，并向常委会党组汇报工作情况。常委会党组要按照党委要求，及时向党委报告履职情况。要以构建惩治和预防腐败体系为重点，加强反腐倡廉建设，形成述廉制度，保持人大机关党组织的纯洁，不断提升人大机关党建工作水平。

试论政协的“五种意识”

许 中 诚

在全国政协十一届四次会议上，贾庆林主席提出要牢固树立政治意识、大局意识、群众意识、履职意识、委员意识，推动人民政协事业持续发展。这既是对过去人民政协历史经验的总结，也是对做好新形势下政协工作提出的要求，各级政协组织应该在实际工作切实加以贯彻落实。

一、牢固树立政治意识

政治意识主要是指政治认知、政治观点和政治态度。要充分认识政协的政治性质。牢固树立政治意识，就是要在瞬息万变、错综复杂的形势下，始终保持清醒的政治头脑，具有正确的政治思想、坚定的政治立场、敏锐的政治鉴别力。要始终坚定正确的政治方向。坚持中国共产党的领导，是多党合作和政治协商成功运行的首要政治前提，是区别于西方多党制的根本特点。要敢于担负政协的政治责任。政协委员不仅仅是社会地位、政治荣誉，更重要的是政治责任。人民政协位置超脱，联系面广，具有独特的地位和优势，应当也能够为社会主义民主政治建设，维护社会大局的和谐稳定，发挥其它组织不可替代的重要作用。

二、牢固树立大局意识

胡锦涛总书记在庆祝人民政协成立60周年大会的讲话中指出，围绕中心、服务大局是人民政协履行职能必须始终遵循的原则。这个表述，是对新形势下开展人民政协工作方针原则的准确定位，为人民政协事业发展指明了方向。要围绕大局谋事。“不谋全局，不足谋一隅”，“善弈者谋势，不善弈者谋子”。围绕大局谋事，就是要自觉把政协的全部工作放在大局中谋划、在大局下行动。要努力找准服务大局的结合点、切入点和着力点，不断增强服务大局的主动性、针对性和有效性。

三、牢固树立群众意识

顺应人民期待是时代的进步走势，是国家的发展旗帜，是党的执政方向。要满怀真情关注民生。“民惟邦本，本固邦宁”，“政之所兴，在顺民心。”民生问题，自古就是关系国家民族稳定和谐、经济社会繁荣昌盛的头等大事。高度关注民生，积极协助党和政府解决民生问题，是人民政协的优良传统，也是职责所在。

四、牢固树立履职意识

政治协商、民主监督、参政议政是人民政协的三大职能。履行好这三大职能，有利于促进党和政府科学民主决策，有利于扩大公民有序政治参与，有利于促进经济平稳较快发展和社会和谐稳定。政治协商要更加有序。要增强开展政治协商的自觉性和主动性，规范协商内容，丰富协商形式和层次，切实把政治协商纳入决策程序，积极加强协调，建立健全制度，搞好成果转化。民主监督要更加有力。要积极探索和完善民主监督机制，畅通民主监督渠道，建立健全制度，寓民主监督于政协委员提案、进行视察、参与工作检查等活动之中，提高民主监督质量和成效。参政议政要更加有为。要充分运用调查报告、社情民意、提案、建议案等多种形式，为党委、政府当好参谋。各级党委政府要积极采纳人民政协提出的真知灼见，真正使人民政协参政议政成为充分反映民意、广泛集中民智、切实改进工作、提高党的执政能力的有效方式和重要途径。

五、牢固树立委员意识

委员是政协工作的主体。促进政协事业健康发展，关键在委员。要切实维护委员民主权利，尊重委员首创精神，提高委员整体素质，支持帮助广大委员在报效国家、服务人民的实践中施展才华、建功立业。

政协委员要用好话语权

许中诚

政协委员履行职责的主要形式是建言献策,也就是行使话语权。政协章程规定,"政协委员有通过本会会议和组织充分发表意见、参加讨论国家大政方针和各地方重大事务的权利,对国家机关和国家工作人员的工作提出建议和批评的权利,以及对违纪违法行为检举揭发、参与调查和检查的权利"。本文就怎样正确认识话语权、保障话语权、运用话语权,谈一点拙见。

一、要高度重视话语权

关于话语权,全国政协新闻发言人赵启正认为:"政协有最大的话语权。话语权的定义,不只是发言权,而是他的发言能够有权威性,能够有效果。"就是说,政协是个说话的地方,政协不仅要说话,说话还要顶用,要说了不白说。实践证明,政协的话语权在推进民主政治建设中有着重要作用。

1、有利于科学民主决策。政协委员来自社会各界,联系面广、位置超脱,他们的意见建议代表的是一种社会的声音和社会的智慧,是民主决策不可或缺的政治资源。他们有条件、有能力就国家和地方的大政方针,以及政治、经济、文化、社会生活中的重要问题进行调查研究,开展政治协商,坦诚建言献策,为党委、政府科学决策提供可靠的依据,从而使党政决策更加符合客观实际,更加体现人民群众的愿望和要求,更加科学可行。

2、有利于开展民主监督。人民政协的民主监督是我国社会主义监督体系的重要组成部分,是在坚持四项基本原则的基础上通过提出意见、批评、建议的方式进行的政治监督。从民主监督实施的主体上来看,既可以是政协组织或参加政协的党派团体,也可以是委员个人;从民主监督的内容来看,既可以是国家和地方的重大问题,也可以是人民群众关心的具体问题,从民主监督的形式上来看,既有庄重的方式,也可以采取灵活的方法,具有其他形式的监督所不具备的优势。

3、有利于扩大政治参与。扩大公民有序的政治参与,是实现社会主义民主的重要形式。人民政协是扩大公民有序政治参与的良好路径和重要载体。政协委员是各个界别的代表,每个政协委员都代表着一个庞大的社会群体。政协委员可以把社会各阶层、各群体、各族各界群众的愿望和诉求表达出来,使社会各界人士广泛、积极、有序地参与国家和地方事务。政协委员这种身份及其话语权,体现了人民民主参与的广泛性、代表性。加上政协委员的群体智力雄厚、位置超脱、下通各界、上达中央的条件,可以深入研究一些宏观的问题,提出有份量的意见和建议,从而保证了政治参与的有序性。

二、要切实保障话语权

我们党历来非常重视政协工作。宪法规定:"中国共产党领导的多党合作和政治协商制度将长期存在和发展。"十七大报告明确提出:"支持人民政协围绕团结和民主两大主题履行职能,推进政治协商、民主监督、参政议政制度建设;把政治协商纳入决策程序,完善民主监督机制,提高参政议政实效;加强政协自身建设,发挥协调关系、凝聚力量、建言献策、服务大局的重要作用"。随着中国民主政治进程的不断迈进,更好地发挥人民政协作用,更大程度保障好政协委员的话语权,十分必要,意义重大。

1、从制度上保障。一要重视制度建设。各级党委要高度重视制度建设,按照统揽全局、协调各方的原则,把政协制度建设纳入党委的重要工作,确保人民政协履职制度化。二要完善制度内容。建立健全全委会议、常委会议、主席会议、专委会议等不同规格的对口协商机制,政协要改变坐等党委、政府邀请才参与协商的传统观念和被动局面,应主动选择协商内容,采取灵活多样的形式开展协商。三要推进制度落实。

制度再好,不落实也是一纸空文。各级党委要站在推进民主政治进程的高度,重视人民政协工作,支持人民政协按照政协章程和有关制度履行职能,确保制度不落空,履职有效果。

2、从程序上保障。把政治协商纳入决策程序,就国家和地方的主要问题在决策之前和决策执行过程中进行协商,是政治协商的重要原则。一是协商议题的提出要规范。协商议题的提出主要是两种途径,一种就是党委主动出题,根据需要交政协协商;一种就是政协根据党委政府工作中心, 年初拿出工作规划,制定协商议题。二是协商会议的组织要规范。会前准备要充分, 所需要的资料要提前送交参加协商人员,必要时政协可以组织有关委员调查或者视察,为协商作充分准备。协商会议的组织要有序,一般一次会议确定一个中心议题。三是协商意见的办理要规范。政协常委会议或主席会议形成的协商意见或建议案,要及时提交党委、人大、政府以及有关部门,相关领导要及时签署办理意见,交有关部门办理。政协要加强跟踪办理的力度,确保所提的意见和建议及时落实。

3、从组织上保障。一要加强领导。坚持党对政协工作的领导是政协工作的一条基本原则。各级党委要进一步加强和改善对政协工作的领导,主要领导要亲自联系,经常帮助解决政协工作的问题。二要强化保障。要进一步优化政协委员的履职环境,切实保障政协组织和政协委员的知情权、参与权和平等话语权,对以权力压制委员表达意见甚或以权力威胁委员行使职责的领导干部和个别利害关系人,执纪部门应及时查处。三要严格考核。要把政治协商纳入党政工作管理目标,制定相应的管理、考核标准,作为考核各级党政领导干部的重要内容。

三、要正确运用话语权

今年三月,湖南某县政协在召开全会期间,一名委员由于发言惹怒县委书记, 受到了停职检查的处分。对于这一事件,网上议论纷纷,有的认为县委书记的做法欠妥当,有的认为政协委员的角色把握不够准等等。反思"发言门"事件,对于政协委员怎么正确运用好话语权,提出了新的要求。

1、要准确定位。中国人民政治协商会议是中国人民爱国统一战线的组织,是中国共产党领导的多党合作和政治协商的重要机构,是中国政治生活中发扬社会主义民主的重要形式。胡锦涛总书记在庆祝人民政协成立 60 周年大会的讲话中指出,围绕中心、服务大局是人民政协履行职能必须始终遵循的原则,人民政协要自觉围绕党和国家中心工作开展工作,始终做到同党和国家方向一致、目标一致、工作一致,为党和国家各项工作顺利开展作出贡献。这个表述,是对人民政协性质地位和作用的科学阐释,是对人民政协事业发展特点规律的深刻揭示,是对新形势下开展人民政协工作方针原则的准确定位,为人民政协事业发展指明了方向。政协的性质决定了政协是"议政而不行政、献策而不决策、立论而不立法",在实际工作中,要做到参政不干政,尽职不越位,切实不表面,言之有据,言之有理,不求说了"算",但求说得"对"。这是用好话语权的着力方位。

2、要慎重选题。选好题对政协委员履行职能非常重要,关乎履职的效果,关乎政协的形象和水平。一是要注重围绕促进发展选题。始终把促进发展作为履行职责的第一要务,多建发展之言,多献发展之策。要多围绕保增长、转方式、调结构做文章,促进当地经济社会的低碳发展、可持续发展。二是要注重围绕改善民生选题。始终把实现和维护最广大人民群众的根本利益作为工作的出发点和落脚点,积极为民生问题鼓与呼。三是注重围绕社会和谐选题。始终把维护社会稳定,促进社会和谐作为政协工作的着力点,多做协调关系、化解矛盾的工作,多做理顺情绪、凝聚人心的工作。

3、要提升水平。一要加强学习。学习是提升政协委员素质的重要途径。要加强政治理论的学习,时刻保持清醒的头脑;要加强政协业务的学习,不断提升履职的水平;要加强经济、科学、哲学等学科的学习,不断提高分析问题、解决问题的能力。二要勤于调研。毛主席说过,"没有调查,就没有发言权"。政协委员要多深入实际,调查研究,尽可能掌握第一手资料,确保建言献策符合实际,切实可行。三是讲究方法。政协委员无论是反映问题,还是提出意见建议,既要本着对社会负责、对人民负责、对历史负责的态度,尊重事实,敢讲真话;又要讲究说话艺术,讲究方式方法,避免产生对立情绪,尽量使批评的对象能够心平气和地认识问题,心悦诚服地接受意见。

政协委员要讲政治

许中诚

讲政治是政协委员履行职能必须坚持的重要原则，也是对政协委员的基本要求。讲政治是衡量政协委员的一把尺，各级政协都要用好这把尺子，确保人民政协事业健康发展。

一、要有高度的政治认同感，坚定不移地坚持党的领导

中国人民政治协商会议是中国人民爱国统一战线的组织，是中国共产党领导的多党合作和政治协商的重要机构，是我国政治生活中发扬民主的重要形式。政协委员是人民政协履行职能的主体，对党的领导、基本政治制度、中国特色社会主义要高度认同，并坚决维护。

1、全力维护核心。就是要坚定不移地坚持中国共产党的领导，与党委在政治上同向、思想上同心、工作上同步，在党委"总揽全局、协调各方"的工作格局中发挥作用。坚持定期向党委报告工作，重大事项自觉向党委请示，加强与政府沟通，重大活动和重要会议主动邀请党委、政府领导参加，专题协商和议政会议，邀请建议和调研报告涉及的分管领导和部门主要负责人参加，努力形成党委重视、政府支持、部门配合的工作格局。

2、积极服务中心。围绕中心、服务大局是人民政协履行职能必须坚持的基本原则。各级政协组织和广大政协委员要紧扣关系地方经济社会发展全局的重大问题、人民群众反映最强烈的民生问题，多层次开展专题调研和协商议政活动，向党委和政府建有据之言，献务实之策。当前，主要是围绕应对后金融危机、围绕转变经济发展方式和调整机构、保障和改善民生等重大问题，积极建言献策。

3、广泛凝聚人心。人民政协是团结各界、发扬民主的重要平台。发扬民主、促进团结、凝聚力量是政协工作的主要目标，作为政协委员，要发挥位置超脱、团结面广、联系面大的优势，多做团结联谊的工作，多作凝聚人心的工作，调动一切可以调动的因素，团结一切可以团结的力量，把各种积极因素汇聚到党委政府周围，形成推进科学发展的强大合力，确保工业强市、文化名城、和谐常德战略目标的实现。

二、要有高度的政治鉴别力，在大是大非面前不糊涂

我们一刻也不能放松"讲政治"这根弦，必须始终坚持正确的政治方向，增强政治敏锐性、政治鉴别力，在重大原则上旗帜鲜明、立场坚定，在大是大非面前不糊涂，关键时刻不动摇，确保党对人民政协工作的领导。

1、坚定的政治立场。邓小平同志曾指出，政治"是国内外阶级斗争的大局，是中国人民和世界人民在现实斗争中的根本利害"。政治立场就是这个"大局"和"根本利害"的立足点。坚定正确的政治立场，对于政协委员来说，就是要坚定地站在党性和党的政策的立场上，站在维护党和国家、民族的根本利益的立场上，自觉在思想上政治上与党中央保持高度一致，在风云变幻的各种环境中立场坚定。要时刻保持清醒的头脑，时刻关注最广大人民的利益和愿望，自觉地把人民"拥护不拥护"、"赞成不赞成"、"高兴不高兴"、"答应不答应"作为想问题、办事情的出发点和归宿，真正做到察实情，讲实话，鼓实劲，办实事，求实效。

2、鲜明的政治观点。?毛泽东同志有句名言：没有正确的政治观点，就等于没有灵魂。鲜明的正确的政治观点，就是马克思主义的观点，毛泽东思想的观点，邓小平建设有中国特色社会主义理论的观点，科学发展的观点。要具有鲜明正确的政治观点，广大政协委员就必须认真学习马克思主义理论，全面、准确地理解和把握邓小平建设有中国特色社会主义理论的科学体系，努力提高自身的政治素质，在原则问题上做到旗帜鲜明,真正做到善于从政治上观察、分析和处理各种问题。

3、严明的政治纪律。政治纪律是执行党的路线的保证。“一切行动听指挥,步调一致才能得胜利。”这是我们克服艰难险阻、战胜强敌的宝贵经验。政协委员讲加强政治纪律,最基本的就是要带头执行国家法律法规,按政协章程的规定去做。无论是政治协商,还是参政议政,都要讲政治纪律,不该说的不说,不该做的不做。任何时刻都毫不动摇地执行中央的决策,任何时候都要听党指挥。要坚决同政治上的自由主义、组织上的分散主义和各种形式的本位主义作斗争。

三、要有高度的政治责任感,在推进发展中敢于担当

敢于担当是一种境界,一种责任,一种精神,是我们干事创业的支撑力量。“肩扛千斤,谓之责;背负万石,谓之任。”政协委员讲政治,就是要有强烈的责任心,高度的政治责任感,在任何时候都要敢于担当。

1、在经济发展中发挥“领头雁”的作用。“头雁高飞众雁随”,广大政协委员要坚持把发展作为履职的第一要务,多建发言之言,多献发展之策。政协委员中有一部分来自经济届,本身是知名的企业家,在促进经济发展中具有得天独厚的优势,这些委员更要在当地党委政府的领导下,坚持科学发展,积极转变发展方式,提升发展质量和效益,争当地方经济的带头人,促进地方经济又好又快发展。

2、在促进和谐中发挥“润滑剂”的作用。世界和平、社会和谐是人类孜孜追求的梦想,也是人民政协努力的方向。广大政协委员要积极协助当地党委、政府多做统一思想、协调关系的工作,多做和谐之事,多谋和谐之策,影响和带动社会各界把力量凝聚到维护稳定、促进发展上来,减少阻力,增加助力,形成合力,为实现世界和平、社会和谐贡献智慧和力量。

3、在扶贫帮困中发挥“慈善家”的作用。富而思源,富而思进,富而回报。部分政协委员通过政府的帮助、自身的奋斗,积累了一些财富,成为了改革开放的收益者。这些委员要继续保持艰苦奋斗的作风,继续带头发展经济,把企业做强做大。同时,要积极关注民生,体察民情冷暖,热心公益事业,积极参加扶贫帮困活动,用自己的爱心善举,担起一个政协委员的社会责任,用自己的实际行动,树立良好的社会形象,赢得人民的好评。